사라진 여진문자

: 여진문자의 제작에 관한 연구

Disappeared Jurchen Letters

■ 저자 야마지 히로아키(山路廣明)

1912년 출생, 와세다(早稻田)대학 고대 이집트어학 전공.
와세다대학 아시아·아프리카 언어연구실 소속.
『馬来語の研究』(1942),『女真語解』(1956),「契丹·女眞の言語と文字及びその關係について」(1953),「Lexicography
より見たグ氏訳語: 女真館来文の検討の一環として」(1967)

■ 역주 이상규(李相揆)

경북대 교수. 국립국어원장 역임.
『방언의 미학』(2007, 살림),『둥지밖의 언어』(2008, 생각의나무),『한글 고문서 연구』(2011, 도서출판 경진)
외 저서,「훈민정음에 나타나는 사성 권점 분석」외 논문 다수.

■ 역주 이순형(李舜炯)

경북대학교 인문과학연구소 연구교수(문학박사).
『세계의 언어경관 일본의 언어경관』(2011, 역서),『일본인이 좋아하는 것: 데이터로 이해하는 기호와 가치관』
(2009, 한국문화사),「일본어 운용력 양성을 위한 문법실러버스의 제안」외.

사라진 여진문자
: 여진문자의 제작에 관한 연구

© 이상규, 2015

1판 1쇄 인쇄__2015년 04월 10일
1판 1쇄 발행__2015년 04월 20일

지은이__야마지 히로아키
역주자__이상규·이순형
펴낸이__양정섭
펴낸곳__경진출판
        등록__제2010-000004호
        블로그__http://kyungjinmunhwa.tistory.com
        이메일__mykorea01@naver.com

공급처__(주)글로벌콘텐츠출판그룹
        대표__홍정표
        편집__김현열 송은주 디자인__김미미 기획·마케팅__노경민·이용기 경영지원__안선영
        주소__서울특별시 강동구 천중로 196 정일빌딩 401호
        전화__02-488-3280 팩스__02-488-3281
        홈페이지__http://www.gcbook.co.kr

값 45,000원
ISBN 978-89-5996-456-7 93790

사라진 여진문자

∷ 여진문자의 제작에 관한 연구

야마지 히로아키 저

이상규·이순형 역주

경진출판

사라진 여진문자를 찾아서

    2003년도 일본재단(Japan Foundation) 연구지원으로 동경대학교 대학원에 방문 교수로 연구 활동을 하는 중에 동경대학교 도서관에서 여진 관련 논저가 유난히 많다는 것을 알았다. 이 책 저 책을 읽어 보아도 여진글자는 마치 암호 부호와 같이 느껴졌다. 그 가운데 그루베와 야마지 히로아키(山路廣明)의 책을 비롯하여 몇 권의 여진어와 여진글자 관련 책을 복사하여 온 지 몇 년이 흘렀다. 당시에는 학문적 관심이라기보다는 우리 역사에서 가장 인접해서 살아왔던 만주 여진과의 교류 관계를 생각해 보면서 우리보다 일본과 중국학자들이 여진어 관련 연구를 더욱 활발하게 하고 있다는 점이 매우 의아하게 여겼으나 여진어 공부를 어떻게 시작해야 할지 그 실마리를 찾지 못하였다.

    우리와 피를 함께 나누며 뒤섞여 살았던 여진어에 관심의 불을 당겨 준 것은 병와 이형상의 『자학(字學)』 자료를 활용한 이기문 교수의 〈구국소서〉에 관한 연구와 퉁구스 비교언어학적 연구 성과인 이기문 교수의 「중세 여진어 음운론 연구」를 읽은 것이 계기가 되었다. 『여진역어』에 나타나는 여진어와 만주 퉁구스 여러 방언의 비교를 통한 연구 성과이다. '*p:*b'의 대응에서 '*p〉*f'의 변화를 입증하는 근거를 퉁구스 제어의 비교를 통해 확인하고 있다. 그러나 언어 계통이 다른 여진어에 한자 어휘들의 음이 서로 어떤 영향 관계에 있었는지에 대한 의문을 풀기 위해

2003년 동경대학교에서 복사해 온 이 책의 원본을 가끔 읽기 시작하였다. 최근 중국 사료인『금사』와『요사』를 비롯하여 우리나라 사료를 읽으면서 여진 지역의 지명이나 인명이 중국식 표현으로 그대로 음차한 용어를 그대로 사용하고 있는 각종 역사서들을 보면서 이들의 정확한 음자 표기의 필요성을 절감하게 되었다. 우리와 가장 인접하여 살았던 여진족의 이동이나 집단사에 대한 연구가 이렇게 가서는 안 된다는 생각으로 그동안 내버려 두었던 야마지 히로아키의 프린트본『여진문자 제자에 관한 연구(女眞文字の製字に關する硏究)』를 공역자인 이순형 선생과 함께 여름방학 기간 동안 읽기 시작하였다.

여진어 연구의 가장 고전이라고 할 수 있는 이 책은 이미 낡고 오류 투성이의 이론서이지만 그 이후에 나온 여진어 연구에 상당한 영향을 미친 것임에는 틀림이 없다. 특히 문자를 익혀야 하겠다는 생각으로, 그리고 앞으로 여진어를 연구하려면 이 저서를 통해 여진글자에 대한 기초적 지식을 익히는 데 매우 유효하다는 생각으로 번역판을 만들어 보았다. 이 책과 함께 여진어 연구에 가장 연향력을 끼친 진광핑(金光平)·진치충(金啓綜) 부자가 쓴 중국어판『여진 언어 문자연구(女眞語言文字硏究)』와 타오알지(道爾吉)·허씨거(和希格)가 쓴『여진역어연구(女眞譯語硏究)』를 함께 읽으면서 야마지가 쓴 이 책의 부족한 부분은 보충으로 내용을 삽입하여 오류 부분이 그대로 파급되지 않도록 내용을 다소 조정하기도 하였다.

알타이어 계통 가운데 투르크어나 몽골어에 대한 연구는 활기를 띠고 있으나 퉁구스계 제 언어에 대한 연구는 러시아와 중국의 장막에 갇혀서 현장 조사의 한계로 인해 관심 영역 밖으로 밀려나 있었다. 그러나 최근 러·중 양국의 개방화로 인해 만주 지역의 현장 조사가 활발하게 전개되고 있어서 연구의 진척이 빨라질 것으로 보인다. 현재 서울대학교 언어학과를 중심으로 사멸 위기에 있는 만주지역 방언 현지 조사에 대한 기대가 그만큼 크지 않을 수 없다. 특히 여진어는 17세기에 들어서서 만주어로 동화되다가 다시 19세기 이후 중화에 흡입되어 버린 상태이기 때문에 연구의 한계가 더 크지 않을 수 없다.

한반도와 가장 인접한 지역에 살고 있던 여진족은 때로는 한반도의 함경도와 평안도 일부 지역을 침탈하거나 자발적으로 한반도로 이주해 온 역사는 『고려사』를 비롯하여 『조선왕조실록』에 엄청나게 많은 기록이 있음에도 불구하고 여진학에 대한 연구는 너무나 부실한 면이 없지 않다. 여진어학에 대한 초창기 연구는 1896년 독일의 Wilhelm Grube의 사이관(四夷館) 여진역어를 중심으로 여진어학서인 『Jurčen』에서 출발되었다. 그리고 이시다 미키노스케(石田幹之朝)의 『여진연구의 신자료(女眞研究の新資料)』(1931)에서 회동관 여진역어(靜嘉堂文庫) 소장본의 연구 성과와 본서의 원저자인 야마지 히로아키의 『여진역어(女眞語解)』(1956)를 비롯한 여진글자의 제작에 대한 연구와 중국의 진광평(金光平)·진치총(金啓綜)의 『여진어문자 연구(女眞語文字硏究)』(1980)와 진치총(金啓綜)의 『여진어사전(女眞文辭典)』(1984)과 타오알지(道爾吉)·허씨거(和希格)의 『여진역어연구』(1983)와 같은 눈부신 연구 성과들이 줄을 이었다. 중국의 여진어 연구의 거장인 진광평(金光平) 선생과 키요세기사부로(Kiyose Gisaburo)의 미국 인디아나 대학 박사논문인 「A Study of the Jurchen language and script, Reconstruction and decipherment」와 아이신 『여진어 문자 신연구』(2002), 한국의 이기문의 「중세 여진어 음운론 연구」와 재독 한국 여진어학자인 이희우(1985), 김동소(1992), 『여진어, 만어 연구』를 비롯한 연구가 있다.

여진글자의 창제 목적은 한문화에 대한 주체의식과 그리고 새로운 지배 세력의 재편을 위해 금 제국의 황제와 지배세력들이 고안해 낸 문자였다. 그러나 그들이 의도했던 문자의 지배력은 점차 중화 문명의 힘에 억눌려 제국의 지배 언어가 도리어 사멸된 사례라고 할 수 있다. 문자와 언어의 사멸은 그들의 정체성의 소멸을 의미한다. 여진어에 대한 기록이 한어로 대체되면서 중국의 역사서에 남아 있는 단편적 기록을 재구하기 위해 여진 만주어에 대한 연구는 지금도 지속되고 있다. 어쩌면 매우 허망된 연구라고 할 수도 있지만 한때 이 땅에 거주하던 집단 언어의 본질을 밝히고 그들이 역사적 흔적을 찾아내기 위해서는 이러한 인문학적인 노력은 지속되지 않을 수 없다.

이 책을 번역하는 도중 대학 선배인 김동소 선생님의 만주어 특강이 열려 만주어의 기초를 닦는 데 더없는 좋은 기회를 얻게 되었다. 여진어와 만주 퉁구스 어학의 권위자인 김동소 선생님의 〈용비어천가의 여진 어휘 연구〉와 〈경원 여진자비의 여진문 연구〉 등은 앞으로 여진어 연구의 너 없이 좋은 길잡이가 될 것이다. 2011년 여름방학 동안 하루도 빠짐없이 연구실로 출근하여 여진 관련 논문과 저술을 읽고 또 중국 한자음에 대한 책을 읽으며 우리말에 70~80%를 차지하는 한자어에 대한 시대별·지역별 확산과 정착 과정에 대해 보다 광범위한 시각으로 접근해 볼 필요성을 느꼈다. 내몽골, 만주, 일본, 위굴, 베트남 등지에 한자음들이 어떤 경로로 확산되어 정착되었는지 방언 분포에 대한 해석을 위해서도 여진어 연구는 매우 중요한 실마리를 던져 줄 것으로 기대한다. 특히 입성운미의 지역적 분포에 대한 해석을 위해서도 개별지역별 한자음의 대응 구조를 이해하는 일은 매우 중요하다. 언어의 계통은 다르지만 한자 문화권 내에서 한자음이 퉁구스계의 언어에 어떻게 투영되고 있는가라는 관심에서 여진어에 대한 문자연구가 필요하다는 생각을 하였다. 여름방학 동안 경북대학교 인문학연구소 이순형 박사(일어학 전공)를 붙들고 한 달 가까이 해석을 하면서 일본 출신 제자인 계명문화대 교수인 타키구치 박사에게 고어와 구문형식인 난해한 부분에 대한 해석의 도움을 얻었다. 그리고 중국어판 여진어 관련 저술과 논문은 제자이자 나의 연구실에 함께 공부하는 왕민 군을 통해 큰 도움을 받았다. 특히 계명문화대 교수인 타키구치 박사는 이 책이 출판되는 데 공역자로서 도움을 주었다는 점을 분명히 밝혀 둔다.

문자가 없어서 이미지 파일로 삽입하는 과정에 무척 힘이 들었다. 아마 편집하기도 까다롭고 잘 팔릴 가능성이 거의 없는 이 책을 인문학의 발전이라는 측면에서 아무 조건 없이 출판을 추진해 준 도서출판 경진 사장님께 진심으로 감사드린다.

2015년 2월 20일
이상규

차 례

제1장

서론

제1장 서론

이 글은 여진문자의 바탕 글자基字와 그 발견에 이르는 방법론을 해명한 것이다.

여진문자의 제자製字에 대해서는 『금사金史』, 『서사회요書史會要』 등의 사적에 기록된 자료나 혹은 여진문자 그 자체로 새겨진 비석과 기록문서나 『화이역어華夷譯語』 가운데 『여진역어女眞譯語』가 있는데 여진문자 하나하나에 대한 설문학說文學적인 고증을 한 사람이 있다는 말을 아직 들어보지 못했다.

여기에 여진문자의 설문학적 고증을 하는 이유는

ㄱ) 한자와 유사하면서도 차이를 보이는 여진문자의 제자 방법을 밝히고자 한다.

ㄴ) 여진의 문자 제자 방법을 밝힘으로써 그와 동일한 방법으로 제작된 거란契丹 문자의 한자 기자설基字說을 명료하게 하고자 한다.

ㄷ) 여진문자의 특성을 이해함으로써 여진문자에 대한 보다 정확한 음가를 찾아낸다.

ㄹ) 그루베(W. Grube)의 『여진역어』[1]의 오류를 찾아 그것을 수정한다.

에 있지만 여진문자의 제자에 대해서는 구체적인 자료, 곧 어떤 여진문자가 어떻게 한자로부터 만들어졌는지, 그리고 음은 어떻게 부여되었는지에 대한 기록이 발견되지 않았기 때문에 제작자의 주관을 이론적인 고증에 따라서 판단할 수밖에 없는 일이다.

아울러 여진문자가 이미 구체적으로 만들어져 있는 이상 그리고 여진문자가 거란문자의 제작 방법에 따라서 한자로부터 만들어졌다는 기록이 있는 이상 대체적으로 다음과 같이 말할 수 있을 것이라고 생각한다.

ㄱ) 거란문자의 획劃을 증감增減하여 만들었다.

ㄴ) 여진 음에 따르지 않고 한자 의미로부터 획을 증감하여 만들었다.

ㄷ) 의미에 따르지 않고 음으로부터 한자의 획을 증감해서 만들었다.

ㄹ) 이미 만들어진 여진문자의 획을 증감하여 유래형由來形을 만들었다.

간단하게 그 결과를 가지고 말하자면 여진문자는 위의 ㄱ)에 따르지 않고 ㄴ), ㄷ), ㄹ)에 해당된다.

이 글을 쓰는 데 문자의 고증에 대해서는 그루베의 『여진역어』 가운데 46~79쪽에 있는 여진문자의 획 순서에 의한 일련번호에 따른다. 그루베에 의하면 여진글자는 『여진역어』에 있는 것만을 보아도 698자가 있는데 금석문 자료를 합치면 실제로 제작된 문자는 훨씬 많아 아마도 1,000개 안팎이 될 것이다.[2] 아울러 역사 기록 자료에는 제자에 관한 대자大字가 몇 개인지, 소자가 몇 개인지 그 실재하는 숫자가 불분명하기 때문에 현재 여전히 정확한 수자는 파악할 수 없다.

자료로서 『여진역어』 가운데 그루베의 것은 비교적 구하기 쉽지만 그

---

1) Wilhelm Gurube, *Sprach und Schrift Jučen*, LEIPZIC, 1896.

2) 타오알지·허씨거(道爾吉·和希格, 1983)는 917개의 여진문자를 소개하고 있으며(『여진역어 연구』, 내몽골대학, 1983), 진치총(金啓宗, 1984)은 859개의 문자를 소개하고 하면서 기타 문헌에 나타나는 여진문자 584자를 합쳐 총 1,044자로 추정하고 있다(『여진문자전』, 문물출판사, 1984). 최근 아신교로 올라희춘(愛新覺羅 鳥拉熙春, 2009)은 1,196개 문자를 소개하고 있다(『여진문자서』).

가운데에 오류가 곳곳에 발견된다는 점은 야스마 야이치로安馬彌一郎도 이미 지적한 바이다.3)

그래서 나는 내 스스로의 연구에서 특히 "그루베의 『여진역어』의 검토"라는 항목을 마련하고 이들 오류를 검토하였다. 따라서 이 연구를 통해서 종래 불명확한 점과 그리고 의문시되어 온 부분의 문제, 즉 여진문자와 거란문자와의 제자론에 있어서의 관계가 명료해진 동시에 한 걸음 더 나아가서 거란문자의 해독 가능성을 시사하고, 그 기초가 될 가능성을 생각할 수 있으며, 또한 여진문자로 쓴 금석비의 해독을 위한 참고로 삼고자 한다. 그 이유는 그루베의 『여진역어』만으로는 금석문을 해독하는 데 있어서 단어가 충분하지 않고 또 미해독 부분이 몇 가지 남아 있는 상황이다. 또 문법에 있어서도 마찬가지로 야스마 야이치로安馬彌一郎는 고심한 끝에 그것을 『여진금석지고女眞金石志稿』에 언급하고 있지만 그것을 보충하기 위해서는 자료가 부족하다.

다음으로 여진어의 음에 대해 그루베는 역어에서 하나하나 한자음에 따라서 나타내고 있다.

    예) [tū-hāh] [kā] Thür. 201. m. [duka](100쪽)
       [tū-hāh], Eingeweide. 507. m. [duha](100쪽)

이 두 문자는 한자 전사轉寫가 양쪽 다 '都哈'인데 만주어를 로마자로 전사함으로서 비로소 한 쪽은 [duka]이고 다른 것은 [duha]라는 것을 알게 된 것이다. 이와 같이 그루베는 만주어의 대어(corresponding word or equivalent word)를 책의 권말에 싣고 있지만 이것만으로는 불완전하다. 그 이유로는 한자음과 여진 음은 현저하게 다르고 한자의 음절에 있는 음은 정해져 있지만 여진어의 경우에는 훨씬 더 광범위하고 자국의 소리에

---

3) 야스마 야이치로(安馬彌一郎), 「여진역어에 특히 심한 오자와 오역(女眞譯語わ特に甚しく誤寫誤譯など可成する)」, 『여진문금석문지고(女眞文金石文志稿)』, 83쪽. "여진역어는 유난히 특이하고 오사(誤寫)와 오역(誤譯)이 상당히 있다."

맞도록 그 문자가 만들어져 있어 양자 간에 차이가 난다. 예를 들면 한자에서 [w]가 초성에 있는 경우는 '[wa, wai, wan, wang, wêi, wên, wêng, wo, wu]'가 있는데, '[wak, wal, war, was, wel, wer]'의 음은 없어서 후자를 나타내기 위해서는 [wa]가 있어도 [k], [l] 등의 단독 자음의 음역은 이런 음절을 나타내는 문자가 한자에 없기 때문에 여기에 필연적으로 다른 방법, 곧 한어음을 완전히 무시한 의자意字를 차용하여 한자에 없는 음을 가진 여진어의 음절에 끼워 맞추는 방법을 취한 것이다. 한자의 전사를 떠나서 그루베보다 정확하게 여진어 그 자체의 음을 고증한 것이 야스마 야이치로安馬彌一郎의 저서이다. 나는 그루베의 음사音寫에 대한 검토를 덧붙여 로마자로 여진 음을 전사하려고 노력했다. 이상과 같이 의미에 있어서 여진문자의 구성을 연구하고 제자 방법을 고증하여 여진문자와 한자와의 관계 곧 여진 설문학女眞說文學을 발표하는 것은 역사학적으로 보면 언어·문자의 고증에 따라 사실을 보완하고자 하는 시도라고 말할 수 있다.

제2장

여진어·문자에 대한
참고 문헌과 자료

제2장 여진어·문자에 대한 참고 문헌과 자료

　여진어와 여진문자에 관한 참고문헌 및 자료를 3종으로 크게 구분할
수 있다. 첫째는 기초가 될 만한 역사적인 금석문, 문서 등이고, 둘째는
그들 자료에 대한 소개문과, 셋째는 그들 자료에 대한 연구 논문 등이다.

1. 기초 자료(금석비를 포함)

『금사金史』

『서사회요書史會要』

『여진역어女眞譯語』(그루베본)

『여진역어女眞譯語』(하노이본)

『여진역어女眞譯語』(일본 아와본阿波本)

『여진역어女眞譯語』(일본 동양문고본東洋文庫本)

『오처경吾妻經』1)

---

1) 일본 가마쿠라막부(鎌幕府倉)의 사적을 기록한 사적인 『오처경』(별명 『東監』)이 있다. 저자
　와 전서의 권수는 불확실하다. 그 가운데 정응(貞應) 2(1222) 연간에 일본 월후국사(越後國寺)

〈대금득승타송비大金得勝陀頌碑〉2)

〈유하반재산마애비柳河半載山磨崖碑〉3)

〈오타랑필전철비奧他郎弼錢鐵碑〉(별명 태화제명잔석泰和題名殘石)4)

〈노아간영령사비奴兒干永寧寺碑〉5)

〈대금경원사비大金慶源寺碑〉6)

가 포구에 떠내려 온 여진의 배에 매달린 은통(銀筒)이 있었는데 길이가 7촌이고 넓이 3촌이
며, 그 위에 여진문자 4자가 새겨져 있는 것을 발견하였다(『오처경』 제26을 참조, 원인(元仁)
1(1224)년 2월 29일 항). 『오처경』의 판본은 다수가 있는데 그 가운데 유명한 것은 북조본(北
條本), 길천본(吉川本), 도진본(島津本)이 있다. 이 4자의 여진글자는 길천본(吉川本)과 비교해
보면 차이가 있다. 1977년에 소련과학출판사(蘇聯科學出版社)에서 출판한 『1976년 고고의
발견』 중에는 구 러시아에서 1976년에 출토한 은패(銀牌)와 『오처경』에 실린 은패와 내용이
동일하다는 사실을 밝히고 있다.

2) 〈대금득승타송비(大金得勝陀頌碑)〉는 지린성(吉林省) 부여암자(扶餘崴子)에 있다. 이 비석
은 금나라 세종 대정 25(1185)년에 새겼으며, 금나라 태조가 영강주(寧江州)에서 요나라를
정벌한 것을 기념하기 위해 세운 공적비이다. 비석의 정면에는 한문으로 새겨져 있고 비석
의 뒤에는 여진문으로 새겨져 있다. 비문에는 1,500여 개 문자가 있고 비 머리(碑額) 앞에
〈대금득성타송비〉 문자 6개가 있어 2줄로 새겨져 있고 비 머리 뒤에 여진문은 3줄로 한
줄에 문자 12자가 새겨져 있다. 비신 정면에 한문 30줄이 있고 뒤에 여진문이 33줄이 있어
서 현존하는 여진문자 석각 중에 문자가 제일 많은 비이다. 비석에는 한문이 있어서 여진문
자와 대조해 볼 수 있기 때문에 여진문자를 연구하는 제일 좋은 자료가 된다. 다만 비문이
마멸이 심하여 글씨가 또렷하지 못해 판독이 어렵다.

3) 〈유하반재산마애비(柳河半載山磨崖碑)〉는 지린성 해룡현 산성진 경운보에서 1934년에 발
견되었는데 금 세종 대정 7(1167)년에 세운 8행 84자의 여진 비석으로 알려졌다.

4) 〈오타랑필전철비(奧他郎弼錢鐵碑)〉는 일명 〈태화제명잔석(泰和題名殘石)〉이라고도 한다. 원
래 산동성에서 발굴하여 루오진위(羅振玉) 씨가 소장하였는데 지금은 북경역사박물관에 소
장하고 있다. 비석의 중간(碑心)에는 한자로 오둔량필(奧屯良弼)이라는 기록이 있다. 좌측에
는 여진문자 3줄로 총 60여 자가 새겨져 있으며 한문 번역이 아니라 오둔량필의 친구 복수
홍(卜修洪)이 쓴 발문이다. 한문은 태화(泰和) 6(1206)년에 썼고 여진문서는 대안(大安)
2(1210)년에 썼는데 한문은 4년 후에 첨각한 것이다.

5) 〈노아간영령사비(奴兒干永寧寺碑)〉는 원래 러시아 국경 안에 있는 헤이룽장(黑龍江)구 내의
아무르강 하류 지역의 Try 지역에 있었고 후에 러시아 극동대학(Владивосток)박물관에
이관되었다. 비석의 표면에 한문이 새겨져 있고 이면(碑陰)은 여진문과 몽고문이 새겨 있다.
양측에 한(漢), 여진(女眞), 몽고(蒙古), 서장(西藏) 4가지 자체로 '옴마니반메홈(唵嘛呢叭咪
吽, OM MaNI PaDME HUM)'이라는 주문이 새겨져 있다. 여진문자는 700여 자가 있다.
여진문자와 몽고문자는 모두 한문을 초역한 것이다. 이 비석에 있는 여진문자는 정연하지
만 문자가 빠진 것이 있고 오류도 있다. 지금 이 비석은 훼손된 부분이 있다. 이 비석은
명대 성조(成祖) 영락(永樂) 11(1413)년에 만들었는데 명나라 성조가 노아간(奴兒干)을 관리
하여 위소(衛所)를 세운 일을 기록하였다.

6) 〈대금경원사비(大金慶源寺碑)〉는 원래 조선 함경북도 경원군 동원면 화동불사(禾洞佛寺)의

〈해룡양수림산록마애비海龍楊樹林山麓磨崖碑〉7)

〈고려북청성곶산마애비高麗北青城串山磨崖碑〉8)

〈진사제명비進士題名碑〉9)

〈가진산모극인可陳山某克印〉10)

〈이개달갈하모극인移改達葛河謨克印〉11)

사재지에 있었는데 후에는 서울고궁박물관에 옮겨져 있다. 이 비석은 사방주형(方柱形)인데 사면에 문자가 있고 모두 여진문이고 한문 번역문이 없다. 윗부분은 이미 떨어져 나가 없어졌고 뒷부분만 남아 있다. 이 비석은 23행 740여 자가 새겨져 있고 필력이 고풍스럽고 소박하다. 비석이 마모되어 문자가 또렷하지 않으며 불사(佛寺)를 세운 공덕을 찬양하고 숭배하기 위해 만든 것이다. 비석에는 년월이 있지만 연호(年號) 부분이 마멸되어 설립 기간을 정확하게 알 수는 없으나 금나라 해능(海陵) 정융(正隆) 1(1156)년에 새긴 것으로 추정하기도 한다(김동소, 1988: 4).

7) 〈해룡여진국서마애〉는 2가지가 있으며 하나는 여진과 한문을 대조하여 원래 〈반절산여진국서마애(半截山女真國書摩崖)〉라고 했고 하나는 여진문자만이 있고 원래 〈양수림산국서마애(楊樹林山國書摩崖)〉라고 했는데 근대 쉰진이(孫進己) 씨가 조사하여 두 가지가 사실이 밝혀졌다. 한문이 있어 대조할 수 있는 것은 위부분인데 한문 문자가 15자가 있고 여진문 문자 20여 자가 있으며 금나라 태조가 요군(遼軍)을 쳐부순 일을 기록했다. 여진자 마애는 뒷부분인데 문자가 모두 80여 자가 있으며, 전부 여진문이고 금나라 태조가 수국(收國) 2(1116)년에 모극(謀克)을 설립한 일을 기록했고 뒤에 대정 7년 3월이라는 문자가 있어서 문자를 새긴 시기가 분명하다. 이 〈해룡경운보마애여진한자비(海龍慶云堡磨崖女真漢子碑)〉 (일명 柳河半載山磨崖碑)인데 최근 위작임(憑永謙, 1980)이 밝혔다.

8) 〈고려북청성곶산마애비(高麗北青城串山磨崖碑)〉는 일명 〈북청비(北青碑)〉라고도 하는데 1911년 북한의 함경북도 북청군 속후면 창성리 성곶산성 불사지에서 발굴되었다. 문자는 5행 47자를 새겼고 필적이 졸력한 여진문자만 있다. 비석의 마지막에는 무술(戊戌, 黃虎)년 7월로 적혀 있어 중국 금나라 선종(宣宗) 흥정(興定) 2(1218)년과 같은 시기인 고려 충렬왕 4(1278)년에 세웠으며, 또 불교 기사와 밀접한 관계가 있는 석각이다.

9) 〈진사제명비(進士題名碑)〉는 허난성(河南省) 카이펑(開封市) 옌타이허(宴台河)에서 발굴하여 현재 허난성 문묘에 있다. 원래 조문 밖의 옌타이허에 있었기 때문에 또 〈옌타이여진국서비(宴台女真國書碑)〉라고도 한다. 비석의 표면은 한문이고 이면(碑陰)은 여진문이다. 지금 배면에 있던 한문이 이미 닳아 없어졌고 하신묘비(河神廟碑)로 새로 새겨 넣었다. 이면의 여진문자만 남아 있는데 한문과 대조할 수 없다. 비석에 문자는 모두 24행 1,100여 개 있고 자체의 맥락이 분명하다. 구 탁본(拓本)은 문자가 대략 완비되어 있는데 현재 이 비석의 중간 부분이 많이 닳아졌다. 이 비는 금나라 애종(哀宗) 정대(正大) 1(1224)년에서 새겼으며 액제(額題)가 〈진사제명비(進士題名碑)〉이다.

10) 〈가진산모극인(可陳山謀克印)〉은 1916년에 지린성과 용선(龍縣: 오늘의 연변 조선족 자치주) 사무사사가동(四茂社沙器洞)에 출토되었다. 이 도장은 사각형으로 1촌 8분 5리이며 인문(印文)이 '可陳山謀克印' 6자이고 2줄로 구분하여 매줄 문자가 3개 있다. 배면에 '大定十八年十月禮部造'가 새겨 있고 측면에 여진문 문자가 13자가 있다. 금나라 대정 18년에 제작된 것이다(야스마 야이치로(安馬彌一郎), 1943).

〈모공인某公印〉

〈고태자명석기故太子銘石記〉

루오 펀청羅福成, 「여진어女眞語와 여진어女眞語 2편」, 대고구당정리처간大庫舊檔整理處刊

〈보유〉

여진문자의 자료는 문헌, 금석, 묵적 등 세 종류로 구분할 수 있다. 먼저 금대의 여진 자서는 『여진자서女眞字書』(완안 희윤이 쓴 대자). 『여진소자女眞小字』(김희종 지음). 『여진자모女眞字母』 등이 있다. 금대의 여진판본 책은 『이경』, 『상서』, 『효경』, 『논어』, 『맹자』, 『노자』, 『양자』, 『문중자』, 『유자』, 『사기』, 『한서』, 『신당서』, 『백가성』, 『가어』, 『정관정요』, 『백씨책림』, 『반고서』, 『태공서』, 『오자서서』, 『손빈서』, 『황씨여서』 등의 원판본은 모두 유실했고 다만 후대인이 정립한 금대와 원대의 『예문지』 중에서 찾아볼 수 있다. 현재 알려진

여진문자 문헌은 명대에서 지은 『화이역어』 중에 『여진관 내문·잡자』(즉 『여진역어』), 『엄주산인사부고』, 『방씨묵보』 그리고 일본의 『오처경』 등에 기록으로 남겨진 문자가 있다. 한국의 자료로는 『고려사』, 『고려사절요』, 『조선왕조실록』, 『용비어천가』, 병와 이형상(1653~1733)의 『자학』 등의 자료가 있다.

---

11) 〈이개달갈하모극인(移改達葛河謀克印)〉은 사각형 도장이며 8분 5리로 인문이 '移改達葛河謀克印' 8자이고 2줄로 구분하여 매줄 문자가 5자가 있다. 배면에 '□定十九年八月禮部造'가 새겨 있고 측면에 '移改達葛河謀克印'과 여진문 문자 7자가 있다. 금나라 세종 대정 19년에 제작된 것이다. 루오푸청(羅福成, 1933) 씨의 『여진역어』 정편을 참조.

아신교로 올라희춘(愛新覺羅 烏拉熙春, 2011: 158)이 복원한 〈경원여진대자비〉

현재 여진어 연구에 핵심이 되는 자료는『화이역어』에 실린 여진역어라고 할 수 있다. 현존하는『화이역어』는 3종류가 있다.

1. 홍무洪武『화이역어』(또는 갑종『화이역어』라고 한다)[12]
2. 영락永樂『화이역어』(또는 을종『화이역어』라고 한다)[13]
3. 회동관『화이역어』(또는 병종『화이역어』라고 한다)[14]

---

[12] 명나라 홍무 15(1382)년에 한림시강인 화원결(火源潔)과 편수자인 마사역흑(馬沙亦黑) 등은 황제의 칙명을 받아 편찬했으며, 홍무 22년에 간행본을 반포했다. 이 책은 몽고어만 있고 몽고어의 음을 한자로 병열 표기하였으며 문자 두세 개로 단 반절(半切)은 없고 몽고문자의 기록도 없다. 이런『화이역어』편찬은 비교적 주도면밀하고 상세했으며 그 당시의 명나라가 원예(元裔: 몽고 벼슬아치)와 교섭했을 때 사용한 참고서였다. 그래서 이『화이역어』는 여진문자와는 관계가 없다.

[13] 명나라 영락 5(1407)년에는 사이관(四夷館)을 설립하여 사이관에서 편찬한 것인데 앞으로 실제 사용 중에서 끊임없이 보충하여 고쳤으며 다른 판 초본(抄本)이 여러 종류가 있다. 사이관은 처음에 한림원(翰林院)에 소속되어 있었으며 홍치(弘治) 7(1497)년에는 태상사경(太常寺卿)과 소경(少卿) 각 1명을 증설하여 제독(提督)을 두었다. 그래서 태상사에 소속으로 바꾸었고 가경 연간에 태상사경을 줄여서 소경 한 명만 남아 제독이 되었다. 사이관에 관을 8개로 설립했는데, 즉 달단(韃靼, 蒙古), 여진(女眞), 서반(西番, 西藏), 서천(西天, 印度), 회회(回回, 波斯), 백이(百夷), 고창(高昌, 維吾爾), 면전(緬甸, 미얀마) 등의 관을 설립했다. 그 후에는 정덕 연간에 팔백관(八百館)을 증설했고 만력(萬歷) 연간에도 섬라관(暹羅館, 태국)을 증설하여 관이 모두 10개가 있었다. 각 관에서 교수와 역자원생(譯字員生), 통사(通事)가 여러 명이 있었다. 영락『화이역어』는 바로 사이관이 편찬한 중국 변경의 각 민족 어문語文과 아시아 각 이웃나라의 어문 기록이었으며, 그의 목적이 국내의 각 소수민족과 왕래 문서의 번역 및 국외와 왕래 문서의 번역을 위해 각관이 각각 본관의『역어』를 편찬한 것이었다. 각관의『역어』는 대체적으로〈잡자(雜字)〉,〈내문(來文)〉두 부분을 나눴다. 잡자는 전문적으로 어휘를 수록하였고 내문은 그 당시의 공물표문(進貢表文)을 이따금 적어 수록한 것이었다. 내문은 이런 문자와 한자를 대응시킨 형식이었고 잡자는 한자와 대응하는 형식으로 수록할 뿐만 아니라 한자음으로 독음을 표기하였다. 내문은 위조한 성분이 많이 있었고 모두 잡자로 써서 완전히 각각 문자의 문법과 일치하지 않았으며, 잡자 중에도 오류가 많이 있었다. 명나라 정통(正統) 연간 이후 시기에는 여진문자가 여진 각 부락에서 이미 사용되지 않았으며 청나라 초기까지에 만족 중에 이미 여진문을 아는 사람이 없었고 그래서 현재 연구하고 있는 여진문 금석(金石), 제자(題字)가 이 책만 근거하여 참고해서 이 책이 언어학, 고문자학, 역사 자료 등 방면에 참고 가치가 높다.

[14] 명나라 모서징(茅瑞徵)이 자료를 수집하였고 명대 회동관에서 편집했다. 이『화이역어』는 '어휘'만 있었고 '내문'이 없으며 어휘도 한자만으로 음을 표기했고 원문이 없었다. 그것은 통역하기 위해 통사(通事)에게 맡겨 편집했다. 조선, 유구(琉球), 일본(日本), 베트남(안남, 安南), 점성(占城), 섬나(暹羅), 외오아(畏吾兒), 서번(西番), 회회(回回), 만랄가(滿剌加), 여진(女直), 백이(百夷) 등의 관역어는 모두 13개가 있다. 이런 역어 중에 비교적 영락『역어』는 늦게 편집되었다. 예를 들어서 여직관(女直館)에 기록된 여진어 어휘는 만어와 관계가 더

『여진역어』의 초본抄本의 종류는 여러 가지가 있다.

1. 베를린柏林도서관 소장 초본: 이 책은 Hirth가 중국에서 구해서 이후에 베를린도서관에 양도해 주었다. '잡자', '내문'이 첨부되어 있고 모두 24권이 있고 명대의 사본寫本으로 추정된다.

2. 가소민柯劭忞 씨 소장 초본: '잡자', '내문'이 모두 있다.

3. 일본 동양문고東洋文庫 소장 초본: 이 책은 가씨柯氏가 소장한 것과 아주 비슷하고 '내문', '잡자'도 있다.

4. 일본 내각문고內閣文庫 소장 초본: 이 책은 『서역동문표西域同文表』로 제목이 달려 있는데 '내문'만 있고 '잡자' 부분은 결손되었다. '내문'은 완전하며 『동양문고』본과 일치한다.

5. 영국 캠브리지대학교 도서관 소장본: Wade collection 중의 『역자譯字』라는 제목이 달린 초본의 한 가지이다. 이 책의 내용은 이시다 미키노스케石田幹之助가 노사씨魯斯氏가 기재한 것을 인용한 것으로 아랄백阿剌伯(회회回回), 만주滿洲(여진), 인도범어印度梵文, 서장西藏, 섬나暹羅, 면전緬甸의 여러 가지 언어의 어휘가 있다.

6. 일본 나이토 코난內藤湖南 소장 초본: 이 책은 원래 중국 휴녕왕休寧汪 씨가 소장하였는데 내문이 모두 50편이 있고 그중에 10편이 『베를린본』과 중복된다. '잡자' 부분은 미상이나 아마 『베를린본』과 같은 것 같다.[15]

영락 『화이역어』 중의 『여진역어』는 대체로 아래와 같은 각종 초본이 있다.

가깝다. 이런 『역어』에만 여진어 발음이 있었고 여진문자는 없다. 위에 말하는 마지막 두 종류의 『화이역어』의 여진관 '잡자', '내문' 및 '어휘'(또 각 약칭으로 『화이역어』이다)만 본 연구와 관계가 있다.

15) 가소민(柯劭忞) 씨가 소장한 초본이 아마 『동양문고본』의 다른 초본인 것 같다. 『내등본(內藤本)』의 내문은 나복성(羅福成) 씨가 편찬한 『여진역어(女眞譯語)』 2편 중에 수록되어 있다.

1. 베를린본 『여진역어』

북경도서관 선본실善本室은 사진본을 소장하고 있는데 이것은 원본의 복사본이다. 루오펀청 씨는 쇄란본曬蘭本을 소장하고 있는데 이것은 곧 원본의 정밀한 복사본이다. 독일 사람은 그루베(W. Grube) 씨가 지은 『여진 언어 문자고(Die Sprache und Schrift der jučen)』도 이 초본에 따랐다. 이 초본 내용은 '잡자', '내문'이 있다. '잡자'는 천문, 지리, 시령, 화목, 조수, 궁실, 기용, 인물, 인사, 신체, 음식, 의복, 진보, 방우, 성색, 수목, 통용, 속첨, 신증 등 19가지 부문이 있고 합계하면 800여 개 단어가 있다. '내문'은 모두 20편이 있다. 이런 초본의 좋은 점은 내용이 완비되어 있으나 오류가 많이 있다.

2. 동양문고본 『여진역어』

일본의 동양문고본이다. 중국 북경도서관 선본실에는 사진본을 소장하고 있고 과학원도서관은 전초본傳抄本을 소장하고 있다. 이 책의 내용은 완전하지 않고 '잡자' 부분에 베를린본의 '속첨續添', '신증新增' 부분의 문자만 있는데 베를린본은 이 책보다 40여 개 어휘가 더 있다. '내문'은 29편이 있는데 베를린본과 중복된 10편을 제외하면 19편이 이 책의 특이한 점이다.

3. 북경도서관 소장 명대 초본 『여진역어』

이 책의 내용은 베를린본 '잡자' 중의 '신증' 부분의 문자만 있고 주음注音이 베를린본과 다르다.

4. 옹담계본翁覃溪本 『화이역어』 중의 『여진역어』

이 책은 『여진역어』 중에 '잡자'의 '신증' 부분이 있고 타타르어韃靼語, 고창어高昌语 뒤에 붙어 있다. 이 책은 부석화傅惜華 씨가 소장하고 있다.

5. 루오펀청의 『여진역어』 상·하권

루오펀청의가 필사한 본으로 대고당안정리처大庫檔案整理處가 인쇄했다. 상권는 베를린본 '잡자'를 전부 다 수록했다. 후편에는 '내문'이 모두 79편이 있고 베를린본, 동양문고본의 '내문'를 수록된 것과 중복된 것을 제외하고 또 나이토 코난內藤湖南이 소장한 '내문' 40편을 보태어서 모두 베를린본, 동양문고본에 없는 것이다.

금석문 자료로는 여진문자 석각은 지금까지 모두 9개(중국에 6개가 있고 한국에 2개 러시아에 1개가 있다)가 발견되었다. 본고에서 소개되지 않은 자료로는 〈오둔량필시비奧屯良弼詩碑〉16)가 있다.

도장印, 거울鏡에 기록된 여진문자 자료로는 〈하두호논하모극인河頭胡論河謀克印〉,17) 〈화졸해만모극지인和拙海蠻謀克之印〉,18) 〈협혼산모극인夾混山謀克印〉,19) 〈함평부모극관조경咸平府謀克官造鏡)〉,20) 〈고외맹안동경叩畏猛安銅鏡〉,21)

---

16) 〈오둔량필시비(奧屯良弼詩碑)〉는 중국 산둥성에서 발굴되어 짜징안(賈敬顔) 씨가 소장하고 있다. 일명 〈산동봉래각석(山東蓬萊刻石)〉이라고도 한다. 루오푸이(羅福頤) 씨의 모본도 있다. 비석의 중간에 문자를 새긴 곳은 높이가 1자 1촌 2분이고 너비가 1자 2촌 5분이며 11행 170여 자의 칠언율시가 새겨져 있다. 시의 앞뒤에 서 3줄이 있다. 시는 모두 8 마디가 있고 1 마다 1줄이다. 합계하여 11줄이 있으며 문자체가 행서(行書)이다. 전후에도 해서(楷書) 각 1줄이 있으며 해서를 보면 오둔량필(奧屯良弼, 舜卿)이 시를 지었고 해서를 쓴 사람이 석비위에 새겼다. 금나라 대안 연간(1210) 경에 새웠다.

17) 〈하두호논하모극인(河頭胡論河謀克印)〉은 티엔진(天津)박물관이 소장하고 있으며 도장은 사각형이며 1촌 8분 5리이며 인문이 8자이고 2줄로 구분하여 매줄 문자가 4자가 있다. 배면에 '大定十六年四月禮部造'가 새겨 있고 측면에 '納璘河術訶速猛安下'와 여진문자 6자가 있다. 금나라 세종 대정 16년에 제작되었다.

18) 〈화졸해만모극지인(和拙海蠻謀克之印)〉은 티엔진(天津)박물관이 소장하여 있으며 도장은 사각형이며 1촌 8분이며 인문이 8자이고 2줄로 구분하여 매줄 문자가 4자가 있다. 배면에 '定十八年八月禮部造'가 새겨 있고 측면에 '和拙海蠻謀克之印'과 여진문 문자 8자가 있다. 금나라 세종 대정 18년에 제작되었다.

19) 〈협혼산모극인(夾混山謀克印)〉은 베이징박물원이 소장하고 있으며 도장은 사각형이며 1촌 8분이며 인문이 6자이고 2줄로 구분하여 매줄 문자가 3자가 있다. 배면에 '定十八年十一月禮部造'가 새겨 있고 측면에 '夾混山謀克印'과 여진문자 7자가 있다. 금나라 세종 대정 18년에 제작되었다.

20) 〈함평부모극관조경(咸平府謀克官造鏡)〉은 요령성(遼寧省) 선양(沈陽) 훈허(混河) 연안에서 발견되어 왕시저(王希哲)가 소장하고 있다. 거울은 동으로 만들었고 주위에 도안처럼 인문자가 새겨져 있다. 모극관謀克官은 '毛克官'으로 새겨져 있고 마지막의 글자가 모극관의 사인(押字)이어 여진문자이다. 『만주금석지(滿州金石志)』 권3을 참조.

21) 〈고외맹안동경(叩畏猛安銅鏡)〉은 무늬의 형식을 보면 송대의 거울(宋鏡)이고 거울 좌측에 있는 여진문 1줄은 앞에 있는 문자인 '고외맹안(叩畏猛安)'이며 이하 문자는 알 수 없으며, 여진문자는 후래에 새겨 넣은 것이다. 고외맹안은 『금사』에는 나타나지 않는다. 『요동행부

〈수대문동경綏帶紋銅鏡〉,22) 〈여진문화압동인女眞文畵押銅印〉23)이 있다.

2. 묵적자료墨跡資料

본고에서 소개되지 않은 여진 관련 자료로는 먼저 문서 자료로『엄주산인사부고弇州山人四部稿』24)와 『방씨묵보方氏墨譜』25)와 〈탄금협여진문제자彈琴峽女眞文題字〉, 〈백탑여진문제자白塔女眞文題字〉, 〈산이시성陝西省 석태효경石台孝經 위에서 발견한 파손된 여진문자 문서殘葉〉, 〈지린성에서 발견한 여진문 제지題字〉,26) 〈화엄경 탑상 여진문제자〉,27) 〈내몽골자치구 구봉석벽여진자석각九峰石壁女眞字石刻〉, 〈소련 레닌그라드 동양학연구소 서하문서 중

지(遼東行部志)』에는 고외천호영(叩畏千戶營)이 있으며 천호(千戶)가 바로 맹안이다. 거울의 아랫부분에 한문 '錄事司上' 문자 4자가 있다.

22) 〈수대문동경(綏帶紋銅鏡)〉은 헤이룽장성(黑龍江省) 문물고고공작대(文物考工作隊)의 소장품이다. 1974년에 헤이룽장성 밀산현(密山縣) 승자하(承紫河)에서 출토되었으며 직경이 15cm이고 경의 주변에 여진문자 9자와 한문 '長春縣記' 문자 4자가 새겨져 있고 더 뒤에 압자(押字)가 하나 있는 것 같다. 손수인(孫秀仁) 씨는 여진문자를 후대에 새겨 넣은 고외맹안경(叩畏猛安鏡)과 같다고 고증하고 있다.

23) 〈여진문화압동인(女眞文畵押銅印)〉은 헤이룽장성(黑龍江省) 문물고고공작대의 「헤이룽강반수빈 중흥 고성화 금대묘군(黑龍江畔經濱中興古城和金代墓群)」(『文物』, 1977년 4기)에는 원형 화압(畵押), 동장(銅印)이 기록되어 있으며 직경이 4분 5리이고 여진자 압자(押字)가 있다. 이 압자는 앞에 제6번 '咸平府謀克官造鏡'에 있는 압자와 기본적으로 비슷하다.

24) 『엄주산인사부고(弇州山人四部稿)』는 명대 왕세정(王世貞)의 『엄주산인사부고』 정고(正稿) 중에 일문(逸文)류의 『완위여편(宛委余編)』에서 저자가 수록한 여진문자의 역문(譯文)인 '明王愼德, 四夷咸賓' 문자 8개를 실었다. 이 내용은 이 책의 명대 판(版)에 볼 수 있다. 『사고전서(四庫全書)』판에는 이 부분을 이미 삭제했다.

25) 『방씨묵보(方氏墨譜)』는 명나라 만력(萬曆) 연간에 묵가방우노(墨家方于魯) 씨가 지었으며, 먹판(墨錠)의 도안을 나열한 책이다. 그 먹판의 도안들 중에 '明王愼德, 四夷咸賓'라는 여진문자의 역문 문자 8개를 실은 도안이 있으며, 『엄주산인사부고』 중에 수록한 것과 완전히 같고 혹은 바로 왕씨(王氏) 책에서 옮겨 수록했다.

26) 〈지린성에 발견한 여진문 제자(題字)〉는 진린성 과우중기(科右中旗) 두이기공사(杜爾基公社)와 과우전기(科右前旗) 오란무도공사(烏蘭茂都公社)에도 여진묵서제기(墨書題記)를 발견했다.

27) 〈내몽골자치구 구봉석벽여진자석각(九峰石壁女眞字石刻)〉은 내몽골 자치구 호화호특시(呼和浩特市) 만부 화엄경탑상의 여진제자는 8행 100여 자의 여진문자가 새겨져 있으나 판독이 거의 불가능하다(金光平, 1980).

여진자 문서〉[28] 등이 있다. 여진 사람의 묵적으로 지금까지 알려져 있는 것은 아래와 같다.

1. 탄금협여진문제자彈琴峽女眞文題字

〈탄금협여진문제자彈琴峽女眞文題字〉는 원나라 양구부楊久孚의 시 〈난경잡영灤京雜詠〉은 "仙峽琴鳴水木多, 別離見月奈愁何題名石壁遼金字, 宿雨殘風半滅磨。彈琴峽也"(『원시기사元詩記事』 권20): "탄금협彈琴峽은 창평주昌平州 서북쪽에 거용관居庸關안에 있고 물을 돌 틈에서 흐르는 거문고의 소리와 같다. 근처에 신선의 잠자리가 있고 도로 옆에 큰 돌이야말이다."(『일통지—統志』를 참조) 석벽에는 거란문자, 여진문자가 있었는데 원나라 대에 '반멸마'의 상태이다 (김광평, 1980).

2. 백탑여진문제자白塔女眞文題字

〈백탑여진문제자白塔女眞文題字〉은 호화호특시呼和浩特市 동쪽 교외에 백탑白塔 안에는 여진 사람이 적은 여진문이 있다. 대부분 관광객들의 사인, 여행기념의 내용이 있으며 문자가 난잡하여 대부분 변별할 수 없다. 백탑은 바로 '만부화엄경탑萬部華嚴經塔'이며 금나라의 풍주豊州에 속했다. 탑 안에는 석각이 남아 있고 경서를 읽은 사람의 이름이 실려 있다.

3. 산이시성陝西省 석태효경石台孝經 위에서 발견한 파손된 여진문자 잔엽殘葉문서

〈산이시성 석태효경 위에서 발견한 파손된 여진문자 잔엽문서〉는 1973년 3월에 산이시성 문관회에서 석대효경을 고쳤을 때 비신의 중간 석주石柱 남쪽에 장붓구멍 안에서 발견했다. 같이 발견한 것은 『성교서聖教序』 석비의 복사본 등이 있으며, 그 후래 북경박물관에 보내어 정리하고 표장했다. 이 잔엽殘葉은 해방한 후에 여진문자를 연구하는 여역의 중요한 발견이라고 할 수 있다. 잔엽은 여진 사람이 손수 쓴 여진문자 자료이다. 금나라 세종 대정大定

---

28) 〈소련 레닌그라드 동양학연구소 서하문서 중 여진자 문서〉는 1968년에 발굴한 자료로 2항 13행 170여 자의 여진자가 있다(Kara, 1972).

진치총(1979), 『서안 비림 신발견 〈여진자서〉』(내몽골대학학보)

이전의 것이다. 운필 방법은 돈황敦煌에 발견한 당송唐宋대 사본寫本을 쓴 운필 방법과 같다. 여진문자 중에는 지금까지 수록되지 않은 여진문자가 있다. 위에 모두 서술한 것은 잔엽의 시기가 매우 이른 시기인 것으로 보인다. 이 잔엽의 내용을 보면 계몽의 내용이 담긴 것 같다. 잔엽은 큰 부분이 높이 21cm, 너비 45cm이며 작은 부분은 높이 17cm, 너비 23cm이다. 이 중에는 4쪽이 양면으로 적어 있고 7쪽이 한 면으로 적어 있다. 11쪽 내용은 모두 여진문자 237줄이고 문자가 아마 2,300여 자가 있다. 이 중에 자형이 완전히 또렷한 문자는 1,700여 자가 있어 종복된 것이 많으며 문자를 쓴 필적을 보면 두 사람이 쓴 것 같다. 문서는 처음부터 끝까지가 반복으로 쓰는 형식이다. 혹은 『금사·완안희윤전』과 『종헌전宗憲傳』을 기록한 『여진자서』이다(금대에 여진문자를 처음 배웠을 때 사용한 교과서). 이 책은 명대 영락 『여진역어』가 법본으로 사용한 적이 있다. 이번에 새로 발견한 여진문서 잔엽에 대한 더욱 할 연구는 여진문자의 창제, 사용하는 역사와 관한 여러 문제를 분명히 밝히는 것에 대해 도움이 될 것이다.29)

4. 지린성吉林省에 발견한 여진문 제자題字

지린성 과우중기科右中旗 두이기공사杜爾基公社와 과우전기科右前旗 오란무도공사烏蘭茂都公社에도 묵서제기墨書題記를 발견했으며 이런 자료들이 연구되어 있다.

---

29) 진치총(1979), 『서안 비림 신발견 〈여진자서〉』(내몽골대학학보), 아신교로 울라희춘(1979), 『여진문자서연구』(비림집리 7), 아신교로 울라희춘(2001)의 『여진문자서 연구』(풍아사) 참조.

〈보유〉

아신교로 울라희춘(2011)은 한국 국립중앙박물관에 소장되어 있는 〈만주문조선국왕주사표滿洲文朝鮮國王奏謝表〉 2건을 처음 해독하여 발표하였다. 〈조선국왕이공주사표文朝鮮國王李玒奏謝表〉와 〈조선국왕이변주사표文朝鮮國王李昪奏謝表〉 두 건인데 전자는 도광 7(1827)년에 조선의 순조가 청나라 선종에게 대만 부근에 표류한 조선인 고원삼高元三 등 귀환 조치에 대한 감사의 답으로 상진한 주사이며, 후자는 함풍 2(1852)년에 조선국 철종이 청나라 문종에게 선왕인 선종의 제의를 알리러 온 청나라 사절에게 사례를 표문한 만주어로 쓴 주사이다.

3. 여진문자에 관한 소개 문헌

이시다 미키노스케(石田幹之助), 「여진어 연구자료에 대하여(女眞語の硏究資料について)」, 『동아』 8-8, 1930.

야기 쇼자부로(八木奘三郞), 「금의 득성타비(金の得城陀碑)」, 『만주구적지(滿洲舊蹟志)』 하.

소노다 가즈키(園田一龜), 「대금득성타송비에 대하여(大金得城陀頌碑に就て)」, 『만몽』 12월호, 1933.

야마시타 다이조(山下泰藏), 「신여진국서비에 대하여(新女眞國書碑に就て)」, 『만몽』 9월호, 1934.

야마시타 다이조(山下泰藏), 「금경 여진문학 자료에 대하여(金鏡女眞文學資料の一として)」, 『만몽사학』 3-2.

다무라 지쓰조(田村實造), 「여진문학(女眞文學)」, 『동양역사대사전(東洋歷史大辭典)』 4. 420쪽.

오이카와 기에몬(及川儀右衛門), 「여진문자(女眞文字)」, 『만주통사(滿洲通史)』.

모운(毛汶), 「여진문자의 기원(女眞文學之起源)」, 『사학연보(史學年報)』 제3기 제1호, 1931.

고다이라 수이호(小平綏方),「요·금·서하·원·청 오조의 제자(遼·金·西夏·元·清 五朝の製字)」,『동양문화』제154호, 1937.

오쿠라 신페이(小倉進平),「조선에서의 거란 및 여진어학(朝鮮に於ける契丹及び 女眞語學)」,『역사지리(歷史地理)』제29권 제5호, 1917.

시라토리 구라키치(白鳥庫吉),「거란 여진 서하 문자(契丹女眞西夏文字)」,『사학 잡지(史學雜誌)』9권 11~12호, 1898.

사이토 부이치(齊藤武一),「거란문자와 여진문자(契丹文字と女眞文字)」,『국립중 앙박물관시보(國立中央博物館時報)』제11호, 1941.

루오 펀청(羅福成),「요금문자근존록(遼金文字僅存錄)」,『국립중앙박물관시보』 제13호, 1941.

4. 여진어·문자에 관한 연구 논문

이시다 미키노스케(石田幹之助),「여진어 연구의 새로운 자료(女眞語研究の新資 料)」,『구와바라 박사환력기념동양사논총(桑原博士還曆祈念東洋史論叢)』, 1930.

와타나베 쿤타로(渡部薰太郎),「여진관 내문 통해(女眞館來文通解)」,『아세아연구』 제11호.

와타나베 쿤타로(渡部薰太郎),「여진어의 신연구(女眞語の新研究)」,『아세아연구』 제12호.

이나바 이와키치(稻葉岩吉),「북청성곶산성 여진마애비 고석(北靑城串山城女眞 磨崖考釋)」,『청구학총』제2호, 1930.

루오 펀청(羅福成),「엔타이 금원국서 비석문(宴台金源國書碑石文)」,『고고』제5호.

루오 펀청(羅福成),「여진국서비고(女眞國書備考)」,『지나학』제5권 제4호.

루오 펀청(羅福成),「엔타이 금원국서비고(宴台金源國書碑攷)」,『지나학』제3권 제10호,『국학계간』제5권 제4호, 1929.

루오 펀청(羅福成),「여진국서비 발미(女眞國書碑跋尾)」,『지나학』제5권 제4호.

루오 펀청(羅福成),「금 태화제명잔석(金泰和題名殘石)」,『동북총간』제17기, 1931.

루오 펀청(羅福成),「명노아간영영사비 여지국서설」,『만주학보』제5호.

루오푸이(羅福頤),「요금삼석각고, 금 오둔랑필제명(遼金三石刻考, 金奧屯郎弼題 名)」,『만주사학』3권 2호, 1940.

류씨루(劉師陸),「여진자비고(女眞字碑攷)」,『고고』5기, 1933.

야마모토 마모루(山本守),「여진역어의 연구(女眞譯語の硏究)」,『고베외대논총』 제2권 제2호, 1951.

야마모토 마모루(山本守),「정가당본 여진역어고(靜嘉堂本女眞譯語攷異)」,『서향』 제16권 제10호, 1943.

오사다 나쓰키(長田夏樹),「만주어와 여진어(滿洲語と女眞語)」,『고베언어학회 (神戶言語學會)』, 1949년 5월 21일.

오사다 나쓰키(長田夏樹),「여진문자 금석자료의 해독에 대하여(女眞文字金石資 料とその解讀に就いて)」, 서울: 알타이학회, 1950.

오사다 나쓰키(長田夏樹),「여진문자의 구조의 음가에 대하여(女眞文字の構造と その音價に就いて)」, 일본중국학회, 1949.

야마지 히로아키(山路廣明),「여진어의 십이지(女眞語の十二支)」,『언어집록』제2 호, 1952.

야마지 히로아키(山路廣明),「여진어의 십간(女眞語的十干)」,『언어집록』제3호, 1952.

야마지 히로아키(山路廣明),「거란 여진문자 제자 방법론 비교(契丹, 女眞文字制 字方法論比較)」,『언어집록』제4호, 1953.

야마지 히로아키(山路廣明),「여진 난어해: 관어 '래독(都督)'의 기자의 발현」,『언 어집록』제5호, 1953.

민영규,「여진문자의 구성에 대하여」, 부산 연세대학 사학회 제9회 월례연구발표 회, 한국 4285년 7월 19일.

야스마 야이치로(安馬彌一郞),「여진문 금석지고(女眞文金石志稿)」, 교토: 유인 본, 1943.

무라야마 시치로(村山七郎),「오처경에 보이는 여진어에 대하여(五處經に見える

女眞語について)」,『동양학보』제33권 3·4호, 소화 26년 10월.

야마지 히로아키(山路廣明), 「여진 제자에서 가점의 연구(女眞製字に於ける加點の研究)」,『언어집록』제5호, 1953.

야마지 히로아키(山路廣明), 「여진문자제자연구(女真文字制字硏究)」, 동경남방제언어연구소간행, 1958. 8(1980. 중인), 461쪽.

〈보유〉

본서가 출판된 이후에 여진어와 문자에 관한 많은 연구 성과들이 쏟아져 나왔다. 그동안의 연구 성과를 정리한 류푸찌앙劉浦江(2009)의 「20세기 여진어 문자 연구 논저 목록」과 아신교로 울라희춘愛新覺羅 烏拉熙春의 서서 목록 등을 참고하고 또 한국의 관련 논저를 참고문헌에 덧붙여 수록하였다.[30]

---

30) Liu Pujing, 「Bibliograph of Twentieth Century Scholarship on the Jurchen Language」,『한학연구통신』21: 3, 2009 참조.

제3장

여진문자에 관한
역사적 사실

제3장 여진문자에 관한 역사적 사실

여진문자의 기원 혹은 유래에 대해 각종의 사적에 기록된 것을 보면 이들 대부분은 역사에 대한 기술이고 원 글자인 대자와 소자의 차이와 그들의 구체적인 유래에 대해 기술하고 설명한 것들은 볼 수 없다.

1) 『서사회요書史會要』(권8-2) "금·완안희윤金 完顔希尹"의 항.

"금나라 사람들은 초기에는 문자가 없었다. 인근 국가와 거란어로 교류하며, 나라가 강해지면서 태조가 희윤에게 명하여 나라 문자를 찬술토록 하였다. 희윤은 곧 한자의 계자階字를 모방하고 거란문자의 제도를 합하여 나라의 문자인 여진자를 만드니 태조가 크게 기뻐하며 반포하여 시행토록 명하였다. 그 후 희종은 또 여진문자를 제작하였는데 희윤과 더불어 여진 대자를 찬술하였고 희종이 찬술한 것을 여진 소자라고 한다(金人初無文字, 國執日强, 與隣國交好酒用契丹語, 太祖命希尹, 撰本國字, 希尹乃依倣漢人階字, 因契丹字製度, 合本國語, 製女眞字太祖大悅, 命頒行之, 其後 熙宗亦製女眞字, 與希尹撰 謂之女眞大字 熙宗所撰謂之女眞小字)."

2) 거란문자와 여진문자(사이토 부이치齊藤武, 『국립박물관시보』제10호, 강

덕德 8(1941)년 8월 3일)

"여진, 즉 금나라는 당초 문자가 없었기 때문에 거란문자를 사용한 것 같지만 태조 천보 3(1119)년에 한자의 계서를 모방하여 여진 언어에 맞추어 여진 대자를 만들고 그 뒤에 희종 천권 원(1138)년에 소자를 만들었다. 이에 대해서는 『금사』 권2, 본기 제2, 태조의 조항에 "천보 3년 8월 기축년에 여진 대자를 반포하여(天輔三年八月己丑頒布女眞大字)" 그리고 동서 제4권 본기 제4, 희종조에 "천권 원년 정월 무자 삭에 여진 소자를 반포하였고(天眷元年正月戊子朔頒布女眞小字)" 이어 "황통 5년 무오 초에 소자를 사용토록 하였고(皇統五年戊午初用御製小子)" 또 동서 권7 삼열전 제11에는 "완완부 희윤의 본명은 곡신谷神이다. …금나라 사람들은 처음에는 문자가 없었으나 인접한 나라와 교류하며 거란어를 사용하다가 나라가 강성해지자 태조는 희윤에게 명하여 나라 문자는 창제하니 희윤은 한인의 계자와 거란문자 제도를 모방하여 여진문자를 천보 3년 8월에 사서를 완성하니 태조가 매우 기뻐하며 반포하여 시행토록 명했다(完顔希尹 本名谷神…金人初無文字, 國執日强, 與隣國交好迺延用契丹字, 太祖命希尹, 撰本國字備制度, 希尹乃依漢人階字, 因契丹字製度, 製女眞字 天輔三年 八月 寫書成 太祖大悅, 命頒行之)"로 적혀져 있다. 여진문자의 대자는 아마 거란문자를 답습한 것이라고 되어 있지만 아직까지 구체적으로 어떤 것인지 확인되지 않았다. 소자는 『화이역어』를 비롯한 기타 한자 대역이 있는 금석문 등에서 보아, 음운자(phonogram, 音韻字)와 의자(Idiogram, 義字)로 이루어진 것으로 이해할 수 있다. 독일의 동양학자 그루베는 해독서인 『여진어와 문자(Die Sprache und Schrift der Jučen)』를 저술하였다.

3) 다무라 지쓰조田村實造 『동양역사대사전』 제4권

'여진문자'는 여진(여직)이 제정하여 사용했던 문자로 대자와 소자 두 가지가 있다. 대자는 금나라의 태조 아구다阿骨打가 천보 3(1119)년에 완안 희윤完顔希尹에게 명하여 거란문자 체제를 모방하여 만들게 한 것으로 아마도 이는 거란문자를 답습하여 제작한 것이다. 소자는 천권 1(1138)년 희종(제3대)이 제정한 것으로 황통 5(1145)년 이래 널리 사용토록 했다. 대자는 어떠한 것이 있는지 유감스럽게도 확인을 못했지만 소자로 기록된 것은 〈대금득승타송비大金得勝陀頌碑〉를 시작으로 '여진어'의 항에 게재된 여러 자료의 대부분이 이것이다.[1] 소자도 아직까지 완전히 해독되지 않아서 자세한 것은 이후에 연구를 기다려야 하지만, 『화이역어』를 비롯한 기타 한자로 대역된 금석문 등으로 미루어 음을 전사한 음자와, 음과 상관없이 한자의 모양을 조금 바꾸어 만들었다고 생각되는 의자義字가 있는 듯하다.

4) 여진문자의 기원, 마오언毛汶 『사학연보史學年報』 제1권 제3기, 1931년 8월(북경)

이 논문에서 마오언毛汶은 "대대로 여진문학자들이 논의해 온 여진문자 기원을 상세하게 기술하는 것은 불가능하였으나 그 언어 연구의 미래가 개척이 되기를 바랄 뿐이었다(世之尙論女眞文學者, 矛不能詳述其文字之起源, 而祈言其先路): 금사의 문예에 전하는 부사浮詞에서 모두 한가지이지만 문예전에서 이르되 금나라 초에는 문자가 없어서 세조 이래로 학교를 세웠으며 태조 대에는 매우 흥기하였다. 옛 요나라에서는 사람을 기용하여 사신이 왕복할 때에 그 언어와 문을…(斯蓋金史文藝傳之浮詞, 有以階其厲也, 文藝傳之言曰 金初未有文字, 世祖以來, 漸立條敎, 太祖旣興, 得遼舊人用之, 使介往復, 其言其文…)."

이 애매한 수십 개의 글자로 내가 금대의 문자 기원 시기를 능히 밝힐 수 없으며 … 태조가 요나라의 사람을 기용한 시기도 알 수 없으며, 만일 금대 문자의 기원에 대한 것을 상술하고자 한다고 해도 가히 불가능한 어려운 문제이다(此寥寥數十字, 殊未能示吾人以金代文字起源之時日也! … 太祖得遼舊人之用而之時日, 復不可知. 若是而欲詳述其一代文字之起源, 豈不憂憂 乎其難載!).

또 『금사』에 〈누합온돈사충전耨盌溫敦思忠傳〉에 또 싣기를, 태조가 요나라를 정벌하였을 때도 문자가 없었다(太祖伐遼, 是時未有字…).

또 금사의 〈조야앙전金史烏野昻傳〉에 실린 바로는 여진은 원래 문자가 없었다. 요나라를 정벌하고 거란의 한인 포로를 잡아 요에 파견하여 거란과 한자

---

1) 아신교로 울라희춘(2001)은 금명대 금석문을 비롯하여 『여지역어』의 여진문자를 '여진 대자'로 파악하고 있다.

로 소통하였다(女眞初無文字, 及破遼, 獲契丹漢人, 始通契丹, 漢字).

또 양씨가 요나라 문신으로 새 조정의 우명(은총恩寵을 보여 준 명령)을 만들고 게다가 선비를 선발하는 권리를 장악한 업적이 매우 크다! 국가 정책에 대해 공훈이 있고 양씨가 (금나라에) 들어가 금나라 사절로 왕래하며 그의 언어가 문의 시작이 되었다. 양씨가 들어와서 종실 여러 사람에게 학문을 알리게 된다. 곧 여진문자를 만들고 반포하여 양씨가 가르쳤기 때문이다.[2] 그래서 양씨가 금나라 문자 원천이라면 가능하다. 종실 호십문胡+門은 또 한문을 잘하고 거란 대소자契丹大小子에 능숙했는데 금나라로 돌아오는 날부터 계산하면 양씨가 돌아온 2년 후에 수준이 높아졌다(호십문胡+門은 금나라에 또는 시간이 수국收國 2년(1117)에 따라 말한다). 그래서 호십문은 근대 문학 기원자가 될 수 없다는 것을 알게 되었다. 그래서 여진어에 대해 기원을 탐구하려면 사실 수국收國기원 1년 전부터인 양씨로부터 시작한다("夫楊氏以大遼之文臣, 作新朝之优命(示以恩宠的征命); 其于國計, 自著勳勞: 剡握文衡, 尤多偉績! 楊氏入而金源之使介往復, 其言始文 (文藝傳語) 楊氏入, 而宗室諸子, 乃知問學(鳥野傳語) 迨其後女真字體之頒行, 亦莫不因楊氏之教也! 則謂楊氏爲金源文字之泉源, 要無不可! 雖宗室胡十門門者, 亦善漢語, 通契丹大小字, (見胡十門門傳) 然究其歸朝之日, 終後於楊氏二年而强, 按胡十門入金爲收國二年故云 是其不能金代文学之發源人, 又可見矣! 是故女真文字之権(商討)與, 実造端夫楊氏, 而始萌于收國記元前一年也.").

결국 여진인은 최초에는 문자가 없어서 거란어 거란문자(대·소자)를 사용하였고 후에 여진문자가 만들어졌다는 내용에 그치며 그 외에 아무 것도 기술하지 않고 직접 문자에 관해서는 어떤 고증도 이루어지지 않았다.

5) 여진문자 [오둔양필필음비奧屯良弼餞飮碑]

---

[2] 종실 제가(諸子)들은 거란(契丹)과 한자를 습득한 후에 여진문자를 창제하는 사업을 시작했다. 그래서 여진문자의 기원은 여전히 간접적으로 양씨부터 발생했다. 그래서 양씨의 교화 때문이라고 한다(宗室諸子既習契丹漢字之後, 乃從事於創製女真字, 是女真字之來源, 仍間間出於楊氏, 故云「亦因楊氏之教」也).

시마다 요시미島田好(『서향書香』 제59호 1934)에 의하면 여진문자에 대해 다음과 같이 기술하고 있다. "본 비는 태화泰和 연간에 조각한 것이기 때문에 여진의 소자로서 의심의 여지는 없지만 이상한 것은 이전에 이나바 이와키치 溶葉岩吉 박사도 말했듯이 아직까지(『청구학보』 제14호) 여진의 대자에 해당하는 것이 발견되지 않았다는 것이다. 종래 여진 대자로 불리던 〈대금황제도통 경략랑군행기大金皇弟都統經略郞君行記〉는 요나라 제후의 거란문자 애책문 연구의 결과 다소 읽을 수 있기 때문에 거란문이 틀림이 없다. 무엇보다도 여진 대자는 거란문자를 본 따서 제작한 것이라면 양 문자는 다수 비슷할 것이지만 낭군행기는 여진문이라고 말하기에는 거란문자가 많이 나타난다.

그러나 하긴, 여진문자의 대소자를 구체적으로 지적하고 있지는 않다. 다만 이 논문에는 다소 여진문자의 음독이 나타난다고 밝히고 있다."

6) 이시다 미키노스케石田幹之助, 「Jurčica(여진학)」, 『이케우치 박사환력 기념논문집 동양사논총池內博士還曆記念論文集 東洋史論叢』, 1940년 3월
이 논문에는 2항목으로 구분할 수 있다.

(1) 『방씨묵보方氏墨譜』에 보이는 「여진자 명문고석女眞字銘文考釋」(38~48쪽)에서 "侔臾尒无秦伐丰乭俑釆憙", "명왕신덕 사이함빈明王愼德四夷咸賓"을 고증하여 역어와 비교하면서 검토하고 있다.3)

(2) 그루베 책 '화이역어' 보환(輔還, 48~56쪽)에 있어서는 하나씩 여진 원자(原字)를 들며 그에 하자 음사를 달고, 또는 한역도 달며, 거기에다가 한어 전용(轉用)에 대해 상술돼 있는 점이 대단히 의의가 있으며 문법상의 -1a-와 같은 기능 어미의 설명까지 언급돼 있다. 설문(說文)까지는 되지 못하다 하더라도 역어에 없는 부분(물론, 중복 부분도 많지만)의 소개는 중요하다고 생각된다.4)

---

3) 이기문, 「구국소서 팔자(九國所書八字)에 대하여」, 『진단학보』 62, 1986; 이상규, 「명왕신덕 사이 함빈의 대역 여진어 분석」, 『언어과학연구』 제63, 언어과학회, 2012.

4) 이 논문의 필자는 '여진학'을 Jurčica로 하고 있는데 일반적으로는 Jučenica로 해야 하며, 보다 바르게는 Jušenica로 해야 할 것이다.

제4장

여진문자의 구조

제4장 여진문자의 구조

　여진문자는 거란문자와는 용법을 달리하고 있어 얼핏 보면 한 자씩
써 내려가는 한자와 비슷한 방법으로 쓰인다. 그리고 고증의 결과 제자
방법에 일정한 순서 혹은 대체적인 순서와 형식이 있으며, 구체적인 방법
으로는

　　ㄱ) 어떠한 순서로
　　ㄴ) 어떻게 변형되는가

이 두 가지로 구분할 수 있다.
　한자는 그 구조에 있어서 '변扁, 방旁, 관冠, 각脚, 수垂' 등이 있고 각자의
의미를 가지며 또는 역할을 하는 것은 모두 다른 언어에 나타나는 굴절어
미附着詞의 활용과 유사한 점이 있다. 한자에서 만든 여진문자도 그 형태의
모방에 있어서 같은 변, 방 등이 있지만 이러한 것들은 한자의 경우와
전혀 다르고 어떠한 기능(작용)도 갖고 있지 않다. 다만 변, 방 등을 지닌
여진문자가 어떤 한자로부터 만들어졌는지 알기 위한 참고로서 이 연구
를 기술하는 것이 순서일 것이다.

1) 가점加點

한자 바탕 문자에 1점을 더하는 것과 여진문자 또는 한자의 변형에 1점을 더한 것.

ㄱ) 한자 바탕 문자에 1점을 더한 것.

日(한자) → 旦(여진자)
月(한자) → 肙(여진자)
于(한자) → 圩(여진자)

ㄴ) 여진문자 혹은 한자의 변형에 1점을 더한 것.

生(한자) → 玍(여진자)
生(한자) → 羑(여진자)
英(한자) → 苂(여진자)
召(한자) → 劤(여진자)
斤(한자) → 斥(여진자)
奄(한자) → 黾(여진자)
乎(한자) → 竽(여진자)
更(한자) → 叓(여진자)
缶(한자) → 盂(여진자)
爭(한자) → 夅(여진자)

ㄷ) 한자의 감획형에 1점을 더한 것.

胭 (혹은 '厭'의 약형)(한자) → 肰(여진자)

ㄹ) 한자에 있는 점을 그대로 유지한 것.

伐(한자) → 丈(여진자)
伐(한자) → 戕(여진자)
伐(한자) → 屯(여진자)

戻(한자) → 屏(여진자)

戻(한자) → 屏(여진자)

甫(한자) → 甶(여진자)

忒(한자) → 式(여진자)

埒(한자) → 仔(여진자)

ㅁ) 폐족형閉足形의 오른발을 점으로 바꾼 것.

즉 '大'라면 'ナ'을 '十'으로 하고 'ㄟ'를 'ㆍ'로 하여 'ㆍ十'으로 되고 결국
패족형의 가점과 동일하게 된다.

英(한자) → 羋(여진자)

伏(한자) → 伃(여진자)

ㅂ) 어떤 획을 점으로 바꾼 것.

春(한자) → 耒(여진자)

이런 예는 여진문자의 형태가 제자 방법론적으로 어느 정도까지 방식
을 유지하는 것이라는 뜻을 나타내고 있다.

2) 감점減點
한자 바탕 문자 혹은 그 변형에서 1점을 줄이는 것.

尤(한자) → 尢(거란자의 예)

宥(한자) → 肴(여진자)

脊(한자) → 肸(여진자)

3) 가획加劃

한자 바탕 문자의 그 변형 혹은 여진문자에 획을 더한 것.

天(한자) → 夫(여진자)
一(한자) → ㇐(여진자)
二 (한자) → 𠄟(여진자)
十(한자) → 千(여진자)
万(한자) → 方(여진자)
雨 (한자) → 南(여진자)
木(한자) → 朱(여진자)
壬(여진자) → 麦(여진자)

4) 감획減劃

한자 또는 그 변형 혹은 바탕 문자의 여진문자에서 획을 감한 것.

胭, 厭(한자) → 肰(여진자)
芙(한자) → 关(여진자)
舍(한자) → 舎(여진자)
吳(한자) → 吴(여진자)
屎(한자) → 屏(여진자)
曳(한자) → 叏(여진자)

5) 할천割天

한자 또는 그 변형의 방법으로 '天'의 상부의 '一'를 나누어 'ハ'로 분할한다.

末(한자) → 釆(여진자)
天(한자) → 夨(거란자의 예)

6) 개족開足
바탕 문자의 한자 혹은 그 변형의 세로줄從棒 'ㅣ'를 두 가지로 벌여서 '人'으로 한다.

  卆(한자) → 厾(거란자의 예)

7) 폐족閉足
6)번과 반대로 열려 있는 세로줄 '人'을 닫아서 'ㅣ'로 한다.[1]

  戾(한자) → 厈, 厈(여진자)
  矣(한자) → 禾(여진자)
  英(한자) → 釆(여진자)

8) 변위變位
한자의 가획은 대체로 그대로 두고 그 위치를 바꾸는 것으로 이와 같은 예가 한자 자체에도 있다. 예를 들면 '胷'을 '胷'으로 '腈'을 '胃'으로 '略'을 '畧'으로 하는 것과 같다.

  京(한자) → 亰(여진자)
  店(한자) → 岾(여진자)
  袞(한자) → 弞(여진자)

9) 답습踏襲
형태상으로는 한자를 그대로 채용하지만 의미를 읽는 방법을 달리 하는 것.

---

1) 다만 '英→釆'과 같이 '人'이 'ㅣ'로 되더라도 '、'을 더 넣을 때가 있다. 이것을 패족의 가점이라고도 하고 또 '人'의 'ノ'이 'ㅣ'가 되어 '乀'이 점화한 것으로도 볼 수 있다.

荅(한자) → 荅(여진자)

矢(한자) → 矢(여진자)

失(한자) → 失(여진자)

右(한자) → 右(여진자)

兒(한자) → 兒(여진자)

仗(한자) → 仗(여진자)

王(한자) → 王(여진자)

艾(한자) → 艾(여진자)

10) 변형變形

1)에서 9)까지 기술한 것 이외에는 모두 변형에 속하는 문자로, 하나하나에 대해 법칙화하는 것은 도저히 불가능하기 때문에 지금은 일괄해서 '변형'이라고 말해둔다.

1. 여진문자의 변扁

한자에는 많은 변이 있지만 여진문자에는 변의 수가 적고 역어에 의하면 "亻, 扌, 舌, 石, 又, 天, 木, 米, 丿, 王, 手, 毛, 与, 幺, 千, 盍, 土, 夕, 月, 禾, 玉, 亠, 夆, 弟, 圭, 犭"의 25종을 헤아릴 수 있다. 여러 가지를 가지는 여진문자를 일일이 다음의 표로 만들어 실어보도록 한다. 이 중에 많은 것은 '亻', 다음은 '扌'와 '丿'의 순으로 되어 있다.

1) 亻 변: 住, 仟, 侠, 仵, 化, 仗, 伕, 休, 仟, 仔, 伺, 伢, 代, 但, 侁, 仅, 充, 伏, 係, 伴, 侯, 佚, 俟, 得, 荷, 伻, 偏, 倖, 任

2) 扌 변: 搋, 找, 抱, 扞, 抹, 孨, 搓

3) 舌 변: 卦, 武

4) 石 변: 刭

5) 天 변: 軏

6) 木 변: 扎, 杌

7) 米 변: 籼

8) 丿 변[2]: 伏, 仸, 床, 仹, 仮, 仹, 休, 伴, 抹, 床, 庆, 凨, 凨, 砅, 牂, 妣,
   乐, 庆, 庒, 凬, 凯, 乐, 庑,

9) 王 변: 玠

10) 手 변: 利, 扎, 乿

11) 乏 변: 纪

12) 与 변: 玠

13) 幺 변: 纠

14) 孑 변(한자의 '幺'에서): 纪

15) 䢀 변[3]: 蚾, 卦

16) 土 변: 坏

17) 歹 변: 列

18) 月 변(한자의 '月'에서: 肰

19) 禾 변(한자의 '禾'에서): 袖

20) 王 변(한자의 '土'에서): 玫

21) 讠 변(한자의 '言'에서): 外

22) 麦 변: 刘

23) 乎 변: 利,

24) 主 변: 乱

25) 弓 변: 拼

이들 모든 변은 반드시 한자 바탕 문자에서 가져온 것은 아니지만 그
중에는 한자의 변을 그대로 취한 것도 있다. 그러나 앞에서 기술하였듯이

---

2) '抚'와 '凨'는 '儿'로 분류해야 하지만 여기에서는 편의상 'ㅣ'로 넣었다.
3) 역어에는 No. 164에 '蚾'로 되었고, 79쪽의 Ⅲ에도 '蚾', 78~193쪽에도 '蚾'가 있지만 No.
   419에 '蚾'로 되어 있다. 이들에서 아마도 '蚾'이 올바르다고 생각되지만 'ㄴ=ㄴ'의 예로서
   한자에는 '䶅[chʼĕn]이 있다.

여진문자의 변은 단순히 문자를 구성하는 획(stroke)일 뿐, 의미상 음상으로 어떤 영향도 주지 않는다. 다만 조자造字상 대한 여진문자에서 변을 가지는 것은 대체로 한자에서 변이 있는 것이 바탕 문자로 되어 있다.

'亻, 扌, 刂'는 한자의 변종에서 '亻, 扌, 言, 氵, 彳' 등에서 유래하고 특히 '刂'는 '氵'에서 온 것이 많다. 이들 변 이외에 '방旁, 관冠, 각脚, 수垂'도 변과 마찬가지로 한자의 모방에 지나지 않는다.

2. 여진문자의 관冠

여진문자의 관은 다음과 같다.

'亠, 艹, 尢, 厶, 丶, 䒑, 山, 乂, 人, 乚, 大, 又, 夂, 土, 曰, 冖'

3. 여진문자의 수垂

'𠂆, 广, 丿, 尸, 产, 广'

4. 여진문자의 각脚

'乚, 土, 工, 大, 口, 灬, 圡, 人, 儿, 丿'

여진문자의 각 가운데 '灬'는 분명히 한자의 '心'에서 유래하고 있다.

'灬' → '灬, 𢖩, 㤅, 玔, 政'

　　'卽'[chi] → '急'[chi] → '𢖩'[ebuhu](의자)
　　'指'[chi] → '急'[chi] → '㤅'[či](음자)
　　'塞'[se] → '思'[sai] → '玔'[se](음자)
　　'物'[wu] → '惡'[wu] → '政'[jaka](음자)

'ｊ' 각

이 각은 '木'의 형태를 'ｵ'으로 한 경우와 '土'를 'ｵ'으로 한 경우에 사용되고 있다.

　　'乂'각: 艾, 癶, 癸, 叏, 乑, 叟, 羑, 唉, 乑

　　'乑'각: 叐, 芠, 叐, 哭, 覂

　　'人'관: 仐, 籴, 仓, 仐, 合, 仚, 全, 佥, 仐, 仚, 舍, 籴, 余, 仚, 仐, 佘, 仚,

　　'乂'관: 仐, 籴, 余, 籴, 仐, 籴

　　'山'관: 岅, 坒, 荟, 癸, 籴, 炎

　　'亾'관: 兇, 尣, 玍, 兂, 孖

제5장

제자 방법론

제5장 제자 방법론

　여진문자가 한자로부터 제작된 과정과 방법을 설문적 고증으로부터 정리하면서 분류하면 약 10여 종이 된다. 이는 여지도 없이 마오운毛汶이 언급한 소위 여진문자의 기원일 수 있다고도 생각할 수 있다. 이들 유형을 나타내면 다음과 같다.

　　(1) 한자 ――――→ 여진자 (의자)
　　　　　[의미와 자형의 관계]

　　(2) 한자 ―――→ 여진자 (음자)
　　　　　[음과 자형의 관계]

　　(3) 한자 ――――――→ 여진자 ――――――→ 여진자 (의자, 음자)
　　　　　[의미와 자형의 관계]　　[음과 자형의 관계]

(4) 한자 ⟶ 여진자 ⟶ 여진자 (의자)
　　　└[음과 자형의 관계]┘ └[음과 자형의 관계]┘
　　　└──────[의미의 관계]──────┘

(5) 한자 ⟶ 여진자 ⟶ 여진자 (의자)
　　　└[음의 관계]┘ └[자형의 관계]┘
　　　└────[의미의 관계]────┘

(6) 여진어 ⟶ 한자 ⟶ 여진자 (의자)
　　　└[음의 관계]┘ └[자형의 관계]┘
　　　└────[의미의 관계]────┘

(7) 한자 ⟶ 한자 ⟶ 여진자 ⟶ 여진자 (의자, 음자)
　　　└[음의 관계]┘ └[자형의 관계]┘ └[음과 자형의 관계]┘
　　　└────[의미의 관계]────┘

(8) 여진어 ⟶ 한자 ⟶ 한자 ⟶ 여진자 (의자)
　　　└[의미의 관계]┘ └[음의 관계]┘ └[자형의 관계]┘
　　　└────────[의미의 관계]────────┘

(9) 한자 ⟶ 한자 ⟶ 여진자 (음자)
　　　└[음의 관계]┘ └[음과 자형의 관계]┘

(10) 여진어 ⟶ 여진어 ⟶ 한자 ⟶ 한자 ⟶ 여진자 (의자)
　　　└[음의 관계]┘ └[의미의 관계]┘ └[음의 관계]┘ └[자형의 관계]┘
　　　└──────────[의미의 관계]──────────┘

이들의 표는 앞에서 기술한 것과 같이 여진문자에 대해 연구한 결과에서 얻어진 것으로 이하 이들 표에 대해 일일이 실례를 표시하여 상세하게 설명을 덧붙여 보기로 했다.

(1) 한자 ──→ 여진자 (의자)
    [의미와 자형의 관계]

이 방법은 바탕 문자가 되는 한자에 손을 대어(가점, 감점, 가획, 감획, 변형 등) 여진문자의 자형을 만들고 그 만들어진 문자에 한자의 표의적인 성질을 더하고 그것을 여진 훈으로 읽는다.

예) ‘月’[yüeh] → ‘月’[biya]
    ‘日’[jih] → ‘日’[inenggi]
    ‘兄’[hsiung] → ‘兄’[ahu]
    ‘亦’[i] → ‘禾’[geli]
    ‘天’[t'ien] → ‘天’[abka]

(2) 한자 ──→ 여진자 (음자)
    [음과 자형의 관계]

이 방법은 한자의 의미와 관계없이 음만을 채택하여 그 한자를 변형하여 여진문자로 만들어 그 음 또는 그와 닮은 음을 할당한 것이다.

(예) ‘雨’[yü] → ‘雨’[i], ‘府’[fu] → ‘府’[fu]
    ‘其’[k'i] → ‘其’[ki], ‘舍’[shê] → ‘舍’[ša]
    ‘吳’[ku, wu] → ‘吳’[gu]

예를 들면 이 경우는 위 예의 여진문자 ‘雨’[i]는 한자 ‘雨’에서 만들어진 것이지만, '雨'의 의미는 없고 음과 자형을 모방한 것이다. 여진어로 '南'를 '炎芹'[aga]라고 한다(그루베의 역어 No. 8). 아울러 '东'[fu]는 한어 '府'[fu]의 전사자로 사용되는 경우가 있으며, 음과 의의 양쪽으로 사용된다.

(3) 한자 ─────→ 여진자 ─────→ 여진자 (의자, 음자)
    [의미와 자형의 관계]   [음과 자형의 관계]

이 방법은 바탕 문자가 되는 한자의 의미를 수용하지만 그 형태를 변화시키고(제1형과 같다). 다음으로 이렇게 하여 만든 여진문자가 지니는 여진 훈과 닮은 여진어에 그 문자를 다시 변형시킨 것을 적용한다. 이 설명으로는 다만 복잡한 듯하지만 결국 제1형을 바꾸어 제1형의 여진어와 비슷한 말로 적용한 것이다.

예) '北'[pêi] ─────→ '乣'[uli] ─────→ '圠'[ali]
      제1형 (北)   (山)

다시 말하면 '乣'[uli]는 '北'의 의미인 여진 의자가 그 형태를 바꾼 '圠'[ali]는 바로 '北' 또는 그와 관계가 있다. 예를 들면 '冬, 寒, 後' 등의 의미가 아니라 [uli]를 닮은 [ali]라고 하는 음을 가진 단어의 문자로 되어 있다.

예) 北[pêi] ─────→ '乣'[uli] ─────→ '圠'[ali]
    [의미와 자형의 관계] [자형과 음의 관계]

'圠'[ali]는 명사어미 '刈'[-in]과 결합하여 [ali-in] = [alin](山)의 뜻을 가진 의자가 된다.

(4) 한자 ⟶ 여진자 ⟶ 여진자 (의자)

    [음과 자형의 관계]　[음과 자형의 관계]

           [의미의 관계]

(3)에 대한 음자의 예로서는 다음과 같이 나타낼 수 있다.

예) '生'[shêng] ⟶ '玊'[šen] ⟶ '美'[šen]

    [자형과 음의 관계]　[자형과 음의 관계]

이것은 한자 '生'이 지닌 의미가 '玊'나 '美'에도 연결되어 있지 않고 공식적으로 나타낸 한자에서 여진문자로 이행할 때에 상호관계는 의미와 자형이 아니라 음과 자형으로 되어 있다.

(5) 한자 ⟶ 여진자 ⟶ 여진자 (의자)

    [음의 관계]　[자형의 관계]

       [의미의 관계]

여진 의자에서는 이 방법에 따라 만들어진 것이 상당히 많다. 즉 한자를 (1)과 같이 직접 변형하지 않고 그 의미의 문자가 같은지 또는 유사한 음을 지닌 문자 중에서(주로 단체인 것) 한자를 골라 그것을 변형하여 여진문자를 만들었다.

예를 들면 '塩'을 의미하는 한자에서 같은 '塩'을 의미하는 여진문자를 만들기 위해서는 '塩'이라고 하는 한자의 획을 증감하거나 혹은 변형하여 만들지 않고 '塩'[yen]의 항목에 있는 문자(의자) 중에서 '厭'[yen]이라고 부르는 문자를 골라 이 문자의 획을 줄여서 '狀'[yen]으로 하며 이것을 [yen]이라는 한자음 그대로 읽지 않고 여진훈의 [tabu]로 읽게 하는 것이다. 다른 예를 들면 다음과 같다.[1]

예) 泥[ni] ⟶ '굿'[ni] ⟶ '扚'[ci]
　　　　[음의 관계]　　[자형의 관계]
　　　└────[의미의 관계]────┘

예) '塩'[yen] → '厭'[yen] → '狀'[tabu]

　　'油'[yu] → '臾'[yü] → '矢'[meng]

　　'互'[hu] → '乎'[hu] → '芈'[s-hun]

　　'心'[hsin] → '辛'[hsin] → '半'[mujilen]

　　'套'[t'ao] → '稻'[tao] → '袖'[yohi]

　　'騙'[shan] → '身'[shên] → '男'[akta]

　　'呵'[ho] → '禾'[ho] → '米'[gisa]

　　'捕'[pu] → '芙'[fu] → '关'[jafa]

　　'醜'[ch'ou] → '周'[chou] → '可'[ewu²]

　　'友'[yu] → '臾'[yü] → '里'[nuku]

　　'移'[i] → '矣'[i] → '牟'[guri]

　　'辰'[ch'ên] → '岑'[ch'ên] → '炎'[mudu]

　　'木'[mu] → '莫'[mu] → '支'[mo]

　　'神'[shên] → '甚'[shên] → '其'[fendu]

　　'鷹'[ying] → '英'[ying] → '丰'[giyahu]

　　'妹'[mêi] → '美'[mêi] → '羌'[nehu]

　　'指'[chih] → '急'[chi] → '叒'[či]

　　'赤'[ch'ih] → '企'[ch'i] → '金'[ful]

　　'問'[wên] → '吻'[wen] → '万'[mai]

　　'瓜'[kua] → '夸'[k'ua] → '丂'[niya]

　　'這'[chê] → '支'[chih] → '乞'[ese]

---

1) 이 경우 '扚'[či]는 '泥'를 의미하는 단어 외에는 사용되지 않지만 '屼'[fa]와 합하여 비로소
'泥'를 의미하는 단어가 된다. 다만 그 중에는 1개의 여진문자로 하나의 단어를 이루는 것도
있고 이에 대해서는 다음 장의 "완전 의자와 불완전 의자"의 항에서 기술할 것이다.

'州'[chou] → '入'[ju] → '夶'[jun]

'色'[shɑi] → '食'[shih] → '仐'[bočo]

'祭'[chi] → '己'[chi] → '乇'[hɑči]

'榆'[yü] → '弍'[i] → '兀'[hɑi]

'聲'[shěng] → '先'[hsien] → '尤'[jilgɑ]

'幼'[yu] → '夭'[yɑo] → '夹'[ši]

'溫'[wěn] → '吻'[wěn] → '力'[dulu]

'後, 后'[hou] → '笏'[hu] → '刕'[ɑ]

'秦'[tsou] → '召'[chɑo] → '叅'[joo]

'被'[p'i] → '皮'[p'i] → '及'[te]

'做, 作'[tso] → '皮'[tso] → '仼'[jisu]

'弱'[yo, juɑ] → '若'[yɑo] → '丂'[ni]

'嘻'[shi] → '兮'[hsi] → '今'[inje]

'授'[shou] → '妁'[shuo] → '方'[tuwe?]

'卽'[chi] → '及'[chi] → '乂'[lu]

'西'[ssu] → '卒'[tsu] → '不'[dehi]

'生'[shêng] → '參'[shên] → '乑'[bɑnji]

'公'[kung] → '工'[kung] → '扌'[hung]

'遲'[ch'ih] → '赤'[ch'ih] → '牙'[goi]

'受'[shou] → '守'[shou] → '守'[čen]

'新'[hsin] → '尋"'[hsin] → '乎'[iče]

'時"'[shih] → '色"'[shɑi] → '乇'[erin]

'熊'[hsiung] → '胃'[hsiung] → '为'[lefu]

'集'[chi] → '刟'[chi] → '刟'[sɑ]

'燭'[chu] → '舟'[chou] → '冊'[yɑng]

'左'[tsuo] → '作'[tsuo] → '片'[tsuo]

'須'[hsü] → '叔'[shu] → '外'[nišɑ]

'備'[pêi] → '皮'[p'i] → '庆'[dɑ]

‘設'[shê] → ‘寫'[hsieh] → ‘哥'[ili]

‘鼻'[pi] → ‘琵'[p'i] → ‘屯'[šonggi]

‘辱'[ju] → ‘乳'[ju] → ‘乩'[giru]

‘煙'[yen] → ‘兗'[yen] → ‘兄'[šang]

‘奪'[to] → ‘叨'[tao] → ‘房'[we]

‘倒'[tao] → ‘叨'[tao] → ‘亦'[tu]

‘住'[chu] → ‘舟'[chou] → ‘舟'[te]

(6) 여진어 ──── 한자 ──── 여진자 (의자)
      └─[음의 관계]─┘ └─[자형의 관계]─┘
      └────[의미의 관계]────┘

이 방법은 여진어의 음을 한자의 동음 또는 유사음을 지니는 것으로 적용하고 그 한자를 변형하여 여진문자를 만들었기 때문에 여기에서 주의할 것은 바탕 문자의 음이 마치 한자와 같은 단음절이라는 것이 조건이다. 그렇지 않으면 일어일음절―語一音節의 한자에 해당되지 않기 때문이다. 따라서 이 조건 외의 단어들은 다른 방법에 따라 문자가 만들어 진다.

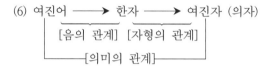

예) [šun]‘日' ────→ ‘兄'(또는) ‘兇'[hsiung] ────→ ‘兒'[šun]
      └─[음의 관계]─┘   └─[자형(음)의 관계]─┘

(7) 한자 ───→ 한자 ────→ 여진자 ──────→ 여진자 (의자, 음자)
      └[음의 관계]┘ └[자형의 관계]┘ └[음과 자형의 관계]┘
      └────[의미의 관계]────┘

이 방법에 따라 만들어진 문자는 비교적 적지만 한두 개의 예를 들어 보기로 하자.

예) '武'[wu] → '無'[wu] → '要'[u] → '盂'[čoo]

'土'[tu] → '度'[tu] → '厇'[boi] → '厇'[bo]

이 두 가지 예 가운데에서 위의 것은 '武'와 마지막의 '盂' 문자가 의미 관계를 이룬다.

(8) 여진어 ──→ 한자 ──→ 한자 ──────→ 여진자 (의자)
  └[의미의 관계] [음의 관계] [자형의 관계]┘
  └──────────[의미의 관계]──────────┘

이 예로서는 "[munggun]'蒙古' → '銀'[yin] → '奄'[yen] → '电'[munggu]" 을 들을 수 있지만 얼핏 보면 '銀'과 '电'는 같은 의미여야 하는 것을 여진 어에서는 '銀'을 나타내기 위해서 '犮土'를 사용하고 있다.

이 형에 속하는 문자는 드물다.

(9) 한자 ──→ 한자 ──────→ 여진자 (음자)
  └[음의 관계] [음과 자형의 관계]┘

이것은 단순히 음자로 제1의 한자 역어에 나타난 여진문자의 전사자를 가리키고 실제로는 여진 사람은 제2의 한자에서 직접 여진문자를 만들고 있기 때문에 형(모양)으로서는 (2)에 속한다. (2)는 역어에서도 음사에 한 자의 바탕 문자가 나타나 있지만 여기에서는 뒤에 역어의 음사를 통일적 으로 사용하였기 때문에 형에 나타내는 듯한 최초의 한자가 필요하게 되는 것이다.

예) '監'[kuen] → '更'[kêng] → '更'[giyen]

'岸'[an] → '案'[an] → '系'[an]

'希'[hsi] → '屎'[hsi] → '罕'[ši]

'縣'[kien] → '更'[kêng] → '更'[giyen]

'法'[fa] → '伐'[fa] → '札'[fa]

'歸'[kui] → '虫'[kui] → '屯'[gui]

'法'[fa] → '伐'[fa] → '筏'[fa]

'殿'[tien] → '店'[tien] → '术'[deyen]

여진문자에 대해서는 종종 하나의 한자 바탕 문자에서 2~3가지 문자
가 만들어진 예가 보인다.

예) '伐'[fa]: '札'[fa], '筏'[fa], '屯'[fa], '屯'[tuwe]
　　'乘'[ch'eng]: '桼'[he] , '里'[hoto], '米'[ji], '求'[tutu] '承'[fu]
　　'卒'[tsu]: '舎'[amba], '本'[er], '朴'[sok], '卓'[to], '秦'[toho], '本'[hūl],
　　　　　　'爭'[teme], '朴'[mula]
　　'弉'[ching]: '平'[mei], '桼'[wa?]
　　'礼'[li]: '礼'[le], '化'[le], '化'[le]
　　'戾'[li]: '屌'[silu] '屌'[fento]
　　'更'[keng]: '東'[giyen], '更'[giyen]
　　'與'[yü]: '見'[hai], '臾'[he], '叟'[nuku], '奐'[meng]

(10) 여진어 → 여진어 ──→ 한자 ──→ 한자 ──→ 여진자 (의자)
　　　　[음의 관계] [의미의 관계] [음의 관계] [자형의 관계]
　　　　└───────[의미의 관계]───────┘

이 방법은 굉장히 복잡하고 특별한 형태로 드물다. 즉 여진어의 훈에
그기에 가까운 여진어를 가져와서 다음으로 제2의 여진어의 의미로 동의
의 한자를 적용하여 그 음을 가진 한자의 항 또는 유사음의 항에 있는
한자를 변형하여 만든 것이다.

예) '門'[duka] → '腹'[duha]

[ch'ang] → '常'[ch'ang] → '秉'[門=duka]

　여진문자의 제자법은 대부분 앞서 기술한 방법 중 어느 하나에 해당하는 것이지만 현재까지 고증에서 아직까지 불분명한 문자, 예를 들어서 '友'[la], '炙'[ša] 등은 다른 방법에 의해 만들어진 것일지도 모른다. 아울러 대체로 이에 따라서 제자 방법에 거두어드리는 것으로 생각해도 지장이 없다. 이것은 다시 말할 필요도 없이 여진문자가 한자에서 만들어진 것을 입증하는 것이다.

제6장

여진 바탕 문자
발견의 원칙

제6장 여진 바탕 문자 발견의 원칙

　여진 바탕 문자其字의 발견 방법, 바꾸어서 말하면 여진문자를 제작하는 데 있어서 그 바탕 문자가 된 한자, 그것을 여진문자에서 반대로 추정하는 방법은 오늘날까지 내가 행한 방법 외에는 아직까지 세계에서 발표되지 않았지만 나는 이 방법을 시행해 보고 거기에 어떤 일정한 규칙이 있다는 사실을 발견했다. 그것은 제자 방법, 그 자체의 종류를 가리키는 것은 아니다. 제자 방법은 이미 발표한 약 10종의 유형이지만 여기에서는 그 외의 것을 가리킬 것이다. 즉 바탕 문자 발견에 있어서 음의 관계를 위주로 한 방면에 대해 기술하고자 한다. 여러 가지 조항으로 나열하면 다음과 같다.

1) 모음으로 시작되는 [y], [w]를 어두음에서 취한 것은 채용하지 않는다.
2) 어두음에 [l]음이 있는 것은 때로는 [l]을 [y]로 바꾼다.
3) 한자의 변, 방이 주로 여진문자에 남아 있다.
4) 하나의 단어가 2개의 문자의 의자로 이루어진 경우에는 그들 두 바탕 문자는 주로 동일한 음 항의 한자 가운데서 취하였다.
5) 음성학적인 관계가 있는 것은 모두 1음 항으로 간주되어 혼돈된다.

6) 바탕 문자는 그 단어의 어두의 문자에 의해 발견되고 결정된다.

7) 주로 1음절인 것은 음으로부터 바탕 문자를 발견하고 2음절 이상의 것은 의미에 의해 바탕 문자를 발견한다.

8) 자형에 의해 바탕 문자를 추정한다.

이들이 바탕 문자 발견의 주된 이론적 원칙이다.

1)에서는 특히 음자에 대해 말하기 때문에 의자의 경우에는 별개의 문제이다. 즉 예를 들면 여진문자에서 [an]이라고 하는 음이 있고 그것이 음자일 때, 그 바탕 문자는 한자 [an]에서 만들어진 것으로 어두에 [y] 또는 [w]음이 있는 [yan], [wan]의 항의 한자가 바탕 문자가 되어 있지 않다는 것이다.

그 예로서는 '牟'[an]은 음자이고 한자 '岸'[an]에서 만들어졌다. 이와 같은 음자의 예는 적으며 대부분의 경우 모음으로 시작하는 여진문자는 의자이다. 다만 음자 '甬'[i]는 '雨'[yü] 즉 [ü]에서 만들어졌다. 이때 [y]가 외이드식에서 적용되지만 간혹 [y] 없이 발음해도 지장이 없어서 여진인은 혼동했다.

2)는 한어를 여진문자로 전사할 때 주로 나타나는 현상으로 예를 들면 [l]로 시작하는 한자가 있으면 그것을 여진문자로 전사할 때 [l]를 [y]로 바꾸어 전사하는 경우가 많이 있다. [lang]이라는 한자 단어이면 여진문자로 [yang]으로 전사한다. 여기에 반대로 여진문자가 [yang]이라는 음인 경우에는 역시 [yang] 항의 한자에서 바탕 문자를 취하고 있다.

그 구체적인 예를 들면 No. 261 '卌'[yang](羊)은 한자 '兩'[liang]의 전사자이다. 이 여진문자는 '燭'[chu] → '舟'[chou] → '卌'[yang]으로 되어 그 바탕 문자가 [yang]의 항에서 온 것은 아니지만 의자로서 '燭'과 '兩'에 해당된다. 지금 하나의 예로 '玊'[lü]와 '綠'은 [l]를 [y]로 바꾸어 [yü]의 항의 '玉'을 바탕 문자로 하고 있기 때문에 이 규칙은 적합한 것이다.

또 다른 예를 들어보면 여진문자에서는 '六'[lu], [liu]을 '孑'로 쓰고 이것은 물론 의자이며, 그 바탕 문자는 '六'[lu], [liu]항에서는 발견되지 않는다. 다만 한자음 [lu], [liu]의 [l]을 [y]로 바꾸는 [yü]의 항에 있는 '干'이 바탕 문자가 된 것이다.

물론 이 규칙에도 예외는 있고 '爐'를 의미하는 '킁 [lu]'(No. 219)에는 그 [l]을 [y]로 바꾼 [yu] 항의 한자에서 유래한 것은 아니고 '爐'[lu]를 유사음 [lü]의 항을 '呂'가 바탕 문자로 되어 있다.

3)에서 여진문자는 거란문자와 달리 변을 가진 것이 대단히 많고 그 변도 'イ'가 대다수이다. 다만 그 성질은 한자 중에 있는 변과 방이 한자와 같이 서로 음역과 의미 중에서 무엇인가가 관계하고 영향을 주고받는 것이 아니라 자형상에서는 그 바탕 문자가 변과 방을 지닌 것을 증명할 뿐이다. 그 실례로서는 '抖'는 '討'에서, '伍'와 '左'에서, '秌'는 '秩'에서, '仇'는 '伐'에서 '乳'는 '乳'에서, '柚'는 '稻'에서 각각 만들어졌다. 이들 여러 예들에 의해서도 여진문자의 제자 형식에 있어서의 변과 방의 위치를 미루어 알 수 있다.

4)에서 여진어로서의 이러한 예는 극히 드물다. 그 하나는 No. 232의 '炭光'[sača], 즉 고증(이 항 참조)에 의하면 바탕 문자는 '갑골문자'이며 이 두 문자가 의자인 '灰[huei]+宄[kuei]'이고, 옛날에는 두 한자 공동으로 같은 음이었던 듯하다. 다른 한 예로는 No. 460의 '佚气戈'[songgolu]가 있고 이 단어는 '울다'를 의미하지만 제1, 제2자의 공의자共意字로 '佚'는 한자 '侁'[chi]를 바탕 문자로 하고 '㑱'는 '氣(气)'[ch'i]를 바탕 문자로 하고 있다. 여기에 양 바탕 문자인 '侁'[ch'i]와 '氣(气)'[ch'i]도 모두 동일음 [ch'i] '泣'의 항에 있는 문자이다.

5)에서 한어로 말하는 한인 입장에서 보면 외민족인 여진인은 한어의 음과는 다른 음의 여진어로 말하기 때문에 한자음을 수용할 때 엄밀히 말하면 꽤 차이가 있었던 듯 하고 혼잡했던 것 같다. 즉 한자음의 [chi], [ch'i], [chih], [ch'ih] 등은 모두 종종 혼용되어 알아들었다고 생각되는 점이 여진 제자를 통해 여러 차례인 또 한어 미음尾音은 [n] 및 [ng]도 말미末尾음에 [ng]의 음이 없는 여진어에서는 [n]과 똑같이 취급되어 혼용된 경우로 알려져 있다.

64

예를 들면 '千'[ch'ien]을 나타내는 '丞'는 '正'[chêng]에서 만들고 '壬'[sin], [šen]은 '生'[shêng]에서 만들어진 것, 예를 들면 '般'[pan]을 의미하는 '㪍'는 '彷'[pang]에서 만들어진 것으로 말미음 [n]과 [ng]의 혼용뿐만 아니라 유기음과 무기음의 혼동과 [ti]와 [chi], [t'i]와 [ch'i]의 혼동도 일어난 예를 몇 개나 발견할 수 있다.

6)에서 여진문자의 제자 연구상 바탕 문자 발견에 있어서는 그 문자를 어두에 지니는 여진어 중에서 선택해야 한다. 그것을 나타내면 다음과 같다.

A자의 바탕 문자로 발견할 경우

(1) AFB (2) BAC (3) KBA (4) AKC, (5) TAF (6) ASP (7) BAK

이들은 각자 여진 어형을 나타내는 것으로 보면 어두에 a가 있는 (1), (4), (6)의 어중에서 발견되어야 한다. 이것은 여진어의 바탕 문자를 많이 발견한 경험에서 알 수 있게 된 것이며 문자를 적는 데 있어서 중심이 놓여지는 것은 자연의 이치이다.

이것을 구체적으로 실례를 들면 한층 분명해질 것이다.

'冬'[we]라는 문자에 대해 말하자면 다음의 예가 있다.

No. 427 冬盂矢 斡失卜魯 오르다陞[shêng]

No. 594 冬盂 斡失 위上[shang]

No. 796 冬盂矢伏臾 斡失卜魯脉兒黑 승상陞賞

No. 814 北凡爻店冬 阿里卜爲卜斡斡 급공하다給共

No. 840 屏冬乎 卜魯斡黑 화살矢

이들 5개의 예 가운데 '冬'의 바탕 문자는 No. 427, No. 594, No. 796 중의 하나이고 여기에서는 그 의미만 나타내는 '陞'[shêng]도 '上'[shang]과 음이 유사하기 때문에 발견하는 것이 비교적 용이하다. 즉, 이 바탕 문자는 '陞'[shêng]과 유사음 항 [shên]에 있는 '參'이고 '給'[kei, chi], '與' [yü], '失'[shih]의 어떠한 항에서도 발견되지 않는다.

또 다른 하나의 예는 '夵'[mi]이다. 얼핏 보면 이 문자의 한자 '每'[mei], 혹은 '密'[mi]에서 만들어진 것 같이 생각되지만 또는 자형만으로는 '無' [wu]가 그것을 닮았다. 그것을 열거하면

No. 414 夵帯氘 密塔卜爲 물러나다退

No. 695 盡夵斥 舒米吉 깊다深

No. 853 夵羔 密你 나我

No. 819 片夵龙舟吏 璅迷別弒別 잠거하다潛居

이 4개의 예 중에서 바탕 문자 발견에는 '夵'[mi]가 어두에 놓인 No. 414나 No. 853에서 구해야 한다. 이것을 음자로 보기에는 매우 애매하기 때문에 의자로 가정하여 보면 '我'[wo]의 항에서는 바탕 문자가 없고 '退'[t'ui]와 유사음 항 [ts'i]에 있는 '衰'가 그 바탕 문자로 보인다.

(7) 여기에도 물론 예외는 있으므로 '주로'라는 말을 사용했다. 즉, 여진 문자에서 1음절의 독음이 있는 것은 그 바탕 문자 발견에 있어서 그 독음 의 음과 동일하거나 또는 유사음 항에 있는 한자의 어떤 것을 바탕 문자 로 하고 있다. 그 실례를 들어 보면 '钺'[fa]는 자형과 다른 예에 의해 '伐'[fa]에서 만들어진 음자이고 '깄'[šen]은 자형을 보면 '參'[shên]에서 만들어진 음자이고 '米'[fi]도 또 한자의 '棐'[fêi]의 변형으로 추측할 수 있다. 한자와 한어를 전사하는 데 사용되는 '岙'[či]는 한자 '急'[chi]에서 만들어지고 '玓'[se]는 '思'가 바탕 문자이다. 이에 대해서 '柔'[alawa]는 '至'[chih]에서 만들어진 의자이고 '柬'[du-tung]도 또한 '乘'[ch'êng]에서 만들어진 의자이고 또 '秉'[fude]는 '宋'[sung]에서, '老'[akjan]은 '老'[lao] 에서, '犀'[buru]는 '犀'[hsi]에서 각각 만들어진 의자이다. 이들은 고증의 항에서도 밝혀진 바와 같이 한자의 의미 쪽에서 형태를 취한 것이기 때문 에 그 여진문자가 2음절 이상으로 1음절밖에 없는 한자의 음과는 일치하

지 않는다. 다시 말해서 '𥝱'[fude]는 '宋'[sung]에서 만들어져도 [sung]이 라는 음을 유지하지 않고 [fu-de]라는 2음절이고, [fu]와 [de]로 나누어져 도 한자 [fu]의 항에서는 이 문자를 닮은 문자가 발견되지 않는다. '𥝱'의 자의 의미가 '送'[sung]이기 때문에 그 음 항에 있는 '宋'이 바탕 문자로 되어 있음을 알 수 있다.

(8) 여진문자의 자형에는 꽤 유사한 것이 몇 개 있다. 그것에 의해 각각 의 한자가 동일한지에서 만들어진 것이 아니라고 하는 가설을 세워 1)~7)에서 기술한 방법에 따라 각각 검토하여 마지막으로 가장 타당한 방법이라고 생각되는 것에 의해 증명이 되는 것이다. 그 가운데 가장 현 저한 예를 아래에서 기술해 보도록 하자.

No. 33 朵卒羊 黑車你 성城

에서 '朵'를 [he]로 읽지만 여기에서 '羊'[ni]는 '-의'를 의미하는 조사이기 때문에 명사인 '城'은 '朵卒'이다. 따라서 이 한자음의 전사는 '黑称'를 사 용하는 것이 가능하다. 그런데 그 바탕 문자는 먼저 '黑'[he] 항에는 없기 때문에 음자가 아닌 의자이고 '城'[ch'êng] 항에 있는 '乘'을 바탕 문자로 추정할 수 있다. 즉 여기에 "朵=承"이라는 공식이 성립한다. 다음으로 '朵'에 유사한 문자를 여진문자 중에서 가져와 보면 '呈, 米, 朱, 乘'가 있고 먼저 이들이 가지는 '乘'[cheng]이 바탕 문자라는 것을 가정하여 조 사해 보면 다음과 같이 나타낼 수 있다(고증 참조).

呈 '城'[ch'êng] → '乘'[ch'êng] → '呈'[hoto]
米 '錢'[ch'êng] → '乘'[ch'êng] → '米'[ji]
朱 '長'[ch'ɑng] → '乘'[ch'êng] → '朱'[du-tung]
乘 '澄'[ch'êng] → '乘'[ch'êng] → '乘'[fu]

또 다른 예를 들자면 '有'[yu]라고 하는 문자에서는 '肯, 有, 肯' 등이 만들어져 있다. 그것은 다음의 표와 같이 나타낼 수 있다.

     肴 '分'[fên] → '有'[yu] → '肴'[udu]

     有 '得'[tê] → '有'[yu] → '有'[baha]

     肴 '幽'[yu] → '有'[yu] → '肴'[far]

'肴'[lü]도 '有'에서 만들어진 것과 유사하지만 이것은 오히려 '有'[yu]가 바탕 문자이고 여기에서 예를 들기보다도 그 한자음 [lü]의 [l]을 [y]로 바꾼 [yü→yu]로 한 예로서 이 조항에서 (1)에 넣을 수 있을 것이다.

위와 같이 어떤 한 한자에서 여러 개의 여진문자가 만들어진 예는 그 외에도 몇 가지가 있지만 그 주된 바탕 문자로서는 '卒'를 무시할 수 없다.

제7장

역어에서의 여진어음 전사용 한자음의 연구

제7장 역어에서의 여진어음 전사용 한자음의 연구

　　역어에서 여진문자(여진어)의 음독(발음)을 표시하기 위해 한자가 가차假借의 형태로 사용되고 있다. 이것은 당시의 한자음에 따른 것이지만 결과적으로 보면 한자의 음과 고유한 여진어 음에서는 근본적으로 차이가 많은 것이 인정된다. 그루베는 그의 저서 가운데 문자 및 언어의 색인항에서 그것을 기술하고 있지만 현대의 한자음과 비교하여 차이가 적고 일본어와 한국어에 잔존하는 한자음과 비교해 봐서 당시의 음을 상당히 분명하게 추정될 수 있다. 또 이것에는 만주어와의 비교를 증명하는 데 큰 도움이 된다. 물론 여진어의 음과 한자음과는 근본적인 차이가 심하기 때문에 일정의 규약을 무시하면 역어에는 큰 오류를 범하게 된다고 말해도 과언이 아니라고 생각한다. 그 현저한 오류로는 한자음에 있는 [ch]-[ch'], [p]-[p'], [k]-[k'], [t]-[t'] 등의 무기음과 유기음의 대응이 여진, 만주어에는 없고 이에 대비되는 무기음과 유기음이 있다. 이 대비를 나타내면 다음과 같다.

　　한어음: [ch'] [ch] [p'] [p] [k'] [k] [t'] [t]
　　　　　　 ‖　　 ‖　 ‖　 ‖　 ‖　 ‖　 ‖　 ‖
　　여진어: [č]　 [j]　 [p]　[b]　[k]　[g]　[t]　[d]

70

등이다. 이들은 두 언어의 발음 차이에서 일어난 다름이며 무성, 유성의 구별이 없는 한자에서는 도저히 이것을 명료하게 나타내는 것이 불가능하기 때문에 이와 같은 규약을 염두에 두고 이것을 오류라고 보지 않았다.

다음에서 보이는 표는 역어 중에서 전사에 사용된 한자에 대한 현대 북경음과 그루베가 조사한 당시 재구음, 및 여진어를 만주어에 대비시켜 비교해서 얻은 음을 병기한 것이다(한자의 오른 어깨에 수자는 성조를 나타낸다).

한자	현대음	그루베 음가	만주어음
阿[1,3,4]	[a]	['á]	[a]
哀[4]	[ai]	['ái]	[ai]
愛[4]	[ài]	['ái]	[ai]
安[3]	[an]	['ăn]	[an, am]
岸[4]	[àn]	['án]	[an]
敖[2,4]	[áo]	['âo]	[ao]
扎[1,2]	[cha]	[čăh]	[ja]
札[2]	[chá]	[čăh]	[ja]
乍[4]	[chà]	[čá]	[ja]
叉[1]	[ch'a]	[č'a]	[ča]
察[2]	[ch'á]	[č'ăh]	[ča]
茶[2]	[ch'á]	[č'âh]	[ča]
朝[1]	[chao]	[čăo]([č'âo])	[jao]
召[4]	[chào]	[čăo]	[jao, joo]
朝[2]	[ch'áo]	[č'âo]	[čao]
鈔[1,4]	[ch'áo]	[č'áo]	[čao]
者[2]	[chê]	[čè]	[je]
車[7]	[ch'ê]	[č'ē]	[če]
鎮[4]	[chên]	[čén]	[jen]
稱[4,1]	[ch'êng]	[č'ēng]	[cen]
吉[1,2]	[chi]	[kîh]	[gi]
其[2]	[ch'í]	[kî]	[ki]
加[1]	[chia]	[kiă]	[giya]
甲[2,4]	[chiă]	[kiăh]	[giya, giye[?]]
江[1]	[chiang]	[kiāng]	[giyang]

將[1,4]	[chiang]	[tsiāng]	[jiyang]
交[1]	[chiao]	[kiāo]	[giyao]
解[1,3,4]	[chieh]	[kiài]	[giyai]
監[1,4]	[chieh]	[kién]	[giyen]
千[1]	[ch'ien]	[ts'iēn]	[čiyen]
謙[1]	[ch'ien]	[k'iēn]	[kiyen]
知[1,4]	[chih]	[čí]	[ji]
指[1,2,3]	[chih]	[čì]	[ji]
只[3]	[chih]	[čì]	[ji]
赤[4]	[ch'ih]	[č'ih]	[či]
斤[1]	[chin]	[kīin]	[gin]
京[1]	[ching]	[kīng]	[gin(g)]
卓[1,2]	[cho]	[čōh]	[jo]
拙[1,2]	[cho]	[čuŏ]	[jo]
州[1]	[chou]	[čēu]	[juu]
朱[1]	[chu]	[čū]	[ju]
諸[1]	[chu]	[čū]	[ju]
住[4]	[chù]	[čú]	[ju]
註[4]	[chù]	[čú]	[ju]
出[1]	[ch'u]	[č'ūh]	[ču]
楚[3]	[ch'ū]	[č'ū]	[ču]
摑[1]	[chua]	[čuā]	[juwa]
磚[1]	[chuan]	[čuēn]	[juwan]
追[1]	[chui]	[čūi]	[jui]
準[3]	[chūn]	[čùn]	[jun]
春[1]	[ch'un]	[č'ūn]	[čun]
絹[4]	[chúàn]	[kiuén]	[gyuwan?]
獗[2]	[chūéh]	[kiuêh]	[kiye]
闕[1,4]	[ch'üeh]	[k'iuéh]	[kiye]
君[1]	[chūn]	[kiūn]	[jun, čun]
厄[4]	[è]	[ʼóh]	[e, ge]
恩[1]	[en]	[ʼēn]	[en]
兒[1,2]	[êrh]	[rh]	[r]
法[1,2,3,4]	[fa]	[fáh]	[fa]
番[1]	[fan]	[fān]	[fan, fen]
非[1]	[fêi]	[fēi]	[fi]
肥[2]	[fêi]	[fêi]	[fei]

分[1,4]	[fên]	[fen]	[fun, feni]
紛[3]	[fěn]	[fēn]	[fen]
夫[1,2]	[fu]	[fū]	[fu]
伏[2]	[fú]	[fúh]	[fu]
弗[2]	[fú]	[fúh]	[fu]
*縛[1]	[fú]	[fúh]	[fu]
撫[3]	[fŭ]	[fŭ]	[fu]
府[3]	[fŭ]	[fŭ]	[fu]
付[4]	[fù]	[fú]	[fu]
富[4]	[fù]	[fú]	[fu]
*縛(그루베 오류)	[čuén]	–	–
哈[1,3]	[ha]	[hāh(hôh)]	[ha, ka, ga]
孩[2]	[hái]	[hâi]	[hai]
寒[2]	[hán]	[hân]	[han]
罕[3]	[hǎn]	[hàn]	[han]
好[3]	[hǎo]	[hào]	[hoo]
黑[1,3]	[hêi]	[hēi [hé]]	[he]
恨[4]	[hěn]	[hén]	[hen]
赫[4]	[hò(hê)]	[hóh [héh]]	[ho, he]
候[4]	[hòu]	[héu]	[hou]
西[1]	[hsi]	[sī]	[ši]
希[1]	[hsi]	[hī]	[hi]
犀[1]	[hsi]	[sī]	[ši]
下[4]	[hsià]	[hiá]	[hiya]
先[1]	[hsien]	[siēn]	[šen, šien]
縣[4]	[hsièn]	[hién]	[giyen]
興[1,4]	[hsing]	[hīng]	[hin]
宣[1]	[hsüan]	[siuēn]	[suwan]
忽[1]	[hu]	[hūh]	[hu]
虎[3]	[hŭ]	[hù]	[hu]
琥[3]	[hŭ]	[hù]	[hu]
瑚[3]	[hŭ]	[hû]	[hu]
化[4]	[huà]	[huá]	[huwa]
歡[1]	[huan]	[huān]	[huan]
皇[2]	[huáng]	[huâng]	[hwan]
揮[1]	[hui(huêi)]	[hoēi]	[hui]
回[2]	[húi(huêi)]	[hoêi]	[hui]

渾2	[hún]	[hûn]	[hnn]
洪2	[húng]	[hùng]	[hun]
和4	[hùo]	[huô]	[ho]
一1	[i]	[yīh]	[i]
椅1,3	[i]	[î]	[i]
夷2	[í]	[î]	[i]
以3	[ǐ]	[î]	[i]
乙3	[ǐ]	[yīh]	[i]
亦4	[i]	[yíh]	[i]
然2	[ján]	[žân]	[jan]
惹3	[jě]	[žǔ]	[je]
日4	[jìh]	[žīh]	[ji]
如2	[jú]	[žû]	[ju]
該1	[kai]	[kāi]	[gai]
干1	[kan]	[kān]	[gan]
康1	[k'ang]	[k'āng]	[kan]
高1	[kao]	[kāo]	[kao, gao]
根1	[kên]	[kèn]	[gen]
肯3	[kên]	[k'èn]	[ken]
更1,4	[kêng]	[kēng]	[gen(g)]
哥1	[ko(kê)]	[kō]	[go]
戈1	[ko(kê)]	[kuō]	[go]
革2	[kó(kě)]	[kôh]	[ge]
科1	[k'o(k'ê)]	[k'ō]	[ku]
克4	[k'ò(k'ê)]	[k'óh]	[ko]
客4	[k'ò(k'ê)]	[k'éh]	[ko]
課4	[k'ò(k'ê)]	[k'ó]	[ko]
口3	[k'ǒu]	[k'èu]	[kou]
古3	[kū]	[kù]	[gu]
苦3	[k'ū]	[k'ù]	[ku]
庫4	[k'ù]	[k'ú]	[ku]
乖1	[kuai]	[kuāi]	[guwai]
関1	[kuan]	[kuān]	[guwan]
冠1,4	[kuan]	[kuān]	[guwan]
観1,4	[kuan]	[kuān]	[guwan]
館3	[kuān]	[kuàn]	[guwan]
歸4	[kuei]	[kuēi]	[gui]

圭[3]	[kuei]	[kuēi]	[gui]
貴[4]	[kuèi]	[kuéi]	[goi]
困[4]	[k'ùn]	[k'ún]	[kun]
宮[1]	[kung]	[kūng]	[gun(g)]
公[1]	[kùng]	[kūng]	[gun(g)]
共[4]	[kèng]	[kúng]	[gun(g)]
騍[4]	[kuo]	[k'ŏ]	[ko]
国[1]	[kúó]	[kuôh]	[guo]
果[3]	[kuŏ]	[kuò]	[guo]
刺[2,4]	[lá]	[lâh]	[la]
藍[2]	[lán]	[lân]	[len]
老[3]	[lāo]	[lào]	[lo]
勒[3,4]	[lê]	[léh]	[le]
稜[2]	[lěng]	[lêng]	[len]
里[3]	[lǐ]	[li]	[li]
立[4]	[li]	[líh]	[li]
良[2]	[liáng]	[liâng]	[liyan(g)]
列[4]	[lièh]	[liéh]	[liye]
連[2]	[lién]	[liên]	[liyen]
林[2]	[lín]	[lîn]	[lin]
羅[2]	[ló(luó)]	[lô]	[lo]
樓[2]	[lóu]	[lêu]	[lou]
魯[3]	[lü]	[lù]	[lu]
倫[2]	[lun]	[lûn]	[run]
錄[4]	[lǜ]	[liúh]	[lü, yü]
麻[2]	[má]	[mâ]	[ma]
馬[3]	[mā]	[mà]	[ma]
埋[2]	[mái]	[mai]	[mai]
脉[4]	[mai]	[méh[mái]]	[me]
蛮[2]	[mán]	[mân]	[man]
滿[3]	[mān]	[màn]	[man]
莽[1,3]	[māng]	[màng]	[man]
梅[4]	[mǎi]	[mêi]	[mei]
昧[2]	[mêi]	[méi]	[mei]
門[2]	[mên]	[mèn]	[men]
蒙[1,2,3]	[mêng]	[mêng]	[mong]
迷[2]	[mí]	[mî]	[mi]

昧[4]	[mì]	[méi]	[mei]
密[4]	[mì]	[míh]	[mi]
滅[4]	[mièh]	[mién]	[miya, miye]
緬[3]	[miēn]	[mièh]	[miyen]
民[4]	[mín]	[mîn]	[min]
皿[3]	[mīn]	[mìn]	[min]
莫[4]	[mò]	[móh]	[mo]
脈[4]	[mò]	[méh]	[mu]
沒[4]	[mò]	[múh[móh]]	[mo]
母[3]	[mū]	[mù]	[mu]
木[4]	[mù]	[múh]	[mu]
目[4]	[mù]	[múh]	[mu]
那[1,3,4]	[nɑ]	[ná]	[nɑ]
納[4]	[nà]	[náh]	[nɑ]
南[2]	[nán]	[nân]	[nan]
嫩[4]	[nèn]	[nén[nún]]	[nun]
能[2]	[něng]	[nên]	[neng]
你[3]	[nĩ]	[nì]	[ni]
泥[4]	[nì]	[nî]	[ni]
逆[4]	[nì]	[níh]	[ni]
捏[4]	[nieh]	[niêh]	[niye, niyɑ]
寧[2]	[níng]	[nìng]	[nin]
奴[2]	[nú]	[nû]	[nu]
弩[1]	[nū]	[nù]	[nu]
嫩[1]	[nùn]	[nún]	[nun]
弄[1]	[nùng]	[núng]	[nun]
女	[nǚ]	[niǜ]	[nio]
嘔	[ou]	[ˈēu(yǜ)]	[?]
邑	[pɑ]	[pā]	[bɑ]
八[1]	[pɑ]	[pāh]	[bɑ]
班[1]	[pɑn]	[pān]	[ban]
半[4]	[pàn]	[pán]	[bɑn]
背[1,4]	[pêi]	[péi]	[be]
本[3]	[pěn]	[pèn]	[ben]
比[3,4]	[pī]	[pì]	[bi]
必[4]	[pi]	[píh]	[bi]
別[2]	[piéh]	[piêh]	[mbi]

波[1]	[po]	[pō]	[bo]
百[2]	[pó]	[pôh]	[bo]
伯[2]	[pó]	[póh]	[bo]
薄[2,4]	[pó]	[pôh]	[be]
珀[4]	[p'ó]	[p'óh]	[po]
不[1,4]	[pu]	[pūh]	[bu]
卜[3]	[pū]	[pùh]	[bu, boi]
步[4]	[pù]	[pú]	[bu]
撒[1,3]	[sa]	[sāh]	[sa]
塞[1,4]	[sai]	[sái]	[sai]
桑[1]	[saŋ]	[sāŋ]	[san]
塞[1,4]	[sě]	[séh]	[se]
沙[1]	[sha]	[šā]	[ša]
珊[1]	[shan]	[šan]	[šan]
善[4]	[shàn]	[šán]	[šan]
上[3,4]	[shāŋ]	[šáŋ]	[šaŋ]
尚[4]	[shàŋ]	[šáŋ]	[saŋ]
少[3,4]	[shāo]	[šào]	[šao]
舍[3,4]	[shě]	[šé]	[šen]
深[1]	[shên]	[šēn]	[šen]
申[4]	[shên]	[šēn]	[šen]
失[1]	[shih]	[ših]	[ši]
師[1]	[shih]	[šī]	[ši]
石[2]	[shíh]	[šîh]	[ši]
十[2]	[shíh]	[šîh]	[ši]
食[2]	[shíh]	[šîh]	[ši]
史[3]	[shǐh]	[šì]	[ši]
士[4]	[shìh]	[šì]	[ši]
侍[4]	[shìh]	[šì]	[ši]
書[1]	[shu]	[šū]	[šu]
舒[1]	[shu]	[šū]	[šu]
雙[1]	[shuaŋ]	[šuāŋ]	[šoŋ]
順[4]	[shùn]	[šún]	[šun]
說[1]	[shuo]	[šuōh]	[šuo]
朔[4]	[shùn]	[šuóh]	[šuo]
瑣[3]	[sŏ(suŏ)]	[sò]	[so]
思[1]	[ssú]	[sī]	[s]

斯[1]	[ssú]	[sī]	[su]
酥[1]	[su]	[sū]	[su]
素[4]	[sù]	[súh]	[su]
速[4]	[sù]	[sûh]	[su]
隨[2]	[súi]	[sûi]	[sui]
孫[1]	[sun]	[sūn]	[sun]
送[4]	[sùng]	[súng]	[sun]
荅[2]	[tá]	[tāh]	[da]
大[4]	[tà]	[tá]	[da]
他[1]	[t'a]	[t'ā]	[ta]
塔[3]	[t'ā]	[t'àh]	[ta]
帶[4]	[tài]	[tái]	[dai]
台[2]	[t'ái]	[t'ǎi]	[tai]
太[4]	[t'ài]	[t'ái]	[tai]
丹[1]	[tan]	[tān]	[dan]
彈[4]	[tàn]	[tán]	[dan]
探[1,4]	[t'an]	[t'ǎn]	[tan]
貪[1]	[t'an]	[tān]	[tan]
湯[1]	[t'ang]	[tāng]	[tan]
道[4]	[tào]	[táo]	[doo]
套[4]	[t'ào]	[t'áo]	[too]
得[a]	[te]	[tēh]	[de]
德[2]	[tě]	[têh]	[de]
忒[4]	[t'ě]	[t'éh]	[t,te]
登[1]	[tēng]	[tēng]	[deng, teng?]
騰[2]	[t'ěng]	[t'êng]	[teng]
的[1,2,4]	[ti]	[tīh]	[ji]
替[4]	[t'i]	[t'í]	[či]
甸[4]	[tièn]	[tién]	[diyen]
殿[4]	[tièn]	[tién]	[deyen]
站[4]	[tièn]	[tièn]	[diyen]
天[1]	[t'ien]	[t'iēn]	[tiyen]
丁[1]	[ting]	[tīng]	[jing]
聽[1,4]	[t'ing]	[t'ǐng]	[čing]
多[1,2]	[to(tuo)]	[tō]	[do]
朵[3]	[tǒ(tuǒ)]	[tò]	[do]
脱[1,3]	[t'o(t'uo)]	[t'ǒh]	[to]

斗[3]	[tõu]	[tèu]	[teu,dou]
頭[2]	[t'ou]	[t'êu]	[tou]
左[2]	[tsõ(tsuõ)]	[tsò]	[zo]
寸[3]	[ts'ùn]	[ts'ún]	[tsun]
都[4]	[tu]	[tū]	[du]
督[1]	[tu]	[tūh]	[du]
独[2]	[tú]	[tûh]	[du]
杜[4]	[tù]	[tú]	[du]
禿[1]	[t'u]	[t'ūh]	[tu]
土[3]	[t'ū]	[t'ù]	[tu]
突[4]	[t'ù]	[t'úh]	[tu, tur]
端[1]	[tuan]	[tuān]	[don]
團[2]	[t'uán]	[t'uán]	[tuwan]
退[4]	[t'ui(t'uèi)]	[t'úi]	[tui]
同[2]	[t'úng]	[t'ûng]	[tung]
桶[4]	[t'ūng]	[t'ùng]	[tung]
子[1,4]	[tzú]	[tsì]	[dzŭ]
瓦[3]	[wā]	[wà]	[wa]
襪[4]	[wà]	[wáh]	[wa]
湾[1]	[wan]	[wān]	[on, hon, wan?]
晚[3]	[wān]	[wàn]	[wan]
王[2,4]	[wáng]	[wâng]	[wan]
倭[1]	[wêi]	[wõ]	[o]
委[1,3]	[wêi]	[wèi]	[we]
爲[2,4]	[wéi]	[wêi]	[we]
衛[4]	[wèi]	[wéi]	[we]
溫[1]	[wên]	[wēn]	[-un]
兀[4]	[wù]	[wúh]	[u]
斡[4]	[wò]	[woh(wáh)]	[wo, o]
吳[2]	[wù]	[wû]	[u]
舞[2]	[wū]	[wù]	[u]
牙[2]	[yá]	[yâ]	[ya]
羊[2]	[yáng]	[yâng]	[yan(g)]
姚[2]	[yáo]	[yâo]	[yoo, yo]
夜[3]	[yēh]	[yè]	[ye]
言[2]	[yén]	[yên]	[yen]
延[2]	[yén]	[yên]	[yen]

彦4	[yèn]	[yên]	[yen]
因1	[yin]	[yīn]	[in]
印4	[yìn]	[yín]	[in]
又4	[yù]	[yéu]	[ye]
于2	[yú]	[yū]	[yu, i]
御4	[yù]	[yû]	[yu,i]
約1	[yüeh]	[yōh]	[yo, yu]
云2	[yún]	[yü^n]	[in]

　이상의 예를 보면 그의 로마자표기(romainzation)에는 '-, ^, `, ′' 4종의 기호가 각 단어의 모음 위에 사용되고 있다. 이것은 위의 표에 따라 생각하면 성조(tone)를 나타내는 것으로 그것은 오늘날의 성조와 거의 차이가 없는 듯하다. 나는 이들을 나타내는 데 '⋯, ˘, ~, `' 기호 3개밖에 사용하지 않았지만 그들의 명칭은 다음과 같다.

	제1성 (평성, 상평)	제2성 (승조, 하평)	제3성 (파조, 상성)	제4성 (하강조, 거성)
그루베:	-(ā)	^(â)	`(à)	′(á)
필　자:	⋯(ɑ)	˘(ă)	~(ã)	`(à)

　아울러 이들 성조는 여진문자나 여진어와는 관계가 없는 것이다.
　현대음과 그루베의 음과를 비교하면 그 사이에는 현저한 차이는 인정되지 않는다. 즉 '[chi-kin], [ch'i-k'i], [chia-kiah], [chiao-kiao], [chien-kein], [chin-kin], [ching-king], [hsi-hi], [si], [hsia-hia], [hsing-hing]' 등 극히 소수이긴 하지만 음운 변화만 만주어로의 적용 등을 항상 비교하는 것을 염두에 두고 여진어의 음을 추정하였기 때문에 이 논문 중에는 편의상 현대 한자음을 사용하여도 이 연구를 수행하는 데 있어서 또 고증을 수행하는 데 있어서 적어도 지장을 느끼지 않기 때문이다.

제8장

제자 고증

제8장 제자 고증

　이 장에서 다루는 여진문자는 그루베의 역어에 있는 것으로서 이미 말한 바와 같이 그 가운데 잘못 쓴 글자誤寫가 군데군데 있어서 그것을 지적해 두고 바로 잡았다. 그러나 오사된 문자에서 올바른 형태를 분명하게 밝힐 수 없는 것은 고증에서 제외하였다. 또 바탕 문자가 분명하지 않는 것은 하나하나 그 이유를 들어 설명했다.

　문자의 배열은 그루베의 역어 46~79쪽에 실린 획 순서에 따랐다.

1. '∠' 厄木 [emu] 일(一)

이 문자는 역어에서

　　No. 636. ∠ 厄木/ 額木[1] [emu](Y), [emu](C), [emu](T), [emu](K)[2] 일—/

---

1) '厄木/額木'에서 '厄木'은 사이관(四夷館) 여진역 가운데 그루베본이 전사음이고, '額木'은 회동관본 전사음이다.

2) (Y): 야마지 히로아키(山路廣明, 1956), (C): 칭거타이(淸格爾泰, 1980), (T): 타오알지·허씨거(道爾吉·和希格, 1983), (K): 키요세(G. N. Kiyose, 1977)에서 재구한 음가.

[emu](M), [ɜmu](N), [omun](S), [emun](E), [omun](Mɑ)[3]

No. 758. ㄴ乑庆庎 厄木你哥塞 [emuni gese], [emuni gese], [emuni gese] 일반—般/ [emu gese](M)

No. 851. ㄴ亦乑 厄木車你 [emu čeni], [emu čeni], [emučeni] 한번 만나다—遭/ [emuči](M)

No. 852. ㄴ为屁乑 厄木赫兒厄吉 [emu hergegi], [emu hergegi], [emu herŋe gi] 일급—級/ [emuĵergi](M)

와 같으며 의자로 한자 '一'[i]에서 만들어졌다.[4]

'一'[i] ⟶ 'ㄴ'[emu]
[의미와 자형의 관계]

2. 'ㄷ' (拙) [juwe] 이(二)

이 문자는 역어에서

No. 637. ㄷ 拙 [juwe], [juwe], [juwe] [juwe] 이二/ [juwe](M), [ʧu](N), [ziul](S), [juur](E), [ɜ'urä](W), [ɜ'ur](Mɑ)

이고 의자이며, 한자 '二'[êrh]가 바탕 문자이다.

'二'[erh] ⟶ 'ㄷ'[juwe]
[의미와 자형의 관계]

---

3) 만주어(M), 몽고어(Mo), 나나이어(N), 솔롱어(S), 어벵키어(E), 마널격이어(Mɑ), 헤이룽강 헤이룽 방언(H)의 약어로 표시하였다. 타오알지·허씨거(道爾吉·和希格, 1983: 80~201)와 이기문(1958: 343~395) 참조.
4) 신열현(1965: 95)은 '一'과 '厄', '木'의 합자로 간주하고 그 음은 [emu]로 처리하고 있다.

3. 'ㅗ' 獨兒歡 [durhwan?], [durhun] 십사(十四)

이 문자는 역어에서

No. 649. ㅗ 獨兒歡/5) [durhun], [durhon], [dorhon], [dorhon] 십사+四/
[juwanduin](M), [ʧuãtuin](N)6)

이고 의자이고 아마도 '四'[ssu] 항에 있는 'ㅿ'가 바탕 문자일 것이다.

'四'[ssu] ⟶ 'ㅿ'[ssu] ⟶ 'ㅗ'[durhwan]
 　　　[음의 관계]　　　[자형의 관계]

4. 'ㄱ' (幹女歡) [uyuhwan], [omhun] 십구(十九)

이 문자는 역어에서

No. 654. ㄱ 幹女歡 [omhun],7) [oniyohon], [oniohon], [oniyohon] 십구+九/
[juwãn uyun)(M), [ʧuã ujun](N)

이고 의자이며 '九'[chiu]가 바탕 문자이다.

---

5) '獨兒歡/(獨兀歡)'의 전사음 가운데 '獨兒歡'는 사이관(四夷館) 여진역 가운데 그루베본이 전
사음이고, '(獨兀歡)'은 타오알지·허씨거(道爾吉·和希格, (1983)에서 재구한 전사음이다.

6) 'ㅗ'와 'ㅗ'는 서로 오자이다 『여진역어』 수목문에 있는 '十四'를 나타내는 표의자로 알려진
'ㅗ'는 『여직자서』에 있는 '十七'을 나타내는 표의자인 'ㅗ'로 되어 있으며 〈여진진사제명비〉
에서도 동일하다. 이것과 반대로 『여진역어』의 '十七'을 나타내는 표의자로 'ㅗ'는 『여직자서』
에서는 '十四'를 나타내는 표의자 'ㄴ'이다. 'ㄴ'에서 'ㅗ'는 까지 변천된 흔적을 확인할 수
있으며 'ㅗ'와는 전혀 다르기 때문에 『여진역어』가 이 두 글자를 혼용한 원인은 명확하게
밝히기 어렵다.

7) 야마지 히로아키(山路廣明), 『여진어해』(1956)의 수정음.

84

‘九’[chiu] ──────→ ‘尢’[uyuhwan?]

[의미와 자형의 관계]

5. ‘夕’ (納丹住) [nadanju] 칠십(七十)

이 문자는 역어에서

No. 660. 夕 納丹住/ 納答住 [nadanju], [nadanju], [nadanju], [nadanju] 칠십七十/ [nadanju](M), [natɛ̃tʃu](N), [nadange](S), [nadenŋe](E), [nadanʒar](W), [nadaɲi](Ma)

이고 의자로 ‘七’[ch'i]의 유사음 [chih]의 항에 있는 ‘只’가 바탕 문자일 것이다.[8]

‘七’[ch'i] ──────→ ‘只’[chih] ──────→ ‘夕’[hadanju]

[음의 관계]   [자형의 관계]

6. ‘工’ (兀也溫住) [uyunju] 구십(九十)

이 문자는 역어에서

No. 662. 工 兀也溫住/ 兀容住 [uyunju], [uyunju], [uyunju] 구십九十/ [uyunju] (M), [ujuntʃu](N)

이고 바탕 문자는 명료하지 않지만 의자로 ‘九’[chiu]가 바탕 문자가 아닐까?

---

8) 신열현(1965: 95)은 자형이 ‘七十’과 무관하고 전사음 한자 ‘納丹住’에서 유래한 것으로 고증 하고 있다.

'九'[chiu] ⟶ 'ㅗ'[uyunju]
　　[의미와 자형의 관계]

7. 'ㅗ' (苔兒歡) [darhwan?] 십칠(十七)

이 문자는 역어에서

　No. 652. ㅗ 苔兒歡 [darhun], [darhon], [darhon], [darhon] 십칠+七/ [juwan nadan](M), [ʧuãnatẽ](N)

이고 의자이고 '七'[ch'i]를 바탕 문자로 하고 있다.

'七'[ch'i] ⟶ 'ㅗ'[darhwan]
　　[의미와 자형의 관계]

8. 'ㅛ' (戈兒歡) [gorhwan?] 십삼(十三)

이 문자는 역어에

　No. 648. ㅛ 戈兒歡/ (戈兀歡) [gorhun], [gorhon], [gorhon], [gorhon] 십삼+三/ [juwan ilan](M), [ʧuã ilẽ](N)

이고 의자로 '三'[san]을 바탕 문자로 한 것으로 생각된다.

'三'[san] ⟶ 'ㅛ'[gorhwan?]
　　[의미와 자형의 관계]

9. 'ᄉ' (泥渾) [niolhun] 십육(十六)

이 문자는 역어에서

No. 651. ᄉ 泥渾 [niolhun], [nilhun], [nirhun], [nirhua] 십육+六/ [juwan ninggun](M), [ʧuãniŋgu](N)

이고 수사를 나타내는 의자이다. 그 바탕 문자는 '六'[lu, liu]의 유사음 [li]의 항에 있는 '立'일 것이다.

'六'[liu] ──→ '立'[li] ──→ 'ᄉ'[niolhun]
　　[음의 관계]　　　[자형의 관계]

10. '千' (擓) [juwa] 십(十)

이 문자는 역어에

No. 645. 千 欋/ 庄 [juwa], [juwa], [juwa], [juwa] 십+/ [juwan](M), [ʧuã](N), [zan](S)

이고 의자로 '禾'[mu]가 한자 '木'[mu]에 한 획을 더 한 것이다.

'十'[shih] ──→ '千'[juwa]
　　[의미와 자형의 관계]

11. '方' (土滿) [tuman] 만(萬)

이 문자는 역어에

No. 665. **方** 土滿/ 額木禿墨 [tuman], [tuman], [tumen], [tuman] 만萬/
[tumen](M), [ʒmə t'uman](N), [tumen](E)

No. 866. **方米丐** 土滿塞革 [tuman sege], [tuman sege], [tumen sege] 만사萬寺/
[tumense](M)

이고 의자로 '万'[wan, mo]를 바탕 문자로 하고 있다.

　'万'[wan] ⟶ '方'[tuman]
　　[의미와 자형의 관계]

12. '方' (都塔) [tuta] 있다, 존재하다(在)

이 문자는 역어에

No. 720. **方乒** 都塔洪 [tuta-hun], [dutahun], [dutahūn], [dutahun] 있다存/
[tuta tutambi](M)

이고 의자로 '存'[ts'un]이 바탕 문자일 것이다.

　'存'[ts'un] ⟶ '方'[tuta]
　　[자형의 관계]

13. '歹' (埋) [mai] 묻다(問)

이 문자는 역어에

No. 444 **歹** 埋番住/ 弗你 [maifanju], [fanjumai], [fanǰumai], [fan] 묻다問/
[fonǰimbi](M)

이고 그루베의 역어 47쪽. No. 13에 있는 색인에는 "'⼸'[mâi] 묻다埋"로 되어 있지만 No. 444에는 이 문자 한 자로 '埋番住'로 되어 있다. 그루베는 이 문자에 해당하는 만주어를 들고 있지 않지만 의자로 '問'[wên]의 항에 있는 '吻'을 바탕 문자로 하고 있다.9)

'問'[wên] ⟶ '吻'[wên] ⟶ '⼸'[mâi]
　　　[음의 관계]　　　[자형의 관계]

14. '⼸' (揑) [niya]

이 문자는 역어에서

　No. 132 ⼸血 揑住/ 念木住 [niyaju], [niyaju], [nieǰu] 포도蘿葡/ [mursa](M)

　No. 159 希⼸甲 嫩揑哈/ 牛揑哈 [niongniyaha], [niyonniyaha], [noonniaha]
　　거위鵝/ [niongniyaha](M), [nugna](N), [nunaki](S), [nūɲihi](E)

　No. 357 东⼸丈 弗揑魯 [funiyeru], [funiyaru], [funieru] 생각하다念/ [niyelembi](M)

　No. 719 丈⼸ 失揑 [sine], [šiniya], [šine] 어리다幼/ [aǰigon](M), [šine]新(Mo)

이고 No. 132의 '포도蘿葡'는 [lo-po]로 되어 있지만 말레이어馬來語의 [labu], '외瓜'[kua]와 같다. 그 바탕 문자는 [kua]의 유사음 [k'ua]의 항에 있는 '夸'이고 의자이다.

'蘿葡'[lo-po](labu) ⟶ '瓜'[kua] ⟶ '夸'[kau] ⟶ '⼸'[niya]
　　　[의미 관계]　　　[음의 관계]　　　[자형의 관계]

---

9) 타오알지·허씨거(道爾吉·和希格), 『여진역어연구(女眞譯語硏究)』, 1983, 140쪽. '埋番'은 '番住'와 위치가 바뀐 것으로 판단하고 있다.

15. '츳' (倭林) [orin] 이십(二十)

이 문자는 역어에

No. 655 츳 倭林/ 斡里 [orin], [orin], [orin], [orin] 이십二十/ [orin](M), [ɔrin]
(N), [olin](S), [orin](ɑ), [urin](Mɑ)

이고 원어의 음인 '時'[erin]와 비슷하며 동일한 의자라는 점에서 '時'[shih]의
항과 그 유사음 [hsi]의 항을 볼 때 [shih]의 항에는 유사한 문자로서 '示'가
있다. 그러나 다른 많은 10대 이상의 숫자가 각각 하나의 단위 숫자의
항의 문자가 바탕 문자로 되어 있는 점에서 이 문자도 '二'[êrh]가 바탕
문자일 것이다.

'二'[êrh] ⟶ '츳'[orin]
　　　　[자형의 관계]

16. '氐' (厄塞) [ese] 이, 이것(這)

이 문자는 역어에서

No. 854 氐 厄塞 [ese], [ese], [ese], [ese] 이, 이것這/ [ese](M)

이고 의자로 '這'[chê, chêi]의 항에 바탕 문자가 없고 유사음 [ch'ê]의 항
의 '尺'이 바탕 문자이다.

'這'[chê] ⟶ '尺'[ch'ê] ⟶ '氐'[ese]
　[음의 관계]　　　[자형의 관계]

17. '九' 兀也溫 [uyun] 구(九)

이 문자는 역어에서

No. 644 九 兀也溫/ 兀容 [uyun], [uyun], [uyun], [uyun]구九/ [uyun](M), [ujun](N), [yuɡin](S), [yoŋin](E)[10]

이고 '九'[chiu]에서 만들었다. 의자이다.

'九'[chiu] ⟶ '九'[uyun]
　　　　[의미와 자형의 관계]

18. '乇' (安朔) [ɑnso] 십일 (十一)

이 문자는 역어에서

No. 646 乇 安朔 [ɑnso], [ɑmšo], [ɑmšo], [ɑmšo] 십일 (十一)/ [omšon](11월)(M), [umsumbä](12월)(Mɑ), [t͡ʃuã ʒmək](N)

이고 의자로 '一'[i] 항에서 '乇'가 바탕 문자일 것이다.

'一'[i] ⟶ '乇'[i] ⟶ '乇'[ɑnso]
　　[음의 관계]　　[자형의 관계]

---

10) 여진어의 말음 [-n]을 '溫'[wên]과 '因'[yin]으로 표기하고 있는데 [i] 모음 아래에서는 주로 '因'으로 전사하고 있다.

19. '조' (州) [ju, juu. jun] 주(州)

이 문자는 역어에서

No. 54 조 州 [[ju, juu, jun], [jou], [jiu], [jɑu] 주州/ [jeu](M)

이고 완전히 한어 전사용 문자로 음의音意 병용 글자이다. 이 바탕 문자는 '州'[chou]의 항에 없고 [chou]를 닮은 음의 [ju]항에 있는 '조'이다.

'州'[chou] ──→ '조'[ju] ──→ '조'[juu]
　　　[음의 관계]　　　 [자형의 관계]

20. '于' (一勒) [il?, i] 꽃(花)

이 문자는 역어에서

No. 118 于侁 一勒哈/ 亦勒 [ilha], [ilha], [ilha] 꽃花/ [ilha](M), [ilga](N), [ilege](S)

이고 다음의 21. '于'[i]와 완전 동일하지만 그루베는 '于'와 '于'의 차이를 고려했을 것이다. 그러나 이것은 음자인 듯하며 [i]와 유사음 [yü]의 항 '于'가 바탕 문자인 것 같다. 그 단어도 [il-ha]로 분리하는 것보다 [i-lha]로 분리해야 할 것이다.

'于'[yu] ──→ '于'[i]
　　[자형과 음의 관계]

21. '亐' — [i][11]

이 문자는 역어에서

亿亐

No. 294 亿亐 追一/ 追(子) [jui], [juwi], [jui] 아들孩子[12]/ [jui](M)

No. 486 亐卦夕 一的卜庥 [ijibuma], [idibuma], [idibuma] 구제하다撫恤/ [išimbi](M)

No. 815 次亐兔失岙 伯亦沙埋恩 [boiša-mbi], [boišamaien], [baišamai en] 은혜에 감사하다謝恩

이고 음자로 '一, 亦'[i]와 유사음 [yü]음에 있는 '于'가 바탕 문자이다.

'一, 亦'[i] ——→ '于'[yü] ——→ '亐'[i]
     [음의 관계] [음과 자형의 관계]

22. '弇' (江) [giyan]

이 문자는 역어에서

No. 2 舷弇 塔里江/ 塔兀恰 [talgiyan], [talgiyan], [talgian] 천둥霆/ [talkiyan] (M), [talijiran](E), [talinjuran](Ma)

No. 13 兄弇 上江/ 尙加 [šanggiyan], [šangiyan], [šaŋgian] 연기煙/ [šanggiyan] (M), [sangan](N), [saŋñãn](Ma), [saŋijan](L), [haŋñãn](W)

No. 134 兄弇舟兴 上江瑣吉 [šanggiyan sogi], [šangiyan sogi], [šaŋgian soŋgi] 배추白菜/ [šanyan](희다), [sogi](菜)(M), [soŋgi](P)

---

11) 기요세(1977: 62)는 음가를 [i]로 재구하고 명사접사로 처리하고 있다.
12) 그루베의 전사 '亿亐'의 오류로 처리하고 있다.

No. 190 兄兮余頁 上江塞克 [šanggiyan segu], [šangiyan seke], [šaŋgian seke] 은색 쥐銀鼠/ [šanggiyan seke](M)

No. 192 瓦兮利秀 嫩江申革 [nioggiya šigge], [niyongiyan singe], [niongian šinge] 청색 쥐青鼠/ [niwanggiyan šinggeri](M)

No. 193 床兮利秀 瑣江申革 [sogiyan šingge], [sogiyan singe], [sogian šinge] 황색 쥐黃鼠/ [suwayan šinggeri](M)

No. 269 兄兮孟屇 上江希兒厄/ 上江希兀牙厄 [šanggiyan hirge], [šangiyan hirge], [šaŋgian hirŋe] 굴뚝煙墩/ [xulan](M)

No. 578 兄兮主 上江塞勒/ 托活羅 [šanggiyan sele], [šangiyan sele], [šaŋgian sele] 주석錫/ [toholon], [tʼɔhɔgã](N)

No. 587 金兮关士 弗剌江古溫 [fulgiyang gun], [fulagiyan gun], [fulagiyan gun] 붉은 옥赤玉/ [fulgiyang gun](M)

No. 616 瓦兮 嫩江/ 念加 [niogiyan], [niyongiyan], [niongian] 청색青/ [niowanggiyan] (M), [niŋgiɛ̃](N)

No. 617 金兮 弗剌江/ 伏良 [fulgiyan], [fulagiyan], [fulagian] 홍색紅/ [fulgiyang] (M), [fuligiã](N)

No. 618 床兮 瑣江/ 素羊 [sogiyan], [sogiyan], [sogian] 황색黃/ [suwayan](M), [sɔjɛ̃](N), [songgarin](S), [šinggarin](E)

No. 619 兄兮 上江/ 尙加 [šanggiyan], [šangiyan], [šaŋgian] 백색白/ [šanggiyan], [šanyan](M), [šɛ̃gin](N)

No. 624 金兮 弗剌江 [fulgiyan], [fulagiyan], [fulagian] 붉은색丹/ [fulgiyan] (M)

No. 629 天瓦兮 阿卜哈嫩江 [abka niogiyan], [abka niyogiyan], [abka niongian] 하늘이 푸르다天青/ [geyenamun](M)

No. 630 勇哭兄兮 一麻吉上江 [imagi šanggiyan], [imangi šangiyan], [imaŋgi šaŋgian] 구름이 희다雲白/ [nimanggi šanggiyan](M)

No. 632 肖丘金兮 忽如弗剌江/ (忽如弗拉江) [hujufulglan], [huju fulagiyan], [huru fulagian] 구름이 희다雲白/ [jamu](M)

No. 634 <ruby>吳土兄牛</ruby> 古溫上江 [gun šanggiyang], [gun šangiyan], [gun šaŋgian], 옥이 희다玉白/ [gun šanggiyan](M)

No. 635 <ruby>乐土佧牛</ruby> 安春溫瑣江 [ančun sogiyan], [ančun sogiyan], [ančun sogian] 금이 누르다, 누른 금金黃/ [hagsa](M)

이고 주로 색체를 나타내는 단어의 어미에 사용되고 있지만 '江'[chiang]의 항의 바탕 문자는 없고 바탕 문자는 불분명하다.

23. '矛' (寧住) [ninjuˀ] 육(六)

이 문자는 역어에서

No. 641 矛 寧住/ 寧谷 [ninjun], [ningu], [niŋgu], [niŋgu] 육六/ [ninggun](M), [niŋgu](N), [nigun](S), [niŋun](E), [ñuŋun](W), [ñugun](Ma)

이고 그루베는 [ninggun]을 배당하고 있지만 위의 예에서는 [ninju]로 되어 있다. 그런데 [ninju]와 말하자면 No. 659의 '육십'과 동일하게 되므로 위의 예는 잘못이 아닌가라는 생각이 든다. 바탕 문자는 '六'[lu, liu]의 항에는 없고 [l]을 [y]로 변화시킨 [yü]항에 있는 '于'이다([l]의 [y]화에 관해서는 제6장 (2) 참조). 의자이다.

'六'[lu, liu] ⟶ '于'[yü] ⟶ '矛'[ninju]
　　　　　[의미의 관계]　　[자형의 관계]

24. '个' (卜楚) [bočo]

이 문자는 역어에서

No. 14 仒宏씨 卜楚禿吉 [bočo tugi], [bočo tugi], [buču tuŋgi], 노을霞/
[bočotugi jagsan](M)

No. 628 仒马 卜楚該 [bočogai], [bočogai], [bučugai], 색色/ [bočonggo](M)

이고 의자이어서 바탕 문자는 ‘色’[shai]의 유사음 [shê]의 항에 ‘余’이다.

‘色’[shai] ⟶ ‘余’[shê] ⟶ ‘仒’[bočo]
　　　[음의 관계]　　[자형의 관계]

25. ‘朴’ (套) [too]

이 문자는 역어에서

No. 358 朴土씨 套溫剌 [−], [taunra], [taunra] 읽다讀/ [hūlambi](m)

No. 438 朴甬씨 套荅剌/ 套答 [tooda-mbi], [taudara], [taudara] 돌아오다還/
[toodambi](M)

No. 465 朴土씨 套溫剌 [too-mbi], [taunra], [taunra] 욕하다, 꾸짖다罵/
[toombi](M)

이고 음자로 보이기 때문에 한자의 ‘討’[tʻao]가 바탕 문자로 되어 있다.

‘套’[tʻao] ⟶ ‘討’[tʻao] ⟶ ‘朴’[too]
　　　[음의 관계]　　[자형의 관계]

26. ‘兯’ (禿魯) [tulu?]

이 문자는 역어에서

No. 359 㒰䒍矢 禿魯哈剌 [turuhala], [turugala], [turugala] 보다視/ [tuwambi](M)

No. 742 矢뮻㒰䒍矢 革卜禿魯哈剌 [gebuduluhala], [gebuturugala], [gebu tulugala] 명망名望/ [gebu algi](M)

No. 826 㒰䒍矢兇䖝王 禿魯哈剌團下孫/ (禿魯哈剌團下松) [turuhala tuwancihisun], [turugala tuwanhiyasun], [turugala tonhiasun] 간수하다看守/ [tuwakiyambi](M)

No. 858 㒰䒍矢 禿魯哈剌 [turuhala], [turugala], [turugala] 열람하다覽/ [tuwambi](M)

이고 의자로 '望'[wang], '看'[k'an], '覽'[lan]의 항에 바탕 문자가 없고 '視'[shih]의 항에 있는 '式'이 바탕 문자일 것이다.

'視'[shih] ⟶ '式'[shih] ⟶ '㒰'[tulu?]
　　　[음의 관계]　　　[자형의 관계]

27. '屯' (以) [i]

이 문자는 역어 중에 많이 사용되고 있다.

No. 1 丞屯 阿卜哈以/ 阿瓜 [abka], [abkai], [abka i], [abga](a) 하늘의天/ [abka](M), [apk'a](N)

No. 71 杏屯 卜阿以 [buwa-i], [buwa i], [ba i] 지방의地方/ [ba i](M)

No. 399 屰癸屯 哈化以 [gahai], [gahoi], [gahua i] 취하다取/ [gaimbi](M), [gadami](a)

No. 715 屯䄃 以勒 [ire], [iriye], [ire] 들어가다入/ [došimbi](M), [ire](Mo)

No. 731 坴斥甬屯 厄勒吉扎以 [eregijai], [eregi jai], [eregi ǰai] 이 때문에因此/ [ede](M)

No. 807 昊屯秀花斥 塔以革勒吉 [tai gelegi], [tai gelegi], [tai gelegi] 예에 따르다依例

No. 825 盃美屯屯列 脉兒革以哈称因/ (脉兀革以哈你因)[mergei hačin], [ergei hačin], [ergei hačin] 방향方, 물건物/ [ergi]방향方, [hacin]물건物(M)

No. 845 伏扎孙足灵屯 出出瓦孩塔以 [čuwahai dai?], [čučuwahai tai], [čučuwahai tai?] 의지하다照依/ [sonkoi](M)

No. 667 东火史 弗厄一/ (弗厄以) [fuei], [fuwei], [fuŋei] 옛날舊/ [fe](M), [fu](N)

등에서 볼 수 있듯이 음자이고 명사에 접미하는 경우에 소유격의 조사이다. 바탕 문자는 '以'[i]의 항에 있는 '曳'라고 생각된다.

'以'[i] ⟶ '曳'[i] ⟶ '屯'[i]

    [음의 관계] [음과 자형의 관계]

28. '屯' (哈称) [hači]

이 문자는 역어 중에

No. 80 屯列 哈称因/ 哈失 [haecin], [hačin], [hačin] 마디, 절기節/ [hačin] (상원, 정월 보름)(M)

No. 99 庄盃屯列 寒食哈你因 [hanši hacin], [hanši hačin], [hanši hačin] 청명절清明/ [hangši](M), [haŋši](Mo), [hanši](E)

No. 100 卫月屯列 順扎必阿称因 [sunja biya hačn], [sunja bi a hačin], [šunǰa bia hačin] 단오절端午節/ [sunǰa biya i hačin], [sunǰangga inenggi] (M)

No. 581 屯列 哈称因 [hačin], [hačin], [hačin] 물건, 사물物/ [hačin](M)

No. 825 盃美屯屯列 脉兒革以哈称因/ (脉兀革以哈你因)[mergei hačin], [ergei hačin], [ergei hačin] 방물方物/ [ergi]방향方, [hacin]물건物(M)

No. 867 令犮屯列 阿赤卜魯哈称因 [ačiburu hačin], [ačiburu hačin], [ačiburu hačin] 성절, 명절聖節/ [enduringge haʧin](M)

이고 의자로 '節'[chieh], '物'[wu]의 항이 바탕 문자가 없고 '節'과 유의어인 '祭'[chi]의 항에 있는 '己'가 바탕 문자이다.

'節'[cheh] ⟶ '祭'[chi] ⟶ '己'[chi] ⟶ '屯'[haʧi]
　　[의미의 관계]　　[음의 관계]　　[자형의 관계]

29. '屯' (沒) [mu] 물(水)

이 문자는 역어 중에

> No. 51 屯 沒/ 木克 [mu], [mu], [mu] 물水/ [muke](M), [muk'ə](N), [mu](S), [mu](E), [mu](Ma)

이고 '沒'[mo]의 항에 '末'이 바탕 문자일 것이다. '水'[shui]의 항에 바탕 문자가 없고 음자이다.

'沒'[mo] ⟶ '末'[mo] ⟶ '屯'[mu]
　　[음의 관계]　　[음과 자형의 관계]

30. '丈' (法) [fɑ]

이 문자는 역어 중에

> No. 781 丈甬丈甬ᡥᡳ 法兒法兒弗里隨/ (法儿法儿弗里隨) [fɑrfɑr fulsui], [fɑrfɑr fulsuwi], [fɑrifɑri fulisu] 따로 가다, 헤어지다另行/ [fɑrfɑmbi](어지럽다亂)(M), [fuli](가다行)(N)

이고 음자로 '法'[fa]의 항에 있는 '伐'의 '人'변을 제거한 형태이다.

'法'[fa] ⟶ '伐'[fa] ⟶ '𢼈'[fa]
[음의 관계] [음과 자형의 관계]

31. '𢼈' (孩) [hai]

이 문자는 역어 중에

No. 109 𢼈犬 孩剌/ 孩剌莫 [haila], [haila], [haila] 느릅나무楡/ [haila](M)

이고 음자로 보아 '孩'[hai]의 항을 찾아도 바탕 문자가 없어서 의자로 보니까 '楡'[yü]와 유사음인 [i]의 항에 있는 '弌'가 바탕 문자일 것이다. 역어에 '弌'로 되어 있는데 또 '𢼈'도 있어 어느 것이 옳은 것인지 불분명하다.

'楡'[yü] ⟶ '弌'[i] ⟶ '𢼈'[hai]
[음의 관계] [자형의 관계]

32. '𢽟' (解) [guwai, guai]

이 문자는 역어 중에

No. 808 血𢽟 註解 [-], [jugiyai], [jugei] 주해註解

이고 '解'는 [chieh], [hsieh]인데 옛날에는 [kuai]이 있었다고 추정된다. 그렇다면 [kuei] 항의 '𢽟'를 바탕 문자라고 생각할 수 있을 것이다.

'解'[guai] ⟶ '夰'[kuei] ⟶ '夰'[guai]

    [음의 관계]   [자형의 관계]

33. '夰' (吉勒) [gile?]

이 문자는 역어 중에

    No. 765   夊夰寂卓 彘吉勒荅失剌 [tegiledasila? dasi-mbi], [tegile(?) dasira], [tegile dašira] 뒤짚다, 두루 덮다遍覆/ [dele dasimbi](M), [dahim](覆)(W)

이고 그 바탕 문자는 불명확하다.

34. '兂' (的勒岸) [jilga]

이 문자는 역어 중에

    No. 780   矢芡兂米 革卜的勒岸 [gebu jilgan], [gebu digan], [gebu dilŋan] 명성名聲/ [gebu jilgan](M)

이고 '聲'의 의미로 의자이므로 '聲'[shêng]의 항에 바탕 문자를 구해야 하지만 그 항에는 바탕 문자가 없기 때문에 [shêng]의 유사음 [hsien]의 항의 '先'이 바탕 문자이다.

'聲'[shêng] ⟶ '先'[hsien] ⟶ '兂'[jilga]

    [음의 관계]   [자형의 관계]

35. ‘光’ (阿民) [amin] 아버지(父)

이 문자는 역어에

No. 282 光 阿民/ 阿㝏 [amin], [amin], [amin] 아버지父/ [ama](M), [amin]
(S), [ama](N), [amin](E), [ami](Ma)

로 되어 있어 의자인데 ‘父’[fu]의 항에 바탕 문자가 없어서 바탕 문자는
불분명하다.

36. ‘夂’ (伯) [be]

이 문자는 역어 중에

No. 62 盂盂夂 住兀伯 [jugu], [jugu be], [juŋu be] 길道/ [jugūn be](M)

No. 223 夂臾 伯黑 [behe], [behe], [behe] 먹墨/ [behe](M), [behe](Mo), [behe]
(S), [behe](E)

No. 271 糸友矢交夂 召刺埋委勒伯 [-], [jaulamai weilebe], [weilebe jeulamai]
秦事 사태를 보고하다秦事/ [wešimbumbi](N)

No. 337 寻夂仆 厄墨伯捏兒㝏/ (厄墨伯捏儿㝏) [ehe niyalma], [ehebe niyarma],
[ehe be niyalma] 나쁜 사람歹人/ [ehe niyalma](M)

No. 341 畀夂 厄墨伯 [ehe], [ehebe], [ehe be] 악惡/ [ehe](M), [ʒhə](N)

No. 398 交夂 委勒伯 [weile-be], [weilebe], [uilebe] 일을事/ [uilembi](M),
[uile](E)

No. 477 伍炏畀夂 只速刺厄墨伯/ 額黑剳发刺 [jise-mbi], [jisura ehe be],
[jisura ehe be] 나쁜 짓을 하다作歹/ [ehe be arambi](M)

No. 479 卡列夂 哈里因伯 [harin], [harin be], [halin be] 조정朝廷/ [hargašan](M)

No. 487 芈夂臾 恩伯黑/ (恨都魯) [enbe-mbi], [enbehe], [enbehe] 출산出産

No. 506 半夊 脉日藍伯/ 揑麻[13] [mujilen], [mujilenbe], [merilenbe] 마음(心)/ [mujilen](정신, 마음), [niyaman](마음)(M)

No. 697 号夊 厄墨伯/ 額黑 [ehe], [ehebe], [ehebe] 나쁘다为/ [ehe](M), [ʒhələ](N)

No. 748 考昊亭屁夊 哈荅溫脉魯厄伯 [hadaun merge], [hadaɡun mergebe], [haɡdaŋun mergebe] 성의誠意/ [akdun mergen](M)

No. 762 布夊 赫路塞伯 [herse], [herse be], [heluse be] 언어言語/ [ɡisuren ɡisun] (M)

No. 778 北色右吏奉夊 忒勒禿昧兀塞天伯 [deltumei usetenbe], [telhetumei usetiyenbe], [teretumei usetenbe] 별종別種

No. 801 厈杀夊甬丸斥 卓你伯荅出吉 [jonibe dačuɡi], [jonibe dačuɡi], [jonibe dačuɡi] 날카롭고 민첩하다鋒銳/ [jeyen](날카롭고 민첩하다鋒銳, [dačun](날카로운 칼)(M)

No. 827 夺屯右支夊 拙厄林昧委勒伯 [jori-mbi weile be], [juwerinmei weile be], [juwerinmei weile] 사태를 알리다報事/ [jorimbi](지시, 지교), [uile](사정)(M)

No. 843 屯屁夊 一兒厄伯 [irge], [irge be], [irge be] 백성百姓/ [irgen](M)

으로 되어 있다. '的'[ti]의 음은

No. 785 血血夊纯 住兀的德(g)/ 住兀伯德 [juɡu be de], [juɡube de], [juŋū be dei] 도덕道德/ [doro](M)

이다. 그런데 No. 62에 '夊'는 [be]로 읽고 있기 때문에 No 785 '屯'도 [be]어야 한다. 그러므로 이 예에서 '的'은 '伯'의 오류이다.

이 문자는 조사 [-be] '伯' '-을' 나타내며 '皮'[pʰi]가 바탕 문자로 된다.

---

13) 회동관(이와나미)본에 음사형 '揑麻'는 '涅麻'의 오류.

‘伯’[pai, po] ───→ ‘皮’[p'i] ───→ ‘史’[be]

　　　[음의 관계]　　　[자형의 관계]

37. ‘丈’ (魯) [lu]

이 문자는 역어에

No. 357 东弓丈 弗捏魯 [funiyeru], [funiyaru], [funieru] 생각하다念/ [niyelembi](M)

No. 425 屯丈 失剌魯 [sira-mbi], [širaru], [širaru] 잇다, 엄습하다襲/ [širambi] (M), [siraran](a)

No. 440 㞋丈太 哈扎魯 [gajalu], [gajaru], [gajaru] 필요, 요구要/ [gajimbi](M)

No. 460 㑒气太 桑戈魯/ 宋谷必 [songgo-mbi], [sangolu], [soŋgoru] 울다, 곡하다哭/ [songgombi](M), [soŋgo](N), [soŋgoron](S), [songomi](W)

No. 466 呑㞋太 滅苦魯/ 捏苦魯 [miyakura-mbi], [miyakuru], [miyakūru] 꿇 어앉다跪/ [miyakūrambi](M)

No. 467 艾㞋太 恨都魯 [hendu-mbi], [henduru], [henduru] 말하다說/ [hendumbi](M)

No. 485 吴杰太 比扎魯/ (屯扎魯) [bija-mbi], [tunjaru], [tunjaru] 진을 지키 다鎭守/ [tosombi](M)

No. 771 朴判史承右 貴也魯弗忒昧 [guiyelu? fude-mbi], [guyeru futemei], [guyeru futemei] 반숭허다伴送/ [dahame futemei](M)

No. 773 庆走太丈 苔別剌魯 [dambi], [dabilaru], [dabielaru, dambielaru] 주 석하다備寫/ [arare be belhembi, bambi](관리하다)(M)

No. 809 太丈久叐太 剌魯木忒卜魯 [-], [lalu muteburu], [laru muteburu] 글을 쓰게 되다寫成/ [arambi](글 쓰다), [mutembi](되다)(M)

No. 810 为丈太 騰剌魯 [doola-mbi], [tenlaru], [tenlaru] 등사하다謄寫/ [doolambi](M)

No. 850 任史 只速魯 [jise-mbi], [jisuru], [jisuru] 짓다, 만들다做/ [jisembi] (초안을 잡다)(M)

로 되어 있으며 동사의 변화 어미에 사용되지만 이 어미의 기능은 불분명하며 바탕 문자 또한 불분명하다고 생각되는 의자로 보인다.

38. '炗' (刺) [la]

이 문자는 역어에

No. 359 它条炗 禿魯哈剌 [turuhala], [turugala], [turugala] 보다視/ [tuwambi](M)

이고 195의 '炗'의 오사이다. 그 항을 참조.

39. '叏' (失) [ši]

이 문자는 역어에

No. 10 叏伩圡 失勒溫/ 失雷 [sileun], [šileun], [šilun] 이슬露/ [šilenggi](M)[14]

No. 540 叏昺叏 失羅回 [siloho?], [šilohuwi], [šilohoi] 떡, 구운 떡燒餠/ [šoobin]
(M)

No. 719 叏ㅎ 失揑 [sine], [šiniya], [šine] 어리다幼/ [ajigon](M), [šine](新)
(Mo)

이고 음자로 보면 '失'[shih]와 같은 항의 '史'가 바탕 문자일 것이다.

'失'[shih] ──────▶ '史'[shih] ──────▶ '叏'[ši]
　　　　[음의 관계]　　[음과 자형의 관계]

---

14) '叏伩圡'는 '叏伩𡉀'의 오사이다. 이 다언과 동원의 친족 제어의 제2음절은 어느 것도 [ə]모
음을 포함하므로 '伩' [*lə]에 잇따르는 [n] 자음의 여진자는 [ən]을 나타내며 '𡉀'가 있다고
생각한다. 따라서 여진어의 '露'는 [ʃilun]이 아닌 [ʃilən]이다.

40. '' (厄云) [eyun]

이 문자는 역어에

No. 290  厄云溫/ 革革 [eyun, eyūn], [eyun], [eyun] 누이姐/ [eyun](M), [kəkə](N)

이고 의자지만 '姐, 姉'[chieh]의 항에 바탕 문자가 없어서 바탕 문자는 불분명하다.

41. '' (目, 木) [mu]

이 문자는 역어에

No. 335  頭目/ 荅哈剌揑厤 [tou-mu], [toumu], [teumu] 두목, 우두머리頭目/ [da, dalaha](M)

No. 340 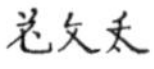 嫩木和 [nomoho], [non muho], [nomho] 착하다善/ [nomhon](M), [nomhon](Mo), [nomohon](E)

No. 443 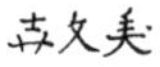 拙木申/ 拙兀 [jomi-mbi], [juwemušin], [ǰomušin] 빌리다借/ [ǰolimbi](M)

No. 498 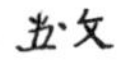 弗木 [feme], [fumu], [fumu] 입술脣/ [femu](M), [həmɔ](N), [emü](S)

No. 538  木申 [mušen], [mušin], [mušin] 볶은 면炒麪/ [muši](M)

No. 567  沙木哈 [šamuha], [šamuha], [šamuha] 귀마개暖耳/ [šabtun](M)

No. 740 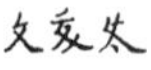 木忒卜魯 [mute-mbi], [muteburn], [muteburu] 작성하다作成/ [mutembi](M)

No. 791  非也吉木本剌 [-], [fiyegi mubunla], [fiyeŋgi mubunla]

조력하다偏稗

No. 809 夹夬夊夊夊 剌魯木弎卜魯 [-], [lalu muteburu], [laru muteburu] 글을 쓰다寫成/ [arambi](寫)(M), [mutembi](成)(M)

이고 음자로 '牧'[mu]의 변을 제거한 형이다.

'目'[mu] ⟶ '牧'[mu] ⟶ '夊'[mu]
　　　[음의 관세]　　[음과 자형의 관계]

42. '夊' (因) [in]

이 문자는 음자인 것을 역어 중에 많은 예가 나타나는 것으로 알 수 있다. 그 바탕 문자는 [yin]의 항에 있는 '夊'이다.

No. 167 其 休 夊 其里因 [kilin], [kilin], [kilin] 기린麒麟

No. 202 佺夊 替因 [čin], [tin], tin] 관청廳/ [tinggin](M)

No. 308 禾仅枇夊 素溫必因 [sun-bin], [sunbin], [sunbin] 총병하다, 병사를 모으다總兵/ [uhəri gadalara da](M)

No. 782 扎夊未奈夬 出因扎撒剌 [čuin-časa-mbi], [čuwin jasala], [čuin jasala] 처치하다處治/ [ačihiyambi](M)

No. 799 岿夛夊伩 朶申因勒 [dosinin-le?], [došin inle], [došin inlei] 작게, 질지 않게, 인류引類/ [došimbi](함께 끌어들이다)(M)

No. 811 土圡虫夊 下敖圭因 [-], [hiyau guwin], [hiau kuin] 학규學規

No. 812 兄甲盂夊 撒希西因 [sanhičin?], [sahi sin], [sahi sin] 잘 알다知悉/ [sambi](M)

이상의 예에서는 모두 한어 전사용으로 사용되고 있다.

‘囚’[yin] ⟶ ‘叏’[yin] ⟶ ‘夊’[in]

[음의 관계]　　[음과 자형의 관계]

43. ‘夂’ (斡速) [oso]

이 문자는 역어에

No. 58 夂夈盂盂 斡速灣住兀 [osohonjugu], [osogon jugu], [osoŋon juŋu] 샛
길徑/ [osohon jugūn](M)

No. 669 夂夈 斡速灣/ 阿沙 [osohon], [osogon], [osoŋon] 작다小/ [osohon](M)

이고 의자이지만 ‘小’[hsiao]의 항에 바탕 문자가 없고 바탕 문자는 불분
명하다.

44. ‘ � ’ (膽) [doo]

이 문자는 역어에

No. 810 夃夈灾 騰剌魯 [doola-mbi], [tenlaru], [tenlaru] 등사하다膽寫/
[doolambi](M)

로 되어 있지만 독법을 표시하는 ‘膽’은 ‘道’[tao⟨doo]의 오류인 것을 제11
장 그루베의 여진역어의 검토 No. 810에 기술한 바와 같다. 이 문자는
음자로 ‘刀’[tao]가 바탕 문자로 되어 있다.

‘刀’[tao] ⟶ ‘夃’[doo]
[자형과 음의 관계]

45. '力' (卜麻) [buma?]

이 문자는 역어에

No. 429 㳄力 塔法卜麻 [tafa-mbi], [tafabuma], [tafabuma] 교류하다, 사교
하다交/ [tafabumbi](M)

No. 482 克迪力 忒忒卜麻/ 忒得墨 [tetebuma], [tetebuma], [tetebuma] 바치
다, 진공하다進貢/ [alban jafambi](M)

No. 486 于卦力 一的卜麻 [ijibuma], [idibuma], [idibuma] 구제하다撫恤/
[išimbi](M)

이고 위의 예에서 동사 변화어미를 이루고 있지만 기능이 불명확하기
때문에 바탕 문자도 불명확하다. 의자이다.

46. '加' (都魯) [dulu], [dulun]

이 문자는 역어에

No. 94 加昊 都魯溫/ 都儿兀 [dulun], [dulgun], [duluun] 따뜻하다溫/
[halukan](M), [dūlaɣan](Mo)

이고 물론 의자로 그 바탕 문자는 '溫'[wên]의 항의 '吻'로 생각된다.

'溫'[wên] ——→ '吻'[wên] ——→ '加'[dulu]
  [음의 관계]   [자형의 관계]

47. '㔟' (阿) [a]

이 문자는 역어에

> No. 599 㔟尽甸 阿木魯該/ 阿木剌 [amargi], [amurgai], [amurgai] 뒤, 후後/
> [amargi](M), [amidʑikə](N), [amela](S)
>
> No. 614 夹苔㔟尽甸 別弗脉阿木魯該 [-], [bifumeamurgai], [biefumai amurgai]
> 이후在後/ [amargi de](M)

로 되어 있다. '阿' [a] 항에 바탕 글자가 없어 음자가 아니다. '後, 后'는
함께 [hou]로 되어 있어 그 항에 바탕 문자가 없지만 유사음 항의 [hu]에
있는 '笏'가 바탕 문자이다.

'後, 后'[hou] ⟶ '笏'[hu] ⟶ '㔟'[a]
　　　　　[음의 관계]　　　[자형의 관계]

48. '刃' (岸) [wan]

이 문자는 역어에

> No. 181 朿 刃 素岸/ 廈 [suwan], [suwan], [suan] 해오라기鷺鷥/ [suwan](M)

이고 '朿'가 음자인 것과 마찬가지로 이것도 음자로 아마도 [wan]의 항에
있는 '万'이 바탕 문자일 것이다.

'岸'[an] ⟶ '万'[wan] ⟶ '刃'[wan]
　　　[음의 관계]　　　[자형의 관계]

49. '方' (女渾) [niohun?], [nuhun]

이 문자는 역어에

No. 653 方 女渾 [nuhun], [niyuhun], [niuhun] 십팔+八/ [juwa jakūn](M), [tʃuā dʑiakɔ̃](N)

로 되어 있으며 의자인데 '八'[pa]의 항에 바탕 문자가 없고 바탕 문자는 불분명하다.

50. '夃·' (召) [jao]

이 문자는 역어에

No. 271 夃友尖亥火 召剌埋委勒伯 [—], [jaulamai weilebe], [weilebe jeulamai] 秦事 사태를 보고하다秦事/ [wešimbumbi](N)

No. 768 夃友夫亦毛右 召剌埋拙厄林眛/ (召剌埋拙厄林眛) [jori—mbi], [jaulamai juwerinmei], [jeulamai jueriumei] 보고 올리다, 진보하다秦報/ [wesimbumbi] (M)

이고 한어의 전사에 사용되며 바탕 문자는 '秦'[tsou]의 유사음 '召'[chao] 이다.

'秦'[tsou] ⟶ '召'[chau] ⟶ '夃·'[jao]
[음의 관계]　　　[자형의 관계]

51. '爰' (式) [te]

이 문자는 역어에

　　No. 855 爰虫犀 式式希 [tedehi], [tetehi], [tetehi] 이불被

로 되어 있다. 그루베는 이 역을 [dort]로 하고 또 만주어 [tebe]를 들고 있는데, 아마 이것은 올바르고 이 문자도 의자로 '彼'[pi]와 유사음 [p'i]인 '皮'가 바탕 문자이다.

'彼'[pi] ⟶ '皮'[p'i] ⟶ '爰'[te]
　　[음의 관계]　　[자형의 관계]

52. '㫝' (本) [ben]

이 문자는 역어에

　　No. 207 天㫝 太本/ 太伏 [taiben], [taibun], [taibun] 들보, 다리梁/ [taibu](M)

　　No. 247 朱㫝 非本 [fiben], [fibun], [fibun] 등燈/ [dengǰan](M)

　　No. 248 东冊朱㫝 阿羊非本 [ayan fiben], [ayan fiben], 초燭/ [ayan dengǰan] (M)

　　No. 257 茶㫝申 撒本哈/ 撒扒 [-], [saunha], [saunha] 근육筋/ [sabka](M), [sabuk'i](N), [sabha](Mo), [saba](E)

　　No. 378 禾㫝 本塔本/ 木力 [mita-mbi], [mutabun], [mutabun] 돌다回/ [marimbi], [mitabun](M)

　　No. 379 仐臬斥 本塔本/ 木力 [mita-mbi], [mutabun], [mutabun] 돌아오다還 / [marimbi](M), [mitabun](N)

　　No. 424 写㫝 一立本 [ilimbi], [ilibun], [ilibun] 서다立/ [ilimbi](M), [ili](N), [ilami](E), [ilicam](W)

No. 441 卦万 退本 [tuibu-mbi], [tuwibun], [tuibun] 요청하다請/ [solimbi](M)

No. 579 东册米万 阿羊非木 [ayang feibun], [ayan fibun], [ayan fibun] 밀랍蠟[15]/ [ayan](M)

No. 604 导万 一立本 [ili-mbi], [ilibun], [ilibun] 천하다竪/ [ilibun](M)

로 되어 있고 이 외에 '步'[bu]의 음으로는

No. 422 扑万 牙步 [yabu-mbi], [yabun], [yabun] 달리다走/ [yabumbi](M)[16]

의 예가 있다.

전자는 많은 동사 변화어미형에 사용되고 있어 의자로 생각되며, 그 바탕 문자는 '筋'[ch'u]의 유사음 [ch'u] 항의 '芻'일 것이다.

'筋'[chu] ⟶ '芻'[ch'u] ⟶ '万'[ben?]
　　[음의 관계]　　 [자형의 관계]

또 후자도 의자로 '走'[tsou]의 항의 '鄒'가 바탕 문자일 것이다.

'走'[tsou] ⟶ '鄒'[tsou] ⟶ '万'[bu]
　　[음의 관계]　　 [자형의 관계]

그러나 이 양 문자는 원래 유사한 또 다른 형태인 것으로 생각된다.

---

15) 도이길 158, 건어포(腊).

16) 아신교로 울라희춘(愛新覺羅 烏拉熙春), 『明代の女眞語』, 京都大學學術出版會, 2009, 119쪽. '牙步'는 오류로 '牙本'으로 수정하였다.

53. '仫' (只速) [jise?, jisu]

이 문자는 역어에서

> No. 477 仫哭杲火 只速剌厄墨伯/ 額黑劃发剌 [jise-mbi], [jisura ehe be], [jisura ehe be] 나쁜 짓을 하다作歹/ [ehe be arambi](M)
>
> No. 850 仫失 只速魯 [jise-mbi], [jisuru], [jisuru] 짓다, 만들다做/ [jusembi](풀이 돋다)M)

이고 의자이다. '做', '作' 모두 [ts'o]이고 그 바탕 문자는 같은 항의 '佐'로 생각한다.

> '做, 作'[t'so] ──→ '佐'[tso] ──→ '仫'[jisu]
>   [음의 관계]   [자형의 관계]

54. '뭉' (蒙) [mêng]

이 문자는 역어에

> No. 830 뭉 蒙 [meng], [men], [mun] 꿈蒙

이고 한자의 전사용이다. 분명히 '蒙'이 바탕 문자로 되어 있다.

> '蒙'[mêng] ──→ '뭉'[mêng]
>   [음과 자형의 관계]

55. '兮'(逆) [ni]

이 문자는 역어에

No. 463 兮帯系 逆塔巴 [nitaba], [nitaba], [nitaba] 약하다弱/ [yadalinggu](M)

이고 [ni] 항에 바탕 문자가 없으므로 의자이다. '弱'은 [jo, juo]의 음을 지니는데 그 항에 '若'[yao]가 있어 그것이 바탕 문자로 생각된다.

'弱'[yo, jua] ⟶ '若'[yao, jo, yo] ⟶ '兮'[ni]
　　　[음의 관계]　　　　　[자형의 관계]

56. '夅' (印者) [inje] 웃다(笑)

이 문자는 역어에

No. 461 夅 印者/ 因者必 [inje], [inje], [inje] 웃다笑/ [inǰembi](M)

이고 의자이다. '笑'[hsiao]의 항에는 바탕 문자가 없지만 이것과 동의의 '嘻, 哇'[hsi]의 항에 '兮'가 바탕 문자이다.

'笑'[hsiao] ⟶ '嘻(哇)'[hsi] ⟶ '兮'[hsi] ⟶ '夅'[inje]
　　　[의미의 관계]　　　　[음의 관계]　　　[자형의 관계]

57. '芳' (禿罕) [tuwe?]

이 문자는 역어에

No. 428 方臾 禿斡墨 [tuwe-mbi], [tuwehe], [tuwehe] 가르치다, 주다授/
[tuwembi](M)

으로 되어 있는데 만주어의 대비어에 대해서는 그루베는 아무 것도 들지
않고 있다. 그런데 만주어에는 [tuwele-mbi]라는 말이 있고, 이 어간
[tuwe]에 상당하는 것이 아닐까 생각한다. 이 문자는 의자로 '授'[shou]의
항에는 바탕 문자가 없지만 유사음 [shou]의 항에 '灼'이 바탕 문자이다.

'授'shou] ⟶ '灼'[shou] ⟶ '方'[tuwe²]
　　[음의 관계]　　　　[자형의 관계]

58. '叐' (魯) [lu]

이 문자는 역어에

No. 362 亥叐 厄兀魯/ 歐探必(忙) [ebuhulu], [egur²], [eŋuru] 즉, 곧卽/ [ekšimbi
ebuhu sabuhū](M)

No. 363 亥叐 厄兀魯/ 歐探必 [ebuhulu], [egur²], [eŋuru] 잊다忙/ [ekšimbi]
(M)

No. 470 伟赶斥亥叐 替孩吉厄兀魯 [cihai gi eulu], [tihai gi gur], [tihai gi
eŋuru] 즉시, 곧隨卽/ [cihai](임의로, 마음대로)/ [čihai](M)

이고 '魯'[lu]의 항에 바탕 문자가 없기 때문에 음자가 아니라 의자이다.
즉, '叐'의 바탕 문자 '急'[chi]의 항에 있는 '及'의 한 획을 탈락시키고 가
점을 한 것이다.

'卽'[chi] ⟶ (急)[chi] ⟶ '及'[chi] ⟶ '叐'[lu]
　　[의미의 관계]　　　[음의 관계]　　　[자형의 관계]

59. '돗' (哈) [ga]

이 문자는 역어에

No. 342 돗ᄎ完 哈撒安 [gashan], [gasagan], [gasaŋan] 화禍/ [gashan](M)

이고 만주에서는 [gashan]이다. [ga] 곧 한자음의 [ka]의 항에는 바탕 문자가 없기 때문에 음자가 없고 의자이며 '禍'[huo]의 항의 '活'의 변을 삭제한 '舌'의 변형이다. 이 문자의 필법은 '김'에서 '劦'를 만든 것과 같은 방법이다.

'禍'[huo] ⟶ '活'[huo] ⟶ '돗'[go]
　　　[음의 관계]　　　　[자형의 관계]

60. '帝' (斗兀) [deo]

이 문자는 역어에

No. 287 帝土 斗兀溫/ 豆 [deoun], [degun], [deŋun] 아우弟/ [deo](M), [deguu](Mo)

로 되어 있으며 만주어에서는 [deo]이며 의자로 바탕 문자는 '弟'[ti]이다.

'弟'[ti] ⟶ '帝'[deo]
　　　[의미와 자형의 관계]

61. '劣' (脫) [to]

이 문자는 역어에

No. 250 **劣気** 脫戈/ 同谷 [togo], [togo], [togo(toŋgo)] 선線/ [tonggo](M)

No. 445 **乬劣天** 瑣脫和 [soktoho], [soktoho], [sogtohe] 취하다醉/ [soktombi](M), [sogtomoi](Mo), [sɔktʼɔ](N), [sottʼo](E)

로 되어 있으며 '線'[hsien]의 항, '醉'[tsui]의 항에 바탕 문자가 발견되지 않고 음자로 '脫'[tʼo]의 유사음 [tʼao]의 '叨'가 바탕 문자일 것이다.

'脫'[tʼo] ⟶ '叨'[tʼao] ⟶ '劣'[to]
⎵_____⎵ ⎵_____⎵
[음의 관계] [자형의 관계]

62. '弓' (爐) [lu]

이 문자는 역어에

No. 113 **夊弓** 兀魯/ 皀兀 [ulu], [ulu], [ulu] 대추나무棗/ [soro](M), [soro](E)

No. 189 **釆弓土** 莽魯溫 [mang-lun], [man lun], [maŋlun] 이무기蟒龍

No. 219 **弓** 爐 [−], [lu], [lu] 화로爐/ [dabukū](M)

No. 448 **兏弓昊** 卜魯溫 [bolun], [bolugun], [buluŋun] 고요하다靜/ [bolgo] (M)

No. 548 **肖弓** 忽魯 [hulu], [hulu], [hulu] 고리環/ [gori](M)

No. 726 **厄弓甲** 扎魯哈 [jaluha], [jaluha], [jaluha] 차다盈/ [jalumbi](M)

No. 795 **厐弓庨夾兎夭** 哈剌魯斡哈沙剌 [−], [halaluwo hašala], [halaluo hašala] 첩보, 승리의 소식捷音/ [halar](소리), [eten medege](M)

이고 바탕 문자는 '爐'[lu]의 항에 없고 유사음 [lü] 항의 '呂'이다. 음자이다.

'爐, 魯'[lu] ──→ '呂'[lü] ──→ '弓'[lu]
　　　　[음의 관계]　　　[자형의 관계]

63. '丕' (忒希) [dehi] 사십(四十)

이 문자는 역어에

　　No. 657 丕 忒希/ 得希 [dehi], [tehi], [tehi] 사십四十/ [dehi](M), [təhi] 붉다
　　赤, [dohi](S), [dehi](E)

이고 '四'[ssǔ]의 항에 바탕 문자는 발견되지 않지만 그의 유사음 [tsu]에
있는 '卒'이다. 의자이다.

'四'[ssǔ] ──→ '卒'[tsu] ──→ '丕'[dehi]
　　[음의 관계]　　　[자형의 관계]

64. '夲' (厄) [e]

이 문자는 역어에

　　No. 89 夲夲 厄林 [erin], [erin], [erin] 계절, 절후季/ [erin](M), [orin](S),
　　[erin](E)
　　No. 238 呈·夲 忒厄/ 得勒 [de'e dere], [tere], [tee, teel] 탁자卓/ [dere](M), [dyra]
　　(C)
　　No. 280 夲炅 厄赤 [eči], [eči], [elči] 사신使臣/ [elčin](M), [elčin](Mo)[17]
　　No. 382 夲炅斥 厄黑吉 [ehegi], [ehegi], [elhe gi] 상쾌하다快/ [sebjelembi

elhe](M)

No. 491 𡈼𡥈 忒厄/ 得勒 [dere], [tē], [teel] 낯面/ [dere](M), [dərə](S), [derel]
(E)

No. 615 乑化𡈼𡥈 禿里勒忒厄 [-], [tulile tē], [tulile teel] 외면外面/ [tulergi
dere](M)

No. 746 秃吳𠀪𡈼𡥈 木者革忒厄 [mujege tege], [mujege tē], [mujege teel] 당
면當面/ [derede](M)

No. 755 𡥈化夋 厄勒黑 [elehe], [elehe], [elehe] 있다自在/ [elhe](M)

이다. 만주어와 비교하면 어떤 부분에서는 [e], 다른 데에는 [re, el] 등으로
되어 있지만 나는 [e]로 추정하고 싶다. 그 바탕 문자는 어두에 '夋'가
실현되는 것으로부터 조사해 볼 필요가 있다. No. 280의 '使臣'의 '臣'[ch'ên]
의 항 및 [chĕn], [ch'êng], [chêng]의 항에는 바탕 문자가 없다. 또 No.
382 '快'[k'uai]의 항, [kuai]의 항에도 바탕 문자가 없지만 No. 755의
'自'[tzŭ]의 항에 유사음 [tsu]의 '卒'이 바탕 문자이라고 생각된다. 의자이다.

'自'[tzŭ] ⟶ '卒'[tsu] ⟶ '夋'[e]
    [음의 관계]   [자형의 관계]

65. '𡥈' (半的) [banji]

이 문자는 역어에

No. 388 𡥈是 半的孩/ 伴的哈 [banji-mbi], [bandihai], [bandihai] 태어나다
生/ [banjimbi](M), [pati](S)

---

17) 유음 '-r, -l'이 다른 자음에 선행하는 경우 한자음의 입성운미(-k, -t, -p)가 이미 탈락한
상황이기 때문에 '厄赤'에서 '厄'으로 전사되었지만 [elĕi]처럼 유음을 재구할 수 있다. 전사
표기에서 유음 '-r, -l'이 탈락한 예가 많이 나타난다.

No. 488 *[Jurchen script]* 南哈洪的孩 [nanhahun banji-mbi], [namhahun bandihai],
[namhahūn bandihai] 안전하게 살다安全/ [elhe banjimbi](M)

No. 728 *[Jurchen script]* 晚灣牛的孩 [wanwanbanji-mbi], [wangon bandihai],
[wonŋou bandihai] 어떻게 태어나다怎生/ [ainambi](M)

이고 의자로 그의 바탕 문자는 '生'[shêng] 항에는 없고 유사음 [shên] 항
의 '參'이다.

'生'[sheng] ────→ '參'[shên] ────→ '주'[banji]
　　　[음의 관계]　　　　　[자형의 관계]

66. '卡' (哈里) [hɑri?]

이 문자는 역어에

No. 179 卡土 哈里兀 [hara, harsa], [hariyu], [haliŋu] 바다수달海獺/ [hailun](M),
[haliu](Mo)

No. 479 卡列史 哈里因伯 [harin], [harin be], [halin be] 조정朝廷/ [hargašan](M)

이고 No. 179에 대응하는 만주어는 발견되지 않지만 No. 479에서는 그루
베도 [hargašan]을 배당하고 있으며 아마 이것은 올바르다. 그 바탕 문자
도 '朝'[chao], [ch'ao]의 항에는 없고 바탕 문자는 유사음 [tsao]의 '早'일
것이다.

'朝'[chao], [ch'ao] ────→ '早'[tsao] ────→ '卡'[hari?]
　　　　　[음의 관계]　　　　　[자형의 관계]

67. '禾' (苔勒巴) [dalba]

이 문자는 역어에

No. 605 禾夾 苔勒巴剌 [dalbala], [dalbala], [dalbala] 곁傍/ [dabaki](M)

으로 되어 있다. '傍'[p'ang]의 유사음 [pan]에 있는 '半'이 바탕 문자로 생각되는 의자이다.

'傍'[p'ang] ——→ '半'[pan] ——→ '禾'[dalba]

　　　[음의 관계]　　　[자형의 관계]

68. '丰' (都因) [duin] 사(四)

이 문자는 역어에

No. 639 丰 都因/ 對因 [duin], [duwin], [duin] 사四/ [duin](M), [tuin](S), [zigin](S), [diain](E)

이며 수사이다. 거란어의 수사 '乇'와 관계없고 '四'[ssŭ]의 유사음 [tsu]에 있는 '卒'을 바탕 문자로 하는 의자이다.

'四'[ssŭ] ——→ '卒'[tsu] ——→ '丰'[duin]

　　　[음과 관계]　　　[자형의 관계]

69. '年' (脉) [me]

이 문자는 역어에

No. 130 **手虬** 脉出/ 莫戳斡 [mečul], [mečul], [mečul] 포도葡萄/ [mučul](M),
[mɔʧ'əkt'ə](N), [mužykta](C)

No. 249 **夹手** 兀魯脉/ 兀黑 [ulme], [ulme], [ulme] 침針/ [ulme](M)

No. 483 **手角屈** 脉的厄 [mejige], [medige], [mediɲe] 소식 듣다聲息/ [medege,
mejige](M), [medege](Mo)

이고 '脉'[mo], [mai]의 항 및 [mêi]의 항에는 바탕 문자가 없어서 의자이
고 또 '葡萄'[p'u-t'ao] 및 그 유사음 항에도 바탕 문자가 없지만 아마
'息'[hsi]와 유사음 [shih]에 있는 '失'이 바탕 문자일 것이다.

'息'[hsi] ——→ '失'[shih] ——→ '手'[me]
　　[음의 관계]　　　[자형의 관계]

70. '乎' (脱) [do]

이 문자는 역어에

No. 566 **犬乎气** 素魯脱戈 [surdehe, furdehe?], [surtogo], [sur togo] 웃옷 거
죽皮襖/ [furdehe dahū](M)

이고 의자인 듯하지만 '皮'[p'i]의 항에 바탕 문자가 없어서 바탕 문자는
불분명하다.

71. '少' (阿) [a]

이 문자는 역어에

No. 41 **虎少** 法馬阿18) [famaa], [famā], [famaa] 나라邦/ [falimbi](M)

No. 119 夕朿 阿卜哈/ 哈浦哈 [abha], [abuha], [abuha], [abuka](a) 잎葉/
[abdaha], [abuha](냉이 잎薺葉)(M)

No. 209 伱夕 法阿/ 發 [faa], [fā], [faa] 창(窓) [fa](M)

No. 349 兎夕斥 扎阿吉 [jaagi], [jāgi], [jaagi] 천하다賤/ [ja](M)

No. 698 兎夕斥 扎阿吉 [jaagi], [jāgi], [jaagi] 가볍다輕/ [ja](M)

No. 703 兎夕斥 扎阿吉 [jaagi], [jāgi], [jaa gi] 바꾸다易/ [ja](M)

로 되어 있으며 또 '哈'[ha]의 음의 예로서 No. 497의 '哈'[ha]는 '阿'[a]의
오류이다.

72. '夛' (以藍) [ilan] 삼(三)

이 문자는 역어에

No. 638 夛 以藍/ 亦郎 [ilan], [ilan], [ilan] 삼(三)/ [ilan](M), [ilE](N), [ilan]
(S), [ilan](E), [ilan](W)

이다. 분명히 한자 '三'이 바탕 문자이다.

'三'[san] ⟶ '夛'[ilan]
　　[자형과 음의 관계]

73. '叏', (厄)[e], (斡)[o], (兀)[u], (黑勒)[hele], (忽)[hu], (都)[du]

역어에는 이 문자에 대해 위에서처럼 여러 가지의 독음 방법을 나타내
고 있다. 이들을 열거하면

---

18) '法馬阿'에서 '阿'는 장음표기이다. 그러나 여진어에는 장음이 존재하지 않으므로 변이음이다.

No. 35 夫朮來 黑勒厄甲/ (黑勒厄來) [hele-giya], [heriye giya], [helee gia]
거리, 가街/ [giyai](M)

No. 36 夫朮 黑勒厄 [hele], [heriye], [helee] 시市[19]

No. 113 夫弓 兀魯/ 皂兀 [ulu], [ulu], [ulu] 대추나무棗/ [soro](M), [soro](E)

No. 276 伱夫 卜斡厄 [buwo, (buya)], [buwe²], [bueŋe] 신하臣/ [amban](M)

No. 551 里夫 哈都/ 阿都 [adu, hadu²], [hadu], [hadu] 의복服/ [adu](M)

No. 554 里夫 哈都 [adu, hadu²], [hadu], [hadu] 고의褌/ [adu](M)

No. 732 夫立甬毛 斡恩一那 [oen(?)], [wen ina], [weŋen ino] 비록 ~일지라
도雖是/ [očibe](M)

No. 733 斗夫芳 兀忽卜連 [uhu], [ulhuburen], [ulhuburen] 효론하다曉論/
[ulhibumbi](M)

No. 764 夫乍右英盂甬夫 斡洪眛安失苔剌 [ohunmei ansitala], [wehunmei
amšidala], [uhun mei amšidala] 포함하다包含/ [baktambi](포함하다, 용납
하다), [uhubumbi](포함시키다), [gansi](갖추다, 전부)(M)

이다. 그 정확한 독법은 일정적인 듯하지만, 위의 예에서는 여러 가지로
사용되고 있으며 바탕 문자 발견이 어려운 것이다.

74. '禾' (素, 酥) [su]

이 문자는 역어에

No. 114 禾臾 素黑/ 素黑莫 [suhe], [suhe], [suhei] 버드나무柳/ [rodoho](M),
[purkɛ̃](S), [sūhai](붉은 버들)(Mo)

No. 140 禾兆 素法/ 速發 [sufa], [sufa], [sufa], 코끼리象/ [sufan](M)

No. 181 禾弓 素岸/ 廈 [suwan], [suwan], [suan] 해오라기鷺鷥 가마우지鸕鶿/

---

19) 아신교로 울라희춘(愛新覺羅 烏拉熙春), 『明代の女眞語』, 京都大學學術出版會, 2009, 119쪽.
'黑勒厄'은 오류로 '黑勒'으로 수정하였다.

[suwan](M)

No. 230 乎盂冇 素失該/ 速失哈 [susigai], [sušigai], [sušigai] 신, 구두鞭/ [sušiha](M), [šisuga](E)

No. 308 禾圾柷夊 素溫必因 [sun-bin], [sunbin], [sunbin] 총병하다總兵/ [uhəri gadalara da](M)

No. 559 兂禾 卜素/ 博素 [boso], [bosu], [busu] 베布/ [boso](M), [busu](Mo), [boos](E)

No. 563 禾殳 素者 [-], [suje], [suje] 비단緞/ [suje](M)

No. 582 乎扎余臾 素法委黑 [fafa weihe], [sufa weihe], [sufa weihe] 상아象牙/ [sufan i weihe](M)

No. 633 禾臾札歹 素黑出衙 [-], [suhe čuw], [suheičui] 푸른 버드나무柳翠/ [niohon](M)

No. 532 乎南夾呎 酥一門吉 [su imenggi], [su imengi], [su imeŋgi] 연유酥/ [oromu]유모 (奶皮子)(M)

이고 이들을 비교 검토하면 이 문자는 음자로 원래 No. 532에 있듯이 '酥'를 나타내는 것에서 유래되어 이 문자의 변을 삭제한 형태이다.

'酥, 素'[su] ——→ '禾'[su]
[음과 자형의 관계]

75. '禾' (莽) [mang]

이 문자는 역어에

No. 189 禾弓土 莽魯溫 [mang-lun], [man lun], [maŋlun] 이무기蟒龍

No. 702 禾爿 莽哈 [mangga], [manga], [maŋga] 어렵다難/ [mangga](M)

No. 749 禾斥庙仟艮茶 莽吉斡溫者勒 [manggi onjele?], [mangi urgunjere],

[maŋgi urɒnjere] 즐거워하다可嘉/ [maŋggi urgunjembi](M)

이고 아마도 의자로 '可'[k'o]의 유사음 [ho]에 있는 '禾'가 바탕 문자일 것이다.

'可'[ko] ⟶ '禾'[ho] ⟶ '朱'[man(g)]

[음의 관계]　　　[자형의 관계]

76. '矛' (厄) [re²], [we²], [ge²]

이 문자는 역어에

No. 48 **氣矛** 舍厄/ 舍亦木克 [-], [šere], [šee] 샘泉/ [šeri](M)[20]

이고 위에 어떤 음이 오는 것인지 불분명하지만 바탕 문자는 '泉'[ch'üan] 으로 유사음 [ch'uan]에 있는 '穿'으로 생각된다.

'泉'[ch'üan] ⟶ '穿'[ch'uan] ⟶ '矛'[re², we², ge²]

[음의 관계]　　　[자형의 관계]

77. '利' (申) [šin]

이 문자는 역어에

No. 149 **利芳** 申革 [šiŋgge], [singe], [šinge] 쥐鼠/ [šinggeri](M), [ʃiɲarə](N)

---

20) '矛'와 '余'의 오자 '泉'이라는 단어는 『여진역어』에는 '氣矛' *[ʃər]로 표기하여 〈조선경원여 진국서비〉와 〈여진진사제명비〉에는 글자체가 동일하다. 보통 『여진역어』에서만 '氣矛'이다. '矛'은 그 외의 여진대자 자료에서 볼 수 없는데 '余'의 글씨가 손상되었기 때문이다.

No. 192 瓦身利芴 嫩江申革 [nioggiya šigge], [niyongiyan singe], [niongian šinge] 청색 쥐靑鼠/ [niwanggiyan šinggeri](M)

No. 193 床身利芴 瑣江申革 [sogiyan šingge], [sogiyan singe], [sogian šinge] 황색 쥐黃鼠/ [suwayan šinggeri](M)

이며 음자로 '申'[shên]의 항에 있는 '身'의 변형이다.

'申'[shên] ——→ '身'[shên] ——→ '利'[šin]
  [음의 관계]   [자형과 음의 관계]

78. '乳' (卜羅) [bolo]

이 문자는 역어에

No. 75. 乳屯 卜羅厄林/ 博羅里 [bolo erin], [bolo erin], [bolo erin] 가을秋/ [bolori](M), [pɔlɔ](N), [boloniorin](E), [boloni orin](S)

No. 869 委乳屯 血干卜羅厄林 [minggan bolori], [mingan boloerin], [minggan bolori] 긴 시간千秋/ [minggan bolori](M)

이며 '秋'[ch'iu]에서 만들어진 의자이다.

'秋'[ch'iu] ——→ '乳'[bolo]
  [자형과 의미의 관계]

79. '五' (脫卜歡) [tofohon]

이 문자는 역어에

No. 86 **五** **卟** 脫卜歡一能吉/ 扡伏能吉 [tofohon inenggi], [tobohon inengi], [tobhon inengi] 바라다望/ [tofohon](M)

No. 650 **五** 脫卜歡 [tofohon], [tobohon], [tobhon] 십오+五/ [tofohon](M), [tˀɔph ɔ](N)

이며 한 눈에 봐도 분명하듯이 한자 '五'[wu]를 바탕 문자로 한 의자이다.

'五'[wu] ——→ '**五**'[tofohon]
          [자형과 의미의 관계]

80. '**五**' (厄勒) [ere]

이 문자는 역어에

No. 731 **五** **斥** **甬** **少** 厄勒吉扎以 [eregijai], [eregi jai], [eregi ǰai] 이 때문에因此 / [ede](M)

이며 '此'[tˀzǔ]의 항에 바탕 문자가 없지만 '此'와 동의인 '之'[chih]의 항의 '止'가 바탕 문자로 되어 있다는 의미다.

'此'[tzˀǔ] ——→ '之'[chih] ——→ '止'[chuh] ——→ '**五**'[ere]
[의미의 관계]   [음의 관계]   [자형의 관계]

81. '**卞**' 肥 [fei]

이 문자는 역어에

No. 270 **宂** **宄** **卞** **朱** 扎失安肥子 [jasian feiʤǔ], [jašigan faiji], [jašiŋan fise] 사

령장슭牌/ [salgiyan temgetu, jasag](M), [jasag](Mo)

No. 500 子禾 肥塔/ 發塔 [feitai], [faita], [faita] 눈썹眉/ [faitan](M)

이며 '眉'[mêi]의 항에도 '牌'[p'êi]의 항에도 바탕 문자가 없고 또 '肥'[fêi]의 항에도 바탕 문자는 발견할 수 없어 바탕 문자는 불분명하다.

82. '子' (木塔) [muda]

이 문자는 역어에

No. 378 子劧 本塔本/ 木力 [mita-mbi], [mutabun], [mutabun] 돌다回/ [marimbi, mitambi](M)

No. 379 子劧 本塔本/ 木力 [mita-mbi], [mutabun], [mutabun] 돌아오다還/ [marimbi](M), [mitabun](N)

이고 의자로 한자 '卡'[ch'ia]와 유사하지만 '回'[hui], '還'[hai], [huan], [hsüan]의 항에 바탕 문자가 없고 바탕 문자는 불분명하다.
81의 '卞'와는 다소 차이가 나는 형태로 추측된다.

83. '兀' (扎困) [jakun] 팔(八)

이 문자는 역어에

No. 643 兀 扎困/ 劄空 [jakūn], [jakun], [jakūn] 팔八/ [jakūn](M), [ʤiak'ɔ] (N), [zahon](S), [jahūn](E)

이고 의자로 아마 '八'[pa]가 바탕 문자로 보인다.

84. '싸' (納丹) [nadan] 칠(七)

이 문자는 역어에

> No. 642 싸 納丹/ 納苔 [nadan], [nadan], [nadan] 칠七/ [nadan](M), [natε̃]
> (N), [nadan](S), [nadan](E)

이고 의자이지만 '七'[ch'i]의 항에서 [chi], [chih], [ch'ih] 항에 바탕 문자가
없어서 바탕 문자는 불분명하다.

85. '夂' (寸) [tsun]

이 문자는 역어에

> No. 265 夂舟 寸木兒 [tsun-mur], [čunmur], [čunmur] 마디夂/ [furhun](M)

이고, '寸'[ts'un]의 항 및 그 유사음 [tsun], [sun], [sung] 항에 바탕 문자가
없어서 바탕 문자는 불분명하다.

86. '꿎' (鎮) [chen], [jen²]

이 문자는 역어에

> No. 314 꿎东 鎮撫 [čən-fu], [jinhu], [jinfu] 진무하다鎮撫

이고, 한자의 전사로 '鎮'[chên]의 항에 '眞'이 바탕 문자이다.

'鎭'[chên] ⟶ '眞'[chên] ⟶ '癸'[chen], [jen]
　　　　[음의 관계]　　　　[자형의 관계]

87. '玉' (公) [kung] 공(公)

이 문자는 역어에

No. 300 玉 公 [kung], [gun], [guŋ] 공公/ [kuŋ](M)

이고 한자의 전사이다. 바탕 문자는 '公'[kung]의 항에 있는 '工'에 한 획을 더한 것으로 '玉'으로 조합도 이루어진 듯하다.

'公'[kung] ⟶ '工'[kung] ⟶ '玉'[kung]
　　　　[음의 관계]　　　[음과 자형의 관계]

88. '扺' (貴) [goi]

이 문자는 역어에

No. 451 扺甬矢· 貴荅剌 [goida-mbi], [goidala], [guidala] 더디다, 늦다遲/
　　　[goidambi](M)

이고 '貴'와는 형이 다르므로 이것이 바탕 문자로 보이지는 않는다. '遲'[ch'ih]의 항에 있는 '赤'을 바탕 문자로 한 의자이다.

'遲'[ch'ih] ⟶ '赤'[ch'ih] ⟶ '扺'[goi]
　　　　[음의 관계]　　　　[자형의 관계]

89. '乬' (他) [ta]

이 문자는 역어에

No. 533 乬 他 [ta], [ta], [ta] 우유酪/ [tara](M), [tarag](Mo)

이고 '酪'[lo]의 항에 바탕 문자가 없기 때문에 음자이고 '他'[tʻa] 항의 '它' 가 바탕 문자이다.

'他'[tʻa] ⟶ '它'[tʻa] ⟶ '乬'[ta]
　　[음의 관계]　　[음과 자형의 관계]

90. '步' (扎因住) [jakunju]

이 문자는 역어에

No. 661 步 扎因住/ 剳空住 [jakūnju], [jakunju], [jakunju] 팔십八+/ [jakūnju] (M), [ʤiakʼɔtsu](N), [zahonge](S), [jahūnŋe](E)

이고 의자이지만 '八'[pa]의 항에 바탕 문자가 없어서 바탕 문자는 불명확 하다.

91. '氒' (撒里) [sari], [saraga?]

이 문자는 역어에

No. 293 氒兊 撒里安 [sargan], [sarigan], [sariŋan] 처, 아내妻/ [sargan](M)

이고 의자이다. 그런데 '妻'[ch'i]의 항에 바탕 문자가 없어서 바탕 문자는
불명확하다.

92. '甲' (哈) [-ha]

이 문자는 역어에

> No. 28 **조兇甲** 阿卜哈哈勒哈/ 阿瓜哈剌哈 [abka gereha], [abka garha] 하늘
> 이 푸르렀다天晴/ [abka garaka](M)
>
> No. 589 甲変兂 哈赤馬 [hačima], [hačima], [hačima] 아교阿膠/
>
> No. 689 尒甲 阿剌哈 [alaha], [alaha], [alaha], [ala-ka](a) 패했다敗/ [efuǰembi]
> (M)
>
> No. 794 育臾尒甲 厄忒黑阿剌哈 [etehe araha], [etehe alaha], [etehe alaha] 승
> 부했다勝負/ [etembi](비리다. 날고기胜), [burulambi] 짐을 지다負(M)

이고 주로 동사 과거형에 사용되고 있는데 '哈'[ha]의 항의 바탕 문자가
없고 한어로 과거를 나타내는 '己'[i]의 유사음 [yü] 항의 '雨'가 바탕 문자
이다.

'了'[liao] ⟶ '己'[i] ⟶ '雨'[yü] ⟶ '甲'[ha]
  [의미의 관계]   [음의 관계]   [자형의 관계]

93. '卅' (隨) [sui]

이 문자는 역어에

> No. 421 **무卅** 弗里隨/ 伏力速 [felisui], [fulisuwi], [fulisui] 가다行/ [feliyembi](M),
> [fuli](S)

No. 705 东州 阿隨 [asui], [asuwi], [asui] 없다無/ [akū](M), [aasin](S), [ačin](W), [aʒin](Ma)

No. 781 如甬如甬早州 法兒法兒弗里隨/ (法儿法儿弗里隨) [farfar fulsui], [farfar fulsuwi], [farifari fulisu], [따로 가다, 헤어지다另行/ [farfambi](M), [fuli](N)

No. 817 早州冬乐 弗里隨古里吉 [felisuiguri-mbi], [furisuwi gurigi], [fulisui gurigi] 이행하다行移/ [gurimbi](M), [fuli 가다行(N)

로 되어 있다. 어두에는 오지 않는다. 나는 이 문자를 음자로 보고 '隨 [sui]의 유사음 '水'[shui]를 바탕 문자로 추정한다.

'隨'[sui] ⟶ '水'[shui] ⟶ '州'[sui]
　[음의 관계]　　[음과 자형의 관계]

94. '火' (厄木) [emu]

이 문자는 역어에

No. 711 火余 厄木只 [emuji], [emuji], [emji] 둘이 같다, 함께同/ [emde emgi] (함께)(M)

No. 721 火牛 厄木洪 [emuhun], [emuhun], [emhun] 홀로獨/ [emhun, emhehen] (M)

No. 802 火友甬早早 厄木剌亦宣都 [emula ishundu], [emula ishundu], [emula ishundu] 상호互相/ [ishunde](M)

이고 의자로 '火'[emu]라고 하는 수사와 동일한 의미와 음을 갖는다. 따라서 그 바탕 문자로서는

(1) '一'[i] ⟶ '乂'[i] ⟶ '乂'[emu]

    [음의 관계]   [자형의 관계]

(2) '同'[t'ung] ⟶ '冬'[tung] ⟶ '乂'[emu]

    [음의 관계]   [자형의 관계]

이 두 가지를 생각할 수 있는데 나는 이 문자의 직접적인 의미로부터 후자 (2)를 바탕 문자로 선택하고자 한다.

95. '子' (你) [čen$^?$]

이 문자는 역어에

No. 625 弎子 非称 [feičen], [fečin], [fečin] 빛光/ [elden](M)

No. 754 子庆夬 称号刺 [čenggo-mbi], [čingela], [čiŋgela] 수용하다受用/ [baitalambi](M)

이고 바탕 문자는 두 가지로 생각할 수 있다.

(1) 의자: '受'[shou] ⟶ '守'[shou] ⟶ '子'[čen]

    [음의 관계]   [자형의 관계]

(2) 음자: '称'[ch'êng] ⟶ '爭'[chêng] ⟶ '子'[čen]

    [음의 관계]   [자형의 관계]

나는 후자 (2)를 선택하고자 한다.

96. '圷' (一車) [iče]

이 문자는 역어에

No. 85 圷日 一車一能吉/ 亦址能吉 [iče inenggi], [iče inenig], [iče ineŋg], 월 초朔/ [iče inenggi](M) 위치를 맞추어

No. 626 圷斥 一車吉 [ičegi], [ičegi], [ičegi] 곱다鮮/ [iče](M), [ikin](E)

No. 666 圷斥 一車吉/ 一車 [–], [ičegi], [ičegi] 새롭다新/ [iče](M)

이고 의자인데 '朔'[shuo], '鮮'[hsien] 항에는 바탕 문자가 없고 '新'[hsin] 의 항에 있는 '尋'의 약체형이다.

'新'[hsin] ⎯⎯⎯➤ '尋'[hsin] ⎯⎯⎯➤ '圷'[iče]
　　　　[음의 관계]　　　　[자형의 관계]

97. '夊' (忽) [hu], [hū]

이 문자는 역어에

No. 513 夊圭 忽孫/ 忽速 [hūsun], [husun], [hūsun] 힘力/ [hūsun](M), [husun] (E)

No. 606 車炗夊 斡厄忽 [waikū, waihū], [oehu(?)], [weihū] 기울다斜/ [waihū, waiku](M)

이고 '力'[li]의 항에 바탕 문자가 없기 때문에 의자가 아니라 음자로 [hu] 항에 있는 '乎'를 바탕 문자로 한다.

‘忽’[hu] ——→ ‘乎’[hu] ——→ ‘夕’[hu]

[음의 관계] [음과 자형의 관계]

98. ‘乑’ (洪) [-hun], (珊) [šan]

이 문자는 역어에

No. 22 夅乑乑 晚都洪 [untuhun], [wenduhun], [wenduhun] 비다空/ [untuhun]
(M)

No. 30 夅乑夅屵 納兒洪阿哈/ (納儿洪阿哈) [narhun aga], [narhun aga],
[narhūn aga] 가랑비細雨/ [narhūn aga](M)

No. 98 夻角乑 言的洪/ 祥的哈 [yamjihun], [yamdihun], [yamdihūn] 저녁夕/
[yamjiha](M)

No. 183 吳击乑 失別洪/ 失別忽 [simbihun], [šibihun], [šigbehun] 제비燕子/
[čibin čibirgan](M)

No. 406 屲仄乑 巴奴洪/ 伴忽 [banuhun], [banuhun], [banuhūn] 정, 뜻情慟/
[banuhūn](M)

No. 450 乴㦲乑 厄克洪 [–], [ekehun], [ekehun], 소멸하다滅/ [ekiyehun](M)

No. 529 㞢乑 都速洪/ 粗 [dušun, jušun], [dushun], [dushun] 초醋/ [jusun]
(M)

No. 539 夈乑失臾 兀速洪兀魯黑 [eshun urehe], [ushun urhe], [ushun urhe]
날것과 익은 것生熟/ [eshun](태어나다生), [urehe](익다熟)(M)

No. 549 睅角乑 一兒的洪/ (一儿的洪)/ 亦的希 [irjihun], [irdihun], [irdihun]
어레빗梳/ [ijifun](M), [igdiwun](Ma), [ygdybun](W)

No. 557 僌乑 卜的洪/ 的伯洪 [bujihun], [dibohun], [dibuhun] 이불被/ [jibehun]
(M)

No. 672 夅乑 納兒洪/ (納儿洪) [narhūn], [narhun], [narhūn] 가늘다細/
[narhūn](M), [nəmnə](N)

No. 673 戎在牟 兀魯忽洪 [uluhuhun], [ulhuhun], [ulhuhun] 연하다軟/ [ulhuken]
(M), [nəmnəri](N)

No. 693 夹夷牟 南克洪/ 揑克叶 [nanggehun], [nankehun], [namkehun] 엷다
薄/ [nekeliyen](M), [nemikun](E), [nimgen](Mo)

No. 694 毛甲牟 一兒哈洪/ (一儿哈洪)/ 迷察 [irhahun], [irhahun], [irhahūn]
열다淺/ [mičihiyen](M)

No. 708 夲弁牟 晩都洪 [unduhun], [wanduhun], [wenduhun] 비다虛/ [unduhun]
(M)

No. 720 力牟 都塔洪 [tuta-hun], [dutahun], [dutahūn] 있다存/ [tuta, tutambi](M)

No. 721 𢁩牟 厄木洪 [emuhun], [emuhun], [emhun] 홀로獨/ [emhun, emhehen]
(M)

No. 725 𢁩夷牟 厄克洪 [ekuhun], [ekehun], [ekehun] 적다少/ [komso](M),
[kʼɔmtʃʼɔ](N)

No. 736 地牟羊夷喬 革洪約幹洪 [gehun yobohun], [gehun yowohun], [gehun
yowohūn] 명백하다明白/ [gehun], [getuken](M)

No. 764 耂牟右夹盂甬夬 幹洪眛安失荅剌 [ohunmei ansitala], [wehunmei
amšidala], [uhun mei amšidala] 포함하다包含/ [baktambi](포함하다, 용납
하다), [uhubumbi](포함시키다), [gansi](갖추다, 전부)(M)

No. 846 毛牟 厄禿洪 [etu-mbi], [etuhun], [etuhun] 뚫다穿/ [etumbi](M)[21]

이상이 '洪'[hun]의 음의 예로

No. 586 牟甬 珊瑚 [san-hu], [šanhu], [šanhū] 산호珊瑚/ [šuru](M)

가 [shan]의 예이다. 그 각각은 다른 문자라고 생각하지만 역어에는 동일

---

21) '毛'는 '禿'의 오자이다. '禿'는 금대 금석인 〈영영사기비〉의 어딘가에 있는데 '입다(着)'의
뜻으로 '의복'의 어두자이다. 이것과 관계없이 '毛'는 『여진역어』 조수문 27에 '鷄'를 나타내
는 표의자이다. 양자의 자형이 매우 비슷하여 그것을 취급하는 차이에 원인이 있다.

하게 사용되고 있다. 전자는 명사, 형용사의 어미로 되어 있지만 음자로
아마 '洪'[hung] 항인 '吽'가 바탕 문자일 것이다.

'洪'[hung] ⟶ '吽'[hung] ⟶ '𠁥'[-hun]
[음의 관계]　　[음과 자형의 관계]

후자는 '㓲'[shan]의 항에 바탕 문자가 없고 유사음 [shêng] 항의 '升'이
바탕 문자일 것이다. 음자이다.

'㓲'[shan] ⟶ '升'[shêng] ⟶ '𠁥'[šan]
[음의 관계]　　[음과 자형의 관계]

99. '𦱃' (塞) [sai²]

이 문자는 역어에

No. 225 𦱃 塞 [sai], [se], [se] 벼루硯/ [yuwan](M)

으로 되어 있지만 '硯'[yen]의 항에 바탕 문자가 발견되지 않기 때문에
음자로 간주되며 '塞'[sai], [sê]의 유사음 [ts'ai]의 항에 있는 '𡉉'가 바탕
문자이다.

'塞'[sai] ⟶ '𡉉'[ts'ai] ⟶ '𦱃'[sai]
[음의 관계]　　[음과 자형의 관계]

100. '𣗫' (甲) [jiya²], [giya]

이 문자는 역어에

140

No. 35 *ᡷᠵᡳᡭ* 黑勒厄甲/ (黑勒厄來) [hele-giya], [heriye giya], [helee gia]
거리, 가街/ [giyɑi](M)

이고 한자 '街'[chieh]의 전사로 그 바탕 문자는 '甲'[chia] 항에 있는 '家'일
것이다.

'甲'[chia] ──────▶ '家'[chia] ──────▶ '*ᡭ*'[giya]
　　[음의 관계]　　　[음과 자형의 관계]

101. '*ᡭ*' (吉撒) [gisa]

이 문자는 역어에

No. 474 *ᡮᡭ* 厄一吉撒 [eigisa], [eigisa], [ei gisa] 불가하다不可/ [ojorakū](M)
No. 688 *ᡭᡳ* 吉撒哈 [gisa-mbi], [gisaha], [gisaha] 부수다碎/ [girgambi](재
　가 되다 成灰)(M)
No. 779 *ᠵᡱᡭ* 者失吉撒 [jesi-gisa], [jesigisa], [ješigisa] 억지로 권유하다哄誘/
　[eiterembi](M)
No. 859 *ᡭ* 吉撒 [gisa], [gisa], [gisa] 꾸짖다呵/ [kai](M)

로 되어 있으며 '碎'[sui]의 항에 바탕 문자가 없고 '呵'[ho]의 항에 있는
'禾'가 바탕 문자이다. 의자이다.

'呵'[ho] ──────▶ '禾'[ho] ──────▶ '*ᡭ*'[gisa]
　　[음의 관계]　　　[자형의 관계]

102. '米' (罕), (岸), (班), (波), (刺) [-an]

이 문자는 역어에

No. 143 中米 委罕/ 赤哈 [ihan], [ihan], [wǐhan] 낮, 오누(12간지)/ [ihan] (M), [iha](N)

No. 64 扎肖米 法苔岸/ 發的刺 [fatan], [fadan], [fadan] 담장牆/ [fajiran] (M), [fadərin](N)

No. 72 矢乎扎肖米 者車法苔岸 [ječe fatan], [ječe fadan], [ječe fadan] 울타리藩籬/ [ječen irɑjran](M)

No. 187 岂米 申科岸 [šongko], [šinkoan], [šinkon] 해청, 매海靑/ [šongkoro] (M)

No. 780 呆乇疤床乞 革卜的勒安 [gebu jilgan], [gebu digan], [gebu dilŋan] 명성名聲/ [gebu jilgan](M)

No. 29 夅米禺土 安班厄都溫/ 昻八厄都 [amban edun], [amban edun], [anban edun] 대풍大風/ [amba edun](M)22)

No. 510 甸米斥 吉波吉/ 吉郎吉 [giranggi], [girangi], [girangi] 뼈骨/ [giranggi] (M), [gerende](S), [giaranda](E), [girämnan](W)23)

No. 239 乺 米 木刺/ 木郎 [mulan], [mulan], [mulan] 의자橙/ [mula](M)24)

No. 668 夅米 安班刺/ 昻八 [-], [amban], [anbanla], [amban](a) 크다大/ [amban](M)25)

No. 803 夅米癸罕 安班者忽禿兒/ (安班者忽禿儿) [amban hūtur], [amban (la) hutur], [anban hūturi] 큰 복洪福/ [anban hūturi](M)

---

22) 한어에서 운미 '-m'이 소실되었기 때문에 종성 -m을 가진 여진어 전사에서 한어의 운미 -n, -ŋ을 가진 한자로 표기할 수밖에 없었다.

23) 아신교로 울라희춘(愛新覺羅 烏拉熙春), 『명대의 여진어(明代の女眞語)』, 교토대학학술출판회, 2009, 119쪽. '吉波吉'은 오류로 '吉浪吉'로 수정하였다.

24) 위의 책, 119쪽. '木刺'은 오류로 '木刺岸'으로 수정하였다.

25) 위의 책, 119쪽. '安班刺'은 오류로 '安班'으로 수정하였다.

이고 전사에서는 위의 예에서 보여 주듯이 다양한 독음의 한자가 배치되어 있지만 비교 연구의 결과 모두 [-an]으로 통일되어 어미에 사용된다. 음자로 '岸'[an]의 항의 '案'이 바탕 문자이다.[26]

'岸'[an] ──→ '案'[an] ──→ '米'[-an]
　　[음의 관계]　[자형과 음의 관계]

103. '剓' (乍) [sa]

이 문자는 역어에

No. 743 甬剓阜 ─乍剌 [ičela], [ijala], [isala] 모임聚會/ [isambi](M)

로 되어 있으며 [sa]의 항에는 바탕 문자가 없어서 의자이며 '集'[chi] 항에는 '剤'가 있고 [chih] 항에는 '制, 邘'가 있지만 나는 '剤'을 바탕 문자로 보고자 한다.

'集'[chih] ──→ '剤'[chi] ──→ '剓'[sa]
　　[음의 관계]　　　[자형의 관계]

104. '列' (因) [-in]

이 문자는 역어에

No. 39 北列 阿里因/ 阿力 [alin], [alin], [alin], [alin](a) 산山/ [alin](M), [alin](S)

---

26) '岸'을 [an]으로 하는 것은 온당하지 않고 오히려 '安'을 예로 들어야 할 것이다.

No. 50 杀列 兀失因/ 兀失 [usin], [ušin], [ušin] 밭田/ [ušin](M), [usin](N)

No. 80 乇列 哈称因/ 哈失 [hacin], [hačin], [hačin] 마디, 절기節/ [hačin](上元, 정월 15일)(M)

No. 99 厎盂乇列 寒食哈称因 [hanši hacin], [hanši hačin], [hanši hačin] 청명절淸明節/ [hangši](M), [haŋši](Mo), [hanši](E)

No. 100 扎月乇列 順扎必阿称因 [sunja biya hačn], [sunja bi a hačin], [šunǰa bia hačin] 단오절端午節/ [sunǰa biya i hačin], [sunǰangga inenggi](M)

No. 233 更列 兀称因/ 兀失 [uksin], [ukčin], [ugčin] 갑甲/ [ukšin](M)

No. 432 仈列 奴失因/ 奴失 [nečin], [nušin], [nušin] 화하다和/ [nečin](M)

No. 479 卡列仌 哈里因伯 [harin], [harin be], [halin be] 조정朝廷/ [hargašan] (M)

No. 580 炗列 兀里因 [ulin], [ulin], [ulin] 재물財/ [ulin](M)

No. 581 乇列 哈称因 [hačin], [hačin], [hačin] 물건, 사물物/ [hačin](M)

No. 696 為列 塞因/ 塞哈 [sain], [sain], [sain] 좋다好/ [sain](M), [ai](N), [aya](S)

No. 741 冇龙矢列 八哈別埋因 [baha-mbi], [bahabi main], [bahabie main] 봉록을 누리다享祿/ [fulun bahambi](M)

No. 776 芉列更炗陇 愛因別赤巴勒 [ainbečibale], [ain bičibala], [ainbi čibala?] 반드시(무務要)/ [urunakū](M)

No. 806 更乇為列更 別厄塞因別 [-], [biye sainbi], [bie sain bie] 유익하다有益/ [sain bi, tusa bi](M)

No. 823 為列爭发 塞因斡灣 [sain wowan], [sain ogon], [sain oŋon?] 편익便益

No. 825 盂炗屯乇列 脉兒革以哈称因/ (脉兀革以哈你因) [mergei hačin], [ergei hačin], [ergei hačin] 방물方物/ [ergei](방향), [hačin](물건)(M)

No. 867 令犮乇列 阿赤卜魯哈称因 [ačiburu hačin], [ačiburu hačin], [ačiburu hačin] 성절, 명절聖節/ [enduringge hačin](M)

No. 138 仔列 母林/ 木力 [morin], [morin], [murin] 말馬/ [morin](M), [mɔrin](N), [morin](S), [morin](Mo), [murin](Ma)

No. 168 **勇仔列** 阿荅母林/ (阿答母林) [akia morin], [akda morin], [agda murin] 불깐 말騙馬/ [agta morin](M), [agta](Mo), [akta murin](Ma)

No. 170 **犬仔列** 阿只兒母林/ 阿扎剌木力 [ajir morin], [ajir morin], [ajir murin] 망아지兒馬/ [ajirga](S), [adʒirka](N), [ajirɣa](Mo)

No. 171 **肖仔列** 騍母林/ 沟木力 [ko-morin], [go morin], [gu murin] 암말騍馬/ [gu morin](M), [gu](Mo)

No. 174 **矢屈仔林** 兀的厄母林 [ujige morin], [udige morin], [udige murin] 야생마野馬/ [aidagan morin](M)

No. 710 **束列** 厄申 [esin], [ešin], [ešin] 불不/ [akū](M), [esin](S), [ese](Mo)

No. 738 **束列兄犀** 厄申撒希 [esin sanhi], [ešin sahi], [ešin sahi] 모르다不知/ [sarakū](M)

No. 739 **束列关迺** 厄申殿忒 [esin diyeti?], [ešindiyente], [ešindiente] 못 만나다不會/ [muterakū](M)

No. 242 **屯列** 阿里庫/ 阿力苦 [aligu], [aliku], [alikū], [aliku](a) 소반盤/ [alikū](M)

이고 음자로 생각되며 '因'[yin]의 유사음 [yün] 항에 있는 '殞'이 바탕 문자일 것이다.

'因'[yin] ⟶ '殞'[yün] ⟶ '列'[in]
⎵ ⎵
[음의 관계] [음과 자형의 관계]

이 문자는 명사의 어미형에 사용되고 있는 [-an], [-un]과 같은 종류로 생각한다.

105. '卝' (牙) [ya]

이 문자는 역어에

No. 66 圤甲 牙哈/ 他牙哈 [yaha](M), [yaaga](S) [yaha], [yaha], [yaha] 탄炭/ [yaha](M), [yaaga](S)

No. 180 吴圤肖 古牙忽/ 谷牙洪 [guyahu], [guyahu], [gūyahū] 원앙鴛鴦/ [ijifun niyehe](M)

No. 422 圤力 牙步 [yabu-mbi], [yabun], [yabun] 달리다走/ [yabumbi](M)

No. 435 辛圤爻 頭牙卜魯 [-], [touyaburu], [tuyaburu] 전하다傳/ [ulambi](M)

No. 769 辛圤爻寺毛右 剌牙卜魯拙厄林眛 [jori-mbi], [touyaburu juwer nmei], [teuyaburu jueri nmei] 전보傳報/ [medebumbi](M)

No. 821 次古辛圤爻 兀里眛頭牙卜魯 [alambi touyaburu], [ulimei touyaburu], [ulimei tuyaburu] 늦게 전하다留傳/ [ulambi](M)

이고 '牙'[ya]의 항에 바탕 문자가 없어서 의자로 '炭'[tʼan]의 항에 '圢'이 있고 '走'[tsou]의 유사음 [tsʼo]에 '剳'이 있지만 나는 전자를 선택하고자 한다.

'炭'[tʼan] ⟶ '圢'[tʼan] ⟶ '圤'[ya]
　　　 [음의 관계]　　　 [자형의 관계]

106. '圤' (貴) [gui]

이 문자는 역어에

No. 771 圤判史禾右 貴也魯弗忒眛 [guiyelu? fude-mbi], [guyeru futemei], [guyeru futemei] 반숭허다伴送/ [dahame futemei](M)

로 되어 있고 의자로 '伴'[pan]의 유사음 [pʼan]의 항에 '判'이 바탕 문자일 것이다.

146

‘伴’[pan] ⟶ ‘判’[p'an] ⟶ ‘朴’[gui]
   [음의 관계]   [자형의 관계]

107. ‘外’ (你下) [niša]

이 문자는 역어에

No. 744 外夬 你下剌 [nišala?], [nihiyala], [nihiala] 잠깐須臾/ [taka](M)

로 되어 있다. 그루베는 대비되는 만주어를 들고 있지 않지만 의자로 ‘須’[hüs]와 ‘臾’[yū]도 둘 다 ‘잠시暫時’라는 의미인데, 바탕 문자는 ‘須’ 항의 유사음 [shu]의 ‘叔’이라고 생각된다.

‘須’[hsü] ⟶ ‘叔’[shu] ⟶ ‘外’[niša]
   [음의 관계]   [자형의 관계]

108. ‘纠’ (又) [yu]

이 문자는 역어에

No. 240 纠充 又安 [yuan], [yagan], [yuŋan] 상床/ [besergen](M)

이고 그루베는 대비되는 만주어를 들지 않았다. 그러나 음자로 ‘又’[yu]의 항에 있는 ‘幼’가 바탕 문자이다.

‘又’[yu] ⟶ ‘幼’[yu] ⟶ ‘纠’[yu]
   [음의 관계]   [자형의 관계]

109. ‘汏’ (荅) [dɑ]

이 문자는 역어에

> No. 773. 汏麦夭汏 荅別剌魯· [dambi], [dabilaru], [dabielaru, dambielaru] 주석하다備寫/ [arare be belhembi, bambi](관리하다)(M)

이고 의자로 ‘備[pêi]의 항에 바탕 문자가 없고 유사음 [pʼi]에 있는 ‘皮’가 바탕 문자이다.

  ‘備’[pêi] ⟶ ‘皮’[pʼi] ⟶ ‘汏’[dɑ]
    [음의 관계] [자형의 관계]

110. ‘汏’ (奴失) [neči]

이 문자는 역어에

> No. 432 汏列 奴失因/ 奴失 [nečin], [nušin], [nušin] 화하다和/ [nečin](M)

이고 의자인데 ‘和’[huo] 및 [hu], [ha]와 또 ‘平’[pʼing], ‘坦’[tʼan]의 항에 바탕 문자가 없고 바탕 문자는 불분명하다. 자형보다는 ‘皮’[pʼi] 혹은 ‘度’[tu]와 유사하다.

111. ‘床’ (左) [dzo]

이 문자는 역어에

> No. 596 床 左/ 哈速 [tso], [dzo], [jo], [so] 왼쪽左/ [hashū](M), [hasɔktʼə](N)

이고 아마도 한자 전사용의 문자일 것이다. 바탕 문자는 '左'[tsuo]의 항에 없으며 그와 유사음 [tsu]항에 있는 '捽'일 것이다.

'左'[tsuo] ──→ '捽'[tsu] ──→ '㐷'[dzo]
　　　[음의 관계]　[음과 자형의 관계]

112. '㐷' (安) [an]

이 문자는 역어에

No. 198 帯㐷 塔安 [tan], [tan], [tan] 집堂/ [tanggin](M)

No. 218 扰㐷 下安 [hiyan], [hiyan], [hian] 향기香/ [biyang](M)

No. 305 芑·亥㐷 侍刺安 [ši-lau], [šilau], [šĭlan] 시랑侍郎, 중국의 관명官名/ [asahai amban](M)

No. 306 予帯㐷 都塔安 [dūtan], [dutan], [dutan] 도당, 관명都堂

No. 320 芥右㐷 高察安 [gao-čan], [gaučan], [gaučan] 고창高昌²⁷⁾

No. 621 亥㐷 刺安 [lan], [lan], [lan] 쪽藍/ [lamun](M)

No. 820 夐㐷來孔 克安分厄 [kan funiye], [kean feniye], [kan funei] 감합하다勘合(발송할 공문서의 한 끝을 원부原簿에 대고 그 위에 얼려 찍던 도장)

으로 되어 있고 이들의 예에서도 알 수 있듯이 이 문자는 한어의 전사에만 사용되고 있어서 분명히 음자이며 [an]의 항에 있는 '岸'의 변형이라고 생각된다.

'安'[an] ──→ '岸'[an] ──→ '㐷'[an]
　　　[음의 관계]　[음과 자형의 관계]

───────────────

27) 5세기에서 7세기에 걸쳐 타림분지(盆地) 동쪽의 투르판 지방에 있었던 나라.

113. '冻' (同) [tung]

이 문자는 역어에

No. 256 冻夹 同肯/ 痛克 [tungken], [tunken], [tuŋken] 북鼓/ [tunken](M),
[toŋke](S), [tuŋke](E)

No. 311 冻余 同知 [tung-či], [tunji], [tuŋji] 동지同知/ [uhəri saraci](M)

No. 502 冻屄 桶厄/ 痛革 [tunggen], [tunge], [tuŋge] 가슴胸/ [tunggen](M),
[tʼɔ́gə](N), [tyŋan](W), [tiŋän](Ma)

으로 되어 있다. '鼓'[ku]의 항, '胸'[hsiung]의 항에 바탕 문자가 없고 음자
로 '同'[tʼung]의 유사음 [tung]의 항에 있는 '凍'이 바탕 문자일 것이다.

'同'[tʼung] ──────▶ '凍'[tung] ──────▶ '冻'[tunbg]
[음의 관계]　　　[음과 자형의 관계]

114. '仟' (溫) [-un], [-gun?]

이 문자는 역어에

No. 103 角仟术 的溫阿捏 [jiun aniya], [digun aniya], [diŋun ania] 내년來年/
[jitərə aniya](M)

No. 372 店仟旻余 斡溫者勒 [urgunje-mbi], [urgunjere], [urŋunjere] 기쁘다喜/
[urgunjembi](M), [urunom](W)

No. 374 店仟旻余 斡溫者勒 [urgunje-mbi], [urgunjere], [urŋunjere] 기뻐하
다歡/ [urgunjembi](M)

No. 597 旻仟 者溫/ 亦替 [jeun, jebele?], [jegun], [jeŋun] 오른쪽, 우右/ [uči](M)

No. 712 角仟 的溫/ 丢 [jiun, ji-mbi], [digun], [diŋun] 오다來/ [jimbi], [jiu]

(M), [didə](N)

No. 729 𡿽仟㐌兂 禿魯溫都言 [-], [turgun duyen], [turŋun duyen] 연고緣故/ [turgun](M)

No. 749 禾斥庙仟㦤籴 莽吉幹溫者勒 [manggi onjele?], [mangi urgunjere], [maŋgi urŋnjere] 즐거워하다可嘉/ [maŋgi urgunjembi](M)

No. 770 嘓伇㐡仟 禿里勒禿魯溫 [turile turgun, tulun], [tulile turgun], [tulile turŋun] 오랑캐의 뜻夷情/ [tuleri baita, tuleri turgun](M)

으로 되어 있고 한자 전사자에서는 '溫'[-un]으로 되어 있는데 의자인 듯 하며, '歡'[huan]의 항에 바탕 문자가 없고 '喜'[hsi]의 항에 있는 [shih]의 항에 있는 유사음 '仟'이 바탕 문자일 것이다.

'喜'[hsi] ⟶ '仟'[shih] ⟶ '仟'[-un]
[음의 관계]   [자형의 관계]

115. '伏' (本) [ben], [bun]

이 문자는 역어에

No. 431 伏 本 [bun], [bun], [bun] 바탕, 근본本

No. 791 早刿兴攵伏矢 非也吉木本刺 [-], [fiyegi mubunla], [fiyeŋgi mubunla] 조력하다偏稗

이고 '本'[pên]의 항에 바탕 문자는 없지만 유사음 [pien] 항의 '便'이 그것 이라고 생각된다. 의자이다.

'本'[pên] ⟶ '便'[pien] ⟶ '伏'[ben]
[음의 관계]   [자형의 관계]

116. '仟' (捏兒麻) [niyalma]

이 문자는 역어에

No. 273 令 夊仟 阿赤卜魯捏兒麻/ (阿赤卜魯捏兀麻) [ačiburu niyalma], [ačiburu niyarma], [ačiburu niarma] 성인聖人/ [enduriŋge niyalma](M)

No. 281 朿仟 哈的捏兒麻/ (哈的捏儿麻) [xadi niyalma], [hadi niyarma], [hadi niarma] 귀인貴人/ [wešihun niyalma](M)

No. 299 仓主仟 黑黑厄捏兒麻/ (黑黑厄捏儿麻) [həhəo niyalma], [həhē niyarma], [hehee niarma] 부인婦人/ [hehe niyalma](M), [həhə](N)

No. 315 伕盂仟 法失捏兒麻/ (法失捏儿麻) [faši niyalma], [faši niyarma], [fagši niarma] 장인匠人/ [fagši niyalma](M), [fahaʃi](N)28)

No. 330 夵南且仟 岸荅孩捏兒麻/ (岸荅孩捏儿麻) [antahai niyalma], [andahai niyarma], [andahai niarma] 손님賓客/ [andahai nyalma](M), [ādaha](N)

No. 331 禾羊仟 厄然你捏兒麻/ (厄然你捏儿麻) [ejenni niyalma], [ejen ni niyarma], [eren ni niarma] 주인主人/ [ejen](M), [ejen](Mo), [ŋəʧən], [əʧən] (N)

No. 332 丹化仟 禿里勒捏兒麻/ (禿里勒捏儿麻)/ 蒙过捏兒麻 [turile niyalma], [tulile niyarma], [tulile niarma] 오랑캐 사람夷人/ [tulergi niyalma](M)

No. 333 夨屋仟 兀的厄捏兒麻/ (儿的厄捏兀麻) [ujige niyalma], [udige niyarma], [udige niarma] 야인野人/ [aidagan niyalma](M)29)

No. 336 夯且仟 虎剌孩捏兒麻/ (虎剌孩捏儿麻)/ 忽魯哈捏麻 [hūlahai nialma], [hulahai niyarma], [hūahai niarma], 도둑賊人/ [hūlahai niyalma](M), [hūlaha bəi](N), [kolaká](Ma), [hūlaɣai](Mo)

No. 337 寻夊仟 厄墨伯捏兒麻/ (厄墨伯捏儿麻) [ehe niyalma], [ehebe

---

28) 여진어에서 모음 사이에 자음 결합형인 '-bk, -kt, -ks'와 같은 경우 선행 자음 '-b, -k'는 내파음으로 실현되기 때문에 표기에서 나타나지 않는 경우가 많다(이기문, 1958: 348).

29) 압록강과 두만강 이북 연안에 살던 여진족. '兀的改', '兀者', '兀的厄' 등으로 표음되고 있다.

niyalma], [ehe be niarma] 나쁜 사람歹人/ [ebe niyalma](M)

No. 339 **夯斥仸** 弗只希捏兒厤/ (弗只希捏儿厤) [fusihi niyalma], [fujihi niyarma], [fejihi niarma] 부하部下/ [fejergi niyalma](M)

로 되어 있다. 의자이고 그 바탕 문자는 (1) '人'[jên]의 항에 '仁, 任', (2) 유사음 [chien] 항의 '件', (3) 유사음 [shên] 항의 '什'이라 생각할 수 있는 데 보다 정확한 것은 아직 불분명하다.

117. '仩' (尙) [šang]

이 문자는 역어에

No. 304 **仩尼** 尙書 [šang-šu], [šanšu], [šaŋšu] 상서尙書/ [aliha amban](M)

No. 316 **夬仩** 和尙 [ho-šan], [hošan], [huašan] 화상和尙/ [huwašan](M)

으로 되어 있다. 위의 예에서 한어의 전사에 사용되고 있다. 따라서 '上'[shang]과 동일한 항에 있는 '上'에 두 획을 더해서 만든 것이다.

'尙'[shang] ⟶ '上'[shang] ⟶ '仩'[sang]
　　　[음의 관계]　　[음과 자형의 관계]

118. '亐' (革) [ge]

이 문자는 역어에

No. 328 **炃꿏亐** 塞更革 [segige], [sengige], [segiŋge] 친척親戚/ [sadun nimangga] (M)

No. 408 **乑꿏亐** 塞更革 [segige], [sengige], [seŋgige] 효孝/ [šenggime](우애,

화목)(M)

No. 746 朱兄兮主夲 木者革忒厄 [mujege tege], [mujege tē], [muǰege teel] 당
면當面/ [derede](M)

이고 어두에 있는 예가 안 보인다. 음자로 생각되며 '革'[kê]의 유사음
[hai]의 항의 '害'가 바탕 문자인 것이다.

'革'[ke] ⟶ '害'[hai] ⟶ '兮'[ge]

    [음의 관계] [음과 자형의 관계]

119. '写' (一立) [ili]

이 문자는 역어에

No. 424 写兮 一立本 [ilimbi], [ilibun], [ilibun] 서다立/ [ilimbi](M), [ili](N),
[ilami](E), [ilicam](W)

No. 604 写兮 一立本 [ili-mbi], [ilibun], [ilibun] 천하다竪/ [ilibun](M)

No. 763 写杀足凡化 一立受孩背勒 [ilimbi-beile], [ilisuhai beile], [ilišuhai
beile] 관을 설치하다設官/ [beile ilimbi](M)

No. 849 写杀足 一立受孩 [ilišu-mbi], [ilisuhai], [ilišuhai] 설치하다設/
[ilimbi](M)

이고 의자로 '立'[li]의 항, '竪'[shu]의 항, '置'[chih]의 항에는 바탕 문자가
없는데 '設'[shê]에 유사한 [hsieh] 항에 있는 '寫'가 바탕 문자로 생각된다.

'設'[shê] ⟶ '寫'[hsieh] ⟶ '写'[ili]

   [음의 관계]   [자형의 관계]

120. '厉' (只里) [jiri²], [jirihi²]

이 문자는 역어에

No. 186 厉余乐 只里只黑 [jiri-čihe(jirha-čečihe²)], [jirijihei], [jirijihe] 마작麻
雀/ [šišargan](M)

이고 그루베는 이에 대해 만주어 [cecike]를 대비어로 간주하였다(90쪽).
그러나 '雀'[ch'iao]의 일종으로 [jirhačečike]라는 것이 만주어에 있다. 이
문자의 바탕 문자는 '雀'[ch'iao]와 유사한 [chao]에 보이는 '沼'로 생각된다.

'雀'[ch'iao] ——→ '沼'[chao] ——→ '厉'[jiri]
    [음의 관계]   [자형의 관계]

121. '矛' (你魯) [niru]

이 문자는 역어에

No. 237 矛 你魯/ 捏魯 [niru], [niru], [niru] 화살矢/ [niru](M), [ɲili](N),
[nuru](S)

로 되어 있고 필법에서 보면 '告'[ku]가 바탕 문자인 것처럼 생각되지만
이 항의 바탕 문자를 발견할 수 없기 때문에 다른 항에서 찾아야 한다.
의자이며 '矢'[shih]의 유사음 [hsi] 항의 '兮'가 바탕 문자가 아닌가 생각한다.

'矢'[shih] ——→ '兮'[hsi] ——→ '矛'[niru]
    [음의 관계]   [자형의 관계]

122. '火' (脫委) [tuwa], [tuwe?]

이 문자는 역어에

No. 21 火 脫委/ 他 [tuwa, tuwo?], [tuwe], [tuei] 불火/ [tuwa](M), [togo](S), [togo](E), [togo](W, Ma)

로 되어 있고 의자로 '火'[huo] 항의 '或'에서부터 만들어졌다.

'火'[huo] ─────▶ '或'[huo] ─────▶ '火'[tuwa]
　　　　[음의 관계]　　　　[자형의 관계]

123. '毛' (一里), (一兒) [ir]³⁰⁾

이 문자는 역어에

No. 493 美毛舟 分一里黑/ 分黑 [funiyehe], [funirhei], [funirhe] 머리카락, 털髮/ [funiyehe](M)

No. 515 美毛舟 分一里黑 [funiyehe], [funirhei], [funirhe] 머리카락毛/ [funiyehe](M)

No. 694 毛甲乐 一兒哈洪/ (一儿哈洪)/ 迷察 [irhahun], [irhahun], [irhahūn] 옅다淺/ [mičihiyen](M)

No. 843 毛屁火 一兒厄伯/ (一儿厄伯) [irge], [irge be], [irge be] 백성의百姓/ [irgen](M)

으로 되어 있고 의자인 듯하며 '毛'[mao] 자가 바탕 문자인 것 같다.

---

30) 그루베본에는 '毛'처럼 되어 있어 좌측에 점이 가획되어 있다.

'毛'[mao] ⟶ '毛'[ir]

[의미와 자형의 관계]

124. '毛' (厄) [o] [e]

이 문자는 역어에

No. 473 史毛玉店号 別厄卓斡卜連 [beyejoo-mbi], [biie jurburen], [bie jurburen] 위반하다有違/ [jurčembi](M)

No. 704 史毛 別厄/ 必 [bi-mbi], [biye], [bie] 있다有/ [be, bimbi](M), [bišin] (N)

No. 806 史毛为刹史 別厄塞因別 [—], [biye sainbi], [bie sain bie] 유익하다有益/ [sain bi, tusa bi](M)

이고 '史毛'는 한역 '有麽(무엇이 있습니까?)'이다. 따라서 '麽'[mo]의 유사음 [mao] 항의 '毛'를 바탕 문자로 생각한다.

'麽'[mo] ⟶ '毛'[mao] ⟶ '毛'[o]

[음의 관계]   [자형의 관계]

125. '矵' (延)[31) [yen]

No. 766 矵伏带久 延脉兒塔剌/ (延脉儿塔剌) [yen-merda-mbi], [yen mertala], [yen mertala] 잔치하다宴犒/ [sarilambi](M)

로 되어 있고 대비어가 발견되지 않아서 그 바탕 문자는 불분명하다.

---

31) '延'은 '延'의 오기.

126. '屯' (歸) [gui]

이 문자는 역어에

> No. 110 屯矛攵 歸法剌/ 貴 [guifɑlɑ], [guifɑlɑ?], [guifɑlɑ] 은행나무杏/
> [guiləhə](M), [kuiləhə](N)
>
> No. 811 土土屯久 下敖圭因 [-], [hiyɑu guwin], [hiɑu kuin] 학규學規

이고 음자로 여겨지며 '歸'[kuei]와 유사음 [huei] 항에 있는 '屯'이 바탕
문자이다.

> '歸'[huei] ──→ '屯'[huei] ──→ '屯'[gui]
> _____   _____
>   [음의 관계]   [음과 자형의 관계]

127. '毛' (厄林) [erin]

이 문자는 역어에

> No. 46 嵐毛 脉忒厄林/ 黑得 [meterin], [meterin], [meterin] 바다海/ [mederi](M)
>
> No. 73 夹毛 捏年厄林/ 捏捏里 [niyengniye erin], [niyeniyen erin], [nienien
> erin] 봄春/ [niyengniyeri](M), [ɲinɲə](S)
>
> No. 74 叐毛 朱阿厄林/ 廣里 [juwɑ erin], [juwɑ erin], [juɑ erin] 여름夏/
> [juwɑri](M), [tʃuɑ](S), [jūgɑ](E)
>
> No. 75 礼毛 卜羅厄林/ 博羅里 [bolo erin], [bolo erin], [bolo erin] 가을秋/
> [bolori](M), [pɔlɔ](N), [boloniorin](E), [boloni orin](S)
>
> No. 76 羊毛 秃厄厄林 [tuwe erin], [tuwe erin], [tuɲe erin] 겨울冬/ [tuweri]
> (M), [tʼuɑ](S), [toge erin](S), [tuge erin](E), [togɑ](Mɑ)
>
> No. 89 毛 厄林 [erin], [erin], [erin] 계절, 절후季/ [erin](M), [orin](S), [erin]

158

(E)

No. 176 膩毛東秀 脉忒厄林引荅洪 [mederin indahun], [meterin indahun], [meterin indahūn] 해구海狗/ [mederi indahūn](M)

No. 177 膩毛炎 脉忒厄林朶兒獲/ (脉忒厄林朶儿獲) [mederin dorgon], [meterin dorgon], [meterin dorhon] 오소리海獾/ [mederi dorgon](M)

No. 517 毛屍 厄林厄 [-], [eringe], [erinɲe] 기氣/ [ergen](M)

No. 768 斥友失言毛右 召刺埋拙厄林眛/ (召刺埋拙厄林眛) [jori-mbi], [jaulamai juwerinmei], [jeulamai ĵueriumei] 보고 올리다, 진보奏報/ [wesimbumbi](M)

No. 769 乎싸犮言毛右 刺牙卜魯拙厄林眛 [jori-mbi], [touyaburu juwer nmei], [teuyaburu ĵueri nmei] 전보傳報/ [medebumbi](M)

No. 783 呆毛疤乕兊 兀里厄林多羅斡薄 [ulierin dolowenba?], [ulhierin dorōbo], [ulierin doroo bo?] 윤리倫理/ [čiktan doro](M)

No. 827 言毛右言史 拙厄林眛委勒伯 [jori-mbi weile be], [juwerinmei weile be], [juwerinmei weile] 사태를 알리다報事/ [jorimbi](지시, 지교), [uile](사정)(M)

No. 869 五乳毛 皿干卜羅厄林 [minggan bolori], [mingan boloerin], [miŋgan bolo erin] 긴 시간千秋/ [minggan bolori](M)

이고 '時'[shih]의 의미이며 바탕 문자는 유사음 [sê], [shei] 항에 '色'일 것이다.

'時'[shih] ⟶ '色'[shai] ⟶ '毛'[erin]
   [음의 관계]   [자형의 관계]

128. '老' (嫩) [nou]

이 문자는 역어에

No. 16 无老 卜嫩/ 博虐吉 [bono], [bonon], [bonon] 우박雹/ [bono](M),
[bonun](S), [bona](W) [bokta](M)

No. 151 崇籼无老 朶必卜嫩 [dobi bonio], [dobibonon], [dobi bonon] 원숭
이猿/ [bonio](M)

No. 340 老攵夭 嫩木和 [nomoho], [non muho], [nomho] 착하다善/ [nomhon]
(M), [nomhon](Mo), [nomohon](E)

No. 449 老癶犬 嫩吉剌 [nonggi-mbi], [nongila], [nuŋgila] 더하다添/ [nuggimbi]
(M), [nuŋgiran](E)

로 되어 있고 '添'[t'ien] 항에도 '善'[shan] 항에도 바탕 문자가 없는데
'猿'[yüan] 항의 '元'인 것 같다.

'猿'[yüan] ⟶ '元'[yuan] ⟶ '老'[non]
　　　　[음의 관계]　　[자형의 관계]

129. '㐬' (雙吉) [šonggi]

이 문자는 역어에

No. 501 㐬 雙吉/ 宋吉 [songgi], [šongi], [šoŋgi] 코鼻/ [songgiha](M)

이고 그것에 대비되는 만주어를 그루베는 들지 않아서 여진어 음의 추정
은 어렵지만 그 바탕 문자는 '鼻'[pi]에 없고 유사음 [p'i]의 '琵'가 아닐까
생각된다. 의자이다.

'鼻'[pi] ⟶ '琵'[p'i] ⟶ '㐬'[sonngi?]
　　　[음의 관계]　　[자형의 관계]

'琶'의 일부 '툳'에서 만들어졌다.

130. '邑' 申科岸 매(海靑) [šongko]

이 문자는 역어에

> No. 187 邑𣥾 申科岸 [šongko], [šingkoan], [šinkon] 해청, 매海靑/ [šongkoro]
> (M)

이고 만주어로는 [šongkon]인데 '해청'은 '鷹(매)[ying]의 일종이다. 의자
이며 '己'부에 있는 '己'[chi], '已'[i], '巳'[ssǔ], '巴'[pa] 등인 자형이 유사하
지만 그들 항에서는 의미상 바탕 문자가 발견되지 않고, 또 '邑'[i]과도
차이가 나지만 '鷹[ying]과 비슷한 음 [yung] 항에 있는 '邕'이 바탕 문자
라고 생각된다.

'鷹'[ying] ⟶ '邕'[yung] ⟶ '邑'[šongko]
[음의 관계] [자형의 관계]

131. '仑' (黑黑) [hehe]

이 문자는 역어에

> No. 299 仑𤲸件 黑黑厄捏兒㢆/ (黑黑厄捏儿㢆) [həhəo niyalma], [həhē
> niyarma], [hehee niarma] 부인婦人/ [hehe niyalma](M), [həhə](N)

이고 '여성'의 의미로 '婦'[fu] 항에는 바탕 문자가 없지만 '女'[nü]에 가까
운 항에 있는 '尼'가 바탕 문자가 되어 있다. 의자이다.

‘婦’[fu] ——→ ‘女’[nü] ——→ ‘尼’[ni] ——→ ‘仓’[hehe]

[의미의 관계]　　　[음의 관계]　　　[자형의 관계]

132. ‘朼’ (出) [ču]

이 문자는 역어에

No. 101 朼㕚甬圡 出溫都魯溫 [čun-dulun], [čun dulun], [čun duluŋun] 중
양重陽/ [uyungga inenggi](M)

No. 130 千朼 脉出/ 莫戳斡 [meč010], [mečuᵘ], [mečᵘu] 포도葡萄/ [mučᵘu](M),
[mɔʧʰəkt'ə](N), [muɔ̀ykta](C)

No. 295 吴朼 古出 [gučᵘu], [gučᵘu], [gučᵘu] 노예를 배속하다皂隸/ [gučᵘu]
(clsrn), [undeči](노예를 배속하다皂隸(M)

No. 345 秄朼 吉魯出 [giručᵘu], [giručᵘu], [giručᵘu] 욕하다辱/ [giručun](M)

No. 565 抱朼化外 革出勒黑 [gečulehe], [gečulehei], [gečulehei] 무릎을 덮는
천膝欄

No. 627 朼夛 出衛 [čuwe, čuwi], [čuwi] 물총새翠/ [gelfiyen lamun](M)

No. 633 禾臾朼夛 素黑出衡 [-], [suhe čuw], [suheičui] 푸른 버드나무柳翠/
[niohon](M)

No. 782 朼夛未桼矢 出因扎撒剌 [čuin-časa-mbi], [čuwin jasala], [čuin
jasala] 처치하다處治/ [ačihiyambi](M)

No. 801 岸杀火甬朼乐 卓你伯答出吉 [jonibe dačugi], [jonibe dačugi], [jonibe
dačugi] 날카롭고 민첩하다鋒銳/ [jeyen](날카롭고 민첩하다鋒銳, [dačun]
(날카로운 칼)(M)

No. 824 伏朼㸑足艻花乐 出出瓦孩革勒吉 [čucuwahai gelegi], [čučuwahai gelegi],
[čučuwahai gelegi²] 전례에 비추어 상고하다照例/ [songkoi](상서러운 조짐
照祥)(M)

No. 845 伏朼㸑足叐也 出出瓦孩塔以 [čuwahai dai²], [čučuwahai tai],

162

[čučuwahai tai?] 의지했다照依/ [sonkoi](M)

이고 음자로 볼 수 있으며 '出'[ch'u] 항에는 바탕 문자가 없고 [ju] 항에 있는 '乳'라고 생각한다.

'出'[ch'u] ⟶ '乳'[ju] ⟶ ''[ču]
[음의 관계] [자형의 관계]

133. '' (卜爲) [bue?]

이 문자는 역어에

No. 414 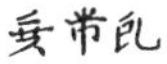 密塔卜爲/ 木力 [mita-mbi], [mitabuwi], [mitabuwi] 물러나다退/ [mitambi](M)

No. 793 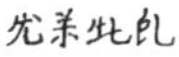 乖你阿里卜爲 [guwaini alibu-mbi], [guwai ni alibuwi], [goini alibuwi] 공급하다供給/ [goibumbi](분파), [alibumbi](보내다, 나누다)(M)

No. 814  阿里卜爲卜斡斡/ (阿里卜爲斡斡) [alibu-mbi], [alibuwi burwe], [alibuwi urwe], 급여하다給與/ [alimbi](承當, 받다受), [bumbi](주다給)(M)

으로 되어 있으며 동사의 어미변화를 나타내지만 그 의미가 불분명하기 때문에 의자인 것을 알게 되더라도 바탕 문자 발견은 어렵다. 자형은 한자 '𠃉'[shih]와 유사하다.

134. '' (弗里) [fuli?]

이 문자는 역어에

No. 789 㧻㡸㪂㐬 弗里吉孩別 [furigi-gaimb], [fuligi gaibi], [fuligi gaibie] 장
차 명령하다命將/ [fulin](명령), [gaimbi](요청要, 장차將)(M)

으로 되어 있으며 대비어가 불분명해서 그 바탕 문자도 불분명하다.

135. '牝' (阿里) [ali]

이 문자는 역어에

No. 39 牝列 阿里因/ 阿力 [alin], [alin], [alin], [alin](a) 산山/ [alin](M),
[alin](S)

No. 242 牝列 阿里庫/ 阿力苦 [aligu], [aliku], [alikū], [aliku](a) 소반盤/
[alikū](M)

No. 793 尤羊牝凡 乖你阿里卜爲 [guwaini alibu-mbi], [guwai ni alibuwi],
[goini alibuwi] 공급하다供給/ [goibumbi](분파), [alibumbi](보내다, 나누다)
(M)

No. 814 牝凡㫐㡷夊 阿里卜爲卜斡斡/ (阿里卜爲斡斡) [alibu-mbi], [alibuwi
burwe], [alibuwi urwe], 급여하다給與/ [alimbi](承當, 받다受), [bumbi](주다
給)(M)

이고 원래 의자인데 음자에도 사용된다. 이 문자는 형태상에서는 한자의
'牝'[p'in] 혹은 '牡'[mu]와 유사하지만 음으로부터도 의미상으로부터도
양자와 무관한 것이며 바탕 문자 발견은 다른 곳에 방법을 찾아보아야
할 것이다. 그 문자와 닮은 여진문자 '牝'[uli]는 다음의 방법으로 만들어
졌다.

'北'[pêi] ⟶ '牝'[uli]
[의미와 자형의 관계]

따라서 '北'[ɑli]는 다음과 같이 만들어졌다.

'北'[pêi] ⟶ '北'[uli] ⟶ '北'[ɑli]
[의미와 자형의 관계] [음과 자형의 관계]
└──────[의미의 관계는 없다]──────┘

136. '北' (兀里) [uli]

이 문자는 역어에

No. 593 北休 兀里替/ 伏勒希 [uliči], [uliti$^?$], [uliti] 북北/ [amargi](M),
[amilia](E)

이고 의자로 135에서 설명했듯이 의자이며 '北'이 바탕 문자이다.

'北'[pêi] ⟶ '北'[uli]
[의미와 자형의 관계]

137. '北' (法) [fɑ]

이 문자는 역어에

No. 60 才北 替法/ 提扒 [čifa], [tifa], [tifa] 진흙泥/ [lifahan](M)
No. 64 北南米 法苔岸/ 發的刺 [fatan], [fadan], [fadan] 담장薔/ [fajiran]
(M), [fatərin](N)
No. 72 矢甲北南米 者車法苔岸 [ječe fatan], [ječe fadan], [ječe fadan] 울타
리藩籬/ [ječen iɾajran](M)
No. 110 虫北犬 歸法剌/ 貴 [guifala], [guifala$^?$], [guifala] 은행나무춈/

[guiləhə](M), [kuiləhə](N)

No. 140 禾札 素法/ 速發 [sufa], [sufa], [sufa], 코끼리象/ [sufan](M)

No. 284 亟多元札 弎革馬法 [tege mafa], [tege mafa], [tege mafa] 고조高祖/ [den mafa, da mafa](M)

No. 531 乇札 兀法 [ufa], [ufa], [ufa] 면麪/ [ufa](M), [ufa](S)

No. 582 禾札余臭 素法委黑 [fafa weihe], [sufa weihe], [sufa weihe] 상아象牙/ [sufan i weihe](M)

이고 음자로 '法'[fa] 항의 '伐'이 바탕 문자이다.

'法'[fa] ⟶ '伐'[fa] ⟶ '札'[fa]
　　[음의 관계]　　[자형의 관계]

138. '札' (下) [hiya]

이 문자는 역어에

No. 218 札爿 下安 [hiyan], [hiyan], [hian] 향기香/ [biyang](M)

No. 475 爿兔札犬矢牟 哈沙下剌者車/ 得道力剌 [gašahiy-mbi], [gašahiyala ječe], [gašahiala ječe] 변경을 침범하다犯邊/ [ječen be necimbi](M)

No. 826 它枣犬兇札主 독로哈剌團下孫/ (禿魯哈剌團下松) [turuhala tuwancihisun], [turugala tuwanhiyasun], [turugala tonhiasun] 지키다看守/ [tuwakiyambi](M)

이고 만주어 [hiya] '旱'[han]의 항에 바탕 문자가 없고 바탕 문자는 불분명하다.

139. '乳' (吉魯) [giru]

이 문자는 역어에

No. 345 乳 丸 吉魯出 [giruču], [giruču], [giruču] 욕하다辱/ [giručun](M)

이고 그루베는 대비의 만주어를 [girucun]으로 하였다. 의자로 '辱'[ju] 항의 '乳'가 바탕 문자를 이루고 있다.

'辱'[ju] ⟶ '乳'[ju] ⟶ '乳'[giru]
　[음의 관계] 　　[자형의 관계]

140. '爪' (追) [ju]

이 문자는 역어에

No. 294 爪 子 追一/ 追(子) [jui], [juwi], [jui] 아들孩子/ [jui](M)

이고 '孩'[hai]의 항에 바탕 문자가 없기 때문에 의자가 아니라 음자로 '追'[chu] 항에 '求'가 바탕 문자인 것 같다.

'追'[chu] ⟶ '求'[chu] ⟶ '爪'[jui]
　[음의 관계] 　　[자형의 관계]

141. '先' (替勒) [čir]

이 문자는 역어에

No. 550 允衞 替勒庫/ 替儿古 [čirku], [tireku], [tireku] 베개枕/ [čirku](M),
[t'irəŋk'u](S)

이고 의자이며 그 바탕 문자는 '枕'[chên]의 변형으로 생각하지 않을 수
없다.

'枕'[chên] ⟶ '允'[čir]
　　[자형과 의미의 관계]

142. '尢' (替和) [čiho], [čoho?]

이 문자는 역어에

No. 161 尢 替和/ 替課 [čiho], [tiko], [tiko] 닭鷄/ [čoko](M), [t'ik'ɔ](S)
No. 846 尢千 厄禿洪 [etu-mbi], [etuhun], [etuhun] 뚫다穿/ [etumbi](M)

이고 의자로 그 바탕 문자는 '鷄'[chi] 항에는 없고 십이지의 '酉'[yu] 항의
'尤'이다.

'鷄'[chi] ⟶ '酉'[yu] ⟶ '尤'[yu] ⟶ '尢'[čiho]
　[의미의 관계]　　[음의 관계]　　[자형의 관계]

　그런데 No. 846의 '尢'는 위의 것과는 아무 관계가 없으며 또 '穿'
[ch'uan] 항에도 바탕 문자가 없으므로 비슷한 다른 문자의 오류로 간주
하고자 한다.

143. '充' (扎失) [jɑsi(ɡɑ)]

이 문자는 역어에

No. 270 充充卡朱 扎失安肥子 [jɑsian feiʤǔ], [jɑšiɡan faiji], [jɑšiŋan fise] 사령장令牌/ [salɡiyan temɡetu, jɑsaɡ](M), [jɑsaɡ](Mo)

이고 다음의 144 '充'와 완전 동일한 문자이며 동일한 음이다. 그루베는 여기서 이중으로 실어 두었다. 의자로 '令'[linɡ]의 유사음 [yinɡ] 항의 '熒' 이 바탕 문자일 것이다.

'令'[linɡ] ──→ '熒'[yinɡ] ──→ '充'[jɑsi]
　　[음의 관계]　　　[자형의 관계]

144. '充' (扎失) [jɑsi(ɡɑ)]

이 문자는 143과 완전히 동일하다. 역어에

No. 818 伋主充厚乐 端的孫扎失兒吉/ (端的松扎失儿吉) [jɑsirɡi], [dondisun jɑširɡi], [dondisun jɑširɡi] 명령을 듣다聽令/ [donjimbi](듣다)(M)

이고 그루베는 자형의 미세한 점 때문인지 음의 전사상에서인지 별개로 파악한 오류가 있으며 따라서 번호가 어긋난다고 생각된다.

145. '兇' (上) [šan(ɡ)], (撒) [sɑ]

이 문자는 역어에

No. 13 兄仒 上江/ 尙加 [šanggiyan], [šangiyan], [šaŋgian] 연기煙/ [šanggiyan]
(M), [sangan](N), [saŋnān](Ma), [saŋijian](L), [haŋñān](W)

No. 134 兄仒鬲兴 上江瑣吉 [šanggiyan sogi], [šangiyan sogi], [šaŋgian
soŋgi] 배추白菜/ [šanyan](희다), [sogi](채소菜)(M), [soŋgi](P)

No. 190 兄仒仐夬 上江塞克 [šanggiyan segu], [šangiyan seke], [šaŋgian
seke] 은색 쥐銀鼠/ [šanggiyan seke](M)

No. 269 兄仒盂尼 上江希兒厄/ 上江希儿牙厄 [šanggiyan hirge], [šangiyan
hirge], [šaŋgian hirŋe] 굴뚝煙墩/ [xulan](M)

No. 578 兄仒主 上江塞勒/ 托活羅 [šanggiyan sele], [šangiyan sele], [šaŋgian
sele] 주석錫/ [toholon](M), [t'ɔhɔgã](S)

No. 619 兄仒 上江/ 尙加 [šanggiyan], [šangiyan], [šaŋgian] 희다白/ [šanggiyan,
šanyan](M), [ʃĩɛgiŋ](S)

No. 630 鬲兴兄仒 一麻吉上江 [imagi šanggiyan], [imangi šangiyan], [imaŋgi
šaŋgian] 눈이 희다雪白/ [nimanggi šanggiyan](M)

No. 634 吴土兄仒 古溫上江 [gun šanggiyang], [gun šangiyan], [gun šaŋgian],
옥이 희다玉白/ [gun šanggiyan](M)

No. 353 兄屛 撒希 [šan-hi?], [sahi], [sahi] 알다知/ [sambi](M), [saami](E)

No. 723 兄禸夨 撒荅剌 [šand-mbi], [sadala], [sadala] 새다漏/ [sabdambi]
(M)

No. 738 串列兄屛 厄申撒希 [esin sanhi], [ešin sahi], [ešin sahi] 모르다不知/
[sarakū](M)

No. 812 兄屛盂� 撒希西因 [sanhičin?], [sahi sin], [sahi sin] 잘 알다知悉/
[sambi](M)

로 되어 있는데 의자로 생각되며 '白'[pai]의 항에 바탕 문자가 없고
'煙'[yen] 항에 '兗'의 하부의 '兄'이 바탕 문자로 생각된다.

'煙'[yen] ──────➤ '兖'[yen] ──────➤ '兕'[šang]

     [음의 관계]   [자형의 관계]

146. '兕' (團) [tuwan(či)]

이 문자는 역어에

No. 826 *它荅夊兕枕王* 禿魯哈剌團下孫/ (禿魯哈剌團下松) [turuhala tuwancihisun], [turugala tuwanhiyasun], [turugala tonhiasun] 지키다看守/ [tuwakiyambi](M)

이고 두 단어로 구성되는데 앞의 문자는 '看'이고 뒤의 문자는 '守'[shou]이다. 의자로 바탕 문자는 '守' 항의 '受'이다.

   '守'[shou] ──────➤ '受'[shou] ──────➤ '兕'[tuwan(či)]

     [음의 관계]   [자형의 관계]

147. '尢' (乖) [guai?], [giya?]

이 문자는 역어에

No. 523 *盃·尢* 卜都乖/ 不答 [bda-kuwai], [budugai], [budgoi] 밥飯[buda](M), [puta](N)

No. 707 *尢夅* 乖于 [guai-u?], [gaiyu], [guiyu] 아니다非/ [waka](M), [ugei] (Mo)

No. 772 *美尢夨來乧* 牙魯乖埋分厄 [yaruguaime funiye], [yaruguwaimai feuiye], [yaruguaimai funei] 불러들이다糾슴/ [yarumbi](끌다, 이끌다), [feniyen](무리)(M)

No. 774 *美尢夨禹尭* 牙魯乖埋革恩 [yaruguaime geun], [yaruguwaimai gen], [yaruguaima gen] 무리를 모으다糾衆/ [geren be yorumbi](M)

No. 793 尤羊此仉 乖你阿里卜爲 [guwaini alibu-mbi], [guwai ni alibuwi], [goini alibuwi] 공급하다供給/ [goibumbi](분파), [alibumbi](보내다, 나누다)(M)

이다. 그러나 이들 가운데에는 만주어의 대비어를 발견하기 어렵고 그래서 이 문자의 음독도 역시 불분명하다. 이 문자에 관해 야스마 야이치로安馬彌一郎는 그의 저서 가운데(121쪽) No. 707을 [kiyačen]으로 읽거나 또는 〈진사제명비進士題名碑〉의 해설 중에(66쪽) "圡 尤 玊 夌 盀(烏古孫卜古)"를 [u-kiyu-sun buku]로 읽었는데32) 그 음독에 관한 고증은 없다. 여러 점에서 보면 그 문자는 음자인 것 같으며 [kuai]에 근사한 [kuei] 항에 있는 '尢'가 바탕 문자가 아닐까?

'乖'[kuai] ⟶ '尢'[kuei] ⟶ '尢'[guai]
[음의 관계]　[자형과 음의 관계]

148. '尢' (卜) [bu]

이 문자는 역어에

No. 555 茶尢 撒卜/ 掃 [sabu], [sabu], [sabu] 구두靴/ [sabu](M), [sabu](N), [sawi](E)

이고 '鞋'[hsieh] 항에도 '靴'[hsüeh] 항에도 바탕 문자가 없고 음자인 것 같으며 '夫'[fu]가 바탕 문자인 것 같다.

---

32) 진광평·진치총은 [u guei sun bu gil]로 판독하였다.

‘卜’[pu] ——→ ‘夫’[fu] ——→ ‘夫’[bu]

    [음의 관계] [음과 자형의 관계]

149. ‘为’ (衛) [we]

이 문자는 역어에

    No. 458 **为치右** 衛也昧 [weye-mbi], [wiyemei], [wiyemei] 빼앗다奪/ [durimbi]
    (M)

    No. 627 **丸为** 出衛 [čuwe, čuwi], [čuwi], [čui] 푸르다翠/ [gelfiyen lamun](M)

    No. 633 **禾兔丸为** 素黑出衡 [-], [suhe čuw], [suhečui] 푸른 버드나무柳翠/
    [niohon](M)

이고 ‘衛’[wei] 항에 바탕 문자가 없어서 음자가 아니라 의자이다. 즉
‘奪’[to]에는 바탕 문자가 없지만 유사음 항의 [tao]에 있는 ‘刀’나 ‘叨’가
그것이다.

    ‘奪’[to] ——→ ‘叨’[tao] ——→ ‘为’[we]

      [음의 관계]   [자형의 관계]

150. ‘另’ (禿) [tu]

이 문자는 역어에

    No. 26 **月另枭外** 必阿禿斡黑/ 別禿黑黑 [biya tuwe-mbi], [biya tuwehei],
    [bia tuwehe] 달이 지다月落/ [biya tuhembi](M), [bie tihijiren](E)

    No. 687 **另枭外** 禿斡黑 [tuwe-mbi], [tuwehei], [tuwehe] 떨어지다落/ [tuhembi]
    (M)

이고 이 단어의 역에는 ‘落’[la], [lo], [lao]와 ‘倒’[tao]가 있으며 전항에는
바탕 문자가 없지만 [tao] 항에 있는 ‘叨’가 바탕 문자이다. 의자이다.

‘倒’[tao] ⟶ ‘叨’[tao] ⟶ ‘夯’[tu]
[음의 관계]   [자형의 관계]

151. ‘夯’ (勒付) [lefu] 곰(熊)

이 문자는 역어에

No. 145 夯 勒付/ 勒伏 [lefu], [lefue], [lefu] 곰熊/ [lefu](M)

이고 의자이다. 바탕 문자는 ‘熊’[hsiung] 항의 ‘胷’이다.

‘熊’[hsiung] ⟶ ‘胷’[hsiung] ⟶ ‘夯’[lefu]
[음의 관계]   [자형의 관계]

152. ‘夯’ (忒杜) [dedu]

이 문자는 역어에

No. 355 夯余 忒杜勒/ 得都 [dedule-mbi], [tedure], [tedule] 자다睡/ [dedumbi]
(M)

이고 의자로 바탕 문자는 ‘睡’[shui] 항에 없고 유사음 [hsü] 항의 ‘胥’일
것이라고 생각한다.

'睡'[shui] ⟶ '胥'[hsü] ⟶ '夕'[dedu]

[음의 관계]　　　[자형의 관계]

153. '夕' (杜里) [duli]

이 문자는 역어에

No. 610 夕灰 杜里剌 [dulila], [dulila], [dulila] 가운데中/ [dulimba](M),
[dolindu](S), [dulindu](E)

No. 760 夕灰圉土朵 杜里剌國倫你 [dulila gurun], [dulila gurun ni], [dulila
gurun ni] 중국中國/ [dulimba gurun](M)

이고 그루베는 만주어 [dulimba]를 대비어로 들고 있는데 이것은 [dulin+
ba]이며 '夕'를 의자로 간주한다면 [dulin]일 수도 있다. 이 문자는 그 바탕
문자를 두 가지로 생각할 수 있다. 그 중 하나는 '中'[chung]의 유사음
[chün] 항의 '均'이고 다른 하나는 46의 '夊'[dulu]라는 여진문자로,

'中'[chung] ⟶ '均'[chün] ⟶ '夕'[duli]

[음의 관계]　　　[자형의 관계]

'吻'[wen] ⟶ '夊'[dulu] ⟶ '夕'[duli]

[자형의 관계]　[자형과 음의 관계]

위와 같이 되는데 나는 이들 중에서 전자를 선택하고자 한다.

154. '禿' (革) [ge]

이 문자는 역어에

No. 82 㐲 㔾 塞革/ 塞 [sege], [sege], [sege] 세월歲/ [se](M), [sə](S)

No. 102 㫱㝐㐪㐈㔾 革揑黑塞革 [gənəhə səgə], [gənəhəi səgə], [gənəhə səgə] 세월이 지나가다去歲/ [gənəhə ə](M)

No. 149 利 㐈 申革 [šingge], [singe], [šinge] 쥐鼠/ [šinggeri](M), [ʃiŋarə](N)

No. 192 㔾勺利㐈 嫩江申革 [nioggiya šigge], [niyongiyan singe], [niongian šinge] 청색 쥐靑鼠/ [niwanggiyan šinggeri](M)

No. 193 㫥勺利㐈 瑣江申革 [sogiyan šingge], [sogiyan singe], [sogian šinge] 황색 쥐黃鼠/ [suwayan šinggeri](M)

No. 284 㐌㐈㝐㐈 忒革馬法 [tege mafa], [tege mafa], [tege mafa] 고조高祖/ [den mafa, da mafa](M)

No. 700 㐌㐈 忒革/ 得 [tege], [tege], [tege] 높다高/ [den](M)

No. 774 㕙㐌㐈㐈㐅 牙魯乖埋革恩 [yaruguaime geun], [yaruguwaimai gen], [yaruguaima gen] 무리를 모으다糾衆/ [geren be yorumbi](M)

No. 807 㣅㐍㐈㫸㐷 塔以革勒吉 [tai gelegi], [tai gelegi], [tai gelegi] 예에 따르다依例

No. 824 㐲㐙㝐㐁㐈㫸㐷 出出瓦孩革勒吉 [čucuwahai gelegi], [čučuwahai gelegi], [čučuwahai gelegi?] 전례에 비추어 상고하다照例/ [songkoi](상서러운 조짐照祥)(M)

No. 866 方㐲㐈 土滿塞革 [tuman sege], [tuman sege], [tumen sege] 만수萬壽/ [tumen se](M)

이고 '革'[kê] 항에 바탕 문자가 없고 바탕 문자는 불분명한데 아마도 '例'[li] 항에 있는 '力'과 유사한 문자가 아닐까 생각된다.

155. '�艻' (卜弄) [bunen(g)]

이 문자는 역어에

No. 251 **另 肵** 卜弄庫/ 墨勒苦 [bulenggu], [bulunku], [buluŋku] 거울鏡/ [buleku] (M), [pulkʻu](N), [biluhu](S), [bilhu](E), [biliku](Ma)

이고 의자이며 그 바탕 문자는 '鏡'[ching]의 유사음 [chin]에 있는 '舮'으로 상상할 수 있다.

'鏡'[ching] ⟶ '舮'[chin] ⟶ '另'[bunen(g)]
　　　[음의 관계]　　　　[자형의 관계]

156. '劣' (赫兒) [her]

이 문자는 역어에

No. 852 ㄴ**劣**厇厏 厄木赫兒厄吉 [emu hergegi], [emu hergegi], [emu herŋe gi] 일급—級[emujergi](M)

이고 의자로 '級'[chi]의 유사음 '赤'[chʻi]가 바탕 문자일 것이다.

'級'[chi] ⟶ '赤'[chʻi] ⟶ '劣'[her]
　　[음의 관계]　　　　[자형의 관계]

157. '示' (古剌) [gul]

이 문자는 역어에

No. 546 **示申** 古剌哈/ 谷魯哈 [gulha], [gulaha], [gūlaha] 신靴/ [gūlha](M)

이다. 의자로 '靴'[hsüeh] 항에도 그 유사음 [hsieh] 항에도 바탕 문자는 없고 다른 유사음 [shê] 항의 '舌'이 그것이다. '舛'이 '召'에서 만들어졌듯 이 '舛'는 자주 '舛'로 된다.

'靴'[hsüeh] $\longrightarrow$ '舌'[shê] $\longrightarrow$ '舛'[gul]
　　　　[음의 관계]　　　[자형의 관계]

158. '奶' (阿) [a]

이 문자는 역어에

> No. 868 **呈奶尾句** 皇阿木魯該 [huan-amargi], [huwan amurgai], [hoŋ amurgai] 황후皇后

이고 가점형인데 이는 아마도 무슨 오류로 가점이 된 것 같으며 47의 '勿'[a]와 동일하다.

'後, 后'[hou] $\longrightarrow$ '笏'[hu] $\longrightarrow$ '奶'[a]
　　　[음의 관계]　　　[자형의 관계]

159. '弔' (都) [du]

이 문자는 역어에

> No. 22 **夲弔乐** 晚都洪 [untuhun], [wenduhun], [wenduhun] 비다空/ [untuhun](M)
>
> No. 306 **弔岕片** 都塔安 [dūtan], [dutan], [dutan] 도당, 관명都堂
>
> No. 417 **金弔右** 愛晚都眛/ 兀答 [aiwandu-mbi], [aiwandumei], [aiwandumei] 사다買/ [udambi](M)
>
> No. 459 **芥弔夭** 瓦都剌 [wadu-mbi], [wadula], [wadula] 죽이다殺/ [wambi](M),

[waaɑ](N), [waaren](S), [waami](E), [wanäm](W)

No. 464 㐭夬古 都古昧 [dugu-mbi], [dugumei], [dugumei] 치다打/ [tūmbi](M)

No. 467 艾㐭夂 恨都魯 [hendu-mbi], [henduru], [henduru] 설명하다, 말하다說/ [hendumbi](M)

No. 507 㐭甲 都哈 [duha], [duha], [duha] 창자腸/ [duha](M)

No. 611 牟㐭 洪都 [hundu?, tondu?], [hundu], [hundu] 바르다正/ [tob](M)

No. 676 雨竿㐭 亦宜都 [ishun-du], [ishundu], [ishundu] 서로相/ [ishunde](M)

No. 684 㐭乐 都吉 [dugi], [dugi], [dugi] 가하다可

No. 708 夅㐭朱 晚都洪 [unduhun], [wenduhun], [wanduhun] 비다虛/ [unduhun](M)

No. 729 夬伒㐭旡 禿魯溫都言 [-], [turgun duyen], [turŋun duyen] 연고緣故/ [turgun](M)

No. 802 厶友雨竿㐭 厄木剌亦宜都 [emula ishundu], [emula ishundu], [emula ishundu] 상호互相/ [ishunde](M)

이고 음자의 항에 없고 의자이다. 어두에 오면서도 예에 따르면 '打'[ta], '腸'[ch'ang]의 항에 바탕 문자가 없고 '可'[k'ê]의 유사음 [ku] 항에 '骨'이 바탕 문자로 생각된다.

'可'[k'e] ⟶ '骨'[ku] ⟶ '㐭'[du]
　　[음의 관계]　　[자형의 관계]

160. '舟' (弎) [tu]

이 문자는 역어에

No. 423 舟麦 弎別/ 弎 [tebie], [tebi], [tebie] 앉다坐/ [tembi](M), [t'ərə](N), [t'egke](E)

No. 819 𠂇夆麦舟更 瑣迷別弎別 [somi-mbi], [somibitebi], [somiebietebie] 잠

거潛居/ [somimbi] 감추다, 저장하다藏, [tembi](거주하다)(M)

이고 '忒'[t'ê] 항에 바탕 문자는 없고 의자이다. '坐'[tso]에도 그 주변의 유사음 항에도 바탕 문자가 없는데 이 단어가 지니는 다른 의미 '住'[chu] 의 유사음 [chou] 항의 '舟'가 바탕 문자이다.

'住'[chu] ——→ '舟'[chou] ——→ '舟'[te]
　　　[음의 관계]　　　　[자형의 관계]

161. '卅' (羊) [yang] 양(兩)

이 문자는 역어에

No. 248 东卅宋another 阿羊非本 [ayan fiben], [ayan fiben], 초燭/ [ayan dengjan](M)

No. 261 卅 羊 [yang], [yan], [yan] 양兩/ [yan](M)

No. 346 金卅 伯羊/ 拜牙 [baiyan, bayan], [bayan], [bayan] 부富/ [bayan](M), [bajã](N), [bayan](Mo), [bayan](E)

No. 579 东卅宋another 阿羊非木 [ayang feibun], [ayan fibun], [ayan fibun] 밀랍蠟[33]/ [ayan](M)

이고 '羊'[yang]의 항에 바탕 문자가 없으므로 음자가 아니라 의자이다. 즉 '富'[fu]의 항에도 바탕 문자가 없고 '燭'[chu]의 유사음 [chou]에 있는 '舟'가 바탕 문자로 되어 있다.

'燭'[chu] ——→ '舟'[chou] ——→ '卅'[yang]
　　　[음의 관계]　　　　[자형의 관계]

---

33) 도이길 158, 건어포(腊)

162. '甹' (約) [yu]

이 문자는 역어에

No. 536 甹甹右 約約眛 [yuyu-mbi], [yuyumei], [yoyomei] 주리다饑/ [omin](M)

이고 한자 '約'[yüch]에서 가져 왔는데 그루베는 [yo-yo...]로 하며 그 대비
어에는 [yu]로 되어 있는 것으로 미루어 보아 [yu] 항에 있는 '甶'가 바탕
문자이다.

'約'[yo, yao] ──────→ '甶'[yu] ──────→ '甹'[yu]
　　　　　[음의 관계]　[자형과 음의 관계]

163. '宥' (兀脉) [ume] 불허하다(不許)

이 문자는 역어에

No. 472 宥 兀脉 [ume], [ume], [ume] 불허하다不許/ [ume](M)

이고 의자인데 '勿'[wu]의 항과 '不'[pu]의 항에 바탕 문자는 없고 바탕
문자가 불분명하다.

164. '宥' (脱) [tol], (湯古) [tanggu], [tangku]

이 문자는 역어에

No. 356 宥𢀝 脱興/ 托力希 [tolgin], [tolgin], [tolhin] 꿈夢/ [tolgin](M), [tūlkin]
(E)

No. 663 有 湯古/ 額木徜古 [tanggu], [tangu], [taŋgū] 백百/ [tanggū](M),
[ɜmət'ɑɔ̃](N)

로 두 가지로 이용되고 있는데 본래 이 두 가지는 자형을 달리한 것이라
고 생각된다.
No. 663은 '百'[pai]가 바탕 문자이다.

'百'[pai] ⟶ '有'[tanggu]
[자형과 의미의 관계]

No. 356은 '夢'[mêng]의 항에 바탕 문자가 없고 [mang] 항의 '盲'이 바
탕 문자인 것 같은데 이는 의심스럽다.

'夢'[mêng] ⟶ '盲'[mang] ⟶ '有'[tol?]
[음의 관계]　　　[자형의 관계]

165. '朶' (言) [yen]

이 문자는 역어에

No. 729 羙仟牙朶 禿魯溫都言 [-], [turgun duyen], [turŋun duyen] 연고緣故/
[turgun](M)

이고 그루베는 [trugun]을 대비어로 들고 있다. 이는 아마 '羙仟'을 가리키
는 것이며 '牙朶'는 불분명하다. 그러나 '朶'를 음자로 본다면 '言'[yen]
항의 '荒'이 바탕 문자일 것이다.

‘言’[yen] ⟶ ‘芫’[yen] ⟶ ‘芫’[yen]

    [음의 관계]   [자형의 관계]

166. ‘光’ (又) [ča]

이 문자는 역어에

    No. 232 *炭光 撒叉* [sača], [sača], [sača] 바리盔/ [sača](M)

이고 [ca] = [ch'a], [cha]의 항에 바탕 문자가 발견되지 않지만 ‘盔’[k'uei]
의 유사음 [kuei]에 있는 ‘尢’가 바탕 문자로 되어 있다.

    ‘盔’[k'uei] ⟶ ‘尢’[kuei] ⟶ ‘光’[ča]

        [음의 관계]   [자형의 관계]

167. ‘光’ (哈勒) [gere?]

이 문자는 역어에

    No. 28 *丞光甪* 阿卜哈哈勒哈/ 阿瓜哈剌哈 [abka gereha], [abka garaha] 하
    늘이 푸르다天晴/ [abka galana](M)

이고 그루베는 [abka gereke]를 대비어로 하고 있다. 의자로 ‘晴’[ch'ing]의
유사음 [ching]에 있는 ‘竟’을 바탕 문자로 생각할 수 있을 것이다.

    ‘晴’[ch'ing] ⟶ ‘竟’[ching] ⟶ ‘光’[gere?]

        [음의 관계]   [자형의 관계]

168. '宊' (扎) [ja]

이 문자는 역어에

No. 848 宊友米 扎剌岸 [jalan], [jalan], [jalan] 무리輩/ [jalan](M)

이고 음자로 간주하면 '扎'[cha] 항의 '咤'를 바탕 문자로 볼 수 있을 것이
고 또 '世'[shih] 및 '輩'[pêi] 항에 바탕 문자는 없다.

'扎'[cha] ────→ '咤'[cha] ────→ '宊'[ja]
　　[음의 관계]　　[자형과 음의 관계]

169. '土' (溫) [-un]

이 문자는 역어에

No. 5 爪土 厄都溫/ 厄都 [edun], [edun], [edun] 바람風/ [edun](M), [hət'ɔ](N),
　　[edein](S), [ediin](E), [ödin](W)(Ma)

No. 10 夬伩土 失勒溫/ 失雷 [sileun], [šileun], [šilun] 이슬露/ [šilenggi](M)

No. 19 末土 受溫 [šun], [šun], [šiun] 그늘陰/ [šilmen, tulhun](M)

No. 20 甫土 都魯溫 [dulun], [dulhun], [dulun] 양陽[fiyakiyan](M), [dūlaɣan](따
　　뜻하다)(Mo), [dūūljiran](하늘이 맑다)(E)

No. 27 丟孟土 阿卜哈禿魯溫/ 阿瓜禿魯兀 [abka tulhun], [abka tulhun],
　　[abka tulŋun] 하늘이 어둡다天陰/ [abka tulhun](M)

No. 29 夆米爪土 安班厄都溫/ 昂八厄都 [amban edun], [amban edun],
　　[anban edun] 대풍大風/ [amba edun](M)

No. 101 扎仅甫土 出溫都魯溫 [čun-dulun], [čun dulun], [čun duluŋun] 중
　　양重陽/ [uyungga inenggi](M)

No. 155 米土 加渾溫 [giyahun], [giyahun], [giahūn] 매鷹/ [giyahūn](M)

No. 185 𢆗土 哈兒溫 哈魯 [garun], [garun], [garun] 하늘거위天鵝/ [garu](M)

No. 189 𣚊白土 莽魯溫 [mang-lun], [man lun], [maŋlun] 이무기蟒龍

No. 255 飛土 多羅溫 [doroun], [doron], [doron] 도장印/ [doron](M), [doron] (E)34)

No. 286 克土 阿渾溫/ 阿洪 [ahun], [ahun], [ahūn], [ahun](a) 형兄/ [ahūn] (M), [ahɔ́][N], [ahin](S), [aha](Mo), [ahin](E)

No. 287 舟土 斗兀溫/ 豆 [deoun], [degun], [deŋun] 아우弟/ [deo](M), [deguu] (Mo)

No. 290 文土 厄云溫/ 革革 [eyun, eyūn], [eyun], [eyun] 누이姐/ [eyun](M), [kəkə](N), [ehin](E)

No. 291 羔土 揑渾溫/ 耨兀 [nebu], [niyohun], [niehun] 누이妹/ [non](M), [nühün](S)

No. 348 伞土 兀速溫 [usun], [usun], [usun] 가난하다貧/ [yadahūn](M)

No. 358 氺土灷 套溫剌 [-], [taunra], [taunra] 읽다讀/ [hūlambi](M)

No. 433 㘴土 卜溫 [bun], [bun], [bun] 스스로自/ [ereči](M), [boŋga](E)

No. 465 氺土灷 套溫剌 [too-mbi], [taunra], [taunra] 욕하다, 꾸짖다罵/ [toombi](M)

No. 564 斥土灰足 安春溫剌孩 [ančun-lahai], [ančunlahai], [ančunlahai], [alʧunla-hai](a) 베 짜다織金

No. 568 斥土 安春溫/ 安出 [ančun], [ančun], [ančun], [alʧun](a) 금金/ [aisin] (M). [aiʃin](N)

No. 569 吳土 古溫/ 額兀 [gun], [gun], [gun] 옥玉/ [gu](M)

No. 570 㒼土 蒙古溫/ 猛古 [monggun], [mengun], [muŋgun] 은銀/ [menggun]

---

34) ‘㘴土’, ‘飛土’는 ‘㘴灷’, ‘飛灷’의 오사이다. ‘㘴土’ *[bon] 卜溫/ 自『여진역어』 인사문 94의 ‘飛土’ *[doron] 多羅溫/ 印『여진역어』 진보문 10, 기용문 40에서 ‘土’는 오로지 [u] 모음에 이어진다. 대신 o] 모음에 이어지는 [on]을 나타내는 ‘灷’이 전용된다. 이상 2개의 ‘土’는 ‘灷’ 의 오사일 가능성이 있다.

(M), [menggü](S), [moŋun](W), [muŋgun](Mo)

No. 577 兆土 多羅溫/ 多羅 [doroun], [doron(?)], [doron] 옥새도장璽/ [doroun] (M)

No. 587 金亻夬土 弗剌江古溫 [fulɢiyang ɢun], [fulaɢiyan ɢun], [fulaɢian ɢun] 적 옥赤玉/ [fulɢiyang ɢu](M)

No. 634 夬土兄亻 古溫上江 [ɢun šanggiyang], [ɢun šangiyan], [ɢun šaŋgian], 옥이 희다玉白/ [ɢun šanggiyan](M)

No. 635 斥土准亻 安春溫瑣江 [ančun soɢiyan], [ančun soɢiyan], [ančun soɢian] 금이 누르다, 누른 금金黃/ [haɢsa](M)

No. 752 尘土先夬件 卜溫失剌哈替 [bunsilahati], [bunširahati], [bunširahati] 옛부터自古/ [julge ci](M)35)

No. 828 斥土伙 安春溫闕 [ančun kiye], [ančun kiwe], [ančun kue] 금궐金闕

No. 32 囷土羔 國倫你 [gurun], [gurun ni], [gurun ni] 나라에國/ [gurun](M), [kuru](N), [gurun](S)

No. 274 囷土羔余 國倫你王 [gurun ni wang], [gurunni wan], [gurun ni waŋ] 국왕國王/ [gurun i waŋ](M)

No. 760 夕灰囷土羔 杜里自國倫你 [dulila gurun], [dulila gurun ni], [dulila gurun ni] 중국中國/ [dulimba gurun](M)

이고 주로 명사의 어미로 사용되는데 '溫'[wên]의 항에는 바탕 문자가 없어서 바탕 문자는 불분명하다.

---

35) '尘'와 '尘'의 오사이다. '尘土先夬件' *boʃiraha-ti 卜溫失哈體/ 自古 『여진역어』 통용문 87에 서 이 '尘' *bo는 신체문 9에 있는 '屑'의 어두자 '尘' *fə형에 가깝다. 인사문 94에 있는 '自'는 역시 '尘土' *bon이다. 따라서 통용문 87의 '尘'와 '尘'는 글씨체가 다르다. 『여직자서』 의 '屑'의 표의자는 '尘'는 바로 이것을 변형하여 점을 덧붙인 것에서 유래한 것이다. 변형한 '尘'는 분명히 원형으로 '尘'의 자형과 차이가 생겨 한편으로는 『여직자서』에 있는 '初, 始'를 표시하는 표의자로 '尘'의 자형에 매우 근접한 것이므로 '尘 → 尘 → 尘'로 글자의 오류에 이르게 되었다.

170. '土' (下) [ši]

이 문자는 역어에

No. 212 土止 下敖 [šiao], [hiyau], [niau] 학교學/ [tačikū](M)

No. 812 土止电多 下敖圭因 [sanhičin?], [sahisin], [sambi](M) 학규學規

로 되어 있고 '止'[ao]와 동일하게 한자 전사용의 문자이다. [hsia]에도
바탕 문자는 없고 [shih] 항의 '士'가 바탕 문자로 되어 있다.

'士'[shih] ⟶ '土'[ši]

[음과 자형의 관계]

171. '坙' (禿魯) [tulhu]

이 문자는 역어에

No. 27 禿祖土 阿卜哈禿魯溫/ 阿瓜禿魯兀 [abka tulhun], [abka tulhun],
[abka tulŋun] 하늘이 어둡다天陰/ [abka tulhun](M)

이다. 의자로 '陰'[yin] 항에 있는 '坙'나 [ying] 항의 '螢'이 바탕 문자일
것이다. 나는 후자를 채택하고자 한다.

'陰'[yin] ⟶ '螢'[ying] ⟶ '坙'[tulhu]

[음의 관계]   [자형의 관계]

172. '夻' (阿) [ɑ]

이 문자는 역어에

No. 139 夻宋 阿非/ 阿非阿 [ɑfei], [ɑfei], [ɑfi], [ɑfi](ɑ) 사자獅/ [ɑrsɑlɑn](M), [ɑrsɑlɑn](Mo)

No. 248 夻冊宋刃 阿羊非本 [ɑyɑn fiben], [ɑyɑn fiben], 초燭/ [ɑyɑn dengĭɑn] (M)

No. 579 夻冊宋刃 阿羊非木 [ɑyɑng feibun], [ɑyɑn fibun], [ɑyɑn fibun] 밀랍 (蠟)36)/ [ɑyɑn](M)

No. 705 夻州 阿隨 [ɑsui], [ɑsuwi], [ɑsui] 없다無/ [ɑkū](M), [ɑɑsin](S), [ɑčin] (W), [ɑdʑin](Mɑ)

으로 되어 있고 '獅[shih] 항에 바탕 문자가 없고 '無'[wu]의 비슷한 뜻을 가진 '不'[pu] 항의 '布'가 바탕 문자일 것이다. 의자이다.

'無'[wu] ⟶ ' 不'[pu] ⟶ '布'[pu] ⟶ '夻'[ɑ]

　　[의미의 관계]　　　[음의 관계]　　[자형의 관계]

173. '右' (眛) [me]

이 문자는 역어에

No. 25 日朶休右 一能吉禿替眛/ 受溫禿提黑 [inenggi tuči-mbiʔ], [inengi tutimei], [inengi tutimei] 해가 뜨다日出/ [šun tučimbi](M)

No. 111 右芟 眛莫 [mei mo], [mei mo], [mei mo] 매화梅/ [nenden](M)

36) 도이길 158, 건어포(腊)

No. 385 㑘刋右 背也眜/ 背因必 [buye-mbi], [buyembi], [buyemei] 사랑하다
愛/ [buyembi](M)

No. 392 主刋右 忒也眜/ 亦立 [deye-mbi], [teyemei], [teyemei] 일어나다起/
[deyembi](M), [tʹəku](N)

No. 394 乑右 吉里眜 [guri-mbi], [gurimei], [gurimei] 옮기다遷/ [gurimbi](M)

No. 395 用杔右 兀剌必眜 [ujele-mbi], [ujelbimei], [uǰebimei] 공경하다敬/
[uǰelembi](M)

No. 397 盂禾夎右 住兀忒眜 [juute-mbi], [jūtemei], [juŋutemei] 존경하다尊/
[jugtembi](M)

No. 401 叏主右 貧孫眜 [tomson-mbi], [tomsunmei], [tomsunmei] 거두다收/
[tomsombi](M)

No. 402 災右 兀里眜 [ula-mbi], [ulimei], [ulimei] 머물다留/ [werimbi](M),
[ulimoi](Mo), [weliren](E)

No. 410 釆右 弗忒眜/ 伴的黑 [fude-mbi], [futemei], [futemei] 보내다送/
[fudembi](M), [udemoi](Mo)

No. 417 金号•右 愛晚都眜/ 兀答 [aiwandu-mbi], [aiwandumei], [aiwandumei],
[ajwandu-məi](a) 사다買/ [udambi](M)

No. 457 失休右 道里眜 [duri-mbi], [daulimei], [daulimai] 부딪히다搶/
[durimbi](M), [tuli](N)

No. 458 为刋右 衛也眜 [weye-mbi], [wiyemei], [wiyemei] 빼앗다奪/ [durimbi](M)

No. 464 犲呆右 都古眜 [dugu-mbi], [dugumei], [dugumei] 치다打/ [tūmbi](M)

No. 481 荫甬右 撒苔眜/ 撒哈答必 [sahada-mbi], [sahadamei], [sahadamai]
침범하다打圍/ [sahadambi](M)

No. 536 冃冃右 約約眜 [yuyu-mbi], [yuyumei], [yoyomei] 주리다饑/ [omin](M)

No. 692 庆右 的剌眜/ 的剌迷 [jiramei], [diramei], [diramei] 후하다厚/ [jiramin]
(M), [diran](N)

No. 714 羑休右 禿替眜 [tuči-mbi], [tutimei], [tutimei] 나다出/ [tučimbi](M)

No. 751 甫斤臾化右 兀住康克勒眜 [uju bengkile-mbi], [uju kankelemei], [uju kaŋkelemei] 머리를 조아리다叩頭/ [hengkilembi](M)

No. 764 � 韓洪眛安失荅刺 [ohunmei ansitala], [wehunmei amšidala], [uhun mei amšidala] 포함하다包含/ [baktambi](포함하다, 용납하다), [uhubumbi](포함시키다), [gansi](갖추다, 전부)(M)

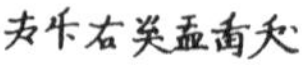

No. 767 卦末炎右 退卜連兀里眛 [tuiburen uli-mbi], [tuwiburen ul mei], [tuiburen ulimei] 연기하여 머물다延留/ [tebumbi](M), [ulimoi](Mo)

No. 768 斥友夫卉毛右 召剌埋拙厄林眛/ (召剌埋拙厄林眛) [jori-mbi], [jaulamai juwerinmei], [jeulamai jueriumei] 보고 올리다, 진보奏報/ [wesimbumbi](M)

No. 769 牟扑夭卉毛右 剌牙卜魯拙厄林眛 [jori-mbi], [touyaburu juwer nmei], [teuyaburu jueri nmei] 전보傳報/ [medebumbi](M)

No. 771 朴判夬釆右 貴也魯弗弎眛 [guiyelu? fude-mbi], [guyeru futemei], [guyeru futemei] 반숭허다伴送/ [dahame futemei](M)

No. 775 吳右尢哭右 安察別番住眛 [fonji-mbi], [amčabi fonjumei], [ančabie fonjumei] 추구하다追究/ [ančambi](추구하다)(M), [fonji-mbi](물음)(M)

No. 778 乱㐤右㪷夵史 弎勒禿眛兀塞天伯 [deltumei usetenbe], [telhetumei usetiyenbe], [teretumei usetenbe] 별종別種

No. 797 牛血右角 巴住眛的 [bakju-mbi, bakci-mbi], [bakjumei di], [bagjumei di] 대적하다對敵/ [bakcilambi](대작하다)(M)

No. 804 夬並右夵夭 千弎眛團住剌 [čendemeituwa-mbi], [čiyentemei tuwanjula], [čentemei tonjula] 선발하다考選/ [čendembi](시험, 고시), [sonjo](선발하다, 선발)(M)

No. 821 炎右牟扑夂 兀里眛頭牙卜魯 [alambi, touyaburu], [ulimei touyaburu], [ulimei tuyaburu] 늦게 전하다留付/ [ulambi](M)

No. 827 卉毛右夂夵 拙厄林眛委勒伯 [jori-mbi weile be], [juwerinmei weile be], [jorinmei uile be] 사태를 알리다報事/ [jorimbi](지시, 지교), [uile](사정)(M)

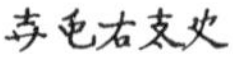

No. 834 森立右 都厄恩眛 [dulen-mbi], [dulenmei], [dulenmei] 지나다過/ [dulembi](과거過去)(M)[37]

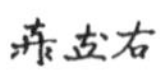

190

No. 860 矢杀右 者只眛/ 阿遲 [jeji-mbi], [jerjimei], [jeǰimei] 삼가다謹/
[ginggulembi](M)

이고 동사 변화어미에 사용되고 있는데 의자이며 한어의 역이 불분명하
기 때문에 바탕 문자도 역시 불분명하다.

174. '牛' (巴) [bak]

이 문자는 역어에

No. 797 牛血右角 巴住眛的 [bakju-mbi, bakci-mbi], [bakjumei di], [bagǰumei
di] 대적하다對敵/ [bakcilambi](대작하다)(M)

이고 '角'는 '敵'이므로 '牛血右'는 '對'[tui]이다.
이에 대해 그루베는 [bakčila-mbi]를 대비어로 들고 있는데 이것은
[bakči-la-mbi]이며 그 어간은 [bakči-]이다. [-la-]는 터키어에서 그와
유사해서 '기능어미'이므로 '牛'는 의자이며 '對'[tui]의 유사음 [tsu] 항에
있는 '卒'이 바탕 문자일 것이다.

'對'[tui] ⟶ '率'[tsu] ⟶ '牛'[bak]
[음의 관계]　　　[자형의 관계]

175. '삮' (兀) [ul]

이 문자는 역어에

---

37) 아신교로 울라희춘(愛新覺羅 烏拉熙春), 앞의 책, 119쪽. '都厄恩眛'은 오류로 '都勒恩眛'로
수정하였다.

No. 733 斗夫务 兀忽卜連 [uhu], [ulhuburen], [ulhuburen] 효론하다曉論/
[ulhibumbi](M)

이고 역이 두 문자이기 때문에 다른 역을 찾는다면 '誥'[kɑo]가 있고 그와
유사음 [k'o] 항의 '科'가 바탕 문자이며 의자로 생각한다.

'誥'[kɑo] ⟶ '科'[k'o] ⟶ '斗'[ul]
　　　　[음의 관계]　　　[자형의 관계]

176. '米' (素勒) [sure]

이 문자는 역어에

No. 753 米 素勒 [sure], [sure], [sure] 총명하다聰明/ [sure](M), [sure](N)

이고 의자이다. 그러나 '聰'[ts'ung] 항의 [tsung], [tsun], [ts'un] 항에 바탕
문자는 없고 바탕 문자는 불분명하다.

177. '朱' (約) [yo]

이 문자는 역어에

No. 736 扰朱朱吏弓 革洪約斡洪 [gehun yobohun], [gehun yowohun], [gehun
yowohūn] 명백하다明白/ [gehun], [getuken](M)

이고 '約'[yo] 항에는 바탕 문자가 없고 의자이며 '白'[pai] 항에 있는 '拜'
가 바탕 문자로 되어 있다.

'白'[pai] ⟶ '拜'[pai] ⟶ '朵'[yo]

    [음의 관계]   [자형의 관계]

덧붙여 한자 '丰'[feng]은 본자와 무관한 관계이다.

178. '乍' (塞) [si?]

이 문자는 역어에

> No. 9 乍元呎 塞馬吉/ 塞忙吉 [simagi], [saimagi], [saimaŋgi] 서리霜/ [gečen]
> (M), [saihəsə](N), [sanugca](S), [sanu](E)
>
> No. 788 乍休斥夋夊 塞里吉忒你和 [siligi teniho?], [saiiligi teni ho], [seligiteniho]
> 당연히 위태하다危然/ [gelečuke](M)

이고 그루베는 No. 9에 [silenggi]라는 만주어를 대비시키며 No. 788에는
대비어를 들지 않았다. 이로 미루어 보다 정확한 여진의 음은 불분명하긴
하지만 음자인 것 같으며 '塞'[sê]의 유사음 [shih] 항에 있는 '矢'를 바탕
문자로 볼 수 있을 것이다.

'塞'[se] ⟶ '矢'[shih] ⟶ '乍'[si]

    [음의 관계]   [자형의 관계]

179. '夲' (晚) [un]

이 문자는 역어에

> No. 22 夲夷乐 晚都洪 [untuhun], [wenduhun], [wenduhun] 비다空/ [untuhun](M)
> No. 708 夲乭ㅐ 晚都洪 [unduhun], [wenduhun], [wanduhun] 비다虛/ [unduhun](M)

이고 의자인데 '虛'[hüs] 항에는 바탕 문자가 없고 자형으로서는 '卒'[tsu]
로부터 만들어진 것 같지만 '空'[k'ung]의 변화형 외에 생각하기 어렵다.

'空'[k'ung] ——→ '夲'[un]
[자형과 의미의 관계]

180. '忓' (寧住) [ninju]

이 문자는 역어에

No. 572 忓臾 寧住黑/ 泥出 [ninjuhe], [ninjuhe], [ninǰuhe] 진주珠/ [ničuhe](M)
No. 659 忓 寧住 [ninju], [ninju], [ninju] 육십六十/ [ninju](M), [nintʃu](N),
[nigunge](S), [ninŋue](E), [ñuŋunʒɑr](W)

이고 의자로 바탕 문자는 '珠'[chu]의 유사음 [ch'u] 항의 '杵'가 바탕 문자
일 것이다.

'珠'[chu] ——→ '杵'[ch'u] ——→ '忓'[ninju]
[음의 관계]   [자형의 관계]

그러나 만약 문자를 달리하면 No. 659는 다음과 같은 표를 제시할 수
있을 것이다.

'六'[liu] ——→ '玗'[yü] ——→ '忓'[ninju]
[음의 관계]   [자형의 관계]

181. '夅' (禿厄) [tuwe]

이 문자는 역어에

No. 76 夅も 禿厄厄林 [tuwe erin], [tuwe erin], [tuɲe erin] 겨울冬/ [tuweri]
(M), [tʼuɑ](S), [toge erin](S), [tuge erin](E), [togɑ](Mɑ)

이고 의자로 '冬'[tung]이 바탕 문자이다.

'冬'[tung] ──────▶ '夅'[tuwe]
　　　[자형과 의미의 관계]

182. '秂' (瑣) [sok]

이 문자는 역어에

No. 445 秂为夭 瑣脫和 [soktoho], [soktoho], [sogtoho] 취하다醉/ [soktombi]
(M), [sogtomoi](Mo), [sɔktʼɔ](N), [sottʼo](E)

로 되어 있고 의자로 '醉'[tsui]의 유사음 [tsu] 항에 있는 '卒'이 바탕 문자
이다.

'醉'[tsui] ──────▶ '卒'[tsu] ──────▶ '秂'[sok]
　　[음의 관계]　　　　[자형의 관계]

183. '另' (兀魯兀) [ulhu]

이 문자는 역어에

No. 188 𡆃 元 冗魯冗馬/ 冗魯麻 [ulhūma], [ulguma], [uluŋūma] 야계, 꿩野
雞, 雉/ [ulhūma](M), [ɔrkuma](N)

이고 의자이다. 그러나 한 자의 역은 불분명하기 때문에 바탕 문자도 불
분명하다.

184. '太' (古新) [gusin]

이 문자는 역어에

No. 656 太 古申 [gūsin], [gusin], [gūšin] 삼십三十/ [gūsin](M), [kuɔsin](N),
[goten](S), [gutin](E), [gutin](Ma)

이고 의자인데 '太'이 한 문자이고 '삼십'이 두 문자이기 때문에 바탕 문자의
발견은 어렵지만 틀림없이 '三'[san] 항에 있는 '參'이 바탕 문자이다.

'三十'[sanshih] ⟶ '三'[san] ⟶ '參'[san] ⟶ '太'[gusin]
    [의미의 관계]   [음의 관계]   [자형의 관계]

185. '杰' (卜哈) [bdaha]

이 문자는 역어에

No. 119 夕杰 阿卜哈/ 哈浦哈 [abha], [abuha], [abuha], [abuka](a) 잎葉/
[abdaha], [abuha](냉이 잎薺葉)(M)

이고 의자로 한자에 의한 음의 전사에는 '天'과 동일하게 되어 있으며
자형에서 보고 '天'이 바탕 문자로 되어 있다.

'葉'[abdaha] ⟶ '天'[abka] ⟶ '朩'[abdaha]
　　[음독의 관계]　　　　[자형의 관계]

186. '双' (溫) [-un]

이 문자는 역어에

　No. 101 扎双南土 出溫都魯溫 [čun-dulun], [čun dulun], [čun duluŋun] 중
　양重陽/ [uyungga inenggi](M)
　No. 308 禾'双桃父 素溫必因 [sun-bin], [sunbin], [sunbin] 총병하다總兵/ [uhəri
　gadalara da](M)

이고 한어음 전사에 사용되면서도 같은 음자이며 '溫'[wên]과 같은 항의
'文'이 바탕 문자로 다른 것은 생각하기 어렵다.

　　'溫'[wên] ⟶ '文?'[wên] ⟶ '双'[-un]
　　　[음의 관계]　　　[자형과 음의 관계]

187. '夊' (兀里彦) [uliyen]

이 문자는 역어에

　No. 162 夊 兀黑彦/ 兀甲 [uliyen], [uliyan], [uliŋen] 돼지猪/ [ulgiyen](M),
　[ulgen](S), [olga](C)[38]

이고 그루베는 만주어의 [ulgiyan]을 대비어로 하고 있는데 그 중의 '黑'

---

38) 위의 책, 119쪽. '兀黑彦'은 오류로 '兀里彦'으로 수정하였다.

은 '里'의 오류이며 바탕 문자는 12지의 '亥'[hai]이다.

'猪'[chu] ──────→ '亥'[hai] ──────→ '夊'[uliyen]
   [의미의 관계]   [자형의 관계]

188. '夊' (刺) [la]

이 문자는 역어에

No. 271 � 召刺埋委勒伯 [-], [jaulamai weilebe], [weilebe jeulamai] 奏事 사태를 보고하다奏事/ [wešimbumbi](N)

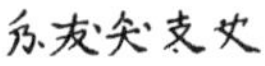

No. 305 㞎·夊㐄 侍刺安 [ši-lau], [šilau], [šilan] 시랑侍郎, 중국의 관명官名/ [asahai amban](M)

No. 334 甫夊疋 兀住刺孩 [uǰulahai], [uǰulahai], [uǰulahai] 추장酋長/ [uǰungga niyalma](M)

No. 387 夨夊夨 只刺埋 [jila-mbi], [jilamai], [jilamai] 불쌍히 여기다憐/ [jilambi](M)

No. 430 夛夊夨 哈荅刺埋 [kadala-mbi], [kadalamai], [kadalamai] 관리하다管/ [kadalambi](M)

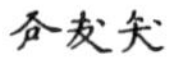

No. 471 夛夊夨夷夆 哈荅刺埋荅魯別 [kadalamai dalu-mbi], [kadalamai dalubi], [kadalamai darubie] 지휘하다, 통솔하다率領/ [hatalara dacimbi] (M)

No. 504 㤇夊/ [gala](M), [ŋala](W), [ŋala](Mo]

No. 542 夅 冠 [gala], [guwan], [guan] 관, 모자冠/ [mahala](M)

No. 547 夶夊 麻希刺 [mahila], [mahila], [mahila] 모자帽/ [mahala](M), [mahala](N)

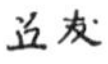

No. 564 斥土夊疋 安春溫刺孩 [ančun-lahai], [ančunlahai], [ančunlahai], [alʧunla-hai](a) 베 짜다織金

No. 605 禾犮 荅勒巴刺 [dalbala], [dalbala], [dalbala] 곁傍/ [dabaki](M)

No. 610 劣犮 杜里刺 [dulila], [dulila], [dulila] 가운데中/ [dulimba](M),
[dolindu](S), [duolinda](E)

No. 621 犮斥 刺安 [lan], [lan], [lan] 쪽藍/ [lamun](M)

No. 724 夅犮 安班刺 [ambala], [ambala], [anbanla], [anbanla](a) 많다多/
[labdu](M)

No. 734 长犮劳 只刺興 [jilašin, jilagin], [jilagin], [jilahin] 연민憐憫/ [jilakan]
(M)

No. 744 丬犮 你下刺 [nišala?], [nihiyala], [nihiala] 잠깐須臾/ [taka](M)

No. 760 劣犮圉土羊 杜里刺國倫你 [dulila gurun], [dulila gurun ni], [dulila
gurun ni] 중국中國/ [dulimba gurun](M)

No. 768 斥犮矢击乇右 召刺埋拙厄林眛/ (召刺埋拙厄林眛) [jori-mbi], [jaulamai
juwerinmei], [jeulamai ǰueriumei] 보고 올리다, 진보奏報/ [wesimbumbi](M)

No. 802 丝犮甬斈羊 厄木刺亦宣都 [emula ishundu], [emula ishundu], [emula
ishundu] 상호互相/ [ishunde](M)

No. 833 肖犮雨 忽刺吉 [hūla-mbi], [hulagi], [hūlagi(kū)] 부르다喚/ [hūiambi]
(부르다, 읽다)(M)39)

No. 835 甬犮 根刺 [genla], [genla], [dala], 들原40)/ [dule](M)

No. 836 可全 根刺/ 該哈兀 [gaigar], [gaigar], [gaigar] 거느리다取, 領/
[gaimbi](M)41)

No. 848 尾犮米 扎刺岸 [jalan], [jalan], [jalan] 무리輩/ [jalan](M)

이고 아주 많은 예들이 제시되고 있는데 '刺'[la]의 항 및 [ya]의 항에 바탕
문자가 없어 의자라고 생각되며 No. 744의 역자 '臾'[yü]의 유사음 [yu]

---

39) 위의 책, 119쪽. '忽刺吉'은 오류로 '忽刺苦'으로 수정하였다.
40) 위의 책, 119쪽. '根刺'은 오류로 '笞刺'으로 수정하였다.
41) 여진어에서 자음체계에서는 [t]-[d]의 대응에서 [ta]는 '塔'[tʼa] [da]는 '荅'[ta]로 전사하듯이
[p]-[b]의 대응에서 [b]가 마찰음 [f]로 대응되는 경우가 많이 나타난다. 또한 [k]-[g]의 대응
에서는 [ki]는 '其'[kʼi]로 [gi]는 '吉'[ki]로 전사하고 있다.

항의 '友'가 바탕 문자가 아닐까?

'臾'[yü] ──────▶ '友'[yu] ──────▶ '友'[la]
　　[음의 관계]　　　[자형의 관계]

그러나 정확한 것은 여진어 중의 어두의 예가 없어서 불분명하다.

189. '支' (委勒) [weile]

이 문자는 역어에

No. 271 佘.友矢.支攵 召剌埋委勒伯 [-], [jaulamai weilebe], [weilebe jeulamai]
奏事 사태를 보고하다奏事/ [wešimbumbi](N)

No. 398 支攵 委勒伯 [weile-be], [weilebe], [uilebe] 일을事/ [uilembi](M),
[uile](E)

No. 827 夯毛古支攵 拙厄林昧委勒伯 [jori-mbi weile be], [juwerinmei weile
be], [juwerinmei weile] 사태를 알리다報事/ [jorimbi](지시, 지교), [uile](사
정)(M)

이고 의자로 '事'[shih] 항의 '史'나 유사음 [chih] 항의 '支'가 바탕 문자로
생각되지만 아마도 전자인 것 같다.

'事'[shih] ──────▶ '史'[shih] ──────▶ '支'[weile]
　　[음의 관계]　　　[자형의 관계]

190. '反' (禿) [tu]

이 문자는 역어에

200

No. 208 反尖 禿剌 [tura], [tura], [tura] 기둥柱/ [tura](M)

No. 519 反甲 禿哈 [tu(r)ha], [turha], [turha] 여위다瘦/ [turga](M)

이고 음자로 바탕 문자는 '禿'[t'u]의 유사음 항 [tu]에 있는 '度'이다.

'禿'[t'u] ——→ '度'[tu] ——→ '反'[tu]
[음의 관계] [자형과 음의 관계]

191. '反' (者) [je]

이 문자는 역어에

No. 122 反弟 者庫 [jeku], [jəku], [jeku] 종묘苗/ [jeku](골짜기)(M)

No. 253 玉反 塞者 [seje], [seje], [seje] 차, 수레車/ [sejen](M), [setʃən](N)

No. 278 壺甲㞊反㐫 鈔哈厄剌黑 [čooha ejelehe], [čauha ejehei], [čauha ejehe] 무관武官/ [čoohai jergi](M)

No. 372 庐仔反余 斡溫者勒 [urgunje-mbi], [urgunjere], [urɲunjere] 기쁘다喜/ [urgunjembi](M), [urunom](W)

No. 374 庐仔反余 斡溫者勒 [urgunje-mbi], [urgunjere], [urɲunjere] 기뻐하다歡/ [urgunjembi](M)

No. 535 反东 者弗/ 者伏 [jefu], [jefu], [jefu] 밥, 음식食/ [jefu](M), dʒəfə](N), [ʒ'abaŋnam](W)

No. 563 禾反 素者 [-], [suje], [suje] 비단緞/ [suje](M)

No. 597 反仟 者溫/ 亦替 [jeun, jebele?], [jegun], [jeɲun] 오른쪽, 우右/ [uči] (M)

No. 746 未反罗玉夲 木者革弍厄 [mujege tege], [mujege tē], [mujege teel] 당 면當面/ [derede](M)

No. 749 禾斥庐仔反余 莽吉斡溫者勒 [manggi onjele?], [mangi urgunjere],

[maŋgi urŋnjere] 즐거워하다可嘉/ [manggi urgunjembi](M)

이고 어떻게 봐도 각항에 바탕 문자는 없는데 아마도 의자로 '右'[yu] 항의 '又'가 그것일 것이다.

'右'[yu] ──→ '又?'[yu] ──→ '殳'[je]
  [음의 관계]   [자형의 관계]

192. '殺' (阿赤) [ači?]

이 문자는 역어에

No. 447 **殺東** 阿赤都魯 [ačidulu], [ačiduru], [ačiduru] 움직이다動/ [aššambi, acinggiyambi](M)

이고 의자로 '動'[tung] 항에 있는 '冬'이 바탕 문자인 것은 No. 76의 '冬'을 의미하는 '夅'이 같은 문자에서 왔다는 것과 비교하면 분명해 질 것이다.

'動'[tung] ──→ '冬'[tung] ──→ '殺'[ači]
  [음의 관계]   [자형의 관계]

193. '尨' (梅) [mei]

이 문자는 역어에

No. 165 **尨臾** 梅黑/ 妹黑 [meihe], [meihe], [meihe] 뱀蛇/ [meihe](M)

이고 단음절이긴 하지만 한자 [mêi]항에서는 바탕 문자를 발견할 수 없어

서 음자가 아니라 의자이다. 바탕 문자는 '蛇'[i] 항의 '尾'[i, wêi]와 관계가
있는 음항인 '危'[wêi]일 것이라 생각된다.

'蛇'[i] ——→ '尾'[i, wêi] ——→ '危'[wêi] ——→ '尾'[mei]

   [음의 관계]   [음의 관계]   [자형의 관계]

194. '关' (道) [dao, du?]

이 문자는 역어에

> No. 317 关芭 道士 [dooši], [dauši], [dauši] 도사道士/ [dooši](M)
> No. 457 关休右 道里昧 [duri-mbi], [daulimei], [daulimai] 부딪히다搶/
> [durimbi](M), [tuli](N)

이고 그 음독은 분명하지 않지만 '道'[tao] 항에는 바탕 문자가 없고 의자
로 '搶'[ch'uang]의 유사음 [chuang]의 항에 '奘'이 바탕 문자이다.

'搶'[ch'uang] ——→ '奘'[chuang] ——→ '关'[du]

    [음의 관계]   [자형의 관계]

195. '关' (刺) [la]

이 문자는 역어에

> No. 108 耒冗关 因馬刺 [inmala], [immala], [inmala] 뽕나무桑/ [nimalan](M)
> No. 109 元关 孩刺/ 孩刺莫 [haila], [haila], [haila] 느릅나무楡/ [haila](M)
> No. 110 屯扎关 歸法刺/ 貴 [guifala], [guifala?], [guifala] 은행나무杏/ [guiləhə]
> (M), [kuiləhə](N)

No. 173 兩元犬 一馬刺 [imala], [imala], [imala] 산양山羊/ [niman, imahū] (M), [imahɔ̃](N), [imagan](E), [imaɤa](Mo)

No. 228 吊角犬 忽的刺/ 忽苔刺 [hujira], [hudila], [hūdira] 밀치(마소의 꼬리에 거는 끈)鞦/ [hūdaraha](M), [hūdaraɤa](Mo), [kodurga](Ma)

No. 373 伕犀犬 肥希刺/ 的力禿提 [feshe-mbi], [feshila], [fehila] 노하다怒/ [feshembi, jilidambi fuhiyembi](M)

No. 375 主毛犬 申納刺 [sinala-mbi], [šinnala], [sinala] 시름하다愁/ [suilambi] (M), [šinalamoi](Mo

No. 383 芊柔犬 的兒哈刺/ (的儿哈刺) [jirga-mbi], [dirgala], [dirgala] 즐거워하다樂/ [jirgambi](M), [jirɤal](Mo)

No. 386 伕犀犬 肥希刺/ 伏欣必 [feshe-mbi], [feshila], [fehila] 고뇌하다惱/ [feshembi, fučembi, fuhiyembi](M)

No. 446 吊角大 忽的刺 [hujita-mbi], [hudila], [hūdila] 노래하다唱/ [učulembi] (M)

No. 449 老吠犬 嫩吉刺 [nonggi-mbi], [nongila], [nuŋgila] 더하다添/ [nuggimbi] (M), [nuŋgiran](E)

No. 451 扴甬犬 貴答刺 [goida-mbi], [goidala], [guidala] 더디다, 늦다遲/ [goidambi](M)

No. 459 斧尹犬 瓦都刺 [wadu-mbi], [wadula], [wadula] 죽이다殺/ [wambi](M), [waa](N), [waaren](S), [waami](E), [wanäm](W)

No. 475 圧灸札犬矢卒 哈沙下刺者車/ 得道力刺 [gašahiy-mbi], [gašahiyala ječe], [gašahiala ječe] 변경을 침범하다犯邊/ [ječen be necimbi](M)

No. 489 芊柔犬 的兒哈刺/ (的儿哈者) [jirha-mbi], [dirgala], [dirgala] 쾌락快樂/ [jirgambi](M), [jirɤal](Mo)

No. 723 兄甬犬 撒苔刺 [šand-mbi], [sadala], [sadala] 새다漏/ [sabdambi](M)

No. 742 矢吳乜柔犬 革卜禿魯哈刺 [gebuduluhala], [gebuturugala], [gebu tulugala] 명망名望/ [gebu algi](M)

No. 750 夲吊庄犬 背也忽如刺/ 忽如 [beye hujula], [beye hujula], [beye

204

hurula] 몸을 기우리거나 머리를 숙이다. 국궁하다鞠躬/ [beye mehumbi](M)

No. 754 󰑓 称哥剌 [čenggo-mbi], [čingela], [čiŋgela] 수용하다受用/ [baitalambi](M)

No. 756 󰑓 的兒哈剌/ (的儿哈剌) [jirgala], [dirgala], [dirigala] 쾌활하다快活/ [jirgambi](M)

No. 764 󰑓 斡洪眛安失荅剌 [ohunmei ansitala], [wehunmei amšidala], [uhun mei amšidala] 포함하다包含/ [baktambi](포함하다, 용납하다), [uhubumbi](포함시키다), [gansi](갖추다, 전부)(M)

No. 766 󰑓 延脉兒塔剌/ (延脉儿塔剌) [yen-merda-mbi], [yen mertala], [yen mertala] 잔치하다宴犒/ [sarilambi](M)

No. 773 󰑓 荅別剌魯 [dambi], [dabilaru], [dabielaru, dambielaru] 주석하다備寫/ [arare be belhembi, bambi](관리하다)(M)

No. 782 󰑓 出因扎撒剌 [čuin-časa-mbi], [čuwinjasala], [čuin jjasala] 처치하다處置/ [ačihiyambi](M)

No. 791 󰑓 非也吉木本剌 [-], [fiyegi mubunla], [fiyeŋgi mubunla] 조력하다偏稗

No. 795 󰑓 哈剌魯斡哈沙剌 [-], [halaluwo hašala], [halaluo hašala] 첩보, 승리의 소식捷音/ [halar](소리), [eten medege](M)

No. 804 󰑓 千弍眛團住剌 [čendemeituwa-mbi], [čiyentemei tuwanjula], [čentemei tonjula] 선발하다考選/ [čendembi](시험, 고시), [sonjo](선발하다, 선발)(M)

No. 809 󰑓 剌魯木弍卜魯 [-], [lalu muteburu], [laru muteburu] 글을 쓰다寫成/ [arambi](寫), [mutembi](成)(M)

No. 810 󰑓 藤剌魯 [doola-mbi], [tenlaru], [tenlaru] 등사하다謄寫/ [doolambi](M)

No. 826 󰑓 禿魯哈剌團下孫/ (禿魯哈剌團下松) [turuhala tuwancihisun], [turugala tuwanhiyasun], [turugala tonhiasun] 간수看守/ [tuwakiyambi](M)

No. 839 󰑓 麻納剌 [mana-mbi], [manala], [manala] 무너지다壞/ [manambi]

(M)

No. 858 **忙桼夨** 禿魯哈剌 [turuhala], [turugala], [turugala] 열람하다覽/ [tuwambi](M)

이고 동사의 변화어미에도 사용되고 있는데 그 기능이 불분명해서 바탕 문자도 불분명하다. 또 No. 858의 '**夨**'는 '**夨**'의 오사이다.[42]

196. '**禿**' (太乙) [tai](太) [tai]

이 문자는 역어에

No. 200 **禿卓** 太乙剌 [taila], [taira], [taira] 절寺/ [jugtehen](M)

No. 207 **禿另** 太本/ 太伏 [taiben], [taibun], [taibun] 들보梁/ [taibu](M)

이고 한눈에 한자의 '太'[tai]가 바탕 문자인 것을 알 수 있다. 음자이다.

'太'[tai] ⟶ '**禿**'[tai]
　　[자형의 관계]

197. '**禿**' (太) [tai]

이 문자는 역어에

No. 303 **禿東** 太監 [taigiyen], [taigiyen], [taigian] 중국 벼슬 명칭, 대감太監/ [taigiyan](M)

No. 370 **旭化枀** 革勒勒/ 革勒必 [gele-mbi], [gelere], [gelere] 두려워하다怕/

[gelembi](M)

로 되어 있고 '太'[tai]를 바탕 문자로 하는 한자 전사용의 문자이다.

'太'[tai] ⟶ '天'[tai]
[음과 자형의 관계]

198. '天' (台, 帶, 大) [dai]

이 문자는 역어에

No. 23 '尢天' 以藍大/ (以藍台) [ilan dai], [ilan tai], [ilan tai] 삼태성三台, 삼
공(三台)/ [ilan](M)

No. 543 '天' 帶/ 兀切(帶子) [dai], [dai], [dai] 띠帶/ [umiyesun](M)

No. 206 '乴天' 希大 [hida], [hida], [hidai] 발簾/ [hida](M)

No. 718 '盂·天' 撒剌大/ 撒答 [salada], [salada], [saladai] 늙다老/ [sagda](M),
[sagdi](N), [sadie](E), [hagdi](W)

이고 언뜻 봐서 '大'[tai]에서 가획하여 만들어진 것이다.

'大'[tai] ⟶ '天'[tai]
[음과 자형의 관계]

199. '天' (阿卜哈) [abka]

이 문자는 역어에

No. 1 '天屯' 阿卜哈以/ 阿瓜 [abka], [abkai], [abka i], [abga](a) 하늘의天/

[abka](M), [apk'a](N)

이고 의자로 '天'이 바탕 문자로 되어 있다. 여기서 '宀'[i]는 조사 '-의'를 나타내므로 제외해야 한다.

'天'[t'ien] ⟶ '氶'[abka]
[자형과 의미의 관계]

200. '氶' (厄然) [ejen]

이 문자는 역어에

No. 331 氶羔仵 厄然你捏兒麻/ (厄然你捏儿麻) [ejenni niyalma], [ejen ni niyarma], [eren ni niarma] 이인夷人/ [ejen](M), [eĵen](Mo), [ŋətʃən], [ətʃən] (N)

No. 792 氶羔东 厄然你府 [ejen ni fu], [ejen ni fu], [eren ni fu] 주보主輔

이고 '主'[chu]가 바탕 문자라고 생각된다.

'主'[chu] ⟶ '氶'[ejen]
[자형과 의미의 관계]

201. '矢' (忽渾) [huhun]

이 문자는 역어에

No. 541 矢 忽渾 [huhun], [huhun], [huhun] 유방奶子/ [sun, huhun](젖, 유방)(M), [uhun](유방)(E), [ukun](W)(Ma)

이고 의자인데 '妳'[nai] 항에는 바탕 문자가 발견되지 않는다. '妳子'와 '乳'[ju]의 뜻으로 그 유사음 [chu] 항에 있는 '主'가 바탕 문자로 생각된다.

'妳'[hai] ──→ '乳'[ju] ──→ '主'[chu] ──→ '夨'[huhun]
　　[의미의 관계]　　[음의 관계]　　　[자형의 관계]

202. '矢' (者) [je]

이 문자는 역어에

No. 44 矢乍 者車 [ječe], [ječe], [ječe] 변방塞/ [ječen](M)

No. 69 矢乍 者車 [ječe], [ječe], [ječe] 변경邊境/ [ječen](M)

No. 72 矢乍丸肖米 者車法苔岸 [ječe fatan], [ječe fadan], [ječe fadan] 울타리藩籬/ [ječen irajran](M)

No. 475 厈兔朳犬矢乍 哈沙下刺者車/ 得道力刺 [gašahiy-mbi], [gašahiyala ječe], [gašahiala ječe] 변경을 침범하다犯邊/ [ječen be necimbi](M)

No. 612 矢乍 者車 [ječe], [ječe], [ječe] 변두리邊/ [ječen](M)

No. 779 矢盃朱 者失吉撒 [jesi-gisa], [jesigisa], [ješigisa] 억지로 권유하다哄誘/ [eiterembi](M)

No. 860 矢朵右 者只昧/ 阿遲 [jeji-mbi], [jerjimei], [ješjimei] 삼가다謹/ [ginggulembi](M)

이고 '者'[chê]의 항에 바탕 문자가 없고 의자인데 '邊'[pien], '境'[ching], '謹'[chin] 항에서도 바탕 문자는 없고 바탕 문자 발견은 어렵다.

203. '失' (兀魯) [ure]

이 문자는 역어에

No. 539 萬乐失臾 兀速洪兀魯黑 [eshun urehe], [ushun urhe], [ushun urhe]
날것과 익은 것生熟/ [eshun](태어나다生), [urehe](익다熟)(M)

이고 '失臾'는 [urehe]라고 읽고 '익다熟'라는 의미이다. '熟'[shu, shou]의
항에 바탕 문자가 없지만 의자로 다른 의미 '傷'[shang]의 유사음 [shêng]
항에 있는 '生'이 바탕 문자로 생각된다.

'傷'[shang] ──────▶ '生'[shêng] ──────▶ '失'[ure]
　　[음의 관계]　　　　　　[자형의 관계]

204. '夫' (兀迷) [omi]

이 문자는 역어에

No. 534 夫車 兀迷剌/ 兀迷 [om-mbi], [omira], [umira] 마시다飮/ [omimbi]
(M), [ɔmi](N)

로 되어 있고 의자이다. '飮'[yin]의 유사음 [ying] 항에 있는 '英'이 바탕
문자일 것이다.

'飮'[yin] ──────▶ '英'[ying] ──────▶ '夫'[omi]
　　[음의 관계]　　　　　　[자형의 관계]

205. '失' (彈) [dan]

이 문자는 역어에

No. 745 飛斤乞金失弇 多羅幹薄替彈巴 [doron bodidanba], [dorōbo tiktamba], [doroobo tigtanba] 법도法度/ [kooli doron, doro ciktan](M)

로 되어 있고 한자에서부터 음을 추측하면 [tan]과 [t'an]이 있으며 어느 쪽이 옳은지 의문인데 바탕 문자로서는 [tan]의 항에 있는 '淡', '啖'를 들 수 있으며 불교어로서는 '法'을 의미하는 [dharma]에서 이 자를 읽으려 한다. [dan]으로 추정하고 싶다.

'彈'[tan] ──→ '淡'[tan] ──→ '犮'[dan]
      [음의 관계]   [자형과 음의 관계]

206. '犮' (卜魯) [buru]

이 문자는 역어에

No. 273 夺犮仆 阿赤卜魯捏兒麻/ (阿赤卜魯捏兀麻) [ačiburu niyalma], [ačiburu niyarma], [ačiburu niarma] 성인聖人/ [enduriŋe niyalma](M)

No. 368 炙盂庆犮 克失哥卜魯 [kusigo-mbi], [kešigeburu], [kešigeburu] 번민하다悶/ [ginkambi, gusučumbi](M)

No. 369 炙盂庆犮 克失哥卜魯 [kusigo-mbi], [kešigeburu], [kešigeburu] 근심하다憂/ [ginkambi, gusučumbi](M)

No. 419 虬犮 阿于卜魯 [aihu-mbi], [aihuburu], [ayuburu], [ayuburu](a) 구조하다救/ [aitumbi](M)

No. 427 冬盂犮 幹失卜魯 [wesimbi], [wešiburu], [wešiburu] 오르다陞[shêng]/ [wešimbi](M)

No. 435 牟㐱犮 頭牙卜魯 [-], [touvaburu], [tuyaburu] 전하다傳/ [ulambi](M)

No. 740 夂叐犮 木忒卜魯 [mute-mbi], [muteburn], [muteburu] 작성하다作成/ [mutembi](M)

No. 769 牟㐱犮亥乇右 刺牙卜魯拙厄林昧 [jori-mbi], [touyaburu juwer nmei],

[teuyaburu ǰueri nmei] 전보傳報/ [medebumbi](M)

No. 796 冬孟芠伏臬 斡失卜魯脈兒黑/ (斡失卜魯脈兀黑) [wesibu-mbi merhe],
[wešiburu merhe], [wešiburu merhe], (승상陞賞)/ [wešimbi](升), [sanggambi]
(賞)(M)

No. 805 帯仵夊 塔替卜魯 [tači-mbi], [tatiburu], [tatiburu] 공부를 가르치다
習學/ [tačubmbi](M)

No. 809 夬夬夊夅夊 刺魯木弎卜魯 [-], [lalu muteburu], [laru muteburu] 글을
쓰게 되다寫成/ [arambi](글 쓰다), [mutembi](되다)(M)

No. 821 灮古乎外夊 兀里脒頭牙卜魯 [alambi, touyaburu], [ulimei touyaburu],
[ulimei tuyaburu] 늦게 전하다留傳/ [ulambi](M)

No. 864 夻夊盎 阿赤卜魯旨 [ačiburu ši], [ačiburu ji], [ačiburu ǰi] 성지聖旨/
[eduringge hese](M)

No. 867 夻夊它列 阿的卜魯哈称因 [ačiburu hačin], [ačiburu hačin], [ačiburu
hačin] 성절, 명절聖節/ [enduringge hačin](M)

이고 많은 경우에 동사변화어미에 사용되는데 그 의미가 불명확함으로
바탕 문자도 역시 불분명하다.

207. '夭' (和) [ho]

이 문자는 역어에

No. 116 壬太 斡兒和/ (斡兀和) [arho], [arho], [arho] 풀草/ [orho](M), [oroot]
(E)[43]

No. 133 里夭 和脫和 [hotoho], [hotoho], [hotoho] 호로葫蘆/ [hoto](M)

No. 259 夭夯 和子 [ho-ʤu], [hoji], [hose] 함, 그릇盒

---

43) 여진어의 [o], [u] 표기는 음양 대립에 따라 '斡'[wo]와 '兀'[wu]로 전사하고 있다.

No. 340 尢欠天 嫩木和 [nomoho], [non muho], [nomho] 착하다善/ [nomhon]
(M), [nomhon](Mo), [nomohon](E)

No. 445 礼芍天 瑣脫和 [soktoho], [soktoho], [sogtoho] 취하다醉/ [soktombi]
(M), [sogtomoi](Mo), [sɔkt'ɔ](N), [sott'o](E)

No. 588 正天甬 韓阿和咨/ (韓儿和答) [orhoda], [orhoda], [orhoda] 인삼人蔘/
[orhoda](M)

No. 691 玖天果 弗和羅/ 佛活羅 [-], [foholo], [foholo] 짧다短/ [foholon](M),
[fɔhɔlɔ̃](M)

No. 788 卆休斥夂天 塞里吉忒你和 [siligi teniho?], [sailigi teni ho], [seligiteniho]
당연히 위태하다危然/ [gelečuke](M)

이고 이상 여러 가지 예들 가운데 그 자가 어두에 있는 것은 '盒'[ho]이다.
생각건대 '盒'[ho] 항에 있는 '禾'가 바탕 문자이다. 음자나 의자로도 생각
할 수 있는 것이다.

'盒'[ho] ⟶ '禾'[ho] ⟶ '天'[ho]

[음의 관계] [자형과 음의 관계]

208. '夊' (魯) [sur], (素魯) [sur]

이 문자는 역어에

No. 453 在夊 忽素魯 [husulu?], [husur], [husur] 태만하다怠

No. 566 夊予气 素魯脫戈 [surdehe, furdehe?], [surtogo], [sur togo] 웃옷 거
죽皮襖/ [furdehe dɑhū](M)

이고 의자로 '皮'[p'i]를 바탕 문자로 생각하는 외에 바탕 문자 발견이 어
렵다.

'皮'[p'i] ⟶ '犬'?[sur]
[자형과 음의 관계]

209. '犬' (厄) [e, we?]

이 문자는 역어에

No. 606 卒犬夕 幹厄忽 [waikū, waihū], [oehu(?)], [weihū] 기울다斜/
[waihū, waiku](M)

No. 607 尽犬 舒厄 [šuwe], [šuhe], [šuɲe] 곧다直/ [šuwe](곧다), [ilhu](M)

No. 667 东犬止 弗厄一/ (弗厄以) [fuei], [fuwei], [fuɲei] 옛, 舊舊/ [fe](M),
[fu](N)

No. 822 朱犬矣 諸勒厄塞 [-], [jule ese], [juleŋ ese] 앞서다比先/ [juleri ei](M)

이고 어두에 어떤 예도 나타나지 않아서 바탕 문자 발견이 어렵지만
'直'[chih]의 유사음 [ch'ih] 항에 있는 '呎'가 바탕 문자가 아닐까?

'直'[chih] ⟶ '呎'[ch'ih] ⟶ '犬'[e, we?]
[음의 관계]　　[자형과 음의 관계]

210. '癸' (登) [den?]

이 문자는 역어에

No. 761 亥犮庠癸 兀魯㾺弗塞登 [-], [-], [uluma fusheden] 강성하다强盛/
[etuhun dekjimbi](M)

No. 862 扡癸 革登 [geten?], [geden], [geden] 가다往/ [genembi](M)

이고 동사 변화어미를 나타낸 것일 수 있는데 그 용도가 불분명하므로 바탕 문자도 불분명하다.

211. '友' (麻) [ma]

이 문자는 역어에

No. 217 茈友 罕麻 [hanma], [hanma], [hanma] 칼劒/ [dabčikū](M)
No. 761 夾友库夹 兀魯麻弗塞登 [-], [-], [uluma fusheden] 강성하다强盛/ [etuhun dekjimbi](M)

이고 '麻'[ma] 항에 바탕 문자는 없고 의자로 '劒'[chien] 항에도 바탕 문자는 없고 대비어도 불분명하지만 '强'[chiang]의 유사음 [chang] 항에 있는 '伏'이 바탕 문자가 아닐까?

'强'[chiang] ───→ '伏'[chang] ───→ '友'[ma]
　　[음의 관계]　　　　[자형의 관계]

212. '夬' (揮) [huei], (回) [huei]

이 문자는 역어에

No. 310 岳夬 指揮 [ji-ki], [jihuwi], [jihui] 지휘하다, 통솔하다指揮/ [jorisi](M)
No. 540 夬杲夬 失羅回 [siloho?], [šilohuwi], [šilohoi] 떡, 구운 떡燒餅/ [šoobin](M)

이고 No. 310은 분명히 한자의 전사인데 No. 540은 불분명하다. 그러나 음자로 본다면 '回'[hui, huei] 항에 바탕 문자가 없고 유사음 [kuai]에 있는 '夬'가 바탕 문자일 것이다.

'揮, 回'[huei] ⟶ '夬'[kuɑi] ⟶ '夬'[kuei, huei]

    [음의 관계]   [자형과 음의 관계]

213. '夬' (阿的) [adi²], [aji]

이 문자는 역어에

No. 837 夬夬 阿的 [ɑdi], [ɑdi], [ɑdi], [ɑdi](a) 등等/ [ɑdɑli, ǰergi](M)

이고 의자로 '等'[têng]에도 [t'êng]에도 바탕 문자가 없고 '級'[chi] 항에 있는 '庋'가 바탕 문자이다.

'等'[têng] ⟶ '級'[chi] ⟶ '庋'[chi] ⟶ '夬'[ɑdi, ɑji]

    [의미의 관계]   [음의 관계]   [자형의 관계]

214. '夬' (卜勒) [bure], (卜連)[buren]

이 문자는 역어에

No. 59 夬其 卜勒其/ 不剌其 [burɑki], [bureki], [bureki] 티끌塵/ [burɑki](M), [purəŋk'i](N)[44]

No. 384 舟枭夬 兀速哈卜連 [usɑ-mbi, usɑhɑ-mbi], [usgɑburen], [usgɑburen] 원한怨/ [ushɑmbi](M)

No. 767 蚪夬炎右 退卜連兀里眛 [tuiburen uli-mbi], [tuwiburen ul mei], [tuiburen ulimei] 연기하여 머물다延留/ [tebumbi](M), [ulimoi](Mo)

---

44) 아신교로 울라희춘(愛新覺羅 烏拉熙春), 앞의 책, 119쪽. '卜勒其'은 오류로 '卜剌其'로 수정하였다.

이고 No. 384, No. 767은 동사어미에 사용되고 있으므로 그것으로부터는 바탕 문자가 발견되니 않지만 No. 59로부터 의자인 것을 알 수 있으며 '塵'[ch'en]의 유사음 [chang] 항의 '丈' 혹은 [ching] 항의 '更'이 바탕 문자로 생각되는데 지금은 후자를 가정해두기로 한다.

'塵'[ch'ên] ——→ '更'?[ching] ——→ '丈'[bure(n)]
　　　　[음의 관계]　　　　　　[자형의 관계]

215. '㞋' (兀的) [uji]

이 문자는 역어에

- No. 61 㞋屈 兀的厄 [ujige], [udige], [udige] 들野/ [bigan](M), [hudege](야외)(Mo)

- No. 172 㞋屈㞋 兀的厄兀里彦/ 艾答 [ujige uliyen], [udige uliyan], [udige uliŋen] 멧돼지野猪/ [aidagan ulgiyen](M)

- No. 174 㞋屈㝵林[45] 兀的厄母林 [ujige morin], [udige morin], [udige murin] 야생마野馬/ [aidagan morin](M)

- No. 175 㞋屈㪿 兀的厄厄恨 [ujige eihen], [udige eihen], [udige eihen] 야생당나귀野驢/ [aidagan eihen](M)

- No. 333 㞋屈什 兀的厄捏兒麻/ (儿的厄捏兀麻) [ujige niyalma], [udige niyarma], [udige niarma]야인野人/ [aidagan niyalma](M)

이고, 위의 예는 모두 '野'[yeh]를 의미하는데 의자로 바탕 문자는 불분명하다.

---

45) '林'은 '列'의 오류이다.

216. '𡥝' (阿只) [ajirgan, ajirhan]

이 문자는 역어에

No. 170 𡥝侤尒 阿只兒母林/ 阿扎剌木力 [ajir morin], [ajir morin], [ajir murin] 망아지兒馬/ [ajirga](S), [adʒirka](N), [ajirɣa](Mo)

이고, 의자로 '兒'[êrh] 항에 바탕 문자가 없지만, 자형상에서 보면 '受' [shou]를 닮았고, '兒'와 비슷한 뜻인 '小'[hsiao]가 그 사이에 게재되어 있다고 생각된다.

'兒'[êrh] ──→ '小'[hsiao] ──→ '受'[shou] ──→ '𡥝'[ajirgan]
　　[의미의 관계]　　　　[음의 관계]　　　[자형과 음의 관계]

217. '帾' (候) [hou]

이 문자는 역어에

No. 301 帾 侯 [hau], [hau], [heu] 제후侯/ [heo](M)

이고 '候, 侯'[hou] 항에는 바탕 문자가 없고 유사음 [ho] 항에 있는 '禾'가 바탕 문자라고 생각된다.

'候, 侯'[hou] ──→ '禾'[ho] ──→ '帾'[hou]
　　　[음의 관계]　　[자형과 음의 관계]

218. '帘' (好) [hoo]

이 문자는 역어에

　　No. 222 帘舍 好沙 [hoošɑ], [haušɑ], [haušɑ] 종이紙/ [hoošɑn](M)

이고 의자로 '紙'[chih]의 고음 [shih] 항에 있는 '市'가 바탕 문자이다.

　　　'紙'[hou] ⟶ '市'[ho] ⟶ '帘'[hou]
　　　　　　$\underbrace{\qquad}$　　　$\underbrace{\qquad}$
　　　　　[음의 관계]　　[자형의 관계]

219. '帊' (哀) [ɑi]

이 문자는 역어에

　　No. 842 臾帊 克愛/ (克哀) [kuɑi], [keɑi?], [kɑi] 열다開

이고 [ɑi] 항에는 바탕 문자가 없다. 거란 제자의 경우와 달리 여진 제자에 있어서는 모음으로 시작되는 [ɑi] 자를 만드는 데 [ɑi] 항에서 음자를 가져 오고 [yɑi, wɑi] 항에서 취하지 않은 점이 양자의 차이점이다. 이 문자는 음자가 아니라 의자로 간주한다면 '開'[k'ɑi]와 동의인 '始'[shih] 항에 있 는 '市'가 바탕 문자라고 생각된다.

　　　'開'[k'ɑi] ⟶ '始'[shih] ⟶ '市'[shih] ⟶ '帊'[ɑi]
　　　　　　$\underbrace{\qquad}$　　　$\underbrace{\qquad}$　　　$\underbrace{\qquad}$
　　　　　[음의 관계]　　　[음의 관계]　　　[자형의 관계]

220. '市' (岸) [an]

이 문자는 역어에

No. 816 市求半 岸丹朶 [andan-de], [andan do], [andan do] 연도沿途/ [andala]
(M)

이고 '岸'[an] 항에 바탕 문자는 없고 의자인 것 같은데 '途'[tʼu] 항에도
바탕 문자는 없지만 유의의 '半'[pan]이 비슷한 것 같다.

221. '爺' (嫩) [niong]

이 문자는 역어에

No. 159 爺亐中 嫩捏哈/ 牛捏哈 [niongniyaha], [niyonniyaha], [nionniaha]
거위鵝/ [niongniyaha](M), [nugna](N), [nunaki](S), [nūŋnihi](E)

이고 한 예밖에 없는데 의자로 바탕 문자는 불분명하다. '鵝'[ê] 항에 바탕
문자는 없다.

222. '反' (奴) [nu]

이 문자는 역어에

No. 406 岙反乐 巴奴洪/ 伴忽 [banuhun], [banuhun], [banuhūn] 정, 뜻情惰/
[banuhūn](M)

No. 436 反盂 奴兀魯 [nuur, nurhūme(?)], [nugur], [nuŋuru] 늘, 매每/ [dari]
(M)(늘)

No. 454 反圧 奴罕 [nuhan], [nuhan], [nuha] 늦다慢/ [nuhan](M)

이고 자형상에서는 경험상 '度'[to]에서부터 만들어진 것처럼 생각되는데
의자로 '惰'[to] 항의 '度'가 바탕 문자이다.

'惰'[to] ——→ '度'[to] ——→ '反'[tu]
　　[음의 관계]　　　　[자형의 관계]

223. '斤' (康) [hen(g)]

이 문자는 역어에

No. 751 甫斤叏佗右 兀住康克勒昧 [uju bengkile-mbi], [uju kankelemei],
[uju kaŋkelemei] 머리를 조아리다叩頭/ [hengkilembi](M)

이고 '康'[hên(g)] 및 [hên] 항에는 바탕 문자가 없으므로 음자가 아니라
의자이다. '叩'[kʼou]의 유사음 [kʼo]에 있는 '疴'가 바탕 문자일 것이다.

'叩'[kʼou] ——→ '疴'[kʼo] ——→ '斤'[hen(g)]
　　[음의 관계]　　　　[자형의 관계]

224. '斥' (安春) [ančʼu]

이 문자는 역어에

No. 564 斥土灰足 安春溫剌孩 [ančun-lahai], [ančunlahai], [ančunlahai],
[alʧunla-hai](a) 베 짜다織金
No. 568 斥土 安春溫/ 安出 [ančun], [ančun], [ančun], [alʧun](a) 금金/

[aisin](M). [aiʃin](N)

No. 635 斥土冘勺 安春溫璅江 [ančun sogiyan], [ančun sogiyan], [ančun sogian] 금이 누르다, 누른 금金黃/ [hagsa](M)

No. 828 斥土枚 安春溫闕 [ančun kiye], [ančun kiwe], [ančun kue] 금궐金闕

이고 한자의 전사에는 [an-čun-un]인데 실은 [anču-un]=[ančun]이어야 하고 의자이며 바탕 문자는 '斥'이다.

'金'[chin] ─────➤ '斥'[chin] ─────➤ '斥'[anču]
　　[음의 관계]　　　　[자형의 관계]

225. '壬' (孫) [sun]

이 문자는 역어에

No. 351 伋壬 端的孫/ 斷的 [donji-mbi], [dondisun], [dondisun] 듣다聽/ [donjimbi](M), [dooldiran](E), [doldim](W)

No. 401 炗壬ナ 貧孫眛 [tomson-mbi], [tomsunmei], [tomsunmei] 거두다收/ [tomsombi](M)

No. 513 夛壬 忽孫/ 忽速 [hūsun], [husun], [hūsun] 힘力/ [hūsun](M), [husun](E)

No. 527 肰壬 苔卜孫 [dabusun], [dabsun], [dabusun] 소금塩/ [dabusun](M), [tausõ](N), [dosun](S), [dausoŋ](C)

No. 777 伋壬寿足 端的孫哈苔孩 [hadahai], [dondisun kadahai], [dondisun hagdahai] 소식을 듣다聽信/ [donjimbi](U), [akdambi](S)

No. 818 伋壬无屌屛 端的孫扎失兒吉/ (端的松扎失儿吉) [jasirgi], [dondisun jaširgi], [dondisun jaširgi] 명령을 듣다聽令/ [donjiimbi](듣다)(M)

No. 826 亡夈犬兇扎壬 禿魯哈剌團下孫/ (禿魯哈剌團下松) [turuhala tuwancihisun],

[turugala tuwanhiyasun], [turugala tonhiasun] 간수看守/ [tuwakiyambi](M)

이고 이들의 예와 같이 음은 [sun]이며 음자로서 다음 두 가지로 사용되고 있다.

ㄱ) 한 단어를 구성하는 철자 안에
ㄴ) 동사의 변화어미로서

이 문자의 바탕 문자는 자형으로부터 추측컨대 '生'[shêng]일 것이다.

'生'[shêng] ⟶ '壬'[sun²]
[자형과 음의 관계]

226. '壬' (斡兒) [or]

이 문자는 역어에

No. 116 壬太 斡兒和/ (斡兀和) [orho], [orho], [orho] 풀草/ [orho](M),
[oroot](E)

No. 588 壬天甬 斡兒和荅/ (斡儿和荅) [orhoda], [orhoda], [orhoda] 인삼人蔘/
[orhoda](M)

이고 의자로 '草'[ts'ao] 아래에는 바탕 문자가 없는데 유사음 [tsou]항에
'走'를 바탕 문자로 볼 수 있을 것이다.

'草'[ts'ao] ⟶ '走'[tso] ⟶ '壬'[or]
[음의 관계]   [자형의 관계]

227. '𤔔' (番) [fan]

이 문자는 역어에

No. 220 𤔔𤔔 番納兒/ 凡察 [fannor], [fannar], [fannar] 깃발, 기旗/ [kiru](M)

이고 '番'[fan]의 항 및 [fang], [fên], [fêng] 항에는 바탕 문자가 없고 의자로 '旗'[ch'i] 항에 있는 '企'가 의자라고 생각한다.

'旗'[ch'i] ⟶ '企'[ch'i] ⟶ '𤔔'[fan]
  [음의 관계]   [자형의 관계]

228. '𤣩' (委) [iha]

이 문자는 역어에

No. 143 𤣩𤣩 委罕/ 赤哈 [ihan], [ihan], [wïhan] 소牛(12간지)/ [ihan](M), [iha](N)

이고 의자로 바탕 문자는 '牛'[niu]이다.

'牛'[niu] ⟶ '𤣩'[iha]
  [자형과 의미의 관계]

229. '𢖩' (哈) [ha]

이 문자는 역어에

No. 12 承中 斡失哈/ 兀失哈 [usiha], [ušiha], [ušiha] 별星/ [ušiha](M), [uʃihətʼə](N),
[osikta](C), [osidto](E)

No. 66 扑中 牙哈/ 他牙哈 [yaha], [yaha], [yaha] 탄炭/ [yaha](M), [yaaga](S)

No. 157 丬中 哈哈 [gaha], [gaha], [gaha] 갈까마귀鵶/ [gaha](M), [gakʼi]
(N), [gagã](E), [gaki](C)

No. 159 希弓中 嫩捏哈/ 牛捏哈 [niongniyaha], [niyonniyaha], [nionniaha]
거위鵝/ [niongniyaha](M), [nugna](N), [nunaki](S), [nūŋnihi](E)

No. 163 朵中 里襪哈/ 泥木哈 [liwahaʔ], [nimahaʔ], [liwaha], [limaha] 고기
魚/ [nimaha](M), [imaha](N)

No. 166 玍呑中 兀滅哈 [umiyaha], [umiyaha], [umiaha] 곤충蟲/ [umiyaha](M)

No. 252 㑽夯中 哈剌哈/ 哈染 [haʤuha], [hajiha], [hasha] 가위剪/ [hasaha]
(M), [haʧʼi](N), [haisi](S), [kaicʼi](Ma), [хaзa](Cu)

No. 257 茶豸中 撒本哈/ 撒扒 [-], [saunha], [saunha] 근육筋/ [sabka](M),
[sabukʼi](N), [sabha](Mo), [saba](E)

No. 262 米中 只哈 [jiha], [jiha], [jiha] 돈錢/ [jiha](M), [gaha](N)

No. 267 呑荞中 滅良哈 [miyalinha], [miyaliyanha], [mialiaŋha] 되升/ [moro
hiyasa](M)

No. 278 盂中屏旲朱 鈔哈厄剌黑 [čooha ejelehe], [čauha ejehei], [čauha
ejehe] 무관武官/ [čoohai jergi](M)

No. 296 盂中 鈔哈/ 朝哈 [čooha], [čauha], [čauha] 군軍/ [čooha](M), [ʧʼɔha](N)

No. 360 旻中 塔哈 [taha], [taha], [taha] 몸体/ [dahambi](M)

No. 361 旻中 塔哈 [taha], [taha], [taha] 순하다順/ [dahambi](M)[46]

No. 478 角麦乐旻中 的黑黑吉塔哈/ 看哈安答哈 [jihehe gi taha], [dihe gi taha],
[dihe gi taha] 귀순歸順/ [jime tahambi](M)[47]

No. 488 乐中勇苹夂 南哈洪牛的孩 [nanhahun banji-mbi], [namhahun bandihai],

---

46) 만주어에서 [daha-]로 실현되는 것을 고려하면 '塔哈'는 '荅哈'의 전사 오류이다.
47) 아신교로 울라희춘(愛新覺羅 烏拉熙春), 앞의 책, 119쪽. '的黑黑吉'은 오류로 '的黑里吉'로
   수정하였다.

제8장 제자 고증   225

[namhahūn bandihai] 안전하게 살다安生/ [elhe banǰimbi](M)

No. 507 ⺶甲 都哈/ 肚哈 [duha], [duha], [duha] 장腸/ [duha](M)

No. 519 反甲 禿哈 [tu(r)ha], [turha], [turha] 여위다瘦/ [turga](M)

No. 546 ⺕甲 古剌哈/ 谷魯哈 [gulha], [gulaha], [gūlaha] 신靴/ [gūlha](M)

No. 567 舍夕甲 沙木哈 [šamuha], [šamuha], [šamuha] 귀마개暖耳/ [šabtun](M)

No. 575 米甲 [ǰiha], [ǰiha], [ǰiha] 돈錢/ [ǰiha](M), [gaha](N)

No. 682 乐甲秀 南哈洪 [nanhahun], [namhahun], [namhahūn] 편안하다安/ [elhe](M)

No. 688 朱甲 吉撒哈 [gisa-mbi], [gisaha], [gisaha] 부수다碎/ [girgambi](재 가 되다成灰)(M)

No. 694 毛甲乐 一兒哈洪/ (一儿哈洪)/ 迷察 [irhahun], [irhahun], [irhahūn] 엳다淺/ [mičihiyen](M)

No. 726 尼弓甲 扎魯哈 [ǰaluha], [ǰaluha], [ǰaluha] 차다盈/ [ǰalumbi](M)

No. 838 政甲 扎哈 扎哈 [ǰaha], [ǰaha], [ǰaha] 사건件/ [ǰaka](M), [ǰaha](Mo)

이고 이들 예에 의하면 어중과 어미에 사용되고 있는데 '哈'[ha] 항에 바탕 문자는 없다. 그래서 음자가 아니라 의자인 듯 한데 바탕 문자는 불분명하다.

230. '朮' (兀也) [ui]

이 문자는 역어에

No. 583 盂朮臬 犀兀也黑/ 未黑 [ši-uyehe], [si uyehe], [si uyehe] 무소뿔犀角/ [ihaši i uihe](M)

No. 602 朮`臬 兀也黑 [uihe], [uyehe], [uyehe] 뿔角/ [sala](M)

이고 의자로서는 '角'[chiao], [chüeh] 항에 바탕글자가 없는데 음자로 보면 [wêi] 항의 '末'를 생각할 수도 있다.

'兀也'[ui] ——→ '末'[wêi] ——→ '朮'[ui]
  [음의 관계]   [자형의 관계]

231. '朮' (分) [fun]

이 문자는 역어에

No. 727 朮牟升. 分車黑 [funčehe], [funčehei], [funčehe] 남다餘/ [funčembi](M)

로 되어 있다. '分'[fên] 항에 바탕 문자가 없으므로 음자가 아니라 의자인데 '餘'[yü] 항에 바탕 문자가 없어서 바탕 문자는 불분명하다. 그러나 '魚'[yü]를 의미하는 '糸'와 유사하다는 점에서 미루어 양자의 방탕 문자는 아마도 동일할 것이다. 그래서 '聿'[yu]이 바탕 문자일지 모른다.

232. '朱' (卜) [be]

이 문자는 역어에

No. 530 朱化 卜勒 [bele], [bule], [bule] 쌀米/ [bele](M)

이고 의자로 '米'[mi]의 변형이다.

'米'[mi] ——→ '朱'[be]
  [의미와 자형의 관계]

233. '朱' (木) [mu]

이 문자는 역어에

No. 746 朱모모조夲 木者革弌厄 [mujege tege], [mujege tē], [mujege teel] 당
면하다當面/ [derede](M)

이고 의자로 '木'[mu]에 획을 더한 것이다.

'木'[mu] ──→ '朱'[mu]
　　[음과 자형의 관계]

234. '朵' (委) [wei]

이 문자는 역어에

No. 495 朵臾 委黑/ 未黑 [weihe], [weihe], [weihe] 이齒/ [weihe](M)
No. 582 禾扎朵臾 素法委黑 [fafa weihe], [sufa weihe], [sufa weihe] 상아象牙/
[sufan i weihe](M)

이고 '齒'[ch'ih] 항에도 유사음 [ch'i] 항에도 바탕 문자가 없어서 의자가
아니다. 즉 '委'[wêi] 항 가운데 '未'에서부터 만들어졌다.

'委'[wêi] ──→ '未'[wêi] ──→ '朵'[wei]
　　[음의 관계]　　　 [자형의 관계]

235. '示' (哈哈) [haha]

이 문자는 역어에

No. 298 示兌 哈哈愛 [hahai], [hahai], [hahai] 남자男子/ [haha niyalma](M),
[haha nai](N)

이고 의자이지만 '男'[nam] 항에 바탕 문자가 없고 바탕 문자는 불분명하다.

236. '尒' (只兒歡) [jirhuan]

이 문자는 역어에

No. 647 尒 只兒歡/ (只兀煥) [jirhūn?], [jirhon], [jirhon] 십이+二/ [jargon](M),
[tʃuātʃu](N)

이고 의자로 그 바탕 문자는 '二'[êrh] 항에 있는 '尒'일 것이다.

'二'[êrh] ⟶ '尒'[êrh] ⟶ '尒'[jirhuan]
[음의 관계]   [자형의 관계]

237. '尔' (卜) [bu]

이 문자는 역어에

No. 389 尔禾外 卜車黑/ 不尺黑 [buče-mbi], [bučehei], [bučehe] 죽다死/
[bučembi](M)

이고 '死'[ssû] 및 [su] 항에 바탕 문자가 없으므로 의자가 아니라 음자로 '卜'[pu] 항에 있는 '不'이 바탕 문자로 되어 있다.

'卜'[pu] ──────► '不'[pu] ──────► '**𣎴**'[bu]
      _____/   _____/
     [음의 관계]   [음과 자형의 관계]

238. '**迠**' (麻希) [mahi]

이 문자는 역어에

No. 547 迠夬 麻希剌 [mahila], [mahila], [mahila] 모자帽/ [mahala](M), [mahala](N)

이고 의자인데 '帽'[mao] 항 및 그의 유사음 [mo] 항에 바탕 문자는 없고 바탕 문자는 불분명하다.

239. '**盂**' (皿干) [minggan]

이 문자는 역어에

No. 664 盂 皿干 [minggan], [mingan], [miŋgan] 천千/ [minggan](M), [ɜmu miɳa](N), [omun minggan](S), [miŋgan](E)

No. 869 盂乯乇 血干卜羅厄林 [minggan bolori], [mingan boloerin], [miŋgan bolo erin] 긴 시간千秋/ [minggan bolori](M)

이고 의자로 '千'[ch'ien] 항에 바탕 문자가 없지만 유사음 [chêng] 항에 있는 '正'이 바탕 문자일 것이다.

'千'[ch'ien] ——→ '正'[chêng] ——→ '죠'[minggan]
  [음의 관계]   [자형의 관계]

240. '놔' (順札) [sunja]

이 문자는 역어에

 No. 24 **놔슈** 順扎頭 [sunja to], [šanja tou], [šunja tu] 다섯말五斗/ [sunǰa]
 (다섯)(M)

 No. 100 **놔月屯쎄** 順扎必阿称因 [sunja biya hačn], [sunja bi a hačin],
 [šunǰa bia hačin] 단오절端午節/ [sunǰa biya i hačin], [sunǰangga inenggi]
 (M)

 No. 640 **놔** 順扎/ 順쵀 [sunja], [šunja], [šunja] 오五/ [sunja](M), [sundʒia]
 (N), [tonga](S), [toon](E)

이고 의자로 아마도 '五'의 변형일 것이다.

 '五'[wu] ——→ '놔'[sunja]
  [의미와 자형의 관계]

241. '走' (卜的) [bet]

이 문자는 역어에

 No. 505 **走臾** 卜的黑/ 伯帖 [bethe], [budihe], [buthe] 다리脚/ [bethe](M)

이고 의자로 '脚'[chiao], [chueh]와 유의어인 '足'[tsu]이 바탕 문자이다.

'脚'[chiao, chüeh] ⟶ '足'[tsu] ⟶ '龰'[bet]
　　　　　[의미의 관계]　　[자형의 관계]

그러나 '足'[tsu]과 '龰'[bet]과의 사이에 유사음 '走'[tsou]를 생각할 수
도 있을 것이다.

242. '叐' (忒) [te]

이 문자는 역어에

No. 397 **盂禾叐古** 住兀忒眛 [juute-mbi], [jūtemei], [juŋutemei] 존경하다尊/
[jugtembi](M)

No. 765 **叐北寂卓** 忒吉勒荅失剌 [tegiledasila? dasi-mbi], [tegile(?) dasira],
[tegile dašira] 뒤짚다, 두루 덮다編覆/ [dele dasimbi](M), [dahim](W)

No. 809 **犬丈久叐犬** 剌魯木忒卜魯 [-], [lalu muteburu], [laru muteburu] 글을
쓰게 되다寫成/ [arambi](글 쓰다), [mutembi](되다)(M)

이고 '忒'[tʻê] 항에는 바탕 문자가 없고 의자인데 바탕 문자는 불분명하다.

243. '児' (孩) [hai]

이 문자는 역어에

No. 150 **乏児** 古魯麻孩/ 姑麻洪 [gūlmahai], [gulmahai], [gūlumahai] 토끼
兎/ [gūlmahūn](M)

No. 254 **舟児** 的孩/ 的哈/ 沙忽帶48) [jihai], [dihai], [dihai] 배船/ [ǰaha,

---

48) 『금사국어해』〈物象〉 "沙忽帶, 舟也".

ǰahūdai](M)

No. 268 盀`盀足 塔塔孩 [tata-mbi], [tatahai], [tatahai] 하영하다下營/ [tatambi]
(M)49)

No. 330 余甬足仆 岸荅孩捏兒麻/ (岸荅孩捏儿麻) [antahai niyalma], [andahai
niyarma], [andahai niarma] 손님賓客/ [andahai nyalma](M), [ādaha](N)岸

No. 334 甬 友足 兀住剌孩 [uǰulahai], [uǰulahai], [uǰulahai] 추장酋長/ [uǰungga
niyalma](M)

No. 336 岑足仆 虎剌孩捏兒麻/ (虎剌孩捏儿麻)/ 忽魯哈捏麻 [hūlahai nialma],
[hulahai niyarma], [hūahai niarma], 도둑賊人/ [hūlahai niyalma](M), [hūlaha
bəi](N), [kolaká](Ma), [hūlaγai](Mo)

No. 376 亥甬戈足 塔苦剌孩/ 塔苦哈[takūra-mbi], [takurahai], [takūrahai]
어긋나다, 차이나다差/ [takūrambi](M)

No. 388 坴足 牛的孩/ 伴的哈 [banji-mbi], [bandihai], [bandihai] 생, 태어
나다生/ [banǰimbi](M)

No. 470 伟足乐岙足 替孩吉厄兀魯 [cihai gi eulu], [tihai gi gur], [tihai gi
eŋuru] 즉시, 곧隨卽/ [cihai](임의, 마음대로)/ [čihai](M)

No. 488 朵甲勇夆足 南哈洪羊的孩 [nanhahun banji-mbi], [namhahun bandihai],
[namhahūn bandihai] 안전하게 살다安生/ [elhe banǰimbi](M)

No. 564 斥土友足 安春溫剌孩 [ančun-lahai], [ančunlahai], [ančunlahai],
[altʃunla-hai](a) 베 짜다織金

No. 613 伟足乐紥化 替孩吉諸勒 [-], [tihaigi julē], [tihaigi ǰule] 종전從前/
[ǰulergi de](M)

No. 679 伟足乐 替孩吉 [čihaigi], [tihaigi], [tihai gi] 따르다從/ [šihambi](따
르다), [čihai](임의)(M)

No. 685 伟足乐 替孩吉 [cihaigi], [tihaigi], [tihai gi] 따르다隨/ [cihai](임

---

49) '盀'는 '帇~帇'의 오자. '盀'는 『여진역어』 음식문 4에 있는데 '飯'의 어두자인 경우에 나타나
는 데 발음은 budu이다. 기용문 53의 주음한자 '塔'에 대응하는 것으로는 '盀'의 자형에 가까
운 '帇'까지는 '帇'로 나타나는데 '盀'는 그 어디서 글자의 잘못도 없다.

의)(M)

No. 722 付采夫尺 哈富扎孩 [hafuja-mbi], [hafujahai], [hafujahai] 투명하
다, 통하다透/ [hafumbi](M)

No. 728 光发夲尺 晚灣半的孩 [wanwanbanji-mbi], [wangon bandihai],
[wonŋou bandihai] 어떻게 태어나다恁生/ [ainambi](M)

No. 763 写求尺凡化 一立受孩背勒 [ilimbi beile], [ilisuhai beile], [ilišuhai
beile] 관을 설치하다說官/ [beile ilimbi](M)

No. 777 仍主寿尺 端的孫哈苔孩 [hadahai], [dondisun kadahai], [dondisun
hagdahai] 소식을 듣다聽信/ [donjimbi](U), [akdambi](S)

No. 824 伏扎荼尺马花斥 出出瓦孩革勒吉 [čucuwahai gelegi], [čučuwahai
gelegi], [čučuwahai gelegi?] 전례에 비추어 상고하다照例/ [songkoi](상서러
운 조짐照祥)(M)

No. 845 伏扎荼尺戈屯 出出瓦孩塔以 [čuwahai dai?], [čučuwahai tai],
[čučuwahai tai?] 의지했다照依/ [sonkoi](M)

No. 849 写求尺 一立受孩 [ilišu-mbi], [ilišuhai], [ilišuhai] 설치하다設/
[ilimbi](M)

이고 동사 변화어미로서는 "~한…"의 의미로 사용되고 있는 소위 과거형
이다. 한어로 과거형은 '己'[i]이며 그 항에 바탕 문자는 없고 유사음 [yü]
항의 '臾'가 바탕 문자이다. 의자로 '孩'[hai] 항에 바탕 문자는 없다. 이
문자는 경어硬語의 변화에 사용되며 연어軟語의 변화어미 '夰'[hei]와 상대
되는 것이다.

244. '丟' (吳) [gu?]

이 문자는 역어에

No. 354 仍丟 端的吳 [donji-mi], [dondigu], [bondiu] 묻다問/ [donjimbi](M)

이고 이 한 예밖에 나오지 않는데 동사의 변화어미에 사용되고 그 용법이 불분명하므로 의자이겠지만 바탕 문자는 불분명하다.

245. '圣' (納) [na]

이 문자는 역어에

No. 375 圣圣矢 申納刺 [sinala-mbi], [šinnala], [sinala] 시름하다愁/ [suilambi] (M), [šinalamoi](Mo)

No. 585 元圣岁 馬納敖 [manao], [manaw], [manaw] 마노瑪瑙/ [marimbu wehe](M)

No. 786 侯屏圣 惹希納 [žohina], [jehina], [yehina] 인의仁義/ [jurgan](M)

No. 839 序圣矢 麻納刺 [mana-mbi], [manala], [manala] 무너지다壞/ [manambi](M)

이고 어두에 오는 예가 없어서 그 바탕 문자 발견은 어려우며 음자로 보아서 '納'[na] 항에서도 바탕 문자가 발견되지 않으므로 아마도 의자일 것이다. 자형상에서는 '之, 芝'[chih]가 바탕 문자라고 생각된다.

□[□] ——→ '芝'[chih] ——→ '圣'[ha](?)
　　[음의 관계]　　　[자형의 관계]

246. '屮' (車) [če]

이 문자는 역어에

No. 44 矢屮 者車 [ječe], [ječe], [ječe] 변방塞/ [ječen](M)

No. 69 矢屮 者車 [ječe], [ječe], [ječe] 변경邊境/ [ječen](M)

No. 72 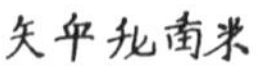 者車法荅岸 [ječe fatan], [ječe fadan], [ječe fadan] 울타리藩籬/ [ječen iraǰran](M)

No. 475  哈沙下剌者車/ 得道力剌 [gašahiy-mbi], [gašahiyala ječe], [gašahiala ǰeče] 변경을 침범하다犯邊/ [ǰečen be necimbi](M)

No. 612  者車 [ječe], [ječe], [ječe] 변두리邊/ [ječen](M)

이고 '車'[ch'ê] 항에 바탕 문자가 없고 의자인 것 같은데 '邊'[pien] 항에도 바탕 문자는 없어 바탕 문자는 불분명하다.

247. '' (脉魯) [mer]

이 문자는 역어에

No. 748 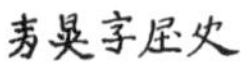 哈荅溫脉魯厄伯 [hadaun merge], [hadagun mergebe], [hagdaŋun mergebe] 성의誠意/ [akdun mergen](M)

이고 자형에서부터 '字'[tzŭ], '孛'[po], '亨'[hisiang], '學'[hsüeh] 중에 하나가 바탕 문자라고 생각한다.

그루베는 어떤 대비되는 만주어를 아무것도 들지 않았지만 생각건대 '脉魯厄'이 나타내는 의미는 '聖'에 해당되므로 이상의 여러 문자의 비교를 통해

'聖'[shêng] ⟶ '亨'[hsing] ⟶ ''[mer]
[음의 관계] [자형의 관계]

동일한 '聖'의 의미로서 역어에 있는 ''[ači]와 별도의 고찰이 필요하다. 그러나 위의 예의 의미는 분명하지 않다.

248. '佥' (哈苔) [kada]

이 문자는 역어에

   No. 430 佥亥夫 哈苔刺埋 [kadala-mbi], [kadalamai], [kadalamai] 관리하
   다管/ [kadalambi](M)
   No. 471 佥亥夬奧老 哈苔刺里苔魯別 [kadalamai dalu-mbi], [kadalamai
   dalubi], [kadalamai darubie] 지휘하다, 통솔하다率領/ [hatalara dacimbi]
   (M)

이고 의자이다. 바탕 문자는 '管'[kuan] 항, [k'uan] 항에 없고 다른 의미
'治'[chih], [ch'ih]의 유사음 [ch'i] 아래에 있는 '啓'가 유사한 문자이다.

'治'[ch'ih] ⟶ '啓'[ch'i] ⟶ '佥'[kada]
　　　<u>[음의 관계]</u>　　　<u>[자형의 관계]</u>

249. '朱' (黑) [hei]

이 문자는 역어에

   No. 26 月弅枭朱 必阿禿幹黑/ 別禿黑黑 [biya tuwe-mbi], [biya tuwehei],
   [bia tuwehe] 달이 지다月落/ [biya tuhembi](M), [bie tihijiren](E)
   No. 102 枪峇弅关芴 革揑黑塞革 [gənəhə səgə], [gənəhəi səgə], [gənəhə
   səgə] 세월이 지나가다去歲/ [gənəhə ə](M)
   No. 158 吳夨朱 失赤黑/ 舍彻 [sičihe], [šičihei], [šigčihe] 참새雀/ [čečihe](M),
   [šikan](E)
   No. 182 夬化朱 卜勒黑/ 不勒黑 [bulehe], [bulehei], [bulehe] 선학仙鶴/ [bulehen](M)
   No. 186 厇杀朱 只里只黑 [jiri-čihe(jirha-čečihe?)], [jirijihei], [jirijihe] 마작麻

雀/ [šišargan](M)

No. 278 盎甲庠吳外 鈔哈厄剌黑 [čooha ejelehe], [čauha ejehei], [čauha ejehe] 무관武官/ [čoohai jergi](M)

No. 389 尕禾外 卜車黑/ 不尺黑 [buče-mbi], [bučehei], [bučehe] 죽다死/ [bučembi](M)

No. 404 圡迪外 恩忒黑 [endehe], [entehei], [entehe] 벌罰/ [entebumbi](M)

No. 493 美毛外 分一里黑/ 分黑 [funiyehe], [funirhei], [funirhe] 머리카락, 털 髮/ [funiyehe](M)

No. 515 美毛外 分一里黑 [funiyehe], [funirhei], [funirhe] 머리카락毛/ [funiyehe](M)

No. 565 扡払化外 革出勒黑 [gečulehe], [gečulehei], [gečulehei] 무릎을 덮는 천膝欄

No. 687 彔臬外 禿幹黑 [tuwe-mbi], [tuwehei], [tuwehe] 떨어지다落/ [tuhembi](M)

No. 713 扡谷外 革捏黑 [gene-mbi], [genehei], [genehe] 가다去/ [genembi](M), [ɜnə](N)

No. 727 求禾外 分車黑 [funčehe], [funčehei], [funčehe] 남다餘/ [funčembi](M)

No. 840 庨冬外 卜魯幹黑 [buruwe-mbi], [buruwehei], [buruwehe] 화살矢/ [ufaračun](M)

No. 847 其禾外 其車黑 [kiče-mbi], [kičehei], [kičehe] 사용하다用/ [kičembi](용공)(M), [baitalambi](사용하다)(M)

이고 이들 예에서는 어미에만 사용되고 있기 때문에 바탕 문자 발견이 어려운 것 가운데 하나인데 대부분의 의미는 "-한 바(했을 때)"를 나타내는 소위 과거형의 동사형이므로 '己'[i]의 의미는 한어로도 생각할 수 있다. 바탕 문자는 동 항의 '舁'[i]이다. 곧 의자이다.

'己'[i] ─────▶ '舁'[i] ─────▶ '外'[hei]
  [음의 관계]　　　[자형의 관계]

250. '日' (一陵吉) [inenggi] 날, 해(日)

이 문자는 역어에

No. 3 日 一能吉/ 能吉 [inenggi], [inengi], [ineŋgi] 날, 해日/ [inenggi](M),
[inige](S), [inäŋgi]

No. 25 日耒休右 一能吉禿替昧/ 受溫禿提黑 [inenggi tuči-mbi⁷], [inengi
tutimei], [ineŋgi tutimei] 해가 뜨다日出/ [šun tučimbi](M)

이고 만주어와의 대비에 있어서 여기서는 '太陽'의 의미로 본 것이 잘못
이지만 바탕 문자는 '日'이다.

'日'[jih] ⎯⎯→ '日·'[inenggi]
　[의미와 자형의 관계]

251. '月·' (必阿) [biya]

이 문자는 역어에

No. 4 月 必阿/ 別阿 [biya], [biya], [hia] 달, 월月/ [bia](M), [pia](N),
[biyaga](S), [bä](Ma), [bäga](W)

이고 의자로 한자 '月'에서부터 만들어졌다.

'月'[yüeh] ⎯⎯→ '月·'[biya]
　[의미와 자형의 관계]

252. '立' (恩) [ên]

이 문자는 역어에

No. 404 立追外 恩忒黑 [endehe], [entehei], [entehe] 벌罰/ [entebumbi](M)

No. 732 夬立甬尼 斡恩一那 [oen?], [wen ina], [weŋen ino] 비록 ~일지라도
雖是/ [očibe](M)

No. 774 美尢夨为立 牙魯乖埋革恩 [yaruguaime geun], [yaruguwaimai gen],
[yaruguaima gen] 무리를 모으다糾衆/ [geren be yorumbi](M)

No. 815 次千兔夨立 伯亦沙埋恩 [boiša-mbi], [boišamaien], [baišamai en]
은혜에 감사하다謝恩

No. 834 雨立右 都厄恩昧 [dulen-mbi], [dulenmei], [dulenmei] 지나다過/
[dulembi](과거過去)(M)

이고 음자로 보이며 그 바탕 문자는 '恩'[ên] 항의 '溫'일 것이다.

'恩'[ên] ⟶ '溫'[ên] ⟶ '立'[ên]
  [음의 관계]   [음과 자형의 관계]

253. '业' '弗'[fe], (卜) [bu?]

이 문자는 역어에

No. 498 业夂 弗木 [feme], [fumu], [fumu] 입술脣/ [femu](M), [həmo](N),
[emü](S)

No. 433 业土 卜溫 [bun], [bun], [bun] 스스로自/ [ereči](M), [boŋga](E)

No. 752 业土先夬仕 卜溫失剌哈替 [bunsilahati], [bunširahati], [bunširahati]
옛부터自古/ [julge ci](M)

이며 두 가지 독음으로 사용되고 있다. 아마도 그 각각은 다른 문자일 것이다. 의자로 '脣'[ch'un]의 유사음 '辰'[ch'ên]의 유사음 '正'[chênng]이 바탕 문자일 수 있는데 확실하지 않다.

'脣'[ch'un] ⟶ '辰'[ch'ên] ⟶ '正'[chêng] ⟶ '圡'[fe, bu]
　　　[음의 관계]　　　　[음의 관계]　　　　[자형의 관계]

254. '圤' (鈔) [čoo]

이 문자는 역어에

No. 278 圤甲屏及外 鈔哈厄剌黑 [čooha ejelehe], [čauha ejehei], [čauha ejehe] 무관武官/ [čoohai jiergi](M)

No. 296 圤甲 鈔哈/ 厄剌黑 [čooha], [čauha], [čauha] 무관軍武/ [čooha](M), [ʧʼɔha](N)

No. 344 尚圤乐 忽朝吉 [hučenggi], [hučaugi], [hučaugi] 영화榮

이고 의자로 '軍'[chün]의 항에 바탕 문자는 없지만 '武'[wu] 항의 '無'가 바탕 문자이다.

'武'[wu] ⟶ '無'[wu] ⟶ '圤'[čoo]
　　[음의 관계]　　　[자형의 관계]

255. '壬' (申) [šin, šen]

이 문자는 역어에

No. 375 壬辵夭 申納剌 [sinala-mbi], [šinnala], [sinala] 시름하다愁/ [suilambi]

(M), [šinalamoi](Mo)

이고 음자로 '申'[shên]의 유사음 '生'[shêng]이 바탕 문자이다.

'申'[shên] ⟶ '生'[shêng] ⟶ '坒'[šin]
　　　　[음의 관계]　　　[음과 자형의 관계]

256. '𝐿' (哈) [a, ha?]

이 문자는 역어에

　　No. 551. 𝐿夫 哈都/ 阿都 [adu, hadu?], [hadu], [hadu] 의복服/ [adu](M)
　　No. 554. 𝐿夫 哈都 [adu, hadu?], [hadu], [hadu] 고의褌/ [adu](M)

이고 만주어 [adu]는 그 대비어이지만 '服'[fu] 항에도 '衣'[i] 항에도 바탕 문자가 없고 [i]의 유사음 [yu] 항의 '迂'가 바탕 문자일 것이다.

'衣'[i] ⟶ '迂'[yü] ⟶ '𝐿'[a, ha?]
　　[음의 관계]　[음과 자형의 관계]

의자이다.

257. '𖢫' (兀) [gū]

이 문자는 역어에

　　No. 57 𖢫𖢫' 住兀 [jugu], [jugu], [juŋu] 길路/ [juŋūn](M)
　　No. 58 夂夋𖢫𖢫 幹速灣住兀 [osohonjugu], [osogon jugu], [osoŋon juŋu]

242

지름길徑/ [osohon jugun](M)

No. 62 *盀血火* 住兀伯 [jugu], [jugu be], [juŋu be] 길道/ [jugūn be](M)

No. 785 *盀血火坭* 住兀的德 [jugu be de], [jugube de], [juŋū be dei] 도덕道德/ [doro](M)

이고 '兀'[wu] 항에 바탕 문자가 없으므로 음자가아니라 의자이다. 즉 '路'[lu] 항에 바탕 문자가 없지만 여진 제자법에서는 'ㄴ'가 한자의 '辶'에 해당하기 때문에 '道'[tao]가 바탕 문자이다.

'路'[lu] ⟶ '道'[tao] ⟶ '*盀*'[gū]
[음의 관계]   [자형의 관계]

258. '*屵*' (哈) [ga]

이 문자는 역어에

No. 8 *炎屵* 阿哈 [aga], [aga], [aga], [aga](a) 비雨/ [aga](M)

No. 30 *身卆炎屵* 納兒洪阿哈/ (納儿洪阿哈) [narhun aga], [narhun aga], [narhūn aga] 가랑비細雨/ [narhūn aga](M)

No. 42 *屵舍* 哈沙 [gaša], [gaša], [gaša] 촌村/ [gašan](M), [gaʃɛ̃](N)

No. 157 *屵中* 哈哈 [gaha], [gaha], [gaha] 갈까마귀鴉/ [gaha](M), [gakʻi] (N), [gagã](E), [gaki](C)

No. 399 *屵兴兎* 哈化以 [gahai], [gahoi], [gahuai] 취하다取/ [gaimbi](M), [gadami](E)

No. 440 *屵兴夨* 哈扎魯 [gajalu], [gajaru], [gajaru] 필요, 요구要/ [gaʄimbi](M)

No. 475 *屵兔扎犬矢卆* 哈沙下剌者車/ 得道力剌 [gašahiy-mbi], [gašahiyala ječe], [gašahiala ječe] 변경을 침범하다犯邊/ [ječen be necimbi](M)

No. 702 *方牜* 莽哈 [mangga], [manga], [maŋga] 어렵다難/ [mangga](M)

이고 '哈'은 [ga]라고 읽을 수 있는데 '雨'[yü], '村'[ts'un], '鴉'[ya], '取' [ch'ü] 및 '要'[yao]의 각 항에는 바탕 문자가 없고 '難'[nan]의 항 '南'의 감획이다. 의자이다.

'難'[nan] ———→ '南'[nan] ———→ '屏'[ga]

[음의 관계]　　　　[자형의 관계]

259. '朱' (弩列) [nure]

이 문자는 역어에

No. 520 朱 弩列/ 奴勒 [nure], [nure], [nure] 술酒/ [nure](M)

이고 의자로 '酒'[chiu]의 유사음 [chu] 항에 있는 '朱'가 바탕 문자이다.

'酒'[nan] ———→ '朱'[nan] ———→ '朱'[ga]

[음의 관계]　　　　[자형의 관계]

260. '床' (瑣) [so]

이 문자는 역어에

No. 193 床夕利多 瑣江申革 [sogiyan šingge], [sogiyan singe], [sogian šinge] 황색 쥐黃鼠/ [suwayan šinggeri](M)

No. 618 床夕 瑣江/ 素羊 [sogiyan], [sogiyan], [sogian] 황색黃/ [suwayan](M), [sɔjẽ](N), [songgarin](S), [šinggarin](E)

No. 635 朱土床夕 安春溫瑣江 [ančun sogiyan], [ančun sogiyan], [ančun sogian] 금이 누르다, 누른 금金/ [hagsa](M)

No. 819 舟夔走舟史 瑣迷別忒別 [somi-mbi], [somibitebi], [somiebitebie] 잠
거하다潛居/ [somimbi] 감추다, 저장하다藏, [tembi](거주하다)(M)

이고 의자로 '黃'[huang]의 항, [huan] 항에 바탕 문자는 없고 [somi-mbi]
가 '藏'[tsang]인 것보다 의자로 그 항의 '胖'을 바탕 문자로 생각한다.

'藏'[tsang] ──→ '胖'[tsang] ──→ '舟'[so]
　　　[음의 관계]　　　　[자형의 관계]

261. '庋' (撒) [sa]

이 문자는 역어에

No. 439 系庋 巴撒 [basa], [basa], [basa] 다시再/ [geli](M), [basa](Mo)

이고 그루베는 몽고어 [basa]를 대비어로 들고 있다. 바탕 문자는 '撒'[sa]
항에는 없고 '再'[tsai] 항에 있는 '灾'가 아닐까?

'再'[tsai] ──→ '灾?'[tsai] ──→ '庋'[sa]
　　　[음의 관계]　　　　[자형의 관계]

262. '矢' (哥) [ge]

이 문자는 역어에

No. 368 夐盂庆矢 克失哥卜魯 [kusigo-mbi], [kešigeburu], [kešigeburu] 번민
하다悶/ [gingkambi, gusučumbi](M)

No. 369 夐盂庆矢 克失哥卜魯 [kusigo-mbi], [kešigeburu], [kešigeburu] 근

심하다憂/ [gingkambi, gusučumbi](M)

No. 754 寸庆夬 称哥刺 [čenggo-mbi], [čiŋgela], [čiŋgela] 수용하다受用/
[baitalambi](M)

No. 758 ㄴ羍庆傍 厄木你哥塞 [emuni gese], [emuni gese], [emuni gese] 일반
一般/ [emu gese](M)

이고 위의 예에서는 No. 368, 369, 754는 어느 것도 단어에도 사용되고
있는데 어두에 있는 것은 No. 758의 'ㄴ羍庆傍'이다. 이 단어의 의미는
"마치 1개인 것처럼"이고 '樣'[yang]의 항 '哥'[kê] 항에 바탕 문자가 없지만
유의의 '似'[ssǔ] 항에 있는 '俟'가 바탕 문자로 생각됨으로 의자이다.

'似'[ssǔ] ——→ '俟'[ssū] ——→ '庆'[ge]
[음의 관계]　　　　[자형의 관계]

263. '庄' (寒) [han], (罕) [han]

이 문자는 역어에

No. 99 庄孟乜列 寒食哈称因 [hanši hacin], [hanši hačin], [hanši hačin] 청
명절清明/ [hangši](M), [haŋši](Mo), [hanši](E)

No. 258 癸庄 忽禿罕/ 中 [hutuha], [hutuhan], [hūtuhan] 종鐘/ [hūntahan](M)

No. 264 禾庄 察罕 [čahan, čan], [čahan], [čahan] 자尺/ [jušuru](M)

No. 454 庆庄 奴罕 [nuhan], [nuhan], [nuha] 늦다慢/ [nuhan](M)

이고 어두에 나타나는 단어는 한 가지 예가 있는데 역자가 2자이기
때문에 바탕 문자 발견은 어렵다.

264. '乩' (背) [bei]

이 문자는 역어에

No. 277 使乩佬 必忒黑背勒 [beile], [bitehe beile], [bithe beile] 문관文官/ [bitheši, bithei hafan](M)

No. 763 写来是乩佬 一立受孩背勒 [ilimbi beile], [ilisuhai beile], [ilišuhai beile] 관을 설치하다設官/ [beile ilimbi](M)

이고 '官'[kuan]의 항 [k'uan] 항에 바탕 문자가 없으며 음자로 '背'[pêi]의 유사음 항에 있는 '佩'[p'êi]가 바탕 문자로 간주된다.

'背'[pei] ——→ '佩'[p'êi] ——→ '乩'[bei]
[음의 관계] [자형의 관계]

265. '㑿' (塞) [se]

이 문자는 역어에

No. 758 乚来庆㑿 厄木你哥塞 [emuni gese], [emuni gese], [emuni gese] 일반一般/ [emu gese](M)

이고 [emu-ni-gese]라는 '일반一般'이 아니라 '한결같이一樣'이며 의자로 바탕 문자는 '如'[ju]의 유사음 [yu] 항에 있는 '侑'이다.

'如'[yu] ——→ '侑'[yu] ——→ '㑿'[se]
[음의 관계] [자형의 관계]

266. '司' (厄舞) [ewu?]

이 문자는 역어에

No. 716 司 厄舞 [ewu?], [eru?], [ewu] 추하다醜/ [efuǰen](M), [eruhi](E)

이고 의자로 그루베는 대비되는 만주어를 들고 있지 않지만 바탕 문자는
'醜'[ch'ou]에 근사한 [chou] 항의 '周'이다.

'醜'[ch'ou] ──────→ '周'[chou] ──────→ '司'[ewu?]
  [음의 관계]   [자형의 관계]

267. '句' (孩) [gai]

이 문자는 역어에

No. 230 苹盃句 素失該/ 速失哈 [susigai], [sušigai], [sušigai] 신, 구두鞾/
[sušiha](M), [šisuga](E)

No. 599 物尽句 阿木魯該/ 阿木剌 [amargi], [amurgai], [amurgai] 뒤, 후後/
[amargi](M), [amidʒikə](N), [amela](S)

No. 614 更苦物尽句 別弗脉阿木魯該 [-], [bifumeamurgai], [biefumai amurgai]
이후在後/ [amargi de](M)

No. 680 句走 該別 [gai-mbi], [gaibi], [gaibie] 장수將/ [gaimbi](M)

No. 683 茶句 撒都該 [sadugai], [sadugai], [sadugai] 친하다親/ [sadun](M)

No. 737 句走菜舟 該別禿番 [gai-mbi tufan], [gaibi tufan], [gaibie tufan] 앞
으로 늘어 나감. 순조롭게 나아감將親

No. 789 丸斥句走 弗里吉該別 [furigi-gaimb], [fuligi gaibi], [fuligi gaibie] 장
차 명령하다命將/ [fulin](명령), [gaimbi](요청要, 장차將)(M)

No. 836 夻全 該哈兒/ 該哈兀 [gaigar], [gaigar], [gaigar] 취하다, 거느리다
取, 領/ [gaimbi](M)

No. 868 呈勿尾夻 皇阿木魯該 [huan-amargi], [huwan amurgai], [hoŋ
amurgai] 황후皇后

이고 [kai] 항에 바탕 문자가 없으므로 음자가 아니다. 의자라고 한다면
'取'[ch'ü]의 유사음 [ch'ü]에 있는 '句'가 바탕 문자이다.

'取'[ch'ü] ⟶ '句'[chü] ⟶ '夻'[gai]
　　　　[음의 관계]　　　[자형의 관계]

268. '朾' (替) [či]

이 문자는 역어에

No. 60 朾扎 替法/ 提扒 [čifa], [tifa], [tifa] 진흙泥/ [lifahan](M)

이고 '替'[t'i] 항에 바탕 문자가 없어서 의자로 '泥'[ni] 항의 고체자의 고자
'岇'에서부터 만들어진 것이다. 만주어의 대비는 [lifan]이다.

'泥'[ni] ⟶ '岇'[ni] ⟶ '朾'[či]
　　　　[음의 관계]　　　[자형의 관계]

269. '旱' (弗里) [feli]

이 문자는 역어에

No. 421 旱卅 弗里隨/ 伏力速 [felisui], [fulisuwi], [felisui] 가다行/ [feliyembi](M),

[fuli](S)

No. 781 ᠊᠊᠊᠊ 法兒法兒弗里隨/ (法兀法兀弗里隨) [farfar fulsui], [farfar fulsuwi], [farifari fulisu][따로 가다, 헤어지다另行/ [farfambi](M), [fuli](N)

No. 817 ᠊᠊᠊᠊ 弗里隨古里吉 [felisuiguri-mbi], [furisuwi gurigi], [fulisui gurigi] 이행하다行移/ [gurimbi](M), [fuli 가다行(N)

이고 의자로 바탕 문자는 '行'[hsing] 항에 없고 유사음 [hsin] 항의 '尋'의 '᠊᠊'을 제외한 형이다.

'行'[hsing] ⟶ '尋'[hsin] ⟶ '᠊᠊'[feli]

[음의 관계]   [자형의 관계]

270. '᠊᠊' (少) [šao]

이 문자는 역어에

No. 456 ᠊᠊᠊ 少沙埋 [šaoša-mbi], [sauša-mai], [šaušamai] 정벌하다征/ [dailambi](M)

이고 '少'[shao] 항에도 [hsiao] 항에도 바탕 문자가 없어서 의자이며 바탕 문자는 '征'[chêng] 항에 있는 '爭'이다.

'征'[cheng] ⟶ '爭'[chêng] ⟶ '᠊᠊'[šao]

[음의 관계]   [자형의 관계]

271. '爭' (斡) [o?]

이 문자는 역어에

No. 823 鳥列爭发 塞因幹灣 [sain wowan], [sain ogon], [sain oŋon?] 편익便益

이고 앞부분의 2자(한 단어)는 [sain]인데 뒷부분의 2자의 대비어는 불분명하다. 그러나 '益'[i]의 유사음 [yü] 항에 있는 '于'가 바탕 문자라고 생각한다.

'益'[i] ⟶ '于'[yü] ⟶ '爭'[o?]
[음의 관계]   [자형의 관계]

272. '爭' (也) [ye]

이 문자는 역어에

No. 385 朱爭右 背也眛/ 背因必 [buye-mbi], [beyembi], [buyemei] 사랑하다愛/ [buyembi](M)

No. 392 主爭右 忒也眛/ 亦立 [deye-mbi], [teyemei], [teyemei] 일어나다起/ [deyembi](M), [t'əku](N)

No. 458 为爭右 衛也眛 [weye-mbi], [wiyemei], [wiyemei] 빼앗다奪/ [durimbi](M)

No. 771 朴判史承右 貴也魯弗忒眛 [guiyelu? fude-mbi], [guyeru futemei], [guyeru futemei] 반숭허다伴送/ [dahame futemei](M)

No. 791 早爭哭攵伏夭 非也吉木本剌 [-], [fiyegi mubunla], [fiyeŋgi mubunla] 조력하다偏裨

이고 위의 예에서는 어두에는 나타나지 않는다. 아마도 의자로 '套'[to]의 유사음 [tao] 항의 '到'가 바탕 문자라고 생각할 수 있다.

'套'[to] ⟶ '到'[tao] ⟶ '爭'[ye]
[음의 관계]   [자형의 관계]

273. '𨵸' (忽十) [hūsi(ha)]

이 문자는 역어에

No. 552 𨵸兂 忽十安/ 忽失哈 [hūsian], [hušigan], [hūšiŋan] 치마裙/ [hūšihan] (M)[50]

이고 의자로 '裙'[ch'ün] 항에 바탕 문자가 없어 바탕 문자는 불분명하다.

274. '毛' (背) [beye]

이 문자는 역어에

No. 95 毛 背/ 失木兀 [beye], [bei], [bui] 춥다寒/ [bəikuwan](M)

이고 '背'[pêi] 항, 그리고 [beye]에서 '身'[shên] 항에도 바탕 문자는 없고 의자로 '寒'[han], '冷'[ling]에 유사한 의미인 '凍'[tun]의 유사음 [tun] 항에 '屯'이 바탕 문자이다.

'寒'[han] ⟶ '凍'[tung] ⟶ '屯'[tun] ⟶ '毛'[beye]
  　[의미의 관계]　　　[음의 관계]　　　[자형의 관계]

---

50) '𨵸'와 '𨵶'의 오자이다. 『여진역어』 의복문에는 '裙'의 표의자는 '𨵶'이며 지금 한 가지 형에 가까운 '𨵸'은 『여직자서』 금경자류에 실려 있다. 금대석각에 있는 그 두 자는 혼동되어 '𨵶'가 여진 성씨 '完顔'을 철자하는 어미음절 [ja]에 사용되고 있으며, 『여진역어』의 '裙'의 어두자(불완전표음자)로 '𨵸'인 까닭에 보통 혼용으로 근대석각에 계승되었음을 알 수 있다.

275. '光' (滅) [miye, niye]

이 문자는 역어에

No. 160 光솃 滅黑/ 捏黑 [niyehe], [miyehe], [miehe] 오리鴨/ [niyehe](M), [nihe](N)

No. 631 光솃丞 滅黑綠 [niyehe-lü], [miyehelu], [miehe lu] 압록鴨綠/ [niohon] (M)

이고 의자인데 '鴨'[yɑ] 항에 바탕 문자가 없고 바탕 문자는 불분명하다.

276. '丞' (卓) [jo]

이 문자는 역어에

No. 473 夹乇丞店号 別厄卓斡卜連 [beyejoo-mbi], [biye jurburen], [bie jurburen] 위반하다有違/ [jurčembi](M)

이고 자형으로서는 '伐'[fɑ]과 비슷하지만 의자로 볼 때 '違'[wêi] 항, '異'[i] 항에도 바탕 문자는 없고 '卓'[cho]의 유사음 [chɑo] 항에 있는 '找' 이 바탕 문자이다. 음자이다.

'卓'[cho] ——→ '找'[chɑo] ——→ '丞'[jo]
[음의 관계]   [음과 자형의 관계]

277. '毛' (蒙古) [mongo]

이 문자는 역어에

No. 318 **屯戎** 蒙古魯 [monggol], [mongul], [muŋgulu] 타타르韃靼/ [monggo]
(M), [moŋɣol](Mo)[51]

이고 의자로 '蒙古'가 '銀'[yin]을 의미하는 것으로 그의 유사음 [yun] 항에
있는 '奄'을 바탕 문자로 추정할 수 있다.

'蒙古'[monggo] ────▶ '銀'[yin] ────▶ '菴'[yen] ────▶ '屯'[monggo]
　　　　　[의미의 관계]　　　　[음의 관계]　　　　[자형의 관계]

278. '式' (式勒) [del]

이 문자는 역어에

No. 390 **式臾** 式勒黑 [telhe-mbi], [telhehe], [telehe] 헤어지다離/ [delhembi](M)
No. 778 **式邑古臾奉攴** 式勒禿昧兀塞天伯 [deltumei usetenbe], [telhetumei
usetiyenbe], [teretumei usetenbe] 별종別種

이고 의자로 '離'[li] 항에 바탕 문자는 없고 '別'[pieh]의 유의어 '異'[i]의
유사음 [yü] 항의 '域'일 것이다.

'別'[pieh] ────▶ '異'[i] ────▶ '域'[yü] ────▶ '式'[del]
　　　[의미의 관계]　　　[음의 관계]　　　[자형의 관계]

---

51) '屯'와 'も'는 서로 오자이다. '屯戎' *muŋi 蒙古魯/ 韃靼 『여진역어』 신체문 47 『여직자서』에
　　신체문에 있는 '鼻'의 표의자는 '屯'이므로 따라서 『여진역어』 신체문 12에 있는 'も'는 '屯'
　　의 오자일 수밖에 없다. 그 위에 더욱 『여진역어』 인물문 47에 있는 '屯戎'의 어두자 '屯'는
　　'も'의 오자임을 알 수 있다. 'も'는 『여진역어』에서 보이고 그 자형으로부터 추측하면 '毛'도
　　동일한 자족에 소속되며 그 자원은 거란소자 'ㄴ'에 있는 한자 '毛'에서 유래하였으며 그
　　음가도 음절 어두음 m-을 갖는 형식도 가능한 것이다. 『여진역어』에 '屯'는 'も'를 혼동하여
　　자형이 유사하다.

279. '毛' (緬) [mien, miyten]

이 문자는 역어에

No. 323 毛夠 緬甸 [mien-diyen], [miyen diyen], [mendien] 미얀마緬甸

이고 [mien] 항에 바탕 문자가 없고 바탕 문자는 불분명하다.

280. '兀' (兀魯) [u, ulu?]

이 문자는 역어에

No. 673 兀在牛 兀魯忽洪 [uluhuhun], [ulhuhun], [ulhuhun] 연하다軟/ [ulhuken]
(M), [nəmnəri](N)

이고 '軟'[juɑn] 및 그의 유사음 항 [chuan], [chuang] 항에는 바탕 문자가
없으므로 의자가 아니라 음자이다. 만주어에서는 대비어를 [uhuken]이라
고 해서 [wu] 항에 있는 '戌'이 바탕 문자일 것이다.

'兀'(魯)[wu(l)] ——→ '戌'[wu] ——→ '兀'[u(l)]
　　　　　[음의 관계]　　　　[자형의 관계]

혹은 다음과 같은 방식으로도 생각할 수 있다.

'軟'[juɑn] ——→ '柔'[ju] ——→ '戌'[shu] ——→ '兀'[ul]
　　　[의미의 관계]　　[음의 관계]　　[자형의 관계]

281. '充' (那) [na]

이 문자는 역어에

No. 706 甬充 一那 [ina], [ina], [ino] 옳다是/ [inu](M), [inu, anu](Mo)

No. 732 厷立甬充 斡恩一那 [oen²], [wen ina], [weŋen ino] 비록 ~일지라도雖
是/ [očibe](M)

No. 757 脅単甬充 革木兒一那 [gemur ina], [gemur ina], [gemuri ino] 도무
지, 전혀都是/ [gemu inu](M)

이고 그루베는 대비어를 [inu]로 들고 있는데 '是, 亦, 也'의 의미가 있으며
그 중에 '亦'[i] 항의 '尾'를 바탕 문자로 하고 있다.

'亦'[i] ⟶ '尾'[i] ⟶ '充'[na]
  [음의 관계] [자형의 관계]

282. '尾' (扎) [ja]

이 문자는 역어에

No. 726 尾弓申 扎魯哈 [jaluha], [jaluha], [jaluha] 차다盈/ [jalumbi](M)

이고 '盈'[ying] 항의 [yin] 항에는 바탕 문자가 없고 음자로서 '扎'[cha]
항의 '咤'가 바탕 문자이다.

'扎'[cha] ⟶ '咤'[cha] ⟶ '尾'[ja]
  [음의 관계] [자형의 관계]

283. '扎' (勒) [re], (厄) [we?]

이 문자는 역어에

No. 715 以扎 以勒 [ire], [iriye], [ire] 들어가다入/ [došimbi](M), [ire](Mo)

No. 35 夫扎来 黑勒厄甲/ (黑勒厄來) [hele-giya], [heriye giya], [helee gia] 거리, 가街/ [giyai](M)

No. 36 夫扎 黑勒厄 [hele], [heriye], [helee] 시市

No. 772 美尤失来扎 牙魯乖埋分厄 [yaruguaime funiye], [yaruguwaimai feuiye], [yaruguaimai funei] 불러들이다糾合/ [yarumbi](끌다, 이끌다), [feniyen] 무리)(M)

No. 820 夷斤来扎 克安分厄 [kan funiye], [kean feniye], [kan funei] 감합하다勘合(발송할 공문서의 한 끝을 원부原簿에 대고 그 위에 얼려 찍던 도장)

이고 '勒'과 '厄' 두 가지로 사용되고 있지만 정확한 음은 분명하지 않다. 그 각각의 항에 바탕 문자는 없지만 의자로 '入' 항에 있는 '乳'가 바탕 문자로 되어 있다.

'入'[ju] ⟶ '乳'[ju] ⟶ '扎'[re]
　　[음의 관계]　　[자형의 관계]

284. '粍' (必) [bi]

이 문자는 역어에

No. 151 粜粍尧卷 朵必卜嫩 [dobi bonio], [dobibonon], [dobi bonon] 원숭이猿/ [bonio](M)

No. 308 禾仅粍冬 素溫必因 [sun-bin], [sunbin], [sunbin] 총병하다總兵/

[uhəri gadalara da](M)

No. 395 用杚右 兀剌必昧 [ujele-mbi], [ujelbimei], [uǰebimei] 공경하다敬/
[uǰelembi](M)

No. 537 朿杚 厄必勒 [ebi-mbi], [ebire], [ebire] 배부르다飽/ [ebimbi](M)

No. 784 邑杚乑卒癸 禿必巴忒比 [tubiba tebi], [tubibatetun], [tubibatetun] 강
상綱常/ [tob](M)

이고 '敬'[ching] 및 '飽'[pao] 항에 바탕 문자가 없어 음자로 생각되며
'必'[pi] 항에 있는 '杚'가 바탕 문자라고 생각하지 않을 수 없다.

'必'[pi] ⟶ '杚'[pi] ⟶ '杚'[bi]

    [음의 관계]   [자형의 관계]

285. '牷' (德) [de]

이 문자는 역어에

No. 785 益㐬史牷 住兀的德 [jugu be de], [jugube de], [juŋū be dei] 도덕道德/
[doro](M)

이고 아마도 한자 '德'[tê]의 전사자이고 [tê] 항에 바탕 문자가 없지만
[tai] 항에 있는 '代'가 바탕 문자로 되어 있다.

'德'[tê] ⟶ '代'[tai] ⟶ '牷'[de]

    [음의 관계]   [자형의 관계]

258

286. '[illegible]' (革) [ge]

이 문자는 역어에

No. 102 [illegible] 革捏黑塞革 [gənəhə səgə], [gənəhəi səgə], [gənəhə səgə] 세월이 지나가다去歲/ [gənəhə ə](M)

No. 370 [illegible] 革勒勒/ 革勒必 [gele-mbi], [gelere], [gelere] 두려워하다惧/ [gelembi](M)

No. 371 [illegible] 革勒/ 革勒必 [gele-mbi], [gelere], [gelere] 두려워하다怕/ [gelembi](M)

No. 565 [illegible] 革出勒黑 [gečulehe], [gečulehe], [gečulehei] 무릎을 덮는 천膝欄

No. 713 [illegible] 革捏黑去 革捏黑 [gene-mbi], [genehei], [genehe] 가다去/ [genembi](M), [ʒnə](N)

No. 736 [illegible] 革洪約斡洪 [gehun yobohun], [gehun yowohun], [gehun yowohūn] 명백하다明白/ [gehun], [getuken](M)

No. 862 [illegible] 革登 [geten?], [geden], [geden] 가다往/ [genembi](M)

이고 '革'[kê] 항에 바탕 문자가 없고 의자이며 '去'[ch'ü]의 유사음 [chi] 항의 '記'가 바탕 문자이다.

'去'[ch'ü] ⟶ '記'[chi] ⟶ '[illegible]'[ge]

[음의 관계] [자형의 관계]

'去'[ch'ü] ⟶ '脊'[chi] ⟶ '[illegible]'[ne]

[음의관계] [자형의 관계]

287. '忠,' (阿剌) [ala]

이 문자는 역어에

No. 90 忠条 阿剌哈 [alaha?], [alaga], [alaga], [alaga](a) 규방閨/ [anagan](M), [angan](E)

No. 689 忠用 阿剌哈 [alaha], [alaha], [alaha], [ala-ka](a) 패하다敗/ [efujembi] (M)

No. 794 肖臾忠用 厄忒黑阿剌哈 [etehe araha], [etehe alaha], [etehe alaha] 승부하다勝負/ [etembi](비리다, 날고기胜), [burulambi] 짐을 지다負(M)

이고 의자로 '敗'[pai], '負'[fu] 항에 바탕 문자가 없지만 '閨'[jun]의 유사음 [chün]에 있는 '君'이 바탕 문자이다.

'閨'[jun] ⟶ '君'[chün] ⟶ '忠,'[ala]
    [음의 관계]   [자형의 관계]

288. '봉' (卜連) [bure]

이 문자는 역어에

No. 473 史乇玉店봉 別厄卓斡卜連 [beye joo-mbi], [biye jurburen], [bie jurburen] 위반하다有違/ [jurčembi](M)

No. 733 斗夬봉 兀忽卜連 [uhu], [ulhuburen], [ulhuburen] 효론하다曉論/ [ulhibumbi](M)

No. 735 犮庠峇봉 戈迷吉果卜連 [gomigi gobure?], [gomigi geburen], [gomigi goburen] 너그럽게 용서하다寬饒/ [gobolombi](M)

이고 모두 동사의 변화어미에 사용되며 만주어의 [-bure]와 대비된다. 그러나 한어의 역자가 불분명하기 때문에 바탕 문자도 불명확하다.

289. '丂' (該) [gai]

이 문자는 역어에

No. 628 今丂卜楚該 [bočogai], [bočogai], [bočugai] 색色/ [bočonggo](M)

이고 음자라고 생각되며 '該'[kai]의 유사음 [hai] 항에 있는 '害'가 바탕 문자이다.

'該'[kai] ——→ '害'[hai] ——→ '丂'[gai]
　　[음의 관계]　　　[자형의 관계]

290. '兮' (君) [chün]

이 문자는 역어에

No. 275 兮 君 [chün], [giyun], [giyun] 군君/ [ejen](M)
No. 279 夯兮 將軍 [jiyang chün], [jiya giyun], [jiaŋ giyun] 장군將軍/
　　　[jiyanggiyūn](M)

이고 '君'[chün]이 바탕 문자이다.

'君'[chün] ——→ '兮'[chün]
　　[자형과 음의 관계]

291. '庌' (哈兒) [garu]

이 문자는 역어에

No. 185 庌土 哈兒溫/ 哈魯 [garun], [garun], [garun] 하늘거위天鵝/ [garu](M)

이고 의자로 '鵝'[ê] 항에 있는 '疳'가 바탕 문자라고 생각된다.

'鵝'[e] ——→ '疳'[ê] ——→ '庌'[garu]
　　[음의 관계]　　[자형의 관계]

292. '殍' (木魯) [mur, mar?]

이 문자는 역어에

No. 599 '物殍句' 阿木魯該/ 阿木剌 [amargi], [amurgai], [amurgai] 뒤, 후後/ [amargi](M), [amidʒikə](N), [amela](S)

No. 614 更舌物殍句 別弗脉阿木魯該 [-], [bifumeamurgai], [biefumai amurgai] 이후在後/ [amargi de](M)

No. 868 呈忽殍句 皇阿木魯該 [huan-amargi], [huwan amurgai], [hoŋ amurgai] 황후皇后

No. 818 仍主宪殍斥 端的孫扎失兒吉/ (端的松扎失儿吉) [jasirgi], [dondisun jaširgi], [dondisun ǰaširgi] 명령을 듣다聽令/ [donjimbi](듣다)(M)

이고 의자로 '後, 后'[hou]의 유사음 '活'[huo] 항에 있는 '殍'이 바탕 문자일 것이다.

'後, 后'[hou] ──────▶ '活'[huo] ──────▶ '兒'[mar], ?[mur]
　　　[음의 관계]　　　　[자형의 관계]

293. '伕' (必忒黑) [bithe]

이 문자는 역어에

No. 216 伕 必忒黑/ 必忒額 [bithe], [bitehe], [bithe] 글書/ [bithe](M),
[pit'əhə](N), [bitege](S), [bitiga](Ma)

No. 277 伕且化 必忒黑背勒 [beile], [bitehe beile], [bithe beile] 문관文官/
[bitheši, bithei hafan](M)

이고 '書'[shu] 항에 바탕 문자는 없지만 의자이고 '本'[pên]의 유사음
[pien] 항의 '便'이 바탕 문자일 것이다.

'書'[shu] ──────▶ '本'[pên] ──────▶ '便'[pien] ──────▶ '伕'[bith]
　　[의미의 관계]　　　[음의 관계]　　　[자형의 관계]

294. '伏' (出) [ču]

이 문자는 역어에

No. 824 伏丸容尺为花乐 出出瓦孩革勒吉 [čucuwahai gelegi], [čučuwahai
gelegi], [čučuwahai gelegi?] 전례에 비추어 상고하다照例/ [songkoi](상서러
운 조짐照祥)(M)

No. 845 伏丸杂尺丟也 出出瓦孩塔以 [čuwahai dai?], [čučuwahai tai], [čučuwahai
tai?] 의지했다照依/ [sonkoi](M)

이고 의자라고 생각되며 '照'[chao]의 유사음 '湫'[chiao]가 바탕 문자인
듯하다.

'照'[chao] ———→ '湫'[chiao] ———→ '伏'[ču]

      [음의 관계]   [자형의 관계]

295. '休' (里) [li]

이 문자는 역어에

No. 167 其休夊 其里因 [kilin], [kilin], [kilin] 기린麒麟

No. 205 肖休 忽里 [huli], [huli], [hūli] 문설주闑/ [taktu](M)

No. 214 耒叐休 扎赤里 [čačili], [jačili], [jačili] 방에 치는 장막帳房/ [čačari]
(M), [čačar](Mo)

No. 457 夬休右 道里眛 [duri-mbi], [daulimei], [daulimai] 부딪히다搶/ [durimbi]
(M), [tuli](N)

No. 511 炎休 牙里/ 牙力 [yali], [yali], [yali] 고기肉/ [yali](M)

No. 516 盂休屛 失里希/ 失力希 [silihi], [šilihi], [šilihi] 쓸개膽/ [šilihi](M)

No. 521 炎休 牙里/ 牙力 [yali], [yali], [yali] 고기肉/ [yali](M)

No. 759 刮休斥 準里吉 [junligi], [junliai], [junligi] 영웅英雄/ [baturu](M)

No. 788 乍休斥叐夭 塞里吉忒你和 [siligi teniho?], [sailigi teni ho], [seligiteniho]
당연히 위태하다危然/ [gelečuke](M)

이고 음자로 '里'[li] 항의 '俐'가 바탕 문자로 되어 있다.

'里'[li] ———→ '俐'[li] ———→ '休'[li]

      [음의 관계]   [자형의 관계]

296. '伟' (吉) [gi]

이 문자는 역어에

No. 234 伟禹 吉苔 [gida], [gida], [gida] 종소리鐘/ [gida](M), [geda](S), [gida](W)(Ma)(C)

이고 의자로 '鎗'[ch'iang]의 유사음 [ch'êng] 항에 있는 '秤'이 바탕 문자로 되어 있다.

'鎗'[ch'iang] ⟶ '秤'[ch'êng] ⟶ '伟'[gi]
<u>[음의 관계]</u>　　　<u>[자형의 관계]</u>

297. '伟' (替) [či]

이 문자는 역어에

No. 25 日羹伟右 一能吉禿替眛/ 受溫禿提黑 [inenggi tuči-mbi?], [inengi tutimei], [ineŋgi tutimei] 해가 뜨다日出/ [šun tučimbi](M)

No. 87 先羑伟 失剌哈替 [sirahate], [širahati], [širahati] 옛古/ [seibəni](M)

No. 96 夯伟化 革替勒 [-], [getile], [getilə] 얼다凍/ [gəčuhun](M), [gətio](E)

No. 202 伟夂 替因 [čin], [tin], [tin] 관청廳/ [tinggin](M)

No. 470 伟夂乐岙天 替孩吉厄兀魯 [cihai gi eulu], [tihai gi gur], [tihai gi eŋuru] 즉시, 곧隨卽/ [cihai](임의, 마음대로)/ [čihai](M)

No. 592 匀伟 番替/ 珠勒革 [fan-či], [fanti], [fanti] 남南/ [julergi](M), [tʃuləʃi](N), [jullie](S)

No. 593 乇伟 兀里替/ 伏勒希 [uliči], [uliti?], [uliti] 북北/ [amargi](M), [amilia](E)

No. 613 侲疋乑宋化 替該吉諸勒 [-], [tihaigi julē], [tihaigi ǰulē] 종전從前/ [julergi de](M)

No. 679 侲疋乑 替孩吉 [čihaigi], [tihaigi], [tihai gi] 따르다從/ [šihambi](따르다), [čihai](임의)(M)

No. 685 侲疋乑 替孩吉 [cihaigi], [tihaigi], [tihai gi] 따르다隨/ [cihai](임의)(M)

No. 714 羑侲右 禿替昧 [tuči-mbi], [tutimei], [tutimei] 나다出/ [tučimbi](M)

No. 752 並土先夆侲 卜溫失剌哈替 [bunsilahati], [bunširahati], [bunširahati] 옛부터自古/ [julge ci](M)

No. 805 帯侲爻 塔替卜魯 [tači-mbi], [tatiburu], [tatiburu] 공부를 가르치다習學/ [tačubmbi](M)

이고 어두에 있는 것으로는 '從'[tsung], [ts'ung] 및 '隨'[sui]이다. '替'[t'i] 및 [ch'i], [ch'ih]에 바탕 문자가 없고 의자로 '隨'의 유사음 [ts'ui] 항의 '倅' 이 바탕 문자일 것이다.

'隨'[sui] ⟶ '倅'[ts'ui] ⟶ '侲'[či]
　　　[음의 관계]　　[자형의 관계]

298. '仔' (朶課) [doko]

이 문자는 역어에

No. 545 仔 朶課 [doko], [doko], [doko] 속裏/ [doko](M), [dogu](E)

이고 의자로 바탕 문자는 '裏'[li] 항에는 없고 그의 유사음 [lê]에 있는 '埒'이다.

'裏'[li] ——→ '埒'[lê, lieh] ——→ '得'[doko]

  　[음의 관계]　　　　　　[자형의 관계]

299. '得' (哈) [ha]

이 문자는 역어에

> No. 252 **得赤巾** 哈剌哈/ 哈染 [haʤǔha], [hajiha], [hasha] 가위剪/ [hasaha](M),
> [haʧ'i](N), [haisi](S), [kaic'i](Ma), [хаза](Cu)
>
> No. 462 **得矢** 哈貪 [hadan], [hatan], [hatan] 강하다强/ [hatan](M)
>
> No. 722 **得釆夬及** 哈富扎孩 [hafuja-mbi], [hafujahai], [hafuǰahai] 투명하
> 다, 통하다透/ [hafumbi](M)

이고 '剪'[chien], '透'[t'ou]의 항에 바탕 문자는 없지만 '强'[chiang] 항에
있는 '將'이 바탕 문자일 것이다.

'强'[chiang] ——→ '將'[chiang] ——→ '得'[ha]

  　[음의 관계]　　　　　　[자형의 관계]

300. '伢' (端的) [donji]

이 문자는 역어에

> No. 351 **伢圭** 端的孫/ 斷的 [donji-mbi], [dondisun], [dondisun] 듣다聽/
> [donǰimbi](M), [dooldiran](E), [doldim](W)
>
> No. 354 **伢孟** 端的吳 [donji-mi], [dondigu], [bondiu] 묻다聞/ [donjimbi](M)
>
> No. 777 **伢圭考及** 端的孫哈荅孩 [hadahai], [dondisun kadahai], [dondisun
> hagdahai] 소식을 듣다聽信/ [donǰimbi](U), [akdambi](S)

No. 818 𠀉𪜎𥐥𪜠𪜱 端的孫扎失兒吉/ (端的松扎失儿吉) [jasirgi], [dondisun jaširgi], [dondisun jaširgi] 명령을 듣다聽令/ [donjimbi](듣다)(M)

이고 '聽'[t'ing] 항에는 바탕 문자가 없고 '聞'[wên] 항의 '吻'이 바탕 문자라고 생각된다.

'聞'[wên] ——→ '吻'[wên] ——→ '𪜱'[donji]

　　　[음의 관계]　　　[자형의 관계]

301. '𪜶' (勒) [le]

이 문자는 역어에

No. 10 𤕦𪜶土 失勒溫/ 失雷 [sileun], [šileun], [šilun] 이슬露/ [šilenggi](M)

No. 96 𣐳𪜴𪜶 革替勒 [-], [getile], [getilə] 얼다凍/ [gəčuhun](M), [gətio] (E)

No. 182 𤕥𪜴𪜿 卜勒黑/ 不勒黑 [bulehe], [bulehei], [bulehe] 선학仙鶴/ [bulehen](M)

No. 197 糸𪜶 呕勒 [ele], [yule], [eure] 뜰, 집안院/ [hūwa](M)

No. 277 𠈃𪜩𪜶 必忒黑背勒 [beile], [bitehe beile], [bithe beile] 문관文官/ [bitheši, bithei hafan](M)

No. 332 𠕋𪜶𪜵 禿里勒捏兒麻/ (禿里勒捏儿麻)/ 蒙过捏兒麻 [turile niyalma], [turile niyarma], [tulile niarma] 오랑캐 사람夷人/ [tulergi niyalma](M)

No. 370 𪞊𪜶𥐁 革勒勒/ 革勒必 [gele-mbi], [gelere], [gelere] 두려워하다惧/ [gelembi](M)

No. 371 𪞊𪜶𥐁 革出勒黑/ 革勒必 [gele-mbi], [gelere], [gelere] 두려워하다怕/ [gelembi](M)

No. 530 𥏁𪜶 卜勒 [bele], [bule], [bule] 쌀米/ [bele](M)

No. 565 𪞊𪜩𪜶𪜿 革出勒黑 [gečulehe], [gečulehei], [gečulehei] 무릎을 덮는

천슬란(天膝欄)

No. 595 希余化 弗只勒 [fejile], [fujile], [fuǰile] 아래下/ [feǰergi](M), [fəigirə](N)

No. 598 枭化 諸勒/ 住勒革 [jule], [jelē], [jule] 앞前/ [juleri](M), [tʃulə](N), [julile](S), [julgu](E)52)

No. 601 希化 禿里勒 [turile, tulergi?], [tulile], [tulile] 외外/ [tulergi](M), [tolle](S), [tulile](E)

No. 613 伟足乐枭化 替該吉諸勒 [-], [tihaigi julē], [tihaigi ǰule] 종전從前/ [julergi de](M)

No. 615 希化至仐 禿里勒忒厄 [-], [tulile tē], [tulile teel] 외면外面/ [tulergi dere](M)

No. 751 甫月炙化右 兀住康克勒眛 [uju hengkie-mbi], [uju kankelemei], [uǰu kaŋkīlemei] 머리를 조아리다叩頭/ [hengkilembi](M)

No. 755 夲化矣 厄勒黑 [elehe], [elehe], [elehe] 있다自在/ [elhe](M)

No. 763 马求足凡化 一立受孩背勒 [ilimbi beile], [ilisuhai beile], [ilišuhai beile] 관을 설치하다設官/ [beile ilimbi](M)

No. 770 希化天仟 禿里勒禿魯溫 [turile turgun, tulun], [tulile turgun], [tulile turŋun] 오랑캐의 뜻夷情/ [tuleri baita, tuleri turgun](M)

No. 799 半夹夂化 朶申因勒 [dosinin-le?], [došin inle], [došin inlei] 불러 모으다引類/ [došimbi](M)

No. 800 畀化矢 捏苦勒埋 [nekurlembi], [nekulemai], [nekulemei] 친교를 맺다結交/ [nökörlemoi](Mo)

No. 831 佚化爻 兀魯勒別 [ululebie], [urulebi], [urulebie] 승인하다准/ [uru](M)

이고 그 바탕 문자는 불분명하다.

---

52) 아신교로 울라희춘(愛新覺羅 烏拉熙春), 앞의 책, 119쪽. '諸勒'은 오류로 '諸勒勒'으로 수정하였다.

302. '伲' (卜斡) [buwo?]

이 문자는 역어에

    No. 276 伲夫 卜斡厄 [buwa, (buya)], [buwe?], [bueŋe] 신하臣/ [amban](M)

이고 의자로 '臣'[ch'ên]의 유사음 [ch'ien] 항에 있는 '倪'을 바탕 문자로
간주할 수 있다.

    '臣'[ch'ên] ⟶ '倪'[ch'ien] ⟶ '伲'[buwo]
      [음의 관계]   [자형의 관계]

303. '佟' (禿科) [tuku]

이 문자는 역어에

    No. 544 佟 禿科 [tuku], [tuku], [tuku] 겉表/ [tuku](M), [tulgu](E)

이고 의자로 '表'[piao] 항에 바탕 문자가 없고 '表'와 유의의 '面'[mien]
항의 '俛'이 바탕 문자일 것이다.

    '表'[piao] ⟶ '面'[mien] ⟶ '俛'[mien] ⟶ '佟'[fuku]
     [의미의 관계]   [음의 관계]   [자형의 관계]

304. '伐' (戈) [go]

이 문자는 역어에

No. 326 **帛仅** 瑣戈/ 素羅幹 [soho], [sogo], [solgo] 고려高麗/ [solho](M)

No. 701 **仅斥** 戈羅幹/ 過羅 [goro], [gorō], [goroo] 멀다遠/ [goro](M)

이고 위의 두 예에서 바탕 문자 발견이 어렵다.

305. '充' (勒) [li]

이 문자는 역어에

No. 807 **昊空秀充斥** 塔以革勒吉 [tai gelegi], [tai gelegi], [tai gelegi] 예에 따
르다依例

No. 824 **伏虬麥見秀充斥** 出出瓦孩革勒吉 [čucuwahai gelegi], [čučuwahai
gelegi], [čučuwahai gelegi?] 전례에 비추어 상고하다照例/ [songkoi](상서러
운 조짐照祥)(M)

이고 그루베는 '秀充斥'에 [kooli]를 대비시키고 있다. 아마도 이는 옳으며
이것을 보아도 '充'는 '例'[li] 항에 있는 '礼'가 바탕 문자일 것이다.

'例'[li] ⟶ '礼'[li] ⟶ '充'[li]
 　　[음의 관계]　[자형의 관계]

306. '半' (脉日藍) [mujilen]

이 문자는 역어에

No. 506 **半史** 脉日藍伯/ 揑廠 [mujilen], [mujilenbe], [merilenbe] 마음心/
[mujilen](정신, 마음), [niyaman](마음)(M)

이고 '𫠜'[be]는 "-을"을 의미하는 조사이고 '米'은 의자로 '心'[hsim] 항에 있는 '辛'이 바탕 문자를 이루고 있다.

'心'[hsin] ⟶ '辛'[hsin] ⟶ '米'[mujilen]

   [음의 관계]   [자형의 관계]

307. '糸' (薄里) [beri]

이 문자는 역어에

No. 236 糸 薄里/ 伯力 [beri], [beri], [beri] 활ᄅ/ [beri](M), [bəri](N), [ber](S)

이고 의자로 '弓'[kung] 항 및 [k'ung], [kun], [k'un] 항에는 바탕 문자는 없지만 유사음 [hung] 항에 보이는 '哖'가 바탕 문자로 상상된다.

'弓'[kung] ⟶ '哖'[hung] ⟶ '糸'[beri]

   [음의 관계]   [자형의 관계]

308. '东' (斡) [o]

이 문자는 역어에

No. 391 东谷走 斡滅別 [omi-mbi], [omiyabi], [omiebie] 모이다會/ [ačamhi](M)

No. 606 东夾夕 斡厄忽 [waikū, waihū], [oehu(?)], [weihū] 기울다斜/ [waihū, waiku](M)

No. 829 东米 斡非 [ofi], [ofi], [ofi] 위하다爲/ [ofi](M)

이고 바탕 문자는 위의 세 예만으로는 불분명하지만 의자로 '爲'[wêi] 항의 '尾'가 비슷하다.

'爲'[wêi] ──→ '尾'[wêi] ──→ '𠂤'[o?]
　　[음의 관계]　　　　[자형의 관계]

309. '𥝱' (厄-) [ei]

이 문자는 역어에

> No. 292 𥝱㞯 厄一厄 [eigə], [eigə], [eige] 장부丈夫/ [eigen](M), [ʒikəŋ](E)
>
> No. 474 𥝱朱 厄一吉撒 [eigisɑ], [eigisɑ], [ei gisɑ] 불가하다不可/ [oǰorɑkū](M)
>
> No. 476 𥝱臭 厄一黑 [eihe], [eihe], [eihe] 한 적이 없다不會/ [urui wɑkɑ](M)

이고 야스마安馬의 저서 중에(123쪽) "'𥝱朱', '𥝱臭'의 의미변화 용법 등은
불분명하다."고 말하고 있다. 이것들을 살펴보면 '𥝱'는 '不'의 의미를 가
지며 [fu] 항에 있는 '伏'가 바탕 문자이다.

'不'[pu, fou] ──→ '伏'[fu] ──→ 𥝱[ei]
　　[음의 관계]　　　[자형의 관계]

310. '余' (丁) [ji]

이 문자는 역어에

> No. 126 哭余舟炎 只丁庫莫/ 得的墨(燒)莫(柴) [deijiku-mo], [jidinkumo],
> [dinɲiku mo] 섶柴/ [deijiku moo](M)
>
> No. 686 哭余舟 只丁庫/ 得的墨 [deiji-mbi], [jidinku(?)], [jidiŋku] 사르다燒/
> [deijimbi](M)

이고 '丁'[ting], [chêng] 항에 바탕 문자가 없고 의자로 생각되며 자형에
서부터 보면 '卒'[tsu]이 바탕 문자인 듯한 데 붙여서 확실한 증명이 되지
않는다.

'燒'[shao] ──→ '受'[shou] ──→ '卒'[tsu] ──→ '余'?[ji]
　　[음의 관계]　　　　[음의 관계]　　　[자형의 관계]

311. '牟' (幹) [on], (和的幹) [hojiho-on]

이 문자는 역어에

No. 34 巫牟羔 和脫幹你 [hoton], [hotō ni], [hoto ni] 哭池/ [hoton](M), [hoton
ni](N), [hoton](S)

No. 701 伇牟 戈羅幹/ 過羅 [goro], [gorō], [goroo] 멀다遠/ [goro](M)

No. 745 飛牟气金戈系 多羅幹薄替彈巴 [doron bodidanba], [dorōbo tiktamba],
[doroobo tigtanba] 법도法度/ [kooli doron, doro ciktan](M)

No. 783 呆毛飛牟气 兀里厄林多羅幹薄 [ulierin dolowenba?], [ulhierin dorōbo],
[ulierin doroo bo?] 윤리倫理/ [čiktan doro](M)

No. 795 反引牟炙炙失 哈剌魯幹哈沙剌 [-], [halaluwo hašala], [halaluo hašala]
첩보, 승리의 소식捷音/ [halar](소리), [eten medege](M)

No. 289 [ ] 牟 和的幹/ 活的 [-], [hodiho], [hodio] 사위女婿/ [hojihon](M),
[hɔdiu](S)53)

이고 원래 [-on]인데 No. 34는 오역으로 '池'가 아니라 '城'이어야 한다.

---

53) '牟'는 '牟'의 오자이다. '牟'는 『여직자서』에 과실문에 나타난다. 한편 『여직자서』에 인물문
에 '婿'의 표의자는 '牟'이다. '牟'는 석각에 보이는 모든 어미의 위치한다. [o]모음을 표시하
는 표음자이나 '牟'만 '婿'를 나타내는 표의자로 사용된다. 그러므로 『여진역어』 인물부 18에
'牟'는 오자임이 틀림없고 양자의 자형의 유사성으로 혼동하였거나 혹은 어두의 '牟'를 쓰다
가 획을 누락하였는지 어느 쪽인지 알 수 없다.

또 No. 289는 '斥'의 앞에 [hojiho-]에 해당하는 의자가 탈락되어 있다.
한어에 [-on]의 음은 없어서 의자라고 생각되며 '斤'[chin]이 바탕 문자인
듯한 붙여서 데 논거가 발견되지 않는다.

312. '斥' (吉) [gi]

이 문자는 역어에

No. 344 尚血斥 忽朝吉 [hučenggi], [hučaugi], [hučaugi] 영화榮

No. 349 党夕斥 扎阿吉 [jaagi], [jāgi], [jaagi] 천하다(賤)/ [ja](M)

No. 382 夲臭斥 厄黑吉 [ehegi], [ehegi], [elhe gi] 상쾌하다快/ [sebjelembi elhe](M)

No. 470 佐処斥乵夭 替孩吉厄兀魯 [cihai gi eulu], [tihai gi gur], [tihai gi eŋuru] 즉시, 곧隨卽/ [cihai](임의, 마음대로)/ [čihai](M)

No. 478 角委斥夭甲 的黑黑吉塔哈/ 看哈安答哈 [jihehe gi taha], [dihe gi taha], [dihe gi taha] 귀순歸順/ [jime tahambi](M)

No. 510 卣米斥 吉波吉/ 吉郎吉 [giranggi], [girangi], [girangi] 뼈骨/ [giranggi] (M), [gerende](S), [giaranda](E), [girämnan](W)

No. 576 柔斥 阿剌瓦吉/ 阿儿八 [alawagi], [arawag], [alawagi], [alawaʔ] 위무하다, 다스리다勅/ [hese](M)

No. 613 佐処斥東化 替該吉諸勒 [-], [tihaigi julē], [tihaigi jule] 종전從前/ [julergi de](M)

No. 626 才斥一車吉 [ičegi], [ičegi], [ičegi] 곱다鮮/ [iče](M), [ikin](E)

No. 666 才斥 一車吉/ 一車 [-], [ičegi], [ičegi] 새롭다新/ [iče](M)

No. 670 存斥 納兒吉 [nargi], [nargi], [nargi] 정밀하다精/ [narhūn](M)

No. 678 角委斥 的黑黑吉 [jihehe gi], [dihehe gi], [dihehe gi] 돌아가다歸/ [bederembi, jimbi](오다)(M)

No. 679 佐処斥 替孩吉 [čihaigi], [tihaigi], [tihai gi] 따르다從/ [šihambi](따

르다), [čihai](임의)(M)

No. 684 㒷斥 都吉 [dugi], [dugi], [dugi] 가하다(可)

No. 685 作殳斥 替孩吉 [cihaigi], [tihaigi], [tihai gi] 따르다隨/ [cihai](임의)(M)

No. 690 式斥 戈迷吉/ 過迷 [golmigi], [golmigi], [golmigi] 길다長/ [golmin](M)54)

No. 695 盡夌斥 舒米吉/ 說迷 [šumigi], [šumigi], [šumigi] 깊다深/ [šumin](M), [ʃunt'a](N), [sunta](S)

No. 698 兎夕斥 扎阿吉 [jaagi], [jāgi], [jaagi] 가볍다輕/ [ja](M)

No. 703 兎夕斥 扎阿吉 [jaagi], [jāgi], [jaa gi] 바꾸다易/ [ja](M)

No. 731 立斥甪宂 厄勒吉扎以 [eregijai], [eregi jai], [eregi ǰai] 이 때문에因此/ [ede](M)

No. 735 犮斥肖号 戈迷吉果卜連 [gomigi gobure?], [gomigi geburen], [gomigi goburen] 너그럽게 용서하다寬饒/ [gobolombi](M)

No. 749 釆斥店仟旻荼 莽吉斡溫者勒 [manggi onjele?], [mangi urgunjere], [maŋgi urŋnjere] 즐거워하다可嘉/ [manggi urgunjembi](M)

No. 759 刂休斥 準里吉 [junligi], [junliai], [junligi] 영웅英雄/ [baturu](M)

No. 788 乍休斥変夭 塞里吉忒你和 [siligi teniho?], [sailigi teni ho], [seligiteniho] 당연히 위태하다危然/ [gelečuke](M)

No. 789 丸斥可允 弗里吉該別 [furigi-gaimb], [fuligi gaibi], [fuligi gaibie] 장차 명령하다命將/ [fulin](명령), [gaimbi](요청要, 장차將)(M)

No. 801 屵柔灾南丸斥 卓你伯荅出吉 [jonibe dačugi], [jonibe dačugi], [ǰonibe dačugi] 날카롭고 민첩하다鋒鋭/ [ǰeyen](날카롭고 민첩하다鋒鋭, [dačun]

---

54) '式'는 '犮'의 오자이다. '式斥' *golmigi 戈迷吉/ 長『여진역어』통용문 25. '式'는 금석문 석각에서 '式'로 쓰여져 있으며 그 음가가 [dəl]이기 때문에 그 자원은 한자의 '弌'임에 틀림이 없다. 그것은 동사 '離別하다'의 어두로 '式益' *dəldə-에 사용된다.『여진역어』인사문 51에서는 동사 '離'는 '式臾' *dəlhə이고『여진역어』속첨 19에서 동사 '分'은 '芭古' *[dəltu-məi]이므로 양방으로 동일한 어근이다. 따라서 주음 한자의 '戈迷'가 나타내는 발음은 '式'의 본래 음가로 구별되지 않는다.『여진역어』통용문 70에서 연어 '寬饒'의 어두 단어는 '犮斥' *[golmigi]여서 주음 한자는 '戈迷'이며 그 단어의 본뜻은 '길다'라는 것을 알 수 있다. 여기에서『여진역어』통용문 25의 式가 犮의 글자의 잘못임을 알 수 있다.

(날카로운 칼)(M)

No. 807 ᡏᠠᡳᠯᡳᡤᡝᠯᡝᡤᡳ 塔以革勒吉 [tai gelegi], [tai gelegi], [tai gelegi] 예에 따
르다依例

No. 817 ᡶᡠᠯᡳᠰᡠᡳᡤᡠᡵᡳᡤᡳ 弗里隨古里吉 [felisuiguri-mbi], [furisuwi gurigi], [fulisui
gurigi] 이행하다行移/ [gurimbi](M), [fuli 가다(行)(N)

No. 818 ᡩᠣᠨᡩᡳᠰᡠᠨᠵᠠᠰᡳᡵᡤᡳ 端的孫扎失兒吉/ (端的松扎失儿吉) [jasirgi], [dondisun
jaširgi], [dondisun ǰaširgi] 명령을 듣다聽令/ [donjimbi](듣다)(M)

No. 824 ᠴᡠᠴᡠᠸᠠᡥᠠᡳᡤᡝᠯᡝᡤᡳ 出出瓦孩革勒吉 [čucuwahai gelegi], [čučuwahai
gelegi], [čučuwahai gelegi⁇] 전례에 비추어 상고하다照例/ [songkoi](상서러
운 조짐照祥(M)

No. 852 ᡝᠮᡠᡥᡝᡵᡤᡝᡤᡳ 厄木赫兒厄吉 [emu hergegi], [emu hergegi], [emu herŋe
gi] 일급一級[emuǰergi](M)

이고 어미형에 사용되며 음자인 듯하며 '吉'[chi] 항에 바탕 문자가 없는
데 유사음 [ch'ih] 항의 '斥'이 바탕 문자가 아닐까?

'吉'[chi] ⟶ '斥'[ch'ih] ⟶ 'ᡤᡳ'[gi]

[음의 관계]　　　[자형의 관계]

313. 'ᡶᡝᠨ' (分脫) [fento⁇]

이 문자는 역어에

No. 121 ᡶᡝᠨᠮᠣ 分脫莫/ 忽廈莫 [fento], [fonto mo], [fonto mo] 밤栗/
[jančuhūn](M)

이고 'ᠮᠣ'[mo]는 '木'을 의미하고 'ᡶᡝᠨ'는 의자이다. 형태상에서 보면 'ᡶᡝᠨ'
와의 관계를 생각할 수 있으며 그 바탕 문자는 'ᠯᡳ'[li]로 가정하면 자음으

로 '栗'의 음 [li]에서 '戻'가 바탕 문자이다.

314. '𰀡' (車) [če]

이 문자는 역어에

> No. 389 𡚥𰀡𰀧 卜車黑/ 不尺黑 [buče-mbi], [bučehei], [bučehe] 죽다死/
> [bučembi](M)
>
> No. 727 𣂪𰀡𰀧 分車黑 [funčehe], [funčehei], [funčehe] 남다餘/ [funčembi]
> (M)
>
> No. 847 𠀍𰀡𰀧 其車黑 [kiče-mbi], [kičehei], [kičehe] 사용하다用/ [kičembi](용
> 공)(M), [baitalambi](사용하다)(M)

이고 '死'[ssŭ], '餘'[yü], '用'[yung]의 항 및 '車'[ch'ê] 항에는 바탕 문자가
없고 바탕 문자는 불분명하다.

315. '𰀢' (厄) [esi]

이 문자는 역어에

> No. 710 𰀢𡧇 厄申 [esin], [ešin], [ešin] 불不/ [akū](M), [esin](S), [ese](Mo)
> No. 738 𰀢𡧇𠈓𡀃 厄申撒希 [esin sanhi], [ešin sahi], [ešin sahi] 모르다不知/
> [sarakū](M)

No. 739 ㄔ列 关並 厄申殿式 [esin diyeti[?]], [ešindiyente], [ešindiente] 못 만나
다不會/ [muterakū](M)

이고 그루베는 위의 예에서처럼 '厄'[ê]로 하고 있는데 '列'[-in]이기 때문
에 'ㄔ'은 당연히 [esi]이어야 한다. 그 바탕 문자는 '不'[pu]에 근사한 [fu]
항의 '夫'의 변형이라고 생각된다. 의자이다.

'不'[pu] ────→ '夫'[fu] ────→ 'ㄔ'[esi]
　　└──────┘　　　└──────┘
　　[음의 관계]　　　[자형의 관계]

316. '卒' (式) [te]

이 문자는 역어에

　　No. 88 卒夅 式厄/ 額能吉 [teo[?], tee[?]], [tē], [tee] 지금今/ [te](M)
　　No. 437 卒夭 式比/ (式屯) [tebi], [tetun], [tetun] 항상常/ [enteheme](M)
　　No. 480 卒夭育志 式比八哈別 [tebi baha-mbi], [tetun bahabi], [tetun bahabie] 길이 누리다永享/ [entehme bahambi](M)
　　No. 784 邑扎ᔆ卒夭 禿必巴式比 [tubiba tebi], [tubibatetun], [tubibatetun] 강상綱常/ [tob](M)

이고 자형상에서 보면 '卒'[tsu, ts'u]가 바탕 문자인 듯한데 '式'[t'ê] 항,
'今'[chin] 항에는 바탕 문자가 없고 '常'[ch'ang]이 바탕 문자일 것이다.

'常?'[ch'ang] ────→ '卒'[te]
　　　└──────┘
　　　[의미와 자형의 관계]

317. '牟' (頭) [to]

이 문자는 역어에

No. 11 牟 頭/ 納答 [to], [tou], [tu] 말斗/ [nɑihū](북두), [demdu](말)(M)

이고 '頭'[t'ou] 및 '斗'[tou] 항에 바탕 문자는 없지만 유사음 [ts'u, tsu] 항에 있는 '卒'이 바탕 문자이다.

'斗'[tou] ——➤ '頭'[t'ou] ——➤ '卒'[ts'u, tsu] ——➤ '牟'[to]
[음의 관계]   [음의 관계]   [자형의 관계]

318. '筌' (梅) [mei]

이 문자는 역어에

No. 509 筌舟 梅番 [meifen], [meifɑn], [meifen] 목項/ [meifen](M)

이고 이 역어는 잘못이며 옳게는 '頸'[ching]이어야 한다. 의자이고 바탕 문자는 '頸'[ching] 항의 '窄'이다.

'頸'[ching] ——➤ '窄'[ching] ——➤ '筌'[mei]
[음의 관계]   [자형의 관계]

319. '牟' (木) [mulɑ]

이 문자는 역어에

No. 239 卒米 木刺/ 木郞 [mulan], [mulan], [mulan] 의자橖/ [mulan](M)

이고 그루베는 (木) [mula]를 대응시켜 역어에는 [mula]로 하고 있으나
양자 다 잘못이며 '米'가 [-an]인 이상 '卒'는 [mula]이어야 한다. 따라서
의자이며 바탕 문자는 '橖'[têng], [t'êng] 항에 없고 유의어 '座'[tso]에 가
까운 음인 '卒'[tsu]이다.

'橖'[têng] ⟶ '座'[tso] ⟶ '卒'[tsu] ⟶ '卒'[mula]
　　[의미의 관계]　　　[음의 관계]　　[자형의 관계]

320. '卆' (忒) [teme]

이 문자는 역어에

No. 137 卆屁 忒厄/ 忒木革 [temege], [temge], [temge] 낙타駝/ [temen](M),
[t'əmən](N), [temgen](E), [temege](Mo)

이고 '忒'[t'ê]에도 [tê]에도 바탕 문자가 없고 의자이다. '駝'[t'o]의 항에
바탕 문자는 없지만 자형이 317의 '卆'[to]와 비슷하다. 이 자의 바탕 문자
는 역시 '卒'[ts'u]이다. 그 단어의 말미에 있는 '屁'에서부터 이 단어는 몽
고어 [temege]라고 생각된다.

'駝'[t'o] ⟶ '卒'[ts'u] ⟶ '卆'[teme]
　　[음의 관계]　　　[자형의 관계]

321. '仐' (塞) [se]

이 문자는 역어에

No. 190 兇千余頁 上江塞克 [šanggiyan segu], [šangiyan seke], [šaŋgian seke] 은색 쥐銀鼠/ [šanggiyan seke](M)

No. 191 余頁 塞克 [seke], [seke], [seke] 담비쥐貂鼠/ [seke](M)

이고 의자로 '貂'[tiao] 항에 바탕 문자가 없고 [chiao] 항의 '叫'가 바탕 문자라고 생각된다.

'貂'[tiao] ──→ '叫'[chiao] ──→ '余'[se]
　　　└─────┘　　　　└─────┘
　　 [음의 관계]　　　 [자형의 관계]

322. '夅' (安) [amba], (安班) [amba]

이 문자는 역어에

No. 29 夅米凥土 安班厄都溫/ 昻八厄都 [amban edun], [amban edun], [anban edun] 대풍大風/ [amba edun](M)

No. 668 夅米 安班剌/ 昻八 [—], [amban], [anbanla], [amban](a) 크다大/ [amban](M)

No. 724 夅友 安班剌 [ambala], [ambala], [anbala], [anbanla](a) 많다多/ [labdu](M)

No. 803 夅米癸夆 安班剌忽禿兒/ (安班者忽禿儿) [amban hūtur], [amban (la) hutur], [anban hūturi] 큰 복洪福/ [anban hūturi](M)

이고 이 여러 에에 따르면 '米'는 [-an]이므로 '夅'은 [amba]임에 틀림없다. 따라서 의자이며 '多'[to] 항에는 바탕 문자가 없고 그 유사음 [tsu] 항에 있는 '卒'이 바탕 문자이다.

'大'[ta] ──→ '多'[to] ──→ '卒'[tsu] ──→ '夆'[amba]

[의미의 관계]　　[음의 관계]　　[자형의 관계]

323. '伞' (善) [šan]

이 문자는 역어에

No. 405 肖伞圥 都善別 [tuša-mbi], [dušanbi], [dušenbie] 부지런하다勤/
[dosombi](M)

이고 '善'[shan] 항에는 바탕 문자가 없고 의자이겠지만 바탕 문자는 불분
명하다.

324. '㐀' (愛) [ai]

이 문자는 역어에

No. 776 㐀列更夬㐂 愛因別赤巴勒 [ainbečibale], [ain bičibala], [ainbi čibala⁷]
반드시務要/ [urunakū](M)

이고 이 단어의 대비어가 불분명하기 때문에 바탕 문자도 역시 불분명하다.

325. '芰' (莫, 沒) [mo]

이 문자는 역어에

No. 104 斋芰 和朶莫/ 換多莫 [holdon mo], [holdo mo], [holdo mo] 소나무
松/ [jagdan, holdon moo](M)

No. 105 朱癶 一十莫 [isi-mo], [iši mo], [iši mo] 잣나무栢/ [iši moo](낙엽송)(M), [mailasu](잣나무)(M)

No. 107 夾癶 縛約莫/ 佛約 [foyoro mo], [foyo mo], [foyo mo] 오얏나무李/ [foyoro](M)

No. 111 右癶 昧莫 [mei mo], [mei mo], [mei mo] 매회梅/ [nenden](M)

No. 115 桼癶 朶和莫 [doho-mo], [dokomo], [doko mo] 나무樹/ [doko](길거리), [mo](나무)(M)

No. 121 斥癶 分脫莫/ 忽廈莫 [fento], [fonto mo], [fonto mo] 밤栗/ [jančuhūn](M)

No. 126 眾仐舟癶 只丁庫莫/ 得的墨(燒)莫(柴) [deijiku-mo], [jidinkumo], [diɲjiku mo] 섶柴/ [deijiku moo](M)

No. 152 癶瓦 莫嫩/ 莫虐 [monio], [moniyon], [monion] 원숭이猴/ [monio](M), [mɔniu](S), [monio](E)

No. 117 癶 沒/ 莫 [mo], [mo], [mo] 나무木/ [moo](M), [mo](W)

이고 음자로 바탕 문자는 '莫'[mo]이다.

'木'[mu] ⟶ '莫'[mo] ⟶ '癶'[mo]
    [음의 관계]   [자형의 관계]

326. '夌' (番) [fan]

이 문자는 역어에

No. 199 庚夌 哈番/ 哈發 [hafan], [hafan], [hafan] 관아衙/ [hafa i yamun](M)

이고 '番'[fan] 항에는 바탕 문자가 없고 바탕 문자는 불분명하다.

327. '⿱' (灣) [on]

이 문자는 역어에

No. 58 多⿱㿟盉 斡速灣住兀 [osohonjugu], [osogon jugu], [osoŋon juŋu]
지름길徑/ [osohon jugūn](M)

No. 81 玖⿱卑 休灣朶/ 額力 [-], [fogondo], [foŋon do] 때時/ [fon, forgon](M),
[horogon](S)

No. 669 多⿱ 斡速灣/ 阿沙 [osohon], [osogon], [osoŋon] 작다小/ [osohon](M)

No. 728 㢁⿱夅叟 晩灣半的孩 [wanwanbanj-mbi], [wangon bandihai], [wonŋou
bandihai] 어떻게 태어나다怎生/ [ainambi](M)

No. 823 㡾列爭⿱ 塞因斡灣 [sain wowan], [sain ogon], [sain oŋon?] 편익便
益

이고 [on]의 음을 가진 문자는 한자에 없기 때문에 음자가 아니라 의자이
다. 즉 그 바탕 문자는 '小'[hsiao]의 유사음 '少'[shao]일 것이다.

'小'[hsiao] ⟶ '少'[shao] ⟶ '⿱'[on]
　　　　[음의 관계]　　　[자형의 관계]

328. '⿱' (甙) [te]

이 문자는 역어에

No. 740 夂⿱夊 木甙卜魯 [mute-mbi], [muteburn], [muteburu] 작성하다作
成/ [mutembi](M)

이고 '甙'[tʻe] 항에 바탕 문자는 없고 의자로 '成'[chʻêng]이 바탕 문자이다.

'成'[ch'êng] ⟶ '夃'[te]

[자형과 음의 관계]

329. '戻' (卜) [bu, boi]

이 문자는 역어에

No. 38 戻夯 卜和/ 伯和 [boiho], [boiho], [boho] 흙土/ [boihon](M)[55]

이고 의자이며 (卜) [bu] 항에는 바탕 문자가 없고 '土'[t'u]의 유사음 [tu] 항에 있는 '度'가 바탕 문자이다.

'土'[t'u] ⟶ '度'[tu] ⟶ '戻'[boi]

　　[음의 관계]　　 [자형의 관계]

330. '冘' (瑣里) [sori]

이 문자는 역어에

No. 445 冘帚 瑣里都蠻 [soktoho], [soktoho], [sogtohe] 전쟁戰/ [soktombi](M), [sogtomoi](Mo), [sɔkt'ɔ], [sott'o](M)[56]

No. 484 冘帚 瑣里都蠻/ 素力必 [soriduman], [soriduman], [soriduman] 하인을 죽이다厮殺/ [sušumbi](M), [surildumoi](Mo)

---

55) '戻'는 '戾'의 오자이다. 『여직자서』에 '房'의 표의문자로 '戻'가 없어 『여진역어』에는 표음자를 부가하여 '戻气'*[bogo]로 한다. '戻'는 『여직자서』에 '이동자류'에 붙여서 동사 '改'의 표의자이며, 『여진역어』에는 우측에 점을 붙여서 '戻'*[kab-]로 한다. '土'의 어두음절 [bo]가 '房'의 그것과 동일한 이상 '戻'와 '戾'의 필획이 빠진 것임을 알 수 있다.

56) 아신교로 울라희춘(愛新覺羅 鳥拉熙春), 앞의 책, 119쪽. '瑣里都蠻'은 오류로 '瑣里苦'로 수정하였다.

이고 의자인데 '戰'[chan], '殺'[shai, sha] 항에 바탕 문자가 없고 '厮'[ssŭ]의 유사음 [su] 항에 있는 '窣'이 바탕 문자이다.

'厮'[ssŭ] ⟶ '窣'[su] ⟶ '朩'[sori]

[음의 관계] [자형의 관계]

331. '禾' (和你) [honi(n)]

이 문자는 역어에

No. 144 朩 和你/ 賀泥 [honin], [honi], [honi] 양羊/ [honin](M), [hɔnin](N), [hunin](S), [honin](Mo), [honin](E)

이고 '羊'[yang]의 항에 바탕 문자가 없고 12지 '未'[wêi]가 바탕 문자이며 의자이다.

'羊'[yang] ⟶ '未'[wêi] ⟶ '朩'[noni(n)]

[음의 관계] [자형의 관계]

332. '叏' (朶兒歡) [dorgon]

이 문자는 역어에

No. 177 㞢乇叏 脉忒厄林朶兒獾/ (脉忒厄林朶儿獾) [mederin dorgon], [meterin dorgon], [meterin dorhon] 오소리海獾/ [mederi dorgon](M)

이고 의자로 바탕 문자는 '獾'[huan] 항에 있는 '奐'이라고 생각할 수밖에 없다.

'玃'[huan] ⟶ '奐'[huan] ⟶ '夹'[dorgon]

[음의 관계]　　　　[자형의 관계]

333. '炅' (赤) [či]

이 문자는 역어에

No. 158 吳炅外 失赤黑/ 舍彻 [sičihe], [šičihei], [šigčihe] 참새雀/ [čečihe](M),
[šikan](E)

No. 214 朿炅休 扎赤里 [čačili], [jačili], [jačili] 방에 치는 장막帳房/ [čačari]
(M), [čačar](Mo)

No. 280 仒炅 厄赤 [eči], [elči], [elči] 사신使臣/ [elčin](M), [elčin](Mo)

No. 556 玫炅 弗赤/ 卜莫赤 [foči], [foči], [foči] 버선襪/ [foji fomoci](M)

No. 589 用炅元 哈赤馬 [hačima], [hačima], [hačima] 아교阿膠

No. 776 屮列炅炅� 愛因別赤巴勒 [ainbečibale], [ain bičibala], [ainbi čibala?]
반드시務要/ [urunakū](M)

이고 음자인지 의자인지 그리고 바탕 문자도 불분명하다.

334. '灾' (沙) [ša]

이 문자는 역어에

No. 418 消南灾矢 忽荅沙埋/ 翁察 [hudaša-mbi], [hudašamai], [hūdašamai]
팔대買/ [hūdašam, unčambi](M), [hɔda](N)

No. 442 庆灾矢 哈沙埋 [haša-mbi], [hašamai], [habšamai] 고하다告/
[habšambi](M)

No. 456 斈灾矢 少沙埋 [šaoša-mbi], [saušamai], [šaušamai] 정벌하다征/

[dailambi](M)

No. 475 *[characters]* 哈沙下剌者車/ 得道力剌 [gašahiy-mbi], [gašahiyala ječe], [gašahiala ječe] 변경을 침범하다犯邊/ [ječen be necimbi](M)

No. 561 *[character]* 紗/ 廈 [ša], [ša], [ša] 깁紗/ [čeče](M)

No. 795 *[characters]* 哈剌魯斡哈沙剌 [-], [halaluwo hašala], [halaluo hašala] 첩보, 승리의 소식捷音/ [halar](소리), [eten medege](M)

No. 815 *[characters]* 伯亦沙埋恩 [boiša-mbi], [boišamaien], [baišamai en] 은혜에 감사하다謝恩

이고 주로 동사의 기능어미로 사용된다. 자형으로서는 '夷'[i], '弔'[tiao]와 비슷하지만 바탕 문자는 불분명하다.

335. '关' (禿魯) [tru]

이 문자는 역어에

No. 729 *[characters]* 禿魯溫都言 [-], [turgun duyen], [turŋun duyen] 연고緣故/ [turgun](M)

No. 770 *[characters]* 禿里勒禿魯溫 [turile turgun, tulun], [tulile turgun], [tulile turŋun] 오랑캐의 뜻夷情/ [tuleri baita, tuleri turgun](M)

이고 의자이다. '緣'[yüan], '故'[ku], '情'[ch'ing] 모두가 바탕 문자가 없지만 보아하니 이들과 동의 혹은 유의의 '事'[shuh] 항에 있는 '史'가 바탕 문자일 것이다.

'事'[shih] ⟶ '史'[shih] ⟶ '关'[tur]
　　[음의 관계]　　　[자형의 관계]

336. '炙' (別) [bi]

이 문자는 역어에

> No. 473 炙屯㢱店号 別厄卓斡卜連 [beyejoo-mbi], [biye jurburen], [bie jurburen] 위반하다有違/ [jurčembi](M)

> No. 614 炙苩物居旬 別弗脉阿木魯該 [-], [bifumeamurgai], [biefumai amurgai] 이후在後/ [amargi de](M)

> No. 704 炙屯 別厄/ 必 [bi-mbi], [biye], [bie] 있다有/ [be, bimbi](M), [bišin](N)

> No. 776 芇列炙炙㢱 愛因別赤巴勒 [ainbečibale], [ain bičibala], [ainbi čibala?] 반드시務要/ [urunakū](M)

> No. 806 炙屯為列炙 別厄塞因別 [-], [biye sainbi], [bie sain bie] 유익하다有益/ [sain bi, tusa bi](M)

> No. 819 侁夘麦甪炙 瑣迷別忒別 [somi-mbi], [somibitebi], [somiebitebie] 잠거하다潛居/ [somimbi] 감추다, 저장하다藏, [tembi](거주하다)(M)

> No. 831 佉佻炙 兀魯勒別 [ululebie], [urulebi], [urulebie] 승인하다准/ [uru] (M)

이고 '有'[yu, you]의 항 및 '居'[chü] 항에 바탕 문자가 없고 종종 유의어로 사용되는 '是'[shih] 항의 '史'가 바탕 문자로 인정된다.

'有'[yu] ⟶ '是'[shih] ⟶ '史'[shih] ⟶ '炙'[bi]
[의미의 관계]   [음의 관계]   [자형의 관계]

337. '炙' (斡) [wo?]

이 문자는 역어에

No. 78 𗆺𗓉 多羅幹/ 多博力 [dorowo], [dorowo], [dolowo] 밤夜/ [dobori](M), [tɔlɔpu](N)

No. 736 𗷀𗓉 革洪約幹洪 [gehun yobohun], [gehun yowohun], [gehun yowohūn] 명백하다明白/ [gehun], [getuken](M)

이고 '幹'[wo] 항의 바탕 문자는 없고 의자인 듯 한데 바탕 문자는 불분명 하다.

338. '𗟲' (扎) [ja]

이 문자는 역어에

No. 440 𗥫𗟲𗟲 哈扎魯 [gajalu], [gajaru], [gajaru] 필요, 요구要/ [gajimbi](M)

이고 '扎'[cha] 항에 바탕 문자가 없고 의자로 '要'[yao] 항에 바탕 문자가 없지만 대비되는 만주어는 [gai-mbi] "取[ch'ü], '拿'[na]로 '取'[ch'ü]의 유 사음 [shou] 항의 '受'를 바탕 문자로 하고 있다.

'要'[yao] ⟶ '取'[ch'ü] ⟶ '受'[shou] ⟶ '𗟲'[ja]
　[의미의 관계]　　　[음의 관계]　　　[자형의 관계]

339. '𗒽' (揑苦) [muku]

이 문자는 역어에

No. 329 𗒽𗓉 揑苦魯 [nukur], [nekur], [nekuru (ri)] 친구朋友/ [gучu](M), [nökör](Mo)

No. 798 𗀋𗒽𗓉 忽揑苦魯 [-], [hunekur], [hu nekuru] 친구를 부르다呼朋

No. 800 **兒化矢** 揑苦勒埋 [nekurlembi], [nekulemai], [nekulemei] 친교를 맺

다結交/ [nökörlemoi](Mo)

이고 의자이며 그루베는 현대 몽골어의 [nukur]로 대비시키고 있다. 이것
은 옳고 바탕 문자는 '友'[yu]의 유사음 [yü] 항의 '臾'이다.

'友'[yu] ──────→ '臾'[yü] ──────→ '兒'[nuku]
　　　[음의 관계]　　　[자형의 관계]

340. '吏' (縣) [giyen]

이 문자는 역어에

No. 55 **吏** 縣 [giyan], [hiyen], [hien] 현縣/ [huyen](M)

이고 그루베는 이것을 [hien]이라고 음독하고 있는데 역시 [kien] → [gien]
→ [giyen]일 것이다. 한자음 전사용자로 생각하며 그 바탕 문자는 한자
'更'[kêng]이다.

'縣'[hsien] ──────→ '更'[kêng] ──────→ '吏'[giyen]
　　　[음의 관계]　　　　[자형의 관계]

341. '夯' (塔) [ta]

이 문자는 역어에

No. 500 **予夯** 肥塔/ 發塔 [feitai], [faita], [faita] 눈썹眉/ [faitan](M)
No. 518 **夯昊** 塔溫/ 塔魯兀 [tahun], [targun], [tarɳūn] 살찌다肥/ [torhon](M),

292

[tarɣūn](Mo)

이고 음자인 듯하며 '太'[t'ai]의 변형인 듯하다.

'塔'[t'a] ——→ '太'[t'ai] ——→ '夲'[ta]
[음의 관계] [자형의 관계]

342. '关' (埋) [mai]

이 눈자는 역어에

No. 125 关 未 埋子 [maise], [maiji], [maise] 보리麥/ [maise](M), [maisu](S)

No. 271 办 发 关 支 丈 召剌埋委勒伯 [–], [jaulamai weilebe], [weilebe ǰeulamai] 秦事 사태를 보고하다秦事/ [wešimbumbi](N)

No. 380 朱 关 一十埋/ 赤失哈 [isi-mbi], [išimai], [išimai] 이르다至/ [išimbi](M), [išinasa](E)

No. 381 朱关 一十埋 [isi-mbi], [išimai], [išimai] 이르다至/ [išimbi](M), [išinasa](E)

No. 400 夹 甬 关 聽答埋 [tengta-mbi], [tindamai], [tindamai] 놓다放/ [šindambi](M)

No. 418 肖 南 凫 关 忽荅答埋/ 翁察 [hudaša-mbi], [hudašamai], [hūdašamai] 팔대買/ [hūdašam, unčambi](M), [hɔda](N)

No. 420 尚 关 斡端埋 [okdo-mbi], [odonmai], [odonmai] 허락하다許

No. 430 呑 发 关 哈荅剌埋 [kadala-mbi], [kadalamai], [kadalamai] 관리하다管/ [kadalambi](M)

No. 442 戾 凫 关 哈沙埋 [haša-mbi], [hašamai], [habšamai] 고하다告/ [habšambi](M)

No. 456 舌 凫 关 少沙埋 [šaoša-mbi], [saušamai], [šaušamai] 정벌하다征/

[dailambi](M)

No. 471 𠂤友矢臾𡚡 哈荅剌里荅魯別 [kadalamai dalu-mbi], [kadalamai dalubi], [kadalamai darubie] 지휘하다, 통솔하다率領/ [hatalara dacimbi](M)

No. 677 𡰥矢 阿剌埋 [ala-mbi], [alamai], [alamai], [ala-ma](a) 유사하다似/ [adali](M)

No. 741 育𠂤矢列 八哈別埋因 [baha-mbi], [bahabi main], [bahabie main] 봉록을 누리다享祿/ [fulun bahambi](M)

No. 768 𠂤友矢𡥼毛右 召剌埋拙厄林眛/ (召剌埋拙厄林眛) [jori-mbi], [jaulamai juwerinmei], [jeulamai jueriumei] 보고 올리다, 진보奏報/ [wesimbumbi](M)

No. 772 㒸尤矢來丸 牙魯乖埋分厄 [yaruguaime funiye], [yaruguwaimai feuiye], [yaruguaimai funei] 불러들이다糾合/ [yarumbi](끌다, 이끌다), [feniyen](무리)(M)

No. 774 㒸尤矢𢏄立 牙魯乖埋革恩 [yaruguaime geun], [yaruguwaimai gen], [yaruguaima gen] 무리를 모으다糾衆/ [geren be yorumbi](M)

No. 800 𡰥化矢 揑苦勒 [nekurlembi], [nekulemai], [nekulemei] 친교를 맺다結交/ [nökörlemoi](Mo)

No. 815 㕟于兔矢立 伯亦沙埋恩 [boiša-mbi], [boišamaien], [baišamai en] 은혜에 감사하다謝恩

No. 387 𠇀友矢 只剌埋 [jila-mbi], [jilamai], [jilamai] 불쌍히 여기다憐/ [jilambi](M)

이고 대부분 동사의 변형어미에 사용되고 있는데 바탕 문자는 '麥'[mai]의 유사음 [mêi]의 항의 '美'가 아닐까? 음자로 생각된다.

'麥'[mai] ──→ '美'[mêi] ──→ '矢'[mai]
　　[음의 관계]　　　[자형의 관계]

343. '夲' (非撒) [fisɑ]

이 문자는 역어에

No. 503 **夲** 非撒/ 費撒 [fisɑ], [fisɑ], [fisɑ] 등背/ [fisɑ](M)

이고 의자이다. '背'[pei] 항에 바탕 문자는 없지만 유음의 '脊'[chi]의 유사음 항의 '至'[chih]가 바탕 문자일 것이다.

'背'[pei] ⟶ '脊'[chi] ⟶ '至'[chih] ⟶ '夲'[fisɑ]
  [의미의 관계]   [음의 관계]   [자형의 관계]

344. '夲' (背也) [beye]

이 문자는 역어에

No. 490 **夲** 背也/ 背夜 [beye], [beye], [beye] 몸身/ [beye](M), [beye](S), [beye](Mo)

No. 750 **夲甭庒夭** 背也忽如刺/ 忽如 [beye hujula], [beye hujula], [beye hurula] 몸을 기우리거나 머리를 숙이다鞠躬. / [beye mehumbi](M)

이고 '身'[shên] 항에 바탕 문자가 없고 '體'[t'i]의 향의 약자 '体'에서 만들어진 의자이다.

'身'[shen] ⟶ '体'[t'i] ⟶ '夲'[beye]
  [음의 관계]   [자형의 관계]

345. '呇' (言) [yam]

이 문자는 역어에

No. 98 呇舟乍 言的洪/ 祥的哈 [yamjihun], [yamdihun], [yamdihūn] 저녁夕/
[yamjiha](M)

이고 의자로 '夕'[hsi] 항의 '喜'가 아마도 바탕 문자일 것이다.

'夕'[hsi] ──→ '喜'[hsi] ──→ '呇'[yam?]
　　　└── [음의 관계] ──┘ └── [자형의 관계] ──┘

346. '矢' (革) [ge]

이 문자는 역어에

No. 742 矢芠心朶夨 革卜秃魯哈剌 [gebuduluhala], [gebuturugala], [gebu
tulugala] 명망名望/ [gebu algi](M)

No. 780 矢芠先米 革卜的勒安 [gebu jilgan], [gebu digan], [gebu dilŋan] 명성
名聲/ [gebu jilgan](M)

이고 '名'[ming]의 항 및 [min]항에 바탕 문자가 없고 바탕 문자는 불분명
하다.

347. '夲' (薄約) [foyo]

이 문자는 역어에

No. 107 夾夊 縛約莫/ 佛約 [foyoro mo], [foyo mo], [foyo mo] 오얏나무李/
[foyoro](M)

이고 역어에서는 음을 나타내는 데 '縛'을 쓰고 그루베는 [čuen]으로 하고
있지만 이것은 잘못이며 '縛'[fu]이어야 한다. 따라서 이 문자는 의자이다.
바탕 문자는 '李'[li] 항에 있는 '戻'일 것이다.

'李'[li] ⟶ '戻'[li] ⟶ '夾'[foyo]
　　[음의 관계]　　[자형의 관계]

348. '关' (殿) [diyen, deyen]

이 문자는 역어에

No. 739 串列关並 厄申殿忒 [esin diyeti?], [ešindiyente], [ešindiente] 못 만나
다不會/ [muterakū](M)

이고 음자로 '天'[tʻien]이 바탕 문자일 것이다.

'殿'[tien] ⟶ '天'[tʻien] ⟶ '关'[deye]
　　[음의 관계]　　[자형의 관계]

349. '吏' (千) [čiyen]

이 문자는 역어에

No. 312 吏肖 千戶 [—], [čiyenhu], [čen hu] 천호千戶57)/ [minggan boo](M)
No. 804 吏並右岑夭 千忒昧團住剌 [čendemeituwa-mbi], [čiyentemei tuwanjula],

[čentemei tonǰula] 선발하다考選/ [čendembi](시험, 고시), [sonǰo](선발하다, 선발)(M)

이고 '千'[ch'ien] 항에도 '考'[kao] 항에도 바탕 문자는 없지만 유사음 [hao] 항의 '昊'가 바탕 문자가 아닐까?

'考'[kao] ⟶ '昊'[hao] ⟶ '夬'[ciyen?]
　　　　[음의 관계]　　　[자형의 관계]

350. '夬' (和) [huo], (化) [hua]

이 문자는 역어에

No. 316 夬仕 和尙 [ho-šan], [hošan], [huašan] 화상和尙/ [huwašan](M)
No. 399 屵夬叱 哈化以 [gahai], [gahoi], [gahua i] 취하다取/ [gaimbi](M), [gadami](E)

이고 음자로 보이며 자형에서는 바탕 문자가 '夬'[ku]인 것 같은데 오히려 음상에서 '昊'[hao]이라고 생각된다.

'和'[huo], '化'[hua] ⟶ '昊'[hao] ⟶ '夬'[huo], [hoo?]
　　　　　　　　　[음의 관계]　　　[자형의 관계]

351. '伏' (埋) [mai], (脉兒) [mer]

이 문자는 역어에

---

57) 금나라 초기에 설치한 군대조직인 맹안(猛安)의 음역으로 천호는 총병 700호 이상으로 조직되었으며 10개의 천호가 모여 만호를 구성하였다.

No. 226 向苧伏 恩革埋/ 案革木 [engemu], [engemer], [engeme] 안장鞍/ [enggemu](M)

No. 403 伏免 脉兒黑/ 尙書 [merhe], [merhe], [merhe] 상賞/ [šangnaha](M)

No. 766 九伏帯犬 延脉兒塔剌/ (延脉儿塔剌) [yen-merda-mbi], [yen mertala], [yen mertala] 잔치하다宴犒/ [sarilambi](M)

No. 796 冬盂艾伏免 幹失卜魯脉兒黑/ (幹失卜魯脉兀黑) [wesibu-mbi merhe], [wešiburu merhe], [wešiburu merhe], 승상陞賞/ [wešimbi](升), [sanggambi] (賞)(M)

이고 위의 예에 의하면 두 가지 음사로 사용된다. 전자는 바탕 문자가 불분명하지만 후자는 '賞'[shang]의 유사음 [shên]에 있는 '什'이 바탕 문자일 것이다. 덧붙여 전자도 만약 이것이 의자라면 '鞍'[an] 항에 바탕 문자가 없고 '向苧'의 바탕 문자 항의 '上'[shang]과 음의 일치가 보인다.

'賞'[shang] ⟶ '什'[shên] ⟶ '伏'[mer]
　　[음의 관계]　　　[자형의 관계]

'鞍'[an] ⟶ '上'[shang] ⟶ '什'[shên] ⟶ '伏'[mai?]
　[의미의 관계]　　　[음의 관계]　　　[자형의 관계]

352. '哭' (吉) [gi], (更) [gi]

이 문자는 역어에

No. 6 広哭 禿吉 [tugi], [tugi], [tuŋgi] 구름雲/ [tugi](M), [t'uksu](N), [togca] (S), [tuŋgi](No)

No. 9 午元哭 塞馬吉/ 塞忙吉 [simagi], [saimagi], [saimaŋgi] 서리霜/ [gečen](M), [saihəsə](N), [sanugca](S), [sanu](E)

No. 14 余広哭 卜楚禿吉 [bočo tugi], [bočo tugi], [buču tuŋgi] 노을霞/ [bočotugi], [jagsan](M)

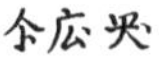

No. 17 蜀哭 一麻吉/ 亦忙吉 [imagi], [imagi], [imaŋgi] 눈雪/ [nimanggi](M), [imana](N), [imande](S), [imaɲde](E)

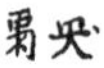

No. 18 帯冗哭 塔馬吉/ 塔兀麻吉 [tamagi], [tamagi], [talmaŋgi] 안개霧/ [talman](M), [tʻamnəhə](N)

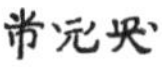

No. 65 壺哭 伏勒吉/ 伏令吉 [fulegi], [fulegi], [fuleŋgi] 재灰/ [fulenggi](M)[58]

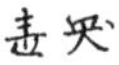

No. 134 兄�蜀哭 上江瑣吉 [šangiyan sogi], [šangiyan sogi], [šaŋgian soŋgi] 배추白寀/ [šanyan](희다), [sogi](채소菜)(M), [soŋgi](P)

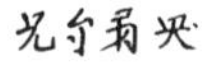

No. 449 老哭攵 嫩吉剌 [nonggi-mbi], [nongila], [nuŋgila] 더하다添/ [nuggimbi] (M), [nuŋgiran](E)

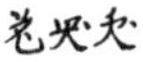

No. 512 夹哭 塞吉/ 生吉 [segi], [segi], [seŋgi] 피血/ [senggi](M)

No. 524 good哭 瑣吉/ 素吉 [sogi, solgi], [sogi], [soŋgi] 나물菜/ [sogi](M)

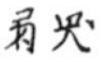

No. 526 甫炙哭 一門吉 [imenggi], [imengi], [imeŋgi] 기름油/ [nimenggi](M), [iməksə](N)

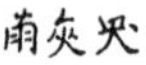

No. 532 乎甫炙哭 酥一門吉 [su imenggi], [su imengi], [su imeŋgi] 연유酥/ [oromu]유모 (奶皮子)(M)

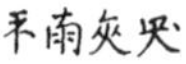

No. 630 蜀哭兄good 一麻吉上江 [imagi šanggiyan], [imangi šangiyan], [imaŋgi šaŋgian] 구름이 희다雲白/ [nimanggi šanggiyan](M)

No. 791 早判哭攵伏哭 非也吉木本剌 [-], [fiyegi mubunla], [fiyeŋgi mubunla] 조력하다偏裨

No. 328 炙哭丂 塞更革 [segige], [sengige], [segiŋge] 친척親戚/ [sadun nimangga](M)

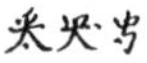

No. 408 炙哭丂 塞更革 [segige], [sengige], [seŋgige] 효孝/ [šenggime](우애, 화목)(M)

---

58) 여진어에서 자음체계에서는 [t]-[d]의 대응에서 [ta]는 '塔'[tʻa] [da]는 '荅'[ta]로, 또한 [k]-[g] 의 대응에서는 [ki]는 '其'[kʻi]로 [gi]는 '吉'[ki]로 전사하고 있다. 특히 [p]-[b]의 대응에서 [b]가 마찰음 [f]로 대응되는 경우가 많이 나타난다.

이고 No. 630의 역은 '흰 구름雲白'이 아니라 '흰 눈雪白'의 잘못이다. 음자
로 보이며 '吉'[chi]의 유사음 [ch'i] 항의 '罷'가 그 바탕 문자를 이루고
있는 듯하다. 또 '更'[kêng]의 음과는 맞지 않는다.

'吉'[chi] ⟶ '罷'[ch'i] ⟶ '夹'[gi]
  [음의 관계]   [자형의 관계]

353. '夭' (恨) [hen]

이 문자는 역어에

> No. 467 夭쌰攵 恨都魯 [hendu-mbi], [henduru], [henduru] 설명하다, 말하
> 다說/ [hendumbi](M)

이고 '說'[shou] 항에 바탕 문자가 없고 의자로 유사음 [shu] 항에 잇는
'殳'가 바탕 문자라고 생각된다. 자형으로서는 한자 '艾'[ɑi]와 완전히 일
치하지만 아무런 관계가 없다.

'說'[shuo] ⟶ '殳'[shu] ⟶ '夭'[hen]
  [음의 관계]   [자형의 관계]

354. '爻' (蒙古) [monggu]

이 문자는 역어에

> No. 570 爻土 蒙古溫/ 猛古 [monggun], [mengun], [muŋgun] 은銀/ [menggun]
> (M), [menggü](S), [moŋun](W), [muŋgun](Mo)

이고 의자로 '銀'[yin] 항에 바탕 문자는 없지만 유사음 [ying] 항의 '英'을 바탕 문자이다.

'銀'[yin] ⟶ '英'[ying] ⟶ 夾[monggu]

[음의 관계] [자형의 관계]

355. '夅' (斡) [we]

이 문자는 역어에

No. 427 夅盂夊 斡失卜魯 [wesimbi], [wešiburu], [wešiburu] 오르다陞[shêng]/ [wešimbi](M)

No. 594 夅盂 斡失 [wesi], [wesi], [weši], 위上[shang]/ [bergi, wesihun](M), [uirkə](N)

No. 796 夅盂夊伏臾 斡失卜魯脉兒黑/ (斡失卜魯脉兀黑) [wesibu-mbi merhe], [wešiburu merhe], [wešiburu merhe], 승상陞賞/ [wešimbi](升), [sanggambi] (賞)(M)

No. 814 北凡夬店夅 阿里卜爲卜斡斡/ (阿里卜爲斡斡) [alibu-mbi], [alibuwi burwe], [alibuwi urwe], 급여하다給與/ [alimbi](承當, 받다受), [bumbi](주다 給)(M)

No. 840 庠夅卅 卜魯斡黑 [buruwe-mbi], [buruwehei], [buruwehe] 화살矢/ [ufaračun](M)

이고 의자이며 '上'[shang]항에 바탕 문자는 없고 '陞'[shêng]에 가까운 [shên] 항에 있는 '參'이 바탕 문자이다.

'上'[shang] ⟶ '陞'[shêng] ⟶ '參'[shên] ⟶ '夅'[we]

[음과 의미의 관계] [음의 관계] [자형의 관계]

356. '⽭' (刺) [ra]

이 문자는 역어에

No. 208 反⽭ 秃刺 [tura], [tura], [tura] 기둥柱/ [tura](M)

No. 358 小土⽭ 套溫刺 [—], [taunra], [taunra] 읽다讀/ [hūlambi](M)

No. 376 ⽞市⽭足 塔苦刺孩/ 塔苦哈 [takūra-mbi], [takurahai], [takūrahai]
어긋나다, 차이나다差/ [takūrambi](M)

No. 377 ⽞市⽭足 塔苦刺孩/ 塔苦哈 [takūra-mbi], [takūrahai], [takurahai]
시키다使/ [takūrambi](M)

No. 438 小商⽭ 套荅刺/ 套荅 [tooda-mbi], [taudara], [taudara] 돌아오다還/
[toodambi](M)

No. 465 小土⽭ 套溫刺 [too-mbi], [taunra], [taunra] 욕하다, 꾸짖다罵/
[toombi](M)

No. 477 伍⽭旱火 只速刺厄墨伯/ 額黑剖发刺 [jise-mbi], [jisura ehe be],
[jisura ehe be] 나쁜 짓을 하다作歹/ [ehe be arambi](M)

No. 790 ⽞市⽭甬芭 塔苦刺謙師 [takūra kiyen-ši], [takura kiyensi], [takūra
kem-šï] 선생을 파견하다, 견사遣師/ [takūrambi](M)

357. '⽮' (戈迷) [gomi]

이 문자는 역어에

No. 735 ⽮斥甬号 戈迷吉果卜連 [gomigi gobure?], [gomigi geburen], [gomigi
goburen] 너그럽게 용서하다寬饒/ [gobolombi](M)

이고 의자로 '寬饒'의 의미는 '怒, 容'이다. 바탕 문자는 '容'[yung]의 항에
는 없고 '怒'[shu]의 유사음 [shou] 항에 있는 '受'일 것이다.

'怒'[shu] ⟶ '受'[shou] ⟶ '炭'[gomi]

[음의 관계]   [자형의 관계]

358. '苃' (卜) [bu]

이 문자는 역어에

No. 182 苃仾升 卜勒黑/ 不勒黑 [bulehe], [bulehei], [bulehe] 선학仙鶴/ [bulehen]
(M)

No. 814 屯凢苃店仌 阿里卜爲卜斡斡/ (阿里卜爲斡斡) [alibu-mbi], [alibuwi
burwe], [alibuwi urwe], 급여하다給與/ [alimbi](承當, 받다受), [bumbi](주다
給)(M)

이고 의자인 듯하며 '鶴'[ho, hao] 중에 [hao]의 '昦'자가 있지만 바탕 문자
로 생각되지 않는다. 또 그루베는 '卜斡斡'에 대해 [bu-mbi]를 할당시키
고 있는데 이것은 옳고 '給'[kêi, chi]라는 의미이며 [chi] 항의 '茇'가 바탕
문자일 것이다.

'給'[chi] ⟶ '茇'[chi] ⟶ '苃'[bu]

[음의 관계]   [자형의 관계]

359. '亥' (兀魯) [ulu?]

이 문자는 역어에

No. 761 亥发庌亥 兀魯麻弗塞登 [-], [-], [uluma fusheden] 강성하다强盛/
[etuhun dekjimbi](M)

이고 그루베는 대비어를 들고 있지 않으며 또 만주어 중에도 발견할 수 없다. 자형상에서는 '亥'[hai]와 비슷한데 바탕 문자는 불분명하다.

360. '*岀*' (忒) [de²]

이 문자는 역어에

No. 855 *友岀屌* 忒忒希 [tedehi], [tetehi], [tetehi] 이불_被

이고 그루베는 [dort²]를 대비어로 들고 있는데 역시 '彼'[pi]이며 바탕 문자는 그 항의 '皮'일 것이다.

'彼'[pi] ⟶ '皮'[pi] ⟶ '*岀*'[de²]
　[음의 관계]　[자형의 관계]

361. '*亥*' (古魯麻) [gūlma]

이 문자는 역어에

No. 150 *亥且* 古魯麻孩/ 姑麻洪 [gūlmahai], [gulmahai], [gūlumahai] 토끼
兎/ [gūlmahūn](M)

이고 의자로 '兎'[t'u]에 바탕 문자는 없고 유사음 [tu]에 있는 '度'일 것이다. '卯'[mao] 항에 바탕 문자는 없다.

'兎'[t'u] ⟶ '度'[tu] ⟶ '*亥*'[gūlma]
　[음의 관계]　[자형의 관계]

362. '去' (塔) [ta]

이 문자는 역어에

No. 376 去带炎足 塔苦剌孩/ 塔苦哈[takūra-mbi], [takurahai], [takūrahai]
어긋나다, 차이나다差/ [takūrambi](M)

No. 377 去带炎足 塔苦剌孩/ 塔苦哈 [takūra-mbi], [takurahai], [takūrahai]
시키다使/ [takūrambi](M)

No. 790 鼻化足仟 塔苦剌謙師 [takūra kiyen-ši], [takura kiyensi], [takūra
kemšī] 선생을 파견하다, 견사遣師/ [takūrambi](M)

이고 '塔'[ta]의 항 및 [t'a] 항에 바탕 문자는 없지만 '差'[tsʼǔ]의 유사음
[tsou]에 있는 '走'가 바탕 문자를 이루고 있는 듯 하며 의자이다.

'差'[tsʼǔ] ⟶ '走'[tsou] ⟶ '去'[ta]

[음의 관계]　　[자형의 관계]

363. '戋' (哈) [lha]

이 문자는 역어에

No. 118 于戋 一勒哈 [ilha], [ilha], [ilha] 꽃花/ [ilha](M), [ilga](N), [ilege](S)

이고 그루베는 '于'을 [il]로 하고 있는데 [i]와 동일하므로 당연히 이 문자
는 [lha]여야 한다. 의자이며 바탕 문자는 '花'[hua] 항에 있는 '畵'라고
생각할 수밖에 없다.

‘花’[hua] ⟶ ‘畫’[hua] ⟶ ‘𡀒’[lha]

[음의 관계]   [자형의 관계]

364. ‘𠬝’ (厄兀) [ebu(hu)]

이 문자는 역어에

No. 362 𠬝叐 厄兀魯/ 歐探必(忙) [ebuhulu], [egur²], [eŋuru] 즉, 곧卽/
[ekšimbi ebuhu sabuhū](M)

No. 363 𠬝叐 厄兀魯/ 歐探必 [ebuhulu], [egur²], [eŋuru] 잇다忙/ [ekšimbi](M)

No. 470 佟㐀𠬝叐 替孩吉厄兀魯 [cihai gi eulu], [tihai gi gur], [tihai gi
eŋuru] 즉시, 곧隨卽/ [cihai](임의, 마음대로)/ [čihai](M)

이고 의자이다. 바탕 문자는 ‘卽’[chi] 항의 ‘急’이며 또 그 단어에는 ‘急’이
라는 의미도 있다.

‘卽’[chi] ⟶ ‘急’[chi] ⟶ ‘𠬝’[ebu]

[음의 관계]   [자형의 관계]

365. ‘尤’ (晩) [wan²], [wan]

이 문자는 역어에

No. 728 尤发夲足 晩灣牛的孩 [wanwanbanji-mbi], [wangon bandihai],
[wanŋou bandihai] 어찌하다 태어났다怎生/ [ainambi](M)

이고 ‘尤’ 한 문자로 ‘晩灣’에 해당하므로 의자이다. 그러나 그 바탕 문자
는 찾기가 어렵다.

366. '光' (牙) [ya]

이 문자는 역어에

No. 496 光巴 牙師/ 牙師 [yasa yaši], [yaši], [yašĭ] 눈眼/ [yasa](M),
[jäsa](M)

이고 의자인 듯하며 바탕 문자는 '眼'[yen] 항에 있는 '炎'이라고 생각된다.

'眼'[yen] ⟶ '炎'[yen] ⟶ '光'[ya]

　　　　　[음의 관계]　　[자형의 관계]

한자 '光'[kuang]과 전혀 관계가 없다.

367. '光' (忒) [te]

이 문자는 역어에

No. 482 光亩另 忒忒卜廐/ 忒得墨 [tetebuma], [tetebuma], [tetebuma] 바치
다, 진공進貢/ [alban jafambi](M)

이고 의자이다. 그루베는 대비되는 만주어를 들고 있지 않아서 역시 불분
명한데 '貢'[kung] 항의 바탕 문자는 없고 유사음 [k'ung]의 '空'이 바탕
문자가 아닐까?

'貢'[kung] ⟶ '空'[k'ung] ⟶ '光'[te?]

　　　　　[음의 관계]　　[자형의 관계]

368. '丸' (別) [-mbi]

이 문자는 역어에

No. 183 吴丸卞 失別洪/ 失別忽 [simbihun], [šibihun], [šigbehun] 제비燕子/ [čibin čibirgan](M)

No. 352 甬岙丸 哈察別/ 哈察 [hača-mbi], [hačabi], [hačabie] 가위, 자르다 剪/ [ačambi](M)

No. 364 芺丸 扎法別/ 扎發哈 [jafa-mbi], [jafabi], [jafabie] 사로잡다擒/ [jafambi](M), [ʤafa](N)

No. 365 芺丸 扎法別/ 扎發哈 [jafa-mbi], [jafabi], [jafabie] 사로잡다捕/ [jafambie](M), [ʤafa](N)

No. 366 有丸 八哈別/ 八哈 [baha-mbi], [bahabi], [bahabie] 얻다得/ [bahambi] (M), [bahsa](E)

No. 367 有丸 八哈別/ 八哈 [baha-mbi], [bahabi], [bahabie] 획득하다獲/ [bahambi](M)

No. 391 本谷丸 斡滅別 [omi-mbi], [omiyabi], [omiebie] 모이다會/ [ačamhi](M)

No. 393 庋丸 哈剌別 [hala-mbi], [halabi], [halabie] 고치다改/ [halambi](M), [halaran](N)

No. 405 甬�æ丸 都善別 [tuša-mbi], [dušanbi], [dušenbie] 부지런하다勤/ [dosombi](M)

No. 411 关岙丸 安察別 [anča-mbi], [amčabi], [amčabie] 쫓다, 추구하다追/ [amčambi](M)

No. 423 舟丸 忒別/ 忒 [tebie], [tebi], [tebie] 앉다坐/ [tembi](M), [t'ərə](N), [t'egke](E)

No. 471 歹夫矢叀丸 哈荅剌埋荅里魯別 [kadalamai dalu-mbi], [kadalamai dalubi], [kadalamai darubie] 지휘하다, 통솔하다率領/ [hatalara dacimbi](M)

No. 480 卒爻有丸 忒比八哈別 [tebi baha-mbi], [tetun bahabi], [tetun bahabie]

길이 누리다永享/ [entehme bahambi](M)

No. 680 苟完 該別 [gai-mbi], [gaibi], [gaibie] 장수將/ [gaimbi](M)

No. 737 苟完荣舟 該別禿番 [gai-mbi tufan], [gaibi tufan], [gaibie tufan] 앞
으로 늘어 나감. 순조롭게 나아감將就

No. 741 育完矢列 八哈別埋因 [baha-mbi], [bahabi main], [bahabie main]
봉록을 누리다享祿/ [fulun bahambi](M)

No. 773 伏完矢戈 苔別刺魯 [dambi], [dabilaru], [dabielaru, dambielaru] 주
석하다備寫/ [arare be belhembi, bambi](관리하다)(M)

No. 775 哭舌完粂右 安察別番住眜 [fonji-mbi], [amčabi fonjumei], [ančabie
fonjumei] 추구하다追究/ [ančambi](추구하다)(M), [fonji-mbi](물음)(M)

No. 789 允床苟完 弗里吉該別 [furigi-gaimb], [fuligi gaibi], [fuligi gaibie] 장
차 명령하다命將/ [fulin](명령), [gaimbi](요청要, 장차將)(M)

No. 819 片柔完舟史 瑣迷別忒別 [somi-mbi], [somibitebi], [somiebitebie] 잠
거하다潛居/ [somimbi] 감추다, 저장하다藏, [tembi](거주하다)(M)

No. 861 宛完 撒必別 [sabi-mbi], [sabibi], [sabibie] 계획하다計/ [bodombi](M)

이고 동사원형의 어미로 사용된다. 따라서 그 의미는 '-하다'이며
'爲'[wêi] 항의 '末'가 바탕 문자로 추정된다.

'爲'[wêi] ──→ '末'[wêi] ──→ '完'[-mbi]
　　[음의 관계]　　　[자형의 관계]

369. '完' (安) [an]

이 문자는 역어에

No. 240 纠完 又安 [yuan], [yagan], [yuŋan] 상床/ [besergen](M)

No. 270 完完卞朵 扎失安肥子 [jasian feiʤǔ], [jašigan faiji], [jašiŋan fise] 사

령장令牌/ [salgiyan temgetu, jasag](M), [jasag](Mo)

No. 272 𡘓兄羔 罕安你/ 哈安 [hagan, han], [haganni], [haŋan ni] 황제皇帝/ [han](M), [haɣan](Mo), [haan](E)

No. 293 𡉣兄 撒里安 [sargan], [sarigan], [sariŋan] 처, 아내妻/ [saragan](M)

No. 342 𡗉𡗉兄 哈撒安 [gashan], [gasagan], [gasaŋan] 화禍/ [gashan](M)

No. 350 𢁠兄𡉣 罕安丹 [handon], [hangandan], [hanŋandan] 취하다取/ [helhun akū](M)

No. 469 𠈌兄 哈剌安 [halan], [karagan], [karaŋan] 망보다, 깊이 살피다哨深/ [karan](M), [qaraɣul](Mo)

No. 552 𡗉、忽十安/ 忽失哈 [hūsian], [hušigan], [hūšiŋan] 치마裙/ [hūšihan] (M)[hūsian], [hušian], [hūšian] 치마裙/ [hūšian](M)

No. 552 𠬟兄 忽十安/ 忽失哈 [hūsian], [hušigan], [hūšiŋan] 치마裙/ [hūšihan] (M)

이고 음자로 '安'[an]이 바탕 문자이다.

'安'[an] ⟶ '兄'[an]
[자형과 음의 관계]

370. '兄' (馬) [ma]

이 문자는 역어에

No. 9 𠂤兄兴 塞馬吉/ 塞忙吉 [simagi], [saimagi], [saimaŋgi] 서리霜/ [gečen](M), [saihəsə](N), [sanugca](S), [sanu](E)

No. 18 帯兄兴 塔馬吉/ 塔兀麻吉 [tamagi], [tamagi], [talmaŋgi] 안개霧/ [talman](M), [t'amnəhə](N)

No. 108 耒兄犬 因馬剌 [inmala], [immala], [inmala] 뽕나무桑/ [nimalan](M)

No. 164 𨀢兀 阿千馬/ 艾兀麻 [aihuma], [aihuma], [ayuma?] 자라鼈/ [aihūma]
(M)

No. 173 㕚兀夬 一馬剌 [imala], [imala], [imala] 산양山羊/ [niman, imahū](M),
[imahɔ̃](N), [imagan](E), [imaɤa](Mo)

No. 188 斥兀 兀魯兀馬/ 兀魯麻 [ulhūma], [ulguma], [uluŋūma] 야계, 꿩野
雞, 雉/ [ulhūma](M), [ɔrkuma](N)

No. 284 㳥多兀扎 忒革馬法 [tege mafa], [tege mafa], [tege mafa] 고조高祖/
[den mafa, da mafa](M)

No. 585 兀圭屰 馬納敖 [manao], [manaw], [manaw] 마노瑪瑙/ [marimbu
wehe](M)

No. 589 用夬兀 哈赤馬 [hačima], [hačima], [hačima] 아교阿膠

이고 일견해서 음자인 것 같은데 그 바탕 문자는 '馬'[ma] 항에서 찾을
수 없다. 그런데

  ㄱ) 자형은 '元'[yüan]과 흡사하다.
  ㄴ) 그 문자는 어두에 있는 예로서는 No. 284의 후반부 '兀扎'[mafa] '祖'
     가 있으며 그것이 바탕 문자인 듯하다.

따라서 다음의 식을 생각할 수 있다.

'祖'[tsu] ⟶ '元'[yüan] ⟶ '兀'[ma]
[의미의 관계]   [자형의 관계]

371. '兂' (扎) [ja]

이 문자는 역어에

No. 349 兎夕乐 扎阿吉 [jaagi], [jāgi], [jaagi] 천하다賤/ [ja](M)

No. 698 兎夕乐 扎阿吉 [jaagi], [jāgi], [jaagi] 가볍다輕/ [ja](M)

No. 703 兎夕乐 扎阿吉 [jaagi], [jāgi], [jaa gi] 쉽다, 바꾸다易/ [ja](M)

이고 [cha] 항에 바탕 문자가 없기 때문에 음자가 아니라 의자이다. 즉
'踐'[chien] 항에 바탕 문자는 없지만 유사음 [chên] 항의 '枕'이 바탕 문자
일 것이다.

'踐'[ch'ien] ——→ '枕'[chên] ——→ '兎'[ja]
[음의 관계]　　　　[자형의 관계]

372. '兎' (卜) [bu], (薄) [bo]

이 문자는 역어에

No. 16 兎老 卜嫩/ 博虐吉 [bono], [bonon], [bonon] 우박雹/ [bono](M),
[bonun](S), [bona](W)

No. 151 柴耗兎老 朵必卜嫩 [dobi bonio], [dobibonon], [dobi bonon] 원숭
이猿/ [bonio](M)

No. 448 兎弓昊 卜魯溫 [bolun], [bolugun], [buluŋun] 고요한靜/ [bolgo](M)

No. 559 兎禾 卜素/ 博素 [boso], [bosu], [busu] 베布/ [boso](M), [busu](Mo),
[boos](E)

No. 844 洋兎昊 卓卜溫 [jobun], [jobogun], [joboŋun] 어렵다艱難/ [jobombi](M)

No. 745 飛乐兎金戈系 多羅斡薄替彈巴 [doron bodidanba], [dorōbo tiktamba],
[doroobo tigtanba] 법도法度/ [kooli doron, doro ciktan](M)

No. 783 杲毛疙乐兎 兀里厄林多羅斡薄 [ulierin dolowenba?], [ulhierin dorōbo],
[ulierin doroo bo?] 윤리倫理/ [čiktan doro](M)

이고 '卜'[pu] 및 '薄'[po]의 항에 바탕 문자는 없고 아마도 의자로 '猿'
[yüan] 항의 '芫'이 바탕 문자가 아닐까?

'猿'[yüan] ⟶ '芫'[yüan] ⟶ '芅'[bo]
        [음의 관계]   [자형의 관계]

373. '芜' (回和羅) [gui-ho/ o]

이 문자는 역어에

No. 184 芜 回和羅 [guiholo], [guiholo], [hoihoro] 갈가마귀거위鴉鴰/ [način](M)

이고 그루베는 그 독역을 [trutel-taube]로 하고 있다. 이것은 적당한 역인
데 대비되는 만주어를 들지 않고 있다. 그러나 만주어의 대비어는
[gui-holo]이며 [gui]는 '거북龜'이며 그 바탕 문자는 '亢'[kuei]로 '亢'가 만
들어졌으므로 이 단어는 단순히 '龜'를 의미하며 다음의 [holo(n)]에 해당
하는 단어가 빠져 있다.

'龜'[kuei] ⟶ '亢'[kuei] ⟶ '芜'[gui]
        [음의 관계]   [자형의 관계]

374. '气' (戈) [go]

이 문자는 역어에

No. 213 戻气 卜戈/ 博 [boogo], [bogo], [bogo] 방房/ [bao](M)

No. 250 劣气 脫戈/ 同谷 [togo], [togo], [togo(toŋgo)] 선線/ [tonggo](M)

No. 460 伏气戈 桑戈魯/ 宋谷必 [songgo-mbi], [sangolu], [soŋgoru] 울다, 곡하

314

다哭/ [songgombi](M), [sɔŋgɔ](N), [songoron](S), [songomi](E), [hoŋom](W)

No. 566 丈卞气 素魯脫戈 [surdehe, furdehe?], [surtogo], [sur togo] 웃옷 거죽皮襖/ [furdehe dahū](M)

이고 어두에 사용된 예가 없다. 또 '房'[fang]의 항, '線'[hsien]의 항에 바탕 문자가 없지만 No. 460의 '俟'의 바탕 문자가 '哭'[k'u]의 유의어 '泣'[ch'i]의 항에 있는 '俟'인 것과 비교하면 이 문자도 의자로 '泣'[ch'i]의 항에 있는 '氣(气)'가 바탕 문자이다.

(참고)

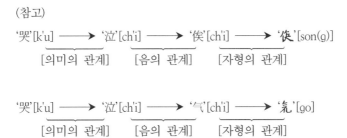

'哭'[k'u] ⟶ '泣'[ch'i] ⟶ '俟'[ch'i] ⟶ '俟'[son(g)]

[의미의 관계] [음의 관계] [자형의 관계]

'哭'[k'u] ⟶ '泣'[ch'i] ⟶ '气'[ch'i] ⟶ '气'[go]

[의미의 관계] [음의 관계] [자형의 관계]

375. '夯' (革) [ge]

이 문자는 역어에

No. 96 夯伕化 革替勒 [-], [getile], [getilə] 얼다凍/ [gəčuhun](M), [gətio](E)

이고 그루베는 [gečen]을 대비시키고 있는데 '霜'을 의미하고 있으며 위의 예의 단어는 동사이며 [geče-mbi]가 옳다. 그 변화형이다. 바탕 문자는 '革'[kê(ko)] 항에 없고 의자이며 '霜'[shuang]의 유사음 [ch'üan]에 있는 '券'이 그것이다. 한자 '夯'[hang]과는 아무 관계도 없다.

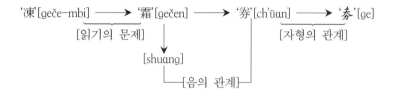

376. '劳' (哈荅) [hada?]

이 문자는 역어에

> No. 409 劳昊 哈荅溫 [hadaun], [kadagun], [hagdaŋun] 정성誠/ [akdun](新
> 又)(M)
>
> No. 748 劳昊字屁火 哈荅溫脉魯厄伯 [hadaun merge], [hadagun mergebe],
> [hagdaŋun mergebe] 성의誠意/ [akdun mergen](M)
>
> No. 777 仍主劳足 端的孫哈荅孩 [hadahai], [dondisun kadahai], [dondisun
> hagdahai] 소식을 듣다聽信/ [donǰimbi](U), [akdambi](S)

이며 의자인데 대비어가 불분명하면서 '誠'[ch'êng] 및 '信'[hsin] 항에 바
탕 문자는 없고 바탕 문자는 불분명하다.

377. '劳' (興) [gin]

이 문자는 역어에

> No. 356 召劳 脫興/ 托力希 [tolgin], [tolgin], [tolhin] 꿈夢/ [tolgin](M),
> [tūlkin](E)
>
> No. 734 長友劳 只剌興 [jilašin, jilagin], [jilagin], [jilahin] 연민憐憫/ [jilakɔn]
> (M)

이고 '夢'을 명사로 본다면 [tolgin]이므로 '芀'[gin]으로 읽어야 한다. 아마도 음자로 '筋'[chin]이 바탕 문자일 것이다.

'筋'[chin] ⟶ '芀'[gin]

[음과 자형의 관계]

378. '甬' (瑣) [sol, so]

이 문자는 역어에

No. 134 兄分甬籴 上江瑣吉 [šanggiyan sogi], [šangiyan sogi], [šaŋgian soŋgi]
　　배추白寀/ [šanyan](희다), [sogi](채소菜)(M), [soŋgi](P)

No. 326 甬仅 瑣戈/ 素羅斡 [soho], [sogo], [solgo] 고려高麗/ [solho](M)

No. 524 甬籴 瑣吉/ 素吉 [sogi, solgi], [sogi], [soŋgi] 나물菜/ [sogi](M)

이고 '瑣'[so] 항에 바탕 문자가 없고 또 '菜'[tsʼɑi] 항에도 바탕 문자는 없고 바탕 문자가 불분명하다.

379. '焉' (兀速) [es]

이 문자는 역어에

No. 539 焉乐失臾 兀速洪兀鲁黑 [eshun urehe], [ushun urhe], [ushun urhe]
　　날것과 익은 것生熟/ [eshun](태어나다生), [urehe](익다熟)(M)

이고 '焉乐'[eshun]만으로 '生'을 의미한다. 자형으로서는 '馬'와 비슷하지만 아무 관계도 없고 의자이며 '生'[shâng]의 유사음 [shên] 항에 있는 '身'이 바탕 문자로 되어 있다.

'生'[shâng] ──→ '身'[shên] ──→ '萬'[es]
         [음의 관계]   [자형의 관계]

380. '㤀' (哈) [kɑ]

이 문자는 역어에

  No. 434 帒㤀 塔哈 [taka], [taka], [taka] 잠간且/ [taka](M)

이고 [k'ɑ] 항에 바탕 문자가 없고 의자이며 '且'[ch'ieh, chü] 항 중에 [chü]
항의 '偏'이 바탕 문자라고 생각된다.

'且'[ch'ieh, chü] ──→ '偏'[chü] ──→ '㤀'[kɑ]
         [음의 관계]   [자형의 관계]

381. '全' (兀) [u]

이 문자는 역어에

  No. 166 全呑申 兀滅哈 [umiyaha], [umiyaha], [umiaha] 곤충蟲/ [umiyaha](M)

  No. 179 卡全 哈里兀 [hara, harsa], [hariyu], [haliɲu] 바다수달海獺/ [hailun](M),
    [haliu](Mo)

  No. 531 全礼 兀法 [ufa], [ufa], [ufa] 면麨/ [ufa](M), [ufa]S)

  No. 813 其全金夬 其兀伯申 [kiu bai-mbi], [kiyu baisin], [kiubaišin] 탐구하
  다求討/ [baimbi](M)

이고 의자로서 살펴보면 '虫'[hui, ch'ung]의 항에 바탕 문자가 없고 '麨'
[mien] 및 [min] 항에도 바탕 문자가 없다. 그래서 음자로 '兀'[wu] 항에

있는 '辷'의 변형으로 생각한다.

'兀'[wu] ──────▶ '辷'[wu] ──────▶ '辷'[u]

    [음의 관계]   [자형의 관계]

382. '辷' (忒) [de]

이 문자는 역어에

No. 392 辷刈右 忒也昧/ 亦立 [deye-mbi], [teyemei], [teyemei] 일어나다起/ [deyembi](M), [t'əku](N)

No. 491 辷仐 忒厄/ 得勒 [dere], [tē], [teel] 낯面/ [dere](M), [dərə](S), [derel](E)

No. 615 希佗辷仐 禿里勒忒厄 [−], [tulile tē], [tulile teel] 외면外面/ [tulergi dere](M)

No. 746 朱旻号辷仐 木資革忒厄 [mujege tegel], [mujege tē], [muǰege teel] 당면當面/ [derede](M)

이고 의자라고 생각되며 결국 '面'[mien]이 바탕 문자일 것이다.

'面'[mien] ──────▶ '辷'[de]

  [자형과 의미의 관계]

383. '辷' (塞勒) [sele]

이 문자는 역어에

No. 574 辷· 塞勒 [sele], [sele], [sele] 금속, 쇠鐵/ [sele](M), [sələ](N), [sele](S), [sele](E), [hölö](W)

No. 578 兄쉬主 上江塞勒/ 托活羅 [šanggiyan sele], [šangiyan sele], [šaŋgian

sele] 주석錫/ [toholon](M), [tʼɔhɔgã](S)

이고 의자로 '銕'[tʼieh] 항에 바탕 문자는 없어서 바탕 문자는 불분명하다.

384. '帯' (塔) [ta]

이 문자는 역어에

No. 18 帯冗央ˋ 塔馬吉/ 塔兀麻吉 [tamagi], [tamagi], [talmaŋgi] 안개霧/
[talman](M), [tʼamnəhə](N)

No. 198 帯斥 塔安 [tan], [tan], [tan] 집堂/ [tanggin](M)

No. 306 斗帯斥 都塔安 [dūtan], [dutan], [dutan] 도당, 관명都堂

No. 414 乒帯瓜 密塔卜爲/ 木力 [mita-mbi], [mitabuwi], [mitabuwi] 물러
나다退/ [mitambi](M)

No. 434 帯坍 塔哈 [taka], [taka], [taka] 잠간且/ [taka](M)

No. 463 夛帯系 逆塔巴 [nitaba], [nitaba], [nitaba] 약하다弱/ [yadalinggu](M)

No. 766 丸伏帯夂 延脉兒塔刺/ (延脉儿塔刺) [yen-merda-mbi], [yen mertala],
[yen mertala] 잔치하다宴犒/ [sarilambi](M)

No. 805 帯仸夊 塔替卜魯 [tači-mbi], [tatiburu], [tatiburu] 공부를 가르치다
習學/ [tačubmbi](M)

이고 음자가 아니다. No. 805의 '習'[hsi]의 유사음 [shih] 항에 있는 '市'가
바탕 문자일 것이다.

'習'[hsi] ⟶ '市'[shih] ⟶ '帯'[ta]
　　[음의 관계]　　　[자형의 관계]

385. '肖' (戶) [hu], (忽) [hu]

이 문자는 역어에

No. 106 肖庒 忽如 [huju], [huju], [hūru] 복숭아桃/ [toro](M)

No. 129 肖盉 忽舒/ 忽書 [hušu], [hušu], [hūšu] 복숭아씨核桃/ [mase ušiha] (M), [husiɣa](Mo)

No. 180 吴忣肖 古牙忽/ 谷牙洪 [guyahu], [guyahu], [gūyahū] 원앙鴛鴦/ [iǰifun niyehe](M)

No. 205 肖休 忽里 [huli], [huli], [hūli] 문설주閣/ [taktu](M)

No. 228 肖角夨 忽的剌/ 忽荅剌 [hujira], [hudila], [hūdira] 밀치(마소의 꼬리에 거는 끈鞦)/ [hūdaraha](M), [hūdaraɣa](Mo), [kodurga](Ma)

No. 245 肖早 忽非/ 湯平 [hupi], [hufi], [hūfi] 일壹/ [tampin](M)

No. 344 尚盉斥 忽朝吉 [hučenggi], [hučaugi], [hučaugi] 영화榮

No. 418 肖南炙夨 忽荅答理/ 翁察 [hudaša-mbi], [hudašamai], [hūdašamai] 팔대買/ [hūdašam, unčambi](M), [hɔda](N)

No. 446 肖角夨 忽的剌 [hujita-mbi], [hudila], [hūdila] 노래하다唱/ [učulembi] (M)

No. 548 肖弓 忽魯 [hulu], [hulu], [hulu] 고리環/ [gari](M)

No. 632 肖庒金弓 忽如弗剌江/ (忽如弗拉江) [hujufulglan], [huju fulagiyan], [huru fulagian] 구름이 희다雲白/ [jamu](M)

No. 750 夲肖庒夨 背也忽如剌/ 忽如 [beye hujula], [beye hujula], [beye hurula] 몸을 기우리거나 머리를 숙이다鞠躬/ [beye mehumbi](M)

No. 798 肖旻羋 忽揑苦魯 [-], [hunekur], [hu nekuru] 친구를 부르다呼朋

No. 833 肖炙帀 忽剌吉 [hūla-mbi], [hulagi], [hūlagi(kū)] 바꾸다換/ [hūiambi] (부르다, 읽다)(M)

No. 312 夷肖 千戶 [-], [čiyenhu], [čen hu] 천호千戶/ [minggan boo](M)

No. 313 金肖 百戶 [baihu], [baihu], [baibu] 백호百戶

No. 584 肖金 琥珀 [hu-pai], [hubai], [hūbai] 호박琥珀/ [boisila](M)

No. 586 乎甬 珊瑚 [san-hu], [šanhu], [šanhū] 산호珊瑚/ [šuru](M)

이고 바탕 문자 발견은 위의 예에서는 어렵지만 음자인 것 같으며 '戶, 忽'[hu] 항의 '乎'가 바탕 문자가 아닐까?

'戶, 忽'[hu] ⟶ '乎'[hu] ⟶ '肖'[hu?]

　　　　　[음의 관계]　　　[자형의 관계]

386. '甬' (苦) [ku], (都蠻) [du-man], (吉) [gi]

이 문자는 역어에

No. 376 友甬癸足 塔苦剌孩/ 塔苦哈 [takūra-mbi], [takurahai], [takūrahai]
어긋나다, 차이나다差/ [takūrambi](M)

No. 377 友甬癸足 塔苦剌孩/ 塔苦哈 [takūra-mbi], [takurahai], [takurahai]
시키다使/ [takūrambi](M)

No. 790 友甬癸甬芭 塔苦剌謙師 [takūra kiyen-ši], [takura kiyensi], [takūra
kem-šǐ] 선생을 파견하다, 견사遣師/ [takūrambi](M)

No. 455 次甬 瑣里都蠻/ 索力必(撒希) [-], [soriduman], [soriduman] 전쟁戰/
[sučumbi](M), [surilduhu](Mo)

No. 484 次甬 瑣里都灣/ 素力必 [soriduman], [soriduman], [soriduman] 하인
을 죽이다厮殺/ [sušumbi](M), [surildumoi](Mo)

No. 833 肖友甬 忽剌吉 [hūla-mbi], [hulagi], [hūlagi(kū)] 부르다喚/ [hūiambi]
(부르다, 읽다)(M)

이고 '苦'[k'u] 항의 바탕 문자는 없고 '差'[ch'a], [t'eu] 항에도 바탕 문자가 없지만 '使'[shih] 항 중에 '甬'가 바탕 문자라고 생각된다.

‘便’[shih] ⟶ ‘市’[shih] ⟶ ‘甫’[ku]

    [음의 관계]   [자형의 관계]

387. ‘甬’ (騍) [ko], (果) [kuo]

이 문자는 역어에

  No. 171 甬得刈 騍母林/ 沟木力 [ko-morin], [go morin], [gu murin] 암말騍馬/
  [gu morin](M), [gu](Mo)

  No. 735 奻乐甬多 戈迷吉果卜連 [gomigi gobure?], [gomigi geburen], [gomigi
  goburen] 너그럽게 용서하다寬饒/ [gobolombi](M)

이고 그 여진음은 [ko]인지 [go]인지 명료하지 않다. ‘騍’[ko] 항과 ‘果’
[kuo] 항에 바탕 문자가 없고 바탕 문자는 불분명하다.

388. ‘有’ (根) [gen]

이 문자는 역어에

  No. 835 有交 根剌 [genla], [genla], [dala] 근원原/ [dule](원래)(M)

이고 그루베도 대비어를 들지 않고 있는데 의자인 것 같으며 바탕 문자는
‘原’[yüan]일 것이다.

‘原’[yüan] ⟶ ‘有’[gen]
  [자형과 의미의 관계]

389. '苓' (苔) [dɑ]

이 문자는 역어에

No. 120 苓 苔 [dɑ], [dɑ], [dɑ] 뿌리根/ [dɑ](M)

No. 588 王天苓 斡兒和苔/ (斡儿和答) [orhoda], [orhoda], [orhoda] 인삼人蔘/ [orhoda](M)

이고 자형상에서는 앞에서 본 388의 '苓'와 동일한 계통이라고 생각된다. 즉 '根'[ken] 항에는 바탕 문자가 없고 유의의 '原'[yüan]을 바탕 문자로 한 것이다.

'根'[kên] ──→ '原'[yüan] ──→ '苓'[da]
  [의미의 관계]   [자형의 관계]

390. '甫' (兀住) [uju]

이 문자는 역어에

No. 334 甫夬足 兀住剌孩 [uǰulahai], [uǰulahai], [uǰulahai] 추장酋長/ [uǰungga niyalma](M)

No. 492 甬 兀住 [uju], [uju], [uju] 머리頭/ [uju](M), [uzu](S)(윗 등급, 상등上等)

No. 751 甫斤兔化右 兀住康克勒眛 [uju hengkie-mbi], [uju kankelemei], [uǰu kaŋkīlemei] 머리를 조아리다叩頭/ [hengkilembi](M)

이고 의자인데 '頭'[t'ou] 및 그 유사음 항에는 바탕 문자가 없고 바탕 문자는 불분명하다.

391. '角' (的) [ji]

이 문자는 역어에

No. 98 **吞角卟** 言的洪/ 祥的哈 [yamjihun], [yamdihun], [yamdihūn] 저녁夕/ [yamjiha](M)

No. 103 **角仟乑** 的溫阿捏 [jiun aniya], [digun aniya], [diŋun ania] 내년來年/ [jitərə aniya](M)

No. 228 **㜸角夭** 忽的剌/ 忽荅剌 [hujira], [hudila], [hūdira] 밀치(마소의 꼬리에 기는 끈鞦)/ [hūdaraha](M), [hūdaraɣa](Mo), [kodurga](Ma)

No. 254 **角処** 的孩/ 的哈/ 沙忽帶 [jihai], [dihai], [dihai] 배船/ [jaha, jahūdai](M)

No. 446 **㜸角夭** 忽的剌 [hujita-mbi], [hudila], [hūdila] 노래하다唱/ [učulembi](M)

No. 478 **角委乑夭甲** 的黑黑吉塔哈/ 看哈安荅哈 [jihehe gi taha], [dihe gi taha], [dihe gi taha] 귀순歸順/ [jime tahambi](M)

No. 483 **千角屄** 脉的厄 [mejige], [medige], [mediŋe] 소식 듣다聲息/ [medege, mejige](M), [medege](Mo)

No. 549 **杲角卟** 一兒的洪/ (一儿的洪)/ 亦的希 [irjihun], [irdihun], [irdihun] 어레빗梳/ [ijifun](M), [igdiwun](Ma), [yɡdybun](W)

No. 678 **角委乑** 的黑黑吉 [jihehe gi], [dihehe gi], [dihehe gi] 돌아가다歸/ [bederembi, jimbi](오다)(M)

No. 681 **角奉茶** 的哈撒 [jihasan], [digasa], [digasa] 가깝다近/ [jaka](M), [daga](S)

No. 712 **夂卟** 的溫/ 丟 [jiun, ji-mbi], [digun], [diŋun] 오다來/ [jimbi], [jiu](M), [didə](N)

No. 797 **牛血右角** 巴住眛的 [bakju-mbi, bakci-mbi], [bakjumei di], [baɡjumei di] 대적하다對敵/ [bakcilambi](대작하다)(M)

이고 바탕 문자 발견의 원칙에 따라 어두에 보유하는 것을 조사해 보니 '來'[lai], '歸'[kuei], '近'[chin], '船'[ch'uan]의 각 항에는 바탕 문자가 없고 또 '的'[ti] 항에도 바탕 문자는 없어 바탕 문자는 불분명하다.

392. '舟' (兀剌) [us]

이 문자는 역어에

> No. 384 舟桒夫 兀速哈卜連 [usa-mbi, usaha-mbi], [usgaburen], [usgaburen] 원한怨/ [ushambi](M)

이고 그루베는 만주어 [usa-mbi]를 대비시키고 있는데 [usha-mbi]가 대비어로서는 적절하고 의자이며 '怨'[yüan]과 유의의 '恨'[hên]의 유사음 [kên] 항에 있는 '肯'이 바탕 문자이다.

'怨'[yüan] ——▶ '恨'[hên] ——▶ '肯'[kên] ——▶ '舟'[us]
[의미의 관계]　　　[음의 관계]　　　[자형의 관계]

393. '舟' (庫) [ku], (苦) [ku]

이 문자는 역어에

> No. 122 足舟 者庫 [jeku], [jəku], [jeku] 종묘苗/ [jeku](골짜기)(M)
> No. 126 哭令舟夹 只丁庫莫/ 得的墨(燒)莫(柴) [deijiku-mo], [jidinkumo], [diŋjiku mo] 섶柴/ [deijiku moo](M)
> No. 251 另舟 卜弄庫/ 墨勒苦 [bulenggu], [bulunku], [buluŋku] 거울鏡/ [buleku] (M), [pulk'u](N), [biluhu](S), [bilhu](E), [biliku](Ma)
> No. 550 兀舟 替勒庫/ 替儿古 [čirku], [tireku], [tireku] 베개枕/ [čirku](M),

326

[t'irəŋk'u](S)

No. 553 庋舟 哈剌庫/ 哈剌古 [halakū], [halaku], [halakū] 바지褲/ [halukū](M)

No. 686 罘令舟 只丁庫/ 得的墨 [deiji-mbi], [jidinku(?)], [jidiŋku] 사르다燒/ [deijimbi](M)

No. 466 吞舟犬 滅苦魯/ 揑苦魯 [miyakura-mbi], [miyakuru], [miyakūru] 끓어앉다跪/ [niyakūrambi](M)

이고 자형에서부터 '舟'[chou]와 유사하며 '庫', '苦'[k'u]의 유사음 [ku] 항의 '胥'을 바탕 문자로 하고 있다.

'庫', '苦'[k'u] ⟶ '胥'[ku] ⟶ '舟'[ku]

[음의 관계]　　[자형의 관계]

394. '夯' (弗) [fe]

이 문자는 역어에

No. 595 夯余化 弗只勒 [fejile], [fujile], [fujile] 아래下/ [fejergi](M), [fəigirə](N)

이고 만주어의 [fejile]에 대비된다. 즉 의자로 '下'[hsia] 항의 '嚇'이 바탕 문자일 것이다.

'下'[hsia] ⟶ '嚇'[hsia] ⟶ '夯'[fe]

[음의 관계]　　[자형의 관계]

(참고)

'亦'[i] ⟶ '乑'[geli]

[자형과 의미의 관계]

395. '甸' (扎) [jɑʔ]

이 문자는 역어에

No. 731 *玊床甸必* 厄勒吉扎以 [eregijai], [eregi jai], [eregi ǰai] 이 때문에因此/
[ede](M)

이고 이 한 가지 예만으로는 명료하지 않지만 '扎'[cha] 항에 바탕 문자는
없고 의자이며 '因'[yin]이 바탕 문자일 것이다.

'因'[yin] ⟶ '甸'[ja]
  [자형과 의미의 관계]

396. '甸' (吉) [girɑ]

이 문자는 역어에

No. 510 *甸米床* 吉波吉/ 吉郞吉 [giranggi], [girangi], [girangi] 骺骨/ [giranggi]
(M), [gerende](S), [giaranda](E), [giarämnan](W)

이고 한자의 음전사 대로는 '甸=吉[ki]', '米=波[po]', '床=吉[ki]'인데 만주
어에서는 [giranggi]이다. 더구나 '米'는 많은 예에서 볼 수 있듯이 [-an]이
지 [po>bo]가 아니다. 그래서 이 '波'[po]는 동의의 '浪'[lang]이며, '吉波
吉'은 당연히 '吉浪吉'이어야 한다. 이로부터 '甸'은 [gira]이며 의자이다.
그 바탕 문자는 '骨'[ku]의 항에 '固'이라고 생각된다.

'骨'[ku] ⟶ '固'[ku] ⟶ '甸'[gira]
  [음의 관계]   [자형의 관계]

397. '用' (兀, 兀者) [uje]

이 문자는 역어에

No. 396 用羌 兀者 [ujen], [ujē], [ujee] 무겁다重/ [uǰe](M)

No. 699 用羌 兀者 [ujen], [ujē], [ujee] 무겁다重/ [uǰen](M)

No. 395 用札右 兀剌必昧 [ujele-mbi], [ujelbimei], [uǰebimei] 공경하다敬/
[uǰelembi](M)

이고 의자로 이들 예로부터 생각한다면 '用'만으로 [uje]이며 '羌'는 [en]이
어야 한다. 바탕 문자는 '重'[chung, ch'ong] 항에 없고 유사음 [chün] 항의
'困'일 것이다.

'重'[chung, ch'ong] ⟶ '困'[chun] ⟶ '用'?/ [uje]
     [음의 관계]   [자형의 관계]

398. '肖' (幹端) [odan?], [okdon?]

이 문자는 역어에

No. 420 肖失 幹端賣 [okdo-mbi], [odonmai], [odonmai] 허락하다許

이고 의자인데 '許'[hsü] 항에 바탕 문자는 없고 유사음 [shou]에 있는 '首'
를 바탕 문자로 생각한다. 그러나 만약 이 역이 '迎'[ying]의 오류라면 유
사음 [yin] 항의 '菌'이 바탕 문자일 것이다.

'迎'[ying] ⟶ '菌'[yiu] ⟶ '肖'[okdon?]
     [음의 관계]   [자형의 관계]

399. '?' (阿荅) [akta]

이 문자는 역어에

No. 168 ??? 阿荅母林/ (阿答母林) [akia morin], [akda morin], [agda murin] 불깐 말騸馬/ [agta morin](M), [agta](Mo), [akta murin](Ma)

이고 의자로 '騸'[shan] 항에 바탕 문자는 없지만 유사음 [shên] 항에 있는 '身'이 바탕 문자이다.

'騸'[shan] ⟶ '身'[shên] ⟶ '?'[akta]

[음의 관계] [자형의 관계]

400. '?' (番) [fen]

이 문자는 역어에

No. 509 ?? 梅番 [meifen], [meifan], [meifen] 목項/ [meifen](M)

No. 737 ???? 該別秃番 [gai-mbi tufan], [gaibi tufan], [gaibie tufan] 앞으로 늘어 나감. 순조롭게 나아감將就

이고 No. 509의 역어 '項'은 '頸'[ching]의 오류이다. 의자로 바탕 문자는 '頸'의 유사음 [ch'ing] 항에 있는 '靑' 외에 적당한 문자가 발견되지 않는다.

'頸'[ching] ⟶ '靑'[ch'ing] ⟶ '?'[fen]

[음의 관계] [자형의 관계]

401. '育' (八哈) [baha]

이 문자는 역어에

> No. 366 育尭 八哈別/ 八哈 [baha-mbi], [bahabi], [bahabie] 얻다得/ [bahambi]
> (M), [bahsa](E)
>
> No. 367 育尭 八哈別/ 八哈 [baha-mbi], [bahabi], [bahabie] 획득하다獲/
> [bahambi](M)
>
> No. 480 牵夭育尭 忒比八哈別 [tebi baha-mbi], [tetun bahabi], [tetun bahabie]
> 길이 누리다永享/ [entehme bahambi](M)
>
> No. 741 育尭矢列 八哈別埋因 [baha-mbi], [bahabi main], [bahabie main]
> 봉록을 누리다享祿/ [fulun bahambi](M)

이고 의자로 '得'[tai, tê, têi] 항에 바탕 문자는 없지만 자형상으로부터
'有'[you]와 유사하며 '得'도 의미상에서 '月'[u]의 관계가 인정되므로 역
시 '有'가 바탕 문자이다.

'得'[tai, tê] ⟶ '有'[you] ⟶ '育'[baha]
_____ _____
[음의 관계]   [자형의 관계]

402. '育' (厄忒) [ete]

이 문자는 역어에

> No. 794 育臾忩用 厄忒黑阿剌哈 [etehe araha], [etehe alaha], [etehe alaha]
> 승부하다勝負/ [etembi](비리다, 날고기胜, [burulambi] 짐을 지다負(M)

이고 의자이다. '勝'[shēng] 항에 바탕 문자는 없고 유사음 [shēn] 항의

'賢'을 바탕 문자로 생각한다.

'勝'[shêng] ⟶ '賢'[shen] ⟶ '肖'[ete]

      [음의 관계]   [자형의 관계]

403. '肖' (一式) [ir]

이 문자는 역어에

> No. 288 肖任 一弎厄/ 亦弎 [irge], [itege], [iteŋe] 백성黎民/ [irgen](M)
>
> No. 297 肖任 一弎厄/ 亦弎 [irge], [itege], [iteŋe] 백성民/ [irgən](M)

이고 의자로 '一弎'은 '一弌'[ir]의 오류일 것이다. 자형 상으로는 No. 505 '肖'[ubu], No. 506 '肖'[far], No. 507 '肖'[eihen]과 유사한 한자 '有'[yu] 또는 '宥'[yu]로부터 만들어진 듯한데 그것을 증명해 주는 자료가 없으며 바탕 문자도 불분명하다.

404. '㫱' (將) [jiyang]

이 문자는 역어에

> No. 279 㫱夅 將軍 [jiyang chün], [jiya giyun], [jiaŋ giyun] 장군將軍/ [jiyanggiyūn](M)

이고 한자 전사용 문자로 '將'[chiang]이 바탕 문자이다.

'將'[chiang] ⟶ '㫱'[jiyang]

      [음과 자형의 관계]

332

405. '朱' (子) [sa, se, tzǔ]

이 문자는 역어에

   No. 125 欠朱 埋子 [maise], [maiji], [maise] 보리麥/ [maise](M), [maisu](S)

   No. 196 卆朱 樓子 [lou-ʤū], [louji], [leuse] 누대樓/ [leuse](M)

   No. 211 犵朱 瓦子 [wa-ʤǔ], [waji], [wase] 기와瓦/ [wase](M)

   No. 252 付朱中 哈剌哈/ 哈染 [haʤǔha], [hajiha], [hasha] 가위剪/ [hasaha]
     (M), [haʧˈi](N), [haisi](S), [kaicˈi](Ma), [хазa](Cu)

   No. 259 天朱 和剌/ 和子 [ho-ʤu], [hoji], [hose] 합, 그릇盒

   No. 270 宂尭卞朱 扎失安肥子 [jasian feiʤǔ], [jašigan faiji], [jašiŋan fise]
     사령장令牌/ [salgiyan temgetu, jasag](M), [jasag](Mo)

   No. 560 吊朱 絹子 [chuau-ʤu], [giyuwanji], [guense] 명주絹/ [čečeri](M)

   No. 623 朱圡 子敖 [ʤao], [jiyau], [sau] 하인隶/ [kara](M)

   No. 870 天朱 太子 [tai-ʤǔ], [taji], [taise] 태자太子

   No. 871 呈朱 皇子 [huan-ʤǔ], [huwan ji], [hoŋse] 황자皇子

이고 '子'[tzǔ] 항에 바탕 문자가 없지만 유사음 [tsˈê] 항에 있는 '冊'이
가자라고 생각된다.

     '子'[tzǔ] ⟶ '冊'[tsˈê] ⟶ '朱'[se]
      [음의 관계] [음과 자형의 관계]

한자 전사용으로 주로 사용되었다.

406. '朮' (牙剌) [yarg]

이 문자는 역어에

No. 148 朩 牙剌/ 失魯兀 [yarga], [yarha], [yara] 표범豹/ [yarha](M)

이고 '豹'[pao] 항에 바탕 문자는 없지만 유사음 [po] 항의 '學'이 바탕 문자로 되어 있다.

'豹'[pao] ⟶ '學'[po] ⟶ '朩'[yarga]

[음의 관계] [음과 자형의 관계]

407. '汆' (只), (知) [ji]

이 문자는 역어에

No. 186 㞮汆乔 只里只黑 [jiri-čihe(jirha-čečihe?)], [jirijihei], [ǰiriǰihe] 마작麻雀/ [šišargan](M)

No. 426 东汆 弗只 [fuji-mbi], [fuji], [fuji] 바꾸다替/ [fuǰumbi(?)](M)

No. 595 斋汆化 弗只勒 [fejile], [fujile], [fuǰile] 아래下)/ [feǰergi](M), [fəigirə](N)

No. 674 叏汆 忽此只 [ebsi], [hutunji]. [hūtunǰi] 긴요하다緊/ [hūtun](M), [hɔdɔ̃](N)

No. 675 叏汆 忽此只 [ebsi], [hutunji]. [hūtunji] 급하다急/ [hūtun](M)

No. 711 乆汆 厄木只 [emuji], [emuji], [emji] 같다, 함께同/ [emde emgi](함께)(M)

No. 860 矢汆右 者只昧/ 阿遲 [jeji-mbi], [jerjimei], [ǰeǰimei] 삼가다謹/ [ginggulembi](M)

No. 311 床汆 同知 [tung-či], [tunji], [tuŋji] 동지同知/ [uhəri saraci](M)

이고 음자인 듯하며 '只, 知'[chih] 항에 바탕 문자는 없고 [chi] 항의 '祭'일 것이다.

'只, 知'[chih] ⟶ '祭'[chi] ⟶ '朵'[ji]
    [음의 관계]   [음과 자형의 관계]

408. '朵' (安) [an]

이 문자는 역어에

No. 330 朵甫旦仆 岸荅孩捏麻/ (岸荅孩捏儿麻) [antahai niyalma], [andahai niyarma], [andahai niarma] 손님賓客/ [andahai nyalma](M), [ādaha](N)

이고 이것을 [antai niyalma]라고 한다. 음자로 '案'[an]이 바탕 문자이다.

'安'[an] ⟶ '案'[an] ⟶ '朵'[an]
    [음의 관계]   [음과 자형의 관계]

409. '糸' (呴) [e²]

이 문자는 역어에

No. 197 糸化 呕勒 呕勒 [ele], [yule], [eure] 뜰, 집안院/ [hūwa](M)

이고 '呕'[ou] 항에 바탕 문자가 없고 '院'[yüan] 항에도 바탕 문자가 발견되지 않는다. 의자이긴 하지만 바탕 문자는 불분명하다.

410. '东' (府) [fu]

이 문자는 역어에

No. 53 东 府 [fu], [fu], [fu] 부府/ [fu](M)

No. 231 羔东 禿府/ 禿府 [tufu], [tufu], [tufu] 등자, 그릇鐙/ [tufun](M)

No. 792 秀羔东 厄然你府 [ejen ni fu], [ejen ni fu], [ejen ni fu] 주보主輔

No. 314 癸东 鎭撫 [čən-fu], [jinhu], [jinfu] 진무鎭撫

No. 357 东弓犮 弗捏魯 [funiyeru], [funiyaru], [funieru] 생각하다念/ [niyelembi]
(M)

No. 426 东余 弗只 [fuji-mbi], [fuji], [fuji] 바꾸다替/ [fuǰumbi(?)](M)

No. 535 旲东 者弗/ 者伏 [jefu], [jefu], [jefu] 밥, 음식食/ [jefu](M), ʤəfə
(N), [ʒ´abaŋnam](W)

No. 667 东戈虫 弗厄一/ (弗厄以) [fuei], [fuwei], [fuŋei] 옛, 구舊/ [fe](M),
[fu](N)

이고 음자로 그 바탕 문자는 '府'[fu]이다.

'府'[fu] ⟶ '东'[fu]
　[음과 자형의 관계]

411. '氚' (舍) [še]

이 문자는 역어에

No. 48 氚夕 舍厄/ 舍亦木克 [-], [šere], [šee] 샘泉/ [šeri](M)

이고 한자음으로부터는 [še'e] 또는 [šewe]인데 만주어에서는 [šele]이다.
의자인 듯하며 '泉'[ch'üan]이 바탕 문자로 보인다.

'泉'[ch'üan] ⟶ '氚'[še]
　[음과 자형의 관계]

412. '禿' (舒目) [šumu?]

이 문자는 역어에

No. 156 禿 舒目/ 費勒 [šumu], [sumu], [šumu] 익더귀새鷂/ [šilmen](M)

이고 '鷂'[yao] 항에 바탕 문자가 없고 의자이더라도 바탕 문자는 불분명하다.

413. '㸅' (哈魯) [halhu]

이 문자는 역어에

No. 92 㸅昊 哈魯溫/ 哈魯兀 [halhun], [halgun], [haluŋun] 덥다熱/ [halahūn] (M), [halaɤūn](Mo)

이고 의자로 '熱'[jê] 항에 바탕 문자는 없지만 유의의 '暑'[shu]의 유사음 [hsiu] 항의 '庥'가 바탕 문자로 되어 있는 듯하다.

'熱'[jê] ⟶ '暑'[shu] ⟶ '庥'[hsiu] ⟶ '㸅'[halhu]

[의미의 관계]　　[음의 관계]　　[자형의 관계]

414. '朱' (一十) [isi]

이 문자는 역어에

No. 105 朱癸 一十莫 [isi-mo], [iši mo], [iši mo] 잣나무栢/ [iši moo](낙엽송)(M), [mailasu](잣나무)(M)

No. 380 朱夨 一十埋/ 赤失哈 [isi-mbi], [išimai], [išimai] 이르다至/ [išimbi]
(M), [išinasa](E)

No. 381 朱夨 一十埋 [isi-mbi], [išimai], [išimai] 이르다/ [išimbi](M),
[išinasa](E)

이고 의자로 '至'[chih] 항, '到'[tao] 항에도 바탕 문자는 없고 다른 의미
"보다 더 낫다"의 [ju]의 유사음 [chu]의 '朱'가 바탕 문자로 보인다.

'如'[ju] ──────▶ '朱'[chu] ──────▶ '朱'[isi]
　　　[음의 관계]　　[음과 자형의 관계]

415. '来' (斡朱) [usi]

이 문자는 역어에

No. 12 来中 斡失哈/ 兀失哈 [usiha], [ušiha], [ušiha] 별星/ [ušiha](M),
[uʃihət'ə](N), [osikta](C), [osidto](E)

이고 의자로 '星'[hsing]의 유사음 [shêng] 항에 있는 '生'이 바탕 문자로
되어 있다.

'星'[hsing] ──────▶ '生'[sheng] ──────▶ '来'[usi]
　　　　[음의 관계]　　　　[자형의 관계]

416. '东' (南) [nan]

이 문자는 역어에

No. 488 朱申焉卒夊 南哈洪的孩 [nanhahun banji-mbi], [namhahun bandihai], [namhahūn bandihai] 안전하게 살다安生/ [elhe banjimbi](M)

No. 682 朱申焉 南哈洪 [nanhahun], [namhahun], [namhahūn] 편안하다安/ [elhe](M)

이고 그루베는 대비되는 만주어를 들지 않고 있다. 또 '安'[an] 항에도 '南'[nan] 항에도 바탕 문자는 없어 바탕 문자는 불분명하다.

417. '㐱' (兀) [u?]

이 문자는 역어에

No. 397 盂㐱夊古 住兀忒眛 [juute-mbi], [jūtemei], [juŋutemei] 존경하다尊/ [jugtembi](M)

이고 '兀'[wu] 항에 바탕 문자가 발견되지 않기 때문에 의자로 '尊'[tsun] 의 유사음 [sung]의 '宋' 또는 '尊'의 유의어인 '尙'[shang]의 유사음 [shêng] 항의 '生' 가운데 어느 하나가 바탕 문자라고 생각한다.

'尊'[tsun] ⟶ '宋'[sung] ⟶ '㐱'[u?]
　　[음의 관계]　　[자형의 관계]

418. '耒' (受) [šu]

이 문자는 역어에

No. 19 耒土 受溫 [šun], [šun], [šiun] 그늘陰/ [šilmen, tulhun](M)

No. 763 寽耒艮凧化 一立受孩背勒 [ilimbi, beile], [ilisuhai beile], [ilišuhai beile] 관을 설치하다設官/ [beile ilimbi](M)

    No. 849 写夅足 一立受孩 [ilišu-mbi], [ilišu-hai], [ilišuhai] 설치하다設/
    [ilimbi](M)

이고 이 예로부터 추측하건데 일견 음자처럼 보이지만 사실은 의자로
'受'[shou] 항의 [shu] 항 및 '設'[shê] 항에 바탕 문자는 없고 '陰'[yin]의
유의어 '北'[pêi]의 유사음 [p'ei] 항에 있는 '坏'가 바탕 문자를 이루고 있
다고 생각된다.

    '陰'[yin] ⟶ '北'[pêi] ⟶ '坏'[p'êi] ⟶ '夅'[su]
    [의미의 관계]   [음의 관계]   [자형의 관계]

419. '系' (巴) [ba]

이 문자는 역어에

    No. 439 系庆 巴撒 [basa], [basa], [basa] 다시再/ [geli](M), [basa](Mo)
    No. 463 写带系 逆塔巴 [nitaba], [nitaba], [nitaba] 약하다弱/ [yadalinggu](M)
    No. 745 飛斥气金失系 多羅斡薄替彈巴 [doron bodidanba], [dorōbo tiktamba],
    [doroobo tigtanba] 법도法度/ [kooli doron, doro ciktan](M)
    No. 784 芭抟系亊矣 禿必巴忒比 [tubiba tebi], [tubibatetun], [tubibatetun] 강
    상綱常/ [tob](M)

이고 자형으로서는 '茶'[fou], [fu]와 유사하지만 '再'[tsai] 항에 바탕 문자
가 없고 또 '巴'[pa] 항에도 바탕 문자는 없어 바탕 문자는 불분명하다.

420. '耒' (因) [in]

이 문자는 역어에

No. 108 耒兇大 因麻者 [inmala], [immala], [inmala] 뽕나무桑/ [nimalan](M)

이고 만주어로는 [nimala]인데 [yir] 항에도 [ni] 항에도 바탕 문자는 없기 때문에 의자로 '桑'[sang]이 바탕 문자이다.

'桑'[sang] ⟶ '耒'[in]
[의미와 자형의 관계]

421. '呆' (兀里) [ê-li?]

이 문자는 역어에

No. 783 呆毛疤床完 兀里厄林多羅斡薄 [ulierin dolowenba?], [ulhierin dorōbo], [ulierin doroo bo?] 윤리倫理/ [čiktan doro](M)

이다. 의자이지만 바탕 문자는 불분명하다.

422. '㲋' (只) [ji]

이 문자는 역어에

No. 387 㲋友夫 只剌埋 [jila-mbi], [jilamai], [jilamai] 불쌍히 여기다憐/ [jilambi](M)

No. 734 长友芳 只剌興 [jilašin, jilagin], [jilagin], [jilahin] 연민憐憫/ [jilakɔn](M)

이며, 음자로 간주하여 '只'[chih] 항에 있는 '氐'가 바탕 문자이다.

'只'[chih] ⟶ '氐'[chih] ⟶ '采'[ji]

[음의 관계]　　　[음과 자형의 관계]

423. '尿' (舒) [šu], (書) [šu]

이 문자는 역어에

No. 129 肖尿 忽舒/ 忽書 [hušu], [hušu], [hūšu] 복숭아씨核桃/ [mase ušiha]
(M), [husiɤa](Mo)

No. 607 尿㚤 舒厄 [šuwe], [šuhe], [šuŋe] 곧다直/ [šuwe](곧다), [ilhu](M)

No. 695 尿乇乑 舒迷吉/ 說迷 [šumigi], [šumigi], [šumigi] 깊다深/ [šumin]
(M), [ʃunt'a](N), [sunta](S)

No. 730 為尿 塞舒/ 塞哈 [saišu], [saišu], [saišu] 잘 사는好生/ [sain](M)

No. 304 仕尿 尙書 [šang-šu], [šanšu], [šaŋšu] 상서尙書/ [aliha amban](M)

이고 '書, 舒'[shu] 및 [hsiu], [hsü] 항에 바탕 문자가 없고 '直'[chih] 유사음
[ch'ih] 항에 있는 '吷'의 변형이다. 의자이다.

'直'[chih] ⟶ '吷'[ch'ih] ⟶ '尿'[šu]

[음의 관계]　　　[자형의 관계]

424. '式' (戈迷) [golmi]

이 문자는 역어에

No. 690 式乑 戈迷吉/ 過迷 [golmigi], [golmigi], [golmigi] 길다長/ [golmin](M)

이고 의자로 '長'[chang, ch'ang]의 항 및 [chiang, ch'iang] 항에 바탕 문자
는 없고 [chan] 항에 있는 '盞'이 바탕 문자이다.

'長'[chang] ⟶ '盞'[chan] ⟶ '式'[golmi]
　　　　[음의 관계]　　　　[자형의 관계]

425. '虱' (嫩) [nio]

이 문자는 역어에

　　No. 152 犬 虱 莫嫩/ 莫虐 [monio], [moniyon], [monion] 원숭이猴/ [monio](M),
　　　　　[mɔniu](S), [monio](E)

　　No. 192 虱伞利秀 嫩江申革 [nioggiya šigge], [niyongiyan singe], [niongian
　　　　　šinge] 청색 쥐靑鼠/ [niwanggiyan šinggeri](M)

　　No. 616 虱伞 嫩江/ 念加 [niogiyan], [niyongiyan], [niongian] 청색靑/
　　　　　[niowanggiyan](M), [niŋgiẽ](N)

　　No. 629 天虱伞 阿卜哈嫩江 [abka niogiyan], [abka niyogiyan], [abka niongian]
　　　　　하늘이 푸르다天靑/ [geyenamun](M)

이고 자형으로서는 '虱'[shih]와 흡사한데 이것과는 무관한 듯 하며 이 문
자의 의문은 풀기 어렵다. 그러나 [nio]는 만주어에 의문사이며 '麼'[ma]
로 사용되므로 이 문자가 아마도 바탕 문자이지 않을까 상상된다. 의자인
듯하다.

'麼'[ma] ⟶ '虱'[nio]
　[자형과 의미의 관계]

426. '㲧' (朱) [ju]

이 문자는 역어에

No. 15 㲧㲧 朱黑/ 珠黑 [juhe], [juhe], [juhe] 어름氷/ [juhe](M)/ [ʒjuka](W)

이고 의자이다. '氷'[ping] 항에 있는 '病'을 바탕 문자로 하고 있다. 이때에 '疒'을 '㐅'로 기술하고 있다.

'氷'[ping] ⟶ '病'[ping] ⟶ '㲧'[ju]
　　　[음의 관계]　　　　[자형의 관계]

427. '㳎' (容) [yung]

이 문자는 역어에

No. 832 㳎 容 [yung], [yun], [yun] 얼굴容

이고 한자의 전사용으로 사용되며 바탕 문자는 '容'[yung]의 항에 '永'일 것이다.

'容'[yung] ⟶ '永'[yung] ⟶ '㳎'[yung]
　　　[음의 관계]　　　[음과 자형의 관계]

428. '㳆' (罕) [han, kan?]

이 문자는 역어에

No. 217 花发 罕麻 [hanma], [hanma], [hanma] 칼劍/ [dabčikū](M)

No. 350 花元坎 罕安丹 [handon], [hangandan], [haŋŋandan] 취하다取/
[helhun akū](M)

이고 보다 많은 예가 필요하지만 음자라고 생각하면 ‘罕’[han]의 유사음
[hang]의 항에 ‘沆’이 바탕 문자일 것이다.

‘罕’[han] ⟶ ‘沆’[hang] ⟶ ‘花’[han]
　　　[음의 관계]　　[음과 자형의 관계]

429. ‘兜’ (斡莫) [omo]

이 문자는 역어에

No. 45 兜 斡莫 [omo], [omo], [omo] 호수湖/ [omo](M), [amuzi](S), [amǰi](E)

이고 의자로 ‘湖[hu] 항의 ‘虎’가 바탕 문자일 것이다.

‘湖[hu] ⟶ ‘虎’[hu] ⟶ ‘兜’[omo]
　　　[음의 관계]　　[자형의 관계]

430. ‘卡’ (拙) [jo]

이 문자는 역어에

No. 443 卡久羑 拙木申/ 拙兀 [jomi-mbi], [juwemušin], [jomušin] 빌리다借/
[jolimbi](M)

No. 768 厈友失卡乇右 召剌埋拙厄林眜/ (召剌埋拙厄林眜) [jori-mbi], [jaulamai

juwerinmei], [jeulamai ǰueriumei] 보고 올리다, 진보秦報/ [wesimbumbi](M)

No. 769 乎扑夾亐毛右 剌牙卜魯拙厄林昧 [jori-mbi], [touyaburu juwer nmei], [teuyaburu ǰueri nmei] 전보傳報/ [medebumbi](M)

No. 827 亐毛右夾火 拙厄林昧委勒伯 [jori-mbi weile be], [juwerinmei weile be], [juwerinmei weile] 사태를 알리다報事/ [jorimbi](지시, 지교), [uile](사정)(M)

이고 '亐夂美=借'와 '亐毛右=報'라는 두 단어의 예가 있다. '拙'[cho]의 항에는 바탕 문자가 없고 의자로 '借'[chieh] 항의 '界'가 바탕 문자인 듯한데 의심스럽다.

431. '舟' (和) [hon]

이 문자는 역어에

No. 38 厏舟 卜和/ 伯和 [boiho], [boiho], [boho] 흙土/ [boihon](M)

이며 음자로 봐서 '奔'[pên]이 바탕 문자라고 생각된다.

'奔'[pên] ⟶ '舟'[hon]
　[음과 자형의 관계]

432. '岑' (團住) [tuwan-ju]

이 문자는 역어에

No. 804 夹並右岑夾 千忒昧團住剌 [čendemeituwa-mbi], [čiyentemei tuwanjula], [čentemei tonǰula] 선발하다考選/ [čendembi](시험, 고시), [sonǰo](선발하다,

선발)(M)

이고 그루베는 이에 대해 [čendembi]와 [tuwambi]의 결합이라고 하였다. 의자로서 '選'[hsüan] 항에 바탕 문자는 없고 '團'[t'uan] 항에 유사음 [ts'uan] 항에 있는 '众'이 바탕 문자라고 생각되지만 [tuwan-ju]의 [-ju]가 의문이 며 혹은 '岺'에는 [-ju]가 포함되지 않았을 수도 있다. 의자가 아니라 음자 일 것이다.

'團'[t'uan] ⟶ '众'[ts'uan] ⟶ '岺'[tuwan-ju]
　　　[음의 관계]　　　[자형과 음의 관계]

433. '広' (禿) [tu]

이 문자는 역어에

No. 6 **広犬** 禿吉 [tugi], [tugi], [tuŋgi] 구름雲/ [tugi](M), [t'uksu](N), [togca](S), [tuŋgi](No)

No. 14 **仒広犬** 卜楚禿吉 [bočo tugi], [bočo tugi], [buču tuŋgi] 노을霞/ [bočotugi], [jagsan](M)

이고 한 가지 뜻으로만 사용되므로 의자이며 바탕 문자는 '雲'[yün]의 유 사음 '應'[ying]일 것이다.

'雲'[yün] ⟶ '應'[ying] ⟶ '広'[tu]
　　　[음의 관계]　　　[자형의 관계]

434. '呇' (弗脉) [fume?]

이 문자는 역어에

No. 614 吏呇勿尽句 別弗脉阿木魯該 [-], [bifumeamurgai], [biefumai amurgai] 이후在後/ [amargi de](M)

No. 856 呇 弗脉 [fume?], [fume], [fulme] 속束/ [fulmiyen](M)

이고 의자이며 '束'[shu, su]에 가까운 [shou] 항의 '首'가 바탕 문자이다.

'束'[shu, su] ⟶ '首'[shou] ⟶ '呇'[fume?]
  [음의 관계]   [자형의 관계]

435. '朿' (扎) [ja]

이 문자는 역어에

No. 47 朿类 扎卜/ 阿力不章 [jabu], [jabu?], [buǰa] 수풀林/ [buǰan](M)

No. 214 朿爽休 扎赤里 [čačili], [jačili], [jačili] 방에 치는 장막帳房/ [čačari] (M), [čačar](Mo)

No. 468 朿盂旱 扎失非 [jašifi?], [jašifi], [jašifi] 분부分付/ [jasimbi](M), [jahimoi](Mo)

No. 485 罘朿夬 比扎魯/ (屯扎魯) [bija-mbi], [tunjaru], [tunǰaru] 진을 지키다鎭守/ [tosombi](M)

No. 722 付来朿凡 哈富扎孩 [hafuja-mbi], [hafujahai], [hafuǰahai] 투명하다, 통하다透/ [hafumbi](M)

No. 782 扎夕朿荞夬 出因扎撒剌 [čuin-časa-mbi], [čuwinjasala], [čuin ǰasala] 처치하다處治/ [ačihiyambi](M)

348

이고 거란문자의 '朱'[we]와 유사하지만 그 독음도 바탕 문자도 다르다. 곧 음자라고 생각되며 [cha] 항의 '査'가 바탕 문자일 것이다.

'扎'[cha] ⟶ '査'[cha] ⟶ '朱'[ja]
[음의 관계]   [자형의 관계]

436. '布' (赫魯塞) [herse?]

이 문자는 역어에

No. 762 布攵 赫路塞伯 [herse], [herse be], [heluse be] 언어言語/ [gisuren gisun] (M)

이고 의자로 '言'[yen] 항에 바탕 문자가 없고 '語'[yü] 항에 유사음 [yu]의 '右'가 바탕 문자인 것 같다.

'語'[yü] ⟶ '右'[yu] ⟶ '布'[herse?]
[음의 관계]   [자형의 관계]

437. '伞' (古里) [guri]

이 문자는 역어에

No. 394 伞右 古里眛 [guri-mbi], [gurimei], [gurimei] 옮기다遷/ [gurimbi](M)

No. 817 弗里隨伞乐 弗里隨古里吉 [felisuiguri-mbi], [furisuwi gurigi], [fulisui gurigi] 이행하다行移/ [gurimbi](M), [fuli 가다行(N)

이고 이를 보아도 '伞'은 '옮기다遷 移'를 의미한다. 바탕 문자는 '移'[i] 항의 '矣'가 바탕 문자이다.

'移'[i] ⟶ '矣'[i] ⟶ '糸'[guri]
[음의 관계]   [자형의 관계]

438. '夻' (阿赤) [aci]

이 문자는 역어에

No. 273 夻夨仵 阿赤卜魯捏兒麻/ (阿赤卜魯捏兀麻) [ačiburu niyalma],
[ačiburu niyarma], [ačiburu niarma] 성인聖人/ [enduriŋge niyalma](M)

No. 867 夻夨乇列 阿赤卜魯哈称因 [ačiburu hačin], [ačiburu hačin], [ačiburu
hačin] 성절, 명절聖節/ [enduringge hačin](M)

No. 864 夻夨盉 阿赤卜魯旨 [ačiburu ši], [ačiburu ji], [ačiburu ǰi] 성지聖旨/
[eduringge hese](M)

이고 대비어는 불분명하지만 의자로 '聖'[shêng] 항에 바탕 문자는 없고
유사음 [chêng] 항의 '爭'이 바탕 문자이다.

'聖'[shêng] ⟶ '爭'[chêng] ⟶ '夻'[ači]
[음의 관계]   [자형의 관계]

439. '爭' (塔法) [tafa]

이 문자는 역어에

No. 429 爭夃 塔法卜麻 [tafa-mbi], [tafabuma], [tafabuma] 사교하다交/
[tafabumbi](M)

이고 의자로 만주어의 [tafa-mbi]는 '上'[hang], '高'[kao]를 의미한다. '上'[shang]의 유사음 [shên] 항의 '身'이 바탕 문자일 것이다.

'上'[shang] ⟶ '身'[shên] ⟶ '牟'[tafa]
  [음의 관계]   [자형의 관계]

440. '刟' (準) [jun²]

이 문자는 역어에

No. 759 **刟休乐** 準里吉 [junligi], [junliai], [junligi] 영웅英雄/ [baturu](M)

이고 이 대비어는 불분명하다. 음자인 듯 하며 '準'[chün] 항의 '郡'이 바탕 문자일 것이다.

'準'[chün] ⟶ '郡'[chün] ⟶ '刟'[jun²]
  [음의 관계]   [자형의 관계]

441. '牟' (宣) [s-hun]

이 문자는 역어에

No. 676 **甬牟牟** 亦宣都 [ishun-du], [ishundu], [ishundu] 서로相/ [ishunde](M)
No. 802 **厶友甬牟牟** 厄木剌亦宣都 [emula ishundu], [emula ishundu], [emula ishundu] 상호互相/ [ishunde](M)

이고 의지이긴 한데 '相'[hsiang] 항에도 그 유사음 항에서도 없지만 '互'[hu] 항에 있는 '乎'가 바탕 문자로 되어 있다.

'互'[hu] ⟶ '乎'[hu] ⟶ '牟'[s-hun]

    [음의 관계]   [자형의 관계]

442. '㝵' (厄黑) [ehe]

이 문자는 역어에

> No. 337 㝵火仵 厄墨伯捏兒麻/ (厄墨伯捏儿麻) [ehe niyalma], [ehebe niyalma], [ehe be niyalma] 나쁜 사람歹人/ [ehe niyalma](M)
>
> No. 341 㝵火 厄墨伯 [ehe], [ehebe], [ehe be] 악惡/ [ehe](M), [ʒhə](N)
>
> No. 477 伍㝎㝵火 只速剌厄墨伯/ 額黑剳发剌 [jise-mbi], [jisura ehe be], [jisura ehe be] 나쁜 짓을 하다作歹/ [ehe be arambi](M)
>
> No. 697 㝵火 厄墨伯/ 額黑 [ehe], [ehebe], [ehebe] 나쁘다歹/ [ehe](M), [ʒhəlʒ](N)

이고 의자로 '惡'[ê] 항에는 바탕 문자가 없고 '歹'[tai] 항에 있는 '得'의 방 '㝵'이 바탕 문자이다.

'歹'[tai] ⟶ '得'[tai] ⟶ '㝵'[ehe]

    [음의 관계]   [자형의 관계]

443. '㟸' (卓) [jo]

이 문자는 역어에

> No. 801 㟸朩火南丸厈 卓你伯苔出吉 [jonibe dačugi], [jonibe dačugi], [jonibe dačugi] 날카롭고 민첩하다鋒銳/ [jeyen](날카롭고 민첩하다鋒銳, [dačun](날카로운 칼)(M)

No. 844 㑊瓦昊 卓卜溫 [jobun], [jobogun], [joboŋun] 어렵다艱難/ [jobombi](M)

이고 '卓'[cho] 항에 바탕 문자가 없고 의자인 듯한데 바탕 문자는 여전히 불분명하다.

444. '㐌' (巴勒) [bale?]

이 문자는 역어에

No. 776 㐃列㸇㲋㐌 愛因別赤巴勒 [ainbečibale], [ain bičibala], [ainbi čibala?] 반드시務要/ [urunakū](M)

이고 의자이지만 바탕 문자는 불분명하다.

445. '凫' (卜) [bo]

이 문자는 역어에

No. 412 凫朶果 卜朶羅 [bodoro], [bodolo], [bodolo] 달리다, 좇다趕/ [bodombi] (M), [pɔtu](N)

이고 그루베는 이에 대해 '추적하다'의 의미(jagen, verfolgen)로 파악하고 또 만주어 [buta-mbi]를 대비시키고 있지만 이것은 오류로 '朶'는 [ta]가 아니라 [do]인 것으로 미루어 보아 [bodo-mbi]가 적절한 역이라고 생각된다. 의자로 '趕'[kan]과 유의어 '追'[chui]의 유사음 [ju]의 항에 있는 '乳'가 바탕 문자라고 생각된다.

‘趕’[kan] ——→ ‘追’[chui] ——→ ‘乳’[ju] ——→ ‘乳’[bo]
[의미의 관계]   [음의 관계]   [자형의 관계]

446. ‘青’ (扎魯兀) [jarhu]

이 문자는 역어에

No. 169 青 扎魯兀 [jarhū], [jargu], [jarŋū] 승냥이豺狼/ [jarhū](M)

이고 의자이며 ‘豺’[tsʼai]의 유사음 [tsai] 항의 ‘采’가 바탕 문자로 되어 있다.

‘豺’[tsʼai] ——→ ‘采’[tsai] ——→ ‘青’[jarhu]
[음의 관계]   [자형의 관계]

447. ‘乬’ (哈) [ga]

이 문자는 역어에

No. 494 关乬 安哈/ 昻哈 [angga], [amga], [anga], [amga](a) 입口/ [angga](M),
[amgə](N), [aŋma](E), [aŋma](W)

No. 504 乬友 安哈/ 哈剌 [gala], [gala], [gala] 손手/ [gala](M), [ŋala](W),
[ŋala](Mo)

이며 ‘手’[shou] 항에 바탕 문자가 없으므로 음자이며 ‘戛’[ka] 가 바탕 문자이다.

'哈'[ha] ⟶ '戛'[ka] ⟶ '乿'[ga]

      [음의 관계]   [자형의 관계]

448. '𤲢' (伯) [bo?]

이 문자는 역어에

> No. 815 𤲢弁兎夨击 伯亦沙埋恩 [boiša-mbi], [boišamaien], [baišamai en]
> 은혜에 감사하다謝恩

이고 자형으로부터는 '熒'과 비슷하지만 의자로 '謝'[hsieh]의 항에 바탕
문자가 없고 바탕 문자는 불분명하다.

449. '炎' (兀里) [uli]

이 문자는 역어에

> No. 402 炎右 兀里眛 [ula-mbi], [ulimei], [ulimei] 머물다留/ [werimbi](M),
> [ulimoi](Mo), [weliren](E)
>
> No. 767 刲夫炎右 退卜連兀里眛 [tuiburen uli-mbi], [tuwiburen ul mei],
> [tuiburen ulimei] 연기하여 머물다延留/ [tebumbi](M), [ulimoi](Mo)
>
> No. 821 炎右牟外攵 兀里眛頭牙卜魯 [alambi touyaburu], [ulimei touyaburu],
> [ulimei tuyaburu] 늦게 전하다留傳/ [ulambi](M)

이고 의자이며 그루베는 이에 만주어 [ula-mbi]를 대비시키고 있다. 바탕
문자는 '留'[liu]의 유사음 [yü] 항의 '臾'일 것이다.

'留'[liu] ⟶ '畁'[yü] ⟶ '夾'[uli]

    [음의 관계]   [자형의 관계]

450. '夾' (塔思哈) [tasha]

이 문자는 역어에

> No. 136 夾 塔思哈 [tasha], [tasha], [tasha] 호랑이虎/ [tasha](M), [t'asha](N),
> [t'asaga](E), [tasxa](Cu)

이고 12지의 '寅'[yin]에도 사용되며(〈고려북청성곶산정마애비高麗北青城串山頂磨崖碑〉 야스마 저서 55쪽 제7 참조), 그 바탕 문자는 '寅'의 유사음 '焚'[ying]이고 의자이다.

'虎'[ho] ⟶ '寅'[yin] ⟶ '焚'[ying] ⟶ '夾'[tasha]

    [의미의 관계]   [음의 관계]   [자형의 관계]

451. '姿' (多羅) [doro]

이 문자는 역어에

> No. 78 姿更 多羅幹/ 多博力 [dorowo], [dorowo], [dolowo] 밤夜/ [dobori](M),
> [tɔlɔpu](N)

이고 의자로 그의 바탕 문자는 '夜'[yeh] 항의 '坴'라고 생각된다.

'夜'[yeh] ⟶ '坴'[yeh] ⟶ '姿'[doro]

    [음의 관계]   [자형의 관계]

452. '冭' (忽里) [huri]

이 문자는 역어에

No. 127 冭 忽里/ 忽力 [hūri], [huri], [hūri] 소나무松子/ [hūri](M)

이고 의자로 '松'[sung] 항의 '宋'을 바탕 문자로 하고 있다.

'松'[sung] ——→ '宋'[sung] ——→ '冭'[huri]
　　　[음의 관계]　　　　[사형의 관계]

453. '𢼇' (獗, 闕) [kiye]

이 문자는 역어에

No. 787 岜𢼇 突獗 [turkiye], [tukiwe], [tukue] 돌궐突獗
No. 828 斥土𢼇 安春溫闕 [ančun kiye], [ančun kiwe], [ančun kue] 금궐金闕

이고 한자 전사에 사용되며 바탕 문자는 '獗'[chüeh] 항에 있는 '決'이다.

'獗, 闕'[chüeh, ch'üeh] ——→ '決'[ch'üeh] ——→ '𢼇'[kiye]
　　　　　[음의 관계]　　　　　　[자형의 관계]

454. '叓' (兀里) [uli]

이 문자는 역어에

No. 580 叓列 兀里因 [ulin], [ulin], [ulin] 재물財/ [ulin](M)

이고 의자인데 '財'[tsʼɑi] 및 그의 유사음 항에 바탕 문자는 없고 바탕 문자는 [uli]와 동음의 여진어 '扎'[uli]의 의미 '北'[pêi]의 항에 있는 '被'가 바탕 문자일 것이다.

'財'[tsʼɑi](漢) ⟶ '北'[pei](漢) ⟶ '被'[pêi] ⟶ '叐'[uli]
[uli](女)   [uli-](女)
    ⎣__여진음 관계__⎦   ⎣__한자음 관계__⎦   ⎣__자형의 관계__⎦

455. '叐' (古) [ku]

이 문자는 역어에

No. 146 叐叐 卜古/ 布兀 [buku], [bugu], [bugu] 사슴鹿/ [buhū](M), [bugu](S)[59]
No. 514 看叐 素古 [suku], [sugu], [sugu] 가죽皮/ [sukū](M)

이고 얼핏보면 음자처럼 생각되지만 No. 146의 '鹿'[lu] 항에 바탕 문자가 없고 '古'[ku] 및 [kʼu]에도 바탕 문자가 보이지 않는다. 그러나 No. 514에 있는 '皮'[pʼi]가 바탕 문자를 이루며 No. 146에 있어서는 음자로 사용되고 있다.

'皮'[pʼi] ⟶ '叐'[ku]
⎣__자형과 의미의 관계__⎦

456. '虎' (卜) [bo]

이 문자는 역어에

---

59) 사이관본에는 '卜古'로 회동관본에는 '布兀'로 전사하고 있는데 어두의 [k] 〉 [h] 변화 과정을 반영하는 변이음의 관계로 보인다.

No. 213 庋光 卜戈/ 博 [boogo], [bogo], [bogo] 방房/ [bao](M)

이고 만주어로는 [boo]인데 '光'[go]를 첨가한 것은 바로 [bo] 맨 뒤에 장모음화시키기 위해서이다. 바탕 문자는 여진자 '庋'[boi]에 한 획을 추가한 것이다. 음자이다.

'土'[t'u] ⟶ '度'[tu] ⟶ '光'[boi] ⟶ '庋'[bo]

[음의 관계]　[자형의 관계]　[자형과 음의 관계]

457. '庋' (哈剌) [hɑlɑ]

이 문자는 역어에

No. 393 庋老 哈剌別 [hala-mbi], [halabi], [halabie] 고치다改/ [halambi](M), [halaran](N)

No. 553 庋舟 哈剌庫/ 哈剌古 [halakū], [halaku], [halakū] 바지褲/ [halukū](M)

No. 795 庋弓庨庋炙夫 哈剌魯斡哈沙剌 [-], [halaluwo hašala], [halaluo hašala] 첩보, 승리의 소식捷音/ [halar](소리), [eten medege](M)

이고 자형상에서는 '度'[tu]와 비슷하다. 그러나 의자더라도 바탕 문자 발견은 어렵다.

458. '寂' (苔失) [dɑsi]

이 문자는 역어에

No. 765 炙兆寂卓 忒吉勒苔失剌 [tegiledasila? dasi-mbi], [tegile(?) dasira], [tegile dašira] 뒤짚다, 두루 덮다偏覆/ [dele dasimbi](M), [dahim](W)

이고 '참失'은 '再'[tsai]를 의미하며 또 '覆'[fu] 항에 바탕 문자가 없어 의자로 '再' 항의 '裁'가 바탕 문자가 아닐까?

'再'[tsai] ──────▶ '裁'[tsai] ──────▶ '寂'[dɑsi]

　　[음의 관계]　　　[자형의 관계]

459. '夬' (卜) [bu]

이 문자는 역어에

No. 47 杰夬 扎卜/ 阿力不章 [jabu], [jabu?], [buǰa] 수풀林/ [buǰan](M)

No. 146 夬叏 卜古/ 布兀 [buku], [bugu], [bugu] 사슴鹿/ [buhū](M), [bugu](S)

No. 742 矢夬㐌紊夬 革卜禿魯哈剌 [gebuduluhala], [gebuturugala], [gebu tulugala] 명망名望/ [gebu algi](M)

No. 780 矢夬先米 革卜的勒安 [gebu jilgan], [gebu digan], [gebu dilŋan] 명성 名聲/ [gebu jilgan](M)

이고 No. 358 '夊'[bu]가 바탕 문자이라고 생각한다.

460. '夹' (忽比) [eb]

이 문자는 역어에

No. 674 夹余 忽此只 [ebsi], [hutunji]. [hūtunji] 긴요하다緊/ [hūtun](M), [hɔdɔ̃](N)

No. 675 夹余 忽此只 [ebsi], [hutunji]. [hūtunji] 급하다急/ [hūtun](M)

이고 의자로 '긴'[chin] 항에 바탕 문자는 없고 '急'[chi] 항의 '芆'가 바탕

360

문자로 되어 있다.

'急'[chi] ──────→ '芨'[chi] ──────→ '夷'[eb]
　　　　[음의 관계]　　　　 [자형의 관계]

461. '奉' (于) [yü²]

이 문자는 역어에

> No. 707 尤奉 乖于 [guai-u²], ⌊gaiyu⌋, [guiyu] 아니다非/ [waka](M), [ugei]
> (Mo)

이고 그루베는 대비어를 제시하지 않고 있다. 그러나 '于'[yü] 항에 바탕
문자는 없어서 아마도 의자인 것으로 보이며 '非'[fêi] 항의 '斐'를 바탕
문자이라고 생각한다.

'非'[fêi] ──────→ '斐'[fêi] ──────→ '奉'[yü²]
　　　　[음의 관계]　　　　 [자형의 관계]

462. '夏' (塔) [dɑ]

이 문자는 역어에

> No. 360 夏甲 塔哈 [taha], [taha], [taha] 몸体/ [dahambi](M)
> No. 361 夏甲 塔哈 [taha], [taha], [taha] 순하다順/ [dahambi(M)
> No. 478 角麦斥夏甲 的黑黑吉塔哈/ 看哈安答哈 [jihehe gi taha], [dihe gi taha],
> [dihe gi taha] 귀순歸順/ [jime tahambi](M)
> No. 807 夏忙秀花斥 塔以革勒吉 [tai gelegi], [tai gelegi], [tai gelegi] 예에 따

르다依例

No. 845 伏乱斧足受乜 出出瓦孩塔以 [čuwahai dai?], [čučuwahai tai],
[čučuwahai tai?] 의지했다照依/ [sonkoi](M)

이고 '體', '順' 중에서 '順'[chün]의 의미가 옳고 '복종服從'을 의미하고 있
다. '順'의 항에 바탕 문자는 없고 의자이며 '服'[fu] 항의 '釜'의 변형일
것이다.

'服'[fu] ⟶ '釜'[fu] ⟶ '受'[da]
　　　[음의 관계]　　　[자형의 관계]

463. '亥' (忒你) [teni]

이 문자는 역어에

No. 788 卡休斥亥天 塞里吉忒你和 [siligi teniho?], [sailigi teni ho], [seligiteniho]
당연히 위태하다危然/ [gelečuke](M)

이고 그루베는 대비어를 제시하지 않고 있는데 의자이다. '危'[wêi] 항에
바탕 문자가 없고 바탕 문자는 불분명하다.

464. '受' (貪) [tom]

이 문자는 역어에

No. 401 受王右 貧孫眜 [tomson-mbi], [tomsunmei], [tomsunmei] 거두다收/
[tomsombi](M)

이고 의자로 '收'[shou] 항에 있는 '受'를 바탕 문자로 하고 있다.

'收'[shou] ——→ '受'[shou] ——→ '旻'[tom]
　　　[음의 관계]　　　　[자형의 관계]

465. '尭' (阿渾) [ahu]

이 문자는 역어에

> No. 286 尭土 阿渾溫/ 阿洪 [ahun], [ahun], [ahūn], [ahun](a) 형兄/ [ahūn]
> (M), [ahɔ](N), [ahin](S), [aha](Mo), [ahin](E)

이고 의자로 '兄'[hsiung]에 가획한 것이다.

'兄'[hsiung] ——→ '尭'[ahu]
　　　　[자형과 의미의 관계]

466. '兓' (愛) [ai]

이 문자는 역어에

> No. 298 禾兓 哈哈愛 [hahai], [hahai], [hahai] 남자男子/ [haha niyalma](M),
> [haha nai](N)
> No. 338 挵兓 阿哈愛/ 阿哈 [ahai], [ahai], [ahai], [ahai](a) 노비奴婢/ [aha]
> (M), [aha](N)

이고 '愛'[ai] 항에 바탕 문자는 없고 '男'[nan]과 유의의 '雄'[hsiung]의 항
의 '兄'이 바탕 문자이다.

'男'[nan] ⟶ '雄'[hsiung] ⟶ '兄'[hsiung] ⟶ '兑'[ai]

　[의미의 관계]　　　　[음의 관계]　　　　[자형의 관계]

467. '兊' (失剌) [sira]

이 문자는 역어에

　　No. 87 兊夷伟 失剌哈替 [sirahate], [širahati], [širahati] 옛古/ [seibəni](M)
　　No. 425 兊夂 失剌魯 [sira-mbi], [širaru], [širaru] 잇다, 엄습하다襲/ [širambi]
　　　　(M), [siraran](E)
　　No. 752 卟土兊夷伟 卜溫失剌哈替 [bunsilahati], [bunširahati], [bunširahati]
　　　　옛부터自古/ [julge ci](M)

이고 의자이다. '襲'[hsi]는 '답습踏襲'의 뜻으로 '攻吏'의 뜻으로가 아니고
[hsi]나 [shih]의 항에는 바탕 문자가 없고 '古'[ku]와 유의의 '先'[hsien]이
바탕 문자일 것이다.

　　'古'[ku] ⟶ '先'[hsien] ⟶ '兊'[sira]

　　　　[음의 관계]　　　　[자형의 관계]

468. '烎' (失里) [siri]

이 문자는 역어에

　　No. 573 烎 失里/ 失力 [siri], [širi], [širi]동銅/ [širin](M)

이고 의자로 '銅'[t'ung]의 항에도 그 유사음 [t'un], [tung], [tun] 항에도
바탕 문자는 없지만 유사음 [ch'ung]의 항에 '充'이 바탕 문자일 것이다.

'銅'[t'ung] ⟶ '充'[ch'ung] ⟶ '宪'?[siri]
　　　　[음의 관계]　　　　[자형의 관계]

469. '吴' (古) [gu]

이 문자는 역어에

No. 180 吴圵肖 古牙忽/ 谷牙洪 [guyahu], [guyahu], [gūyahū] 원앙鴛鴦/ [iʃifun niyehe](M)

No. 221 庠吴 伏塞吉 [fushegu], [fushegu], [fushegu] 부채扇/ [fusheku](M)

No. 295 吴丸 古出 [gучu], [gučи], [gučи] 노예를 배속하다皂隶/ [gučи] (clsrn), [undeči](노예를 배속하다皂隶(M)

No. 464 兯吴古 都古昧 [dugu-mbi], [dugumei], [dugumei] 치다打/ [tūmbi](M)

No. 499 倄吴 一棱古/ 亦冷吉 [ilenggu], [ilengu], [ileŋgu] 혀舌/ [ilenggu](M), [iləŋgu](N), [ingi](S)

No. 569 吴土 古溫/ 額兀 [gun], [gun], [gun] 옥玉/ [gu](M)

No. 587 金ケ吴土 弗剌江古溫 [fulgiyang gun], [fulagiyan gun], [fulagian gun] 옥이 붉다, 적 옥赤玉/ [fulgiyang gu](M)

No. 634 吴土兄ケ 古溫上江 [gun šanggiyang], [gun šangiyan], [gun šaŋgian], 옥이 희다玉白/ [gun šanggiyan](M)

이고 '古'[ku] 항에 바탕 문자는 없고 유사음 [w] 항의 '吳'가 바탕 문자이다.

'古'[ku] ⟶ '吳'[wn] ⟶ '吴'[gu]
　　　[음의 관계]　　　[자형의 관계]

470. '癹' (番) [fan]

이 문자는 역어에

    No. 321 盂癹 西番 [šifan], [sifan], [sifan] 서반西番

이고 음자인 듯하며 '番'[fan] 항의 '樊'이 바탕 문자일 것이라고 생각할
수밖에 없다.

    '番'[fan] ⟶ '樊'[fan] ⟶ '癹'?[fan]
        [음의 관계]   [자형의 관계]

471. '昋' (滅) [miye]

이 문자는 역어에

    No. 166 圭昋甲 兀滅哈 [umiyaha], [umiyaha], [umiaha] 곤충蟲/ [umiyaha](M)
    No. 267 昋莽甲 滅良哈 [miyalinha], [miyaliyanha], [mialianha] 되升/ [moro
    hiyasa](M)
    No. 391 夲昋走 斡滅別 [omi-mbi], [omiyabi], [omiebie] 모이다會/ [ačamhi](M)
    No. 466 昋坶犮 滅苦魯/ 捏苦魯 [miyakura-mbi], [miyakuru], [miyakūru]
    꿇어앉다跪/ [niyakūrambi](M)

이고 어두에 실현되는 것은 No. 267로 의자이다. 바탕 문자는 '升'[shêng]
의 유사 음자 '參'[shên]일 것이다.

    '升'[shêng] ⟶ '參'[shên] ⟶ '昋'[miye]
        [음의 관계]   [자형의 관계]

472. '苶' (扎法) [jafa]

이 문자는 역어에

No. 364 苶丸 扎法別/ 扎發哈 [jafa-mbi], [jafabi], [jafabie] 사로잡다擒/
[jafambi](M), [ʤafa](N)

No. 365 苶丸 扎法別/ 扎發哈 [jafa-mbi], [jafabi], [jafabie] 사로잡다捕/
[jafambie](M), [ʤafa](N)

이고 음자이며 바탕 문자는 '擒'[ch'in] 항에 바탕 문자는 없고 '捕'[pu]의
유사음 [fu] 항의 '芣'이다.

'捕'[pu] ──→ '芣'[fu] ──→ '苶'[jafa]
   [음의 관계]   [자형의 관계]

473. '炎' (塞) [se]

이 문자는 역어에

No. 82 炎兲 塞革/ 塞 [sege], [sege], [sege] 세월歲/ [se](M), [sə](S)

No. 102 把咨弁炎兲 革捏黑塞革 [gənəhə səgə], [gənəhəi səgə], [gənəhə səgə]
세월이 지나가다去歲/ [gənəhə ə](M)

No. 328 炎兴兮 塞更革 [segige], [sengige], [seŋinge] 친척親戚/ [sadun nimangga]
(M)

No. 408 炎兴兮 塞更革 [segige], [sengige], [seŋgige] 효孝/ [šenggime](우애,
화목)(M)

No. 512 炎兴 塞吉/ 生吉 [segi], [segi], [seŋgi] 피血/ [senggi](M)

No. 822 朿灻炎 諸勒厄塞 [-], [jule ese], [juleŋ ese] 앞서다比先/ [juleri ei](M)

No. 866 方朵秀 土滿塞革 [tuman sege], [tuman sege], [tuman sege] 만수萬壽/
[tumen se](M)

이고 얼핏 봐도 음자인 것을 알 수 있다. 즉 '塞'[sai]의 유사음 '采'[ts'ai]가
바탕 문자이다.

'塞'[sai] ⟶ '采'[ts'ai] ⟶ '朵'[se]
    [음의 관계]   [자형의 관계]

474. '关' (安) [an]

이 문자는 역어에

No. 411 关右老 安察別 [anča-mbi], [amčabi], [amčabie] 쫓다, 추구하다追/
[amčambi](M)

No. 494 关旮 安哈/ 昂哈 [angga], [amga], [anga], [amga](a) 입口/ [angga](M),
[amgə](N), [aŋma](E), [aŋma](W)

No. 764 方午右关盃甬夾 斡洪眛安失荅刺 [ohunmei ansitala], [wehunmei
amšidala], [uhun mei amšidala] 포함하다包含/ [baktambi](포함하다, 용납
하다), [uhubumbi](포함시키다), [gansi](갖추다, 전부)(M)

No. 775 关右老夹右 安察別番住眛 [fonji-mbi], [amčabi fonjumei], [ančabie
fonjumei] 추구하다追究/ [ančambi](추구하다)(M), [fonji-mbi](물음)(M)

이고 의자인 듯하며 '追'[chui] 및 [ch'ui]에 바탕 문자는 없으며 '口'[k'ou]
의 유사음 [k'u]의 '哭'이 있다.

'口'[k'ou] ⟶ '哭'[k'u] ⟶ '关'[an]
    [음의 관계]   [자형의 관계]

475. '委' (比) [bi]

이 문자는 역어에

No. 437 卒委 忒比/ (忒屯) [tebi], [tetun], [tetun] 항상常/ [enteheme](M)

No. 480 卒委有走 忒比八哈別 [tebi baha-mbi], [tetun bahabi], [tetun bahabie] 길이 누리다永享/ [enteheme bahambi](M)

No. 485 委杰夊 比扎魯/ (屯扎魯) [bija-mbi], [tunjaru], [tunǰaru] 진을 지키다鎭守/ [tosombi](M)

No. 603 臾灸 黑比 [hebi], [hetu], [hetun] 가로橫/ [hetu](M)

No. 784 芭扎爭卒委 禿必巴忒比 [tubiba tebi], [tubibatetun], [tubibatetun] 강상綱常/ [tob](M)

이고 '比'[pi], [p'i] 항에 바탕 문자는 없고 의자로 어두에 있는 예 No. 485의 '鎭[ch'ên] 항과 '守'[shou] 항에 바탕 문자는 없고 유의 '治'[chih] 항에 있는 '至'가 바탕 문자이다.

'鎭 守[chên-shou] ⟶ '治'[chih] ⟶ '至'[cih] ⟶ '委'[bi]
  [의미의 관계]   [음의 관계]   [자형의 관계]

476. '夲' (天) [tiyen?]

이 문자는 역어에

No. 325 盃夲 西天 [šitiyen], [sitiyen], [sitien] 서천西天

No. 778 忒芭右耍夲夊 忒勒禿眛兀塞天伯 [deltumei usetenbe], [telhetumei usetiyenbe], [teretumei usetenbe] 별종別種

이고 이 예에서는 한자의 전사로 되어 있지만 자형으로부터는 '卒'[tsu], [ts'u]가 바탕 문자로 생각된다. 그러나 이것을 증명해 주는 자료가 없어서 바탕 문자는 불분명하다.

477. '□' (黑卜) [heb]

이 문자는 역어에

No. 227 □□ 黑卜忒/ 黑忽忒 [hebte], [hebte], [hebte] 첩선粘/ [habta](M)

이고 이 의미는 "여자가 허리에 두르는 속옷"을 말하는데 의자로 '粘'[chan]의 유사음 [?juan]에 있는 '耎'이 바탕 문자일 것이다.

'粘'[chan] ──→ '耎'[juan] ──→ '□'[hebe]
[음의 관계] [자형의 관계]

478. '□' (番住) [fonji]

이 문자는 역어에

No. 775 □□□□□ 安察別番住昧 [fonji-mbi], [amčabi fonjumei], [ančabie fonǰumei] 추구하다追究/ [ančambi](추구하다)(M), [fonǰi-mbi](물음)(M)

이고 의자이다. 그루베가 예를 들고 잇는 [fonji-mbi]는 옳다고 생각되며 '問'[wên] 항에 잇는 '雯'이 바탕 문자일 것이다.

'問'[wên] ──→ '雯'[wên] ──→ '□'[fonji]
[음의 관계] [자형의 관계]

479. '夒' (黑) [he]

이 문자는 역어에

No. 15 夰夒 朱黑/ 珠黑 [juhe], [juhe], [juhe] 어름氷/ [juhe](M)/ [ʒjukɑ](W)

No. 52 呆夒 斡黑/ 兀黑 [wehe], [wehe], [wehe] 돌石/ [wehe](M), [iho](W)

No. 67 夬夒 失里黑/ 灼兀哈 [sirihe], [širihe], [širihe] 모래沙/ [yongge](M)

No. 68 夒苤 黑其 [heki], [heki], [heki] 제방堤/ [dɑlɑn](M), [dɑlɑn](E)

No. 114 禾夒 素黑/ 素黑莫 [suhe], [suhe], [suhei] 버드나무柳/ [ɾodoho](M),
[purkɛ̃](S), [sūhɑi](붉은 버들)(Mo)

No. 124 𢁼夒 禿斡黑/ 禿于黑 [tubihe], [tuwehe], [tuwehe] 과실果/ [tubihe](M)

No. 131 夒𩇓 黑克 [hege], [heke], [heke] 수박西瓜/ [henke](M), [səgɔ](N)

No. 160 㞧夒 滅黑/ 捏黑 [niyehe], [miyehe], [miehe] 오리鴨/ [niyehe](M),
[nihe](N)

No. 165 㞶夒 梅黑/ 妹黑 [meihe], [meihe], [meihe] 뱀蛇/ [meihe](M)

No. 223 史夒 伯黑 [behe], [behe], [behe] 먹墨/ [behe](M), [behe](Mo), [behe]
(S), [behe](E)

No. 382 夅夒斥 厄黑吉 [ehegi], [ehegi], [elhe gi] 상쾌하다快/ [sebǰelembi
elhe](M)

No. 390 玌夒 忒勒黑 [telhe-mbi], [telhehe], [telehe] 울타리籬/ [delhembi](M)

No. 403 伏夒 脉兒黑/ 尙書 [merhe], [merhe], [merhe] 상賞/ [šɑngnɑhɑ](M)

No. 428 㧦夒 禿斡墨 [tuwe-mbi], [tuwehe], [tuwehe] 가르치다, 주다授/
[tuwembi] (M)

No. 476 㭒夒 厄一黑 [eihe], [eihe], [eihe] 한 적이 없다不曾/ [urui wɑkɑ](M)

No. 487 半夂夒 恩伯黑/ (恨都魯) [enbe-mbi], [enbehe], [enbehe] 출산出産

No. 495 余夒 委黑/ 未黑 [weihe], [weihe], [weihe] 이齒/ [weihe](M)

No. 505 走夒 卜的黑/ 伯帖 [bethe], [budihe], [buteh] 다리脚/ [bethe](M)

No. 525 𢁼夒 禿斡黑 [tubihe], [tuwehe], [tuwehe] 과실果/ [tubihe](M), [tobigu](S)

No. 539 筊乐失臾 兀速洪兀魯黑 [eshun urehe], [ushun urhe], [ushun urhe] 날것과 익은 것生熟/ [eshun](태어나다生), [urehe](익다熟)(M)

No. 558 係臾 朱朱黑/ 失塞 [−], [šišihe], [šishe] 요褥/ [šishe](M), [səkt'ək'u](N))

No. 572 兄� 寧住黑/ 泥出 [ninjuhe], [ninjuhe], [ninǰuhe] 진주珠/ [ničuhe] (M)

No. 582 禾丸余臾 素法委黑 [fafa weihe], [sufa weihe], [sufa weihe] 상아象牙/ [sufan i weihe](M)素

No. 583 盂朮臾 犀兀也黑/ 未黑 [ši−uyehe], [si uyehe], [si uyehe] 무소뿔犀角/ [ihaši i uihe](M)

No. 602 朮`臾 兀也黑 [uihe], [uyehe], [uyehe] 뿔角/ [sala](M)

No. 603 臾糸 黑比 [hebi], [hetu], [hetun] 가로横/ [hetu](M)

No. 631 屰臾亟 滅黑綠 [niyehe−lü], [miyehelu], [miehe−lu] 압록鴨綠/ [niohon] (M)

No. 633 禾臾丸夃 素黑出衛 [−], [suhe čuw], [suhei čui] 푸른 버드나무柳翠/ [niohon](M)

No. 755 夲仡臾 厄勒黑 [elehe], [elehe], [elehe] 있다自在/ [elhe](M)

No. 794 育臾氼忯 厄忒黑阿剌哈 [etehe araha], [etehe alaha], [etehe alaha] 승부하다勝負/ [etembi] 비리다, 날고기胜, [burulambi] 짐을 지다負(M)

No. 796 冬盂夨伏臾 斡失卜魯脉兒黑/ (斡失卜魯脉兀黑) [wesibu−mbi merhe], [wešiburu merhe], [wešiburu merhe], 승상陞賞/ [wešimbi](升), [sanggambi] (賞)(M)

이고 '黑'[hêi] 항에는 바탕 문자가 없어서 음자가 아니라 의자이다. 게다가 이 문자는 동사의 어미변화 중에서 과거를 나타내는 데 사용되는데 바탕 문자는 '了'[la, liao] 항에 바탕 문자는 없고 '己'[i]의 유사음 [yü] 항에 있는 '臾'가 바탕 문자이다.

‘了’[la] ——→ ‘已’[i] ——→ ‘叟’[yü] ——→ ‘臾’[he]

　　[의미의 관계]　　[음의 관계]　　[자형의 관계]

480. ‘臾’ (克) [ku]

이 문자는 역어에

No. 131 臾臾 黑克 [hege], [heke], [heke] 수박西瓜/ [henke](M), [səɡɔ](N)

No. 190 兄亇仐臾 上江塞克 [šanggiyan segu], [šangiyan seke], [šaŋgian seke]
은색 쥐銀鼠/ [šaŋɡyan seke](M)

No. 191 仐臾 塞克 [seke], [seke], [seke] 담비쥐貂鼠/ [seke](M)

No. 368 臾盃厌女 克失哥卜魯 [kusigo-mbi], [kešigeburu], [kešigeburu] 번민
하다悶/ [gingkambi, gusučumbi](M)

No. 369 臾盃厌女 克失哥卜魯 [kusigo-mbi], [kešigeburu], [kešigeburu] 근
심하다憂/ [gingkambi, gusučumbi](M)

No. 450 伞臾乐 厄克洪 [–], [ekehun], [ekehun], 소멸하다, 줄어들다滅/
[ekiyehun](M)

No. 693 씃臾乐 南克洪/ 捏克叶 [nanggehun], [nankehun], [namkehun] 엷다
薄/ [nekeliyen](M), [nemikun](E), [nimgen](Mo)

No. 725 伞臾乐 厄克洪 [ekuhun], [ekehun], [ekehun] 적다少/ [komso](M),
[k'ɔmtʃɔ](N)

No. 751 甬斤臾化右 兀住康克勒昧 [uju hengkie-mbi], [uju kankelemei], [uǰu
kaŋkīlemei] 머리를 조아리다叩頭/ [hengkilembi](M)

No. 820 臾斗來乩 克安分厄 [kan funiye], [kean feniye], [kan funei] 감합하
다勘合(발송할 공문서의 한 끝을 원부原簿에 대고 그 위에 얼려 찍던 도장)

No. 842 臾巾 克哀/ (克哀) [kuai], [keai?], [kai] 열다開

이고 ‘克’[k'o] 항에는 바탕 문자가 없고 의자이며 ‘悶’[mên] 및 [mêng]

항, '憂'[yu] 항에는 바탕 문자가 없지만 [yu]의 유사음 [yü] 항에 있는 '庚'
가 바탕 문자이다.

'憂'[yu] ⟶ '庚'[yü] ⟶ '叓'[ku]
　　[음의 관계] 　　[자형의 관계]

481. '羑' (揑渾) [nehu]

이 문자는 역어에

No. 291 羑 揑渾溫/ 耨兀 [nebu], [niyohun], [niehun] 누이妹/ [non](M),
[nühün](S)

이고 의자로 '妹'[mêi] 항의 '美'가 바탕 문자이다.

'妹'[mêi] ⟶ '美'[mêi] ⟶ '羑'[nehu]
　　[음의 관계] 　　[자형의 관계]

482. '炎' (阿) [a], (哈) [a]

이 문자는 역어에

No. 8 炎丬 阿哈 [aga], [aga], [aga], [aga](a) 비雨/ [aga](M)

No. 30 存乐炎丬 納兒洪阿哈/ (納儿洪阿哈) [narhun aga], [narhun aga],
[narhūn aga] 가랑비細雨/ [narhūn aga](M)

No. 87 先炎伟 失剌哈替 [sirahate], [širahati], [širahati] 옛古/ [seibəni](M)

No. 752 㳄土先炎伟 卜溫失剌哈替 [bunsilahati], [bunširahati], [bunširahati]
옛부터自古/ [julge ci](M)

이고 '阿'[ɑ] 항에는 바탕 문자가 없고 의자이며 '雨'[yü] 항의 '臾'를 바탕 문자로 되어 있다.

'雨'[yü] $\longrightarrow$ '臾'[yü] $\longrightarrow$ '羑'[ɑ]

      [음의 관계]   [자형의 관계]

483. '羑' (禿) [tu]

이 문자는 역어에

No. 25 日羑伴右 一能吉禿替昧/ 受溫禿提黑 [inenggi tuči-mbi?], [inengi tutimei], [ineŋgi tutimei] 해가 뜨다日出/ [šun tuči-mbi](M)

No. 714 羑伴右 禿替昧 [tuči-mbi], [tutimei], [tutimei] 나다出/ [tučimbi](M)

이고 의자이며 '出'[ch'u]의 유사음 [chu] 항에 있는 '築'이 바탕 문자일 것이다.

'出'[ch'u] $\longrightarrow$ '築'[chu] $\longrightarrow$ '羑'[tu]

      [음의 관계]   [자형의 관계]

484. '䂊' (兀剌) [ulɑ]

이 문자는 역어에

No. 49 䂊 兀剌 [ulɑ], [ulɑ], [ulɑ] 강江/ [ulɑ](M)

이고 의자로 하부의 '个'는 분명히 한자 '个'의 변형이다. 여진어에서 이와 비슷한 것으로는 어느 것도 '乘'[ch'êng]을 바탕 문자로 한 556 '米',

559 '釆', 685 '釆' 684, '釆', 562 '釆'이다. 이들 예와 비교해서 '江'[chiang]은 '乘'[ch'êng]과 유사해서 동일한 바탕 문자로 생각해도 무방할 것이다.

'江'[cheng] ⟶ '乘'[ch'êng] ⟶ '釆'[ula]

[음의 관계]　　　　　[자형의 관계]

485. '夬' (肯) [ken]

이 문자는 역어에

> No. 256 床夬 同肯/ 痛克 [tungken], [tunken], [tuŋken] 북鼓/ [tunken](M), [toŋke](S), [tuŋke](E)

이고 의자로 '鼓'[ku] 항에는 바탕 문자가 없고 [k'u]에 있는 '哭'이 바탕 문자일 것이다.

'鼓'[ku] ⟶ '哭'[k'u] ⟶ '夬'[ken]

[의미의 관계]　　[자형의 관계]

486. '炎' (牙) [ya]

이 문자는 역어에

> No. 511 炎休 牙里/ 牙力 [yali], [yali], [yali] 고기肉/ [yali](M)
> No. 521 炎休 牙里/ 牙力 [yali], [yali], [yali] 고기肉/ [yali](M)

이고 의자로 바탕 문자는 '肉'[jou, ju]일 것이다.

'肉'[jou, ju] ⟶ '炎'[ya]

[자형과 의미의 관계]

487. '赖' (勒付) [lefu?]

이 문자는 역어에

No. 178 赖 勒付 [lefu], [lefu], [lefu] 바다표범海豹/ [huwethi](M)

이고 의자인데 역이 2자로 구성되며 바탕 문자는 발견하기 어렵다.

488. '夫' (申) [šin]

이 문자는 역어에

No. 413 枈夫 朶申/ 雜申雜 [dosin], [došin], [došin] 나아가다進/ [došimbi](M)

No. 415 金夫 伯申/ 拜失 [bai-mbi], [baišin], [baišin] 꾸짖다討/ [baisu baimbi](M)

No. 416 金夫 伯申/ 伯因必 [bai-mbi], [baišin], [baišin] 찾다尋/ [baimbi](M), [bahami](N)

No. 443 夁夊夫 拙木申/ 拙兀 [jomi-mbi], [juwemušin], [jomušin] 빌리다借/ [jolimbi](M)

No. 538 夊夫 木申 [mušen], [mušin], [mušin] 볶은 면炒麪/ [muši](M)

No. 799 枈夫夊佗 朶申因勒 [dosinin-le?], [došin inle], [došin inlei] 불러 모으다引類/ [došimbi](M)

No. 813 其主金夫 其兀伯申 [kiu bai-mbi], [kiyu baisin], [kiubaišin] 탐구하다求討/ [baimbi](M)

이고 음자로 보이며 '壬'[sin]으로부터 만들어졌다고 생각된다.

'生'[shêng] ⟶ '壬'[sin] ⟶ '美'[šin]
[자형과 음의 관계]　[자형과 음의 관계]

489. '斧' (厄魯) [er]

이 문자는 역어에

　No. 83 斧歪 厄魯忒 [erte], [erte], [erte] 이르다早/ [erde](M), [ɜridə](N), [erte]
　(Mo)

　No. 97 斧歪 厄魯忒 [erde], [erte], [erte] 아침朝/ [erde](M), [erte](E)

　No. 452 斧歪 厄魯忒 [erde], [erte], [erte] 이르다早/ [erde](M), [ɜrdə](N),
　[erte](Mo)

이고 의자로 '朝[chao, ch'ao]의 항에는 바탕 문자가 없고 '早'[tsao]의 유
사음 [tsu] 항에 있는 '卒'이 바탕 문자이다.

'早'[tsao] ⟶ '卒'[tsu] ⟶ '斧'[er]
[음의 관계]　[자형의 관계]

490. '尗' (敖) [ao]

이 문자는 역어에

　No. 212 尗尗 下敖 [šiao], [hiyau], [iau] 학교學/ [tačikū](M)

　No. 585 元丢尗 馬納敖 [manao], [manaw], [manaw] 마노瑪瑙/ [marimbu
　wehe](M)

378

No. 623 𠁴 子敖 [dʒao], [jiyau], [sau] 하인릍/ [kara](M)

No. 811 𡈽𠁴电夂 下敖圭因 [-], [hiyau guwin], [hiau kuin] 학규學規

이고 한자음 전사용으로 만들어진 것으로 음자인 것 같으며 [ao], [yao]
항의 바탕 문자는 없고 [kao] 항의 '羔'이 바탕 문자가 아닐까?

'敖'[ao] ──→ '羔'[kao] ──→ '𠁴'?[ao]
　　[음의 관계]　　[음과 자형의 관계]

491. '𡈽' (巴) [ba]

이 문자는 역어에

No. 406 𡈽厌乎 巴奴洪/ 伴忽 [banuhun], [banuhun], [banuhūn] 게으르다惰/
[banuhūn](M)

이고 그루베는 이것에 [banuhôn]이라는 만주어를 대비시키고 있다. '巴'
[ba] 항에는 바탕 문자가 없고 의자로 '惰'[to]와 유사음 [tʼo]에 있는 '妥'
가 바탕 문자이다.

'惰'[to] ──→ '妥'[tʼo] ──→ '𡈽'[ba]
　　[음의 관계]　　[자형의 관계]

492. '𤱕' (非) [pi, fi?]

이 문자는 역어에

No. 224 𤱕 非 [pi, fi], [fi], [fi] 붓筆/ [fi](M), [pi](Mo)

No. 245 肖甼 忽非/ 湯平 [hupi], [hufi], [hūfi] 일壹/ [tampin](M)

No. 468 去盂甼 扎失非 [jašifi[?]], [jašifi], [jašifi] 분부分付/ [jasimbi](M), [jahimoi](Mo)

No. 791 甼判夾攵伏矢 非也吉木本刺 [-], [fiyegi mubunla], [fiyeŋgi mubunla] 조력하다偏裨

이고 음에 '非'[fêi]를 적용시켰는데 그 항에는 바탕 문자가 없고 의자로 '筆'[pi] 항의 '畢'이 바탕 문자이다.

'筆'[pi] ⟶ '畢'[pi] ⟶ '甼'[pi, fi?(bi)]
　　[의미의 관계]　　[자형의 관계]

493. '昇' (希) [hi]

이 문자는 역어에

No. 206 昇天 希大 [hida], [hida], [hidai] 발簾/ [hida](M)

No. 339 叅昇件 弗只希捏兒廐/ (弗只希捏儿廐) [fusihi niyalma], [fujihi niyarma], [feĵihi niarma] 부하部下/ [feĵergi niyalma](M)

No. 353 兄昇 撒希 [šan-hi[?]], [sahi], [sahi] 알다知/ [sambi](M), [saami](E)

No. 373 侁昇矢 肥希剌/ 的力禿提 [feshe-mbi], [feshila], [fehila] 노하다怒/ [feshembi, ĵilidambi fuhiyembi](M)

No. 386 侁昇矢 肥希剌/ 伏欣必 [feshe-mbi], [feshila], [fehila] 고뇌하다惱/ [feshembi, fučembi, fuhiyembi](M)

No. 516 盂休昇 失里希/ 失力希 [silihi], [šilihi], [šilihi] 쓸개膽/ [šilihi](M)

No. 738 串列兄昇 厄申撒希 [esin sanhi], [ešin sahi], [ešin sahi] 모르다不知/ [sarakū](M)

No. 786 侯昇冬 惹希納 [žohina], [jehina], [yehina] 인의仁義/ [jurgan](M)

380

No. 812 *兄犀盂久* 撒希西因 [sɑnhičin?], [sɑhi sin], [sɑhi sin] 잘 알다知悉/ [sɑmbi](M)

No. 855 *反虫犀* 忒忒希 [tedehi], [tetehi], [tetehi] 이불被

이고 만주어와의 대비에 있어서 [ši]가 아니라 [hi]가 옳다고 생각된다. 바탕 문자는 '希'[hsi](고음 [hi]) 항의 '犀'일 것이다. 음자이다.

'希'[hsi] ——→ '犀'[hsi] ——→ '*犀*'[hi]
⎵_____⎵   ⎵_____⎵
[음의 관계]   [자형의 관계]

494. '*犀*' (厄) [e]

이 문자는 역어에

No. 450 *犀�乐* 厄克洪 [-], [ekehun], [ekehun], 소멸하다滅/ [ekiyehun](M)

No. 725 *犀夏乐* 厄克洪 [ekuhun], [ekehun], [ekehun] 적다少/ [komso](M), [kʻɔmʧʻɔ](N)

이고 '少'[shao] 항, '小'[hsiao] 항에 바탕 문자가 없고 '减'[chien] 항에 있는 '件'이 바탕 문자이다.

'减'[chien] ——→ '件'[chien] ——→ '*犀*'[e]
⎵_____⎵   ⎵_____⎵
[음의 관계]   [음과 자형의 관계]

495. '*枭*' (斡) [we]

이 문자는 역어에

No. 26 月夯朵夘 必阿禿斡黑/ 別禿黑黑 [biya tuwe-mbi], [biya tuwehei], [bia tuwehe] 달이 지다月落/ [biya tuhembi](M), [bie tihijiren](E)

No. 52 朵炱 斡黑/ 兀黑 [wehe], [wehe], [wehe] 돌石/ [wehe](M), [iho](W)

No. 687 夯朵夘 禿斡黑 [tuwe-mbi], [tuwehei], [tuwehe] 떨어지다落/ [tuhembi] (M)

이고 '石[shih] 항에 바탕 문자는 없고 '落'[lao], [la], [lo] 항에 있는 '牢'가 바탕 문자라고 생각된다.

'落'[lao, la, lo] ──→ '牢'[lao] ──→ '朵'[we]
    [음의 관계]   [자형의 관계]

496. '尿' (失魯) [šulhe]

이 문자는 역어에

No. 112 尿 失魯 [šulhe], [šilu], [šilu] 배나무梨/ [šulhe](M)

이고 의자로 바탕 문자는 '梨'[li] 항에 있는 '戻'이다.

'梨'[li] ──→ '戻'[li] ──→ '尿'[sulhe]
    [음의 관계]   [자형의 관계]

497. '果' (羅) [lo]

이 문자는 역어에

No. 285 岙果 斡莫羅 [omolo], [omolo], [omolo] 손자孫子/ [omolo](M), [ɔmɔli]

(N), [omlai](E)

No. 327 □□ 邏邏 [lolo], [lolo], [lolo] 순라邏邏

No. 412 □□□ 卜朶羅 [bodoro], [bodolo], [bodolo] 달리다, 좇다趕/ [bodombi] (M), [pɔtu](N)

No. 540 □□□ 失羅回 [siloho], [šilohuwi], [šilohoi] 떡, 구운 떡燒餅/ [šoobin](M)

No. 562 □ 羅/ 絡 [lo], [lo], [lo] 비단羅/ [čeri](M)

No. 600 □□ 朶羅 [dolo], [dolo], [dolo] 안內/ [dolo](M), [dulo](S), [doolo](E)

No. 691 □□□ 弗和羅/ 佛活羅 [-], [foholo], [foholo] 짧다短/ [foholon](M), [fɔhɔlɔ̃](N)

이고 음자로 '羅'[lo]의 유사음 [lao] 항에 있는 '牢'가 바탕 문자일 것이다.

'羅'[lo] ——→ '牢'[lao] ——→ '□'[lo]

[음의 관계]　[자형의 관계]

498. '□' (厄都) [edu]

이 문자는 역어에

No. 5 □□ 厄都溫/ 厄都 [edun], [edun], [edun] 바람風/ [edun](M), [hət'ɔ] (N), [edein](S), [ediin](E), [ödin](W)(Ma)

이고 의자로 '風'[fêng]이 바탕 문자이다.

'風'[fêng] ——→ '□'[edu]

[자형과 의미의 관계]

499. '米' (加渾) [giyahu]

이 문자는 역어에

No. 155 米土 加渾溫 [giyahun], [giyahun], [giahūn] 매鷹/ [giyahūn](M)

이고 의자로 '鷹'[ying] 항에 있는 '英'이 바탕 문자로 되어 있다.

'鷹'[ying] ⟶ '英'[ying] ⟶ '米'[giyahu]
　　　[음의 관계]　　　[자형의 관계]

500. '柈' (和卓) [hojo]

이 문자는 역어에

No. 717 柈 和卓 [hojo], [hojo], [hǰo] 뛰어나다俊/ [hoǰo](M)

이고 의자인데 '俊'[chün] 항에 바탕 문자가 없고 바탕 문자는 불분명하다.

501. '东' (引荅) [inda]

이 문자는 역어에

No. 147 东劳 引荅洪/ 引荅忽 [indahun], [indahun], [indahūn] 개犬/ [indahūn] (M)

No. 176 嵐毛东劳 脉忒厄林引荅洪 [mederin indahun], [meterin indahun], [meterin indahūn] 해子海狗/ [mederi indahūn](M)

이고 12지에도 사용된 것은 그 바탕 문자가 '戌'[hsü]의 유사음 [hsi] 항의 '犀'인 것을 보아도 알 수 있다.

'犬'[ch'üan] ⟶ '戌'[hsü] ⟶ '犀'[hsi] ⟶ '东'[inda]

[의미의 관계]　　　[음의 관계]　　　[자형의 관계]

502. '桼' (朶和) [doho]

이 문자는 역어에

No. 115 桼茓 朶和莫 [doho-mo], [dokomo], [doko mo] 나무樹/ [doko](길 거리), [mo](나무)(M)

이고 의자인데 '樹'[shu] 항에 바탕 문자가 없고 자형으로서는 '卒'[tsu], [ts'u]와 비슷하지만 바탕 문자는 불분명하다.

503. '芊' (的兒) [jir]

이 문자는 역어에

No. 383 芊桼夨 的兒哈剌/ (的儿哈剌) [jirga-mbi], [dirgala], [dirgala] 즐거 워하다樂/ [jirgambi](M), [jirɤal](Mo)

No. 489 芊桼夨 的兒哈剌/ (的儿哈者) [jirha-mbi], [dirgala], [dirgala] 쾌락快 樂/ [jirgambi](M), [jirɤal](Mo)

No. 756 芊桼夨 的兒哈剌/ (的儿哈剌) [jirgala], [dirgala], [dirigala] 쾌활하다 快活/ [jirgambi](M)

이고 의자로 '樂'[lê]의 유사음 [lo] 항의 '犖'가 바탕 문자로 되어 있다.

'樂'[lê] ⟶ '犖'[lo] ⟶ '荦'[jir]

　　[음의 관계]　　[자형의 관계]

504. '夲' (虎剌) [hūlha]

이 문자는 역어에

No. 336 夲足仸 虎剌孩捏兒麻/ (虎剌孩捏儿麻)/ 忽魯哈捏麻 [hūlahai nialma], [hulahai niyarma], [hūahai niarma], 도둑賊人/ [hūlahai niyalma](M), [hūlaha bəi](N), [kolaká](Ma), [hūlaɣai](Mo)

이고 의자이며 바탕 문자는 '賊'[tsê] 항에 없고 유사음 '卒'[tsu]가 바탕 문자로 되어 있다.

'賊'[tsê] ⟶ '卒'[tsu] ⟶ '夲'[hūlha]

　　[음의 관계]　　[자형의 관계]

505. '冇' (兀卜) [ubu]

이 문자는 역어에

No. 263 冇 兀卜 [-], [ubu], [ubu] 나누다分/ [fuwen](M)

이고 의자로 '分'[fên] 항에 바탕 문자는 없지만 유의의 '有'[you]가 그것이다.

'分'[fên] ⟶ '有'[you] ⟶ '冇'[ubu]

　　[의미의 관계]　　[자형의 관계]

386

506. '肖' (法里) [fari, far]

이 문자는 역어에

No. 609 肖東 法里見/ 發兒洪 [fargiyen], [farigiyen], [faligian] 어둡다暗, 昏/ [farhûn](M), [paxče](g)

이고 의자로 '暗'[an] 항에 바탕 문자는 없고 유의의 '幽'[yu] 항의 '有'[yu] 를 바탕 문자로 하고 있다.

'暗'[an] ───→ '幽'[yu] ───→ '有'[yu] ───→ '肖'[fari, far]
　[의미의 관계]　　　[음의 관계]　　　[자형의 관계]

507. '肖' (厄恨) [eihen]

이 문자는 역어에

No. 141 肖 厄恨/ 額黑 [eihen], [eihen], [eihen] 당나귀驢/ [eihen](M), [ʒihən](N)

No. 175 炎屈肖 兀的厄厄恨 [ujige eihen], [udige eihen], [udige eihen] 야생 당나귀野驢/ [aidagan eihen](M)

이고 의자로 '驢'[lu] 항에 바탕 문자는 없고 [l]의 [y]음화한 [yu] 항에 있 는 '有'[yu]가 바탕 문자이다.

'驢'[lu] ───→ '有'[yu] ───→ '肖'[eihen]
　[음의 관계]　　　[자형의 관계]

508. '奋' (革木) [gemu]

이 문자는 역어에

No. 757 奋箪甭屯 革木兒一那 [gemur inɑ], [gemur inɑ], [gemuri ino] 도무지, 전혀都是/ [gemu inu](M)

No. 841 奋箪 革木兒 [gemur], [gemur], [gemuri] 갖추다俱/ [gemu](M)

이고 의자로 '都'[tu] 및 [t'u] 항, '俱'[chü] 및 [ch'ü] 항에 바탕 문자는 없지만 원래 이 말은 [emu] '一'[i]와 동일한 어원이어서 바탕 문자는 [i]의 유사음 [yü] 항의 '育'이다.

'一'[i] ──→ '育'[yü] ──→ '奋'[gemu]
　　[음의 관계]　　[자형의 관계]

509. '㐀' (捏) [ne]

이 문자는 역어에

No. 102 㧰㐀并夫弓 革列黑塞革 [gənəhə səgə], [gənəhəi səgə], [gənəhə səgə] 세월이 지나가다去歲/ [gənəhə ə](M)

No. 713 㧰㐀外 革捏黑 [gene-mbi], [genehei], [genehe] 가다去/ [genembi](M), [ɜnə](N)

이고 만주어 [genehe]와 동일하지만 바탕 문자는 '去'[ch'ü] 항에 없고 유사음 [chi] 항의 '脊'이 그것이며 의자이다.

'去'[ch'ü] ⟶ '脊'[chi] ⟶ '脊'[ne]

[음의 관계]　　　[자형의 관계]

510. '乑' (革里) [geli]

이 문자는 역어에

No. 77 日·乑 一能吉革里 [inenggi geli], [inengi geli], [ineŋgi geli] 그림畵/
[inenŋgigeli](M), [inəŋgi](N)

이고 2개의 글자로 구성되었는데 이 의미는 '書'가 아니라 "가라사대 또"
이다. "이케우치池內 박사환력기념『동양사론총』"(소화 15년) 나카이시다中
石田 박사의 [určica]에서 '又'의 의미로 보고 있다. 그 바탕 문자는 '又'[yu]
의 유의의 '亦'[i]이다.

'又'[yu] ⟶ '亦'[i] ⟶ '乑'[geli]

[의미의 관계]　[자형의 관계]

511. '甬' (哈的) [hadiˀ]

이 문자는 역어에

No. 281 甬·件 哈的捏兒麻/ (哈的捏兀麻) [xadi niyalma], [hadi niyarma],
[hadi niarma] 귀인貴人/ [wešihun niyalma](M)

No. 347 甬 哈的 [haji], [hadi], [hadi] 귀貴/ [wešihun baji(밀접하다)](M)

No. 571 甬 哈/ 哈的(g) [hadi], [hadi], [hadi] 보배宝/ [baobei](M)

이고 의자인데 '貴'[kui] 항, '宝'[pao] 항에 바탕 문자가 없고 바탕 문자는 불분명하다.

512. '<ruby>冎</ruby>' (禿里) [turi[?]]

이 문자는 역어에

No. 332 <ruby>冎</ruby><ruby>伩</ruby><ruby>侔</ruby> 禿里勒揑兒麻/ (禿里勒揑儿麻)/ 蒙过揑兒麻 [turile niyalma], [turile niyarma], [tulile niarma] 오랑캐 사람夷人/ [tulergi niyalma](M)

No. 601 <ruby>冎</ruby><ruby>伩</ruby> 禿里勒 [turile, tulergi[?]], [tulile], [tulile] 외外/ [tulergi](M), [tolle] (S), [tulile](E)

No. 615 <ruby>冎</ruby><ruby>伩</ruby><ruby>至</ruby><ruby>仐</ruby> 禿里勒忒厄 [-], [tulile tē], [tulile teel] 외면外面/ [tulergi dere](M)

No. 770 <ruby>冎</ruby><ruby>伩</ruby><ruby>乏</ruby><ruby>仟</ruby> 禿里勒禿魯溫 [turile turgun, tulun], [tulile turgun], [tulile turŋun] 오랑캐의 뜻夷情/ [tuleri baita, tuleri turgun](M)

이고 의자로 '外'[wai] 항에 바탕 문자가 없고 '夷'[i] 항의 '夵'가 바탕 문자일 것이다.

'夷'[i] ⟶ '夵'[i] ⟶ '<ruby>冎</ruby>'[turi[?]]
　　　[음의 관계]　[자형의 관계]

513. '<ruby>用</ruby>' (牙剌) [yala]

이 문자는 역어에

No. 709 <ruby>用</ruby> 牙剌 [yala], [yala], [yala] 열매實/ [yala](M)

이고 의자로 '實'[shih] 항에 바탕 문자가 없고 유의의 '果'[kuo] 항에 있는

'國'이 바탕 문자로 하고 있다.

'實'[shih] ⟶ '果'[kuo] ⟶ '國'[kuo] ⟶ '用'[yala]

    [의미의 관계]   [음의 관계]   [자형의 관계]

514. '肖' (都) [du]

이 문자는 역어에

> No. 405 肖甲売 都善別 [tuša-mbi], [dušanbi], [dušenbie] 부지런하다勤/
> [dosombi](M)

이고 '勤'[ch'in] 항에 바탕 문자가 없어 바탕 문자는 불분명하다.

515. '肖' (都魯) [dulu]

이 문자는 역어에

> No. 20 肖土 都魯溫 [durun], [durun], [durun] 양陽/ [fiyakiyan](M), [dūlaɤan](따
> 뜻하다)(Mo), [dūūljiran](하늘이 맑다)(E)
> No. 101 豆月电刹 順扎必阿哈稱因 [sunja biya hačn], [sunja bi a hačin], [šunǰa
> bia hačin] 단오절端午節/ [sunǰa biya i hačin], [sunǰangga inenggi](M)

이고 의자로 '陽'[yang]의 항에 바탕 문자는 없고 유의의 '南'[nan]이 바탕
문자이다.

'陽'[yang] ⟶ '南'[nan] ⟶ '肖'[dulu]

    [음의 관계]   [자형의 관계]

516. '𣓀' (哈) [ha?]

이 문자는 역어에

> No. 352 𣓀右圥 哈察別/ 哈察 [hača-mbi], [hačabi], [hačabie] 보다見/ [ačambi](M)

이고 '哈'[ha] 항에 바탕 문자가 없고 의자로 '見'[chien] 항의 '繭'이 바탕 문자이다.

'見'[chien] ⟶ '繭'[chien] ⟶ '𣓀'[ha]
　　　　[음의 관계]　　　[자형의 관계]

517. '庠' (伏塞) [fus-he]

이 문자는 역어에

> No. 221 庠吳 伏塞古/ 伏塞吉 [fushegu], [fushegu], [fushegu] 부채扇/ [fusheku] (M)
>
> No. 761 炙夊庠夨 兀魯庥弗塞登 [-], [-], [uluma fusheden] 강성하다強盛/ [etuhun dekjimbi](M)

이고 의자로 '扇'[shan]의 항에는 바탕 문자가 없고 유사음 [hsiang]의 '庠'이 바탕 문자일 것이다.

'扇'[shan] ⟶ '庠'[hsiang] ⟶ '庠'[fus-he]
　　　　[음의 관계]　　　[자형의 관계]

혹은

'扇'[shan] ──────▶ '痒'[shên] ──────▶ '庠'[fus-he]

   [음의 관계]   [자형의 관계]

518. '庈' (斡) [urgu]

이 문자는 역어에

No. 372 庈仟炅耒 斡溫者勒 [urgunǰe-mbi], [urgunjere], [urŋunǰere] 기쁘다喜/
[urgunǰembi](M), [urunom](W)

No. 374 庈仟炅耒 斡溫者勒 [urgunje-mbi], [urgunjere], [urŋunjere] 기뻐하다歡/
[urgunǰembi](M)

No. 473 炅乇歪庈号 別厄卓斡卜連 [beyejoo-mbi], [biye jurburen], [bie ǰurburen]
위반하다有違/ [jurčembi](M)

No. 749 朿乐庈仟炅耒 莽吉斡溫者勒 [manggi onjele?], [mangi urgunjere],
[maŋgi urŋnjere] 즐거워하다可嘉/ [manggi urgunjembi](M)

No. 814 北凣天庈夂 阿里卜爲卜斡斡/ (阿里卜爲斡斡) [alibu-mbi], [alibuwi
burwe], [alibuwi urwe], 급여하다給與/ [alimbi](承當, 받다受), [bumbi](주다
給)(M)

이고 의자로 '喜'[hsi]의 유사음 [shih] 항에 있는 '石'을 바탕 문자로 하고
있다고 생각된다.

'喜[hsi] ──────▶ '石'[shih] ──────▶ '庈'[urgu]

   [음의 관계]   [자형의 관계]

519. '烡' (撒) [sa]

이 문자는 역어에

    No. 232 烡兀 撒叉 [sača], [sača], [sača] 바리, 그릇盔/ [sača](M)

이고 의자로 '盔'[kʻuei]의 유사음 [huei] 항에 있는 '灰'가 바탕 문자이다.

    '盔'[kʻuei] ⟶ '灰'[huei] ⟶ '烡'[sa]
         [음의 관계]   [자형의 관계]

520. '床' (麻) [ma]

이 문자는 역어에

    No. 839 床乇欠 麻納剌 [mana-mbi], [manala], [manala] 무너지다壞/ [manambi]
    (M)

이고 '壞'[huai] 항 및 [kuai], [kʻuai] 항에 바탕 문자는 없고 음자로 보이며 '麻'[ma]가 바탕 문자일 것이다.

    '麻'[ma] ⟶ '床'[ma]
      [음과 자형의 관계]

521. '尙' (恩) [en]

이 문자는 역어에

394

No. 226 甶孛伏 恩革埋/ 案革木 [engemu], [engemer], [engeme] 안장鞍/
[enggemu](M)

이고 의자로 자형으로서는 '尙'[shang] 및 '向'[hsiang]과 비슷하지만 '鞍'
[an] 항에 바탕 문자가 없고 아마도 '鞍'을 상상하는 '上'[shang] 항의 '尙'
이 바탕 문자로 생각된다.

'鞍'[an] ⟶ '上'[shang] → '尙' 혹은 '向'[shang, hsiang] → '甶'[en]
     [의미의 관계]   [음의 관계]   [자형의 관계]

522. '甶' (羅和) [loho]

이 문자는 역어에

No. 235 甶 羅和 [loho], [loho], [loho] 칼刀/ [loho](M), [loho](N)

이고 의자로 '刀'[tao] 항의 '稻'의 방 '臽'의 변형일 것이다.

'刀'[tao] ⟶ '稻'[tao] → ('臽') → '甶'[loho]
     [음의 관계]   [자형의 관계]

523. '𠇍' (車) [čen]

이 문자는 역어에

No. 33 釆𠇍羊 黑車你 [hečen], [hečeni], [heče ni] 성城/ [hečen](M)
No. 851 乚𠇍羊 厄木車你 [emu čeni], [emu čeni], [emučeni] 한번 만나다, 일
조—遭/ [emuči](M)

이고 그루베는 '車'[ch'ê]를 가져왔지만 그것은 타당하지 않고 [-n] 다음에 오는 후치사인 '羋'[ni]가 있으므로 그 앞에는 [-n]이어야 한다. 따라서 이것은 [čen]이다. 음자, 의자 양자에 적합하며 '城'[ch'êng] 항의 '稱'[ch'êng]이 바탕 문자로 되어 있다.

'城'[ch'êng] ⟶ '稱'[ch'êng] ⟶ '夵'[čen]
　　　[음의 관계]　　　[음과 자형의 관계]

524. '㤰' (撒必) [sabi]

이 문자는 역어에

No. 861 㤰走 撒必別 [sabi-mbi], [sabibi], [sabibie] 계획하다計/ [bodombi](M)

이고 의자로 '計'[chi]와 유사음 [ch'i] 항의 '戚'이 바탕 문자일 것이다.

'計'[chi] ⟶ '戚'[ch'i] ⟶ '㤰'[sabi]
　　　[음의 관계]　　　[자형의 관계]

525. '㦳' (一速) [isu]

이 문자는 역어에

No. 528 㦳昊 一速溫/ 迷速 [isun], [isgun], [isŋun] 장醬/ [misun](M)

이고 의자로 '醬'[chiang]의 유사음 [ch'an] 항에 있는 '懺'이 바탕 문자이다.

‘醬’[chiang] ⟶ ‘懺’[ch'an] ⟶ ‘攕’[isu]

        [음의 관계] [자형의 관계]

526. ‘坖’ (都速) [dušu, jušu]

이 문자는 역어에

    No. 529 坖朱 都速洪/ 粗 [dušun, jušun], [dushun], [dushun] 초醋/ [jusun](M)

이고 의자로 ‘醋’[ts'u]의 유사음 ‘坐’[tso]가 바탕 문자일 것이다.

    ‘醋’[ts'u] ⟶ ‘坐’[tso] ⟶ ‘坖’[dušu, jušu]

        [음의 관계]   [자형의 관계]

527. ‘兇’ (先) [šen]

이 문자는 역어에

    No. 244 兇朱 木先/ 木徹 [mušen], [mušen], [mušen] 노구솔鍋/ [mučen](M)
    No. 324 夬朱 朱先 [jušen], [jušen], [juršen] 여진女眞/ [jurčin](Mo)

이고 ‘鍋’[kuo] 항에 바탕 문자는 없고 음자로 ‘先’[hsien]의 유사음 ‘參’[shên]이 바탕 문자일 것이다.

    ‘先’[hsien] ⟶ ‘參’[shên] ⟶ ‘兇’[šen]

        [음의 관계]   [자형의 관계]

528. '岸' (南) [nan]

이 문자는 역어에

No. 693 岸夷乐 南克洪/ 捏克叶 [nanggehun], [nankehun], [namkehun] 엷다
薄/ [nekeliyen](M), [nemikun](E), [nimgen](Mo)

이고 '南'[nan] 항에 바탕 문자는 없고 의자로 '簿'[po] 항에 있는 '菠'를
바탕 문자로 하고 있는 듯하다.

'簿'[po] ⟶ '菠'[po] ⟶ '岸'[nan]
  ‎   [음의 관계]   [자형의 관계]

529. '朵' (非) [fi]

이 문자는 역어에

No. 139 夯朵 阿非/ 阿非阿 [afei], [afei], [afi], [afi](a) 사자獅/ [arsalan](M),
[arsalan](Mo)

No. 247 朵丂 非本 [fiben], [fibun], [fibun] 등燈/ [dengjan](M)

No. 248 夯册朵丂 阿羊非本 [ayan fiben], [ayan fiben], 초燭/ [ayan dengjan]
(M)

No. 579 夯册朵丂 阿羊非木 [ayan fibun], [ayan fibun], [ayan fibun] 밀랍
蠟60)/ [ayan](M)

No. 829 车朵 斡非 [ofi], [ofi], [ofi] 위하다爲/ [ofi](M)

---

60) 도이길 158, 건어포(腊)

이고 이들 중에서 그루베는 No. 829만 [o-fⁱ]로 해서 '宋'의 올바른 음을
보여 주고 있다. 음자인 듯하며 바탕 문자는 [fêi] 항에 '棐'라고 생각된다.

'非'[fêi] ——⟶ '棐'[fêi] ——⟶ '宋'[fi]
　　　‿‿‿‿‿‿‿‿　　　‿‿‿‿‿‿‿‿
　　　[음의 관계]　　　　[자형의 관계]

530. '岙' (指) [čǐ]

이 문자는 역어에

No. 310 **岙夬** 指揮 [ji-ki], [jihuwi], [jǐhui] 지휘하다, 통솔하다指揮/ [jorisi](M)

이고 한자음의 전사에 사용되고 있는데 바탕 문자는 '指'[chih]의 유사음
[chi] 항에 있는 '急'이다. '丛'는 한자 '心'의 변형을 이루고 있다.

'指'[chih] ——⟶ '急'[chi] ——⟶ '岙'[čǐ]
　　　‿‿‿‿‿‿‿‿　　　‿‿‿‿‿‿‿‿
　　　[음의 관계]　　　　[자형의 관계]

531. '丒' (塞) [se]

이 문자는 역어에

No. 253 **丒夬** 塞者 [seje], [seje], [seje] 차, 수레車/ [sejen](M), [seʧ'ən](N)

이고 음자로 '塞'[sɑi]에 있는 '思'가 바탕 문자이다. 각부의 '丛'는 '心'의
변형이다.

'塞'[sɑi] ——————➤ '思'[sɑi] ——————➤ '玉'[se]
　　　　　[음의 관계]　　　　　[자형의 관계]

532. '夬' (失兒哈) [sirgɑ]

이 문자는 역어에

　　No. 154 夬 失兒哈/ 失兀哈 [sirgɑ], [širhɑ], [širgɑ] 노루獐/ [širgɑ](M)

이고 의자인데 '獐'[chɑng] 항에도 그 유사음 항에도 바탕 문자는 없어
바탕 문자는 불분명하다.

533. '夬' (兀魯) [ul]

이 문자는 역어에

　　No. 249 夬千 兀魯脉/ 兀黑 [ulme], [ulme], [ulme] 침針/ [ulme](M)

이고 의자로 '針'[chên] 항에 바탕 문자는 없지만 [ch'ien] 항의 '僉'을 바탕
문자로 생각할 수밖에 없다.

'針'[chên] ——————➤ '僉'[ch'ien] ——————➤ '夬'[ul]
　　　　　[음의 관계]　　　　　　[자형의 관계]

534. '夫' (黑黑) [hehe$^?$], [he$^?$]

이 문자는 역어에

No. 478 角麦乑天甲 的黑黑吉塔哈/ 看哈安答哈 [jihehe gi taha], [dihe gi taha], [dihe gi taha] 귀순歸順/ [jime tahambi](M)

No. 678 休足乑 的黑黑吉 [jihehe gi], [dihehe gi], [dihehe gi] 돌아가다歸/ [bederembi, jimbi](오다)(M)

이고 음자로 보이며 그 바탕 문자는 '黑'[hê] 항의 유사음 '亥'[hai]이라고 생각된다.

'黑'[hê] ——→ '亥'[hai] ——→ '麦'[he]
　　[음의 관계]　　　[자형의 관계]

535. '夬' (失里) [sir]

이 문자는 역어에

No. 67 夬㐅 失里黑/ 灼兀哈 [sirihe], [širihe], [širihe] 모래沙[yongge](M)

이고 의자로 '沙'[sha] 항에 바탕 문자가 없고 유사음 [hsia] 항의 '俠'이 바탕 문자이다.

'砂'[sha] ——→ '俠'[hsia] ——→ '夬'[sir]
　　[음의 관계]　　　[자형의 관계]

536. '岛' (塞魯) [sergu, serk]

이 문자는 역어에

No. 93 岛昊 塞魯溫/ 塞兀空 [sergun], [sergun], [seruŋun] 차다凉/ [seruken](M), [serun](S), [serigun](Mo)

이고 이자이다. 바탕 문자는 '涼'[liang] 항에 없고 '冷'[liang] 항의 '另'이다.

'涼'[liang] ⟶ '冷'[ling] ⟶ '另'[ling] ⟶ '另'[sergu]
[음의 관계]　　[음의 관계]　　[자형의 관계]

537. '另' (莫羅) [moro]

이 문자는 역어에

No. 246 另 莫羅 [moro], [moro], [moro] 사발碗/ [moro](M)

이고 의자로 '碗'[wan] 항의 '萬'이 바탕 문자일 것이다.

'碗'[liang] ⟶ '萬'[ling] ⟶ '另'[sergu]
[음의 관계]　　[자형의 관계]

538. '芥' (高) [kao]

이 문자는 역어에

No. 320 芥去片 高察安 [gao-čan], [gaučan], [gaučan] 고창高昌

이고 '高'[kao] 항에 바탕 문자가 없고 이 한 예만으로 바탕 문자를 발견하기 어렵다.

539. '屑' (木兒) [mur, marʔ]

이 문자는 역어에

No. 265 矢屑 寸木兒 [tsun-mur], [čunmur], [čunmur] 마디ㅅ/ [furhun](M)

이고 이 한 예밖에 없어서 그 바탕 문자를 발견하기는 어렵지만 의자로 생각된다.

540. '茶' (瓦) [wa]

이 문자는 역어에

No. 211 茶冞 瓦子 [wa-ʤǔ], [waji], [wase] 기와瓦/ [wase](M)

No. 459 茶冄矢 瓦都剌 [wadu-mbi], [wadula], [wadula] 죽이다殺/ [wambi] (M), [waa](N), [waaren](S), [waami](E), [wanäm](W)

No. 845 伕乣茶昆乬它 出出瓦孩搭以 [čuwahai daiʔ], [čučuwahai tai], [čučuwahai taiʔ] 의지했다照依/ [sonkoi](M)

이고 음자인 듯하며 '瓦'[wa] 항의 '宭'가 바탕 문자일 것이다.

'瓦'[wa] ⟶ '宭'[wa] ⟶ '茶'[wa]

    [음의 관계]   [자형의 관계]

541. '宨' (瓦) [wa]

이 문자는 앞의 540 항과 동일한 문자로 역어에

No. 824 伏虬夅丸乃花斥 出出瓦孩革勒吉 [čucuwahai gelegi], [čucuwahai gelegi], [čucuwahai gelegi?] 전례에 비추어 상고하다照例[songkoi](상서러운 조짐照祥)(M)

이고 그 바탕 문자는 '窊'[wa]이다.

'瓦'[wa] ⟶ '窊'[wa] ⟶ '夅'[wa]

　　　[음의 관계]　　[자형과 음의 관계]

542. '怢' (法) [fa]

이 문자는 역어에

No. 209 怢夕 法阿/ 發 [faa], [fā], [faa] 창蔥 [fa](M)

No. 315 怢盂件 法失捏兒麻/ (法失捏儿麻) [faši niyalma], [faši niyarma], [fagši niarma] 장인匠人/ [fagši niyalma](M), [fahaʃi](N)

이고 자형에서 미루어 보아 음자로 '伐'[fa]가 바탕 문자이다.

'法'[fa] ⟶ '伐'[fa] ⟶ '怢'[fa]

　　　[음의 관계]　　　[자형의 관계]

543. '徕' (哈剌) [hala?]

이 문자는 역어에

No. 469 徕元 哈剌安 [halan], [karagan], [karaŋan] 망보다, 깊이 살피다哨探/ [karan](M), [qaraɤul](Mo)

이고 의자로 그루베는 대비어를 들고 있지 않다. 그러나 바탕 문자는 아마도 '探'[t'an]일 것이다.

'探'[t'an] ⟶ '俅'[hala?]
[음과 의미의 관계]

544. '存' (納兒) [nar]

이 문자는 역어에

No. 30 存斥夫斤 納兒洪阿哈/ (納儿洪阿哈) [narhun aga], [narhun aga], [narhūn aga] 가랑비細雨/ [narhūn aga](M)

No. 220 玉存 番納兒/ 凡察 [fannor], [fannar], [fannar] 깃발, 기旗/ [kiru](M)

No. 670 存斥 納兒吉 [nargi], [nargi], [nargi] 정밀하다精/ [narhūn](M)

No. 672 存斥 納兒洪/ (納儿洪) [narhūn], [narhun], [narhūn] 가늘다細/ [narhūn](M), [nəmnə](N)

이고 의자이다. 바탕 문자는 '旗'[ch'i], '精'[ch'ing] 및 그들의 유사음 항에서는 발견할 수 없다. '細'[hsi]의 유사음 [tsai], [tzǔ] 항에 있는 '仔'가 바탕 문자일 것이다.

'細'[hsi] ⟶ '仔'[tsai], [tzwǔ] ⟶ '存'[nar]
[음의 관계]   [자형의 관계]

545. '隹' (背) [bu]

이 문자는 역어에

No. 385 隹対右 背也眛/ 背因必 [buye-mbi], [beyembi], [buyemei] 사랑하다
愛/ [buyembi](M)

이고 '愛'[ai] 항에 있는 '挨'가 바탕 문자일 것이다. 의자이다.

'愛'[ai] ⟶ '挨'[ai] ⟶ '隹'[bu]
　　[음의 관계]　　　[자형의 관계]

546. '発' (斡莫) [omo]

이 문자는 역어에

No. 285 発果 斡莫羅 [omolo], [omolo], [omolo] 손자孫子/ [omolo](M),
[ɔmɔli](N), [omlai](E)

이고 의자인데 '孫'[sun] 항에 바탕 문자를 발견할 수 없고 유의의 '子'
[tzǔ]와 유사음인 [tso] 항에 있는 '左'가 바탕 문자이다.

'孫'[sun] ⟶ '子'[tzǔ] ⟶ '佐'[tso] ⟶ '発'[omo]
　[의미의 관계]　　　[음의 관계]　　　[자형의 관계]

547. '呑' (寮) [ča], (茶) [ča]

이 문자는 역어에

No. 264 呑厒 察罕 [čahan, čan], [čahan], [čahan] 자尺/ [jušuru](M)
No. 320 芥右片 高察安 [gao-čan], [gaučan], [gaučan] 고창高昌
No. 352 南呑尭 哈察別/ 哈察 [hača-mbi], [hačabi], [hačabie] 가위, 자르다

406

剪/ [ačambi](M)

No. 411 𡥫右老 安察別 [anča-mbi], [amčabi], [amčabie] 쫓다, 추구하다追/
[amčambi](M)

No. 775 𡥫右老𡥦右 安察別番住眛 [fonji-mbi], [amčabi fonjumei], [ančabie
fonjumei] 추구하다追究/ [ančambi](M), [fonji-mbi](물음)(M)

No. 522 右、茶/ 插 [ča], [ča], [ča] 차茶/ [ča](M), [tʃʼai](N), [čai](Mo), [sai](E)

이고 음자인 듯하며 '茶'[chʼa] 항의 '差'가 바탕 문자일 것이다.

'茶'[chʼa] ────▶ '差'[chʼa] ──▶ '右'[ča]
　　[음의 관계]　　[음과 자형의 관계]

548. '𡥫' (者) [en], (厄) [en]

이 문자는 역어에

No. 396 用𡥫 兀者 [ujen], [ujē], [ujee] 무겁다重/ [uje](M)

No. 699 用𡥫 兀者 [ujen], [ujē], [ujee] 무겁다重/ [ujen](M)

No. 299 仓𡥫件 黑黑厄捏兒麻/ (黑黑厄捏儿麻) [həhəo niyalma], [həhē
niyarma], [hehee niarma] 부인婦人/ [hehe niyalma](M), [həhə](N)

이고 그루베는 '用'를 '兀[u]로 읽고 '𡥫'을 No. 396, 699에서는 '者'[je]로
읽었는데 No. 299에서는 '𡥫'를 [e]로 읽고 있다. 생각건대 후자가 보다
옳고 '用'는 의자로 [uje]이며 '𡥫'는 [e]보다도 오히려 [en]일 것이다. 이
문자는 의자로 '重'[chung, chʼung] 항에 바탕 문자가 없고 유사음형의 여
진어 [ejen] '主'[chu]자에서 온 것으로 생각된다.

[ujen](重) ⟶ [ujen](主) ⟶ [chu](宔)
　　　　[음의 관계]　　　[자형의 관계]

549. '㐨' (厄) [ge]

이 문자는 역어에

No. 288 㑭㐨 一弍厄/ 亦弍 [irge], [itege], [iteŋe] 백성黎民/ [irgen](M)
No. 297 㑭㐨 一弍厄/ 亦弍 [irge], [itege], [iteŋe] 백성民/ [irgən](M)

이고 그 대비어는 만주어의 [irgen]이기 때문에 한자 전사의 '一弍厄'은
'一弍厄'이어야 한다. [ge]의 음을 전사한 [kê] 항에 바탕 문자가 없고
'民'[min] 항에도 바탕 문자는 없지만 '民'과 유의어 '人'[jên] 항의 '㐨'이
바탕 문자인 듯하다.

'民'[min] ⟶ '人'[jên] ⟶ '㐨'[jên] ⟶ '㐨'[ge]
　　[의미의 관계]　　[음의 관계]　　[자형의 관계]

550. '金' (哈兒) [gar]

이 문자는 역어에

No. 123 金 哈兒/ 哈儿哈 [gar], [gar], [gar] 가지枝/ [gargan](M)
No. 836 㘥金 詨哈兒/ 詨哈兀 [gaigar], [gaigar], [gaigar] 취하다, 거느리다
取, 領/ [gaimbi](M)

이고 만주어에서는 '枝'를 [gargan]이라고 한다. 그 바탕 문자는 '枝'[ch'i]
항에 있는 '企'이며 의자이다.

408

'枝'[ch'i] ——→ '企'[ch'i] ——→ '金'[gar]
　　　　　[음의 관계]　　　　[자형의 관계]

551. '金' (如) [ju]

이 문자는 역어에

No. 106 肖金 忽如 [huju], [huju], [hūru] 복숭아桃/ [toro](M)

No. 632 肖金金勺 忽如弗剌江/ (忽如弗拉江) [hujufulglan], [huju fulagiyan], [huru fulagian] 구름이 희다雲白/ [jamu](M)

No. 750 夲肖金夬 背也忽如剌/ 忽如 [beye hujula], [beye hujula], [beye hurula] 몸을 기우리거나 머리를 숙이다鞠躬/ [beye mehumbi](M)

이고 그루베는 이들에 대해 어떤 대비어도 들지 않고 있다. 그러나 관찰해 보면 음자로 '如'[ju] 항의 유사음 [chu]에 있는 '住'가 바탕 문자이다.

'如'[ju] ——→ '住'[chu] ——→ '金'[ju]
　　　[음의 관계]　　　[자형의 관계]

552. '玊' (綠) [lü], [yü]

이 문자는 역어에

No. 622 玊 綠/ 不儿哈博戰 [lü], [lu], [lu] 초록綠/ [niowanggiyan](M)

No. 631 岜臾玊 減黑綠 [niyehe-lü], [miyehelu], [miehe-lu] 압록鴨綠/ [niohon] (M)

이고 한자의 전사에 사용되며 '綠'[lü] 항에 바탕 문자가 없고 유사음 [yü]

항의 '玉'이 바탕 문자이다.

'緑'[lü] ——→ '玉'[yü] ——→ '玊'[lu]([yü])
     [음의 관계]   [자형의 관계]

553. '禾' (宮) [kung]

이 문자는 역어에

No. 194 禾 宮 [gun], [giuŋ], [gung] 궁宮/ [kuruŋ](M)

이고 위의 예에 따르면 한자 전사용으로 '宮'[kung] 항의 '共'이 유사음
[hsün] 항에 있는 '薰'일 것이다. 그러나 어느 것이 바탕 문자인지는 불분
명하다.

'宮'[kung] ——→ '共'[kung] ——→ '禾'[kung]
'宮'[kung] ——→ '薰'[hsün] ——→ '禾'[kung]
     [음의 관계]   [음과 자형의 관계]

554. '呆' (麻) [mu], [ma?]

이 문자는 역어에

No. 671 呆角 麻兒/ (麻儿) [mur, mar], [mar], [mari] 거칠다粗/ [muwa](M)

이고 '麻'[ma] 항에 바탕 문자는 없으며 의자로 '粗'[ts'u]의 유사음 [ts'ao]
항에 있는 '操'를 감획해서 만들어졌다.

'粗'[ts'u] ⟶ '操'[ts'ao] ⟶ '杲'[mu, ma?]

[음의 관계]　　[음과 자형의 관계]

555. '朶' (阿剌瓦) [alawa?]

이 문자는 역어에

> No. 576 朶乑 阿剌瓦吉/ 阿儿八 [alawagi], [arawag], [alawagi], [alawa?] 위
> 무하다, 다스리다勑/ [hese](M)[61]

이고 그루베는 그 독일어 역어에 '勑'를 [kaiserliche Befehl], 즉 '帝令'로
풀이하고 있다. 대비되는 만주어가 불분명하기 때문에 그 읽기가 정확한
지 아닌지 말하기 어렵더라도 이 단어가 '진보문琢宝門'에 있는 것으로 그
역은 옳다고 생각된다. 그러나 '勑'[lai]는 '고생辛苦'를 의미하는데 '剌'
[ch'ih]를 대신해서 사용되는 듯하므로, 그 바탕 문자는 '剌'[ch'ih]의 유사
음 [chih] 항에 있는 '至'라고 생각할 수 있다.

'勑'[lai, ch'ih] ⟶ '勑'[ch'ih] ⟶ '至'[chih] ⟶ '朶'[alawa?]

[자형과 의미의 관계]　　[음의 관계]　　[자형의 관계]

556. '粎' (只) [ji]

이 문자는 역어에

> No. 262 粎中 只哈 [jiha], [jiha], [jiha] 돈錢/ [jiha](M), [gaha](N)
> No. 575 粎中 只哈 [jiha], [jiha], [jiha] 돈錢/ [jiha](M), [gaha](N)

---

61) (剌書)

이고 ‘只’[chih] 항에 바탕 문자는 없고 의자로 ‘錢’[ch'ien]의 유사음 [ch'êng] 항의 ‘乘’이다.

‘錢’[ch'ien] ⟶ ‘乘’[ch'êng] ⟶ ‘朵’[ji]
　　　[음의 관계]　　　[음과 자형의 관계]

557. ‘朵’ (回)

이 문자는 역어에

No. 319 **朵朵** 回回 [huihui], [huwihuwi], [huihui] 회회回回

이고 ‘回敎徒’를 지칭하는데 ‘回’[hui] 항에는 바탕 문자가 없고 바탕 문자는 불분명하다.

558. ‘尿’ (深) [sergu(we)], [šengu(we)]

이 문자는 역어에

No. 91 **尿昊** 深溫/ 失木兀(寒), 廈忽魯(冷) [sen'un], [šingun], [šimɒun] 차다 冷/ [bəiguwan šahūrun](M)

이고, 대비어는 만주어 [serguwen] ‘凉’[liang]인데, 만약 여진어가 [šenguwen]이라면 음자로 ‘深’[shên]이 바탕 문자일 것이며, [serguwen]이라면 의자로 ‘凉’이 바탕 문자일 것이다.

559. '釆' (富) [fu]

이 문자는 역어에

No. 722 付釆扎尺 哈富扎孩 [hafuja-mbi], [hafujahai], [hafuǰahai] 투명하
다, 통하다透/ [hafumbi](M)

이고 '富'[fu] 항에 바탕 문자가 없어서 의자로 '透'[t'ou]의 유의 '澄'[ch'êng]
항에 있는 '乘'을 바탕 문자로 하고 있다.

'透'[t'ou] ⟶ '澄'[ch'êng] ⟶ '乘'[ch'êng] ⟶ '釆'[fu]
[의미의 관계]   [음의 관계]   [자형의 관계]

560. '羊' (你) [ni]

이 문자는 역어에

No. 32 圉土羊 國倫你 [gurun], [gurun ni], [gurun ni] 나라에國/ [gurun](M),
[Kuru](N), [gurun](S)

No. 33 釆夼羊 黑車你 [hečen], [hečeni], [heče ni] 성城/ [hečen](M)

No. 34 巫庥羊 和脫斡你 [hoton], [hotō ni], [hoto ni] 못池/ [hoton](M), [hoton
ni](N), [hoton](S)

No. 272 凬完羊 罕安你/ 哈安 [hagan, han], [haganni], [haŋan ni] 황제皇帝/
[han](M), [haɣan](Mo), [haan](E)

No. 274 圉土羊佘 國倫你王 [gurun ni wang], [gurunni wan], [gurun ni
waŋ] 국왕國王/ [gurun i wang](M)

No. 331 秀羊仵 禿里勒捏兒麻/ 厄然你捏兒麻(g)/ (厄然你捏儿麻) [ejenni niyalma],
[ejen ni niyarma], [eren ni niarma] 이인夷人/ [ejen](M), [ejen](Mo), [ŋəʧ'ən],

[əʧən](N)

No. 758 ㄴ羊庆㐌 厄木你哥塞 [emuni gese], [emuni gese], [emuni gese] 일반
一般/ [emu gese](M)

No. 760 为灰围土羊 杜里剌國倫你 [dulila gurun], [dulila gurun ni], [dulila
gurun ni] 중국中國/ [dulimba gurun](M)

No. 792 夭羊东 厄然你府 [ejen ni fu], [ejen ni fu], [ejen ni fu] 주보主輔

No. 793 尤羊㐡㐡 乖你阿里卜爲 [guwaini alibu-mbi], [guwaini alibuwi], [goni
alibuwi] 공급하다供給/ [goibumbi](분파), [alibumbi](보내다, 나누다)(M)

No. 801 屵羊火㒵丸斥 卓你伯荅出吉 [jonibe dačugi], [jonibe dačugi], [jonibe
dačugi] 날카롭고 민첩하다鋒銳/ [jeyen], [dačun](날카로운 칼)(M)

No. 851 ㄴ㐬羊 厄木車你 [emu čeni], [emu čeni], [emučeni] 한번 만나다, 일
조一遭/ [emuči](M)

No. 853 夋羊 密你 [mini](Y), [mini](C), [mini](T) 나我/ [mini](나의), [bi](나)
(M), [miɲi](나의)(Ma)

No. 863 甬羊甬羊 一你一你 [ini-ini], [ini ini], [ini ini] 각각各/ [ini](타인의)
(M)

No. 231 羊东 禿府/ 禿府 [tufu], [tufu], [tufu] 등자, 그릇鐙/ [tufun](M)

이고 [ni]와 [tu] 두 가지로 사용되고 있는데 후자는 오사로 유사형일 것
이다. 전자의 [ni]는 한어로 '的'[ti]의 의미를 나타내며, 그 항의 '弟'가 바
탕 문자인 듯하고 의자로 후자는 '鐙'[têng]의 항에 바탕 문자는 없고 음
자로 '禿'[t'u] 항에 있는 '涂'를 바탕 문자로 한 것이다.

'的'[ti] ⟶ '弟'[ti] ⟶ '羊'[ni]
[음의 관계]　　[자형의 관계]

'禿'[t'u] ⟶ '涂'[t'u] ⟶ '羊'[tu]
[음의 관계]　[음과 자형의 관계]

561. '余' (勒) [le]

이 문자는 역어에

No. 355 匇余 忒杜勒/ 得都 [dedule-mbi], [tedure], [tedule] 자다睡/ [dedumbi] (M)

No. 370 㫿佧余 革勒勒/ 革勒必 [gele-mbi], [gelere], [gelere] 두려워하다惧/ [gelembi](M)

No. 371 㞒斥甪忆 革勒勒/ 革勒必 [gele-mbi], [gelere], [gelere] 두려워하다 怕/ [gelembi](M)

No. 372 店仟昗余 斡溫者勒 [urgunje-mbi], [urgunjere], [urɲunjere] 기쁘다喜/ [urgunjembi](M), [urunom](W)

No. 374 店仟昗余 斡溫者勒 [urgunje-mbi], [urgunjere], [urɲunjere] 기뻐하다歡/ [urgunjembi](M)

No. 537 朿杶 厄必勒 [ebi-mbi], [ebire], [ebire] 배부르다飽/ [ebimbi](M)

No. 749 釆斥店仟昗余 莽吉斡溫者勒 [manggi onjele²], [maŋgi urgunjere], [maŋgi urɲnjere] 즐거워하다可嘉/ [maŋggi urgunjembi](M)

이고 이들 예에서 알 수 있듯이 역어에서는 어미에 사용되고 또한 동사 변화사이기 때문에 의자인 듯한데 그것을 증명할 만한 자료가 없다. 만약 음자로 본다면 '勒'[lê], [lêi] 항에 있는 '秉'의 변형일 것이다.

'勒'[lê] ⟶ '秉'[lê] ⟶ '余'[le]?
[음의 관계] [음과 자형의 관계]

562 '柔' (都督) [du-tung²], [du-du]

이 문자는 역어에

No. 309 来 都督 [du-tu], [dudu], [dudu] 도독都督/ [dudu](M)

이고 의자인데 ‘都, 督’[tu] 항에 바탕 문자가 없고 다른 방법을 찾아서 바탕 문자를 구해야 한다. 즉 자형에서는 ‘來’와 유사한 여진문자로서는 No. 684 ‘釆’, 685 ‘來’, 556 ‘米’가 있는데 모두 ‘乘’[ch'êng]을 바탕 문자로 하고 있다. 그러나 ‘來’의 의자는 [ch'êng]의 항에 없고 유사음 [ch'eng] 항의 ‘長’이고 바탕 문자로서는 역시 ‘乘’이라고 생각할 수 있다. 즉 이 문자의 의미는 “都의 장관”이 되는 것이다.

‘都督’[tu-tu] ⟶ ‘長’[ch'ang] ⟶ ‘乘’[ch'êng] ⟶ ‘来’[du-du]
[의미의 관계]　　　　[음의 관계]　　　[자형의 관계]

563. ‘釆’ (弗忒) [fude]

이 문자는 역어에

No. 410 釆右 弗忒昧/ 伴的黑 [fude-mbi], [futemei], [futemei] 보내다送/ [fudembi](M), [udemoi](Mo)

No. 771 朴判史釆右 貴也魯弗忒昧 [guiyelu? fude-mbi], [guyeru futemei], [guyeru futemei] 반승허다伴送/ [dahame futemei](M)

이고 의자로 ‘送’[sung] 항에 있는 ‘宋’이 바탕 문자이다.

‘送’[sung] ⟶ ‘宋’[sung] ⟶ ‘釆’[fude]
[음의 관계]　　[음과 자형의 관계]

564. '氽' (里襪) [liwa?], [nima?]

이 문자는 역어에

No. 163 氽巾 里襪哈/ 泥木哈 [liwaha?]([nimaha?]), [liwaha], [limaha] 고기魚/ [nimaha](M), [imaha](N)

이고 '魚'[yü] 항에 바탕 문자가 없고 의자이긴 한데 바탕 문자는 불분명하다.

565. '乑' (厄不) [eb]

이 문자는 역어에

No. 857 乑盂 厄不失 [ebsi], [ebši], [ebši] ~으로서以/ [ebši](M)

이고 의자로 "-이후에以來"의 의미가 있는데 '以'[i] 항에 바탕 문자가 없어서 오히려 '來'[lai]의 유사음 [lêi] 항에 있는 '耒'가 바탕 문자일 것이다.

'來'[lai] ——→ '耒'[lêi] ——→ '乑'[eb]
[음의 관계] [자형의 관계]

566. '厇' (厄) [ge]

이 문자는 역어에

No. 61 先厇 兀的厄 [ujige], [udige], [udige] 들野/ [bigan](M), [hudege](야외)(Mo)

No. 137 羍屈 忒厄/ 忒木革 [temege], [temge], [temge] 낙타駝/ [temen](M), [tʼəmən](N), [temgen](E), [temege](Mo)

No. 172 夨屈夂 兀的厄兀里彦/ 艾答 [ujige uliyen], [udige uliyan], [udige ulinen] 멧돼지野猪/ [aidagan ulgiyen](M)

No. 174 夨屈仔林62) 兀的厄母林 [ujige morin], [udige morin], [udige murin] 야생마野馬/ [aidagan morin](M)

No. 175 夨屈肖 兀的厄厄恨 [ujige eihen], [udige eihen], [udige eihen] 야생 당나귀野驢/ [aidagan eihen](M)

No. 203 孟屈 希兒厄 [hilge], [hirge], [hirge] 대臺/ [tergin](M), [širege](Mo)

No. 269 兑令孟屈 上江希兒厄/ 上江希儿厄 [šanggiyan hirge], [šangiyan hirge], [šangian hirne] 굴뚝煙墩/ [xulan](M)

No. 292 秼屈 厄一厄 [eigə], [eigə], [eige] 장부丈夫/ [eigen](M), [ʒikəŋ](E)

No. 333 夨屈仵 兀的厄捏兒麻/ (儿的厄捏兀麻) [ujige niyalma], [udige niyarma], [udige niarma]야인野人/ [aidagan niyalma](M)

No. 483 羋角屈 脉的厄 [mejige], [medige], [medine] 소식 듣다聲息/ [medege, mejige](M), [medege](Mo)

No. 502 体屈 桶厄/ 痛革 [tunggen], [tunge], [tunge] 가슴胸/ [tunggen](M), [tʼɔgə](N), [tynan](W), [tinän](Ma)

No. 517 乇屈 厄林厄 [-], [eringe], [erinne] 기氣/ [ergen](M)

No. 748 寿昊字屈火 哈荅溫脉魯厄伯 [hadaun merge], [hadagun mergebe], [hagdaɲun mergebe] 성의誠意/ [akdun mergen](M)

No. 843 乇屈火 一兒厄伯/ (一儿厄伯) [irge], [irge be], [irge be] 백성百姓/ [irgen](M)

No. 852 乚另屈乐 厄木赫兒厄吉 [emu hergegi], [emu hergegi], [emu herne gi] 일급一級/ [emuʃergi](M)

---

62) '林'은 '列'의 오류이다.

418

이고 [kê] 항에 바탕 문자가 없고 자형상에서는 '屋'[wu], '屋'[chih]와 유사하지만 바탕 문자는 불명확하다. 그러나 No. 517의 '氣'[ch'i]와 '屋'[chih]를 연결시켜서 바탕 문자를 생각할 수도 있을 것이다.

'氣'[ch'i] ——→ '屋'[shih] ——→ '屋'[ge] ?
      [음의 관계]   [자형의 관계]

567. '左' (忽素) [hu?]

이 문자는 역어에

No. 453 左犬 忽素魯 [husulu?], [husur], [husur] 태만하다怠

No. 673 戎左牛 兀魯忽洪 [uluhuhun], [ulhuhun], [ulhuhun] 연하다軟/ [ulhuken] (M), [nəmnəri](N)

이고 No. 453의 대비어가 불분명하기 때문에 읽기를 판단하기 어렵지만 바탕 문자는 그것과 관계없이 의자라고 생각되며 '怠'[tɑi]의 유사음 [tsɑi] 항의 '在'가 바탕 문자인 듯하다.

'怠'[tɑi] ——→ '在'[tsɑi] ——→ '左'[hu]
   [음의 관계]   [음과 자형의 관계]

568. '呈' (甙) [de]

이 문자는 역어에

No. 238 呈牛 甙厄/ 得勒 [de'e dere], [tere], [tee, teel] 탁자卓/ [dere](M), [dyrɑ](C)

이고 '卓'[cho] 항에 바탕 문자는 없고 음자로 본다면 '忒'[t'ê]의 유사음 [tai] 항의 '呆'를 바탕 문자로 간주할 수 있을 것이다.

'忒'[t'ê] ⟶ '呆'[tai] ⟶ '呈'[de]
[음의 관계] [음과 자형의 관계]

569. '盃' (食), (失) [ši]

이 문자는 역어에

No. 99 **圧盃乜列** 寒食哈称因 [hanši hacin], [hanši hačin], [hanši hačin] 청 명절清明/ [hangši](M), [haɳši](Mo), [hanši](E)

No. 230 **夲盃句** 素失該/ 速失哈 [susigai], [sušigai], [sušigai] 채찍鞭/ [sušiha] (M), [šisuga](E)

No. 315 **佐盃件** 法失捏兒麻/ (法失捏儿麻) [faši niyalma], [faši niyarma], [fagši niarma] 장인匠人/ [fagši niyalma](M), [fahaʃi](N)

No. 368 **夐盃庆攵** 克失哥卜魯 [kusigo-mbi], [kešigeburu], [kešigeburu] 번민 하다悶/ [gingkambi, gusučumbi](M)

No. 369 **夐盃庆夊** 克失哥卜魯 [kusigo-mbi], [kešigeburu], [kešigeburu] 근 심하다憂/ [gingkambi, gusučumbi](M)

No. 427 **冬盃攵** 幹失卜魯 [wesi-mbi], [wešiburu], [wešiburu] 오르다陞 [shêng]/ [wešimbi](M)

No. 468 **赤盃早** 扎失非 [jašifi?], [jašifi], [jašifi] 분부分付/ [jasimbi](M), [jahimoi](Mo)

No. 516 **盃休屛** 失里希/ 失力希 [silihi], [šilihi], [šilihi] 쓸개膽/ [šilihi](M)

No. 590 **東盃** 諸勒失/ 愛溫禿提勒革 [juleši], [juleši], [juleši] 동東/ [dergi julergi](남)(M), [ʧuləʃi](남)(N)

No. 591 **覀盃** 弗里失/ 受溫禿黑勒革 [fulišsi], [fulišsi], [fulišsi] 서西/ [wargi](M)

No. 594 夅盂 斡失 [wesi], [wesi], [weši], 위上/ [shang], [bergi, wesihun](M), [uirkə](N)

No. 764 尺乍右关盂首矢 斡洪眛安失荅剌 [ohunmei ansitala], [wehunmei amšidala], [uhun mei amšidala] 포함하다包含/ [baktambi](포함하다, 용납하다), [uhubumbi](포함시키다), [gansi](갖추다, 전부)(M)

No. 779 矢盂朱 者失吉撒 [jesi-gisa], [jesigisa], [ješigisa] 억지로 권유하다唳誘/ [eiterembi](M)

No. 796 夅盂艾伏臭 斡失卜魯脉兒黑/ (斡失卜魯脉兀黑) [wesibu-mbi merhe], [wešiburu merhe], [wešiburu merhe], 승상陞賞/ [wešimbi](升), [sanggambi](賞)(M)

No. 857 釆盂 厄木失 [ebsi], [ebsi], [ebši], ~이래以/ [ebši](M)

이고 650의 '盂'[ši]와 동일한 문자로 바탕 문자는 불분명하지만 '食, 失' [shih]의 유사음 [hsi] 항의 '悉'이 바탕 문자인 모양이다.

570. '盂' (脉兒) [mer?]

이 문자는 역어에

No. 825 盂关兂屯列 脉兒革以哈称因/ (脉兀革以哈你因) [mergei hačin], [ergei hačin], [ergei hačin] 방물方物/ [ergi](방향), [hacin](물건)(M)

이고 의자인데 '方'[fang] 항에 바탕 문자는 없고 유사음 [fan] 항의 '番'을 바탕 문자라고 생각할 수밖에 없다.

571. '盇' (朵里必) [dolibi, dobi]

이 문자는 역어에

No. 153 䖶 朶里必/ 多必 [bolibi, dobi?], [doribi], [doribi] 여우狐/ [dobi](M)

이고 그루베는 그것에 [dobihi]라는 만주어를 대비시켰는데 그것은 '狐'
의 의미가 아니라 "여우의 모피"를 말하며 '狐'를 만주어에서 [dobi]라고
하므로 그루베의 [dobihi]는 전자의 뜻일 것이다. 그 문자는 의자이며
'狐'[hu] 항에 바탕 문자는 없고 유사음 [fu] 항의 '甫'가 바탕 문자일
것이다.

'狐'[hu] ——→ '甫'[fu] ——→ '䖶'[dobi, dolibi]]
      [음의 관계] [음과 자형의 관계]

572. '疰' (住, 註) [ju]

이 문자는 역어에

No. 57 疰疰 住兀 [jugu], [jugu], [juŋu] 길路/ [jugūn](M)

No. 58 多夌疰疰 幹速灣住兀 [osohonjugu], [osogon jugu], [osoŋon ǰuŋu]
지름길徑/ [osohon ǰugūn](M)

No. 62 疰疰火 住兀佰 [jugu], [jugu be], [ǰuŋu be] 길道/ [jugūn be](M)

No. 132 兮疰 捏住/ 念木住 [niyaju], [niyaju], [nieǰu] 포도蘿葡/ [mursa](M)

No. 397 疰釆夌古 住兀弎昧 [juute-mbi], [jūtemei], [juŋutemei] 존경하다尊/
[jugtembi](M)

No. 785 疰疰火纮 住兀的德 [jugu be de], [jugube de], [juŋū be dei] 도덕道德/
[doro](M)[

No. 797 牛疰右角 巴住昧的 [bakju-mbi, bakci-mbi], [bakjumei di], [bagǰumei
di] 대적하다對敵/ [bakcilambi](대작하다)(M)

No. 808 疰夃 註解 [-], [jugiyai], [jugei] 주해註解

이고 의자이다. 바탕 문자는 '路'[lu] 항의 '盧'일 것이다.

'路'[lu] ⟶ '盧'[lu] ⟶ '盄'[ju]

  [음의 관계] [자형의 관계]

573. '盄' (弍) [te]

이 문자는 역어에

 No. 83 岺盄 厄魯弍 [crtc], [erte], [erte] 이르다早/ [erde](M), [ɜridə](N), [erte](Mo)

 No. 97 岺盄 厄魯弍 [erde], [erte], [erte] 아침朝/ [habta](M)

 No. 227 戻盄 黑卜弍/ 黑忽弍 [hebte], [hebte], [hebte] 첩선鮎/ [habta](M)

 No. 284 盄秀兂丸 弍革馬法 [tege mafa], [tege mafa], [tege mafa] 고조高祖/ [den mafa, da mafa](M)

 No. 404 圡盄朩 恩弍黑 [endehe], [entehei], [entehe] 벌罰/ [entebumbi](M)

 No. 452 岺盄 厄魯弍 [erde], [erte], [erte] 이르다早/ [erde](M), [ɜrdə](N), [erte](Mo)

 No. 482 羋夂臾 弍弍卜麻/ 弍得墨 [tetebuma], [tetebuma], [tetebuma] 바치다, 진공進貢/ [alban ǰafambi](M)

 No. 700 盄秀 弍革/ 得 [tege], [tege], [tege] 높다高/ [den](M)

 No. 739 帒列关盄 厄申殿弍 [esin diyeti?], [ešindiyente], [ešindiente] 못 만나다不會/ [muterakū](M)

 No. 804 戻盄右癸夬 千弍昧團住刺 [čendemeituwa–mbi], [čiyentemei tuwanjula], [čentemei tonjula] 선발하다考選/ [čendembi](시험, 고시), [sonjo](선발하다, 선발)(M)

이고 '弍'[tʼê] 항에 바탕 문자가 없고 의자이며 어두에 있는 예 No. 284

및 No. 700에 있는 '高'[kao] 항의 '羔'가 바탕 문자일 것이다.

'高'[kao] ⟶ '羔'[kao] ⟶ '益'[te]

    [음의 관계]   [음과 자형의 관계]

574. '全' (替) [ji]

이 문자는 역어에

No. 745 飛斥瓦金失系 多羅幹薄替彈巴 [doron bodidanba], [dorōbo tiktamba], [doroobo tigtanba] 법도法度/ [kooli doron, doro ciktan](M)

이고 의자인 듯한 데 바탕 문자는 불분명하다.

575. '金' (弗剌) [ful]

이 문자는 역어에

No. 587 金勺吴土 弗剌江古溫 [fulgiyang gun], [fulagiyan gun], [fulagian gun] 옥이 붉다, 적 옥赤玉/ [fulgiyang gu](M)

No. 617 金勺 弗剌江/ 伏良 [fulgiyan], [fulagiyan], [fulagian]홍색紅/ [fulgiyang] (M), [fuligiã](N)

No. 624 金勺 弗剌江 [fulgiyan], [fulagiyan], [fulagian] 붉은색丹/ [fulgiyan](M)

No. 632 肖庄金勺 忽如弗剌江/ (忽如弗拉江) [hujufulglan], [huju fulagiyan], [huru fulagian] 엷은 분홍빛挑紅/ [jamu](M)

이고 의자로 '赤'[ch'ih]의 유사음 [ch'i] 항에 잇는 '企'가 바탕 문자이다.

'紅, 丹'[hung tan] ——→ '赤'[ch'in] ——→ '企'[ch'i] ——→ '砼'[ful]
  [음의 관계]   [음의 관계]   [자형의 관계]

576. '挓' (阿哈) [aha]

이 문자는 역어에

No. 338 挓兊 阿哈愛/ 阿哈 [ahai], [ahai], [ahai], [ahai](a) 노비奴婢/ [aha]
   (M), [aha](N)

이고 의자로 '奴'[nu]의 유사음 [niu] 항에 보이는 '扭'가 바탕 문자일 것이다.

'奴'[nu] ——→ '扭'[niu] ——→ '挓'[aha]
  [음의 관계]   [음과 자형의 관계]

577. '卦' (的) [ji]

이 문자는 역어에

No. 486 亍卦夛 一的卜麻 [ijibuma], [idibuma], [idibuma] 구제하다撫恤/
   [išimbi](M)

이고 의자로 그 바탕 문자는 '撫'[fu] 항에 있는 '訃'를 들 수 있다.

'撫'[fu] ——→ '訃'[fu] ——→ '卦'[ju]
  [음의 관계]   [자형의 관계]

578. '𥽡' (非) [fei]

이 문자는 역어에

> No. 625 𥽡寸 非称 [feičen], [fečin], [fečin] 빛光/ [elden](M)(光)

이고 '非'[fêi] 항에 바탕 문자는 없고 의자인데 '光'[kuang] 항에 바탕 문
자가 없다. 그러나 자형상에서 No. 577의 '𥽡'가 '舌' 항의 문자라면 그와
유사한 이 문자는 '舌' 항의 '館'[kuan]이 바탕 문자일 것이다.
  '光'과는 유사음이다.

'光'[kuang] ⟶ '館'[kuan] ⟶ '𥽡'[fei]
　　[음의 관계]　　　　[자형의 관계]

579. '㡀' (塔) [tɑ]

이 문자는 역어에

> No. 229 㡀奇 塔荅/ 塔哈剌 [tɑdɑ], [tɑdɑ], [tɑdɑ] 고삐㣇/ [hɑdɑlɑ](M),
> [hɑdɑl](E)

이고 '塔'[t'ɑ] 및 [tɑ] 항에 바탕 문자가 없고 의자로 '㣇'[p'êi] 항의 '沛'가
바탕 문자일 것이다.

'㣇'[p'êi] ⟶ '沛'[p'êi] ⟶ '㡀'[tɑ]
　　[음의 관계]　　　　[자형의 관계]

580. '帛' (絹) [chüan]

이 문자는 역어에

No. 560 帛帛 絹子 [chuau-dʒu], [giyuwanji], [guense] 명주絹/ [čečeri](M)

이고 한자 전사용의 문자로 '絹'[chüan]의 유사음 [ch'uan] 항에 있는 '串'이 바탕 문자일 것이다.

'絹'[chüan] ⟶ '串'[ch'uan] ⟶ '帛'[chuan]
　　　[음의 관계]　　　　[자형의 관계]

581. '伞' (兀速) [usu]

이 문자는 역어에

No. 348 伞土 兀速溫 [usun], [usun], [usun] 가난하다貧/ [yadahūn](M)

이고 '貧'[pin] 항에 바탕 문자는 없고 유사음 [p'ing]에 있는 '苹'이 바탕 문자로 생각된다. 의자이다.

'貧'[pin] ⟶ '苹'[p'ing] ⟶ '伞'[usu]
　　　[음의 관계]　　　　[자형의 관계]

582. '伞' (愛晚) [aiwan]

이 문자는 역어에

No. 417 金卉古 愛晩都昧/ 兀答 [aiwandu-mbi], [aiwandumei], [aiwandumei]
사다買/ [udambi](M)

이고 의자이다. 만주어의 대비에서는 [uda-mbi]인데 '買'[mai] 항에 바탕
문자는 없고 바탕 문자는 불분명하다.

583. '舍' (沙) [sɑ]

이 문자는 역어에

No. 42 屏舍 哈沙 [gaša], [gaša], [gaša] 촌村/ [gašan](M), [gaʃɛ̃](N)

No. 222 帝舍 好沙 [hooša], [hauša], [hauša] 종이紙/ [hoošan](M)

No. 497 舍夕 沙哈/ 尙 [šaa], [šā], [šaa] 귀耳/ [šan](M), [ʃɛ̃](N), [ʃen](S),
[šiven](E)

No. 567 舍夂乕 沙木哈 [šamuha], [šamuha], [šamuha] 귀마개暖耳/ [šabtun](M)

이고 얼핏 보아도 알 수 있듯이 음자이고 '舍'[shê]가 바탕 문자이다.

'沙'[sha] ⟶ '舍'[shê] ⟶ '舍'[šɑ]
　　　 [음의 관계]　　　 [자형의 관계]

584. '柔' (秃) [tu]

이 문자는 역어에

No. 737 句走柔舟 該別禿番 [gai-mbi tufan], [gaibi tufan], [gaibie tufan] 앞
으로 늘어 나감. 순조롭게 나아감將就

이고 '禿'[t'u] 항에 바탕 문자는 없고 의자로 생각되지만 바탕 문자는 불분명하다.

585. '击' (伏勒) [fule]

이 문자는 역어에

No. 65 击哭 伏勒吉/ 伏令吉 [fulegi], [fulegi], [fulengi] 재灰/ [fulenggi](M)

이고 만주어에서는 [fulenggi]이다. 의자로 바탕 문자는 '灰'[hui] 항의 '惠'이다.

'灰'[hui] ⟶ '惠'[hui] ⟶ '击'[fule]
    [음의 관계]   [자형의 관계]

586. '釆' (兀失) [usi]

이 문자는 역어에

No. 50 釆列 兀失因/ 兀失 [usin], [ušin], [ušin] 밭田/ [ušin](M), [usin](N)

이고 의자로 '田'[fien] 항에 있는 '恭'을 바탕 문자로 하고 있다.

'田'[t'ien] ⟶ '恭'[t'ien] ⟶ '釆'[usi]
    [음의 관계]   [자형의 관계]

587. '𡂇' (希石) [hiši²]

이 문자는 역어에

> No. 56 𡂇 希石/ 忽提 [hisi], [hisi], [hiši] 샘井/ [hūčin](M), [hūdūg](Mo),
> [hudori](E)

이고 '井'[ching] 항에 바탕 문자가 없고 의자이지만 바탕 문자는 불분명
하다.

588. '耂' (阿玷) [akjan]

이 문자는 역어에

> No. 7 耂 阿玷/ 阿玷 [akjan], [akdiyan], [agdien], [agdian](a) 우레雷/ [agǐan]
> (M), [agti](N), [agdu](S), [agdy](Ma), [agdi](W)

이고 의자이면서도 '雷'[lêi] 항에 바탕 문자를 찾을 수 없다. 자형에서는
오희려 한자 '老'[lao]와 유사하지만 '雷'와 '老'는 한어, 한자에서는 관계
가 없다. 그러나 여진어에서 '耂'를 역어에

> No. 718 盃·天 撒剌大/ 撒答 [salada], [salada], [saladai] 늙다老/ [sagda](M),
> [sagdi](N), [sadie](E), [hagdi](W)

이고 만주어에서는 [sakdo]라고 한다. [akjain]과 [sakda]의 사이에 다소간
의 차이점이 있지만 만약 [akdan]이라는 음을 생각한다면 그 음의 유사
성에서부터 '耂'가 '老'에서부터 만들어졌음을 알 수 있다.

'雷'[akjan], (akdan) ⟶ '老'[sakda] ⟶ '老'[akjan]
　　　　　　　[음의 관계]　　　　　[자형의 관계]

589. '莩' (革) [ge]

이 문자는 역어에

No. 226 向莩状 恩革埋/ 案革木 [engemu], [engemer], [engeme] 안장鞍/
[enggemu](M)

이고 '鞍'[an] 항에 바탕 문자가 없지만 자형으로 미루어 보아 '亨'[hsiang], '孝'[po], '學'[hsüeh], '莩'[pi] 중의 하나가 바탕 문자라고 생각된다. 자형 상에서 제1자, 제2자를 생각하면

向亨[hsiang-hsiang], 口學[--hsüeh]
畐莩[pi-pi]
百孝[po-po]

이고 제1의 [hsiang]은 '上'[shang]과 유사한 음임으로 아마도 이것이 바탕 문자가 아닐까 상상된다.

'鞍'[an] ⟶ '上'[shang] ⟶ '亨'[hsiang] ⟶ '莩'[ge]
[의미의 관계]　　　[음의 관계]　　　[자형의 관계]

590. '庠' (厄) [e]

이 문자는 역어에

No. 278 **盉甲屏呉外** 鈔哈厄剌黑 [čooha ejelehe], [čauha ejehei], [čauha ejehe] 무관武官/ [čoohai jergi](M)

No. 537 **屏牝** 厄必勒 [ebi-mbi], [ebire], [ebire] 배부르다飽/ [ebimbi](M)

이고 '厄'[ê] 항에 바탕 문자는 없고 의자로 '飽'[pao] 항의 '葆'를 바탕 문자로 하고 있다.

'飽'[pao] ⟶ '葆'[pao] ⟶ '屏'[e]
　　　　　　[음의 관계]　　　[자형의 관계]

591. '庠' (卜魯) [buru]

이 문자는 역어에

No. 840 **庠冬外** 卜魯斡黑 [buruwe-mbi], [buruwehei], [buruwehe] 화살矢/ [ufaračun](M)

이고 의자로 '失'[shih] 항에 바탕 문자가 없고 유사음 [hsi] 항에 있는 '犀' 가 바탕 문자로 되어 있다.

'失'[shih] ⟶ '犀'[hsi] ⟶ '庠'[buru]
　　　　　　[음의 관계]　　　[자형의 관계]

592. '虱' (罕) [ha]

이 문자는 역어에

No. 272 **虱兗羋** 罕安你/ 哈安 [hagan, han], [haganni], [haŋan ni] 황제皇帝/

[han](M), [haɣan](Mo), [haan](E)

이고 마지막 문자의 '羘'[ni]는 소유격을 나타내는 '-의'이다. 한자 전사의 '罕安'[han-an]은 오류이며, '哈安'으로 해야 한다. 의자로 '皇'[huang] 항의 '凰'이 바탕 문자이다.

'皇'[huang] ⟶ '凰'[huang] ⟶ '凰'[ha]
  [음의 관계]   [자형의 관계]

593. '係' (失失) [sisi]

이 문자는 역어에

No. 128 係 失失 [sisi], [šiši], [šiši] 개암나무榛子/ [šiši](M)

No. 558 係臾 失失黑/ 失塞 [-], [šišihe], [šishe] 요褥/ [šishe](M), [səkt'ək'u](N)

이고 의자로 '褥'[ju] 항에 바탕 문자가 없고 유사음 [chu] 항의 '侏'가 바탕 문자일 것이다.

'褥'[ju] ⟶ '侏'[chu] ⟶ '係'[sisi]
  [음의 관계]   [자형의 관계]

594. '佯' (黑夫里) [hefeli]

이 문자는 역어에

No. 508 佯 黑夫里/ 后力 [hefeli], [hefuli], [hefuli] 배肚/ [hefeli](M), [hɜpəli](N)

이고 의자인데 '肚'[tu] 항에 바탕 문자가 없고 그와 유의인 '腹'[fu] 항에 있는 '伏'를 바탕 문자로 하고 있다.

'肚'[tu] ⟶ '腹'[fu] ⟶ '伏'[fu] ⟶ '伴'[hefeli]
　　　[의미의 관계]　　[음의 관계]　　[자형의 관계]

595. '俟' (惹) [je]

이 문자는 역어에

　　No. 786 俟犀㐌 惹希納 [žohina], [jehina], [yehina] 인의仁義/ [jurgan](M)

이고 '惹'[jê] 항에 바탕 문자가 없고 아마도 음자이며 자형과 음의 대비에 따라 [chih] 항의 '侄'이 바탕 문자로 되어 있는 듯하다.

'惹'[jê] ⟶ '侄'[chih] ⟶ '俟'[je]
　[음의 관계]　　[음과 자형의 관계]

596. '佚' (兀魯) [uru]

이 문자는 역어에

　　No. 831 佚伦㐌 兀魯勒別 [ululebie], [urulebi], [urulebie] 승인하다准/ [uru](M)

이고 의자로 '准'[chun] 항에는 바탕 문자가 없고 유사음 [chün] 항에 있는 '俊'이 바탕 문자라고 생각할 수밖에 없다.

‘准’[chun] ⟶ ‘俊’[chun](?) ⟶ ‘侒’[uru]

    ⎣___[음의 관계]___⎦ ⎣___[자형의 관계]___⎦

597. ‘俟’ (桑) [son(g)]

이 문자는 역어에

  No. 460 **俟气犬** 桑戈魯/ 宋谷必 [songgo-mbi], [sangolu], [soŋgoru] 울다, 곡하다
  哭/ [songgombi](M), [sɔŋgɔ](N), [songoron](S), [songomi](E), [hoŋom](W)

이고 의자로 ‘哭’[k'u] 항에는 바탕 문자가 없고 동의의 ‘泣’[ch'i] 항에 있
는 ‘俟’가 바탕 문자이다.

‘哭’[k'u] ⟶ ‘泣’[ch'i] ⟶ ‘俟’[ch'i] ⟶ **‘俟’**[son(g)]

  ⎣__[의미의 관계]__⎦ ⎣__[음의 관계]__⎦ ⎣__[자형의 관계]__⎦

598. ‘侔’ (母里) [mori]

이 문자는 역어에

  No. 138 **侔列** 母林/ 木力 [morin], [morin], [murin] 마馬/ [morin](M), [mɔrin]
  (N), [morin](S), [morin](Mo), [murin](Ma)

  No. 168 **甼侔列** 阿荅母林/ (阿答母林) [akia morin], [akda morin], [agda
  murin] 불간 말騸馬/ [agta morin](M), [agta](Mo), [akta murin](Ma)

  No. 170 **犬侔列** 阿只兒母林/ 阿扎剌木力 [ajir morin], [ajir morin], [ajir
  murin] 망아지兒馬/ [ajirga](S), [adʒirka](N), [ajirɣa](Mo)

  No. 171 **冎侔列** 騍母林/ 沟木力 [ko-morin], [go morin], [gu murin] 암말騍馬/
  [gu morin](M), [gu](Mo)

No. 174 失屈侢林 冗的厄母林 [ujige morin], [udige morin], [udige murin]
야생마野馬/ [aidagan morin](M)

이고 의자이긴 하지만 '馬'[ma] 항, '午'[wu] 항에 바탕 문자가 없고 다른
방면에서부터 바탕 문자를 찾아야 한다. 자형상에서는 '潯'[hsün]이 바탕
문자이어야 하며 이것으로부터 짐작해 보면 역으로 [hsün]의 유사음 [chün]
항에 '駿'이 '馬'와 유의가 된다. 따라서 다음의 식이 성립된다.

$$\text{'馬'[ma]} \longrightarrow \text{'駿'[chün]} \longrightarrow \text{'潯'[hsün]} \longrightarrow \text{'侢'[mori]}$$
$$\underbrace{\qquad}_{\text{[의미의 관계]}} \quad \underbrace{\qquad}_{\text{[음의 관계]}} \quad \underbrace{\qquad}_{\text{[자형의 관계]}}$$

599. '㕔' (殿) [diyen]

이 문자는 역어에

No. 195 㕔 殿 [diyen], [diyen], [dien] 전殿/ [deyen](M)
No. 323 毛㕔 緬甸 [mien-diyen], [miyen diyen], [mendien] 미얀마緬甸

이고 한자의 전사용으로 '殿'[tien] 항에 있는 '店'이 바탕 문자이다.

$$\text{'殿'[tien]} \longrightarrow \text{'店'[tien]} \longrightarrow \text{'㕔'[diyen]}$$
$$\underbrace{\qquad}_{\text{[음의 관계]}} \quad \underbrace{\qquad}_{\text{[음과 자형의 관계]}}$$

600. '虎' (法馬) [fama]

이 문자는 역어에

No. 41 虎少 法馬阿 [famaa], [famā]. [famaa] 나라邦/ [falimbi](교류하다結

交)(M)

이고 의자로 '邦'[pɑn] 항에 바탕 문자가 없고 바탕 문자는 불분명하다.

601. '有' (一稜) [ilen(g)]

이 문자는 역어에

> No. 499 有昊 一稜古/ 亦冷吉 [ilenggu], [ilengu], [ileŋgu] 혀舌/ [ilenggu](M),
> [ilэŋgu](N), [ingi](S)

이고 의자로 '舌'[shê] 항의 '射' 외에 바탕 문자를 생각할 수 없다

'舌'[shê] ——→ '射'[shê] ——→ '有'[ilen(g)]
　　[음의 관계]　　　[자형의 관계] (?)

602. '侁' (肥) [fes]

이 문자는 역어에

> No. 373 侁屛夭 肥希剌/ 的力禿提 [feshe-mbi], [feshilɑ], [fehilɑ] 노하다怒/
> [feshembi, jilidɑmbi fuhiyembi](M)
> No. 386 侁屛夭 肥希剌/ 伏欣必 [feshe-mbi], [feshilɑ], [fehilɑ] 고뇌하다惱/
> [feshembi, fučembi, fuhiyembi](M)

이고 그루베는 이에 [fohodo-mbi]를 대비시키고 있는데 이것은 적당하지
않으며 [feshe-mbi]가 옳다. '苦'[kʼu], '惱'[nɑo]의 의미 가운데 후자의 항
에 있는 '橈'가 바탕 문자이다. 의자이다.

'惱'[nao] ⟶ '橈'[nao] ⟶ '佚'[fes]

　　[음의 관계]　　　[자형의 관계]

603. '羙' (革) [go]

이 문자는 역어에

　No. 825 盂羙忚屯夕 脉兒革以哈称因/ (脉兀革以哈你因) [mergei hačin], [ergei hačin], [ergei hačin] 방물方物/ [ergi](방향), [hacin](물건)(M)

이고 그것의 옳은 음은 불분명하다고 해도 음자라고 여겨지며 '革'[ko] 항에 바탕 문자는 없고 유사음 [kao]의 '羔'가 바탕 문자일 것이다.

'革'[ko] ⟶ '羔'[kao] ⟶ '羙'[go]

　　[음의 관계]　　　[자형의 관계]

604. '哭' (只) [dei, ji²]

이 문자는 역어에

　No. 126 哭仐舟炎 只丁庫莫/ 得的墨(燒)莫(柴) [deijiku-mo], [jidinkumo], [diɲiku mo] 섶柴/ [deijiku moo](M)

　No. 686 哭仐舟 只丁庫/ 得的墨 [deiji-mbi], [jidinku(?)], [jidiŋku] 사르다燒/ [deijimbi](M)

이고 '只'[chi]의 항에 바탕 문자는 없고 의자로 '燒'[shao]의 유사음 '受' [shou]가 바탕 문자가 되어 있다.

'燒'[shao] ⟶ '受'[shou] ⟶ '受'[dei]

[음의 관계]　　　[자형의 관계]

605. '哎' (粉都) [fendu]

이 문자는 역어에

No. 63 哎芋 粉都兒/ 牙發 [fendur], [fundur], [funduri] 동산園/ [yɑfɑn](M)

이고 의자로 바탕 문자는 '園'[yüan]의 외곽 '口'를 제외한 '袁'의 변형으로 생각된다.

'園'[yüan] ⟶ '袁' ⟶ '哎' ⟶ '哎'[fendu]

[자형의 관계] [자형의 관계] [자형의 관계]

————————[자형과 의미의 관계]————————

606. '玟' (弗) [fo]

이 문자는 역어에

No. 556 玟炙 弗赤/ 卜莫赤 [foči], [foči], [foči] 버선襪/ [foji fomoci](M)

이고 그루베는 만주어 [fomoči]를 대비시키고 있다. 그러나 만주어에는 [foji]라는 단어가 있으며 [fomoči]와 유의어로 사용되는 것을 보아 나는 [foji]라고 생각한다. 바탕 문자는 '襪'[wɑ] 항에는 없고 음자로 '弗'[fu]의 항에 있는 '玟'가 바탕 문자라고 생각된다.

'弗'[fu] ⟶ '玞'[fu] ⟶ '玟'[fo]

　　　[음의 관계]　　　[자형의 관계]

607. '杕' (木杜) [mudu]

이 문자는 역어에

　　No. 135 杕笭 木杜兒/ 木都力 [mudur], [mudur], [mudur] 용龍/ [muduri](M),
　　[muturi](N), [mudur](E)

이고 의자로 '龍'[lung] 항에 바탕 문자가 없고 유의의 12지에 사용되는
'辰'[ch'ên]과 유사음 항 [shên]에 있는 '參'이 아니면 [ts'ên]인 '岑'이다.
아마도 전자가 바탕 문자일 것이다. 덧붙여 말하면 '參'은 [san, ts'an,
shên, ts'ên]의 4개의 음을 보유하고 있다.

'龍'[lung] ⟶ '辰'[ch'ên] ⟶ '參'[shên] ⟶ '杕'[mudu]

　[의미의 관계]　　　[음의 관계]　　　[자형의 관계]

608. '灻' (門) [men]

이 문자는 역어에

　　No. 526 甫灻哭 一門吉 [imenggi], [imengi], [imeŋgi] 기름油/ [nimenggi](M),
　　[iməksə](N)
　　No. 532 乎甫灻哭 酥一門吉 [su imenggi], [su imengi], [su imeŋgi] 연유酥/
　　[oromu] 유모 (奶皮子)(M)

이고 의자로 '油'[yu]의 유사음 [yü] 항에 있는 '臾'가 바탕 문자이다.

440

'油'[yu] ⟶ '臾'[yü] ⟶ '灻'[men]

[음의 관계]　　[자형의 관계]

609. '灻' (貪) [dun]

이 문자는 역어에

No. 462 **付灻** 哈貪 [hadan], [hatan], [hatan] 강하다强/ [hatan](M)

이고 '貪'[t'an] 항에는 '㢱'이 있는데 만수어와의 대비에 있어서 독음 방법이 다르다. 대비어로부터는 [dun]으로 생각되며 음자로 [t'un, ts'uan] 항에 '㐺'가 바탕 문자일 것이다.

'貪'[t'an] ⟶ '㐺'[ts'uan] ⟶ '**灻**'[dun]

[음의 관계]　　[자형의 관계]

610. '肰' (荅卜) [tabu]

이 문자는 역어에

No. 527 **肰王** 荅卜孫 [dabusun], [dabsun], [dabusun] 소금塩/ [dabusun](M), [tausõ](N), [dosun](S), [dausoŋ](C)

이고 의자로 '塩'[yen] 항의 '腦, 厭'에 내부에 있는 '肰'가 바탕 문자이다.

'塩'[yen] ⟶ '腦, 厭'[yen] ⟶ '肰'[tabu]

[음의 관계]　　[자형의 관계]

611. '吳' (失) [si]

이 문자는 역어에

No. 84 吳赤 失塞里 [si(k) seri], [šiseri], [šigseri] 늦다晩/ [šikseri](M), [ʃikserin](N), [siksä](Ma)

No. 158 吳史斥 失赤黑/ 舍彻 [sičihe], [šičihei], [šigčihe] 참새雀/ [čečihe](M), [šikan](E)

No. 183 吳尨千 失別洪/ 失別忽 [simbihun], [šibihun], [šigbehun] 제비燕子/ [čibin čibirgan](M)

이고 의자인 것 같으며 '晩'[wan], '雀'[ch'iao], [ch'üeh] 항에 바탕 문자는 발견되지 않지만 '燕'[yen] 항의 '炎'이 바탕 문자가 아닐까?

'燕'[yen] ⟶ '炎'[yen] ⟶ '吳'[si]

[음의 관계] [자형의 관계]

612. '夲' (卜阿) [buwa]

이 문자는 역어에

No. 70 夲朵 卜阿朶 [buwa de], [buwa do], [ba do] 지면地面/ [ba de](M), [pa](N)

No. 71 夲叱 卜阿以 [buwa-i], [buwa i], [ba i] 지방地方/ [ba i](M)

이고 의자인데 '地'[ti] 항, '土'[t'u] 항에는 바탕 문자가 없지만 유사음 [tsu, ts'u] 항의 '卒'이 바탕 문자이다.

‘土’[t'u] ⟶ ‘卒’[tsu, ts'u] ⟶ ‘杏’[buwɑ]
　　[음의 관계]　　　　　　[자형의 관계]

613. ‘奋’ (厄寧) [eniye]

이 문자는 역어에

　　No. 283 奋 厄寧/ 額墨 [eniye], [eniyen], [enin] 어미母/ [eme, eniye](M), [ʒɲiā]
　　(N), [ənin](E), [öñi](W), [öñi](Mɑ)

이고 의자이며 ‘母’[mu] 항의 ‘幕’을 바탕 문자로 하고 있다.

　　‘母’[mu] ⟶ ‘幕’[mu] ⟶ ‘奋’[eniye]
　　　　[음의 관계]　　　[자형의 관계]

614. ‘矣’ (揑年) [niyemgniye]

이 문자는 역어에

　　No. 73 矣毛 揑年厄林/ 揑揑里 [niyengniye erin], [niyeniyen erin], [nienien
　　erin] 봄春/ [niyengniyeri](M), [ɲiɲɲə](S)

이고 의자로 ‘春’의 변형이다.

　　‘春’[ch'un] ⟶ ‘矣’[niyengniye]
　　　　[자형과 의미의 관계]

615. '夹' (聽) [teng?]

이 문자는 역어에

No. 400 夹壶夨 聽苔埋 [tengta-mbi], [tindamai], [tindamai] 놓다放/ [šindambi]
(M)

이고 한자음대로라면 '聽'[t'ing]인데 이 한자에는 '听'[yin]이라는 음이 있
다. 여진자는 '英'[ying]과 유사하다. 이 두 가지 점에서 이 문자는 의자이
며 '英'[ying]이 바탕 문자일 것이다.

'聽'[t'ing, yin] ⟶ '英'[ying] ⟶ '夹'[teng]

[음의 관계]　　　[자형의 관계]

616. '夶' (老) [lo], (忽秃) [hutu]

이 문자는 역어에

No. 142 夶苶 老撒 [losa], [losa], [lausa] 노새騾/ [lorin)(M)[63]

No. 258 夶压 忽秃罕/ 中 [hutuha], [hutuhan], [hūtuhan] 종鐘/ [hūntahan](M)

No. 343 夶芉 忽秃兒 [hutur], [hutur], [hūturi] 복福/ [hūturi](M), [hūtar](E)

No. 803 冬芽夶芉 安班剌忽秃兒/ (安班者忽秃儿) [amban hūtur], [amban (la)
hutur], [anban hūturi] 큰 복洪福/ [amban hūturi](M)

이고 두 가지로 사용되고 있다. 이는 아마도 [lo]와 [hutu]는 유사형이지

---

63) '夶'은 '夾'의 오자 '夶'는 『여직자서』 기용문에 '舐'의 표의자로 되어 있으며 『여진역어』에는
　　표음자를 후속하여 '夶压'*[hutuhən]으로 한다. 조수문 8의 주음한자는 '老'이고 그 '夶'는
　　실제 별도의 표음자 '炎'*[lau]를 잘못 쓴 것을 알 수 있다.

동자형은 아니지만 역어에서는 전사의 잘못으로 같은 문자형으로 되어 있다. [lo]의 바탕 문자로는 '樂'[lê], [yao]를 들 수 있다.

'㸚'[lo] ⟶ '樂'[lê, yao] ⟶ '㷱'[lo]
　　[음의 관계]　　　[음과 자형의 관계]

　다음으로, [hufu]의 바탕 문자는 '福' 항의 '芙'라고는 생각될 수 없으며, 자형과 의미에서 '福'과 유의인 '榮'[ying], 아니면 그 같은 항에 있는 '英'이라고 생각된다.

'福'[fu] ⟶ '榮'[ying] ⟶ '英'[ying] ⟶ '㷱'[hutu]
　[의미의 관계]　　　[음의 관계]　　　[자형의 관계]

617. '㑔' (兀称) [uksi]

이 문자는 역어에

　No. 233 㑔 列 兀称因/ 兀失 [uksin], [ukčin], [ugčin] 갑甲/ [ukšin](M)

이고 '甲'[chia]가 바탕 문자가 아닐까?

'甲'[chia] ⟶ '㑔'[uksi]
　[자형과 의미의 관계]

618. '㑔' (監, 見) [giyen]

이 문자는 역어에

No. 303 天東 太監 [taigiyen], [taigiyen], [taigian] 중국 벼슬 명칭, 대감太監/ [taigiyan](M)

No. 608 伜東 根見 [genggiyen], [gengiyen], [gengien] 밝다明/ [genggiyen](M)

No. 609 肯東 法里見/ 發兒洪 [fargiyen], [farigiyen], [faligian] 어둡다暗, 昏/ [farhûn](M), [paxče](g)

이고 그 바탕 문자는 '監, 見'[chien]과 유사음 [ching] 항의 '更'이 아니면, '暗'[an]과 유의어 '幽'[yu]의 유사음 [yü] 항에 있는 '臾'일 것이다. 나는 두 가지 가운데 전자를 일단 채택하겠다.

'監, 見'[chien] ⟶ '更'[ching] ⟶ '東'[giyen]
　　　　　　[음의 관계]　　　　[자형의 관계]

619. '東' (朱) [ju]

이 문자는 역어에

No. 324 東尒 朱先 [jušen], [jušen], [juršen] 여진女眞/ [jurčin](Mo)

이고 아마도 의자로 바탕 문자는 '萸'[yü]이겠는데 그것을 증명해 주는 예를 가지지 못했다.

620. '美' (牙魯) [yarn]

이 문자는 역어에

No. 772 美尤夭來丸 牙魯乖埋分厄 [yaruguaime funiye], [yaruguwaimai feuiye], [yaruguaimai funei] 불러들이다料송/ [yarumbi](끌다, 이끌다), [feniyen](무리)

(M)

No. 774 𡥦 牙魯乖埋革恩 [yaruguaime geun], [yaruguwaimai gen], [yaruguaima gen] 무리를 모으다糾衆/ [geren be yorumbi](M)

이고 '糾'[chiu] 항에 바탕 문자는 없고 [yaru-mbi]의 원래의 뜻인 '引'[yin]의 유사음 [ying] 항에 있는 '英'이 바탕 문자일 것이다.

'引'[yin] ⟶ '英'[ying] ⟶ '𡥦'[yaru]
[음의 관계]　　[자형의 관계]

621. '㑊' (哈) [ha]

이 문자는 역어에

No. 199 㑊叏 哈番/ 哈發 [hafan], [hafan], [hafan] 관아衙/ [hafa i yamun] (M)

No. 442 㑊免矢 哈沙埋 [haša-mbi], [hašamai], [habšamai] 고하다告/ [habšambi](M)

No. 795 反引乕㑊免矢 哈剌魯斡哈沙剌 [-], [halaluwo hašala], [halaluo hašala] 첩보, 승리의 소식捷音/ [halar](소리), [eten medege](M)

이고 '哈'[ha] 항에 바탕 문자가 없고 의자이며 '衙'[ya] 항에 있는 '厓'가 바탕 문자일 것이다. 덧붙여 '告'[kuo] 및 [k'uo] 항, '音'[yin] 및 [ying] 항에는 바탕 문자가 없다.

'衙'[ya] ⟶ '厓'[ya] ⟶ '㑊'[ha]
[음의 관계]　[자형의 관계]

622. '夌' (速撒-) [susai]

이 문자는 역어에

No. 658 夌 速撒一/ 速塞 [susai], [susai], [susai] 오십五十/ [susai](M), [susuã](N)

이고 의자로 '五'[wu] 항의 '洿'가 바탕 문자일 것이다.

'五'[wu] ⟶ '洿'[wu] ⟶ '夌'[susai]

[음의 관계] [자형의 관계]

623. '忝' (撒) [sa]

이 문자는 역어에

No. 142 央忝 老撒 [losa], [losa], [lausa] 노새騾/ [lorin](M)

No. 257 忝另申 撒本哈/ 撒扒 [-], [saunha], [saunha] 근육筋/ [sabka](M), [sabuk'i](N), [sabha](Mo), [saba](E)

No. 342 兵忝壳 哈撒安 [gashan], [gasagan], [gasaŋan] 화禍/ [gashan](M)

No. 555 忝先 撒卜/ 掃 [sabu], [sabu], [sabu] 구두鞋/ [sabu](M), [sabu](N), [sawi](E)

No. 681 甬未忝 的哈撒 [jihasan], [digasa], [digasa] 가깝다近/ [ǰaka](M), [daga](S)

No. 747 忝忝 撒撒 [sasa], [sasa], [sasa] 정제整齊/ [sasa](M)

No. 782 札久未忝矢 出因扎撒刺 [čuin-časa-mbi], [čuwinjasala], [čuin ǰasala] 처치하다處治/ [ačihiyambi](M)

이고 언뜻 보기에 음자처럼 보이지만 [sa] 항의 바탕 문자는 없고 '筋'

[chin] 항의 '禁'이 바탕 문자일 것이다.

'筋'[chin] ⟶ '禁'[chin] ⟶ '茶'[sa]
　　[음의 관계]　　　[자형의 관계]

624. '甬' (兒) [r]

이 문자는 역어에

No. 671 呆甬 麻兒/ (麻儿) [mur, mar], [mar], [mari] 거칠다粗/ [muwa](M)

No. 781 㐀甬㐀甬予州 法兒法兒弗里隨/ (法兀法兀弗里隨) [farfar fulsui], [farfar fulsuwi], [farifari fulisu] 따로 가다, 헤어지다另行/ [farfambi](M), [fuli](N)

이고 완전히 음자로 '甬'[êrh]가 바탕 문자이다.

'兒'[êrh] ⟶ '甬'[êrh] ⟶ '甬'[r]
　　[음의 관계]　　　[자형의 관계]

625. '南' (荅) [dɑ]

이 문자는 역어에

No. 64 㐀南半 法荅岸/ 發的剌 [fatan], [fadan], [fadan] 담장墻/ [fajiran](M), [fatərin](N)

No. 72 矢甲㐀南半 者車法荅岸 [ječe fatan], [ječe fadan], [ječe fadan] 울타리藩籬/ [ječen irɑjran](M)

No. 229 帯南 塔荅/ 塔哈剌 [tada], [tada], [tada] 고삐轡/ [hadala](M), [hadal](E)

No. 234 仟角 吉苔/ 吉答 [gida], [gida], [gida] 종소리鎗/ [gida](M), [geda](S), [gida](W), (Ma), (C)

No. 330 釆角及仟 岸苔孩捏兒庿/ (岸苔孩捏儿庿) [antahai niyalma], [andahai niyarma], [andahai niarma] 손님賓客/ [andahai nyalma](M), [ādaha](N)

No. 400 夹角矢 聽苔埋 [tengta-mbi], [tindamai], [tindamai] 놓다放/ [šindambi](M)

No. 418 消角炎矢 忽苔沙埋/ 翁察 [hudaša-mbi], [hudašamai], [hūdašamai] 팔다賣/ [hūdašam, unčambi](M), [hɔda](N)

No. 438 小角火 套苔剌/ 套答 [tooda-mbi], [taudara], [taudara] 돌아오다還/ [toodambi](M)

No. 451 收角炎 貴答剌 [goida-mbi], [goidala], [guidala] 더디다, 늦다遲/ [goidambi](M)

No. 481 荷角右 撒苔昧/ 撒哈答必 [sahada-mbi], [sahadamei], [sahadamai] 침범하다打圍/ [sahadambi](M)

No. 723 兄角矢 撒苔剌 [šand-mbi], [sadala], [sadala] 새다漏/ [sabdambi](M)

No. 764 夫牛右呉盃角矢 斡洪昧安失苔剌 [ohunmei ansitala], [wehunmei amšidala], [uhun mei amšidala] 포함하다包含/ [baktambi](포함하다, 용납하다), [uhubumbi](포함시키다), [gansi](갖추다, 전부)(M)

No. 801 㳄杀攴角丸乐 卓你伯苔出吉 [jonibe dačugi], [jonibe dačugi], [jonibe dačugi] 날카롭고 민첩하다鋒銳/ [jeyen](날카롭고 민첩하다鋒銳, [dačun](날카로운 칼)(M)

이고 '苔'[ta] 항에 바탕 문자는 없다. 또 어두에 있는 예가 없어서 그 바탕 문자는 찾기 어렵다.

626. '角' (謙) [giyen]

이 문자는 역어에

No. 790 亥甬癸甬芭 塔苦刺謙師 [takūra kiyen-ši], [takura kiyensi], [takūra kem-ši] 선생을 파견하다, 견사遣師/ [takūrambi](M)

이고 한자 전사용이고 이 하나의 예에서부터 바탕 문자 발견은 어렵다.

627. '萌' (撒) [saha]

이 문자는 역어에

No. 481 萌甬右 撒苔昧/ 撒哈苔必 [sahada-mbi], [sahadamei], [sahadamai] 침범하다打圍/ [sahadambi](M)

No. 620 萌养 撒哈良 [sahaliyan], [sahaliyan], [sahalian] 검다黑/ [sahaliyan](M), [sak'ark'i](N)

이고 의자로 No. 481의 한자 전사는 '撒哈'이어야 한다. '黑'[hêi] 항에 바탕 문자는 없지만 '黑'와 유의어인 '幽'[yu] 항에 있는 유사음 [yü] 항에 있는 '雨'가 바탕 문자이다.

'黑'[hêi] ⟶ '幽'[yu] ⟶ '雨'[yü] ⟶ '萌'[saha]
　[의미의 관계]　　　[음의 관계]　　　[자형의 관계]

628. '角' (非刺) [fila]

이 문자는 역어에

No. 243 角 非刺 [fila], [fila], [fila] 마루, 평상樑/ [fila](M), [pila](E), [pila](Mo)

이고 의자로 '楪, 碟'[tieh] 항에 바탕 문자는 없고 유사음 [chüeh] 항의

'角'이 바탕 문자일 것이다.

'楪, 碟'[tieh] ——→ '角'[chüeh] ——→ '甬'[fila]
    [음의 관계]   [자형의 관계]

629. '煮' (塞) [sai]

이 문자는 역어에

No. 696 煮列 塞/ 塞因(g)/ 塞哈 [sain], [sain], [sain] 좋다好/ [sain](M), [ai](N), [aya](S)

No. 730 煮昼 塞舒/ 塞哈 [saišu], [saišu], [saišu] 잘 사는好生/ [sain](M)

No. 806 夹毛煮列夹 別厄塞因別 [-], [biye sainbi], [bie sain bie] 유익하다有益/ [sain bi, tusa bi](M)

No. 823 煮列爭發 塞因幹灣 [sain wowan], [sain ogon], [sain oŋon?] 편익便盒

이고 의자로 '好'[hao] 항의 '蒿'가 바탕 문자일 것이다.

'好'[hao] ——→ '蒿'[hao] ——→ '煮'[sai]
    [음의 관계]   [자형의 관계]

630. '朵' (阿涅) [aniya]

이 문자는 역어에

No. 79 朵 阿揑 [aniya], [aniya], [ania] 해年/ [aniya](M), [ani](N), [ane](S), [anie](E)

No. 103 角仟朵 的溫阿揑 [jiun aniya], [digun aniya], [diŋun ania] 내년來年/

[jitərə aniyɑ](M)

이고 의자이다. 얼핏 보면 '舟'[chou]와 유사한 외에 어느 한자와도 유사하지 않는 것으로 보인다. 그러나 여진문자의 '朵'[sɑ, se, zu]와 비슷하고 '朵'가 한자 '冊'[ts'ê]에서부터 만들어진 것을 감안하면 '年'[nien]의 유사어 '歲'[sui, se, sɑi]가 있는 것으로 '朵'도 역시 '冊'에서부터 만들어진 것으로 생각된다.

'年'[nien] ⟶ '歲'[sui(se)] ⟶ '冊'[ts'ê] ⟶ '朵'[aniyɑ]
[의미의 관계]　　　　[음의 관계]　　　[자형의 관계]

631. '森' (都厄) [dule]

이 문자는 역어에

No. 834 森立右 都厄恩昧 [dulen-mbi], [dulenmei], [dulenmei] 지나다過/[dulembi](과거過去)(M)

이고 의자인데 '過'[kuo] 항에 바탕 문자가 없고 자형상에서는 No. 510 '示'[geli]가 흡사하며 '森'는 '亦'[i]로부터 만들어졌기 때문에 [i] 항의 '己'가 '過'[kuo]와 유의어이다. 따라서 '森'도 역시 '亦'[i]에서부터 만들어졌다.

'過'[kuo] ⟶ '己'[i] ⟶ '亦'[i] ⟶ '森'[dule]
[의미의 관계]　　[음의 관계]　　[자형의 관계]

632. '車' (刺) [rɑ]

이 문자는 역어에

No. 200 㚖卓 太乙剌 [taila], [taira], [taira] 절寺/ [jugtehen](M)

No. 534 夫卓 兀迷剌/ 兀迷 [om-mbi], [omira], [umira] 마시다飮/ [omimbi] (M), [ɔmi](N)

No. 743 甬刂卓 一乍剌 [ičela], [ijala], [isala] 모임聚會/ [isambi](M)

No. 765 夆北寂卓 忒吉勒荅失剌 [tegiledasila? dasi-mbi], [tegile(?) dasira], [tegile dašira] 뒤짚다, 두루 덮다偏覆/ [dele dasimbi](M), [dahim](W)

이고 동사어미로서는 미래를 나타내며 만주어의 [-ra]에 대비된다고 생각된다. 그러나 '末'[wêi]의 항에는 바탕 문자가 없고 또 '寺'[ssü]에 바탕 문자는 없다. 따라서 바탕 문자는 불분명하다.

633. '畀' (一兒) [ir]

이 문자는 역어에

No. 549 畀角牜 一兒的洪/ (一儿的洪)/ 亦的希 [irjihun], [irdihun], [irdihun] 어레빗梳/ [ijifun](M), [igdiwun](Ma), [ygdybun](W)

이고 의자로 바탕 문자는 '梳'[shu]의 유사음 [hsü] 항에 있는 '肙'[hŭ] 외에 생각할 수 없다.

'梳'[shu] ——→ '肙'[hsü] ——→ '畀'[ir]

    [음의 관계]   [자형의 관계]

634. '夲' (洪) [hun]

이 문자는 역어에

No. 611 **卒兮** 洪都 [hundu?, tondu?], [hundu], [hundu] 바르다正/ [tob](M)

이고 의자로 '正'[chêng] 항에 바탕 문자는 없고 자형에서 미루어보아
'卒'[tsu], [ts'u]나 그와 비슷한 한자에서부터 만들어진 것 같다. [chêng]의
유사음 [ts'ên] 항의 '參'이 바탕 문자가 아닐까?

'正'[chêng] ——→ '參'[ts'ên] ——→ **卒**[hun?]
　　　　　[음의 관계]　　　　[자형의 관계]

635. '**半**' (思) [en?]

이 문자는 역어에

No. 487 **半女臾** 恩伯黑/ (恨都魯) [enbe-mbi], [enbehe], [enbehe] 출산出産

이고 그루베의 저서에서는 이 문자가 독음을 나타내는 것으로는 '思'[ssŭ]
와 '恩'[ên]과 두 가지 있는데 [en-] 쪽이 옳다고 생각된다. 그러나 대비어
가 발견되지 않으므로 그 정확한 독음을 추정하기 어렵지만 [ên] 항에
바탕 문자가 없고 의자로 '産'[ch'an]의 유사음 [san] 항에 있는 '傘'이 바
탕 문자가 아닐까 생각된다.

'産'[ch'an] ——→ '傘'[san] ——→ '**半**'[en]
　　　　　[음의 관계]　　　　[자형의 관계]

636. '**臾**' (荅魯) [dalu?]

이 문자는 역어에

No. 471 夯夬夨卑乇 哈荅刺埋荅魯別 [kadalamai dalu-mbi], [kadalamai dalubi], [kadalamai darubie] 지휘하다, 통솔하다率領/ [hatalara dacimbi](M)

이고 의자이긴 하지만 대비되는 만주어가 발견되지 않기 때문에 그 바탕 문자가 불분명하다.

637. '美' (分) [funi]

이 문자는 역어에

No. 493 美毛朩 分一里黑/ 分黑 [funiyehe], [funirhei], [funirhe] 머리카락, 털 髮/ [funiyehe](M)

No. 515 美毛朩 分一里黑 [funiyehe], [funirhei], [funirhe] 머리카락毛/ [funiyehe] (M)

이고 의자인데 '髮'[fa] 항에 바탕 문자는 없고 '毛'[mao]의 유사음 [mo] 항의 '莫'이 바탕 문자일 것이다.

'毛'[mao] ———→ '莫'[mo] ———→ '美'[funi]

[음의 관계]　　　[자형의 관계]

638. '覀' (弗里) [fuli]

이 문자는 역어에

No. 591 覀孟 弗里失/ 受溫禿黑勒革 [fulišsi], [fulišsi], [fulišsi] 서西/ [wargi](M)

이고 의자로 그 바탕 문자는 '西'[hsi]이다.

'西'[hsi] ⟶ '覀'[fuli]
[자형과 의미의 관계]

639. '其' (其) [ki]

이 문자는 역어에

> No. 59 夾其 卜勒其/ 不剌其 [buraki], [bureki], [bureki] 티끌塵/ [buraki](M),
> [purəŋkʼi](N)
>
> No. 68 臾其 黑其 [heki], [heki], [heki] 제방堤/ [dalan](M), [dalan](E)
>
> No. 167 其休夂 其里因 [kilin], [kilin], [kilin] 기린麒麟
>
> No. 813 其生金夨 其兀伯申 [kiu bai-mbi], [kiyu baisin], [kiubaišin] 탐구하
> 다求討/ [baimbi](M)
>
> No. 847 其车夵 其車黑 [kiče-mbi], [kičehei], [kičehe] 사용하다用/ [kičembi](용
> 공)(M), [baitalambi](사용하다)(M)

이고 얼핏 보아도 명료하듯이 음자로 '其'[chi, chʼi]가 바탕 문자이다.

'其'[chʼi] ⟶ '其'[ki]
[자형과 의미의 관계]

640. '亝' (扎) [ja]

이 문자는 역어에

> No. 838 亝甲 扎哈 [jaha], [jaha], [jaha] 사건件/ [jaka](M), [jaha](Mo)

이고 '扎'[cha] 항에 바탕 문자는 없고 '㣺'는 한자 '心'의 약체이기 때문에

의자이며 '件'[chien] 항의 '煎'은 바탕 문자가 아니라 '件'과 유의의 '物' [wu] 항에 있는 '惡'이 바탕 문자이다.

'件'[chien] ⟶ '物'[wu] ⟶ '惡'[wu] ⟶ '亟'[ja]
[의미의 관계] [음의 관계] [자형의 관계]

641. '兵' (密, 迷) [mi]

이 문자는 역어에

No. 414 兵芇乱 密塔卜爲/ 木力 [mita-mbi], [mitabuwi], [mitabuwi] 물러나다退/ [mitambi](M)

No. 695 圣兵床 舒迷吉/ 說迷 [šumigi], [šumigi], [šumigi] 깊다深/ [šumin](M), [ʃunt'a](N), [sunta](S)

No. 853 兵杀 密你 [mini], [mini], [mini] 나我/ [mini](나의), [bi](나)(M), [miŋi](나의)(Ma)

No. 819 床兵麦舟吏 瑣迷別忒別 [somi-mbi], [somibitebi], [somiebitebie] 잠거하다潛居/ [somimbi] 감추다, 저장하다藏, [tembi](거주하다)(M)

이고 '密, 迷'[mi] 항에 바탕 문자가 없지만 의자로서 '退'[t'ui]의 유사음 '衰'[ts'ui]가 바탕 문자이다.

'退'[t'ui] ⟶ '衰'[ts'ui] ⟶ '兵'[mi]
[음의 관계] [자형의 관계]

642. '芭' (士, 侍, 史, 師) [ši]

이 문자는 역어에

No. 305 芭夹斗 侍剌安 [ši-lau], [šilau], [šǐlan] 시랑侍郎, 중국의 관명官名/
[asahai amban](M)

No. 307 在芭 御史 [yü-ši], [yuši], [yuši] 어사御史/ [baisara amban)(M)

No. 317 关芭 道士 [dooši], [dauši], [dauši] 도사道士/ [dooši](M)

No. 496 光芭 牙師/ 牙師 [yasa yaši], [yaši], [yašǐ] 눈眼/ [yasa](M), [jäsa]
(M)

No. 790 夹甬夹甬芭 塔苦剌謙師 [takūra kiyen-ši], [takura kiyensi], [takūra
kem-šǐ] 선생을 파견하다, 견사遣師/ [takūrambi](M)

이고 자형은 [ch'i] 항의 '芑'와 혹사한데 이 문자가 바탕 문자는 아닌 듯하
며 '士'[shih]의 유사음 [shai] '色'이 바탕 문자일 것이다.

'士, 侍, 史, 師[shih] ———➤ '色'[shai] ———➤ '芭'[si]
　　　　　　　　　└─────┘　　　└─────┘
　　　　　　　　　[음의 관계]　　　[자형의 관계]

643. '芭' (禿, 突) [tu]

이 문자는 역어에

No. 778 玭芭右甬奉史 忒勒禿昧兀塞天伯 [deltumei usetenbe], [telhetumei
usetiyenbe], [teretumei usetenbe] 별종別種

No. 784 芭扞系李矢 禿必巴忒比 [tubiba tebi], [tubibatetun], [tubibatetun] 강
상綱常/ [tob](M)

No. 787 芭伏 突厥 [turkiye], [tukiwe], [tukue] 돌궐突厥

이고 '別'[pieh], '綱'[kang] 및 '禿, 突'[t'u] 항에 바탕 문자는 없고 의자인
것 같은데 그 바탕 문자는 불분명하다.

644. '炭' (禿斡) [tubi]

이 문자는 역어에

> No. 124 炭夊 禿斡黑/ 禿于黑 [tubihe], [tuwehe], [tuwehe] 과실果/ [tubihe](M)
>
> No. 525 炭夊 禿斡黑 [tubihe], [tuwehe], [tuwehe] 과실果/ [tubihe](M), [tobigu](S)

이고 의자로 바탕 문자는 '果'[kuo] 항에 없고 유의인 '實'[shih]의 유사음
[hsü]의 '戌'이라고 생각된다.

'果'[kuo] ──→ '實'[shih] ──→ '戌'[hsü] ──→ '炭'[tubi]
　[의미의 관계]　　[음의 관계]　　[자형의 관계]

645. '坙' (和脫) [hoto]

이 문자는 역어에

> No. 34 坙床羊 和脫斡你 [hoton], [hotō ni], [hoto ni] 못池/ [hoton](M), [hoton ni](N), [hoton](S)
>
> No. 133 坙夭 和脫和 [hotoho], [hotoho], [hotoho] 호로葫蘆/ [hoto](M)

이고 의자인데 No. 34는 '池'의 대비가 만주어와 맞지 않는다. '−羊'[ni]는
'−의'를 나타내며 어미 '−n' 다음에 오기 때문에 [hoto‿on ni]이어야 한다.
따라서 '池'[ch'ih] 항에 바탕 문자는 없고 자형에서부터 '柔' 등의 '乘'[ch'êng]
을 바탕 문자로 한 것과 유사한 것과 '乘'[ch'êng] 항의 '城' 또는 [hodon]에서
'城'의 의미와의 합치에서 '池'는 오역이며 '城'이 정확한 역이고 바탕 문자
또한 '乘'[ch'êng]이어야 한다.

460

'城'[ch'êng] ——→ '乘'[ch'êng] ——→ '坙'[hoto]
      ‿‿‿‿‿‿   ‿‿‿‿‿‿
      [음의 관계]   [자형의 관계]

646. '呈' (皇) [huwan(g)]

이 문자는 역어에

> No. 868 呈欻屍句 皇阿木魯該 [huan-amargi], [huwan amurgai], [hoŋ amurgai]
> 황후皇后
> No. 871 **呈舟** 皇子 [huan-ʤǔ], [huwan ji], [hoŋse] 황자皇子

이고 바탕 문자는 '皇'[huang]이다.

'皇'[huang] ——→ '呈'[huang]
           ‿‿‿‿‿‿‿‿
      [음과 자형의 관계]

647. '朿' (塞里) [seri]

이 문자는 역어에

> No. 84 吴朿 失塞里 [si(k) seri], [šiseri], [šigseri] 늦다晚/ [šikseri](M), [ʃikserin]
> (N), [siksä](Ma)

이고 그루베는 대비어를 들지 않고 있는데 이는 만주어 [sikseri]에 대비되
는 것이다. 의자로 '晚'[waŋ] 항에 바탕 문자가 없고 유의어 '夕'[hsi]의
음사음 [shih] 항에 있는 時'가 바탕 문자인 듯하다.

‘晚’[wan] ⟶ ‘夕’[hsi] ⟶ ‘時’[shih] ⟶ ‘春’[seri]
　　[의미의 관계]　　　　[음의 관계]　　　[자형의 관계]

648. ‘坱’ (丹) [dan]

이 문자는 역어에

> No. 350 茂兔坱 罕安丹 [handon], [haŋgandan], [hanŋandan] 취하다取/
> [helhun akū](M)
> No. 816 市求半 岸丹朶 [andan-de], [andan do], [andan do] 길거리, 연도沿途/
> [andala](M)

이고 양자에 대해 그루베는 대비어를 들지 않았는데 No. 816은 [andan-de]
이며 뜻은 즉 "중도에서, 길 중간에서"이라고 생각된다. 그래서 의자로
‘途’[t'u]의 유사음 [to, tuo]의 ‘垛’가 바탕 문자일 것이다.

‘途’[t'u] ⟶ ‘垛’[tuo, to] ⟶ ‘坱’[dan]
　　　[음의 관계]　　　　　[자형의 관계]

649. ‘余’ (王) [wang]

이 문자는 역어에

> No. 274 圉土条余 國倫你王 [gurun ni wang], [gurunni waŋ], [gurun ni
> waŋ] 국왕國王/ [gurun i wang](M)

이고 한자 전사용의 문자로 바탕 문자는 역시 ‘왕’[wang]일 것이다.

'王'[wang] ⟶ '全'[wang]

[음과 자형의 관계]

650. '盂' (西), (犀) [ši]

이 문자는 역어에

No. 321 盂夭 西番 [šifan], [sifan], [sifan] 서반西番

No. 325 盂本 西天 [šitiyen], [sitiyen], [sitien] 서쪽 하늘西天

No. 812 兄罕盂夂 撒希西因 [sanhičin?], [sahi sin], [sahi sin] 잘 알다知悉/
[sambi](M)

No. 583 盂术夊 犀兀也黑/ 未黑 [ši-uyehe], [si uyehe], [si uyehe] 무소뿔犀角/
[ihaši i uihe](M)

이고 No. 569의 '盂'와 동일한 문자라고 생각된다. 의자로 바탕 문자는
'西, 犀'[hsi] 항에 있는 '悉'자가 아닐까?

'西, 犀'[hsi] ⟶ '悉'[hsi] ⟶ '盂'[ši]

[음의 관계] [자형의 관계]

651. '岀' (塔) [ta], (卜都) [buda]

이 문자는 역어에 두 가지 읽기로 기술되어 있다.

No. 268 岀'岀夂 塔塔孩 [tata-mbi], [tatahai], [tatahai] 하영하다下營/ [tatambi]
(M)

No. 523 罕南夊夬 卜都乖/ 不答 [bda-kuwai], [budgai], [budgoi] 밥飯[buda]
(M), puta](N)

이 둘은 아마도 각각 다른 문자이었겠는데 자형이 혹사하기 때문에 전사할 때 오류로 동일한 문자로 처리하고 말았을 것이다. No. 268은 의자로 '營'[ying] 항의 '塋'이 바탕 문자인 듯하다.

'營'[ying] ──→ '塋'[ying] ──→ '茲'[ta]
　　[음의 관계]　　　[자형의 관계]

No. 523은 '飯'[fan] 항의 '番'이 바탕 문자인 듯하다.

'飯'[fan] ──→ '番'[fan] ──→ '茲'[buda]
　　[음의 관계]　　　[자형의 관계]

652. '金' (伯, 百, 珀) [bai]

이 문자는 역어에

No. 302 金 伯 [bai], [bai], [bai] 맏伯/ [be](M)

No. 346 金·州 伯羊/ 拜牙 [baiyan, bayan], [bayan], [bayan] 부富/ [bayan](M), [bajã](N), [bayan](Mo), [bayan](E)

No. 415 金夫 伯申/ 拜失 [bai-mbi], [baišin], [baišin] 꾸짖다討/ [baisu baimbi] (M)

No. 416 金夫 伯申/ 伯因必 [bai-mbi], [baišin], [baišin] 찾다尋/ [baimbi](M), [bahami](N)

No. 813 其兀金夫 其兀伯申 [kiu bai-mbi], [kiyu baisin], [kiubaišin] 탐구하다求討/ [baimbi](M)

No. 313 金肖 百戶 [baihu], [baihu], [baibu] 백호百戶

No. 322 金甬 百夷 [bai-yi], [bai], [bai yi] 백이百夷

No. 584 肖金 琥珀 [hu-pai], [hubai], [hūbai] 호박琥珀/ [boisila](M)

464

이고 '伯'[pai, po] 항의 '討'[t'ao], '尋'[hsim] 항에 바탕 문자는 없고 '富'
[fu] 항에 있는 '釜' 이외에는 찾기 어렵다.

'富'[fu] ⟶ '釜'?[fu] ⟶ '盆'[bai]

⎣음의 관계⎦　　⎣자형의 관계⎦

653. '盍' (兀魯) [urhu?]

이 문자는 역어에

No. 436 *仄盍* 奴兀魯 [nuur, nurhūme(?)], [nugur], [nuŋuru] 늘, 매每/ [dari]
(M)

이고 의자인데 '每'[mêi] 항에 바탕 문자는 없다. 따라서 바탕 문자도 불
분명하다.

654. '盉' (希兒) [šir]

이 문자는 역어에

No. 203 *盉屋* 希兒厄 [hilge], [hirge], [hirge] 대臺/ [tergin](M), [širege](Mo)
No. 269 *兄仒盉屋* 上江希兒厄/ 上江希儿厄 [šanggiyan hirge], [šangiyan hirge],
[šaŋgian hirŋe] 굴뚝煙墩/ [xulan](M)

이고 의자이긴 한데 '墩'[tun] 및 [t'un] 등의 항에 바탕 문자가 없고 '煙'
[yen] 항에 있는 '鹽'이 바탕 문자인 것 같다.

'煙'[yen] ──────→ '鹽'[yen] ──────→ '盂'[šir]
　　　 [음의 관계]　　　　 [자형의 관계]

655. '盂·' (撒剌) [sala]

이 문자는 역어에

No. 718 盂·天 撒剌大/ 撒答 [salada], [salada], [saladai] 늙다老/ [sagda](M),
[sagdi](N), [sadie](E), [hagdi](W)

이고 의자로 '老'[lao] 항에 바탕 문자는 없지만 [lao]의 [l]을 [y]로 바꾼
[yao] 항의 '若'이 바탕 문자로 되어 있다.

'老'[lao] ──────→ '若'[yao] ──────→ '盂·'[sala]
　　　 [음의 관계]　　　　 [자형의 관계]

656. '屎' (阿剌) [ala]

이 문자는 역어에

No. 677 屎矢 阿剌埋 [ala-mbi], [alamai], [alamai], [ala-ma](a) 유사하다似/
[adali](M)

이고 의자로 만주어의 [adali]에 대비되는데 아마도 여진어에서는 동사로
[adala-mbi] 또는 [ala-mbi]이겠지만 역시 불분명하며 '似'[ssŭ], [shih]에
서 후자의 음항 가운데 '屎'가 바탕 문자일 것이다.

‘似’[ssŭ, shih] ⟶ ‘屎’[shih] ⟶ ‘屎’[ala]

         [음의 관계]   [자형의 관계]

657. ‘桑’ (哈) [ha]

이 문자는 역어에

No. 90 **忠桑** 阿剌哈 [alaha?], [alaga], [alaga], [alaga](a) 윤달閏/ [anagan] (M), [angan](E)

No. 359 **忆桑夭** 禿魯哈剌 [turuhala], [turugala], [turugala] 보다視/ [tuwambi](M)

No. 383 **芉桑夭** 的兒哈剌/ (的儿哈剌) [jirga-mbi], [dirgala], [dirgala] 즐거워하다樂/ [jirgambi](M), [jirɣal](Mo)

No. 384 **舟桑夭** 兀速哈卜連 [usa-mbi, usaha-mbi], [usgaburen], [usgaburen] 원한怨/ [ushambi](M)

No. 489 **芉桑夭** 的兒哈剌/ (的儿哈者) [jirha-mbi], [dirgala], [dirgala] 쾌락快樂/ [jirgambi](M), [jirɣal](Mo)

No. 681 **舟桑桑** 的哈撒 [jihasan], [digasa], [digasa] 가깝다近/ [jaka](M), [daga](S)

No. 742 **矢叒忆桑夭** 革卜禿魯哈剌 [gebuduluhala], [gebuturugala], [gebutulugala] 명망名望/ [gebu algi](M)

No. 756 **芉桑夭** 的兒哈剌/ (的儿哈剌) [jirgala], [dirgala], [dirigala] 쾌활하다快活/ [jirgambi](M)

No. 826 **忆桑夭児枛孟** 禿魯哈剌團下孫/ (禿魯哈剌團下松) [turuhala tuwancihisun], [turugala tuwanhiyasun], [turugala tonhiasun] 간수看守/ [tuwakiyambi](M)

No. 858 **忆桑夭** 禿魯哈剌 [turuhala], [turugala], [turugala] 열람하다覽/ [tuwambi](M)

이고 여러 단어에 사용되고 있는데 어두에 있는 예가 보이지 않으므로 바탕 문자를 추정하기 어렵다.

658. '衆' (撒都) [sadu]

이 문자는 역어에

No. 683 衆句 撒都該 [sadugai], [sadugai], [sadugai] 친하다親/ [sadun](M)

이고 '親'[ch'in] 항에 바탕 문자가 없고 여기의 의미 '戚'[ch'i] 항에 있는 '氣'가 바탕 문자일 것이다.

'親'[ch'in] ——→ '戚'[ch'i] ——→ '氣'[ch'i] ——→ '衆'[sadu]
　　[의미의 관계]　　 [음의 관계]　　 [자형의 관계]

659. '枣' (諸勒) [jule]

이 문자는 역어에

No. 590 枣盂 諸勒失/ 愛溫禿提勒革 [juleši], [juleši], [juleši] 동東/ [dergi julergi](남)(M), [ʧuləʃi](남)(N)

No. 598 枣化 諸勒/ 住勒革 [jule], [jelē], [jule] 앞前/ [juleri](M), [ʧulə](N), [julile](S), [julgu](E)

No. 613 佟凡乐枣化 替孩吉諸勒 [-], [tihaigi julē], [tihaigi ǰule] 종전從前/ [julergi de](M)

No. 822 枣史矢 諸勒厄塞 [-], [jule ese], [juleŋ ese] 앞서다比先/ [juleri ei](M)

이고 의자로 '東'[tung]이 바탕 문자이다.

‘東’[tung] ⟶ ‘柬’[jule]

[자형과 의미의 관계]

660. ‘柬’ (都魯) [dulu?]

이 문자는 역어에

No. 447 夯柬 阿赤都魯 [ačidulu], [ačiduru], [ačiduru] 움직이다動/ [aššambi, acinggiyambi](M)

이고 그루베는 이에 [aššambi]를 대비시키고 있는데 그것은 의심스럽다. 의미는 맞는데 [ač] 항에는 [ačinggiya-mbi]라는 말도 있다. 이 양쪽 글자 는 모두 ‘動’[tung] 항의 ‘冬’, ‘東’을 바탕 문자로 한 의자이다.

‘動’[tung] ⟶ ‘東’[tung] ⟶ ‘柬’[dulu?]

[음의 관계]   [자형의 관계]

661. ‘柒’ (斤) [čin]

이 문자는 역어에

No. 260 柒 斤 [čin], [cin], [ćin] 도끼斤

이고 한어 전사용의 문자이며 [chin] 항에 바탕 문자는 없고 [ching] 항의 ‘京’이 바탕 문자일 것이다.

‘斤’[chin] ⟶ ‘京’[ching] ⟶ ‘柒’[čin]

[음의 관계]   [자형의 관계]

662. '霫' (一麻) [ima]

이 문자는 역어에

No. 17 霫哭 一麻吉/ 亦忙吉 [imagi], [imagi], [imaŋgi] 눈雪/ [nimanggi](M),
[imana](N), [imande](S), [imaŋde](E)

No. 630 霫哭兄亻 一麻吉上江 [imagi šanggiyan], [imangi šangiyan], [imaŋgi
šaŋgian] 눈이 희다雪白/ [nimanggi šanggiyan](M)

이고 바탕 문자는 '雪'[hsüeh]의 유사음 [shê] 항에 있는 '射'라고 생각되며
의자이다.

'雪'[hsüeh] ──────▶ '射'[shê] ──────▶ '霫'[ima]
　　[음의 관계]　　　　　[자형의 관계]

663. '勇' (洪) [hun]

이 문자는 명사, 형용사의 어미형으로 사용되며, 역어에

No. 147 东勇 引荅洪/ 引荅忽 [indahun], [indahun], [indahūn] 개犬/ [indahūn]
(M)

No. 176 戫屯东勇 脉忒厄林引荅洪 [mederin indahun], [meterin indahun],
[meterin indahūn] 해구海狗/ [mederi indahūn](M)

No. 488 乐中勇夲夊 南哈洪牛的孩 [nanhahun banji-mbi], [namhahun bandihai],
[namhahūn bandihai] 안전하게 살다安生/ [elhe banjimbi](M)

No. 682 乐中勇 南哈洪 [nanhahun], [namhahun], [namhahūn] 편안하다安/
[elhe](M)

No. 736 枹朱耒耒吏勇 革洪約斡洪 [gehun yobohun], [gehun yowohun], [gehun yowohūn] 명백하다明白/ [gehun], [getuken](M)

이다. '洪'[hung] 및 [hun] 항에 바탕 문자는 없고 의자이며 '犬'[chien] 항의 '肩', '狗'[kou] 항의 '耆'가 비슷하지만 나는 후자가 바탕 문자이라고 생각한다.

'狗'[kuo] ⟶ '耆'[kuo] ⟶ '昮'[hun]
　　　[음의 관계]　　　[자형의 관계]

664. '希' (和朵) [holdon]

이 문자는 역어에

No. 104 希芟 和朵莫/ 換多莫 [holdon mo], [holdo mo], [holdo mo] 소나무 松/ [jagdan, holdon moo](M)

이며, 의자이다. 바탕 문자는 '松'[sung] 항에서 '宋'의 변형이 아닐까?

'松'[sung] ⟶ '宋'[sung] ⟶ '希'[holdon]
　　　[음의 관계]　　　[자형의 관계]

665. '戻' (的刺) [jira]

이 문자는 역어에

No. 692 戻右 的刺眜/ 的刺迷 [jiramei], [diramei], [diramei] 후하다厚/ [jiramin] (M), [diran](N)

이고 의자로 바탕 문자는 '厚'[hou] 항의 '矦'이다.

'厚'[hou] ⟶ '矦'[hou] ⟶ '𘯗'[jira]
[음의 관계] [자형의 관계]

666. '𘭮' (希, 弗只) [fusi]

이 문자는 역어에

No. 339 𘭮𘯘𘯙 弗只希捏兒麻/ (弗只希捏儿麻) [fusihi niyalma], [fujihi niyarma], [fe̡jihi niarma] 부하部下/ [fe̡jergi niyalma](M)

이고 의자이며 바탕 문자는 이 단어가 지니는 또 다른 하나의 의미 '賤'[chien] 항에 있는 '鑒'이 바탕 문자일 것이다.

'賤'[chien] ⟶ '鑒'[chien] ⟶ '𘭮'[fusi]
[음의 관계] [자형의 관계]

667. '𘬚' (京) [ging]

이 문자는 역어에

No. 31 𘬚 京 [ging], [gin], [giŋ] 서울京

이고 한어 전사용이다. 그 바탕 문자는 '京'[ching]이다.

'京'[ching] ⟶ '𘬚'[ging]
[자형과 음의 관계]

668. '𩛥' (多羅) [doro]

이 문자는 역어에

No. 255 𩛥土 多羅溫 [doroun], [doron], [doron] 도장印/ [doron](M), [doron](E)

No. 577 𩛥土· 多羅溫/ 多羅 [doroun], [doron(?)], [doron] 옥새도장璽/ [doroun] (M)

No. 745 𩛥斥夗金决衤 多羅斡薄替彈巴 [doron bodidanba], [dorōbo tiktamba], [doroobo tigtanba] 법도法度/ [kooli doron, doro ciktan](M)

No. 783 呆毛𩛥床夗 兀里厄林多羅斡薄 [ulierin dolowenba?], [ulhierin dorōbo], [ulierin doroo bo?] 윤리倫理/ [čiktan doro](M)

이고 '璽'[hsi] 항에도 [shih] 항과 바탕 문자는 없고 '印'[yin]의 유사음 [ying]에 있는 '英'이 바탕 문자로 되어 있다.

'印'[yin] ──→ '英'[ying] ──→ '𩛥'[doro]
  └──음의 관계──┘ └──자형의 관계──┘

669. '㥽' (卜的) [buji?, buri]

이 문자는 역어에

No. 557 㥽乐 卜的洪/ 的伯洪 [bujihun], [dibohun], [dibuhun] 이불被/ [jibebun] (M)

이고, 의자로 한자의 음에서부터 말하자면 당연히 [buji]인데, 그루베는 [buri-mbi]를 대비시키고 있다. 그 바탕 문자는 '被'[pêi] 항에 있는 '㥽'이다.

‘被’[pêi] ⟶ ‘悖’[pêi] ⟶ ‘㪿’[buri]

    [음의 관계]   [자형의 관계]

670. ‘莽’ (良) [liyan]

이 문자는 역어에

No. 267 呑莽申 滅良哈 [miyalinha], [miyaliyanha], [mialiaŋha] 되升/ [moro hiyasa](M)

No. 620 荫莽 撒哈良 [sahaliyan], [sahaliyan], [sahalian] 검다黑/ [sahaliyan](M), [sak'ark'i](N)

이고 의자로 보이며 바탕 문자는 ‘升’[shêng] 항에 있는 ‘昇’으로 유자형의 ‘弃’[ch'i], ‘窉’[ching], ‘弁’[pien], ‘奕, 昪’[i]가 바탕 문자가 아니다.

‘弁’[shêng] ⟶ ‘昇’[shêng] ⟶ ‘莽’[liyan]

    [음의 관계]   [자형의 관계]

671. ‘伴’ (交) [jiyao]

이 문자는 역어에

No. 241 伴南 交倚 [jiao-i], [giyauwi], [giau yi] 의지하다倚/ [nikeku mulan] (M)

이고 ‘交’[chiao] 항에 바탕 문자는 없고 의자로 ‘椅’[i] 항에 있는 ‘懌’이 바탕 문자이다.

474

'椅'[i] ⟶ '檥'[i] ⟶ '徸'[jiyao]
　　　[음의 관계]　　[자형의 관계]

672. '徺' (必阿) [bira]

이 문자는 역어에

　　No. 40 徺 必阿 [bira], [bira], [bira] 강河/ [pira](M), [bira](W)

이고 전사자 중에서 '阿'는 '剌'의 오류라고 생각한다. 의자로 바탕 문자
는 '河'[ho] 항에 있는 '禍'[ho]일 것이다. 덧붙여 '川'[ch'uan] 항에 바탕
문자는 발견되지 않는다.

'河'[ho] ⟶ '禍'[ho] ⟶ '徺'[bira]
　　[음의 관계]　　[자형의 관계]

673. '在' (御) [yü]

이 문자는 역어에

　　No. 307 在ᴇ 御使 [yü-ši], [yuši], [yuši] 어사御使/ [baisara amban)(M)

이고 옛날 관명官名인데 한자 전사용으로 사용되며 바탕 문자는 '御'[yü]
이다.

'御'[yü] ⟶ '在'[yü]
　　[음과 자형의 관계]

674. '孛' (兒) [r]

이 문자는 역어에

No. 63 吠孛 粉都兒/ 牙發 [fendur], [fundur], [funduri] 동산園/ [yafan](M)

No. 135 炎孛 木杜兒/ 木都力 [mudur], [mudur], [mudur] 용龍/ [muduri](M), [muturi](N), [mudur](E)

No. 343 炎孛 忽禿兒 [hutur], [hutur], [hūturi] 복福/ [hūturi](M), [hūtar](E)

No. 757 奇孛甬毛 革木兒一那 [gemur ina], [gemur ina], [gemuri ino] 도무지, 전혀都是/ [gemu inu](M)

No. 803 冬釆炎孛 安班剌忽禿兒/ (安班者忽禿儿) [amban hūtur], [amban (la) hutur], [anban hūturi] 큰 복洪福/ [anban hūturi](M)

No. 329 里孛 揑苦魯 [nukur], [nekur], [nekuru (ri)] 친구朋友/ [guču](M), [nökör](Mo)

No. 798 肖里孛 忽揑苦魯 [-], [hunekur], [hu nekuru] 친구를 부르다呼朋

No. 841 奇孛 革木兒 [gemur], [gemur], [gemuri] 갖추다俱/ [gemu](M)

이고 '兒'[êrh]와 '魯'[lu] 두 문자가 전사음으로 사용되고 있다. 음자로 그 바탕 문자는 '兒'[êrh] 항에는 없고 유사음 '魯'[lu]의 유사음 항에 있는 '犖'[lo]이다.

'兒'[êrh] ⟶ '魯'[lu] ⟶ '犖'[lo] ⟶ '孛'[r]
　[음의 관계]　　[음의 관계]　　[자형의 관계]

675. '楽' (樓) [lou, leo]

이 문자는 역어에

No. 196 㕚乑 樓子 [lou-ʤū], [louji], [leuse] 누대樓/ [leuse](M)

이고 그 바탕 문자는 분명하지 않지만 음자인 듯하며 [lo(luo)] 항의 '挙'가 가깝지 않을까 생각한다.

'樓'[lou] ⟶ '挙'[luo] ⟶ '㕚'[lou, leo]

[음의 관계]　　　[자형의 관계]

덧붙여서 만주어에서는 [leo]라고 한다.

676. '朵' (朶) [do]

이 문자는 역어에

No. 70 夯朵 卜阿朵 [buwa de], [buwa do], [ba do] 지면地面/ [ba de], [pa](N)

No. 81 玖夵朵 伏灣朵/ 額力 [-], [fogondo], [foŋon do] 때時/ [fon, forgon] (M), [horogon](S)

No. 151 朵枇叐宅 朵必卜嫩 [dobi bonio], [dobibonon], [dobi bonon] 원숭이猿/ [bonio](M)

No. 407 奥朵 團朵 [tondo], [tondo], [tondo] 충성忠/ [tondo](M), [tondo](E)

No. 412 凥朵杲 卜朵羅 [bodoro], [bodolo], [bodolo] 달리다, 좇다趕/ [bodombi] (M), [pɔtu](N)

No. 413 朵夫 朵申/ 雜申雜 [dosin], [došin], [došin] 나아가다進/ [došimbi](M)

No. 600 朵杲 朵羅 [dolo], [dolo], [dolo] 안內/ [dolo](M), [dulo](S), [doolo](E)

No. 799 朵夫夂伬 朵申因勒 [dosinin-le?], [došin inle], [došin inlei] 불러 모으다引類/ [došimbi](M)

No. 816 市求朵 岸丹朵 [andan-de], [andan do], [andan do] 연도沿途/ [andala] (M)

이고 어두의 예들 가운데 '進'[chin], '內'[nêi] 각 항에는 바탕 문자는 없고 음자로 '朶'[to, tuo]의 유사음 '悼'[tɑo]가 바탕 문자일 것이다.

'朶'[to, luo] ⟶ '悼'[tɑo] ⟶ '桌'[do]
　　[음의 관계]　　　[자형의 관계]

677. '柬' (團) [ton]

이 문자는 역어에

No. 407 **柬岽** 團朶 [tondo], [tondo], [tondo] 충성忠/ [tondo](M), [tondo](E)

이고 '團'[tʻuan] 항에 바탕 문자는 없고 의자로 '忠'[chung] 항의 '重'이 바탕 문자이다.

'忠'[chung] ⟶ '重'[chung] ⟶ '柬'[ton]
　　[음의 관계]　　　[자형의 관계]

678. '東' (兀塞) [use]

이 문자는 역어에

No. 778 **玌芑右東夲夊** 忒勒禿昧兀塞天伯 [deltumei usetenbe], [telhetumei usetiyenbe], [teretumei usetenbe] 별종別種

이고 형태상에서는 No. 677의 '柬'[ton]과 완전히 동일한 것으로 되어 있는데 본래는 미세한 구별이 있을 것이라고 생각한다. 의자로 바탕 문자는 '種'[chung] 항의 '重'을 채택하고 있다.

'種'[chung] ——→ '重'[chung] ——→ '吳'[use]

    └──[음의 관계]──┘   └──[자형의 관계]──┘

679. '昊' (溫) [-un]

이 문자는 역어에

No. 91 *屎昊* 深溫/ 失木兀(寒), 廈忽魯(冷) [sen'un], [šingun], [šimŋun] 차다 冷/ [bəiguwan šahūrun](M)

No. 92 *㲈昊* 哈魯溫/ 哈魯兀 [halhun], [halgun], [haluŋun] 덥다熱/ [halahūn] (M), [halaɤūn](Mo)

No. 93 *昜昊* 塞魯溫/ 塞兀空 [sergun], [sergun], [seruŋun] 차다凉/ [seruken](M), [serun](S), [serigun](Mo)

No. 94 *办昊* 都魯溫/ 都儿兀 [dulun], [dulgun], [duluun] 따뜻하다溫/ [halukan] (M), [dūlaɤan](Mo)

No. 409 *芳昊* 哈荅溫 [hadaun], [kadagun], [hagdaŋun] 정성誠/ [akdun](신 의信义)(M)

No. 448 *兏弖昊* 卜魯溫 [bolun], [bolugun], [buluŋun] 고요하다靜/ [bogon](M)

No. 528 *杫昊* 一速溫/ 迷速 [isun], [isgun], [isŋun] 장醬/ [misun](M)

No. 748 *芳昊孛屁夨* 哈塔溫脉魯厄伯 [hadaun merge], [hadagun mergebe], [hagdaŋun mergebe] 성의誠意/ [akdun mergen](M)

No. 844 *羊兏昊* 卓卜溫 [jobun], [jobogun], [joboŋun] 어렵다艱難/ [jobombi] (M)

이고 [-un]이라는 음의 한자는 없다. 의자인 것처럼 보이지만 어두에 오는 예가 발견되지 않기 때문에 바탕 문자는 불분명하다.

680. '㐆' (朱阿) [juwa]

이 문자는 역어에

No. 74 㐆屯 朱阿厄林/ 廣里 [juwa erin], [juwa erin], [jua erin] 여름夏/ [juwari](M), [ʧua](S), [jūga](E)

이고 의자로 바탕 문자는 '夏'[hsia]이다.

'夏'[hsia] ──────▶ '㐆'[juwa]
  [자형과 의미의 관계]

681. '夋' (磚) [juwan]

이 문자는 역어에

No. 210 夋 磚 [juwan], [juwan], [juan] 벽돌磚/ [feise](M)

이고 완전히 한자 전사용으로 '磚'[juwan]이 바탕 문자이다.

'磚'[juwan] ──────▶ '夋'[juwan]
  [음과 자형의 관계]

682. '秦' (觀, 關, 冠, 館) [guwan]

이 문자는 역어에

No. 204 秦 觀 [guan], [guwan], [guan] 보다觀

No. 43 枀苔 關口 [guan-ko], [guwan kou], [guan keu] 관문關/ [fordan](M)

No. 542 枀 冠 [guan], [guwan], [guan] 관, 모자冠/ [mahala](M)

No. 215 枀雨 館驛/ 官亦 [guan-i], [guwanni], [guan yi] 관역館驛

이고 위의 예처럼 전사되어 완전히 한자어 전사용의 문자이다. 바탕 문자
는 '觀'[kuan]의 유사음 [huan] 항에 있는 '豢'일 것이다.

'觀, 關, 冠, 館'[kuwan] ——→ '豢'[huan] ——→ '枀'[guwan]

       [음의 관계]   [음과 자형의 관계]

683. '枀' (都哈) [duka]

이 문자는 역어에

No. 201 枀 都哈/ 兀尺 [duka], [duka], [duka] 문門/ [duka](M), [dik'a](N)[64]

이고 의자인데 '門'[mên] 항에 바탕 문자는 없고 추측컨대 유사음 [duha]
'弟甲' '腸'[ch'ang] 항에 있는 '常'이 바탕 문자인 듯하다. 복잡한 과정을
거쳤다.

'門'[duka] ——→ '腸'[duha] → [ch'ang] ——→ '常'[ch'ang] ——→ '枀'[duka]

  [음의 관계] [의미의 관계] [음의 관계]   [자형의 관계]

684. '枀' (黑) [he]

이 문자는 역어에

---

64) '都哈'에서 '哈'은 [ha], [ga], [ka]를 동시에 전사문자로 사용하고 있다. 어두에서는 [ha]로
어중에서는 [ka], [ga]로 전사하고 있는데 한어로 이들을 구별해서 표기할 수 없기 때문이다.

No. 33 采尓羊 黑車你 [hečen], [hečeni], [heče ni] 성城/ [hečen](M)

이고 '黑'[hêi] 항에 바탕 문자는 없고 의자로 '城'[ch'êng] 항에 있는 '乘'이 바탕 문자이다.

'城'[ch'êng] ⟶ '乘'[ch'êng] ⟶ '采'[he]
   [음의 관계]   [자형의 관계]

685. '朶' (分) [feni]

이 문자는 역어에

No. 772 羊尢矢朶乩 牙魯乖埋分厄 [yaruguaime funiye], [yaruguwaimai feuiye], [yaruguaimai funei] 불러들이다料솜/ [yarumbi](끌다, 이끌다), [feniyen](무리)(M)

No. 820 叏斥朶乩 克安分厄 [kan funiye], [kean feniye], [kan funei] 감합하다勘솜(발송할 공문서의 한 끝을 원부原簿에 대고 그 위에 얼려 찍던 도장)

이다. 종래의 유사형의 문자의 바탕 문자에서부터 생각하면 '乘'[ch'êng]과 유사하다. 그루베는 '分厄'='合'을 [fēn-'oh s.s.v.](103쪽)로 하고 아무 설명도 달지 않았지만 이 단어는 만주어의 [feniyele-mbi], [feniten]과 관계가 있는 것으로 그 역어인 '群'[ch'üng]의 유사음 [ch'êng]의 항에 있는 '乘'이 바탕 문자인 것 같은데 다소 무리한 감이 있다.

'群'[ch'üng] ⟶ '乘'[ch'êng] ⟶ '朶'[feni]
   [음의 관계]   [자형의 관계]

686. '甬' (一, 亦) [i]

이 문자는 역어에

No. 173 甬兀夭 一馬剌 [imala], [imala], [imala] 산양山羊/ [niman, imahū] (M), [imahɔ](N), [imagan](E), [imaɣa](Mo)

No. 215 粂甬 館驛/ 官亦 [guan-i], [guwanni], [guan yi] 관역館驛

No. 526 甬夊呮 一門吉 [imenggi], [imengi], [imeŋgi] 기름油/ [nimenggi](M), [iməksə](N)

No. 532 禾甬夊呮 酥一門吉 [su imenggi], [su imengi], [su imeŋgi] 연유酥/ [oromu]유모 (奶皮子)(M)

No. 706 甬危 一那 [ina], [ina], [ino] 옳다是/ [inu](M), [inu, anu](Mo)

No. 732 夬立甬危 幹恩一那 [oen?], [wen ina], [weŋen ino] 비록 ~일지라도雖是/ [oǒibe](M)

No. 743 甬乳卓 一乍剌 [iǒela], [ijala], [isala] 모임聚會/ [isambi](M)

No. 757 奋草甬危 革木兒一那 [gemur ina], [gemur ina], [gemuri ino] 도무지, 전혀都是/ [gemu inu](M)

No. 863 甬羔甬羔 一你一你 [ini-ini], [ini ini], [ini ini] 각각各/ [ini](타인의)(M)

No. 676 甬学乐 亦宣都 [ishun-du], [ishundu], [ishundu] 서로相/ [ishunde](M)

No. 802 乂友甬学乐 厄木剌亦宣都 [emula ishundu], [emula ishundu], [emula ishundu] 상호互相/ [ishunde](M)

No. 241 伻甬 交椅 [jiao-i], [giyauwi], [giau yi] 의지하다椅/ [nikeku mulan] (M)

No. 322 金甬 百夷 [bai-yi], [bai], [bai yi] 백의百夷

이고 '一, 亦'[i]의 유사음 [yü]에 있는 '雨'가 바탕 문자이다. 음자이다.

'一, 亦'[i] ⟶ '雨'[yü] ⟶ '雨'[i]
      [음의 관계]   [자형의 관계]

687. '囤' (國) [guru]

이 문자는 역어에

No. 32 囤土糸 國倫你 [gurun], [gurun ni], [gurun ni] 나라國/ [gurun](M), [Kuru](N), [gurun](S)

이고 '糸'[ni]는 조사로 여기에서는 불필요하다. 의자로서 한자 '國'[kuo]가 바탕 문자이다.

'國'[kuo] ⟶ '囤'[guru]
    [자형과 의미의 관계]

688. '兕' (木) [mu]

이 문자는 역어에

No. 244 兕宏 木先/ 木徹 [mušen], [mušen], [mušen] 노구솥鍋/ [mučen](M)

이고 '鍋'[kuo] 및 그 유사음 항에는 바탕 문자가 없고 음자로 본다면 '木'[mu]의 '慕'가 바탕 문자이다.

'木'[mu] ⟶ '慕?'[mu] ⟶ '兕'[mu]
   [음의 관계]   [자형의 관계]

689. '劢' (番) [fan]

이 문자는 역어에

    No. 592 劢休 番替/ 珠勒革 [fan-či], [fanti], [fanti] 납南/ [julergi](M), [ʧuləʃi]
    (N), [jullie](S)

이고 의자이며 '南'[nan]을 바탕 문자로 하고 있다.

    '南'[nan] ──────▶ '劢'[fan]
      [자형과 의미의 관계]

690. '峇' (口) [ko]

이 문자는 역어에

    No. 43 燊峇 關口 [guan-ko], [guзan kou], [guan keu] 관문關/ [fordan](M)

이고 음자라고 생각되며 '口'[k'ou]에 가까운 음 [ko] 항에 있는 '合'이 바
탕 문자일 것이다.

    '口'[k'ou] ──────▶ '合'[ko] ──────▶ '峇'[ko]
      [음의 관계]   [자형의 관계]

691. '茋' (塔里) [tal]

이 문자는 역어에

No. 2 胅ㇵ 塔里江/ 塔兀恰 [talgiyan], [talgiyan], [talgian] 천둥소리霆/ [talkiyan]

   (M), [talijiran](E), [tallinjuran](Ma),

이고 의자이지만 자형으로부터는 '龍'가 바탕 문자이어야 하는데 한자로 '胅'는 없다. 이와 비슷한 문자로서는 '戠, 戠, 戠[chi]가 있지만 이 항에 바탕 문자는 없다. 그러나 285의 '㐌'는 '德'이기 때문에 이것으로 미루어 '戈'는 '悳'일 것이라고 생각할 수 있다. 그래서 이 문자의 바탕 문자는 '霆'[t'ing] 항의 '聽'이라고 생각할 수 있을 것이다.

     '霆'[t'ing] ⟶ '聽'[t'ing] ⟶ '胅'[tal]
        [음의 관계]   [자형의 관계]

692. '嵗' (脉忒) [mede]

이 문자는 역어에

  No. 46 嵗毛 脉忒厄林/ 黑得 [meterin], [meterin], [meterin] 바다海/ [mederi](M)
  No. 176 嵗毛厇芳 脉忒厄林引咎洪 [mederin indahūn], [meterin indahūn], [meterin indahūn] 해구海狗/ [mederi indahūn](M)
  No. 177 嵗毛炗 脉忒厄林朵兒獾/ (脉忒厄林朵儿獾) [mederin dorgon], [meterin dorgon], [meterin dorhon] 오소리海獾/ [mederi dorgon](M)

이고 의자인데 '海'[hai] 항에는 바탕 문자가 없고 이 바탕 문자는 다음과 같이 발견할 수 있다.

  ㄱ) 525 '牫'[isu]의 바탕 문자는 '懺'[ch'an]이다.
  ㄴ) '嵗'[mede]는 '牫'[isu]와 유사하다.
  ㄷ) [nederi]의 유사음 [muduri] '龍, 辰' 중에서 '辰'[ch'ên] 항에 있는 '譏'은

‘懺’[ch'an]과 유사하다. 따라서 ‘嶽’[mede]의 바탕 문자는 ‘懺’이다.

‘海’[mederi] → ‘辰’[muduri] → [ch'en] —→ ‘讖’[ch'ên] → ‘嶽’[mede]
　　[음의 관계]　　　　[의미의 관계]　[음의 관계]　　　[자형의 관계]

693. ‘虬’ (阿千) [ai]

이 문자는 역어에

　No. 164 **虬兄** 阿于馬/ 艾兀麻 [aihuma], [aihuma], [ayuma?], [ajuma](a)
　자라鼈/ [aihūma](M)

　No. 419 **虬犮** 阿于卜魯 [aihu-mbi], [aihuburu], [ayuburu], [ayuburu](a) 구
　조하다救/ [aitumbi](M)

이고 의자로 ‘鼈’[pieh] 항에는 바탕 문자가 없고 ‘救’[chiu]의 유사음 [ch'i]
항의 ‘虬’가 바탕 문자이다. 역어에서는 ‘**虬, 虬**’의 두 가지 모양이 있으
나 옳은지 아닌지 불분명하다.

‘救’[chiu] —→ ‘虬’[ch'iu] —→ ‘**虬**’[ai]
　　[음의 관계]　　　　[자형의 관계]

694. ‘倅’ (根) [gen]

이 문자는 역어에

　No. 608 **倅炅** 根見 [genggiyen], [gengiyen], [gengien] 밝다明/ [genggiyen](M)

이고 ‘明’[ming] 항에 바탕 문자가 없고 따라서 음자로 ‘根’[kên]의 유사음

[chien] '見'의 항에 있는 '件'이 바탕 문자일 것이다.

'根'[kên] ———→ '件'[chien] ———→ '俾'[gen]
　　　　[음의 관계]　　　　　[자형의 관계]

695. '赴' (退) [tui]

이 문자는 역어에

No. 441 赴另 退本 [tuibu-mbi], [tuwibun], [tuibun] 요청하다請/ [solimbi](M)
No. 767 赴未炭右 退卜連兀里眛 [tuiburen uli-mbi], [tuwiburen ul mei], [tuiburen ulimei] 연기하여 머물다延留/ [tebumbi](M), [ulimoi](Mo)

이고 '請'[ch'ing] 항 및 '延'[yen] 항에는 바탕 문자가 없고, 때문에 '退' [t'ui]의 유사음 [tui] 항에 있는 '對'가 바탕 문자이다.

'退'[t'ui] ———→ '對'[tui] ———→ '赴'[tui]
　　　　[음의 관계]　　　[자형의 관계]

696. '埜' (納) [na]

이 문자는 역어에

No. 37 埜 納 [na], [na], [na] 땅地/ [na](M)

이고 '納'[na] 항에 바탕 문자는 없기 때문에 의자이며 '地'[ti]와 유사음 '土'[t'u] 항에 있는 '塗'가 바탕 문자인 것으로 생각된다.

‘地’[ti] ⟶ ‘土’[t'u] ⟶ ‘塗’[t'u] ⟶ ‘坔’[na]

[의미의 관계]   [음의 관계]   [자형의 관계]

697. ‘柚’ (姚希) [yohi]

이 문자는 역어에

    No. 865 柚 姚希 [yohi], [yohi], [yohi] 덮개套/ [yohi](M)

이고 의자로 ‘套’[t'ao]의 유사음 [tao] 항의 ‘稻’가 바탕 문자이다.

‘套’[t'ao] ⟶ ‘稻’[tao] ⟶ ‘柚’[yohi]

[음의 관계]   [자형의 관계]

698. ‘眉’ (素) [su]

이 문자는 역어에

    No. 514 眉炙 素古 [suku], [sugu], [sugu] 가죽皮/ [sukū](M)

이고 ‘素’[su] 항에는 바탕 문자가 없고 의자이며 ‘皮’[p'i]의 유의 ‘革’[ko]
의 유사음 [ku] 항에 있는 ‘雇’가 바탕 문자이다.

‘皮’[p'i] ⟶ ‘革’[ko] ⟶ ‘雇’[ku] ⟶ ‘眉’[su]

[의미의 관계]   [음의 관계]   [자형의 관계]

제9장

완전 의자와
불완전 의자

제9장 완전 의자와 불완전 의자

여진문자에 의자意字와 음자音字가 있는 것은 거란문자와 동일하지만 음자 쪽은 단순히 음을 나타내는 것임에 비해서 의자 쪽에는 완전 의자(the complet idiogram)와 불완전 의자(the incomplet idiogram)가 있다.

거란문자가 이 양쪽의 성질을 가지는지 아닌지에 대해서는 연구할 여지가 있지만 여진문자에는 상세하게 검토한 결과, 이런 성질이 있다는 사실을 찾아냈기 때문에 본 항에서는 이에 대해 기술해 보기로 했다.

1. 완전 의자

이것은 한자와 같이 한 문자로 1음절 내지 다음절의 음을 지니고 아울러 의미를 나타내는 것을 말하며 이 문자로 나타내는 단어에는 이 문자 다음에 보조적인 음자 혹은 의자를 부가하지 않는다. 예를 들면 〈대금득승타송비〉(문 가운데 27행의 "見곳屯列".[1] 야스마 야이치로安馬彌─郎의 『여진문

---

1) 아신교로 울라희춘(2002: 172)은 [ʃiɣun dulu ərin]으로 음가를 재구하고 있다.

금석지고』, 5쪽)에 있는 '兒'[šun]은 한자 '兄'[hsiung]에서 유래하고 이 한 문자가 완전하게 '太陽'의 의미를 나타낸다. 그러므로 이 문자는 완전 의자이다. 이와 같은 문자(단어)의 예들 들면 다음과 같다(번호는 그루베의 역어의 것).

No.   1   盉 阿卜哈 하늘天

No.   3   日 一能吉 날, 해日

No.   4   月 必阿 달, 월月

No.   7   老 阿玷 우레雷

No. 11   斗 頭 말斗

No. 21   宓 脫委 불火

No. 31 *求 京 서울京

No. 37   紫 納 땅地

No. 40   佾 必阿 강河

No. 45   光 斡莫 호수湖

No. 49   桼 兀剌 강江

No. 51   乇 沒 물水

No. 53 *东 府 관청府

No. 54 *入 州 주州

No. 55 *史 縣 현縣

No. 56   寿 希石 우물井

No. 79   枀 阿捏 해年

No. 89   乇 厄林 맡기다委

No. 95   乇 背 춥다寒

No. 112   枀 失魯 배나무梨

No. 117   羑 沒 나무木

No. 120   甬 苔 뿌리根

No. 121   屌 分脫 밤栗

No. 235　亩　羅和　칼刀

No. 236　丰　簿里　활弓

No. 237　秀　你魯　화살矢

No. 243　角　非剌　마루樑

No. 246　芀　莫羅　사발碗

No. 260　*朵　斤　도끼斤

No. 261　卅　羊　두兩

No. 263　冇　兀卜　나누다分

No. 275　*夯　君　군君

No. 282　免　阿民　아버지父

No. 283　奋　厄寧　어머니母

No. 289　床　和的斡　사위女壻

No. 300　*王　公　귀인公

No. 301　*市　侯　제후侯

No. 302　金　伯　우두머리伯

No. 309　耒　都督　관청 명칭都督

No. 347　丽　哈的　귀하다貴

No. 431　仗　本　근본本

No. 444　兂　埋番住2)　묻다問

No. 461　夛　印者　웃다笑

No. 472　冇　兀脉　불허하다不許

No. 490　李　背也　몸身

No. 492　亩　兀住　머리頭

No. 501　它　雙吉　코鼻

No. 503　李　非撒　등背

No. 508　伴　黑夫里　배肚

---

2) 道尓吉·和希格, 『女眞譯語硏究』, 1983, 140쪽. '埋番'은 '番住'와 위치가 바뀐 것으로 판단하고
있다.

No. 520　床　弩列　술酒

No. 522　禿　茶　차茶

No. 533　㐰　他　우유酪

No. 541　夭　忽渾　좋은 자식好子

No. 542　*糸　冠　의관冠

No. 543　*天　帶　띠帶

No. 544　伎　禿科　겉表

No. 545　仟　朶課　속, 안裏

No. 561　*兔　紗　깁紗

No. 562　果　羅　비단羅

No. 571　㴊　哈的　보석宝

No. 573　流　失里　구리銅

No. 574　主　塞勒　쇠鐵

No. 596　床　左　왼쪽左

No. 622　玊　綠　푸르다綠

No. 636~665 (數目門 항목 전부)

No. 709　用　牙刺　열매實

No. 716　司　厄舞　추하다醜

No. 717　㧋　和卓　준수하다俊

No. 753　半　素勒　총명하다聰明

No. 830　字　蒙　어둡다蒙

No. 832　爪　容　얼굴容

No. 837　反　阿的　등等

No. 854　乆　厄塞　이, 이것這

No. 856　곱　弗脉　속束

No. 859　朱　吉撒　꾸짖다呵

No. 865　柚　姚希　덮개套

그루베의 역어 중에는 완전 의자는 아직 이들 외에 소수만 남아 있지만 위의 예는 고증에 의한 것이 아닌 주로 한 눈으로 봐서도 완전 의자로 간주할 수 있는 것만 예로 들어 보았다.

　그런데 좀 더 검토하면 그들 중에 소위 완전 의자로서는 불순한 것이 약간 섞여 있다는 것을 간과해서는 안 된다. 그것은 한어(혹은 한자)의 전사에만 사용된 것이고 *표를 붙여 놓았는데 그 1~2개의 예를 가져와서 다시 설명을 시도해 보기로 하겠다. 그 전에 한 마디 해 두어야 하는데, 그것은 같은 한어, 한자를 전사하는 것이더라도 두 종류가 있다는 것이다. 하나는 그 문자가 동음인 다른 단어에 사용되는 것이고 또 다른 하나는 그 문자가 어떤 일정의 한자 전사밖에 사용되지 않는 것으로 전사는 오히려 음자적 성질이 있고 후자는 오히려 불완전 의자적 성질이 있는 것이다. 여기에서 여진문자 전부를 성질상 분류하면 다음과 같다.

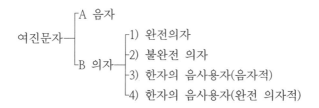

　예를 들면 No. 204 ‘羕’(觀)은 〈노아간영영사비奴兒于永寧寺碑〉 제11행에 “羕耒帚丬=觀音堂”로 사용되거나(야스마 야이치로安馬彌一郎 저서 34쪽) 또 역어 No. 542에 ‘羕’(冠)도 마찬가지로 사용되고 있지만 실은 이것은 음과 뜻의 양쪽에 관여하고 있다. 더욱 〈노아간영영사비〉 제6행, 8행에 “羕甫=官亦”가 있으며 ‘官’으로서도 사용되고 있다. 이와 같은 문자를 역어에서는 No. 215에 ‘館譯’으로 다루고 있고 또 No. 43에는 ‘羕苔’(關口)이 있으며 이것을 요컨대 ‘羕’은 1자로 ‘觀, 冠, 官, 關, 館’의 음을 나타내는 동시에 각각의 의미도 나타내기 때문에 여진어에는 사용되지 않는다. 그것은 1자 1음이고 그런데도 다의어이기 때문에 3)에 속하는 예이다.

또 다른 하나의 예는 역어 No. 275 '夵'(君)이다. 이 문자는 이 외에 No. 275 '夵夵'(將軍)에 있는 將軍의 '軍'으로 사용되고 있다. 이것도 3)의 좋은 예이다.

4)는 기타의 것들을 가리키는데 예를 들면 No. 210 '夊'(磚)와 같이 다른 가차에는 사용되지 않는 것을 말하는 것이다. 이것이 3)과 4)의 현저하게 다른 점이다. 그러나 여기에 특히 주의를 요하는 것은 '夵'와 같이 역어에는 수종의 가차가 있지만 No. 195 '夲'(殿)이 혹시 다른 가차에 사용되는지 아닌지는 단순히 역어의 예만으로는 불분명하다. 즉 자료와 역사적 사실이 많으면 많을수록 유리하지만 실재로 새긴 금석문을 보지 않고서는 그 사용 범위가 한 예라도 명확하지 않다. 그 때문에 아직 절대적으로는 말할 수 없다.

2. 불완전 의자

이것은 완전 의자와는 달리 의자는 의자이더라도 그것만으로는 충분히 하나의 단어로 표현할 수 없고 그 대부분이 일정한 어미(대부분 음자)를 덧붙여야 하나의 단어가 되는 것이다. 예를 들면 '土'[-un]의 어미를 지닌 대부분의 단어가 그러하다. No. 286 '克土'(阿渾溫) '兄'의 '克'[ahu]은 그 자체로 '兄'의 의미를 나타내지만 여진어로서는 어미 '土'[-un]를 더붙여야 한다. 이와 같이 2종 즉 '의자+음자'로 되어 비로소 하나의 단어가 형성되는 것이다. 또 No. 291 '羡土'(揑渾溫) '누이'에서의 '羡'는 한자 '美'에서 만들어져 그것만으로도 '妹'를 의미하지만 여진어에서는 '土'[-un]로 덧붙여야 한다. 이것도 '의자+음자'이다. 그러나 그 중에 No. 232의 '夵光'(撒叉) '바리盔'과 같이 두 문자가 의자인 경우도 있다. 즉 '夵光'가 [sača]이고 '夵'가 [sa], '光'가 [ča]로 되어 있지만 그 바탕 문자는 모두 '盔'[k'uei]와 유사음 [kuei, huei]의 양 항에 있는 '灰, 夰'의 변형을 합친 것이고 [sa, ča]의 음과는 관계가 없다. 즉 '의자+의자'이다.

498

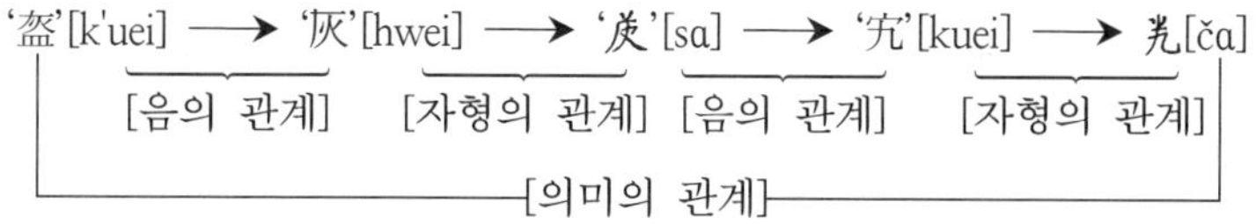

'盔'[k'uei] ⟶ '灰'[hwei] ⟶ '炭'[sɑ] ⟶ '宄'[kuei] ⟶ 光[čɑ]
　　[음의 관계]　　[자형의 관계]　[음의 관계]　　[자형의 관계]
　　　　　　　　[의미의 관계]

　이와 같이 해서 불완전 의자는 성립하고 그루베의 역어 중에서도 상당히 많지만 그 중에 명료한 것만을 다음에 게재하기로 했다. 또한 이상의 예 외에 No. 676 '甫牟夛'(亦宣都)는 서로 '음자+의자+음자'로 되어 있다.

불완전 의자(아래선)에 의한 성어의 예

No. 2　菧�'　塔里江　천둥소리霆

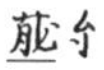

No. 5　凧土　厄都溫　바람風

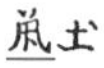

No. 6　広呎　禿吉　구름雲

No. 8　炎屵　阿哈　비雨

No. 12　秂中　斡失哈　별星

No. 13　兄夛　上江　연기煙

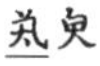

No. 15　丸臾　朱黑　얼음氷

No. 17　孠呎　一麻吉　눈雪

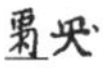

No. 19　秂土　受溫　볕陽

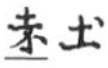

No. 20　甬土　都魯溫　그늘陰

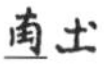

No. 27　丞奾土　禿魯溫　흐리다陰, 曇

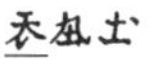

No. 28　丞光甪　哈勒哈　맑다晴

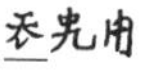

No. 29　夆半凧土　安班　크다大

No. 30　纟卟炎屵　納兒洪　가늘다細

No. 32　囩土羊　國倫　나라國

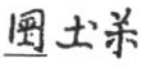

No. 33　釆㭅羊　黑車　성城

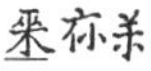

No. 34　坕庍羊　和脫斡　못池

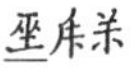

No. 38　庋甬　卜和　흙土

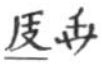

No. 39 **北列** 阿里因 산山

No. 60 **艿扎** 替法 진흙泥

이상은 전부 2자의 예이지만 물론 3자의 예도 있다. 각각은 대부분 '의
자+음자+음자'로 되어 있다.

아래에 그 예를 한두 개 예시하면

No. 87 **兆求休** 失刺哈替 [sirahate], [širahati], [širahati] 옛古/ [seibəni](M)

No. 108 **束冗犬** 因馬者 [inmala], [immala], [inmala] 뽕나무桑/ [nimalan](M)

이고 역어 중에도 이 예는 상당히 적고 3자의 경우에는 모두 음자인 경우
가 많다.

No. 110 **电扎犬** 歸法刺/ 貴 [guifala], [guifala?], [guifala] 은행나무杏/ [guiləhə]
(M), [kuiləhə](N)

No. 344 **尚�乐** 忽朝吉 [hučenggi], [hučaugi], [hučaugi] 영화榮

No. 357 **东弓犬** 弗捏魯 [funiyeru], [funiyaru], [funieru] 생각하다念/ [niyelembi]
(M)

No. 358 **小土丈** 套溫刺 [-], [taunra], [taunra] 읽다讀/ [hūlambi](M)

No. 352 **南右尧** 哈子哈/ 哈察 [hača-mbi], [hačabi], [hačabie] 가위, 자르다
剪/ [ačambi](M)

No. 230 **禾盃旬** 素失該/ 速失哈 [susigai], [sušigai], [sušigai] 신, 구두鞋/
[sušiha](M), [šisuga](E)

그러나 여기에서 문제로 삼아야 할 부분은 동사이고 예를 들면 No.
364, 365에 있는 '**芺尧**'(扎法別) '擒, 捕', 및 No. 366, 367의 '**育尧**'(八哈別)
'得, 獲' 등의 '**芺**', '**育**' 등은 이를 완전 의자로 넣어야 할 것인가 불완전
의자로 넣어야 할 것인가? 생각하기에 따라서 이들은 '**尧**'[-mbi]라는 어

500

미를 동반하기 때문에 불완전의자이고 또 생각하기에 따라서는 완전 의자로도 보인다.

나는 이 문제에 대해서는 이렇게 생각한다. 즉 이들의 문자는

1. 그 자체가 완전히 의미를 가진다.
2. 동사 어미의 '𠃓'[-mbi]는 문법적 변화에 있어서는 다른 어미와 교체하는 성질을 가진다.
3. '𠃓'[-mbi]가 다른 어미와 교체해도 어간의 의미는 변하지 않는다.

때문에 이와 같은 문자에 한해서는 나는 이들을 완전 의자로 간주해야 한다고 생각한다. 이에 반해 명사에서 '土'[-un], '㐌'[-in], '米'[-un] 등으로 끝나는 것은 이들 어미를 제거하면 하나의 단어로 성립하지 않게 되고 또 [-un] 등도 변화하지 않기 때문에 이 어간으로 보이는 문자는 불완전 의자로 하지 않을 수 없다.

제10장

여진어의 간지

제10장 여진어의 간지

1절 10간

여진어의 10간干에 대해서는 12지支의 경우와 마찬가지로 그루베의 역어에는 없다. 또 금석문에서는 이것도 12지와 마찬가지로 "제칠고려북청성곶산정마애비第七高麗北青城串山頂磨崖碑"(야스마 야이치로安馬彌一郎『여진문금석지고』, 55쪽)에

𤴔 𠆷 𣥿 𫩆 𠀠 月 □□ 日[1)]
黃 寅 年   七 月   日

이고 거란어, 몽고어, 만주어 등과 같이 색상어가 사용되고 있다. 여진어에서는 10간을 일반적으로 사용하지 않는 것이 관습이지만 그루베의 역어 권말의 문서에도 이것을 볼 수 없다. 10간을 나타내는 모든 단어의 대비표는 다음과 같다.

---

1) 아이신(2002: 195)은 "𤴔 𠆷 𣥿 𫩆 𠀠 月 𣥿𠆷 日"로 판독하여 [sog'an tasxa an'an nadan biɣa orin n'uŋgun inəŋgi]로 재구하여 黃虎年 7月 26日로 해석하고 있다.

몽고어: 청靑, 적赤, 황黃, 백白, 흑黑 (담색 있음)

만주어: 청靑, 적赤, 황黃, 백白, 흑黑 (담색 있음)

거란어: 녹綠, 동銅, 금金, 은銀, 쇠鐵 (담색 없음)

여진어: 청靑, 적赤, 황黃, 백白, 흑黑 (담색 없음)

만몽어에서는 '甲'을 '靑'으로, '乙'을 '淡靑'(이하 이것에 준한다)으로 하고 있다. 이에 대해 여진어에는 단지 '黃', 즉 '戊'의 예밖에 없기 때문에 '己'가 '黃'인지 '淡黃'인지 알 수 없다. 다만 그루베의 역어 중에는 색체를 들어놓았기 때문에 '黃'의 예에서 미루어 보아 그들을 적어 보기로 한다. 즉 '성색문'에 다음과 같은 것들이 있다.

No. 616 瓦乇 嫩江 청색靑, 갑을甲乙

No. 617 金乇 弗剌江 홍색紅, 병정丙丁

No. 618 片乇 瑣江 황색黃, 모기戊巳

No. 619 兀乇 上江 흰색白, 경신庚辛

No. 620 苘养 撒哈良 검은색黑, 임계壬癸

그들 예에서 그루베의 역어를 검토해 보면 그 색체 배열은 분명히 10간 순서에 따르고 있는 것을 알 수 있고 둘째로 역어의 '성색문'에 담색이 나타나지 않는다. 그러한 이유로 생각할 수 있는데 색의 배열이 10간의 배열이라고 한다면 당연히 담색이 있으면 그것도 첨가해야 함에도 불구하고 담색이 없다는 것은 여진어 10간 자체에 담색이 사용되지 않았던 것이 아닐까 생각된다.

2절 12지

여진어에 12지를 나타내는 말과 문자는 그루베의 역어 중에는 특별히 그 항목이 설정되지 않았다. 또 같은 책의 말미에 문장 중에서도 보이지 않는다. 그것은 지금까지 발견된 여진문 중에는 날짜에 대부분 12지가 사용되지 않았기 때문이고 이것이 거란 문과는 다르다. 즉 여진문에서는 단순히 "年號何年何月何日"가 있을 뿐 10간 12지를 사용하지 않는 것이 관습인 듯하다. 그런데 단 하나의 예외가 있다. 그것은 "제칠고려북청성곶산정마애비第七高麗北靑城串山頂磨崖碑"(야스마 야이치로安馬彌一郞 『여진문금석지고』, 55쪽)에 다음과 같이 12지가 사용되고 있다.

片 夕 冘 秣 丹 月 □□ 日
黃 寅 年　　七 月　　　日

12지는 모두 동물이름으로 나타냈기 때문에 만약 12지에 해당하는 단어가 있으면 역어 중에 '조수문' No. 135~193까지 중에 있을 것이다.[2]

십이지명: 子, 丑, 寅, 卯, 辰, 巳, 午, 未, 申, 酉, 戌, 亥

그러나 이것에는 12지명이 일반 동물명과 동일한 것을 사용하고 있었다고 가정해서라는 조건이 붙는다. 그런데 마애비에 있는 '冘'(寅)은 역어 동문에 No. 136의 '冘'(塔思哈) '虎'와 동일한 문자이기 때문에 아마도 그 발음도 같은 것이라 생각한다. 그래서 그것을 증명할 수 있는 열쇠로 보고 성색문 중에 여진어 12지에 해당하는 단어를 찾으면 다음과 같다.

子 No. 149 剎 秀 申革 [šingge], [singe], [šinge] 쥐鼠/ [šinggeri](M), [ʃiŋarə]

---

2) 한어에서는 이것을 다른 문자로 교체하고 있다. 동물명: 鼠牛虎兎龍蛇馬羊猿雞犬猪

(N)

丑 No. 143 中羊 委罕/ 赤哈 [ihan], [ihan], [wïhan] 소牛(12간지)/ [ihan](M), [iha](N)

寅 No. 136 炎 塔思哈 [tasha], [tasha], [tasha] 호랑이虎/ [tasha](M), [t'asha] (N), [t'asaga](E), [tasxa](Cu)

卯 No. 150 丞且 古魯麻孩/ 姑麻洪 [gūlmahai], [gulmahai], [gūlumahai] 토끼兎/ [gūlmahūn](M)

辰 No. 135 炎芊 木杜兒/ 木都力 [mudur], [mudur], [mudur] 용龍/ [muduri] (M), [muturi](N), [mudur](E)

巳 No. 165 乇臾 梅黑/ 妹黑 [meihe], [meihe], [meihe] 뱀蛇/ [meihe](M)

午 No. 138 仔列 母林/ 木力 [morin], [morin], [murin] 말馬/ [morin](M), [mɔrin](N), [morin](S), [morin](Mo), [murin](Ma)

未 No. 144 穴 和你/ 賀泥 [honin], [honi], [honi] 양羊/ [honin](M), [hɔnin] (N), [hunin](S), [honin](Mo), [honin](E)

申 No. 151 荣桄氕岜 朶必卜嫩 [dobi bonio], [dobibonon], [dobi bonon] 원숭이猿/ [bonio](M)

酉 No. 161 乇 替和/ 替課 [čiho], [tiko], [tiko] 닭雞/ [čoko](M), [t'ik'ɔ](S)

戌 No. 147 夲馬 引荅洪/ 引荅忽 [indahun], [indahun], [indahūn] 개犬/ [indahūn](M) 因荅洪 犬

亥 No. 162 夊 兀黑彥/ 兀甲 [uliyen], [uliyan], [uliŋen] 돼지猪/ [ulgiyen](M), [ulgen](S), [olɡɑ](C)

이들은 모두 만주어와 대비하면 12지 명도 일반 동물 명도 대략 동일한 것임이 관찰된다. 다음에 제기될 문제는 이들 문자가 어떻게 발음되고 어떻게 만들어졌는가이다. 물론 이들에 대해서는 "제자고증" 중에서도 기술하였지만 다시 여기서 일괄해서 기술해 주는 것이 편리할 것이다.

1. 子 '**乣 夯**' 申革 [šingge] 만주어 [šinggeri]

이 말은 '**乣**'와 '**夯**'와 2개의 문자로 이루어진다. '**乣**'에는 '申'[shên]의 음을 '**夯**'에는 '革'[kê] = [ge]의 음을 부여하여 음절로서는 틀림없는데 발음상 다소의 차이를 발견할 수 있다. 그것은 만주어와 대비해서이고 '**乣**'는 정확하게는 [šin]이다. 그리고 '**夯**'는 [ge]이어야 한다. 그러나 만주어에서 고찰한 음절을 취해 보면 [šin]은 [šing]이고 실제로는 [šing]으로 발음하고 있다. '**乣**'는 한자 [hsing] 또는 [shêng] 항 중에서 취한 것이 아니라 '申'과 같은 항의 '身'의 변형으로 음자이다. 그 때문에 당연히 여기에서 일어나는 문제는 [šin]과 [shêng → šing]의 차이인데 [n]과 [ng]은 거란문자가 한자에서 만들어졌을 때와 마찬가지로 호족胡族에 있어서는 한자의 음미(끝소리) [n]과 [ng]는 혼동되기 때문에 이와 같은 경우는 거란, 여진에 있어서는 상당히 많은 어미에 [ng] 음이 없는 점을 원칙(습관)으로 하고 있는 관계상 대등하고 [n]으로 봐도 지장이 없고 음성상 [ng]이 된다. 다시 한 번 말하자면 한자의 미음 [n]과 [ng]도 모두 함께 제자상에서는 [n]으로 간주되어 취급되고 있고 거란, 여진 양 언어의 어미에서 [n]을 가진 단어의 문자는 한자에서 미음 [n, ng]의 양자에서 취한 것이 분명하다.

다음의 '**夯**'는 아직까지 고증되지 않았기 때문에 바탕 문자도 명확하게 지적할 수 없지만 '例'[li] 항에 있는 '力'이 바탕 문자가 아닐까?

2. 丑 '**屮米**' 委罕 [ihan] 만주어 [ihan]

이 단어 역시 2개의 문자로 이루어져 있다. 그루베는 '**屮**'을 [i]로 하고 '**米**'를 [han]으로 하고 있지만 이것은 잘못 되었다. 대부분 다른 예에 있는 바와 같이 '**米**'는 [han]이 아닌 [an]이고 '**屮**'은 한자 '牛'의 변형이기 때문에 의자이고 그 음독은 [iha]이다. 따라서 이 양 문자는 [iha+an=ihan]이 되지 않으면 안 된다. '**米**'는 '案'[an]의 약체형으로 보이는 의자이다. 이 두 문자의

508

독음 방법은 [iha-an]인 것은 야스마 야이치로安馬彌一郎의 저서 95쪽에 실려
있다.

다만 한자 전사의 경우는 '以哈安'으로 하는 것은 실제 독음이 '以罕'로
되지 않아서 여기에 여진문자와 한자 전사의 차이가 있다. 요컨대 '以罕'
로 해야 할 것을 '釜罕'로 한 것은 잘못이다.

3. 寅 '冘' 塔思哈 [tasha] 만주어 [tasha]

이 문자는 한 문자이고 독음은 단음절이 아니기 때문에 그런 점에서
봐도 음자가 아닌 의자이다. 그 때문에 이 문자는 한자의 '虎'[ho]이나
'寅'[yin], 또는 [ying] 항에 있는 것에서 만들어진 것이 아니면 안 된다.
[ho] 항에는 바탕 문자가 없고 [yin] 항에도 발견되지 않지만 [yin]과 유사
음 [ying] 항에 있는 '熒'이 바탕 문자로 생각된다. 따라서 이 문자를 발견
하는 과정을 다음과 같이 나타낼 수 있다.

'虎'[ho] ⟶ '寅'[yin] ⟶ '熒'[ying] ⟶ '冘'[tasha]
　　[의미의 관계]　　　[음의 관계]　　　[자형의 관계]

[yin]과 [ying]의 미음尾音의 관계에 대해서는 1의 항에서 기술했다. 이것
도 좋은 예이다. 여기에서 주목해야 할 것은 '冘' 문자의 제작에 있어
'虎'[ho]또는 그와 유사음 항의 문자에서 만들어지지 않고 '寅'[yin]을 거
쳤다는 것인데 이것은 '冘'가 12지에도 사용된 점을 여실히 말해 주는
것이다.

4. 卯 '[illegible]' 古魯痲孩 [gulmahai] 만주어 [gulmahun]

이 단어도 두 문자로 이루어져 다른 많은 예들에 의해서도 알 수 있는 바와 같이 2번째의 문자는 [hai] 음을 지니고 있고 '亥'[hai]의 변형으로 보이는 음자이다. 첫 번째 문자는 1자로 [gulma]로 읽기 때문에 이것은 의자이다. 그렇다면 이것은 '卯'[mao]나 '兎'[t'u], 그렇지 않으면 [tu] 항에 바탕 문자를 찾아야 한다. 아마도 [tu] 항에 있는 '度'가 바탕 문자일 것이다.

5. 辰 '[illegible]' 木杜兒 [mudur] 만주어 [muduri]

이 단어도 두 문자이지만 이것을 [mudu-r]로 이분할 수 있다. 즉, 첫 번째 문자는 [mudu]이고 두 번째 문자는 [r]이다. 이것에 의해 첫 번째 문자는 2음절의 독음을 지니기 때문에 의자이고, 두 번째 문자는 음자이다. '[illegible]'는 '辰'[ch'ên] 또는 [chên] 또는 [ch'êng] 또는 [chêng]의 항에 있는 문자, 아니면 '龍'[lung] 또는 [lun] 항에 있는 문자로부터 만들어진 것이어야 한다. 즉, 이 문자는 [ch'ên](또는 [ts'ên]) 항에 있는 '岑'로부터 만들어진 것이다. '龍'[lung]의 항에서 만들어지지 않고 '辰'의 항을 통한 것이 '辰'에 사용된 증거를 나타내고 있다.

'龍'[lung] ——→ '辰'[ch'ên] ——→ '岑'[ch'ên] ——→ '[illegible]'[mudu]

[의미 관계] [음의 관계] [자형의 관계]

또 '[illegible]'는 [luo] 항에 있는 '犖'가 바탕 문자로 되어 있다.

6. 巳 '龟臾' 梅墨 [meihe] 만주어 [meihe]

2개의 문자로 구성되고 첫 번째 문자는 [mei]이고 두 번째 문자는 대부분 다른 예를 보면 알 수 있듯이 [he]이다. '龟'는 단음절이지만 한자 [mêi] 항에는 바탕 문자가 발견되지 않고 '蛇'는 [i], '巳'는 [ssǔ]이고 전자의 유사음 [wêi] 항의 '危'를 바탕 문자로 생각한다.

또 두 번째 문자는 '臾'[yü]가 바탕 문자이다.

7. 午 '侢列' 母林 [morin] 만주어 [morin]

그루베는 '侢'를 [mo]로 하고 '列'를 [lin⟩rin]으로 하고 있지만(역어 51쪽의 104) 이것은 잘못이다. 그러나 전체의 전사음을 '母林'으로 한 것은 어쩔 수 없다. 대부분 다른 예에서 알 수 있는 것과 같이 '列'은 [rin]이 아닌 [-in]이 아니면 안 된다. 마침 이것은 앞에서 나온 [ihan=iha+an]과 마찬가지로 [mor+in=morin]이고 '侢'는 1자로 [mori]이다. 따라서 이것은 의자이지만 '午'[wu] 또는 '馬'[ma]의 항에는 바탕 문자가 없고 자형상에서는 '潯'[hsün]이 바탕 문자로 추정되고 음·의 양면에서 '駿'[chün]을 중개했다고 생각된다. 그래서 그 제자는

'馬'[ma] ⟶ '駿'[chün] ⟶ '潯'[hsün] ⟶ '侢'[mori]
 [의미의 관계] [음의 관계] [자형의 관계]

로 되어 두 번째 문자 '引'[yin]이 바탕 문자일 것이다.

8. 未 '**欠**' 和你 [honi] 만주어 [honi]

이 문자는 명료하게 의자이고 그 바탕 문자는 '末'[wei]일 것이다.

'羊'[yang] ——→ '末'[wêi] ——→ '**欠**'[honi]
　　　　　 [의미 관계]　　　 [자형 관계]

이와 같이 '**欠**'도 '末'를 통하여 만들어졌기 때문에 12지에 사용된 것을 알 수 있다.

9. 申 '**棠杞汞危**' 朵必卜嫩[dobibonio] 만주어 [bonio]

이 단어는 2개의 단어로 이루어져 [dobi]는 '孤'이고 [bonio]는 '猿'이다. 이 두 단어로 '孤猿'이 되어 12지를 나타낼 때는 [bonio]이지 않으면 안 된다. 다만 역어에는 No. 152 '**炎瓦**' 莫嫩 猴 만주어 [morin]이라고 하는 말이 있지만 원래 이 단어는 [bonio]와 동일한 어원이라고 해도 만주어에서는 [bonio] 쪽을 12지로 사용하고 있기 때문에 여진어에서도 12지에는 [bonio]가 사용되었다고 상상된다. '猿'의 [bonio]는 '**汞危**'로 쓰여져 있지만 역어에는 천문문 No. 16에 같은 문자로 '雹'라는 말이 있고 '猿(또는 申)'과는 독음을 달리하고 있다.

> No. 151 **汞危** 朵必卜嫩 [dobi bonio], [dobibonon], [dobi bonon] 원숭이申, 猿/ [bonio](M)
>
> No. 16 **汞危** 朵必卜嫩/ 博虐吉 [bono], [bonon], [bonon] 우박雹/ [bono](M), [bonun](S), [bona](W) [bonkt](M)

이 두 단어는 단독으로서는 어느 쪽이 '猿'인지 '雹'인지를 고증할 필요가 생긴다. 즉 No. 152의 '茇式'([mo-nio])와 비교해서 '猿'을 나타내는 말은 '茇式'[bonio]라고 주정할 수 있다. 따라서 12지에 사용되었다고 생각하는 것은 '茇式'일 것이다.

10. 酉 '帒' 替和 [čiho] 만주어 [čoko]

이 단어는 1개의 문자로 음이 2음절이기 때문에 의자이다. '雞'[chi] 항또는 그것과 유사음 [ch'i] 또는 [chi] 또는 [ch'ih]의 항에 있는 것인지 또는 '酉'[yu] 항에 있는 문자 가운데 바탕 문자가 있고 '尤'[yu]가 그것일 것이다.

'雞'[chi] ──→ '酉'[yu] ──→ '尤'[yu] ──→ '帒'[čhio]
[의미 관계]　　　[음의 관계]　　　[자형의 관계]

11. 戌 '车勇' 引苔洪 [indahun] 만주어 [indahun]

이 단어는 첫 번째 문자가 [inda]이고 두 번째 문자가 [hūn]이다. 그 때문에 첫 번째 문자는 의자이고 '犬'[ch'üan]의 항에 바탕 문자가 없다. '戌'을 닮은 문자가 한자에는 그 밖에 2개가 있고 상당히 혼동스럽지만 그들은 '戊'[mou, wu], '戍'[shu]이고 12지는 '戌'[hsü]이기 때문에 바탕 문자는 그 항, 아니면 그 유사음 [hsi] 항에 있어야 해서 [hsi] 항에 '犀'가 바탕 문자라고 생각한다. 두 번째 문자 [hūn]은 음자인 듯하고 어쨌던 첫 번째 문자의 제자 방법을 보아 이 말도 12지에 사용된 것을 입증해 주고 있다.

12. 亥 '父' 兀黑彦 [uliyen] 만주어 [ulgiyan]

역어에는 위와 같이 전사되어 있지만 이 한자음 대로는 [u(l)heiyen] 또는 [ulheyen]이 되어 '黑'은 '里'[li]의 오사이다. 이 문자는 1문자로 의자이다. '亥'[hai]가 바탕 문자이고 '猪'[chu] 항의 문자에는 바탕 문자가 없다. 그 때문에 이것도 12지를 통해 만들어져 12지에 사용된 증거를 얻을 수 있다.

이상에서 여진어의 12지에 대해 그 단어와 문자 및 한자의 바탕 문자에 대한 고찰을 마치지만 만주어와의 비교에 있어서도 알려진 바와 같이 만주어에서는 일반 동물 이름이 12지 이름으로 되어 있다. '只兎'는 [gulmahūn]이고 '卯'는 [gūlmahūn]인 것만 구별되고 있지만 원래 동일어였다는 것은 한 눈으로 봐서 이해된다. 따라서 이 점에서도 여진어의 12지 명칭은 역어 중에 있는 동물명을 바로 사용된 것은 확실하고 만주어 내지 여진 금석문의 '火'에 의해서도 증명될 수 있다. 여진어에 대해서는 역어의 '猿'만 변칙으로 되어 있다.

제11장

그루베의
『여진역어』 검토

제11장 그루베의 『여진역어』 검토

『화이역어』의 일종인 『여진역어』 중에 그루베본이라고 불리는 것은 그가 저술한 것이 아니라 그가 원본을 필사하고 그것에 해설을 달아서 출판한 것으로 다른 판보다 입수하기가 용이하고 편리하기 때문에 지금까지 여진어에 관한 나의 연구에서는 이것을 중요한 자료로서 사용해 왔다. 그러나 실재로 이것을 사용하여 다루어 보면 그 중에 오류가 꽤 있는 것을 발견했다. 그것은

1) 전사 문자의 오류
2) 문법의 오류
3) 어역의 오류

등이 있고 그것들을 각각 상세히 검토해 가는 일은 쉬운 문제가 아니다. 야스마 야이치로安馬彌一郎도 그의 저서 가운데(82~83쪽)

"금나라 시대의 금석문에 나오는 여진어와 명나라 시대의 역어, 혹은 〈노아간영영사비奴兒干永寧寺碑〉 등에 있는 여진어와는 다소 차이가 있다. (…중

략…) 여진역어는 특히 현저하며 오사誤寫, 오역誤譯 등이 상당히 있다."로 기술하고 있으며 더욱이

　　"… 또 여진문자의 발음이 잘못된 것도 상당히 있지만 이것은 후일 『여진어의 연구』(가칭)[1]를 발표할 때 상세히 기술할 것이다."

로 쓰여 있음에도 불구하고 아직까지 그 발표도 미간행으로 남아 있는 것은 유감이다. 나는 재차 이 문제를 다루어 보고자 한다. 물론 그 전부가 해결되었다고는 말할 수 없다고 하더라도 그 잘못을 검토하여 여진어 본래의 모습까지 도달할 수 있는 자료로 만들고자 한다.

　『여진역어』는 어느 시대에 누구에 의해 이루어졌는지 그들을 고증할 수 있는 자료는 발견되지 않는다. 그러나 생각건대 이것은 아마 한인이 만든 것이 아닐까 생각된다. 그것은 오류 중에—본문에서 상술하겠지만—말의 배치가 한어에 맞추어서 쓰여 있는 부분이 여러 곳에서 발견되며 이것은 금석문과 비교하면 전혀 다른 점 중에 하나라고 말 할 수 있겠다. 또 여진어와 한어에서는 단어의 배열과 문의 구조가 다르다는 점에서 봐도 이것이 이해된다.

　엄밀하게 말하면 오류가 있어도 여기에서 그것을 오류로 취급하지 않았던 것들로서는 아래와 같은 경우가 있다.

　　1) 한어(혹은 한자)에는 [ra] 행이 없기 때문에 여진어의 [ra] 행을 전사하는
　　　경우 [la] 행의 한자를 사용하였을 때이다.

　No. 208 反尖 禿剌 [tura] 기둥柱/ [tura](M)
　No. 376, 377 夹帯尖足 塔苦剌孩[takura-hai](M) 어긋나다, 차이나다差, 시

1) 야마지 히로아키(山路廣明), 『여진어해(a Jučen-Japaness-English glossary)』, 아세아 아프리카 언어연구실, 1956. 그런데 이 유인본 책자와 본 저서와도 음사나 어해에 상당한 차이를 보이고 있다.

키다使/ [takūra-mbi](M)

2) 의자의 음독에서 그것이 실제의 것과 다르더라도 다른 것과 비교하여야 할 증거가 없을 때이다.

No. 728 光发夻凡 晚灣半的孩 [wanwan?banji-hai] 어떻게 태어나다怎生

3) 기타 너무나 미세한 오류 혹은 차이.

1. 천문부天文部

No. 1 '夭乜' 阿卜哈以 하늘의(天)

이 단어는 '乜'[i]가 여분이다. '乜'는 조사로 '-의'를 나타내기 때문에 이것이 붙으면 '하늘天의'이어야 한다. '乜'는 모음으로 끝나는 단어 다음에 사용되고 '夭'만으로 독립어인 비교의 예를 들어 보자. [보] 天 阿瓜 [T] a-gua, [g] a-puh-hah [ka]-i, [K] abkai, [S] afeqaa, [D] abka i [N] -i(소격) 그루베, 기요세2)

No. 27 夭丸土 阿卜哈 禿露溫/ 阿瓜禿魯兀 [abka tulhun], [abka tulhun], [abka tulŋun] 하늘이 어둡다天陰/ [abka tulhun](M)

No. 28 夭先用 阿卜哈 哈勒哈/ 阿瓜哈剌哈 [abka gereha], [abka garaha], [abka galaha] 하늘이 푸르다天晴/ [abka galaka](M)

No 629 夭武介 '阿卜哈 嫩江'[abka niongyian], [abka niyogiyan], [a-pu-xa-nun-kiaŋ] 하늘이 맑다天青

2) 보유 자료는 Daniel Kane, 『SINO-JURCHEN VOCABULARY of the BUREAU OF INTERPRETERS』, Indian Univ., 1989 자료에 근거한 것이다.

No. 3 '日' 一能吉 날, 태양(日)

이 단어는 이것만으로는 역과 음도 일치하지만 천문부에 넣기에는 부적절하다. 왜냐 하면 이 문자는 천체의 날日, 즉 태양을 의미하지 않고 시문時門의 '일日'을 의미하는 말이기 때문이다. 원래 '日'이라는 문자는 설문해자에서는 태양의 상형에서 만들어져

$$
◎(\text{the sun}) \longrightarrow 日(\text{해})
\begin{cases}
日(\text{the sun}) \longrightarrow 태양太陽(\text{천체}) \\
日(\text{the day}) \; 때(時)
\end{cases}
$$

그 의미가 확장되어 시간의 단위인 '日'의 의미까지 사용되게 되었는데 여진문에서는 그 외에 '태양太陽'을 나타내는 문자가 있기 때문에 그 양자의 구별이 분명하지 않으면 안 된다. 즉 '태양'을 나타내는 여진문자는 〈대금득승타송비〉 제27행에

"兒叏电列羊夹及"[ʃiɤun dulu ərin jorxon] = (태양처럼 늘 밝다如日杲杲).

로 되어 있는 가운데 '兒'로 되어 있는 그것이라는 사실을 야스마 야이치로安馬彌一郎도 지적하고 있다(27쪽).

'兒'[šun] 문자는 역어에 없지만 한어에서 생각하여 '日(태양)'의 의미이다. 역어에 '日'은 [ine-nggi]로 되어 있지만 이것은 오류로 [inenggi]는 '曆'의 날짜이고 태양은 [šun]이다.

또한 이 문자가 태양을 의미하는 것은 제자론상에서 입증된다(제8장 참조). 이것에 의해 '日'에 대신해서

No. 3 '日' 兒�ph210 태양(太陽)

로 해야 할 것이다.

No. 25 日羕𠂤右 一能吉 禿替梅/ 受溫禿提黑 [inenggi tuči-mbi?], [inengi tutimei], [ineŋgi tutimei] 해가 뜨다日出/ [šun tuči-mbi](M)

의 예에 있는 '日'도 또한 오류이고 위에서 설명한 '兒'[šun]로 사용하지 않으면 안 된다. 그루베는 2번째 단어에 대해 [tuci-mbi]를 부여하고 있지만 이것은 타당하다. 그런데 '~右'는 동사 원형을 나타낸 것이 아니고 만주어의 동사 접속형인 [-me]에 상당하는 것으로 보이며 야스마 야이치로安馬彌一郎도 이것을 미연연용형으로 보고 있다(야스마 야이치로安馬彌一郎의 책 115쪽). 따라서 원형, 즉 부정법으로 하기에는 '右'[mei] 대신 '老'[-mbi]를 두고

No. 25 兒羕𠂤老 �ph210 禿替別/ [inenggi tuči-mbi?], [inengi tutimei], [ineŋgi tutimei] 해가 뜨다日出/ [šun tuči-mbi](M)

로 해야 할 것이다.

No. 26 月舟𠂤外 必阿 禿斡黑/ 別禿黑黑 [biya tuwe-mbi], [biya tuwehei], [bia tuwehe] 달이 지다月落/ [biya tuhembi](M), [bie tihijiren](E)

이 말에서 '月'은 좋고 다음의 '舟𠂤外'에 대해 그루베는 [tuhe-mbi]를 부여하고 있지만 문자 그대로라면 그 음이 [tuwehei]로 된다. '外'[hei]는 문법 변화의 어미로 '~하게 된다'를 의미하기 때문에 어간은 '舟𠂤'[tuwe]이고 그것에 '老'[-mbi]를 부여하여 '舟𠂤老'로 해야 할 것이다.
    따라서 이 단어는

No. 26 月弃乐克 必阿 禿斡黑/ 別禿黑黑 [biya tuwe-mbi], [biya tuwehei], [bia tuwehe] 달이 지다月落/ [biya tuhembi](M), [bie tihijiren](E)

로 하지 않으면 안 된다.

2. 지리문地理門

No. 32 '囻土乑' 國倫你 나라(國)

이 단어는 문자 그대로라면 '國'을 의미하며 소유격이고 '乑'[mi]는 '-의'이기 때문에 단순히 명사를 나타내는 이 경우에는 불필요하다. 때문에 '乑'[ni]는 [n]으로 끝나는 명사 뒤에 실현된다.

예) 囻土乑玒汞 [gurun-ni beise] 國의 官達(〈대금득승타〉 17, 19행)

No. 33 '禾乑乑' 黑車你 성(城)

이 단어도 위의 '囻土乑'와 마찬가지로 마지막의 '乑'는 불필요한 것으로 이대로는 '城의'가 된다. 또 제자론상에서 고증하면 '禾乑'는 '黑車'가 아니라 '黑称'[hečen](만주어 [hečin])이지 않으면 안 된다. 따라서 '乑'는 '稱'의 약형 '称'에서 만들어진 것으로 생각한다.

No. 34 '巫床乑' 和脱斡你 못(池)

그루베는 이 단어에 대해 만주어를 들지 않고 있다. 그런데 '巫'라는 문자는

1) '池'[ch'ih] 항의 바탕 문자가 없고
2) '柔'의 자형을 닮았다.
3) [hečen](城)은 [hoton](城)과 동의어다.

에서 추측하여 이 단어는 '柔'를 취해서 '巫斥'로 하고, '池'가 아니라 '城'을 의미하는 단어라고 생각한다.

No. 34 '巫斥' 和屯 [hoton], [hotō ni], [hoto ni] 성城

No. 35 '老卍來' 黑勒厄甲 거리(街)

이 단어의 두 번째 단어 '來'는 '街'의 의자로 한어의 전사이다.

No. 38 '庋क' 卜和 흙(土)

이 단어는 만주어로 [baihon]이고 제자론에서 'क'가 '奔'에서 만들어졌다고 보이기 때문에 '卜和'가 아닌

No. 38 庋क 卜以昏 흙土

로 해야 할 것이다.

No. 40 '偒' 必阿 강(河)

만주어에서 '河'를 [bira]라고 한다. 이 단어의 음사에서는 [bia, biya]로 되어 있지만 '月'과 다르기 때문에 '必剌'로 해야 한다.

No. 41 '虎夗' 法馬阿 나라(邦)

이 문자에 관해 그루베는 아무 것도 기술하지 않았다. 또 역어 중에 이 문자밖에 예가 없고 그 외에 고증이나 비교할 만한 것이 없기 때문에 의문이다. 제자론에서도 입증이 어렵고 또 이와 같은 말은 만주어도 찾아지지 않는다.

No. 64 '扎甬米' 法荅岸 담장(墻)

이 단어에 대해 그루베는 [fajiran]이라는 만주어를 부여하고 있는데 '法荅岸'에서는 [fatan]으로 된다. 중간의 문자는 '甬'[ta]이지만 만약 이것을 [jira]라는 음독을 가진 의자로 보면

1) '甬'를 닮은 문자이지 않으면 안 된다.
2) 그 바탕 문자는 '墻'[ch'iang]의 항 또는 그것과 유사음 항에 있지 않으면 안 된다.

이 두 가지에 의해 고증하면 '墻'의 항에 바탕 문자가 없고 [ch'êng]항의 '稱'이 바탕 문자를 나타내는 것이 된다. 그 때문에 만약 상상할 수 있다면, '佾'와 같은 형태의 문자가 아닐까 생각되지만 여기에서는 '法荅岸'에 따라 둔다.

No. 71 '杏夗' 卜阿以 지방(地方)

이 단어에 대해서도 No. 1의 '杏夗'와 같은 조사인 '夗'[i]가 동반한다. '杏'만으로 '地'를 나타내지만 제자론에서는 '土'보다 오히려 '土地'를 의미하는 것일 수 있다.

No. 71 岙 卜阿以 [buwa-i], [buwai], [ba i] 토지土地/ [ba I](M)

No. 72 '矢卆扎南米' 者車·法塔案 울타리(藩籬)

이 단어는 두 단어로 구성되고 뒷 문자는 No. 64에서 설명하였기 때문에 여기서는 생략한다.

3. 시령문時令門

No. 77 '日·禿' 一能吉·革里 낮(晝)

이 단어는 조금 의심스럽다. 왜냐하면 말대로는 "日도, 日도 또한"이 되어 있기 때문인데, '日·' 한문자로 '낮晝'를 의미하고 있기 때문이다.

No. 81 '玖亥卆' 伏灣朶 때(時)

이 단어는 문자 그대로라면 '때時에'이고 명사인 '때時'를 나타내는 경우에는 조사인 '卆'를 빼고 써야 한다.

No. 82 '朿秀' 塞革 세월(歲)

이 단어는 한어 '歲[sui]에서 왔다. 만주어에서도 [se]라고 하지만 두 번째 문자가 무엇인지 분명하지 않다.

> No. 80 弋刈 哈称因/ 哈失 [hačin], [hačin], [hačin] 마디, 절기節/ [hačin](上元, 정월 15일)(M)

이것은 한어의 전사가 잘못되었다. 즉 '節'을 만주어에서는 [hačin]이라고 하는데, 이 전사에서는 [ha-ch'êng-yin]이고 [ha-čen-in]으로 되어 있다. '刈'은 [-in]이기 때문에 '屯'는 [hači-]가 아니면 안 된다. 그 때문에 전사는 '哈称因'을 '哈必'로 고쳐야 할 것이다.

No. 98 '杏角卆' 言的洪 저녁(夕)

이 문자는 '杏角'만으로도 '저녁夕'을 의미한다. 만주어에서는 [yamji]이고 전사인 '的'은 [ti〉di]가 아니고 [ji]이다. '言'[yen]으로 한 것은 한자에 [yam] 음이 없기 때문이다.

No. 99 '圧盂屯刈' 寒食哈稱因 청명(清明)

No. 100 '弧月屯刈' 順扎必兒哈稱因 단오(端午)

에 있어서 한자 전사인 '哈称因'에 대해서는 No. 80에서와 마찬가지이기 때문에 여기에서는 반복하지 않는다.

4. 화목문花木門

No. 123 '金' 哈兒 가지(枝)

이 단어에 대해 그루베는 만주어 [gargan]을 들고 있지만 이것에서 보면 이 문자의 음은 [gar]이고 [har]는 아니다. 역어에 '哈'을 [ha], [ka], [ga]의 3개 공통으로 사용하고 있는 것은 야스마 야이치로安馬彌一郎도 인정하고 있으며, "다만 [k, g, h] 모두 한자로 나타내고 있기 때문에 이 구별은 용이하지 않다(야스마 야이치로安馬彌一郎의 저서 88쪽)"라고 기술하고 있다. 또 만약 이 '金'을 [gargan]이라 해도 발음을 그 외에 비교할 만한 것이 없는 이상 그것을 인정하지 않을 수밖에 없는 것이다.

No. 133 '里天' 和脫和 호로(葫蘆)

'和脫和'는 즉 [hotoho]이다. '里' 한 문자로 '葫蘆'를 나타내며 [hoto]로 읽지만 '天'[ho]가 무엇을 가리키는지 명확하지 않다. 아마도 부가음인 듯하다.

5. 조수문鳥獸門

No. 135 '炎쭈' 木杜兒/ 木都力 용(龍)

No. 136 '乑屄' 忒厄/ 忒木革 낙타(駝)

No. 135와 No. 136은 모두 12지의 의미로 사용되고 있다(제10장 여진어의 간지 참조).

No. 137 '乑屄' 厄 낙타(駝)

그루베는 이 단어에 대해 만주어 [temen]을 해당시키고 있지만 나의 추정음으로 고증해서 몽고어 [temege] '駱駝'에 상응시키고자 한다.

No. 138 '得列' 母林 말(馬)

은 12지에 사용된다.

No. 139 '东朱' 阿非 사자(獅)

이 단어에 대해 그루베는 어떤 설명도 제공하지 않았다. 그런데 '사자獅子'를 터키어로 "[ĩi arslan, arsalan(pron. aslan)]"라고 하고 또 몽고어에서도 [arslan]이라고 말하기 때문에 [afi]와는 다르다. 이에 대해 야마모토 마모루山本守는 '아프리카'가 이 어원이라고 하고 있지만 아직 의문의 여지를 벗어나지 못하고 있다.

> No. 143 '史米' 委罕 소牛 等委罕/ 赤哈 [ihan], [ihan], [wïhan] 소牛/ [ihan](M), [iha](N)
>
> No. 144 '宊' 和你/ 賀泥 [honin], [honi], [honi] 양羊/ [honin](M), [hɔnin](N), [hunin](S), [honin](Mo), [honin](E)
>
> No. 147 '东勇' 引荅洪/ 引荅忽 [indahun], [indahun], [indahūn] 개犬/ [indahūn](M)
>
> No. 149 '刹 另' 申革 [šingge], [singe], [šinge] 쥐鼠/ [šinggeri](M), [ʃiŋarə](N)
>
> No. 150 '冭 旻' 古魯麻孩/ 姑麻洪 [gūlmahai], [gulmahai], [gūlumahai] 토끼兔/ [gūlmahūn](M)
>
> No. 151 '棠 枇 亮 老' 朶必卜嫩 [dobi bonio], [dobibonon], [dobi bonon] 원숭이猿/ [bonio](M)

는 모두 12지로도 사용되었다고 추정된다(제10장 참조).

No. 157 '丿羊 中' 哈哈 갈가마귀(鴉)

이 한자 전사에서는 [haha]로 되어 있지만 만주어에서는 [gaha]이고 그 밖의 예에서는 '丿羊'는 [ga], '中'는 [ha]를 나타내기 때문에 여진어에서도 [gaha]이다. 이것에서 전사도 '哈哈'가 아닌 '戛哈'으로 해야 할 것이다.

No. 161 '戎' 替和 닭(鷄)

No. 162 '夊' 兀黑彦3) 돼지(猪)

No. 161과 No. 162에 대해서는 제10장 여진어 간지 참조. No. 165 '龙臾'도 2장을 참조하기 바란다.

No. 184 '兜' 回·和羅 송골매(鴉鶻)

이 단어는 [gui]와 [holo]로 구성되고 '兜'는 단순히 '龜'[gui]를 가리키는데 [holo]가 빠진 듯하다. '和羅'는 만주어인 [holo] '鴉'에 해당한다.

6. 궁실문宮室門

No. 212 '批列' 下敫 학교(學)

이 단어는 완전히 한어의 전사이다. 여기서 '學'은 '배우다'라는 동사는 아니다. 왜냐하면 이 항의 '궁실문'으로 '건조물'을 가리키고 있기 때문이고 '學'에는 [hsüeh]와 [hsiao]라는 두 가지 독음이 있고 [hsiao]에는 '校'가 있지만 모두 '學校'의 의미로 사용되고 있다. 따라서 여기에서는 '學校'를 가리키는 것이다.

---

3) '兀黑彦'은 '兀里彦'의 오사로 보인다.

7. 기용문器用門

No. 217 '茓攵' 罕麻 칼(劍)

이 단어에 대해 그루베는 여기에 상응하는 어떠한 만주어의 예를 들지 않고 만주어 중에서 이와 같은 말은 발견되지 않는다.

No. 220 '玉存' 番納兒 깃발(旗)

이 단어도 만주어에는 발견되지 않고 그루베도 상당어를 들지 않고 있다.

No. 242 '牝刾' 阿里庫 소반(盤)

이 단어는 지리문 No. 39와 여진자가 동일하기 때문에 여기서는 오사라고 생각된다. 그러나 '牝刾'에 가까운 형태였을 것으로 상상된다.

No. 265 '夨舁' 寸木兒 마디(寸)

이 단어는 '夨', '寸'만으로도 좋지만 '木兒'에 관해 그루베는 아무 것도 기술하지 않았다. 또 만주어에서도 대비어가 발견되지 않았지만 자형으로서는 '舁'[kao〉gao]를 닮았다.

No. 271 '爲夹矢亥攵' 召剌里·委勒伯 사태를 보고하다(奏事)

이 단어는 '爲夹矢'[čao-la-mai]와 '亥攵'[weil-be]로 되어 있지만 그 배치가 잘못 되었다. '爲夹矢'는 '奏하고'라는 뜻이고 '亥攵'는 '일을'이기 때문에 '진사奏事'를 그대로 한자음으로 전사한 말이라면 되는데 여진어로서는 '亥戎·夵岌老'로 하든지 이에 상당하는 단어를 부여하지 않으면 안 된다. 이와 같은 잘못은 이 외에도 있고 이 역어가 아마 한인의 손에 의해 이루어졌을 것이라는 증거가 나타나고 있다.

8. 인물문人物門

No. 272 '凡亮釆' 罕安你 황제(皇帝)

이 단어에 있는 '釆'는 '-의'를 나타내는 조사이고 역어의 '황제皇帝'는 잘못된 것은 아니지만 이 경우 '哈汗'으로 하는 편이 보다 적절할 것이다. 따라서 '罕安'은 '凡' 한 문자로 '哈可'[haga]이기 때문에 '哈可安=哈汗'이 아니면 안 된다. 이것을 고쳐 쓰면

No. 272 '凡亮' 哈干 황제(皇帝)

처럼 된다.

No. 278 '血甲屛旻外' 鈔哈厄者黑 무관(武官)

이 단어는 '血甲'[čooha]와 '屛旻外'[ejehe]로 이루어져 있고 '屛旻外'에는 '官, 役人'의 의미가 없다. 이 형은 오히려 "No. 278 血甲屛 鈔哈以哈番 武官"으로 하는 편이 적당하지 않을까? [ejehe]는 동사로 '명령하다'를 의미한다.

No. 309 '釆' 都督 도독(都督)

이것은 고증 결과 '都의 장관'을 의미한다는 것이 분명해졌다(제8장 제

자고증 참조).

No. 318 '甩戎' 蒙古魯 타타르(韃靼)

이 역어는 의미상에서도 제자상에서도 잘못된 것으로 '蒙古'가 정확하다.

No. 325 '盂夲' 西天 서역(西)

이 단어도 역시 의심스럽다. 제자상에서는 '夲'[tʰien]이 '卒'[tsu, tsʼu]에서 만들어졌다고 보이지만 '인도印度'를 가르킨다고 속단할 수 없다.

9. 인사문人事門

No. 351 '伊玊' 端的孫 듣다(聽)

No. 354 '伊玊' 端的吳 듣다(聞)

이들 두 단어는 모두 동사의 변화형이고 원형은 아니다. 이 원형은 당연히 '伊圥'[donji-mbi]가 아니면 안 된다.

No. 353 '兄屏' 撒希 알다(知)

이 단어는 동사이기 때문에 그 어미에 '圥'를 부가하여 '兄屏圥'[sahi-mbi]로 해야 한다. 참고로 만주어에서는 '알다知'를 [sa-mbi]라 한다.

No. 355 '夕余' 忒杜勒 자다(睡)

이 단어는 그루베도 만주어 [dedu-mbi]에 해당시키고 있듯이 '夕'가
[dedu]이라면 '夕朮'로 써야 마땅한 것이다. '余'는 동사 변화어미로 간주
할 수 있다.

No. 356 '有芴' 脫興 꿈(夢)

이 형태만 보면 명사처럼 생각된다. 그러나 이 단어의 주변에 동사가
나타나기 때문에 동사형으로 하지 않으면 안 된다. 만주어에서는 명사는
[tolgin]이고 동사형은 [tolgi-mbi]이다. 만약 '芴'가 [gin]이라면 명사형이
고 [gi]이면 동사의 어간형이지만 이 문자는 제자상에서는 의자인 것 같
고 여기에서는 아마도 명사가 아닌가 생각된다.

No. 357 '东弓犮' 弗捏魯 생각하다(念)

이 단어에 대해 그루베는 [funiyagan]이라는 만주어를 해당시키고 있
지만 이것은 맞지 않는다고 생각한다. 왜냐하면 그것과 이것과는 의미를
달리하기 때문이지만 대비되는 만주어가 발견되지 않는다.

10. 신체문身體門

No. 494 '癸乇' 安哈 입(口)

이 단어에 있어서 두 번째 글자인 '乇'은 '哈'[ha]의 전사음으로 되어
있지만 만주어에서 '입口'를 [angga]라고 하기보다 '哈'[ha]가 아닌 [ga]이
고 전사자로서는 '戛'[ka]를 사용해야 할 것이다.

No. 504 '욘友' 哈剌 손(手)

이 단어도 만주어에서는 [gala]라고 하는데 한자어에서는 [ha-la]로 전사하고 있지만 '哈'은 [ha]가 아닌 [ga]이고 그 전사도 '戞剌'로 해야 할 것이다.

No. 507 '훆中' 都哈 장(腸)

이 한자음은 '궁실문' No. 201의 '훆 都哈門'과 동일하지만 No. 201은 [duka]이고 이쪽은 [duha]이다. '훆'가 문자로서 '장腸'과 관계가 있는 것은 제자고증에서 기술하였는데 여기서는 전사자 '哈'은 [ha], [ka], [ga]의 세 가지 음에 공통으로 사용된 것이 알려져 있다.

No. 506 '半女' 脉日藍伯 마음(心)

이 단어에 있어서는 제자고증에서 기술한 바와 같이 '心'[mujilen]은 '半' 한 자이고 다음의 '女'는 격조사이기 때문에 완전히 불필요하다.

No. 509 '竿舟' 梅番 목(項)

이 역어 문자는 잘못된 것으로 '頸'이 올바르다. 왜냐하면 이 항은 신체문이고 거기에 '項'의 의미가 해당되지 않기 때문이다.

No. 510 '卣米斤' 吉波吉 뼈(骨)

여기에 있어서 전사자의 '波'는 잘못이다. 즉 전사자대로는 [gibogi] 아니면 [gipogi]이지만 '骨'을 만주어로 [giranggi]라고 부른다. 이것에서 추고하면 '波'가 아닌 '浪'[lang]이어야 하고 이것은 명확히 '波'와 '浪'이 동의어인 점에서 잘못된 것이다. 또 여진문자상에서 봐도 '兎'는 [gira]이고 '米'는 제자고증에서 기술한 바와 같이 [-an]이 아니면 안 되기 때문에 이 세 글자는 [gira-an-gi=girang-gi]가 되는 것이 옳다.

No. 517 '毛屄' 厄林厄 기(氣)

이 단어는 조금 의심스럽다. 만주어에서 대비어가 [oori]로 되어 있지만 여진문자 그대로를 한자음에 의하지 않는 고증상의 발음에 의하면 [erin-ge]이다. '屄'[ge]는 [-ge], [-ngge]를 나타내는 격조사와 같이 생각된다.

11. 음식문飮食門

No. 532 '禾南灻哭' 酥 一門吉 연유(酥)

이 단어는 2개의 단어이고 '禾=酥'와 '南灻哭=油'가 합해진 것으로 역어로서는 '주유酥油'가 적절하다고 생각한다. 또한 만주어에서 '유油'를 [ni-magi]로 하며 어두에 [n]음이 더해지지만 이것은 방언차이에 의한 것으로 그 예는 몽고어 [ima-gha]와 [nimagha]의 '산양山羊' 및 [imaghu]와 [nimaghu]의 '寸'에서 볼 수 있다.

No. 534 '太車' 兀迷剌 마시다(飮)

만주어에서는 '마시다'는 [omi-mbi]이다. '太'가 의자로 [omi]이면 '車'는 당연히 문법상의 변화형이고 여기에서는 '太車虓(兀迷別)'로 해야 할 것이다. 이와 같은 잘못은 다수 있다. 이것은 저자가 일일이 원형을 생각하지 않고 문장 중에서 금방 뽑아내었기 때문인지 또는 여진인이 말을

곧 바로 채록한 것으로 저자가 여진어에 대한 문법적 지식이 빈약함과
또 어순의 전도에서 추측컨대 역어가 한인이 만든 것임을 확실히 알 수
있는 것이다.

No. 535 '吳夬' 者弗 음식(食)

이 단어는 구르베도 제시한 바와 같이 [je-mbi]이지 [jefu]는 동사의 변
화형이다. 따라서 여기에서는 원형을 내세워 '吳更'로 해야 할 것이다.

No. 536 '冃冃右' 約約昧 굶주리다(饑)

만주어에서는 [yuyu-mbi]이기 때문에 이 원형은 '冃冃更'가 아니면 안
된다.

No. 537 '眯枇籴' 厄必勒 배부르다(飽)

만주어에서는 [ebi-mbi]이고 이 단어의 원형도 '眯枇籴'가 아니면 안
된다. '..右'와 '...籴'도 모두 동사의 변화형이다.

12. 의복문衣服門

No. 566 '夬乊气' 素魯脫戈 웃옷(皮襖)

그루베는 이 단어에 만주어 [furudehe]를 해당시키고 있지만 '夬'는
[fur] 또는 [sur]이다. 그런데 그루베는 "No. 453 在夬 忽素魯 怠"로 전사하
고 '夬'는 역시 [sur]이다. 따라서 그루베의 색인에서 기술한 '左·?'(또는
'在')는 '忽素'[husu]가 아닌 '忽'[hu]이다.

No. 567 '舍夊甲' 沙木哈 귀마개(暖耳)

이것은 만주어에서는 [šabfun]이지만 여진어와는 조금 차이가 있다. 여진어의 '夊'은 이 경우 [m]이 아닌 [mu]이다.

13. 진보문珎寶門

No. 583 '盂朮臾' 犀·兀也黑 무소뿔(犀角)

No. 582에서는 '象牙'라는 단어가 있고 '象'을 '禾丸' 素法[sufa]'라고 하지만 만주어에서는 [sufan]이라 하고 '犀'를 그 연어軟語 [sufen]이라고 말한다. 이것은 물론 [sufan]에서 유래된 단어라는 점은 그 동물의 산지를 지리적으로 연결시켜도 쉽게 생각할 수 있는 점이다. 이 의미에서 '犀'는 여진어에서도 [sufe] 혹은 [sufen]이어야 한다고 생각된다. 그러나 실재로는 '犀'는 [sufe] 혹은 [sufen]으로 되어 있지 않고 여기에 예를 든 '盂, 犀'로 되어 있다.

No. 577 '飛土' 多羅溫 옥새도장(璽)

이 단어는 이미 No. 255에 '도장印'으로 되어 있다.

No. 589 '用臾元' 哈赤馬 아교(阿膠)

그루베는 이에 대해 "Name eines Medicaments"(어떤 약물의 명)으로 해석하고 있지만 해당하는 만주어를 들지 않았으며 만주어 중에서도 상당어가 보이지 않는다.

14. 방우문方隅門

No. 614 '吏岜勿房旬' 別弗脉阿木魯該 이후(在後)

이 단어는 잘못되었다고 생각한다. 그것은 어순인데 문자대로는 '吏岜 (別弗脉)在, 勿房旬(阿木魯孩)後'로 되어 있지만, 이것은 한어의 배열이고 여진어는 그렇지 않다. 즉 여진어에서는 이 순서가 반대로 되기 때문에 '勿房旬·吏岜'로 되어야 한다고 생각한다.

No. 613 '伟足乐策化' 替孩吉諸勒 종전(從前)

이것도 역시 단어의 위치가 전도되어 있다. 이것을 이분하면 "No. 679 伟足乐(替核吉)從+이어 No. 598 策化(諸勒) 前"으로 되고 '앞으로'의 의미이기 때문에 이 위치를 반대로 '策化伟足乐'로 해야 할 것이다.

15. 성색문聲色門

No. 618 '庍乑' 瑣江 황색(黃)

이 항에서는 10간지에는 담색이 없다. 그런데 No. 618의 '庍乑'(瑣江) '黃'은 〈고려북청성곶산정마애비〉의 마지막 행의 날짜 부분에 있고 이것은 '戊'이지만 거란문자에서는 색체의 농담(10간에서 말하는 점인)을 구별하지 않기 때문에 여진문자에서도 아마도 구별이 없는 것이 아닐까 생각한다. 그런데 이 비에 의해 색체를 나타내는 단어가 10간에 사용된 것이 명료하게 되었지만 10간에 대한 다른 예는 보이지 않는다.

No. 629 '夭瓦乍' 阿卜哈嫩江 하늘이 맑다(天靑)

이 단어는 한어 형식으로 되어 있다. 만약 여진어 형식으로 한다면 '兎'를 넣어 '兎夭瓦乍'로 해야 할 것이다.

No. 630 '勇哭兄乍' 一麻吉·上江 구름이 희다(雲白)

이 역어는 의미상에서는 큰 잘못이 없는 듯한데 말대로의 역어로서 '구름이 희다雲白'이다. 이 표현도 한어 형식으로 한어의 직역일 것이다.

16. 통용문通用門

No. 668 '夅米' 安班刺 크다(大)

No. 724 '夅友' 安班刺 많다(多)

이 단어에는 No. 29에 "'夅米凧土'(安班厄都溫) 큰 바람大風)", No. 803에 "'夅米英苹'(安班剌忽禿兒) 넓은 복洪福"으로 되어 있지만 이들 예에서

　夅米(安班剌, 安班) 크다大
　夅友(安班剌) 많다多

가 되고 '夅'의 올바른 음은 얼핏 보면 불분명해 보이지만 그렇지는 않고 [amba]이고 '友'는 [la]이기 때문에 '夅米'는 '安班'[amban(=amba+an)]이고 '夅友'는 '安吧者'[ambala]로 되어야 할 것이다. 따라서 '夅米'를 '安班刺'로 한 No. 668은 음독의 잘못이다.

No. 676 '甬半爭' 赤宣都 서로(相)

만주어에서는 [isuhun-de]라고 하며 '서로相互(에게)'라고 하는 부사가
된다. 여진어에서도 금석문에는 '-에'를 나타내는 데 '桀'를 사용한 것은
야스마 야이치로安馬彌—郎도 기술하고 있다(야스마 야이치로安馬彌—郎: 『여진
금석문지고』, 『여진어문법개설』). 여기에서는 '爭'가 사용되고 있지만 이것
은 [du] 음으로 [de]가 아니고 후치사도 아니다. 때문에 이것을 잘못으로
'桀甬半'로 해야 할 것이다.

No. 677 '床矢' 阿剌埋 ~로서(似)

여기에 사용되고 있는 '矢'[mai]는 동사 변화어미로 원형을 나타내는
것이 아니기 때문에 원형은 '床老'[alambi]이어야 한다. 그런데 그루베는
[adali]라는 만주어의 형용사를 이 단어에 적용하고 있다.

No. 678 '角委斥' 的黑黑吉 돌아가다(歸)

이 단어는 그루베도 예를 들고 있는 바와 마찬가지로 만주어의 [ji-mbi]
에 해당하지만 변화형이기 때문에 '斥' 대신 '老'를 사용해야 한다.

No. 679 '休皮斥' 替孩吉 따르다(從)

이 단어에 해당하는 만주어는 보이지 않다. 그루베는 만주어로서 [cihai?]
로 하고 있지만 지금은 나도 이 단어를 증명할 만한 자료가 없기 때문에
불명으로 해 둔다.

No. 680 '可兎' 該別 취하다(將)

이것은 분명히 만주어 [gai-mbi]에 해당한다. 이 역어는 '장차將'로 되지 않고 '취하다'라는 의미이다.

No. 683 '杀句' 撒都孩 가까운 사이(親)

그루베는 이 단어에 만주어 [sadun]을 대응시키고 있다. 문자 그대로는 [sadugai]가 되지만 그 형태는 만주어와 차이가 있어도 방언 차이로 인정할 수는 있어도 여기에서는 '부모親'를 의미하지 않고 '가까운 사이近親'의 의미이다.

No. 684 '弔乐' 都吉 가능하다(可)

음대로는 [dugi]이지만 이것에 대비하는 말은 만주어에는 보이지 않는다. 따라서 '可'가 어떤 의미인지 분명하지 않다.

No. 685 '作反乐' 替孩吉 따르다(隨)

이것은 No. 679와 동일어이다. 이 양자의 역어를 비교하면 '따르다'라는 의미가 된다.

No. 686 '眾令舟' 只丁庫 불태우다(燒)

이 단어는 만주어에서는 [deijiku]이고 '불을 붙이다燒柴'를 의미하고 한역의 '불태우다燒'라면 '眾令兎'[dei-jimbi]로 하지 않으면 안 된다.

No. 687 '夯臬外' 禿斡黑 떨어지다(落)

이 단어에 해당하는 만주어로 그루베는 [tuhe-mbi]를 적용하고 있지만 문자대로의 음은 [tuwe-he]로 어미인 '升'[he]는 동사의 변화형이기 때문에 원형으로서는 '夯臬老'[tuwembi]이어야 된다.

No. 688 '朱申' 吉撒哈 부수다(碎)

이 단어에 해당하는 만주어를 그루베는 들고 있지 않지만 문자대로는 [gisaha]이고 만주어인 [gisa-mbi], 즉 '분쇄하다, 살정하다'의 과거형으로 생각되기 때문에 그 원형은 '朱老'[gisa-mbi]로 해야 한다.

No. 689 '岽用' 阿剌哈 패하다(敗)

그루베는 이에 해당하는 만주어를 들고 있지 않다. 야스마 야이치로安馬彌—郎도 마찬가지이지만 그는 여진어의 과거를 나타내는 변화어미로서 '用'를 경어硬語로 사용하고 있기 때문에 그것으로 추측컨대 그 기본형은 '岽老'일 것이다.

No. 704 '夾屯' 別厄 있다(有)

이 단어는 '夾老'[bi-mbi]의 변화형으로 만주어 [bi-o] '有広'에 해당하는 것이다.

No. 712 '甪仟' 的溫 오다(來)

이 단어도 변화형 그대로이고 원형은 '甪老'[ji-mbi]이다.

No. 713 '伦谷外' 革捏黑 가다(去)

이 단어는 연어로 '伦谷老'[gene-mbi]의 과거형이기 때문에 원형으로 하지 않으면 안 된다.

No. 714 '羙休右' 禿替昧 나다(出)

만주어에서는 [tuci-mbi]이다. 이 예에서는 '右'[mei]가 동사의 어미변화형이기 때문에 원형으로서는 '羙休老'[tuci-mbi]가 아니면 안 된다.

No. 715 '屯扎' 以勒 들어가다(入)

그루베는 골디어 [iri-]를 들고 있지만 일본어와 관계가 있는 단어일지도 모른다. 그것은 별개의 문제로 하고 [ire-]인지 [iri-]인지 불분명한데 어쨌든 이것만으로는 어간뿐이며 원형으로서는 '屯扎老'[ire-mbi]로 해야 한다.

No. 722 '付釆杰足' 哈富扎孩 통하다(透)

그루베는 이것에 [hafu-mbi]라고 하는 만주어를 들고 있다. 이 예에서 변화형으로 되어 있기 때문에 원형으로서는 '付釆老'[hafu-mbi]가 좋을 것이다.

No. 723 '兄禸矢' 撒答剌 새다(漏)

이 단어에 해당하는 만주어는 [sabda-mbi]이기 때문에 여기에서도 원형으로서는 '兄禸老'로 해야 한다.

No. 727 '禾乒升' 分車黑 남다(餘)

No. 728 '兊发羍殳' 晚灣牛的孩 어찌하여 태어나다(怎生)

그루베는 이 단어를 이분하여 [wanwan banji-mbi]로 했다. 그리고 [wanwan]을 만주어 [antaka] '어떻게'에 해당시키고 있다. 이 단어는 2분자씩 잘라서 후반부는 역어 No. 388에 있는 것과 같이 '羍殳'가 '태어나다生'으로 원형으로서는 '羍老'로 [banji-mbi]이다. 따라서 No. 728의 전반부는 불분명한 단어라고 하더라도 양자로 '兊发羍老'로 해야 한다.

No. 731 '圡斥甪忟' 厄勒吉扎以 이 때문에(因此)

그루베는 이 단어에 대비하는 만주어를 아무 것도 들지 않았지만 '圡'는 [ere]이며 '이쪽, 이'를 나타내고 '斥甪忟'는 대비어가 역시 만주어 중에서는 발견되지 않는다.

No. 732 '夹圡甬免' 斡恩一那 비록 ~이더라도(雖是)

그루베는 이것에 대해서도 대비하는 만주어를 들지 않았다. '夹圡'의 '夹'의 음이 불분명하기 때문에 고증이 어렵지만 다음 단어 '甬免'[ina]는 만주어 [inu] '이다是'에 대비하는 단어일 것이다.

No. 733 '斗夫芳' 兀忽卜連 효론하다(曉論)

그루베는 이것에 대해서도 해당하는 만주어를 들지 않았다. 그런데 야스마 야이치로安馬彌一郎는 〈대금득타송비〉의 설명에 있어 "斗夫击升"에 [u(l)huwe-bü-hei]를 해당시키며 만주어에는 [ulhimbi] '曉得'이 있다. '芳'[bure], [buren?]은 동사의 변화어미이기 때문에 이 경우 '斗夫老'[ulhiwe-mbi]로 해야 한다.

No. 734 '长夂芗' 只刺興 연민(憐憫)

이 단어의 역이 명사인지 동사인지 불분명하지만 만약 동사라고 한다
면 만주어에 [jila-mbi] '长夂老'가 원형일 것이다.

No. 735 '夊斥肖芗' 戈迷吉果卜連 너그럽게 용서하다(寬饒)

No. 690에 '式乐(戈迷吉) 길다長'라는 단어가 있다. 이것은 '夊斥'와 동음
이고 그루베는 '戈迷吉'과 '果卜連'을 나누어 2개의 단어로 다루고 있다.
'너그럽게 용서하다寬饒'는 '관대하게 용서함'이라는 의미이고 동형 혹은
유사음의 만주어가 발견되지 않는다.

No. 737 '旬老枭舟' 該別禿番 순조롭게 나아가다(將就)

이 의미는 '참다, 견디다'이다. 물론 이 단어는 2개의 단어로 이루어져
'旬老'는 '취取하다'이고 다음 단어는 불분명하지만 어쨌든 간에 이 두 글
자는 각각 반대로 하고 교체해야 한다.

No. 738 '串列兄累' 厄申撒希 모르다(不知)

이 예에 있어 '兄累'[sahi]는 [sahi-mbi]로 해야 한다.

No. 739 '串列关盇' 厄申殿忒 못 만나다(不會)

그루베는 만주어에 대비하는 것을 들지 않았고 두 번째 단어는 불분명하다.

No. 740 ‘ 攵亥夂 ’ 木忒卜魯 작성하다(作成)

이 단어는 만주어 [muti-mbi]에 대비되는 것으로 어미인 ‘夂’[buru]는
변화형이기 때문에 ‘攵亥老’가 원형이다.

No. 741 ‘ 育老矢列 ’ 八哈別埋因 복록을 누리다(享祿)

이것도 2개의 단어이지만 어순이 반대이다. ‘矢列’는 불분명한 단어이지
만 만약 ‘복록祿’을 의미하는 것으로 보면 ‘矢列育老’가 올바른 순서이다.

No. 742 ‘ 矢戔乜桼夭 ’ 革卜禿魯哈剌 명망(名望)

이 단어도 2개로 이루어져 있다. 전반의 ‘矢戔’는 [gebu]이고 ‘이름名’을
가리키는데 다음의 ‘乜桼夭’에 대해 그루베는 [tulula-mbi]를 해당시키고
있다. 그런데 이 단어는 ‘창솔倡率(궁중에서 구나驅儺를 할 때에 주문을 외우던
사람)’이라는 의미이기 때문에 이것은 맞지 않다고 생각한다. 역어 No.
359에 이 단어가 있고 ‘보다視’, No. 826의 전반부에는 ‘보다看’의 역과 No.
858에는 ‘보다覽’이 있다. 이들에서 보면 만주어 [tu-wambi] ‘看’[tu-wambi]
에 해당한다고 생각된다. 그런데 ‘명을 보다’라는 역에서는 ‘명망名望’으로
되지 않지만 관용어로 보면 ‘矢戔乜桼老’로 해야 한다.

No. 743 ‘ 甫刌卓 ’ 一乍剌 모임(聚會)

이 단어도 동사의 원형이 아니다. 그루베는 만주어 [isa-mbi]를 해당시
키고 있지만 여기서 문제가 되는 것은 여진어에서 ‘卓, 友, 夭, 夂’의 용법
이고 일단 여진어 문법을 검토할 필요가 있다.

야스마 야이치로安馬彌一郎는 그의 저서 제5장(108쪽) 동사에 있어서 “b.

다른 품사에서 만들어진 동사"로서 '友'[la]를 예로 들고 있지만 '卓, 矢, 夭'에 대해서는 아무 것을 기술하지 않았다. 역어 '矢'[la]라는 예는 32개가 있는데 '夭'[la]의 예는 겨우 1개에 지나지 않고 그것도 이 No. 359의 '夭'는 다른 것과의 비교에 있어 분명히 '矢'의 가점 탈락이기 때문에 '夭'는 '矢'의 오사이다.

'卓'[la]는 네 가지 예 밖에 없지만 흔히 동사의 어미변화형에 사용되어 '友'가 이미 문법상의 위치가 정해져 있는 이상 '卓'는 [-ra]로 보고 아마 동사 미래형으로 생각된다.

다른 한편 '矢'는 [la]이지 [ra]가 아니고 '友'와 동일음이지만 또한 동사 변화형으로서 위치가 불분명하다(그루베의 역어 56, 195쪽 참조).

본론으로 돌아가서 '甫剌卓'는 결국 원형으로서는 '甫剌老'이다.

No. 744 '纱友' 你下剌 잠간(須臾)

이 단어의 의미는 '잠시, 잠깐'이다. 역의 '臾'는 올바르게는 '叟'가 되지 않으면 안 된다.

이 단어와 동일하거나 또는 유사한 만주어가 없기 때문에 그 형은 또한 불분명하다.

No. 745 '飛床瓦金失系' 多羅幹薄替彈巴 법도(法度)

이 단어는 꽤 연구할 여지가 있는 것으로 대체로 2개의 단어로 이루어져 있다. 전반의 '飛床'[doron]은 '이치理'이지만 여기에서 말하는 '법도法度'는 '법률, 법칙'이지 '금지'의 의미가 아니다. 그루베도 [Regel, Verordnung]의 역어를 달고 있다. 다음의 '瓦金失系'[bodidampa]는 범어 [bodhidharma] '법칙'에서 온 것으로 생각되고 양자 합해서 '이의 법칙'이 되며 프랑스어로 생각된다.

No. 748 '寿昊字尾矢' 哈塔溫脉魯厄伯 성의(誠意)

이 단어는 그루베도 만주어에 대비하는 예를 들고 있지 않지만 아마 2개의 단어로 이루어진 것이다. 뒤 부분은 '字尾'[merge]이고 '지혜智'를 의미하는 단어일 것이다.

No. 749 '乐乐店仟吴奈' 奔吉幹溫剌勒 어떠한 일이 착하거나 잘 되었다고 칭찬할 만하다(可嘉)

이 단어도 2개의 단어로 이루어져 있다. 그루베는 이에 대비되는 만주어를 들고 있지 않았다. 더구나 1개의 단어로 보고 있다. 그런데 2번째 단어는 '店仟吴奈'으로 만주어 [urgunje-mbi]에 해당하고 '기뻐하는'의 의미일 것이다.

No. 750 '夺甫庄夫' 背也忽如剌 몸을 기우리거나 머리를 숙이다 (鞠躬)

이 단어도 2개의 단어로 이루어져 있고 그 의미는 "몸을 기우리거나 머리를 숙이다."이다. '夫'는 변화형으로 보고 원형은 '夺甫庄老'이다.

No. 751 '甫斤爰化右' 兀住廉克勒眛 머리를 조아리다(叩頭)

이 단어도 2개로 이루어져 [uju hengkile-mbi]이기 때문에 '右'는 '老'를 해야 한다.

No. 752 '出土先夷件' 卜溫失剌哈替 예부터(自古)

그루베는 이것에 대비하는 만주어를 들고 있지 않다. 그런데 2개의 단어로 이루어져 있고 어순은 잘못이 아닌데 대비되는 만주어가 발견되지 않는다.

No. 754 '扌庆夨' 称哥剌 받아드리다(受用)

이 단어에 그루베는 만주어의 대비어를 들고 있지 않고 또 같은 단어 중에도 대비하는 것이 발견되지 않는다. 그 의미는 "도움이 되다"이다. '夨'를 어미형으로 보면 그 원형은 '扌庆毛'이다.

No. 755 '本化夊' 厄勒黑 자유자재(自在)

이 단어에 대해 그루베는 그 음독을 ['oh-léh-hēi-hûng]로 하고 만주어 [elehun]을 들고 있다(96쪽). 그러나 여진문자에서는 [elehe]가 되고 [elehun]은 되지 않는다. 그루베가 어미에 [-hûng]을 덧붙인 것은 왜 그런지 설명이 없기 때문에 불분명하다.

No. 756 '芊秦夨' 的兒哈剌 쾌활하다(快活)

이 단어는 No. 383, 489와 동일하고 만주어 [jirga-mbi]에 대비된다. 그 때문에 '芊秦毛'가 원형이다.

No. 757 '肴罕甫毛' 革木兒一那 도무지(都是)

이 단어는 2개의 단어로 이루어져 만주어인 [gemu+inu]에 해당한다. 아울러 오히려 [inu gemu]로 하는 편이 보다 좋다고 생각한다.

17. 결첨結添

No. 760 '为夂囲土羋' 杜里剌國倫你 중국(中國)

이 단어는 No. 610의 '为夂'(가운데 '中')과 No. 32의 '囲土羋'로 이루어 져 '羋'[ni]는 소유를 나타내는 조사 '~의'이기 때문에 여기에서는 그것을 삭제해야 한다. 다만 만주어에서는 [dulimba-i-gurun]이라고 한다.

No. 762 '本丈' 革路塞伯 언어(言語)

이 단어의 역어는 아마 잘못이 아닐 것이다. 그것은 '本'가 '언ᄅ'를 의 미하기 때문이다. 그리고 '丈'는 명사의 어미이고 목적격을 나타내는 조 사이므로 여기서 불필요한 것이다.

No. 763 '孚枭兄瓦化' 一立受孩背勒 벼슬자리를 마련하다(設官)

이 단어는 2개의 단어로 이루지지만 어순이 잘못되었다. 왜냐하면 "관 을 설치하다"의 뜻이면 당연히 '瓦化'가 먼저 오지 않으면 안 된다. 따라 서 이 단어는 '瓦化·孚枭兄'로 해야 하지만 '~兄'는 '~하였다'라고 하는 과거분사형이고 "관을 설치했다(~한 곳에)"가 된다. 만약 이대로라면 "설 치된 관"의 뜻이지만 나는 오히려 '瓦化兄孚枭兄'라고 생각한다.

No. 768 '尽夂夫去屯右' 召剌埋拙厄臨昧 보고 올리다(奏報)

이 단어는 '尽夂夫'[joola-mai]와 '去屯右'[jorin-mei] 두 단어로 이루어 져 한역에서는 관의 명칭인 듯하지만 그렇지 않고 어순도 전도되며 정확 하게는 '去屯兄尽夂夫'[jorin-be, joola-mbi]로 해야 한다.

No. 769 '兵扑太亥毛右' 頭牙卜魯拙厄林埋 보고하다. 전보(奏報)

이 단어도 2개의 단어로 이루어져 있다. 앞의 세 문자는 '전하다傳'이고 No. 435에 있다. 만주어의 대비어가 보이지 않는다. '亥毛右'는 명사이기 때문에 '亥毛宅'로 하고 '兵扑太'는 '太'[buru]의 대신에 '毛'[-mbi]를 덧붙여서 '兵扑毛'로 해야 한다.

No. 771 '朴判史釆右' 貴也魯弗甙埋 반송허다(伴送)

이 단어는 2개의 단어로 이루어져 있다. '朴判史'는 의미가 불분명하고 그루베도 대비할 만주어를 들고 있지 않았지만 다음의 '釆右'는 '보내다送'로 원형은 '釆毛'이기 때문에 여기서는 전반의 형태를 인정하더라도 '朴判史釆毛'로 해야 한다.

No. 772 '关尤矢釆地' 牙魯乖埋分厄 (斜合)

이 단어도 2개의 단어로 이루어진다. '关尤矢'에 그루베는 [yaru-mbi]를 해당시키고 있지만 다음의 '釆地'는 아무 것에도 해당되지 않는다. 이것은 만주어의 [feniyelembi]에 해당하는 말로 의미는 '무리群, 集'이다. 그 때문에 이 두 단어는 '关尤矢釆地宅毛'로 해야 한다.

No. 773 '庆毛矢史' 苔別剌魯 쓸 준비를 하다(備寫)

이 단어의 의미는 "쓸 준비를 하다"이지만 그보다 "덧붙여 쓰다"의 의미가 적당할 것이다. 그루베는 '矢史'[la-lu]에 대해 만주어인 [ara-mbi]를 해당시키고 있지만 어순은 전도되고 오히려 '矢史庆毛'가 적당하다.

No. 774 '美牛夬禿岙' 牙魯乖埋革恩 무리를 모으다(科衆)

이 단어도 2개의 단어로 이루어져 있으며 그루베가 들고 있는 바와 같이 '禿岙'는 만주어에서 [green]으로 "무리衆"를 의미한다. 따라서 이 2개의 단어 어순은 반대이고 '美牛夬'는 [yaru-mbi] '끌다引, 導'이기 때문에 형태는 '禿岙美牛夬'가 아니면 안 된다.

No. 775 '美岙夬夬右' 安察別番住昧 추구하다(追究)

이 단어도 2개의 단어로 이루어져 그루베에 의하면 '美岙夬'는 [amča-mbi]이고 '쫓다追'이고 '夬右'는 [fonji-mbi]이다. 이것은 형태에서 말하며 한어의 직역이라고 생각되지만 [fonjime amčambi]로 해야 할 것이다. 여진문자에서는 '夬右美岙夬'로 적는다.

No. 776 '牟夬夬夬瓜' 愛因別赤巴勒 반드시(務要)

이 단어의 의미는 "꼭, 반드시, 틀림없이"이다. 그러나 2개의 단어로 이루어져 그루베는 어떤 만주어의 대비어도 들고 있지 않지만, 이것은 만주어 [ainaha seme]에 해당하는 말로 전반의 '牟夬夬'가 [ainaha]에 대한 것이고 다음의 단어는 불분명하다.

No. 777 '仞主禿夬' 端的孫哈荅孩 소식을 듣다(聽信)

이 단어는 "소식을 듣다"이고 2개의 단어로 이루어져 있다. '仞主'는 동사의 변화형이기 때문에 원형은 '仞夬'[donji-mbi]이고 '믿음信'을 만주어에서는 [medige]라고 하지만 '哈荅孩'에 해당하는 만주어는 불분명하다. 그런데 어순이 전도되어 있기 때문에 '哈荅孩'는 그대로 두더라도 어순은 '禿夬仞夬'로 해야 한다.

No. 779 '矢盂笨' 者失吉撒 속여서 권유하다(哄誘)

'공유哄誘'의 의미는 "속여서 권유하다"이다. 그루베는 이 단어에 대한 만주어를 들지 않지만 이와 같이 만주어에서는 유사한 대비어가 발견되지 않는다.

No. 781 '虻甬虻甬弯州' 法兒法兒弗里隨 따로 가다, 헤어지다(另行)

이 단어의 의미는 "따로 가다"이지만 [far-far]도 만주어에는 동형 혹은 유사어가 보이지 않는다. 그런데 이것은 '따로따로, 각각'을 의미한다는 것은 의음어적인 형태에서 바로 알 수 있다. 그에 이어지는 [fuli-shui]는 만주어 [feliye-mbi] '가다行'에 대비된다.

No. 782 '扎夂未岽夊' 出因扎撒剌 처치하다(處治)

이 단어는 2개의 단어로 이루어져 그루베는 '扎'에 '處'[ch'u]의 한어를 해당시키고 있고 다음의 '未岽夊'에 만주어 [dasa-mbi]를 해당시키고 있는데, 이것은 옳다고 생각한다. 생각건대 '夂'[-in]은 한어의 여진어화에 자주 사용되고 있다. 이 원형은 '扎夂未岽夬'로 해야 할 것이다.

No. 790 '亥甬癸甬芑' 塔荅剌謙師 선생을 파견하다(遺師)

이 단어는 3개 단어로 이루어져 뒤 2개 문자는 한어 '견사遺師'[ch'ien shih]의 전사이다. 그루베는 첫 번째 단어에 No. 376, 377에 있는 것과 같은 동어로 보고 [takûra-mbi]를 해당시키고 있지만 역어상에는 [takûra-mbi]와 '전하다遺'도 동의이기 때문에 단어가 겹쳐져 있다. 그런데 아마 여기에서는 '견사遺師'와 동음인 '유사遺使'이고 뒤의 두 문자만으로도 좋다고 생각된다.

No. 791 '早刾哭久伏夫' 非也吉木本刺 조력하다(偏稗)

이 단어의 의미에 대해 그루베는 [einseiting?], [parteiisch?]로 하고 있지만 한어 역은 "조력하다"가 아닐까 생각한다. 그런데 대비하는 만주어가 발견되지 않는다. 굳이 말한다면 만주어 [wehiye-mbi] '扶助'가 생각할 수 있다.

No. 793 '尤羕乢瓜' 乖你阿里卜爲 나누어주다(供給)

이 단어도 2개의 단어로 이루어져 있다. 전반부는 불분명하지만 만주어 [guwatala-mbi] '나누어 주다分給'과 관계가 있는지도 모른다. 후반부의 '乢瓜'는 그루베도 지적하고 있듯이 [alibu-mbi]이고 그렇다면 '乢瓜'는 '乢瓜光'로 해야 한다.

No. 795 '反弓乍庆兔夫' 哈剌魯斡哈沙剌 소리, 첩음(捷音)

이 단어도 2개의 단어로 이루어져 있다. 그루베는 대비되는 만주어를 들지 않는데 실재로도 이것은 발견되지 않는다.

No. 796 '冬孟夂伏臾' 斡失卜魯脉兒黑 승상(陞賞)

이 단어도 2개로 이루어져 그루베는 대비어를 들지 않았지만 No. 427의 단어와 동일하고 [wesi-mbi]이다. 다음의 [merhe]는 '상賞'으로는 되지 않는다고 생각되지만 어순도 바꾸어 말아서 '伏臾冬孟光'가 되어야 한다.

No. 797 '牛血右角' 巴住眛的 대적하다(對敵)

이 단어도 2개의 단어로 이루어져 첫 번째 것에 대해 그루베는 [bakcilambi]를 해당시키고 있으며 이것은 확실히 올바르다. 그런데 위의 단어에서는 동사 변화형으로 되어 있기 때문에 이것은 '牛血血尭'가 되고 '甪'는 '적敵'의 음역이다. 이 어순이 전도되고 있는데 "적에 저항하다"에는 단순히 '牛血友尭'만으로 충분하다.

No. 798 '㳠兕茟' 忽捏若魯 친구를 부르다(呼朋)

이 단어도 2개의 단어로 이루어져 '㳠'는 한어 '부르다呼'의 음역이다. 게다가 어순이 전도되어 있다.

No. 799 '岸夬攵佗' 朶申因勒 불러 모으다(引類)

이 단어의 앞 부분 '岸夬'는 No. 413의 '나아가다進'이다. 다음 두 문자는 '불러 모으다引類'의 음역이고 이들 양자는 단어 위치가 교체되어 있지만 한자의 전사라면 '攵佗'만으로 충분하다.

No. 800 '兕佗矢' 捏若勒埋 친구와 사귀다(結交)

'兕'[nukur]는 '친구友'이지만 '친구와 사귀다'라고 한다면 [nükü-le-mbi]로 되고 '兕佗尭'가 원형이다.

No. 801 '羊杀攵甫虬兵' 卓你伯荅出吉 날카롭고 민첩하다(鋒銳)

이 단어도 2개의 단어로 이루어져 두 번째 '甫虬兵'에 그루베는 [dɑcun] '銳'를 해당시키고 있으며 이것은 올바르다. 그런데 첫 번째의 대비어는 만주어에서 발견되지 않고 [jɑngku]'칼刀'가 아니라고 생각한다.

No. 804 '夬並右氼夬' 千㕦昧團住剌 시험하다, 선발하다(考選)

그루베는 이 2개의 단어에 각각 [cende-mbi], [tuwa-mbi]라는 만주어를 대비어로 해당시키고 있다. 이것은 올바르며 "고선考選" 즉 "시도하다, 시험하다"에 적용되고 있지만 끝 부분에 원형으로는 '老'를 덧붙여 '夬並右·氼夬老'로 해야 할 것이다.

No. 805 '帯件朲' 塔替卜魯 공부를 가르치다(習學)

이 단어는 1개의 단어로 [taci-mbi]가 원형이라는 것은 명료하고 이 예에서는 동사의 변화형이 나타나고 있다. 따라서 이것은 '帯件老'로 해야 할 것이다. 만약 원형이 [tacibu-mbi]라면 '공부를 가르치다敎學'이라는 역이 아니면 안 된다.

No. 806 '夬屯肴刿夬' 別厄塞因別 유익하다(有益)

이 단어는 2개의 단어로 이루어지지만 어순이 전도되고 게다가 '夬屯'는 변화형이기 때문에 '肴刿夬夬老'[sain-be be-mbi]로 해야 할 것이다.

No. 807 '戋它秀花乐' 塔以革勒吉 에에 따르다(依例)

이 단어는 그루베도 대비어로 만주어를 들지 않았지만 사실 만주어 중에서 대비어가 발견되지 않는다.

No. 809 '夬夬夂夅夬' 剌魯木㕦卜魯 글을 쓰다(寫成)

이 단어는 의미상에서는 어순이 잘못된 것은 아니지만 '夬'[buru]를 '老'[-mbi]로 해야 한다.

No. 810 '**为犬犮**' 騰剌魯 등사하다(謄寫)

이 단어는 여기에서는 [t'êngla-lu]로 읽혀지고 있다. 그리고 [t'êng]은 한어 '오르다騰[t'êng]의 음역이고 거기에 '쓰다書'를 의미하는 '**犬犮**'가 붙은 것인데 '**为**'는 [t'êng]의 항에 바탕 문자가 없고 만주어에서 '등사하다謄寫'를 [doola-mbi]라고 하기 때문에 음자로 '刀'[tao〉dao〉doo]가 바탕 문자이며 [doo]로 읽는 것으로 생각된다. 그 때 이 두 단어는 '**为犬尧**'가 원형이 된다.

No. 812 '**兄甲盃多**' 撒希西因 잘 알다(知悉)

이 단어는 2개의 단어로 이루어져 전반부가 여진어이고 후반부는 한어이다. 따라서 의문을 갖지 않을 수 없고 한인이 사용하는 단어처럼 보인다.

No. 813 '**其圡金夬**' 其兀伯申 탐구하다(求討)

이 단어의 의미는 '求구하다, 冀(바라다)이다'이다. 그루베가 나타내는 바와 같이 '**其圡**'은 한어 '求'[ch'iu]의 음역이고 '**金夬**'는 No. 415, 416에 있는 '치다, 다스리다討, 찾다尋'과 동일하고 그루베는 이것에 만주어 [bece-mbi]를 해당시키고 있지만 이 두 단어도 한인이 사용하는 단어인 것 같고 여진어로서는 부자연스러움이 있고 어순도 의문을 갖지 않을 수 없다.

No. 814 '**北凡夫店冬**' 阿里卜爲卜幹幹 나누어주다(給與)

이 단어는 2개의 단어로 이루어져 [bu]의 음을 지니는 문자에서는 '**夫**'와 '**夬**'가 형태상 매우 유사하다. 그루베는 전반부의 단어에 [ali-mbi]에 해당시키고 있지만 다음의 단어에는 대비하는 만주어를 부여하고 있지 않다. 그러나 '**夬**'는 '나누어다給, 주다與'의 의자로 만주어인 [bu-mbi]에 해당하기 때문에 이 원형으로서는 '숏老'이다. 그래서 그 문자는 '給'[ch'i] 항의 '荄'가 바탕 문자이다. 이 두 단어는 그대로라면 '급여하다受給'이지만 어순도 전도되어 있다. 나는 오히려 의미상에서는 '숏老'[bu-mbi]만으로도 충분하다고 생각한다.

No. 815 '伯亦沙埋恩' 은혜에 보답하다(謝恩)

이 단어 역시 2개의 단어로 이루어지지만 마지막 문자는 한어의 전사음이다. 첫 번째 단어에 대해 그루베는 대비하는 만주어를 들고 있지 않고 또 [be]로 시작되는 만주어에는 대비어가 발견되지 않는다. 그런데 어순이 전도되었기 때문에 정확하게는 '숇伏千숏老'일 것이다.

No. 816 '岸丹孕' 길거리(沿途)

이 단어에 대해 그루베는 어떠한 만주어도 들고 있지 않지만 이 의미는 '길가道中, 沿道'이다. 2개의 단어로 이루어져 앞의 단어는 만주어 [andala] '반도半途'에 대비하고 다음 단어는 한어 '途'의 전사음이다. 이 예는 오히려 한 단어인 '岸丹'[andan] 또는 [andala]로 해야 한다고 생각한다.

No. 817 '弗里隨吉里吉' 이행하다(行移)

이 단어는 2개의 단어로 이루어져 전반부는 No. 421과 동일하다. 그루베는 이에 대한 만주어를 들고 있지 않지만 나는 [feliye-mbi] '가다'가 대비어라고 생각한다. 그렇다면 이 두 단어로 '弄꿰伱乐'[feli-me guri-mbi]가 될 것이다.

No. 818 '佀玊宂尽斥' 端的孫扎失兒吉 명령을 듣다(聽令)

이 단어 역시 2개의 단어로 이루어져 두 번째 단어는 [jasigan]에 대비하는 것이다. 그런데 어순이 반대이어서 '宂尽斥佀玊'로 해야 한다.

No. 820 '夬厈來乢' 克安分厄 감합하다(勘合)[4]

이 단어도 두 단어를 합친 것으로 그루베가 나타내는 바와 같이 전반 두 글자는 한어 '감勘[kʻan]을 나타내고 다음 단어는 아무것도 나타내고 있지 않지만 이것은 [feniye(-le-)-mbi]에 해당하고 '집합集合'을 의미한다. 그루베는 '감합勘合'을 'Reisepass' '여권旅券'으로 번역하고 있지만 나는 약간 의문스럽게 생각한다. 그것은, 즉 '끓어 모으다勘集'라고 하는 의미가 되기 때문이다.

No. 821 '㳄右牟扖攵' 兀里眜頭牙卜魯 留傳

이 단어도 2개의 단어로 이루어져 있다. '㳄右'는 No. 402와 동일하고 그루베는 [ula-mbi] '전傳, 전주傳授'를 해당시키고 있다. 그런데 두 번째 단어는 [tuta-mbi]와 관계가 있다고 생각한다. 이 2개의 단어를 합하면 '전하고 머물다'라는 뜻이지만 '攵'[buru]가 변화형이기 때문에 이것은 '牟扖老'로 해야 하는 것이고 이 두 단어의 어순은 전도되어 있을 지도 모른다. 그러나 정확한 것은 불분명하다.

---

4) 계인(契印). 발송할 공문서의 한 끝을 원부(原簿)에 대고 그 위에 얼려 찍던 도장.

18. 신증新增

No. 822 '集攵矣' 諸勒厄塞 이 앞(比先)

이것은 어순이 반대라고 생각한다. No. 598에 '集化', '前'(만주어 [juleri])라는 단어가 있고 이 의미로부터 추측하면 "이 앞, 여기부터 앞에"이기 때문에 '攵矣集化'로 해야 한다. 그런데 '이것, 이것의'는 No. 854에 '攴'(厄塞) 이것(這)'(만주어 [ese])로 있지만 이것은 '之等'이고 '이것'은 '攴'[ere]이다. 그래서 이 관계는 불분명하다.

No. 824 '伏虬柔夂禹花斥' 出出瓦孩革勒吉 전례에 비추어 상고하다(照例)

이 단어의 의미는 "예와 같이, 예에 따라"이고 2개의 단어로 이루어진다. 어순은 반대이며 '禹花斥伏虬柔夂'라는 순서인데, 문법상에서는 마지막 '夂'를 '老'로 해야 한다. 또 그루베는 이들 단어에 대비되는 만주어를 들고 있지 않고 만주어 중에서도 발견되지 않는다.

No. 827 '专毛右支攵' 拙厄林眜委勒伯 報事

이 단어는 2개의 단어로 이루어져 어순도 전도되어 있다. 얼핏 보면 관직명처럼 느껴지지만 그렇지 않은 듯하며 '右'는 '老'로 해야 한다. 그 때문에 두 단어는 '支攵专毛老'이고 여기의 '攵'는 목적격을 나타내는 조사이다.

No. 829 '本米' 斡非 위하다(爲)

문자대로는 [ofi]이고 여기서는 '하다爲'의 의미는 되지 않고 '~을 위해'

이기 때문에 오히려 번역으로서는 '因爲'로 하는 편이 확실하다.

No. 833 '㳠攴帀' 忽剌吉 바꾸다(換)

그루베는 이것에 [hôlaša-mbi]를 해당시키고 있지만 이것은 올바르다. 그런데 만주어대로라면 오히려 '㳠攴帀光'로 해야 하고 '㳠攴光'로 하면 '부르다嗅'이 되어 '바꾸다換'에서 변이 잘못되었다.

No. 834 '森立右' 都厄恩眜 지나다(過)

그루베는 이것에 만주어인 [dule-mbi]를 해당시키고 있지만 이것은 오류가 아닐 것이다. 그런데 이 예의 여진문자가 의문이고 형태도 원형이 아니다. 어간을 그대로 놓아두어도 '森立光'로 해야 한다.

No. 836 '奇全' 該哈兒 취하다, 거느리다(領)

이 단어에 그루베는 [gai-mbi]에 해당시키고 있지만 그것은 적당하다고 생각한다. 그런데 여진어에서는 [gai-gar(ga)]이고 '全'[gar(ga)]가 무엇을 가리키는지 불분명하다. 여기에서 '哈'[ha]는 [ga]이다.

No. 839 '庤走夬·' 麻納剌 무너지다(壞)

이 단어는 그루베가 들고 있는 바와 같이 만주어 [mana-mbi]에 대비하기 때문에 원형을 '庤走光'로 해야 한다.

No. 840 '庘夳夰' 卜魯斡黑 화살(矢)

이 단어는 그루베가 들고 있는 [burubu-mbi]에 해당하는 것으로 원형으로서는 '庠冬老'로 해야 한다.

No. 843 '毛屋火' 一兒厄伯 백성(百姓)

이 단어는 만주어 [iregen]에 해당하기 때문에 마지막 '火[be]'는 조사로 간주해도 좋을 것이다. 따라서 '火'는 여기에서는 필요하지 않으며, '毛屋' 만으로 충분하다.

No. 845 '伕乩斧足夭它' 出出瓦孩塔以 의지하다(照依)

이 단어는 2개의 단어로 이루어져 그루베는 이에 대비하는 만주어를 들지 않고 있으며 이 단어의 형태도 불분명하다. 아마도 위의 예의 어순도 한어대로라서 '夭它伕乩斧老'로 해야 할 것이다.

No. 846 '免半' 厄禿洪 뚫다(穿)

이 단어를 그루베는 [etu-mbi]에 해당시키고 있지만 그렇다면 어미를 '老'로 하고 '免老'로 해야 할 것이다.

No. 847 '其半弁' 其車黑 쓰다(用)

그루베는 이에 [kiče-mbi]를 해당시키고 있다. 그것은 적절하고 '弁'는 동사의 변화형이기 때문에 원형인 '其半老'를 사용해야 한다.

No. 849 '写耒足' 一立受孩 베풀다(設)

이 단어는 만주어 [ili-mbi]에 대비하는 것으로 생각한다. 따라서 원형인 '写老'[ili-mbi]로 해야 한다. '耒'[šu]는 불명의 기능어미이다.

No. 850 '任夬' 只速魯 짓다(做)

이 단어를 그루베는 [či-sûh-láh]로 전사하고 [jisu-mbi]에 해당시키고 있다. 그런데 역어에서는 '-夬'[lu]로 되어 있는데 무엇이든 간에 어미변화형으로 '任耂'가 원형이다.

No. 855 '反虫犀' 忒忒希 이불(被)

이 단어는 한자대로의 음은 [tetehi]이지만 이 단어에 대비어는 만주어에는 보이지 않는다. 그루베는 이 의미를 [dort?]로 하고 있지만 이것은 오류가 아니라 오히려 번역의 '被'는 '彼'의 잘못이라고 생각한다. 그렇다면 '反'는 [te], '虫'는 [de]가 아니면 안 된다.

No. 856 '吕' 弗脉 속, 묶음(束)

이 단어는 그루베가 대비하는 만주어를 들고 있지 않지만 나는 [fulmiye]가 대비어라고 생각한다.

No. 857 '乗盂' 厄不失 ~이래(以)

이 단어의 번역은 단순히 '-으로以'이지만 만주어 [ebsi]에 해당하고 '~이래以來'가 번역이다.

No. 858 '㐀夆夭' 禿魯哈剌 보다(覽)

이 단어는 No. 359, No. 742 등 및 기타 '夭'의 예와 비교해서 오사이고 '夭'는 '夬'와 동일하다고 생각한다. 따라서 이 단어는 No. 742 등과 동일하다.

No. 859 '朱' 吉撒 꾸짖다(呵)

이 단어는 그 자체로는 '죽이다殺'라는 의미를 가지지만 '呵'는 "꾸짖다, 입을 열다"이고 만주어에는 적당한 대비어가 보이지 않는다.

No. 860 '矢杀右' 者哯睞 삼가다(謹)

이 단어는 대비하는 만주어에 보이지 않고 그루베도 아무 것도 들지 않았다. 그러나 그 형태는 변화형이고 원형으로서는 '矢杀老'이다.

No. 862 '抱矢' 革登 살다(住)

이 단어는 만주어 '가다去, 가다往'[gene-mbi]에 해당하는 단어의 변화형이지만 어떠한 변화인지 아직 의문이다.

이상에서 그루베의 역어 전반에 있어서 그의 문제점이나 오사 등에 대해 고증을 해 보았지만 또한 그 중에는 미해결의 문제가 있다. 이들은 지금까지의 자료를 가지고서는 더 이상 해결은 어려운 것들이다. 이 역어는 어휘로서 들고 있는 경우에는 반드시 그 원형인 '~老'[-mbi]형을 동사 어미로 사용해야 하지만 그렇게는 되어 있지 않고 다양한 형을 예를 들면 '右, 矢, 夫, 夬, 夅' 등으로 하고 있는 점에서 보아도 이것이 여진인이 만든 것이 아니고 한인이 만든 것이라는 것이 충분히 짐작된다.

제12장

여진문자와
거란문자와의 관계

제12장 여진문자와 거란문자와의 관계

해독의 요점을 잡을 수 없어서 아직까지 세계의 수수께끼로 되어 있는 거란문자는 『서사회요書史會要』 및 『요사遼史』에 의하면 두 단계에 걸쳐서 제작되었다. 처음에 만들어진 것은 대자 즉 의자意字이고 다음으로 만들어진 소자는 즉 음자音字이다.

거란 대자(의자) 태조 신책神冊 5년(A.D. 920)에 제작
거란 소자(음자) 태조 천찬天贊 3년(A.D. 924)에 제작
여진 대자(의자) 태조 천보天輔 3년(A.D. 1119)에 제작
여진 소자(음자) 희종 천권天眷 1년(A.D. 1138)에 제작

위 표에서 알 수 있듯이 여진문자는 거란문자보다 약 190여 년이나 뒤에 만들어진 것으로 형태는 비슷하지만 용자법은 꽤 다르다. 그러나 양자 모두 한자를 바탕 문자로 작성된 것은 기록에서도 분명하고 이것에 대한 증명을 나는 졸저 『거란어의 연구』(소화 26년 7월간), 『언어집록』(제1~5호) 및 『사관』(와세다대대사학회 간, 제37권) 지상에서 시도했지만 다시금 다음에 기술해 보기로 한다.

거란문자에 관해서는 명나라 도종의陶宗儀의 『서사회요書史會要』(권8 정일)에 요나라 태조는 "多用漢人敎之以隸書之半增損製契丹字數千"로 되어 있고 여기에서 말하는 '예서隸書'는 물론 한자 그 자체이고 한자 외의 문자를 가리키는 것은 아니다.

다음으로, 여진문자에 관해서는 마찬가지로 『서사회요』(권8 정이) 금완언 희윤 조에 "太祖命希尹撰本國字希尹及依倣漢人楷字因契丹字製度合本國語製女眞字…"가 있고 이들 문장이 한자 기원설을 나타내고 있다.

거란문자의 음독 및 의독은 그 열쇠가 많이 발견되지 않기 때문에 본장에서는 지금까지의 나의 연구에 의해 얻어진 것을 예로 드는 것에 거쳤다. 먼저 거란어와 여진어와의 차이와 관계를 기술해야 하지만 이에 관해서는 사서에 보이지 않기 때문에 고증에 의할 수밖에 없다. 귀납적으로 생각하면 거란어는 알타이어에 속하고 극히 개략적으로 말하면 몽고어, 여진어가 합쳐진 것과 그 방언 차이에 의해 이루어져 이것에 외래어인 한어가 더하여진 것이기 때문에 당연히 여진어와의 일치점이 있다고 인정된다. 이것을 어휘상에서 비교해 실례를 들면 다음과 같다.

거란어	발음	여진어	발음	뜻
	梅忒里		梅忒林	바다(海)
	木杜里		木杜兒	용(龍, 辰)
	梅黑		梅黑	뱀(蛇, 巳)
	抄哈		抄哈	군대(軍)
	阿捏		阿捏	해(年)
	厄然		厄然	군주(君主)
	洶		洶	태양(太陽)

이 예를 봐도 바로 알 수 있듯이 거란어 중에는 여진어와 공통적인 어휘를 찾을 수 있기 때문에 언어상에서는 양자의 관계를 부정할 수 없다.

다음으로 문자의 관계인데 위의 예만으로는 거란문자와 여진문자 사이에 일치점 혹은 상호 관계가 나타나지 않는다. 즉 거란문자의 '거'에서 여진문자인 '여'가 만들어지지 않았다는 것, 또 거란문자 '거'에서 여진문자 '여'가 만들어지지 않은 것, 또 거란문자 '거'에서 여진문자 '여'가 만들어진 것이 아니라는 것은 얼핏 보아도 분명하다. 즉 이들은 모두 한자의 바탕 문자가 다르다는 것이다. 다음 표는 그 제작과정의 일종을 나타낸 것이다.

(1) 한자(바탕문자)┌거란문자(유래자)
　　　　　　　　　└여진문자(유래자)

(2) 한자(바탕문자) → 거란문자(유래자·바탕문자) → 여진문자(유래자)

(3) 한자(바탕문자)┌거란문자 → 여진문자 중 어떤 것
　　　　　　　　　└여진문자 중 어떤 것

이들 중에서 어느 것이나 다 올바르다. 이것을 설명하면

(1)은 거란문자 및 여진문자가 직접 한자에서 만들어져 그 양자 간에는 직접적인 관계도 없는 아무것도 없음을 나타낸 것.

(2)는 한자에서 우선 거란문자가 만들어져 나중에 그 거란문자에서 여진문자가 만들어졌다고 하기 때문에 여진문자는 한자에서 만들어진 것이 아니라 일단 거란문자가 매개문자임을 나타낸다.

(3)은 (1) 및 (2) 양자의 성질을 지닌 것으로 여진문자의 어떤 것은 거란문자에서 그 외에 것은 한자에서 만들어졌다고 하는 것이다.

이 세 가지를 지금가지 기술한 연구에 의해 검토하면 다음의 사항을 말할 수 있다고 생각한다.

가) 거란문자는 직접 한자에서 만들어졌다.

나) 여진문자의 개개에 대해 설문학적 고증을 시도한 결과 모두 한자에서 직접적으로 만들어졌고 거란문자에서는 만들어지지 않았다.

다) 앞서 게재한 『서사회요』의 "依倣漢人楷字, 因契丹字製度"를 고증하면 여

진문자는 한자의 계서를 바탕 문자로 하여 제작 방법은 거란문자에 의한 것이지 직접 거란문자에서 만들어진 것도 아니고, 거란문자와 직접 관계를 진닌 것도 아니다. 이들 양 문자의 특징으로서는 여진문자가 대자(의자), 소자(음자) 모두 한자와 같이 독립되어 대서되는 데 반해 거란문자는 대자(의자)는 격변화 등을 나타내지 않는 경우에만 독립되어 대서되고 기타의 경우 및 소자는 집합해서 하나의 단어를 형성하는 것과 같이 소서된다.

부록 여진어해(여진·일본어 어휘)

여기에 기록하는 여진·일본어 어휘는 문자 순서를 그루베의 역어 중 확인부 46~79쪽에 따랐다. 그러나 그루베가 부여한 번호는 취하지 않았다. 그 이유는 다음과 같은 경우 때문에 번호에 잘못이 생기기 때문이다.

38 '夬'[lâh]剌는 전사자의 오류이고 195 '夬'[lâh]剌의 부분에 들어가야 한다. 때문에 38은 당연히 39의 문자에 와야 하고 차례로 번호가 올라가게 된다. 이와 같은 것이 그 외에도 2~3곳에 있고 역어인 여진문자는 이 때문에 형태가 단축되어 총 번호도 올라가게 된다. 그 때문에 나는 번호를 부여하지 않았다(번역본에 기호는 야마지 히로아키의 배열 순에 따라 번호를 할당하였다).

또 한자에 의한 전사음은 오류를 낳기 쉽기 때문에 가능한 한 로마자로 표기하기로 했다.

1. ᄂ 厄木 [emu] 하나–: [emu], [emu], [emu](636, 758, 851, 852)
   No. 636. ᄂ 厄木/ 額木 [emu], [emu], [emu] 일–/ [emu](M), [ʒmu](N), [omun] (S), [emun](E), [omun](Mɑ)
   No. 758. ᄂ羔庆庂 厄木你哥塞 [emuni gese], [emuni gese], [emuni gese] 일반–般/ [emu gese](M)

No. 851. ㇄亦羊 厄木車你 [emu čeni], [emu čeni], [emučeni] 한번 만나다—遭/ [emuči](M)

No. 852. ㇄为匤乕 厄木赫兒厄吉 [emu hergegi], [emu hergegi], [emu herŋe gi] 일곱—級/ [emuǰergi](M)

2. ㇄ 拙 [juwe] 이二: [juwe], [juwe], [juwe](637) [juwe], [juwe], [juwe] [juwe] 이二/ [juwe](M), [ʧu](N), [ziul](S), [juur](E), [ʒ'urä](W), [ʒ'ur] (Ma)

3. ㇆ 獨兒歡/ 獨儿歡 [durhun] 십사+四: [durhun], [durhon], [dorhon], [dorhon]/ [juwanduin](M), [ʧuãtuin](N)(649)

4. 乇 幹女歡 [omhun] 십구+九: [omhun], [oniyohon], [oniyohon] 십구+ 九/ [juwãn uyun](M), [ʧuã ujun](N)[omhum], [oniyohon], [oniohon] (654)

5. 𩙿 納木住 [nadanju] 칠십七+: [nadanju], [nadanju], [nadanǰu]/ [nadanǰu] (M), [natŝʧu](N), [nadange](S), [nadanye](E), [nadanʒar](W), [nadayi] (Ma)(660)

No. 660. 𩙿 納丹住/ 納荅住 [nadanju], [nadanju], [nadanǰu], [nadanju] 칠십 七+/ [nadanǰu](M), [natŝʧu](N), [nadange](S), [nadanye](E), [nadanʒar] (W), [nadayi](Ma)

6. 土 也溫住 [uyunju] 구십九+: [uyunju], [uyunju], [uyunǰu]/ [uyunǰu](M), [ujunʧu](N)(662)

No. 662. '土' 兀也溫住/ 兀容住 [uyunju], [uyunju], [uyunǰu] 구십九+/ [uyunǰu] (M), [ujunʧu](N)

7. **工** 荅兒歡 [darhun] 십칠+七: [darhon], [dorhon?], [darhun](652)

No. 652. '工' 荅兒歡/ (荅兀歡) [darhun], [darhon], [darhon] 십칠+七

8. **ロ** 戈兒歡 [gorhun] 십삼+三: [gorhon][gorxon][gorhun](648)

No. 648. 'ロ' 戈兒歡/ (戈兀歡) [gorhun], [gorhon], [gorhon] 십삼+三

9. **ㄥ** 泥渾 [niolhun] 십육+六: [nilhun], [nixun], [nirhun](651)

10. **千** 檛 [juwa] 십+: [juwa], [ʒuua], [jua](645)

11. **方** 土滿 [tuman] 만萬: [tuman], [tumən], [tumen](665, 866)

12. **及** 都塔 [tuta] 존재存在: [duta], [duta], [duta](720)
　　及毛 都塔別 [tuta-mbi] 있다(No. 720 참조).
　　No. 720. **及斥** 都塔洪 [tuta-hun], [dutahun], [tutahūn] 있다存

13. **另** 埋番住 [mai]: [fan(fanju)], [fanʤu], [fanjumai](444)
　　No. 444 **另** 埋番住/ 弗你[1] [maifanju], [fanjumai], [fanjumai] 묻다問

14. **弓** 捏 [niya], [niya], [nie], [nie, nia](132, 159, 357, 719)
　　No. 132 **弓血** 捏住/ 念木住 [niyaju], [niyaju], [nieju] 포도葡萄, 외瓜

15. **ㄹ** 倭林 [orin] 이십二+: [orin], [orin], [orin](655)
　　No. 655 **ㄹ** 倭林/ 斡里 [orin], [orin], [orin] 이십二+

---

1) 道尔吉·和希格, 『女眞譯語硏究』, 1983, 140쪽. '埋番'은 '番住'와 위치가 바뀐 것으로 판단하고
있다.

16. 夊 厄塞 [ese] 이것這: [ese], [əsə], [ese](854)

No. 854 夊 厄塞 [ese], [ese], [ese] 이, 이것這

17. 九 兀也溫 [uyun] 구九: [uyun], [uiyn], [uyun](644)

No. 644 九 兀也溫/ 兀容 [uyun], [uyun], [uyun] 구九

18. 乇 安朔 [amso] 십일十一: [amšo], [amʃo], [amšo](646)

No. 646 乇 安朔 [amso], [amso], [amso] 십일十一

19. 正 州 [jun] 주州: [jou], [dʒou], [jeu](54)

No. 54 正 州 [ju, juu], [jou], [jiu] 주州

20. 于 一勒: [i], [i], [i, il](118, 294, 486, 917)

No. 118 于夫 一勒哈 [ilha], [ilha], [ilha] 꽃花/ [ilha](M), [ilga](N), [ilege](S)
于卦 一勒別 [iji-mbi] 구하다救, 助

21. 亻 江 [kiyan]/ [giyan]: [giyan], [-], [gian](2, 13, 134, 190, 192, 193,
269, 578, 587, 616, 617, 618, 619, 624, 629, 630, 632, 634, 635)

No. 2 舵亻 塔里江/ 塔兀恰 [talgiyan], [talgiyan], [talgian] 천둥霆

No. 13 兇亻 上江/ 尙加 [šanggiyan], [šangiyan], [šaŋgian] 연기煙

No. 134 兇亻禹哭 上江瑣吉 [šanggiyan sogi], [šangiyan sogi], [šaŋgian soŋgi]
배추白菜

No. 190 兇亻伞頁 上江塞克 [šanggiyan segu], [šangiyan seke], [šaŋgian seke]
은색 쥐銀鼠

No. 629 禾瓦亻 阿卜哈嫩江 [abka niogiyan], [abka niyoygiyan], [abka niongian]
하늘이 푸르다天青/ [geyenamun](M)

22. 宁 寧住 [ninjun] 육六: [ningu], [niŋgu], [ningu](641)

23. 仐 卜楚 [bočo]: [bočo], [butʃu], [buču](14, 628)

　No. 14 仐広哭 卜楚禿吉 [bočo tugi], [bočo tugi], [bučo tuŋgi] 노을霞

　No. 628 仐弓 卜楚該 [bočogai], [bočogai], [bučugai], 색色

24. 补 套 [too]: [too], [too], [too](359, 742, 826, 858, 1, 71, 399, 715,
　　731, 807, 815, 845)

　　补土走 套溫別 [too-mbi] 욕하다. 읽다.[2]

　　补甬走 套答別 [tooda-mbi] 돌아오다.[3]

25. 亡 禿魯 [turu], [turu], [tur], [turu](359, 742, 826, 858)

　No. 359 亡条夨 禿魯哈剌 [turuhala?], [turugala], [turugala] 보다視

　No. 826 亡条夨兇枕主 禿魯哈剌團下孫/ (禿魯哈剌團下松) [turuhala tuwancihisun],
　　[turugala tuwanhiyasun], [turugala tonhiasun] 간수看守

26. 屯(屯) 以 [i] ~의(모음 다음에): [i], [i], [i](1, 71, 399, 715, 731, 807,
　　815, 845)

　No. 715 屯礼 以勒 [ire], [iriye], [ire] 넣다, 들어가다入

27. 屯 哈稱 [hači], [hači], [xatʃi], [hači(n)](80, 99, 100, 581, 825, 867)

　No. 80 屯列 哈你因/ 哈失 [hacin], [hačin], [hačin] 마디, 절기節, 제전祭典

　No. 99 圧盂屯列 寒食哈称因 [hanši hacin], [hanši hačin], [hanši hačin] 청
　　명절淸明/ [hangši](M), [haŋši](Mo)

　No. 100 圡月屯列 順扎必阿称因 [sunja biya hačn], [šunja bi a hačin], [šunja
　　bia hačin] 단오절端午節/ [sunja biya i hačin], [sunjangga inenggi](M)

　No. 581 屯列 哈你因 [hačin], [hačin], [hačin] 물건, 사물物/ [hačin](M)

---

2) No. 358 补土夨 套溫剌 [-], [taunra], [taunra] 읽다讀
　No. 465 补土夨 套溫剌 [too-mbi], [taunra], [taunra] 욕하다, 꾸짖다罵
3) No. 438 补甬夨 套答剌/ 套答 [tooda-mbi], [taudara], [taudara] 돌아오다還

No. 825 盂美岜芚刄 脉兒革以哈你因/ (脉兀革以哈你因) [mergei hačin], [ergei hačin], [ergei hačin] 방물方物/ [ergi](방향), [hacin](물건)(M)

28. 岜 沒 [mu] 나무木: [mu], [muwə], [mu](51)

　　No. 51 岜 沒/ 木克 [mu], [mu], [mu] 나무木

29. 戈 法 [fa]: [fa], [fa], [fa](781)

　　No. 781 岜甬岜甬旿州 法兒法兒弗里隨/ (法兀法兀弗里隨) [farfar fulsui], [farfar fulsuwi], [farifari fulisui] 따로 가다, 헤어지다另行

30. 札 孩 [hai]: [hai], [xai], [hai](109)

　　No. 109 札犬 孩刺/ 孩刺莫 [haila], [haila], [haila] 느릅나무楡

31. 丸 解 [guwai] 解: [giyai], [gie], [gei](808)

　　No. 808 盂丸 註解 [-], [jugiyai], [jugei] 주해註解

32. 尢 吉勒 [gila?]: [dilga], [dil(ga)], [jilŋa(n)](780)

　　No. 780 矢美先釆 革卜的勒安 [gebu jilgan], [gebu diÿgan], [gebu dilŋan] 명성名聲

33. 先 的勒 [jilga], [dilga], [dil(ga)], [dilgaŋa(n)](780)

　　先釆 [jilgan] 소리聲

34. 兂 阿民 [amin] 아버지: [amin], [amin], [amin](282)

　　No. 282 兂 阿民/ 阿㾿 [amin], [amin], [amin] 아버지父

35. 丈 伯 [be] ~를: [be], [bə], [be](62, 225, 271, 337, 341, 398, 477, 479, 487, 506, 697, 748, 762, 778, 801, 827, 843)

No. 62 血血火 住兀佰 [jugu], [jugu be], [juŋu be] 길道/ [jugūn be](M)

No. 223 火臾 伯黑 [behe], [behe], [behe] 먹墨/ [behe](M), [behe](Mo), [behe]
(S), [behe](E)

No. 271 乐友矢支火 召刺埋委勒伯 [-], [jaulamai weilebe], [weilebe jeulamai]
秦事 사태를 보고하다秦事/ [wešimbumbi](N)

36. 丈 魯 [-lu] 동사 어미 변화형의 일종: [ru], [ru], [ru](357, 425, 440,
460, 466, 467, 771, 773, 809, 810, 850)

No. 357 东弓丈 弗揑魯 [funiyeru], [funiyaru], [funieru] 생각念

No. 425 兑丈 失刺魯 [sira-mbi], [širaru], [širaru] 잇다, 엄습하다襲

No. 440 㸦㚟丈 哈扎魯 [gajalu], [gajaru], [gajaru] 필요, 요구要/ [gajimbi](M)

No. 460 㑒气丈 桑戈魯/ 宋谷必 [songgo-mbi], [sangolu], [soŋgoru] 울다,
곡하다哭

No. 466 吞母丈 減苦魯/ 揑苦魯 [miyakura-mbi], [miyakuru], [miyakūru] 꿇
어앉다跪

37. 丈 失 [si]: [ši], [ʃi], [ši](10, 540, 719)

No. 10 火仇土 失勒溫/ 失雷 [sileun], [šileun], [šilun] 이슬露

No. 540 矢杲丈 失羅回 [siloho?], [šilohuwi], [šilohoi] 떡, 구운 떡燒餅

No. 719 丈弓 失揑 [sine], [šiniya], [šine] 어리다幼/ [ajigon](M), [šine] 새로
운新(Mo)

38. 丈 厄云 [eyun, eyūn] 여동생姐, 姊: [eyun], [əju], [eyun](290)

No. 290 丈土 厄云溫/ 革革 [eyun, eyūn], [eyun], [eyun] 누이姐/ [eyun](M),
[kəkə](N), [ehin](E)

39. 乄 目, 木 [mu]: [mu], [mu], [mu](340, 443, 498, 538, 567, 740, 791)

No. 538 乄夫 木申 [mušen], [mušin], [mušin] 볶은 면炒麪/ [muši](M)

夂夫老 木忒卜別 [mute-mbi] 글을 쓰다寫成4)

No. 740 夂爻老 木忒卜魯 [mute-mbi], [muteburn], [muteburu] 작성하다作成

夊仗夨 [mubenra?] 돕다

40. 夂 因 [-in] 명사 어미용, [in], [iŋ], [in](167, 202, 308, 782, 799, 811, 812)

No. 782 扎夂未枀夨 出因扎撒刺 [čuin-časa-mbi], [čuwin ǰasala], [čuin ǰasala] 처치하다處置

41. 夅 斡速 [oso], [oso], [oso], [oso](58, 669)

No. 669 夅爻 斡速灣/ 阿沙 [osohon], [osogon], [osɳon] 작다小

No. 58 夅爻盂卋 斡速灣住兀 [osohon jugu], [osogon jugu], [osoɳon ǰuɳu] 지름길徑

42. 为 騰 [doo]: [ten], [-], [ten](810)

为夨老 卓你伯哈別 [doola-mbi] 등사하다謄寫5)

43. 为 麻 [-buma] 동사의 변화어미: [buma], [bumə], [buma](429, 482, 486)

No. 429 半为 搭法卜麻 [tafa-mbi], [tafabuma], [tafabuma] 사교하다交/ [tafabumbi](M)

No. 482 充卋为 忒忒卜麻/ 忒得墨 [tetebuma], [tetebuma], [tetebuma] 바치다, 진공進貢/ [alban ǰafambi](M)

No. 486 于卦为 一的卜麻 [ijibuma], [idibuma], [idibuma] 구제하다撫恤

---

4) No. 809 '夨夨夂爻夨' 刺魯木忒卜魯 [-], [lalu muteburu], [laru muteburu] 글을 쓰게 되다寫成

5) No. 810 '为夨夨' 卓你伯哈出吉 [doola-mbi], [tenlaru], [tenlaru] 등사하다謄寫

44. 都魯: [dulu], [dul], [dulu], [dulu](54)

No. 94 都魯溫/ 都儿兀 [dulun], [dulgun], [duluun] 따듯하다溫/ [halukan](M), [dūlaɤan](Mo)

45. 阿: [a], [amu], [amu], [amu](614, 599, 868)

No. 599 阿木魯該/ 阿木剌 [amargi], [amurgai], [amurgai] 뒤, 후後/ [amargi](M), [amiʤikə](N), [amela](S)

46. 岸?: [wan], [wan], [-], [an](181)

No. 181 素岸/ 廈 [suwan], [suwan], [suan] 해오라기鷺鷥 가마우지鷺鷥/ [suwan](M)

47. 女渾 [nuhun] 십팔十八: [niyuhun], [nuxun], [niuhun](653)

48. 乃: [jao], [jao], [ʤao], [jeu](271, 768)

召剌別 [jaola-mbi] 고해바치다[6]

49. 忒: [te], [te], [tə], [te](855)

No. 855 忒忒希 [tedehi], [tetehi], [tetehi] 저기彼處

50. 本/ 本: [ben] 걸음步 [-ben] 어미: [bun], [bun], [bun](207, 247, 248, 257, 378, 379, 424, 441, 597, 604, 422)

No. 378 本塔本/ 木力 [mita-mbi], [mutabun], [mutabun] 돌다回/ [marimbi, mitambi](M)

No. 441 退本 [tuibu-mbi], [tuwibun], [tuibun] 요청하다請/ [solimbi](M)

---

6) No. 271 召剌埋委勒伯 [-], [jaulamai weilebe], [weilebe ǰeulamai] 奏事 사태를 보고하다奏事/ [wešimbumbi](N)

No. 579 东冊米为 阿羊非木 [ayang feiben], [ayan fibun], [ayan fibun] 밀랍蠟[7)]/ [ayan](M)

No. 604 字为 一立本 [ili-mbi], [ilibun], [ilibun] 천하다竪/ [ilibun](M)

51. 仜 只速 [jise?]: [jisu], [ʤisu], [jisu](477, 850)

仜夫 只速別 [jise-mbi] 만들다[8)]

52. 孑 蒙 [meng] 呂蒙: [men], [-], [mun](830)

No. 830 孑 蒙 [meng], [men], [mun] 呂蒙

53. 丂 逆 [ni]: [ni], [ni], [ni](463)

No. 463 丂帯系 逆塔巴 [nitaba], [nitaba], [nitaba] 약하다弱/ [yadalinggu](M)

54. 令 印者 [inje] 웃다: [inje], [inʤə], [inje](461)

令夫 印者別 [inje-mbi] 웃다[9)]

55. 苃 禿斡罕 [tuwe?]: [tuwe], [tuwə], [tuo](428)

苃夫 禿翰別 [tuwe-mbi] 전달받다.[10)]

56. 夊 魯 [lu]: [ur?], [ru], [ru](362, 363, 470)

No. 362 焱夊 厄兀魯/ 歐探必(忙) [ebuhulu], [egur?], [eŋuru] 즉, 곧即/ [ekšimbi ebuhu sabuhū](M)

No. 363 焱夊 厄兀魯/ 歐探必 [ebuhulu], [egur?], [eŋuru] 잇다忙/ [ekšimbi](M)

---

7) 도이길 158, 건어포(腊)

8) No. 850 仜夫 只速魯 [jise-mbi], [jisuru], [jisuru] 짓다, 만들다做

9) No. 461 令 脉弍厄林/ 黑得 [meterin], [meterin], [meterin] 바다海/ [mederi](M)印者/ 因者必 [inje], [inje], [inje] 웃다笑

10) No. 428 苃臾 禿斡墨 [tuwe-mbi], [tuwehe], [tuwehe] 가르치다, 주다授/ [tuwembi](M)

No. 470 侉儿斥叐叐 替孩吉厄兀魯 [cihai gi eulu], [tihai gi gur], [tihai gi eŋuru]
즉시, 곧隨卽/ [cihai](임의, 마음대로)/ [čihai](M)

57. 丢(夅) 哈 [ga]: [ga], [-], [ga](342)
   No. 342 丢朵兂 哈撒安 [gashan], [gaasagan], [gasaŋan] 재난禍/ [gashan](M)

58. 乕(舟) 斗兀 [deo]: [deu], [dou], [de ŋ u](287)
   No. 287 舟土 斗兀溫/ 豆 [deoun], [degun], [deŋun] 아우弟/ [deo](M), [deguu](Mo)

59. 艻 脫 [to]: [to], [to], [to](566)
   No. 250 艻气 脫戈/ 同谷 [togo], [togo], [togo(toŋgo)] 선線/ [tonggo](M)

60. 弓 魯/ 魯 [lu] 화로爐: [lu], [lu], [lu](113, 189, 448, 548, 726, 795,
   917, 219)
   No. 113 夫弓 兀魯/ 皂兀 [ulu], [ulu], [ulu] 대추나무棗/ [soro](M), [soro](E)
   No. 189 束弓土 莽魯溫 [mang-lun], [man lun], [maŋlun] 이무기蟒龍

61. 平 忒希 [dehi] 사십四十: (657)
   No. 657 平 忒希/ 得希 [dehi], [tehi], [tehi] 사십四十

62. 仐 厄 [e]: [e], [e], [e](88, 238, 280, 382, 491, 615, 746, 755)
   No. 280 仐叐 厄赤 [eči], [elči], [elči] 사신使臣/ [elčin](M), [elčin](Mo)
   No. 382 仐臾斥 厄黑吉 [ehegi], [ehegi], [elhe gi] 상쾌하다快/ [sebjelembi,
   elhe](M)
   No. 755 夲仸臾 厄勒黑 [elehe], [elehe], [elehe] 있다自在/ [elhe](M)

63. 夲 反的 [banji]: [bandi], [bandi], [bandi](388, 488, 728)
   夲毛 半的別 [banji-mbi] 태어나다, 저물다[11]

64. 千 哈里 [harʔ]: [hari], [xari], [hali](179, 479)

    No. 179 千禾 哈里兀 [hara, harsa], [hariyu], [haliŋu] 바다수달海獺/ [hailun]
    (M), [haliu](Mo)

    No. 479 卡列火 哈里因伯 [harin], [harin be], [halin be] 조정朝廷/ [hargašan](M)

65. 千 苔勒巴 [dalba]: [dalba], [dalba], [dalba](605)

    No. 605 千犮 答勒巴剌 [dalbala], [dalbala], [dalbala] 곁傍/ [dabaki](M)

66. 卡(斥) 都因 [dulin] 사四: [duwin], [duin], [duin](639)

    No. 639 卡 都因/ 對因 [duin], [duwin], [duin] 사四/ [duin](M), [tuin](S), [zigin]
    (S), [diain](E)

67. 千 脉 [me], [me], [mə], [me](130, 249, 483)

    No. 130 千払 脉出/ 莫戳斡 [mečdu], [mečdu], [mečdu] 포도葡萄/ [mučdu](M),
    [mɔʧʼəktʼə](N), [mučykta](C)

    No. 483 千角屁 脉的厄 [mejige], [medige], [mediŋe] 소식消息/ [medege, mejige]
    (M), [medege](Mo)

68. 千 脱 [de], [to], [to], [te](566)

    No. 566 犬千气 素魯脱戈 [surdehe, furdeheʔ], [surtogo], [sur togo] 웃웃 거
    죽皮襖

69. 夕 阿 [a]: [a], [a], [a](41, 119, 209, 349, 698)

    No. 119 夕杰 阿卜哈/ 哈浦哈 [abha], [abuha], [abuha], [abuka] 잎葉/
    [abdaha], [abuha](냉이 잎薺葉)(M)

---

11) No. 388 朵足 半的孩/ 伴的哈 [banji-mbi], [bandihai], [bandihai] 태어나다生, 저물다暮

70. 夕 藍 [ilan] 삼: [ilan], [ilan], [ilan](23, 638)

No. 638 夕 以藍/ 亦郎 [ilan], [ilan], [ilan] 삼三/ [ilan](M), [ilɛ̃](N), [ilan](S), [ilan](E), [ilan](W)

夕天 [ilan dai] 삼대三臺

71. 夫(夫/ 立) (厄)[e], (幹)[o], (兀)[u], (黑勒)[hele], (忽)[hu], (都)[du]: [her?], [uwə(xuwə)], [hele?](35, 36, 113, 551, 554, 733, 276, 732, 764)

No. 764 夫尔右吳盂击夭 幹洪眛安失苔剌 [ohunme ansitala?], [wehunmei amšidala], [uhun mei amšidala] 포함하다包含/ [baktambi](포함하다, 용납하다), [uhubumbi](포함시키다), [gansi](갖추다, 전부)(M)

No. 113 夫弓 兀魯/ 皀兀 [ulu], [ulu], [ulu] 대추나무棗/ [soro](M), [soro](E).

No. 36 夫凡 黑勒厄 [hele], [heriye], [helee] 시市

No. 35 夫凡來 黑勒厄甲/ (黑勒厄來) [hele-giya], [heriye giya], [helee gia] 거리, 가街/ [giyai](M)

夫立 幹恩 [oen?] 비록 ~라 하더라도12)

72. 禾 素, 酥 [su]: [su], [su], [su](114, 140, 181, 230, 308559, 563, 582, 633, 900, 532)

No. 114 禾兒 素黑/ 素黑莫 [suhe], [suhe], [suhei] 버드나무柳/ [rodoho](M), [purkɛ̃](S), [sūhai](붉은 버들)(Mo)

No. 140 禾扎 素法/ 速發 [sufa], [sufa], [sufa], 코끼리象/ [sufan](M)

No. 181 禾弓 素岸/ 廈 [suwan], [suwan], [suan] 해오라기鷺鶯 가마우지鷺鶯/ [suwan](M)

No. 230 禾盂旬 素失該/ 速失哈 [susigai], [sušigai], [sušigai] 매鞭/ [sušiha](M), [šisuga](E)

No. 308 禾仅枙夂 素溫必因 [sun-bin], [sunbin], [sunbin] 총병하다總兵/

---

12) No. 732 '夫立肖尼' 幹恩一那 [oen?], [wen ina], [weŋen ino] 비록 ~일지라도虽是 참조.

[uhəri ɡadalara da](M)

No. 532 禾雨炎哭 酥一門吉 [su imenggi], [su imengi], [su imeŋgi] 연유酥/ [oromu] 유모奶皮子(M)

73. 禾 夯/ 망 [man(ɡ)]: [man], [maŋ], [man](189, 702, 749)

No. 189 禾叧土 莽魯溫 [mang-lun], [man lun], [maŋlun] 이무기蟒龍

No. 702 禾芹 莽哈 [mangga], [manga], [maŋga] 어렵다難/ [mangga](M)

No. 749 禾乕店仔灵条 莽吉斡溫者勒 [manggi onjele?], [mangi urgunjere], [maŋgi urŋnjere] 즐거워하다可嘉/ [manggi urgunjembi](M)

74. 牙 厄 [e, we]: [re], [-], [e](48)

75. 利 申 [šin]: [sin], [ʃin], [šin](149, 192, 193)

No. 149 利秀 申革 [šingge], [singe], [šinge] 쥐鼠/ [šinggeri](M), [ʃiŋarə](N)

76. 乱 羅 [bolo] 가을: [bolo], [boro], [bolo](75, 869)

No. 75. 乱屯 卜羅厄林/ 博羅里 [bolo erin], [bolo erin], [bolo erin] 가을秋/ [bolori](M), [pɔlɔ](N), [boloniorin](E), [boloni orin](S)

77. 五 脱卜歡 [tofohon] 십오+五: [tobohon], [tobohon], [tobohon](86, 650)

No. 86 五卟 脱卜歡一能吉/ 拖伏能吉 [tofohon inenggi], [tobohon inengi], [tobhon ineŋgi] 바라다望, 십오일+五日/ [tofohon](M)

78. 立(土) 厄勒 [ere] 이, 이것: [ere], [ərə], [ere](731)

No. 731 立乕甸尖 厄勒吉扎以 [ere gijai], [eregi jai], [eregi ǰai] 이 때문에因此/ [ede](M)

582

79. 予(卜) 牌 [fei]: [fai], [fai], [fi, fai](270, 379)

No. 270 冘兂卡朶 扎失安肥子 [jasian feidʒŭ], [jašigan faiji], [jašiŋan fise] 사
령장令牌/ [salgiyan temgetu, jasag](M), [jasag](Mo)

No. 500 予夲 肥塔/ 發塔 [feitai], [faita], [faita] 눈썹眉/ [faitan](M)

80. 予 木塔 [mita]: [muta], [muta], [muta](378, 379)

予屯 本塔別 [mita-mbi] 돌다, 회귀하다13)

81. 朮(兂/ 兂) 扎因 [jakūn] 팔八: [jakun], [dʒakun], [jakūn](643)

No. 643 朮 扎困/ 剳空 [jakūn], [jakun], [jakūn] 팔八/ [jakūn](M), [dʒiak'ɔ̄]
(N), [zahon](S), [jahūn](E)

82. 屮(丹/ 屮) 納丹 [nadan] 칠七: [nadan], [nadan], [nadan](642)

No. 642 屮 納丹/ 納荅 [nadan], [nadan], [nadan] 칠七/ [nadan](M), [natẽ]
(N), [nadan](S), [nadan](E)

83. 久 寸 [tsum] 촌寸: [čun], [-], [čun](265)

No. 265 久屌 寸木兒 [tsun-mur], [čunmur], [čunmur] 치수寸法/ [furhun](M)

84. 癸 鎭 眞 [čen]: [jin], [dʒən], [jin](314, 883)

No. 314 癸东 鎭撫 [čən-fu], [jinhu], [jinfu] 진무하다鎭撫

85. 王 公 [kung] 公: [gun], [-], [jin](300)

No. 300 王 公 [kung], [gun], [guŋ] 공公/ [kuŋ](M)

86. 揪(枹) 貴 [goi]: [goi], [goi], [goi](451)

---

13) No. 378 '予另' 本塔本/ 木力 [mita-mbi], [mutabun], [mutabun] 돌다回 참조.

丞甬炙宅 貴答別 [goida-mbi] 늦다[14)

87. **戶(戶) 他** [ta] 우·유酪: [ta], [ta], [ta](533)
No. 533 **戶 他** [ta], [ta], [ta] 우·유酪/ [tara](M), [tarag](Mo)

88. **少 扎因住** [jakūnji] 팔십八十: [jakunju], [ʤakunʤu], [jakūnju](661)

89. **氏 撒里** [sarga]: [sari], [sar], [sari](293)
No. 293 **氏完 撒里安** [sargan], [sarigan], [sariŋan] 처, 아내妻/ [sargan](M)

90. **甩 哈** [ha]: [ha], [xa], [ha](28, 589, 689, 794, 891, 421, 705, 781, 817)
No. 589 **甩炙元 哈赤馬** [hačima], [hačima], [hačima] 아교阿膠 [15)

91. **卄 隨** [sui]: [suwi], [sui], [sui](421, 705, 781, 817)

92. **久(久) 厄木** [emu] 같다同: [emu], [əm], [em](711, 721, 802)
No. 711 **久余 厄木只** [emuji], [emuji], [emji] 같다, 함께同/ [emde emgi](함께)(M)
No. **久生 厄木洪** [emuhun] 혼자獨
No. 802 **久友甬半予 厄木剌亦宣都** [emula ishundu], [emula ishundu], [emula ishundu] 상호에게互相/ [ishunde](M)

93. **寺 稱** [čen]: [čin], [tʃin], [čin](625, 754)
No. 625 **圭寺 非** [feičen], [fečin], [fičin] 빛光/ [elden](M)
寺庆宅 你哥別 [čenggo-mbi?] 일을 받아드리다?[16)

---

14) No. 451 '丞甬炙' 貴答剌 [goida-mbi], [goidala], [guidala] 더디다, 늦다遲
15) No. 589 '策化' 哈赤馬 [hačima], [hačima], [hačima] 가교呵膠
16) No. 754 '寺庆炙' 你哥剌 [čenggo-mbi], [čingela], [čiŋgela] 수용하다受用

584

94. 孚 一車 [iče]: [iče], [itʃə], [iče](85, 626, 666)

No. 85 孚日 一車一能吉/ 亦址能吉 [iče inenggi], [iče inengi], [iče inenɡ], 월
초朔/ [iče inenggi](M)

No. 666 孚斥 一車吉/ 一車 [-], [ičegi], [ičegi] 새롭다新/ [iče](M)

95. 夕 忽 [hū]: [hu], [xu], [hū](513, 606)

No. 513 夕主 忽孫/ 忽速 [hūsun], [husun], [hūsun] 힘力/ [hūsun](M), [husun]
(E)

96. 乐 洪 [-hun] 어미용: [hun], [xuŋ], [hun, hūn](22, 30, 98, 183, 406,
450, 529, 539, 549, 557, 672, 673, 693, 694, 708, 720, 721, 725,
736, 764, 846)

No. 30 矛乐麦丬 納兒洪阿哈/ (納儿洪阿哈) [narhun aga], [narhun aga],
[narhūn aga] 가랑비細雨/ [narhūn aga](M)

No. 539 萬乐失臾 兀速洪兀魯黑 [eshun urehe], [ushun urhe], [ushun urhe]
날것과 익은 것生熟/ [eshun](태어나다生), [urehe](익다熟)(M)

No. 736 扤乐羊叏勇 革洪約斡洪 [gehun yobohun], [gehun yowohun], [gehun
yowohūn] 명백하다明白/ [gehun], [getuken](M)

97. 乑 珊 [san]: [šan], [ʃan], [šan](586)

No. 586 乑甬 珊瑚 [san-hu], [šanhu], [šanhū] 산호珊瑚/ [šuru](M)

98. 岸 塞 [sai] 벼루硯: [se], [-], [se](225)

No. 225 岸 塞 [sai], [se], [se]/ [yuwan](M)

99. 朿 甲 [jiya (giya?)] 거리, 가街: [giya], [gia], [gia](35)

No. 35 耂仉朿 黑勒厄甲/ (黑勒厄來) [hele-giya], [heriye giya], [helee gia]/
[giyai](M)

100. 朱 吉撒 [gisa] 꾸짖다呵: [gisa], [gisa], [gisa](474, 688, 779, 859,

910, 64, 72, 187, 780, 29, 668, 803)

　朱老 吉撒別[gisa-mbi] 부수다17)

101. 米 罕/ 岸, 班, 罕, 刺, 波 [-an] 명사, 형용사 어미: [an], [an], [an]

(143, 239, 510)

No. 29 夅米飛土 安班厄都溫/ 昴八厄都 [amban edun], [amban edun], [anban

edun] 대풍大風/ [amba edun](M)

No. 803 夅米羙羍 安班者忽禿兒/ (安班者忽禿儿) [amban hūtur], [amban (la)

hutur], [anban hūturi] 큰 복洪福/ [anban hūturi](M)

102. 刹(刹) 乍 [sa]: [jsa], [-], [sa](743)

No. 743 甬刹卓 一乍刺 [ičela], [ijala], [isala] 모임聚會/ [isambi](M)

103. 列/ 庫 [in] 명사 어미: [ku], [-], [-](242)

No. 39 北列 阿里因/ 阿力 [alin], [alin], [alin], [alin](a) 산山/ [alin](M),

[alin](S)

No. 100 立月乜列 順扎必阿称因 [sunja biya hačn], [sunja bi a hačin], [šunǰa

bia hačin] 단오절端午節/ [sunǰa biya i hačin], [sunǰangga inenggi](M)

No. 776 艼列史炙尨 愛因別赤巴勒 [ainbečibale], [ain bičibala], [ainbi čibala²]

긴요한 임무務要/ [urunakū](M)

104. 卟(玶) 牙 [ya]: [ya], [ja], [ya](66, 180, 422, 436, 769, 821, 906)

No. 66 卟甲 牙哈/ 他牙哈 [yaha], [yaha], [yaha] 탄炭/ [yaha](M), [yaaga](S)

　卟另老 牙步別 [yabu-mbi] 가다18)

---

17) No. 688 '朱甲' 吉撒哈 [gisa-mbi], [gisaha], [gisaha] 부수다砕 참조.

18) No. 422 '卟另' 牙步 [yabu-mbi], [yabun], [yabun] 달리다走 참조.

105. 朴 貴 [gui]: [guy], [gui], [gui](771)

　朴判史乑乇 貴也魯弗忒別 [guiyelu? fude-mbi] 반송하다伴送[19]

106. 乬 你下 [niša]: [nihiya], [niʃi], [nuši](744)

　No. 744 乬友 你下剌 [nišala?], [nihiyala], [nihiala] 잠간須臾/ [taka](M)

107. 糾(纠) 又 [yu]: [yu], [iu], [yu](240)

　No. 240 糾宊 又安 [yuan], [yagan], [yuŋan] 상床/ [besergen](M)

108. 庆 荅 [da]: [da], [-], [da](773)

　No. 773. 庆乇夬史 荅別剌魯 [dambi], [dabilaru], [dabielaru, dambielaru] 주
석하다備寫/ [arare be belhembi, bambi](관리하다)(M)

　庆乇 荅別 [dambi] 준비하다[20]

109. 反 奴失 [neči]: [neši], [neʃi], [neši](432)

　No. 432 反列 奴失因/ 奴失 [nečin], [nušin], [nušin] 화하다和/ [nečin](M)

110. 床 左 [tso, dzo] '左'(한어): [jo], [-], [so](596)

　No. 596 床 左/ 哈速 [tso], [dzo], [jo], [so] 왼쪽左/ [hashū](M), [hasɔktʼə](N)

111. 件(牜) 安 [-an] 명사 어미: [an], [aŋ], [an](198, 218, 305, 306, 320,
621, 820, 896)

　No. 198 帯件 塔安 [tan], [tan], [tan] 집堂/ [tanggin](M)

　No. 218 秕件 下安 [hiyan], [hiyan], [hian] 향기香/ [biyang](M)

19) No. 771 '朴判史乑乤' 貴也魯弗忒昧 [guiyelu? fude-mbi], [guyeru futemei], [guyeru futemei]
반숭하다伴送 참조.
20) No. 773. '庆乇夬史' 荅別剌魯 [dambi], [dabilaru], [dabielaru, dambielaru] 쓸 준비를 하다備寫
참조.

112. 休(休) 同, 桶 [tung]: [tun], [tuŋ], [tun](256, 311, 502)

No. 256 休夹 同肯/ 痛克 [tungken], [tunken], [tuŋken] 북鼓/ [tunken](M), [toŋke](S), [tuŋke](E)

No. 311 休条 同知 [tung-či], [tunji], [tuŋji] 동지同知(관직명)/ [uhəri saraci] (M)

No. 502 休屁 桶厄/ 痛革 [tunggen], [tunge], [tuŋge] 가슴胸/ [tunggen](M), [t'ɔɡə](N), [tyŋan](W), [tiŋän](Ma)

113. 仟(矸) 溫 [-un] 어미용: [gun], [(ɡ)un], [ŋun](103, 372, 374, 597, 712, 729, 749, 770)

No. 103 角仟枀 的溫阿捏 [jiun aniya], [digun aniya], [diŋun ania] 내년來年/ [jitərə aniya](M)

No. 372 店仟昃余 斡溫者勒 [urgunǰe-mbi], [urgunjere], [urŋunǰere] 기쁘다喜/ [urgunǰembi](M), [urunom](W)

114. 仗 本 [ben] '本'(한어): [bun], [bən], [bun](431, 791)

No. 431 仗 本 [bun], [bun], [bun] 바탕, 근본本

No. 791 早剏夹夂仗夹 非也吉木本剌 [-], [fiyegi mubunla], [fiyeŋgi mubunla] 조력하다偏稗

115. 仟 捏兒麻/ 捏儿麻 [niyalma] 사람: [niyarma], [nialma], [niarma] (273, 281, 299, 315, 330, 331, 332, 333, 336, 337, 339)

No. 273 令夊仟 阿赤卜魯捏兒麻/ (阿赤卜魯捏兀麻) [ačiburu niyalma], [ačiburu niyarma], [ačiburu niarma] 성인聖人/ [enduriŋge niyalma](M)

No. 281 舟仟 哈的捏兒麻/ (哈的捏兀麻) [xadi niyalma], [hadi niyarma], [hadi niarma] 귀인貴人/ [wešihun niyalma](M)

No. 299 仓主仟 黑黑厄捏兒麻/ (黑黑厄捏儿麻) [həhəo niyalma], [həhē niyarma], [hehee niarma] 부인婦人/ [hehe niyalma](M), [həhə](N)

116. **仕** 尚 [šang(g)](한어전사용): [šan], [ʃaŋ], [šan](304, 316)

No. 304 **仕尽** 尚書 [šang-šu], [šanšu], [šaŋšu] 상서尚書(관직명)/ [aliha amban](M)

117. **丐** 革 [-ge] 어미용: [ge], [ŋə(ŋgə)], [ge](328, 408, 746)

No. 746 **夫炅丐圡伞** 木資革忒厄 [mujege tege], [mujege tē], [mujege teel] 당면當面/ [derede](M)

118. **写** 一立 [ili]: [ili], [ili], [ili](424, 604, 763, 849, 879)

写夬 一立別 [ili-mbi] 일어서다[21]

写杀夬 一立受別 [ilišu-mbi?] 설치하다[22]

119. **厇** 只里 [juri, juriha?]: [jili], [ʤri], [jiri](186)

No. 186 **厇夲夰** 只里只黑 [jiri-čihe(jirha-čečihe?)], [jirijihei], [jiriĵihe] 마작麻雀/ [šišargan](M)

120. **耂** 你魯 [niru] 화살矢: [niru], [niru], [niru](237)

No. 237 **耂** 你魯/ 揑魯 [niru], [niru], [niru] 화살矢/ [niru](M), [ɲili](N), [nuru](S), [ñoro](Cu)

121. **𢁕** 脱委 [tuwa, tuwe?] 불: [tuwe], [towo], [tuei](21)

No. 21 **𢁕** 脱委/ 他 [tuwa, tuwo?], [tuwe], [tuei] 불火/ [tuwa](M), [togu](S), [togo](E), [togo](W, Ma)

122. **屯** 一兒 [ir]: [ir], [il], [ir](493, 515, 694, 843, 473, 704, 806)

---

21) No. 424 **写为** 一立本 [ilimbi], [ilibun], [ilibun] 서다立/ [ilimbi](M), [ili](N), [ilami](E), [ilicam](W)

22) No. 849 **写杀足** 一立受孩 [ilišu-mbi], [ilišuhai], [ilišuhai] 설치하다設 참조.

No. 694 毛甲乐 一兒哈洪/ (一儿哈洪)/ 迷察 [irhahun?], [irhahun], [irhahūn]
열다淺/ [mičihiyen](M)

No. 843 毛尾火 一兒厄伯/ (一儿厄伯) [irge], [irge be], [irge be] 백성百姓/
[irgen](M)

123. 乇 厄 [o?, e?]: [e], [-], [e](473, 704, 806)

No. 704 叏乇 別厄/ 必 [bi-mbi], [biye], [bie] 있다有/ [be, bimbi](M), [bišin]
(N)

No. 806 叏乇岛刈叏 別厄塞因別 [-], [biye sainbi], [bie sain bie] 유익하다有益/
[sain bi, tusa bi](M)

124. 弋 延 [yen]: [yen], [-], [yen](766)

弋伏帯矢老 延脉兒塔剌 [yen-merda-mbi?] 접대하다, 잔치하다23)

125. 忠 圭/ 旧, 圭 [gui]: [guwi], [goi], [gui](110, 811)

No. 110 忠丸犬 歸法剌/ 貴 [guifala], [guifala?], [guifala] 은행나무杏/ [guiləhə]
(M), [kuiləhə](N)

126. 乇 厄林 [erin] 시절, 계절: [erin], [əeri], [erin](46, 73, 74, 75, 76,
89, 176, 177, 517, 768, 769, 783, 827, 869, 903)

127. 老 嫩 [non]: [non], [non(no)], [non](16, 151, 340, 449, 912)

No. 340 老矢天 嫩目和 [nomoho], [non muho], [nomho] 착하다善/ [nomhon]
(M), [nomhon](Mo), [nomhon](E)

老犬老 嫩吉剌 [nonggi-mbi] 더하다, 첨가하다24)

---

23) No. 766 弋伏帯矢 延脉兒塔剌/ (延脉兀塔剌) [yen-merda-mbi], [yen mertala], [yen mertala]
잔치하다宴犒 참조.
24) No. 449 老犬犬 嫩吉剌 [nonggi-mbi], [nongila], [nuŋgila] 더하다添 참조.

128. 毛 雙吉 [šonggi] 코: [songi], [ʃoŋgi], [šoŋgi](501)

    No. 501 毛 雙吉/ 宋吉 [songgi], [šongi], [šoŋgi] 코鼻/ [songgiha](M)

129. 邑 申科 [šongko] 해청(매의 일종) 대해조大海鳥라고도 한다: [šinko], [-], [šinko](187)

    No. 187 邑 釆 申科岸 [šongko], [šingkoan], [šinkon] 해청, 매海青/ [šongkoro] (M)

130. 仓(各) 黑黑 [hehe] 부인婦人 여성: [hehe], [xəxə], [hehe](299)

    No. 299 仓主什 黑黑厄捏兒㕮/ (黑黑厄捏儿㕮) [həhəo niyalma], [həhē niyarma], [hehee niarma] 부인婦人/ [hehe niyalma](M), [həhə](N)

131. 扎 出 [ču]: [ču], [tʃu], [ču](101, 130, 295, 345, 565, 627, 633, 782, 801, 824, 845, 872, 894)

    No. 101 扎叒商土 出溫都魯溫 [čun-dulun], [čun dulun], [čun duluŋun] 중양重陽/ [uyungga inenggi](M)

    No. 672 㝉乑 納兒洪/ (納儿洪) [narhūn], [narhun], [narhūn] 가늘다細/ [narhūn] (M), [nəmnə](N)

    扎劳 [čuwe], [čuwi] 푸르다翠

    扎夂未㣎夬 出因扎撒別 [čuin-časa-mbi] 처치하다, 벌주다25)

132. 凣(扰) 爲 [-bui] 동사 변화어미: [buwi], [buwi], [buwi](414, 793, 814)

    No. 414 兵帯凣 密塔卜爲/ 木力 [mita-mbi], [mitabuwi], [mitabuwi] 물러나다退/ [mitambi](M)

    No. 793 尤羊北凣 乖你阿里卜爲 [guwaini alibu-mbi], [guwai ni alibuwi],

---

25) No. 782 扎夂未㣎夨· 出因扎撒剌 [čuin-časa-mbi], [čuwin jasala], [čuin jasala] 처치하다하다 處置 참조.

[goni alibuwi] 공급하다供給/ [goibumbi](분파), [alibumbi](보내다, 나누다)
(M)

No. 814 北瓦天店冬 阿里卜爲卜幹幹/ (阿里卜爲幹幹) [alibu-mbi], [alibuwi burwe], [alibuwi urwe], 급여하다給與/ [alimbi](承當, 받다受), [bumbi](주다給)(M)

133. 兂 弗里 [furi]: [furi], [furi], [furi](789, 897)
兂床句走 [furigi-gaimbi] 명령하다26)

134. 北 阿里 [ali]: [ali], [ali], [ali](39, 242, 793, 814)
No. 39 北列 阿里因/ 阿力 [alin], [alin], [alin], [alin](a) 산(山)/ [alin](M), [alin](S)

No. 242 北列? 阿里庫/ 阿力苦 [aligu], [aliku], [alikū], [aliku](a) 소반盤/ [alikū](M)

北老? 阿里卜別 [alibu-mbi] 공급하다27)

135. 托 兀里 [uli]: [uli], [uli], [uli](593)
No. 593 托休 兀里替/ 伏勒希 [uliči], [uliti?], [uliti] 북北/ [amargi](M), [amilia](E)

136. 扎 法 [fa]: [fa], [fa], [fa](60, 64, 72, 110, 140, 284, 531, 582, 891)
No. 64 扎商米 法苔岸/ 發的刺 [fatan], [fadan], [fadan] 담장, 울타리薔/ [fajiran](M), [fadərin](N)

---

26) No. 789 兂床句走 弗里吉孩別 [furigi-gaimb], [fuligi gaibi], [fuligi gaibie] 장차 명령하다命將/ [fulin](명령), [gaimbi] 요청要, 장차將(M)
27) No. 793 尤羊北瓦 乖你阿里卜爲 [guwaini alibu-mbi], [guwai ni alibuwi], [goini alibuwi] 공급하다供給 참조.

592

137. 扎 下 [hiya]: [hiya], [çia], [hia](218, 425, 826)

No. 218 扎斥 下安 [hiyan], [hiyan], [hian] 향기香(한어)/ [biyang](M)

138. 秋 吉魯 [giru]: [giru], [giru], [giru](345)

No. 345 秋丸 吉魯出 [giruču], [giruču], [giruču] 욕하다辱/ [giručun](M)

139. 瓜 追 [ju, jui]: [juwi], [ʤui], [jui](294)

No. 294 瓜千 追一/ 追(子) [jui], [juwi], [jui] 아들孩子/ [jui](M)

140. 厄 替勒 [čir]: [tire], [tirə], [tire](550)

No. 550 厄帯 替勒庫/ 替儿古 [čirku], [tireku], [tireku] 베개枕/ [čirku](M), [tʼirəŋkʼu](S)

141. 厄 替和 [čiho] 닭酉(12지): [tiko], [tixo], [tiko](161)

142. 厄 厄禿 [etu]: [etu], [ətu], [etu](846)

No. 161 厄 替和/ 替課 [čiho], [tiko], [tiko] 닭鶏/ [čoko](M), [tʼikʼɔ](S)

厄毛 厄禿別 [etu-mbi] 입다28)

143. 冗 扎失 [jasi(ga)]: [jaši], [ʤaʃi], [jas](270)

冗兑 扎失安 [jasi(ga)an] 편지, 소식

No. 270 冗兑卡朵 扎失安肥子 [jasian feiʤŭ], [jašigan faiji], [jašiŋan fise] 사령장令牌?/ [salgiyan temgetu, jasag](M), [jasag](Mo)

冗毛 扎失別 [jasi-mbi] 알리다

冗屌斥 扎失阿吉別 [jasirgi?] 명령하다?29)

---

28) No. 846 '克斥' 洪 [etu-mbi], [etuhun], [etuhun] 뚫다穿 참조.

29) No. 818 '切主冗屌斥' 端的孫扎失阿吉/ (端的松扎失兀吉) [jasirgi], [dondisun jaširgi], [dondisun jaširgi] 명령을 듣다聽令 참조.

144. 兄(兄) 上/ 上, 撒 [šang(ǥ)]: [šan], [sa], [šan, sa](13, 134, 190, 269, 578, 619, 630, 634, 353, 723, 812)

No. 13 兄夸 上江/ 尙加 [šanggiyan], [šangiyan], [šaŋgian] 연기煙, 하얗다/ [šanggiyan](M), [sangan](N), [saŋñän](Ma), [saŋijan](L), [haŋñän](W) 上

No. 134 兄夸希呎 上江瑣吉 [šanggiyan sogi], [šangiyan sogi], [šaŋgian soŋgi] 배추白菜/ [šanyan](희다), [sogi](채소菜)(M), [soŋgi](P)

No. 190 兄夸仐兔 上江塞克 [šanggiyan segu], [šangiyan seke], [šaŋgian seke] 은색 쥐銀鼠/ [šanggiyan seke](M)

No. 269 兄夸孟屈 上江希兒牙厄/ 上江希儿牙厄 [šanggiyan hirge], [šangiyan hirge], [šaŋgian hirŋe] 굴뚝煙墩, 봉화/ [xulan](M)

No. 578 兄夸主 上江塞勒/ 托活羅 [šanggiyan sele], [šangiyan sele], [šaŋgian sele] 주석錫/ [toholon](M), [tʼɔhɔǥã](S)

No. 723 兄禿光 撒苔剌 [šanda-mbi], [sadala], [sadala] 새다漏/ [sabdambi](M)

No. 812 兄甲盂夊 撒希西因 [sanhi čin?], [sahi sin], [sahi sin] 잘 알다知悉?/ [sambi](M)

145. 兄 團 [tuwan(či)]: [tuwan], [tuan], [tuan](826)
兄枕老 [tuwančihiya-mbi] 지키다?30)

146. 尤 乖 [guai(giya?)]: [guwai], [goi], [goi](523, 707, 772, 774, 793)
No. 707 尤� 乖于 [guai-u?], [gaiyu], [guiyu] 아니다非/ [waka](M), [ugei] (Mo)

尤羊北老 乖你阿里卜別 [guai-ni alibu-mbi] 공급하다31)

---

30) No. 826 忙夈犬兄枕主 禿魯哈剌團下孫/ (禿魯哈剌團下松) [turuhala tuwancihisun], [turugala tuwanhiyasun], [turugala tonhiasun] 간수看守 참조.
31) No. 793 '尤羊北凡' 乖你阿里卜爲 [guwaini alibu-mbi], [guwai ni alibuwi], [goini alibuwi] 공급하다供給 참조.

594

147. 光 卜 [bu]: [bu], [bu], [bu](555)

No. 555 苶光 撒卜/ 掃 [sabu], [sabu], [sabu] 구두靴/ [sabu](M), [sabu](N), [sawi](E)

148. 为 衛 [we, wi]: [wi], [wei, ui], [wi](458, 627, 633)

为刌光 衛也別 [weye-mbi?] 빼앗다32)

149. 夯 禿 [tu]: [tu], [tu], [tu](26, 687)

No. 26 月夯朵外 必阿禿幹黑/ 別禿黑黑 [biya tuwe-mbi], [biya tuwehei], [bia tuwehe] 달이 지다月落/ [biya tuhembi](M), [bie tihijiren](E)

夯朵光 禿幹別[tuwe-mbi] 떨어지다33)

150. 劣 勒付 [lefu] 곰熊: [lefu], [ləfu], [lefu](145)

No. 145 劣 勒付/ 勒伏 [lefu], [lefu], [lefu] 곰熊/ [lefu](M)

151. 为 忒杜 [deau]: [teau], [dədu], [tedu](355)

No. 355 为余? 厄杜勒/ 得都 [dedule-mbi], [tedure], [tedule] 자다睡/ [dedumbi](M)

152. 为 杜里 [duli]: [duli], [duli], [duli](610, 760)

No. 610 为夾 杜里剌 [dulila], [dulila], [dulila] 가운데, 안의中/ [dulimba](M), [dolindu](S), [dulinda](E)

No. 760 为夾圍土羔 杜里自國倫你 [dulila gurun], [dulila gurun ni], [dulila gurun ni] 중국中國/ [dulimba gurun](M)

---

32) No. 458 '为刌古' 衛也昧 [weye-mbi], [wiyemei], [wiyemei] 빼앗다奪 참조.

33) No. 687 '夯朵外' 禿幹黑 [tuwe-mbi], [tuwehei], [tuwehe] 떨어지다落 참조.

153. 秀 革 [ge]: [ge], [gə], [ge](82, 102, 149, 192, 193, 284, 700, 774, 807, 824, 866, 914)

No. 102 旭谷夅夬秀 革列黑塞草 [gənəhə səgə], [gənəhəi səgə], [gənəhə səgə] 세월이 지나가다去歲/ [gənəhə ə](M)

No. 149 刹秀 申革 [šinggeə], [singe], [šinge] 쥐鼠/ [šinggeri](M), [ʃiŋarə](N)

No. 866 方夅秀 土滿塞革 [tuman segeə], [tuman segeə], [tumen segeə] 만수萬壽

154. 夅 弄 [buren(g)]: [burln], [bunə?], [buiun](251)

No. 251 夅艀 卜弄庫/ 墨勒苦 [bulenggu], [bulunku], [buluŋku] 거울鏡/ [buleku] (M), [pulk'u](N), [biluhu](S), [bilhu](E), [biliku](Ma)

155. 夃 赫兒/ 赫儿 [her]: [her], [hər], [her](852)

夃压斥 [hergegi] 등급級34)

156. 夻 古剌 [gūl]: [gula], [gula], [gūla](546)

No. 546 夻申 古剌哈/ 谷魯哈 [gulha], [gulaha], [gūlaha] 신靴/ [gūlha](M)

157. 勿 阿/ 阿木 [a] 와 동일: [amu], [amu], [amu](868)

No. 868 呈勿尽句 皇阿木魯該 [huan-amargi], [huwan amurgai], [hoŋ amurgai] 황후皇后

158. 夯 都 [du]: [du], [du], [du](22, 306, 417, 459, 464, 467, 507, 601, 676, 684, 708, 729, 802)

No. 306 夯常片 都塔安 [dut-tan], [dutan], [dutan] 도당, 관명都堂

夯夨乇 都古昧別 [dugu-mbi] 치다, 때리다35)

---

34) No. 852 '乚夃压斥' 厄木赫兒厄吉 [emu hergegi], [emu hergegi], [emu herŋe gi] 일급, 한 급一級 참조.

35) No. 464 '夯夨古' 都古昧 [dugu-mbi], [dugumei], [dugumei] 치다打 참조.

No. 507 弟甲 都哈/ 肚哈 [duha], [duha], [duha] 장腸/ [duha](M)

No. 684 弟斥 都吉 [dugi], [dugi], [dugi] 가능하다可

　　弟无 都言 [duyen] 때문에36)

159. 舟 忒 [te]: [te], [tə], [te](423, 819)

　　No. 423 舟호 忒別/ 忒 [tebie], [tebi], [tebie] 안다坐, 살다住/ [tembi](M),
　　[t'ərə](N), [t'eɡke](E)

　　舟史 忒別 [te-bie] 앉다, 살다37)

160. 冊 羊 [yang] 양兩 (한어): [yan], [jaŋ], [yan](248, 261, 346, 579)

　　No. 261 冊 羊 [yang], [yan], [yan] 양兩/ [yan](M)

161. 冃 約 [yu]: [yu], [ju], [yo](536)

　　冃冃毛 約約別 [yuyu-mbi] 굶주리다38)

162. 亐 兀脉 [ume] ~하지 마라: [ume], [umə], [ume](472)

　　No. 472 亐 [ume], [ume], [ume] 불허하다不許/ [ume](M)

163. 有 脱溫古 (脱) [tol], (湯古) [tanggu], [tangku] 백百: [tangu], [taŋgu],
　　[taŋū](27)

　　有 tol

　　No. 356 有芳 脱興/ 托力希 [tolgin], [tolgin], [tolhin] 꿈夢/ [tolgin](M),
　　[tūlkin](E)

164. 禿 言 [yen]: [yen], [-], [yen](729)

No. 729 羗仟犭无 禿魯溫都言 [-], [turgun duyen], [turŋun duyen] 연고緣故/ [turgun](M)

165. 羌 又/ [ča]: [ča], [tʃa], [ča](232)
　　No. 232 庋羌 撒又 [sača], [sača], [sača] 바리盌/ [sača](M)

166. 克 哈勒 [gere?]: [gar], [gal], [gal](28)
　　克用 哈勒哈 [gereha] 맑다晴39)

167. 尾 扎 [ja]: [ja], [ja], [ja](848)
　　No. 848 尾友米 扎剌岸 [jalan], [jalan], [jalan] 무리輩/ [jalan](M)

168. 土 溫 [-un] 명사의 어미: [un], [un], [un](5, 10, 19, 20, 27, 29, 32, 101, 155, 185, 189, 255, 286, 287, 290, 291, 348, 358, 433, 465, 564, 568, 569, 570, 577, 587, 634, 635, 752, 828, 274, 760)

169. 土 下 [ši]: [ši], [ši], [ši](212, 812)
　　No. 212 土圭 下敖 [šiao], [hiyau], [hiau] 학교學校/ [tačikū](M)

170. 坕(瓦) 兀魯 [tulhu]: [tulhu], [tulu], [tulŋhu](27)
　　瓩土 禿魯溫 [tulhun] 흐리다40)

171. 厼 阿 [a]: [a], [a], [a](139, 248, 579)
　　No. 139 厼米 阿非/ 阿非阿 [afei], [afei], [afi], [afi](a) 사자獅/ [arsalan](M),

---

39) No. 28 丟克用 阿卜哈哈勒哈/ 阿瓜哈剌哈 [abka gereha], [abka garha] 하늘이 푸르다天晴 참조.

40) No. 27 丟瓩土 阿卜哈禿露溫/ 阿瓜禿魯兀 [abka tulhun], [abka tulhun], [abka tulŋun] 하늘이 어둡다天陰/ [abka galaka](M)

[arsalan](Mo)

No. 705 东州 阿隨 [asui], [asuwi], [asui] 없다無/ [akū](M), [aasin](S), [ačin]
(W), [aʒin](Ma)

No. 248 东卅米力 阿羊非本 [ayan feiben], [ayan fiben], [ayan fiben] 초燭/
[ayan dengĵan](M)

No. 579 东卅米力 阿羊非木 [ayang feiben], [ayan fibun], [ayan fibun] 밀랍
蠟41)/ [ayan](M)

172. 右 昧 [-mei] 동사의 변화어미: [mei], [mei], [mei](25, 111, 385,
392, 394, 395, 397, 401, 402, 410, 417, 457, 458, 464, 481, 536, 692,
714, 751, 764, 767, 768, 769, 771, 775, 778, 797, 804, 821, 827, 834,
860, 903, 909)

No. 385 朱刘右 背也昧/ 背因必 [buy-mbi], [beyemei], [buyemei] 사랑하다愛/
[buyembi](M)

No. 392 圭刘右 忒也昧/ 亦立 [deye-mbi], [teyemei], [teyemei] 일어나다起/
[deyembi](M), [tʼəku](N)

No. 394 伞右 吉里昧 [guri-mbi], [gurimei], [gurimei] 옮기다遷/ [gurimbi](M)

No. 395 用乱右 兀刺必昧 [uĵele-mbi], [uĵebimei], [uĵebimei] 공경하다敬/
[uĵelembi](M)

No. 804 夹业右朵夨 千忒昧團住刺 [čendemei tuwa-mbi], [čiyentemei tuwanĵula],
[čentemei tonĵula] 선발하다考選/ [čendembi](시험, 고시), [sonĵo](선발하다,
선발)(M)

173. 半 巴 [bak]: [bak], [ba], [bag](797)
半血老 巴住別 [bakju-mbi, bakci-mbi?] 대적하다, 상대하다42)

<hr>

41) 도이길 158, 건어포(腊)
42) No. 797 半血右角 巴住昧的 [bakju-mbi, bakci-mbi], [bakjumei di], [bagĵumei di] 대적하다對敵
/ [bakcilambi](대작하다)(M)

174. 斗 兀 [u]: [ul], [ul], [ul](733)

No. 733 斗夫� 兀忽卜連 [uhu], [ulhuburen], [ulhuburen] 효론하다曉論/ [ulhibumbi](M)

175. 米 素勒 [sure] 총명聰明: [sure], [surə], [sure](753)

No. 753 米 素勒 [sure], [sure], [sure] 총명하다聰明/ [sure](M), [sure](N)

176. 朱 約 [yo]: [yo], [jo], [yo](736)

朱叏勇 約斡洪 [yobuhun?] 분명하다43)

177. 卡 塞 [si] 안개: [sai], [sai], [sai](9, 788, 880)

No. 9 卡充夹 塞馬吉/ 塞忙吉 [simagi], [saimagi], [saimaŋgi] 서리霜/ [gečen] (M), [saihəsə](N), [sanugca](S), [sanu](E)

No. 788 卡休斥叏夭 塞里吉忒你和 [siligi teniho?], [sailigi teni ho], [seligiteniho] 당연히 위태하다危然/ [gelečuke](M)

178. 仐 晚 [un]: [wen], [un], [wen, un](22, 708)

No. 708 仐另乑 晚都洪 [unduhun], [wenduhun], [wanduhun] 비다虛/ [unduhun] (M)

179. 仟 寧住 [ninju] 육십六十: [ninju], [nindʒu], [ninju](572, 659)

No. 572 仟臾 寧住黑/ 泥出 [ninjuhe], [ninjuhe], [ninǰuhe] 진주珠/ [ničuhe] (M)

180. 釆 禿厄 [tuwe] 겨울冬: [tuwe], [tuwə], [tuŋe](76)

No. 76 釆毛 禿厄厄林 [tuwe-erin], [tuwe erin], [tuŋe erin] 겨울冬/ [tuweri]

---

43) No. 736 杞釆朱叏勇 革洪約斡洪 [gehun yobohun], [gehun yowohun], [gehun yowohūn] 명백하다明白 참조.

(M), [tʼuɑ](S), [toge erin](S), [tuge erin](E), [togɑ](Mɑ)

181. 礼(卆) 瑣 [sok]: [sok], [so], [sog](445)

No. 445 礼夯夬 瑣里都灣 [soktoho], [soktoho], [sogtohe] 취기醉/ [soktombi]
(M), [sogtomoi](Mo), [sɔktʼɔ](N), [sottʼo](M)

礼夯老 瑣里都灣 [sokto-mbi], [soktoho], [sogtohe] 취하다醉/ [soktombi]
(M), [sogtomoi](Mo), [sɔktʼɔ], [sottʼo](M)(No. 445 참조)

182. 冭 兀魯兀 [ulhū]: [ulgu], [ulxu], [ulŋu](188)

No. 188 冭冘 兀魯兀馬/ 兀魯麻 [ulhūma], [ulguma], [uluŋūma] 야계, 꿩野
鶏, 雉/ [ulhūma](M), [ɔrkumɑ](N)

183. 夊 古申 [gūsin] 삼십三十: [gusin], [guʃin], [gūšin](656)

No. 656 夊 古申 [gūsin], [gusin], [gūšin] 삼십三十/ [gūsin](M), [kuɔsin](N),
[goten](S), [gutin](E), [gutin](Mɑ)

184. 夨 卜哈 [bdaha]: [buha], [buxa], [buha](119)

No. 119 夕夭 阿卜哈/ 哈浦哈 [abha], [abuha], [abuha], [abuha](ɑ) 잎葉/
[abdaha], [abuha](냉이 잎薺葉)(M)

185. 夃 溫 [-un] 어미용: [un], [uŋ], [un](101, 308, 872, 877, 889, 900)

No. 101 丸夃南土 出溫都魯溫 [čun-dulun], [čun dulun], [čun duluŋun] 중양
重陽/ [uyungga inenggi](M)

No. 308 禾夃朼夊 素溫必因 [sun-bin], [sunbin], [sunbin] 총병하다總兵/ [uhəri
gadalara da](M)

186. 夂 委勒/ 兀里彦 [uliyen] 돼지, 해(12지): [uliyɑn], [uljɑ], [uliŋen](162,
172)

No. 162 叐 兀黑彥/ 兀甲 [uliyen], [uliyan], [uliŋen] 돼지猪/ [ulgiyen](M),
[ulgen](S), [olga](C)

187. 攴 剌 [-la] 동사 변화형어미: [la], [la], [la](271, 305, 334, 387,
430, 471, 504, 547, 564, 605, 610, 621, 724, 734, 744, 760, 768,
802, 833, 835, 848, 881, 883, 889, 891, 896, 902, 905)
No. 271 為攴夨攴攵 召剌埋委勒伯 [-], [jaulamai weilebe], [weilebe jeulamai]
秦事 사태를 보고하다秦事/ [wešimbumbi](N)
No. 430 夲攴夨 哈答剌埋 [kadala-mbi], [kadalamai], [kadalamai] 관리하
다管/ [kadalambi](M)

188. 攴 委勒 [weile] 일事, 물건物: [weile], [weilə], [weile](271, 398, 827)
No. 398 攴攵 委勒伯 [weile-be], [weilebe], [uilebe] 일을事/ [uilembi](M),
[uile](E)

189. 反 禿 [tu]: [tu], [tur], [tu](208, 519)
No. 208 反攵 禿剌 [tura], [tura], [tura] 기둥柱/ [tura](M)
No. 519 反甲 禿哈 [tu(r)ha], [turha], [turha] 여위다瘦/ [turga](M)

190. 呈 者 [je]: [je], [dʒə], [je](122, 253, 278, 372, 374, 535, 563, 597,
746, 749)
No. 122 呈冊 者庫 [jeku], [jəku], [jeku] 종묘苗/ [jeku](골짜기)(M)
No. 535 呈东 者弗/ 者伏 [jefu], [jefu], [jefu] 밥, 음식食/ [jefu](M), dʒəfə
(N), [ʒ'abaŋnam](W)
No. 597 呈仟 者溫/ 亦替 [jeun, jebele⁷], jegun], [jeŋun] 오른쪽, 우右/ [uči]
(M)

191. 夯 阿赤 [ači]: [ači], [atʃi], [ači](447)

No. 447 夯束 阿革都魯 [ačidulu], [ačiduru], [ačiduru] 움직이다動, (만)
[ačinggiyambi, aššambi]

192. 毛 梅 [mei]: [mei], [mei], [mei](165)

No. 165 毛夬 梅黑/ 妹黑 [meihe], [meihe], [meihe] 뱀蛇, 巳(12간지)/ [meihe]
(M)

193. 矢 道 [dao, doo, du]: [tau], [dao], [dau](317, 457)

No. 317 矢芭 道士 [dooši], [dauši], [dauši] 도사道士(한어)/ [dooši](M)

矢休右老 道里別 [dori-mbi] 창질하다搶[44]

194. 犬 剌 [-ra] 동사 변화어미: [la], [ra], [la](108, 109, 110, 173, 223,
359, 373, 375, 383, 386, 446, 449, 451, 459, 475, 489, 723, 742,
750, 754, 764, 766, 773, 782, 791, 795, 804, 809, 810, 826, 839,
858, 912)

No. 373 侁屏犬 肥希剌/ 的力禿提 [feshe-mbi], [feshila], [fehila] 노하다怒/
[feshembi, jilidambi fuhiyembi](M)

No. 375 主走犬 申納喇 [sinala-mbi], [šinnala], [sinala] 시름하다愁/ [suilambi]
(M), [šinalamoi](Mo)[

195. 禾 太乙/ 太乙, 太 [tai]: [tai], [tai], [tai](200, 207, 303, 870)

No. 200 禾卓 太乙剌 [taila], [taira], [taira] 절寺/ [jugtehen](M)

No. 207 禾劣 太本/ 太伏 [taiben], [taibun], [taibun] 들보梁/ [taibu](M)

196. 禾 太 [tai]: [tai], [tai], [tai](200, 207, 303, 870)

---

44) No. 457 矢休右 道里昧 [duri-mbi], [daulimei], [daulimei] 부딪히다搶 참조.

No. 303 天東 太監 [taigiyen], [taigiyen], [taigian] 중국 벼슬 명칭, 대감太監/ [taigiyan](M)

No. 870 天卯 太子 [tai-ʤŭ], [taji], [taise] 태자太子

197. 天 帶, 大/ 台, 帶 [dai] 허리띠, 기타 한자 전사용: [dai], [dai], [dai](23, 543)

198. 乔 阿卜哈 [abka] 하늘: [abka], [abxa], [abka], [abga](a)(1, 27, 28, 629)

199. 秀 厄然 [ejen] 주인, 임: [ejen], [əʤən], [eren](331, 792)

No. 331 秀羊仆 厄然你捏兒麻/ (厄然你捏儿麻) [ejenni niyalma], [ejen ni niyarma], [eren ni niarma] 이인夷人/ [ejen](M), [ejen](Mo), [ŋəʧən], [əʧən](N)

No. 792 秀羊东 厄然你富 [ejen-ni fu], [ejen ni fu], [ejen ni fu] 주보主輔

200. 夭 忽渾 [huhun] 우유, 젖: [huhun], [xuxun], [huhun](541)

No. 541 夭 忽渾 [huhun], [huhun], [huhun] 유방奶子/ [sun, huhun](젖, 유방)(M), [uhun](유방)(E), [ukun]((W)(Ma)

201. 矢 者 [je]: [je], [ʤe], [je](44, 69, 72, 476, 612, 779, 860)

No. 72 矢卆九南米 者車法苔岸 [ječe fatan], [ječe fadan], [ječe fadan] 울타리藩籬

No. 44 矢卆 者車 [ječe], [ječe], [ječe] 변방塞/ [ječen](M)

No. 779 矢盂朱 者失吉撒 [jesi-gisa], [jesigisa], [ješigisa] 속여서 유혹하다欺誘/ [eiterembi](M)

矢条尧 者知別 [jeji-mbi] 근면하다, 삼가하다45)

___

45) No. 860 矢条右 者只昧/ 阿遲 [jeji-mbi], [jerjimei], [ješimei] 삼가다謹/ [ginggulembi](M)

202. 失(失) 兀魯 [ure] 익다: [ur], [uru], [uru](539)

No. 539 失卆 兀魯黑 [urehe] 익은46)

失耂 兀魯別 [ure-mbi] 익다, 상하다47)

203. 夫 兀迷 [omi]: [omi], [omi], [umi, omi](534)

夫耂 兀迷別 [omi-mbi] 마시다48)

204. 失 彈 [dan]: [tam], [tan], [tam](745)

No. 745 飛乕㒸佥失不 多羅斡薄替彈巴 [doron bodidanba], [dorōbo tiktamba], [doroobo tigtanba] 법도法度/ [kooli doron, doro ciktan](M)

205. 攵 卜魯 [-bulu] 동사 변화어미: [bulu], [bulu], [bulu](273, 368, 369, 419, 427, 435, 740, 769, 796, 805, 809, 821, 864, 867)

No. 368 兔盂庆攵 克失哥卜魯 [kusigo-mbi], [kešigeburu], [kešigeburu] 번민하다悶/ [gingkambi, gusučumbi](M)

No. 419 氣攵 阿于卜魯 [aihu-mbi], [aihuburu], [ayuburu], [ayuburu](a) 구조하다救/ [aitumbi](M)

206. 丈 和 [ho]: [ho], [xo], [ho](116, 133, 259, 340, 445, 588, 691, 788)

No. 259 夫赤 和剌/ 和子 [ho-dzu], [hoji], [hose] 합, 그릇盒

207. 丈 素魯 [sur]: [sur], [sur], [sur](453, 566)

No. 566 丈乎氕 素魯脫戈 [surdehe, furdehe?], [surtogo], [sur togo] 웃옷 거죽皮襖

---

46) No. 539 '焉乐失哭' 兀速洪兀魯黑 [eshun urehe], [ushun urhe], [ushun urhe] 날것과 익은 것生熟 참조.

47) No. 539 '焉乐失哭' 兀速洪兀魯黑 [eshun urehe], [ushun urhe], [ushun urhe] 날것과 익은 것生熟 참조.

48) No. 534 '夫車' 兀迷剌/ 兀迷 [om-mbi], [omira], [umira] 마시다飮/ [omimbi](M), [ɔmi](N)

208. 夬 厄 [e]: [e], [ə], [e, ŋe](606, 607, 667, 822)

No. 606 车夬夕 斡厄忽 [waikū, waihū], [oehu(?)], [weihū] 기울다斜/ [waihū, waiku](M)

No. 607 尽夬 舒厄 [šuwe], [šuhe], [šuŋe] 곧다直/ [šuwe](곧다), [ilhu](M)

209. 夊(矢) 登 [ten(g)] 동사 변화어미?: [den], [dən], [den](761, 862)

No. 761 亥夊库夊 兀魯麻弗塞登 [-], [-], [uluma fusheden] 강성하다强盛/ [etuhun dekjimbi](M)

No. 862 㧟夊 革登 [geten?], [geden], [geden] 가다往/ [genembi](M)

210. 夎 麻 [ma]: [ma], [-], [ma](217, 761)

No. 217 茇夎 罕麻 [hanma], [hanma], [hanma] 칼劒/ [dabčikū](M)

No. 761 亥夊库夊 兀魯麻弗塞登 [-], [-], [uluma fusheden] 강성하다强盛/ [etuhun dekjimbi](M)

211. 夬 揮 (回) [huei, (kuei?)], [huwi], [-], [hui](310, 540)

No. 310 岳夬 指揮 [ji-ki], [jihuwi], [jǐhui] 지휘하다, 통솔하다指揮/ [jorisi](M)

No. 540 夬杲夬 失羅回 [siloho?], [šilohuwi], [šilohoi] 떡, 구운 떡燒餠/ [šoobin](M)

212. 反(厐) 阿的 [adi] 등等: [adi], [adi], [adi], [adi](a)(837)

213. 夬 勒, 卜連/ 卜勒 [bura, bure, buren?]: [bure], [burə], [bure](59)

No. 59 夬某 卜勒其/ 不剌其 [buraki], [bureki, (bureki?)], [bureki] 티끌塵/ [buraki](M), [purəŋk'i](N)

214. 夅 兀的 [uji]: [udi], [udi], [udi](61, 172, 174, 175, 333)

No. 61 夨屁 兀的厄 [ujige], [udige], [udige] 들野/ [bigan](M), [hudege](야외)(Mo)

No. 172 夨屁冬 兀的厄兀里彦/ 艾答 [ujige uliyen], [udige uliyan], [udige uliŋen] 멧돼지野猪/ [aidagan ulgiyen](M)

No. 174 夨屁得列49) 兀的厄母林 [ujige morin], [udige morin], [udige murin] 야생마野馬/ [aidagan morin](M)

No. 175 夨屁奇 兀的厄厄恨 [ujige eihen], [udige eihen], [udige eihen] 야생당나귀野驢/ [aidagan eihen](M)

No. 333 夨屁伃 兀的厄捏兒麻/ (儿的厄捏兀麻) [ujige niyalma], [udige niyarma], [udige niarma] 야인野人/ [aidagan niyalma](M)

215. 犬 阿只/ 阿只儿 [ajiragan, ajirhan, ajir?] 조랑말: [ajir], [adʒir], [ajir](170)

No. 175 犬伃列 兀的厄厄恨 [ujige eihen], [udige eihen], [udige eihen] 망아지野驢/ [aidagan eihen](M) 50)

216. 市 候 [hou] 한어: [hou](301)

No. 301 市 侯 [hau], [hau], [heu] 제후侯/ [heo](M)

217. 帀 好 [hoo]: [hau], [xau], [hau, heu](222, 223, 301)

No. 222 帀 好沙 [hooša], [hauša], [hauša] 종이紙/ [hoošan](M)

218. 夵 哀 [ai]: [ai], [ai], [ai](842)

No. 842 夵 克愛/ (克哀) [kuai], [keai?], [kai] 열다開

---

49) '林'은 '列'의 오류이다.

50) No. 170 犬伃列 阿只兒母林/ 阿扎剌木力 [ajir morin], [ajir morin], [ajir murin] 망아지仔馬, 兒馬/ [ajirga](S), [adʒirka](N), [ajirɣa](Mo)

219. 市 岸 [an]: [an], [an], [an](816)

    No. 816 市求半 岸丹朶 [andan-de], [andan do], [andan do] 연도沿途, 도중에
    서/ [andala] (M)

220. 爺 嫩 [niong]: [niong](159)

    No. 159 爺亐中 嫩捏哈/ 牛捏哈 [niongniyaha], [niyonniyaha], [nionniaha]
    거위鵝/ [niongniyaha](M), [nugna](N), [nunaki](S), [nūŋnihi](E)

221. 反 奴 [nu]: [nu], [nu], [nu](406, 436, 454)

    No. 436 反盍 奴兀鲁 [nuur, nurhūme?], [nugur?], [nuŋuru] 늘, 매每/ [dari]
    (M)

    No. 454 反厇 奴罕 [nuhan], [nuhan], [nuha] 늦다慢/ [nuhan](M)

222. 斤 康 [hen(ɡ)]: [kan], [kəŋ], [kaŋŋ](751)

    斤炙化老 康克勒別 [hengkile-mbi] 머리를 조아리다叩頭51)

223. 斥 安春 [ančǔ]: [ančǔ], [antʃu(altʃu)], [ančǔ(n)](564, 568, 635, 828)
    No. 568 斥土 安春溫/ 安出 [ančun], [ančun], [ančun], [altʃun](a) 금金/ [aisin]
    (M). [aiʃin](N)

    No. 564 斥土灰凡 安春溫剌孩 [ančun-lahai], [ančunlahai], [ančunlahai],
    [altʃunla-hai](a) 베 짜다織金

    No. 635 斥土炸今 安春溫瑣江 [ančun sogiyan], [ančun sogiyan], [ančun
    sogian] 금황金黃(색상)/ [hagsa](M)

    No. 828 斥土枚 安春溫闕 [ančun kiye], [ančun kiwe], [ančun kue] 금궐金闕

---

51) No. 751 市斤炙化右 兀住康克勒眜 [uju hengkile-mbi], [uju kankelemei], [uʒu kaŋkīlemei] 머
   리를 조아리다叩頭/ [hengkilembi](M)

224. 秉 孫 [sun] 동사 변화어미: [sun], [sun], [sun](351, 401, 513, 527, 777, 818, 826)

No. 351 伊秉 端的孫/ 斷的 [donji-mbi], [dondisun], [dondisun] 듣다聽/ [donjimbi](M), [dooldiran](E), [doldim](W)

No. 401 戈秉右 貧孫昧 [tomson-mbi], [tomsunmei], [tomsunmei] 거두다收/ [tomsombi](M)

225. 迋(迋) 斡兒 [or]: [or], [or], [or](116, 538)

No. 116 秉太 斡兒和/ (斡兀和) [orho], [orho], [orho] 풀초/ [orho](M), [oroot] (E)

No. 588 迋天甬 斡阿和答/ (斡儿和答) [orhoda], [orhoda], [orhoda] 인삼人蔘/ [orhoda](M)

226. 玊 番 [fan]: [fan], [fan], [fan](220)

No. 220 玊好 番納兒/ 凡察 [fannor], [fannar], [fannar] 깃발, 기旗/ [kiru] (M)

227. 串 委/ 委罕 [iha]: [iha], [iha], [wiha(n)](143)

No. 143 串米 委罕/ 赤哈 [ihan], [ihan], [wïhan] 소牛, 丑(12간지)/ [ihan] (M), [iha](N)

228. 甪 哈 [ha]: [ha], [xa], [ha](12, 66, 157, 163, 166, 252, 257, 262, 267, 278, 296, 360, 361, 478, 507, 519, 546, 567, 575, 682, 688, 694, 726, 838)

No. 488 朱甪勇夲凡 南哈洪的孩 [nanhahun banji-mbi], [namhahun bandihai], [namhahūn bandihai] 안전하게 살다安生/ [elhe banjimbi](M)

No. 507 弟甪 都哈/ 肚哈 [duha], [duha], [duha] 장腸/ [duha](M)

No. 519 戾甪 禿哈/ [tu(r)ha], [turha], [turha] 여위다瘦/ [turga](M)

229. 朮 兀也 [ui]: [uye], [uje], [uye](583, 602)

No. 602 朮臭 兀也黑 [uihe], [uyehe], [uyehe] 뿔角/ [sala](M)

230. 采 分 [fun]: [fun], [fun], [fun](727)

朮禾毛 分車別 [funče-mbi] 남다52)

231. 枭 卜 [be]: [bu], [bu(bɔ)], [bu](530)

No. 530 朮化 卜勒 [bele], [bule], [bule] 쌀米/ [bele](M)

232. 耒 木 [mu]: [mu], [mu], [mu](746)

No. 746 耒吳男主仐 木資革弌厄 [mujege tege?], [mujege tē], [mujege teel] 당면當面/ [derede](M)

233. 夲 委 [wei]: [wei], [wei, wi], [wei](495, 582, 878)

No. 495 夲臭 委黑/ 未黑 [weihe], [weihe], [weihe] 이齒/ [weihe](M)

234. 承 哈哈 [haha]: [haha], [xaxa], [haha](298)

No. 298 承兊 哈哈愛 [hahai], [hahai], [hahai] 남자男子/ [haha niyalma](M), [haha nai](N)

235. 尒 只兒歡 [jirhūn?] 십이+二: [jirhon], [dʒorgon], [jirhon](647)

236. 尔 卜 [bu]: [bu], [bu], [bu](389)

尔禾毛 卜車別 [buče-mbi] 죽다死53)

---

52) No. 727 朮禾外 分車黑 [funčehe], [funčehei], [funčehe] 남다餘 참조.
53) No. 389 尔禾外 卜車黑/ 不尺黑 [buče-mbi], [bučehei], [bučehe] 죽다死 참조.

237. 仐 麻希 [mahi]: [mahi], [maçi], [mahi](547)

No. 547 仐亥 麻希剌 [mahila], [mahila], [mahila] 모자帽/ [mahala](M), [mahala](N)

238. 盂 皿干 [minggan] 천千: [mingan], [miŋgan], [miŋgan](664, 869)

No. 869 盂孔屯 血干卜羅厄林 [minggan bolori], [mingan boloerin], [miŋgan bolo erin] 긴 시간千秋/ [minggan bolori](M)

239. 丸(丸) 順扎/ 順剤 [sunja] 오五: [šunja], [ʃunʤa], [šunja](24, 100, 640)

No. 100 丸月也刘 順扎必阿称因 [sunja biya hačin], [sunja bi a hačin], [sunǰa bia hačin] 단오절端午節, 오월제五月祭/ [sunǰa biya i hačin], [sunǰangga inenggi] (M)

No. 24 丸卑 順扎頭 [sunja to], [šanja tou], [šunǰa tu] 다섯말五斗/ [sunǰa] (다섯)(M)

240. 赴 卜的 [bet]: [budi], [-], [but](505)

No. 505 赴臾 卜的黑/ 伯帖 [bethe], [budihe], [buthe] 다리脚/ [bethe](M)

241. 夂 忒 [te]: [te], [tə], [te](397, 765, 809)

No. 765 夂光寂卓? 忒吉勒苔失剌 [tegiledasila? dasi-mbi?], [tegile(?) dasira], [tegile dašira] 뒤짚다, 두루 덮다偏覆/ [dele dasimbi](M), [dahim](W)

242. 旦 孩 [hai] 동사의 변화어미형, '~했다'(과거분사형): [hai], [xai], [hai](150, 254, 268, 330, 334, 336, 376, 377, 388, 470, 488, 564, 613, 679, 685, 722, 728, 763, 777, 824, 849, 879)

No. 268 峀峀火 塔塔孩 [tata-mbi], [tatahai], [tatahai] 하영했다下營/ [tatambi] (M)

No. 376 **亥帀癸炅** 塔苦剌孩/ 塔苦哈[takūra-mbi], [takurahai], [takūrahai] 어긋나다, 차이나다差/ [takūrambi](M)

No. 377 **亥帀癸炅** 塔苦剌孩/ 塔苦哈 [takūra-mbi], [takūrahai], [takūrahai] 시키다使/ [takūrambi](M)

No. 388 **夅炅** 半的孩/ 伴的哈 [banji-mbi], [bandihai], [bandihai] 태어났다 生/ [takūrambi](M)

No. 679 **伔炅斥** 替孩吉 [čihaigi], [tihaigi], [tihai gi] 따랐다從/ [šihambi](따르다), [čihai](임의)(M)

243. **丞** 吳 [gu?, ku?] 동사의 어미?: [gu], [-], [u](354)

No. 354 **伣丞** 端的吳 [donji-mi], [dondigu], [bondiu] 묻다問/ [donjimbi](M)

244. **乇** 納 [na]: [na], [na], [na](375, 585, 786, 839)

No. 375 **王乇炗** 申納剌 [sinala-mbi], [šinnala], [sinala] 시름하다愁/ [suilambi](M), [šinalamoi](Mo

No. 585 **元乇屮** 馬納敖 [manao], [manaw], [manaw] 마노瑪瑙/ [marimbu wehe](M)

No. 786 **俟屛乇** 若希納 [žohina], [jehina], [yehina] 인의仁義/ [jurgan](M)

245. **午** 車 [če]: [če], [ʧə], [če](44, 69, 72, 475, 612)

No. 72 **矢午扎甬米** 者車法苔岸 [ječe fatan], [ječe fadan], [ječe fadan] 울타리藩籬

No. 475 **屛免扎犬矢午** 哈沙下剌者車/ 得道力剌 [gašahiy-mbi], [gašahiyala ječe], [gašahiala ječe] 변경을 침범하다犯邊/ [ječen be necimbi](M)

No. 612 **矢午** 剌車 [ječe], [ječe], [ječe] 변두리邊/ [ječen](M)

246. **亨** 脉魯 [mer]: [mer], [mər], [mer](748)

亨屄 脉魯厄 [merge] 뜻意54)

247. 夰 哈荅 [kada]: (430, 471)

No. 430 夰夋兂 哈答剌埋 [kadala-mbi], [kadalamai], [kadalamai] 관리하
다管/ [kadalambi](M)

No. 471 夰夋兵来忼 哈答剌里敖魯別 [kadalamai dalu-mbi], [kadalamai
dalubi], [kadalamai darubie] 지휘하다, 통솔하다率領/ [hatalara dacimbi]
(M)

248. 朴 黑 [-hei] 동사 변화어미, ~었다(과거분사): [hei], [xei], [he](26,
102, 158, 182, 186, 278, 389, 404, 493, 515, 565, 687, 713, 727,
840, 847)

No. 26 月夯枭朴 必阿禿斡黑/ 別禿黑黑 [biya tuwe-mbi], [biya tuwehei],
[bia tuwehe] 달이 졌다月落/ [biya tuhembi](M), [bie tihijiren](E)

No. 102 祀谷朴关夯 革列黑塞草 [gənəhə səgə], [gənəhəi səgə], [gənəhə
səgə] 세월이 지나갔다去歲/ [gənəhə ə](M)

No. 389 尔禾朴 卜車黑/ 不尺黑 [buče-mbi], [bučehei], [bučehe] 죽었다死/
[bučembi](M)

No. 404 立迫朴 恩忒黑 [endehe], [entehei], [entehe] 벌을 받았다罰/ [entebumbi]
(M)

No. 687 夯枭朴 禿斡黑 [tuwe-mbi], [tuwehei], [tuwehe] 떨어졌다落/ [tuhembi]
(M)

No. 713 祀谷朴 革揑黑 [gene-mbi], [genehei], [genehe] 갔다去/ [genembi](M),
[ʒnə](N)

No. 727 术禾朴 分車黑 [funčehe], [funčehei], [funčehe] 남았다餘/ [funčembi](M)

No. 840 庫夂朴 卜魯斡黑 [buruwe-mbi], [buruwehei], [buruwehe] 화살矢/
[ufaračun](M)

No. 847 其禾朴 其車黑 [kiče-mbi], [kičehei], [kičehe] 사용·했다用/ [kičembi]

---

54) No. 748 勇昊字屁火 哈塔溫脉魯厄伯 [hadaun merge], [kadagun mergebe], [haɡdaṇun mergebe]
성의誠意/ [akdun mergen](M)

(-용-공)(M), [baitalambi](사용-하다)(M)

249. 舟 一能吉 [inenggi] 날日: [inengi], [inəŋgi], [ineŋgi](3, 25)

250. 月 必阿 [biya]: [biya], [bia], [bia](4)
No. 4 月 必阿/ 別阿 [biya], [biya], [hia] 달, 월月/ [bia](M), [pia](N), [biyaga] (S), [bä](Ma), [bäga](W)

251. 圥 恩 [en]: [en], [ən], [en](404, 732, 774, 815, 834, 876, 904, 914)
圥迶外光 恩忒黑別 [endebu-mbi] 벌을 받았다, 지나갔다過55)
肃圥升 都厄恩黑 [endehe] 지나갔다56)

252. 丑(圡') 弗 [fe(bu?)]: [fu], [fu], [fu](498)
No. 498 丑夊 弗木 [feme], [fumu], [fumu] 입술脣/ [femu](M), [həmo](N), [emü](S)
No. 433 圡圡 卜溫 [bun?], [bun], [bun] ~부터, ~이래以來?/ [ereči](M), [boŋga] (E)

253. 岙 鈔, 朝 [čoo]: [čau], [ʧau], [čao](278, 296, 344)
No. 278 岙甲屏叉外 鈔哈厄剌黑 [čooha ejelehe], [čauha ejehei], [čauha ejehe] 무관武官/ [čoohai jergi](M)
No. 296 岙甲 鈔哈厄剌黑 [čooha ejelhe], [čauha ejehei], [čauha ejehe] 무관武官/ [čoohai jelhe](M)

254. 圭 申 [sin?, si]: [sin], [-], [šin](375)
圭圭夭光 申納別 [sinnala-mbi] 시름하다愁/ [sinagala-mbi](M)57)

---

55) No. 404 '圥迶外' 恩忒黑 [endehe], [entehei], [entehe] 벌罰 참조.
56) No. 834 '肃圥右' 都厄恩昧 [dulen-mbi], [dulenmei], [dulenmei] 지나다過 참조.

614

255. 卫 哈 [a, ha]: [had], [-], [had](551, 554)

   No. 551 卫夫 哈都/ 阿都 哈都/ 阿都 [adu, hadu?], [hadu], [hadu] 의복服/ [adu](M)

256. 盂(盉) 兀 [gū]: [gu], [g(u)], [ŋu](57, 58, 62, 785)

   No. 57 盂盉 住兀 [jugu], [jugu], [juŋu] 길路/ [jugūn](M)

257. 羊 哈 [ga]: [ga], [ga], [ga](8, 30, 42, 157, 399, 440, 475, 702)

   No. 42 羊舍 哈沙 [gaša], [gaša], [gaša] 촌村/ [gašan](M), [gaʃɛ̃](N)

   No. 157 羊中 哈哈 [gaha], [gaha], [gaha] 갈까마귀鴉/ [gaha](M), [gak'i](N), [gagã](E), [gaki](C)

   No. 399 羊头也 哈化以 [gahai?], [gohai], [gahuai] 취하다取?/ [gaimbi](M), [gadami](E)

   No. 440 羊夊夂 哈扎魯 [gajalu?], [gajaru], [gajaru] 필요하다, 요구하다要?/ [gajimbi] (M) 羊兔扎老 哈沙下刺別 [gašahiya-mbi] 범하다犯58)

258. 床 弩列 [nure]: [nure], [nure], [nure](520)

   No. 520 床 弩列/ 奴勒 [nure], [nure], [nure] 술酒/ [nure](M)

259. 隽(隽) 瑣 [so]: [so], [so], [so](193, 618, 635, 819, 895, 908)

   No. 618 隽夕 瑣江/ 素羊 [sogiyan], [sogiyan], [sogian] 황색黃/ [suwayan](M), [sɔjɛ̃](N), [songgarin](S), [šinggarin](E)

   隽夕利秀 [sogiyan šingge] 황서黃鼠

   隽夵老 瑣迷別 [somi-mbi] [sogiyan šingge] 감추다, 저장하다藏

---

57) No. 375 壬乏矢 申納剌 [sinala-mbi], [šinnala], [sinala] 시름하다愁/ [suilambi](M), [šinalamoi] (Mo)

58) No. 475 '羊兔扎犬矢平' 哈沙下剌者車/ 得道力剌 [gašahiy-mbi], [gašahiyala ječe], [gašahiala ječe] 변경을 침범하다犯邊 참조.

No. 819 片夌走舟史? 瑣迷別忒別 [somi-mbi], [somibitebi], [somiebietebie] 잠
거潛居/ [somimbi] 잠거하다潛居59)/ [tembi](거주하다)(M)

260. 夫(夾) 撒 [sa]: [so], [sa], [sa](439)

　　No. 439 系夫 巴撒 [basa], [basa], [basa] 다시再/ [geli](M), [basa](Mo)

261. 夾(友) 哥 [ge]: [ge], [gə], [ge](368, 369, 754, 758)

　　夾㐰 [gese] ~의 모양, ~와 같이, 일반적一般的으로?

262. 厓 (寒) [han, kan], (罕) [han]: [han], [xan], [han](99, 258, 264, 454)

　　No. 99 厓盂屯列 寒食哈称因 [hanši hačin], [hanši hačin], [hanši hačin] 청
명절清明祭/ [hangši](M), [haŋši](Mo), [hanši](E)

263. 且乚 背 [bei]: [bei], [bəgi], [bei](277, 763)

　　且乚㐰 背勒 [beile] 관리官吏. 貝勒60)

264. 㐬(亦) 塞 [se]: [se], [sə], [se](758)

　　No. 758 乚羊夾㐬 厄木你哥塞 일반一般/ [emuni gese], [emuni gese], emuni
gese/ [emu gese](M)

265. 可 厄舞 [ewu?]: [ern?], [-], [ewu](716)

　　No. 716 可 厄舞 [ewu?], [eru?], [ewu] 추하다醜/ [efuǰen](M), [eruhi](E)

266. 叿 該 [gai]: [gai], [gai], [gai](230, 599, 614, 680, 737, 789, 836, 868)

　　叿老 該別 [gai-mbi], [gaigar], [gaigar], [gaigar] 취하다取, 영수하다領61)

---

59) No. 819 ‘片夌走舟史’ 瑣迷別忒別 [somi-mbi], [somibitebi], [somiebitebie] 잠거하다潛居 참조.
60) No. 277 ‘伏且乚㐰’ 必忒黑背勒 [beile], [bitehe beile], [bithe beile] 문관文官 참조.
61) No. 836 叿全 根剌/ 該哈兀 [gaigar], [gaigar], [gaigar] 취하다取, 領 참조.

可全? [gaigar] [gaigar] 영수하다, 취득하다.

267. 夶 替 [či]: [ti], [ti], [ti](60)

No. 60 夶化 替法/ 提扒 [čifa], [tifa], [tifa] 진흙泥/ [lifahan](M)

268. 哥 弗里 [feli]: [fuli], [fuli], [fuli](421, 781, 817)

哥卅毛 弗里別 [feliye-mbi], [felisui], [felisuwi], [felisui] 걷다步, 가다行62)

269. 耒 少 [šao]: [šau], [ʃao], [šau](456)

耒兔毛 小沙別 [šaoša-mbi], [saušamai], [šašamai] 정벌하다征63)

270. 爭 斡 [o?]: [o], [-], [o](823)

爭发 斡灣 [owan] 더하다益64)

271. 刈 也 [ye]: [ye], [je], [ye](385, 392, 458, 771, 791, 886)

No. 385 朱刈右 背也眛/ 背因必 [buye-mbi], [beyemei], [buyemei] 사랑하다
愛/ [buyembi](M)

No. 392 㞷刈右 忒也眛/ 亦立 [deye-mbi], [teyemei], [teyemei] 일어나다起/
[deyembi](M), [tʼəku](N)

272. 卦 忽 [hūsi]: [huši], [xuji], [hūši](552)

No. 552 卦㐫 忽十安/ 忽失哈 [hūsian], [hušigan], [hūšiŋan] 치마裙/ [hūsihan]
(M)

그런데 No. 680 可毛 該別 [gai-mbi], [gaibi], [gaibie] 장수(將)라는 기본형이 있어서 山路가
설정한 '可毛'가 설정한 기본형은 적절하지 않다.

62) No. 421 '哥卅' 弗里隨/ 伏力速 [felisui], [fulisuwi], [fulisui] 가다行 참조.

63) No. 456 '耒兔矢' 少沙埋 [šaoša-mbi], [saušamai], [šaušamai] 정벌하다征/ [dailambi](M)

64) No. 823 '为列爭发' 塞因斡灣 [sain wowan], [sain ogon], [sain oŋon?] 편익便盒 참조.

273. **毛** 背 [beye]: [bei], [bei], [bui](95)

No. 95 **毛** 背/ 失木兀 [beye], [bei], [bui] 춥다寒/ [bəikuwɑn](M)

274. **芺** 滅 [niye, miye]: [miye], [mie], [mie](160, 631)

No. 160 **芺炱** 滅黑/ 捏黑 [niyehe], [miyehe], [miehe] 오리鴨/ [niyehe](M),
[nihe](N)

No. 631 **芺炱丞** 滅黑綠 [niyehe-lü], [miyehelu], [miehe-lu] 압록鴨綠/ [niohon]
(M)

275. **毛** 卓 [jo?, (jurce?)]: [ju], [dʒo], [jo](473)

毛店毛 卓斡別 [joo-mbi] 상위하다違65)/ [jurce-mbi](M)

276. **甩** 蒙古 [monggo]: [mongu], [moŋgu], [moŋgu](318)

No. 318 **甩攺** 蒙古魯 [monggol], [mongul], [muŋgulu] 타타르韃靼/ [monggo]
(M), [moŋɣol](Mo)

277. **式** 忒勒 [del]: [telhe], [dəl], [tel](390, 778)

玌炱毛 忒勒別 [delhe-mbi] 떨어지다離, 이별하다別66)

No. 778 **玌芑古喪夵夊**? 忒勒禿眛兀塞天伯 [deltumei usetenbe], [telhetumei
usetiyenbe], [teretumei usetenbe] 별종의別種

278. **毛** 緬 [mien]: [miyen], [-], [men](323)

No. 323 **毛宕** 緬甸 [mien-diyen], [miyen diyen], [mendien] 미얀마緬甸

279. **戊** 魯/ 兀魯 [u, ulu?]: [ul], [ur], [ulu, lu](318, 673)

---

65) No. 473 '**夊毛毛店号**' 別厄卓斡卜連 [beyejoo-mbi], [biye jurburen], [bie jurburen] 위반하다有違
참조.

66) No. 390 '**玌炱**' 忒勒黑 [telhe-mbi], [telhehe], [telehe] 울타리籬 참조.

No. 673 戎在斥 兀魯忽洪 [uluhuhun], [ulhuhun], [ulhuhun] 연하다軟/ [ulhuken] (M), [nəmən](N)

280. 屯 那 [na, nu?]: [na], [no], [no](706, 732, 757)
No. 706 甬屯 一那 [ina], [ina], [ino] 옳다是/ [inu](M), [inu, anu](Mo)

281. 屄 扎 [ja]: [ja], [dʒal], [ja](726, 848, 873)
屄弓老 扎魯別 [jal-mbi] 가득차다67)
No. 726 屄弓甲 扎魯哈 [jaluha], [jaluha], [jaluha] 차다盈/ [jalumbi](M)

282. 끼 勒, 厄 [le, e?]: [iye], [lə], [e, le](35, 36, 772, 820, 715)

283. 枇 必 [bi]: [bi], [bi], [bi](151, 308, 395, 537, 784)
枇攵 必因 [bin] 병사兵68) (한어)

284. 伐 德 [de] 한어: [de], [dei], [dei](785)
No. 785 血五火忱 住兀的德 [jugu be de], [jugube de], [juŋū be dei] 도덕道德/ [doro](M)

285. 柂 革 [ge]: [ge], [gə], [ge](102, 370, 371, 656, 713, 736, 862)
柂谷老 革列別 [gene-mbi] 지나가다, 경과하다
No. 102 柂谷夰釆弓 革列黑塞草 [genehe sege], [gənəhəi səgə], [gənəhə səgə] 지난 해去年/ [gənəhə ə](M)
No. 862 柂矢? 革登 [geten?], [geden], [geden] 가다往69)/ [genembi](M)

---

67) No. 726 '屄弓甲' 扎魯哈 [jaluha], [jaluha], [jaluha] 차다盈 참조.
68) No. 308 '禾叹枇攵' 素溫必因 [sun-bin], [sunbin], [sunbin] 총병總兵 참조.
69) No. 102 '柂谷夰釆弓' 革列黑塞草 [gənəhə səgə], [gənəhəi səgə], [gənəhə səgə] 세월이 지나 가다去歲 참조.

革出勒別 [gele-mbi] 두려워하다怕[70]

No. 565 革出勒黑 [gečulehe], [gečulehei], [gečulehei] 무릎을 덮는 천膝欄

No. 736 革洪約斡洪 [gehun yobohun], [gehun yowohun], [gehun yowohūn] 명백하다明白/ [gehun], [getuken](M)

革洪 [gehun] 분명하다[71]

286. 阿剌 [ala$^{?}$]: [ala], [-], [ala](690, 689, 794)

No. 90 阿剌哈 [alaha$^{?}$], [alaga], [alaga], [alaga](a) 윤달閏/ [anagan](M), [angan](E)

No. 689 阿剌哈 [alaha$^{?}$], [alaha], [alaha], [ala-ka](a) 패하다敗/ [efuǰembi](M)

287. 卜連 [-bure] 동사 변화어미: [buren], [-], [buren](473, 733, 735)

No. 473 別厄卓斡卜連 [beyejoo-mbi], [biye jurburen], [bie ǰurburen] 위반하다有違/ [ǰurčembi](M)

No. 733 兀忽卜連 [uhu], [ulhuburen], [ulhuburen] 효론하다曉論/ [ulhibumbi](M)

No. 735 戈迷吉果卜連 [gomigi gobure$^{?}$], [gomigi geburen], [gomigi goburen] 너그럽게 용서하다寬饒/ [gobolombi](M)

288. 該 [gai]: [gai], [ŋai], [gai](628)

No. 628 卜楚該 [bočogai], [bočogai], [bučugai] 색色/ [bočonggo](M)

289. 君/ 君, 軍 (한어) [chun]: [giyun], [-], [giyun](275, 279)

---

70) No. 370 '' 革勒勒/ 革勒必 [gele-mbi], [gelere], [gelere] 두려워하다惧

71) No. 736 '' 革洪約斡洪 [gehun yobohun], [gehun yowohun], [gehun yowohūn] 명백하다하다明白

No. 275 ㅎ 君 君 [chün], [giyun], [giyun] 군君/ [ejen](M) 한어

No. 279 舟ㅎ 將軍 [jiyang chün], [jiya giyun], [jiaŋ giyun] 장군將軍/ [jiyanggiyūn]
(M)

290. 庑 哈兒/ 哈儿 [garu]: [garu], [gar], [gar](185)

No. 185 庑．土 哈兒溫/ 哈魯 [garun], [garun], [garun] 하늘거위天鵝/ [garu]
(M)

291. 庂 木魯/ 魯, 儿 [mur, mar²]: [r], [lu], [r](599, 614, 868, 818)

No. 599 '勿尽句' 阿木魯該/ 阿木剌 [amargi], [amurgai], [amurgai] 뒤, 후後/
[amargi](M), [amidʑikə](N), [amela](S)

No. 614 史꿈勿尽句 別弗脉阿木魯該 [-], [bifumeamurgai], [biefumai amurgai]
이후在後/ [amargi de](M)

292. 使 必忒黑 [bite] 글書, 책本: [bitehe], [bitxə], [bithe](216, 277, 815)

No. 216 伕 必忒黑/ 必忒額 [bithe], [bitehe], [bithe] 글書/ [bithe](M), [pit'əhə]
(N), [bitege](S), [bitiga](Ma)

No. 277 伕且化 必忒黑背勒 [beile], [bitehe beile], [bithe beile] 문관文官/
[bitheši, bithei hafan](M)

293. 伏 出 [ču]: [ču], [tʃu], [ču](824, 845)

No. 824 伕춐汆및马花斥 出出瓦孩革勒吉 [čučuwahai gelegi], [čučuwahai gelegi],
[čučuwahai gelegi²] 조례照例/ [songkoi](상서러운 조짐照祥)(M)

伏춐汆老 出出瓦別 [čučuwa-mbi] 비추다照72)

No. 824 伕춐및马花斥 出出瓦孩革勒吉 [čučuwahai gelegi], [čučuwahai gelegi],
[čučuwahai gelegi²] 조례照例?/ [songkoi](상서러운 조짐照祥)(M)

---

72) No. 824 '伕춐汆및花斥' 出出瓦孩革勒吉 [čucuwahai gelegi], [čučuwahai gelegi], [čučuwahai
gelegi²] 조례照例

No. 845 伏扎斧足受乜 出出瓦孩塔以 [čuwahai daiˀ], [čučuwahai tai], [čučuwahai taiˀ] 조회照依?/ [sonkoi](M)

294. 休 里 [li]: [li], [li], [li](167, 205, 214, 457, 511, 516, 521, 759, 788, 884, 886)

No. 167 其休夂 其里因 [kilin], [kilin], [kilin] 기린麒麟

No. 205 肖休 忽里 [huli], [huli], [hūli] 문설주闇/ [taktu](M)

No. 511 炎休 牙里/ 牙力 [yali], [yali], [yali] 고기肉/ [yali](M)

295. 仟 吉 [gi]: [gi], [cji], [gi](234)

No. 234 仟畄 吉瓮/ 吉答 [gida], [gida], [gida] 종소리鎗/ [gida](M), [geda](S), [gida](W), (Ma), (C)

296. 佧 替 [či]: [ti], [ti], [ti](25, 87, 96, 202, 470, 592, 613, 679, 685, 714, 752, 805)

No. 202 佧夂 替因 [čin], [tin], [tin] 관청廳(한어)/ [tinggin](M)

No. 470 佧足斥忩乏 替孩吉厄兀魯 [cihaigi eulu], [tihai gi gur], [tihai gi eŋuru] 즉시, 곧隨卽?/ [cihai](임의, 마음대로)/ [čihai](M)

No. 685 佧足斥 替孩吉 [čihaigi], [tihaigi], [tihai gi] 따르다隨/ [cihai](임의)(M)

297. 仼 朶課 [doko]: [doko], [doʃin], [doko](545)

No. 545 仼 朶課 [doko], [doko], [doko] 속裏/ [doko](M), [dogu](E)

298. 付(付) 哈 [ha]: [ha], [xə(xo)], [ha](252, 462, 722)

No. 252 付尗巾 哈剌哈/ 哈染 [hadzŭha], [hajiha], [hasha] 가위剪/ [hasaha](M), [hatʃʻi](N), [haisi](S), [kaicʻi](Ma), [xaʒa](Cu)

No. 462 付矣 哈貪 [hadan], [hatan], [hatan] 강하다强/ [hatan](M)

付柔㐱毛 哈富扎別 [hafuja-mbi] 통하다透73)

299. 伱 端的 [donji]: [donji], [donji], [donji](315, 354, 777, 818)

伱毛 端的別 [donji-mbi] 듣다聽74)

300. 仳 勒 [le]: [le], [lə], [le](10, 96, 182, 197, 277, 332, 370, 371, 530, 565, 595, 598, 601, 613, 615, 751, 755, 763, 770, 799, 800, 831, 813)

No. 96 夯休仳 革替勒 [-], [getile], [getilə] 얼다凍/ [gəčuhun](M), [gətio](E)

No. 182 支仳外 卜勒黑/ 不勒黑 [bulehe], [bulehei], [bulehe] 선학仙鶴/ [bulehen] (M)

No. 197 糸仳 呕勒 呕勒 [ele], [yule], [eure] 뜰, 집안院/ [hūwa](M)

No. 277 伕且仳 必忒黑背勒 [beile], [bitehe beile], [bithe beile] 문관文官/ [bitheši, bithei hafan](M)

No. 332 冄仳伂 禿里勒捏兒厤/ (禿里勒捏儿厤)/ 蒙过捏兒厤 [turile niyalma], [tulile niyarma], [tulile niarma] 오랑캐 사람夷人/ [tulergi niyalma](M)

No. 370 旭仳枀 革勒勒/ 革勒必 [gele-mbi], [gelere], [gelere] 두려워하다惧/ [gelembi](M)

No. 598 㠯仳 諸勒/ 住勒革 [jule], [jelē], [jule] 앞前/ [juleri](M), [ʧulə](N), [julile](S), [julgu](E)

No. 601 冄仳 禿里勒 [turile, tulergi?], [tulile], [tulile] 외外/ [tulergi](M), [tolle](S), [tulile](E)

No. 613 伕且乐㠯仳 替該吉諸勒 [-], [tihaigi julē], [tihaigi jule] 종전從前/ [julergi de](M)

No. 615 冄仳至仐 禿里勒忒厄 [-], [tulile tē], [tulile teel] 외면外面/ [tulergi dere](M)

---

73) No. 722 '付柔㐱及' 哈富扎孩 [hafuja-mbi], [hafujahai], [hafuǰahai] 통하다透
74) No. 351 '伱主' 端的孫/ 斷的 [donji-mbi], [dondisun], [dondisun] 듣다聽

No. 751 甫月臾佬右 兀住康克勒眛 [uju hengkie-mbi], [uju kankelemei], [uǰu kaŋkïlemei] 머리를 조아리다叩頭/ [hengkilembi](M)

No. 755 弇佬臾 厄勒黑 [elehe], [elehe], [elehe] 있다自在/ [elhe](M)

No. 763 孛杀及凡佬 一立受孩背勒 [ilimbi, beile], [ilisuhai beile], [beile ilimbi] 관을 설치하다說官/ [beile ilimbi](M)

No. 770 冄佬冞仟 禿里勒禿魯溫 [turile turgun, tulun], [tulile turgun], [tulile turŋun] 오랑캐의 뜻夷情/ [tuleri baita, tuleri turgun](M)

No. 799 半夹夂佬 朵申因勒 [dosinin-le?], [došin inle], [došin inlei] 인류引類/ [došimbi](M)

No. 800 叓佬矢 捏苦勒埋 [nekurlembi], [nekulemai], [nekulemei] 친교를 맺다結交/ [nökörlemoi](Mo)

No. 831 佹佬夊 兀魯勒別 [ululebie], [urulebi], [urulebie] 승인하다准/ [uru] (M)

301. 伬 卜幹 [buwo?]: [buw?], [buwə], [bue](276)
No. 276 伬夫 卜幹厄 [buwo?, (buya)], [buwe(?)], [bueŋe] 신하臣/ [amban] (M)

302. 佟 禿科 [tuku]: [tuko], [tukə], [tuko](544)
No. 544 佟 禿科 [tuku], [tuku], [tuku] 겉表/ [tuku](M), [tulgu](E)

303. 伇 戈/ 戈, 戈羅 [go]: [go], [gor], [go, gor](326, 701)
No. 701 伇斥 戈羅幹/ 過羅 [goro], [gorō], [goroo] 멀다遠/ [goro](M)

304. 充 勒 [li]: [le], [lə], [le](807, 824)
No. 807 夬屯秀充斥 塔以革勒吉 [tai gelegi], [tai gelegi], [tai gelegi] 예에 따르다依例

No. 824 伏虬荅及秀充斥 出出瓦孩革勒吉 [čucuwahai gelegi], [čučuwahai gelegi], [čučuwahai gelegi?] 조례照例/ [songkoi](상서러운 조짐照祥)(M)

305. 半 脉日益/ 脉日藍 [mujilen] 마음心: [mujiren], [mədʒilən], [merilen]
(506)

   No. 506 半火 脉日藍伯/ 捏麻 [mujilen], [mujilenbe], [merilenbe] 배腹/ [muǰilen]
   (정신, 마음), [niyaman](마음)(M)

306. 羊 薄里 [beri] 활弓: [bori], [bəri], [beri](236)

   No. 236 羊 薄里/ 伯力 [beri], [beri], [beri]/ [beri](M), [bəri](N), [ber](S)

307. 存 斡 [o?, wo?]: [o], [o], [o](391, 606, 829)

   No. 391 存谷击 斡滅別 [omi-mbi], [omiyabi], [omiebie] 만나다會/ [ačamhi]
   (M)

   No. 606 存炗予 斡厄忽 [waikū, waihū], [oehu(?)], [weihū] 기울다斜/ [waihū,
   waiku](M)

   No. 829 存米 斡非 [ofi], [ofi], [ofi] 있어서/ [ofi](M)

308. 狣(狣) 厄一 [ei]: [ei], [ei], [ei](292, 474, 476)

   No. 292 狣屄 厄一厄 [eige], [eigə], [eige] 장부丈夫/ [eigen](M), [ʒikəŋ](E)

   No. 474 狣朱 厄一吉撒 [eigisa], [eigisa], [ei gisa] 불가하다不可/ [oǰorakū]
   (M)

   No. 476 狣臾 厄一黑 [eihe], [eihe], [eihe] 전에 없던, 선례 없는不曾/ [urui
   waka](M)

309. 余 丁 [jing?, ji]: [din], [-], [din](126, 686)

   No. 126 罖余舟炗 只丁庫莫/ 得的墨(燒)莫(柴) [deijiku-mo], [jidinkumo],
   [diŋjiku mo] 섶柴/ [deijiku moo](M)[

   No. 686 罖余舟 只丁庫/ 得的墨 [deiji-mbi], [jidinku(?)], [jidiŋku] 사르다燒/

[deijimbi](M)

310. 斥 斡 [-on] 명사 어미: [o], [o], [o](34, 289, 701, 745, 783, 795)

No. 701 仅斥 戈羅斡/ 過羅 [goro], [gorō], [goroo] 멀다遠/ [goro](M)

311. 乐 吉 [-gi] 어미: [gi], [eji(gi)], [gi](344, 349, 382, 470, 478, 510,
576, 613, 626, 666, 670, 678, 679, 684, 685, 690, 695, 698, 703,
731, 735, 749, 759, 788, 789, 801, 807, 817, 818, 824, 852, 897)

No. 344 尚血乐 忽朝吉 [hučenggi], [hučaugi], [hučaugi] 영화榮

No. 349 兒夕乐 扎阿吉 [jaagi], [jāgi], [jaagi] 천하다賤/ [ja](M)

No. 382 夲臭乐 厄黑吉 [ehegi], [ehegi], [elhe gi] 상쾌하다快/ [sebjelembi
elhe](M)

312. 斥 分脱 [fento] 밤栗: [fonto], [fonto], [fonto](121)

No. 121 斥炗 分脱莫/ 忽厦莫 [fento], [fonto-mo], [fonto mo] 밤栗/ [jančuhūn]
(M)

313. 禾 車 [če]: [če], [tʃə], [če](389, 727, 847)

No. 389 尕禾外 卜車黑/ 不尺黑 [buče-mbi], [bučehei], [bučehe] 죽다死/
[bučembi](M)

No. 727 术禾外 分車黑 [funčehe], [funčehei], [funčehe] 남다餘/ [funčembi]
(M)

No. 847 其禾弁 其車黑 [kiče-mbi], [kičehei], [kičehe] 사용하다用/ [kičembi]
(용-공)(M), [baitalambi](사용하다)(M)

314. 束 厄 [esi]: [eši], [əʃi], [eši](710, 738, 739)

No. 710 束列 厄申 [esin], [ešin], [ešin] 불不, 없다/ [akū](M), [esin](S), [ese]
(Mo)

626

No. 738 串列兄昇? 厄申撒希 [esin sanhi], [ešin sahi], [ešin sahi] 모르다不知/ [sarakū](M)

No. 739 串列关㲋? 厄申殿弎 [esin diyeti?], [ešindiyente], [ešindiente] 못 하다, 안 만나다不會?/ [muterakū](M)

315. 羍 弎 [te]: [te], [tə], [te](437, 480, 784)

No. 88 羍夲 弎厄/ 額能吉 [teo?, tee?], [tē], [tee] 지금今/ [te](M)

No. 437 羍㞍 弎比/ (弎屯) [tebi], [tetun], [tetun] 항상常/ [enteheme](M)

No. 480 羍㞍有㞚 弎比八哈別 [tebi baha-mbi], [tetun bahabi], [tetun bahabie] 항상 얻다/ [entehme bahambi](M)

316. 傘 頭 [to]: [tou], [tou], [teu](11, 24, 266, 435, 769, 821)

No. 11 傘 頭/ 納答 [to], [tou], [tu] 말ㅘ/ [naihū](북두), [demtu](말)(M)

317. 笭 梅 [mei]: [mei], [mei], [mei](509)

No. 509 笭舟 梅番 [meifen], [meifan], [meifen] 목頸/ [meifen](M)

318. 凧 本/ 木刺 [mula]: [mula], [mula], [mula](239)

No. 239 㐲芈 木刺/ 木郎 [mulan], [mulan], [mulan] 의자櫈/ [mulan](M)

319. 乒 弎 [teme]: [tem], [təm], [tem](137)

No. 137 乒屈 弎厄/ 弎木革 [temege], [temge], [temge] 낙타駝/ [temen](M), [t'əmə](N), [temgen](E), [temege](Mo)

320. 仐 塞 [se]: [se], [sə], [se](190, 191)

No. 191 仐夏 塞克 [seke], [seke], [seke] 담비쥐貂鼠/ [seke](M)

321. 夅 安/ 安班 [amba]: [amba], [amba], [anba](29, 668, 724, 803)

No. 668 冬米 安班剌/ 昻八 [-], [amban], [anbanla], [amban](A) 크다大/
[amban](M)

No. 724 冬友 安班剌 [ambala], [ambala], [anbala], [anbanla](A) 많다多/
[labdu](M)

No. 29 冬米凡土 安班厄都溫/ 昻八厄都 [amban edun], [amban edun], [anban
edun] 대풍大風/ [amba edun](M)

No. 803 冬米关斗 安班者忽禿兒/ (安班者忽禿儿) [amban hūtur], [amban (la)
hutur], [anban hūturi] 큰 복洪福/ [anban hūturi](M)

322. 乎 善 [šan]: [šan], [ʃan], [šan](405)
No. 405 甬乎丸 都善別 [tuša-mbi], [dušanbi], [dušenbie] 부지런하다勤/
[dosombi](M)

323. 乎 愛 [ai]: [ai], [ai], [ai](776)
No. 776 乎列史皃巵? 愛因別赤巴勒 [ainbe čibale?], [ain bičibala], [ainbie čibala?]
긴요한 임무務要?/ [urunakū](M)

324. 芰 莫/ 莫, 沒 [mo] 나무木: [mo], [mo], [mo](104, 105, 107, 111,
115, 121, 126, 152, 907, 117)
No. 152 芰虬 莫嫩/ 莫虐 [monio], [moniyon], [monion] 원숭이猴/ [monio]
(M), [mɔniu](S), [monio](E)
No. 117 芰 沒/ 莫 [mo], [mo], [mo] 나무木/ [moo](M), [mo](W)

325. 夌 番 [fan]: [fan], [fan], [fan](199)
No. 199 虶夌 哈番/ 哈發 [hafan], [hafan], [hafan] 관아衙/ [hafa i yamun]
(M)

326. 发(发) 灣 [-on]: [gon], [on], [ŋon, on](58, 81, 669, 728, 823)

628

No. 58 夕亥孟央 幹速灣住兀 [osohonjugu], [osogon jugu], [osoŋon juŋu] 지름길徑/ [osohon jugūn](M)

No. 81 玖亥羊 休灣朵/ 額力 [-], [fogondo], [foŋon do] 때時/ [fon, forgon] (M), [horogon](S)

327. 亥 忒 [te]: [te], [-], [te](740)

No. 740 夂亥矢 木忒卜魯 [mute-mbi], [muteburn], [muteburu] 작성하다作成/ [mutembi](M)

328. 庋 卜 [bu, boi]: [boi], [bo], [bo](38)

No. 38 庋舟 卜和/ 伯和 [boiho], [boiho], [boho] 흙土/ [boihon](M)

329. 夵 瑣里 [sori]: [sori], [sori], [sori](455, 484)

No. 445 夵帚 瑣里都灣 [soktoho], [soktoho], [sogtohe] 전쟁戰, 살해殺害/ [soktombi](M), [sogtomoi](Mo), [sɔkt'ɔ], [sott'o](M)

330. 夵 和你 [honin] 양羊 미未(12지): [honi], [xoni], [honi](144)

No. 144 夵 和你/ 賀泥 [honin], [honi], [honi] 양羊/ [honin](M), [hɔnin](N), [hunin](S), [honin](Mo), [honin](E)

331. 夌 朵/ 朵兀歡 [dorgon] 오소리獾: [dorgon], [dorxon], [dorhon](177)

No. 177 赾毛夌 脉忒厄林朵兒獲/ (脉忒厄林朵儿獲) [mederin dorgon], [meterin dorgon], [meterin dorhon] 물오소리海獾/ [mederi dorgon](M)

332. 臭 赤 [či]: [či], [tʃi], [či](158, 214)

No. 158 臭臭升 失赤黑/ 舍彻 [sičhe], [šičhei], [šigčhe] 참새雀/ [čečhe](M), [šikan](E)

No. 214 朿臭休 扎赤里 [čačili], [jačili], [jačili] 방에 치는 장막帳房/ [čačari]

(M), [čačar](Mo)

333. 兔 沙/ 沙, 紗 [-ša] 동사의 기능어미: [ša], [ʃa], [ša](418, 442, 456, 475, 795, 815, 561)

No. 418 肖南兔矢 忽答沙埋/ 翁察[hudaša-mbi], [hudašamai], [hūdašamai] 팔대買/ [hūdašam, unčambi](M), [hɔda](N)

No. 442 庚兔矢 哈沙埋 [haša-mbi], [hašamai], [habšamai] 고하다告/ [habšambi] (M)

334. 关 禿魯 [tur]: [tur], [tur], [tur](729, 770)
关仟 禿魯溫 [trugun] 사정事情75)

335. 吏 別 [be, bi]: [bi], [bie], [bie](473, 614, 704, 776, 806, 819, 831)
吏毛 必別 [bi-mbi] 있다有76)

336. 隶 斡 [wo]: [wo], [o], [wo](78, 736)

No. 78 夵隶 多羅斡/ 多博力 [dorowo], [dorowo], [dolowo] 밤夜/ [dobori] (M), [tɔlɔpu](N)

No. 736 旭乐耒隶禹 革洪約斡洪 [gehun yobohun], [gehun yowohun], [gehun yowohūn] 명백하다明白/ [gehun], [getuken](M)

337. 夬/ 叏 扎 [ja]: [ja], [ja], [ja](440)

No. 440 丬叏农 哈扎魯 [gajalu], [gajaru], [gaǰaru] 필요, 요구要/ [gaǰimbi](M)

338. 界 揑苦 [nuku]: [neku], [nəku], [neku](329, 798, 800)

---

75) No. 729 '关仟夯无' 禿魯溫都言 [-], [turgun duyen], [turŋun duyen] 연고緣故
76) No. 704 '夬屯' 別厄/ 必 [bi-mbi], [biye], [bie] 있다有

No. 329 昆竿 捏若魯 [nukur], [nekur], [nekur(ri)] 친구朋友/ [guču](M), [nökör]
(Mo)

昆化矢老 捏苦勒別 [nukule-mbi] 친교를 맺다結交77)

339. 更 縣 [giyen] 한어: [hiyen], [ṣiɛn], [hien](55)
　　No. 55 更 縣 [giyan], [hiyen], [hien] 현縣/ [hiyen](M)

340. 季 塔 [ta]: [ta], [ta], [ta®](500, 518)
　　No. 518 季昊 塔溫/ 塔魯兀 [tahun], [targun], [tarŋūn] 살찌다肥/ [tarhon]
　　(M), [tarɣūn](Mo)

341. 矢 埋 [-mei] 동사 변화어미: [mai], [mai], [mai](125, 271, 380,
　　381, 387, 400, 418, 420, 430, 442, 456, 471, 677, 741, 768, 772,
　　774, 800, 815, 881, 883, 888, 902, 905)
　　No. 380 朱矢 一十埋/ 赤失哈 [isi-mbi], [išimai], [išimai] 이르다至/ [išimbi](M),
　　[išinasa](E)
　　No. 400 夾禸矢 聽答埋 [tengta-mbi], [tindamai], [tindamai] 놓다放/ [šindambi]
　　(M)
　　No. 413 半夬 朶申/ 雜申雜 [dosin], [došin], [došin] 나아가다進/ [došimbi](M)
　　No. 420 尙矢 幹端賣 [okdo-mbi], [odonmai], [odonmai] 허락하다許

342. 查 非撒 [fisa] 등背: [fisa], [fisa], [fisa](503)
　　No. 503 查 非撒/ 費撒 [fisa], [fisa], [fisa] 등背/ [fisa](M)

343. 夲 背也 [beye] 몸身: [beye], [bəje], [beye](490, 750, 875)
　　No. 490 夲 背也/ 背夜 [beye], [beye], [beye]/ [beye](M), [beye](S), [beye]

---

77) No. 800 '昆化矢' 捏苦勒埋 [nekurlembi], [nekulemai], [nekulemei] 친교를 맺다結交

(Mo)

夺肖压·夾毛 背也忽如者別 [beye hujula-mbi] 국궁하다鞠躬[78]

344. 吞 言 [yam]: [yam], [jam], [yam](98)

No. 98 吞角ぐ 言的洪/ 祥的哈 [yamjihun], [yamdihun], [yamdihūn] 저녁夕/
[yamjiha](M)

345. 矢 革 [gǝ]: [gǝ], [gǝ], [gǝ](742, 780)

矢夹 革卜 [gǝbu] 이름名[79]

No. 742 矢夹屯紊矢 革卜禿魯哈剌 [gǝbuduluhala], [gǝbuturugala], [gǝbu tulugala]
명망名望/ [gǝbu algi](M)

No. 780 矢夹先米 革卜的勒安 [gǝbu jilgan], [gǝbu digan], [gǝbu dilŋan] 명성
名聲/ [gǝbu jilgan](M)

346. 夹 薄約 [foyoro] 오얏나무李: [foyo], [fojo], [foyo](107)

No. 107 夹夹 縛約莫/ 佛約 [foyoro mo], [foyo mo], [foyo mo] 오얏나무李/
[foyoro](M)

347. 关 [diyen] 殿: [diyen], [-], [dien](739)

No. 739 市列关逋 厄申殿忒 [esin diyeti?], [ešindiyente], [ešindiente] 못 만나
다不會/ [muterakū](M)

348. 叓 千 [čiyen?, čen] 천千: [čiyen], [ʧǝn(ʧin)], [čen](312, 804)

No. 312 叓肖 千戶 [-], [čiyenhu], [čen hu] 천호千戶/ [minggan boo](M)

叓逋右芥毛 千忒眛團住剌別 [čendemei tuwa-mbi] 선발하다考選[80]

---

78) No. 750 '夺肖压·夾' 背也忽如者/ 忽如 [beye hujula], [beye hujula], [beye hurula] 국궁鞠躬
79) No. 742 '矢夹屯紊矢' 革卜禿魯哈剌 [gǝbuduluhala], [gǝbuturugala], [gǝbu tulugala] 명망名望/
[gǝbu algi](M)

632

349. □ 和, 化 [ho] 화상和尙: [ho], [xua], [hua](316, 399)

No. 316 □□ 和尙 [ho-šan], [hošan], [huašan]/ [huwašan](M)

350. □ 埋 [-mai], 脉儿 [-mai], 脉兒 [-mer] 동사의 변화어미: [mer], [mər], [mer](403, 766, 796)

No. 403 □□ 脉兒黑/ 尙書 [merhe], [merhe], [merhe] 상賞/ [šangnaha](M)

351. □ 吉 [gi], 更 [gi]: [gi〈ŋiˀ], [ŋi], [ŋgi](6, 9, 14, 17, 18, 65, 134, 449, 512, 526, 532, 630, 791, 912)

No. 6 □□ 禿吉 [tugi], [tugi], [tuŋgi] 구름雲/ [tugi](M), [t'uksu](N), [togca](S), [tuŋgi](No)

No. 9 □□□ 塞馬吉/ 塞忙吉 [simagi], [saimagi], [saimaŋgi] 서리霜/ [gečen](M), [saihəsə](N), [sanugca](S), [sanu](E)

No. 14 □□□ 卜楚禿吉 [bočo tugi], [bočo tugi], [buču tuŋgi] 노을霞/ [bočotugi], [jagsan](M)

No. 17 □□ 一麻吉/ 亦忙吉 [imagi], [imagi], [imaŋgi] 눈雪/ [nimanggi](M), [imana](N), [imande](S), [imaŋde](E)

No. 408 □□□ 塞更革 [segige], [sengige], [seŋgige] 효孝/ [šenggime](우애, 화목)(M)

352. □ 恨 [hen]: [hen], [xən], [hen](467)

□□□□ 恨都別 [hendu-mbi] 설명하다, 말하다說[81]

353. □ 蒙古 [monggu]: [mengu], [məŋgu], [muŋgu](570)

No. 570 □□ 蒙古溫/ 猛古 [monggun], [mengun], [muŋgun] 은銀/ [menggun]

80) No. 804 '□□□□□' 千忒昧團住剌 [čendemeituwa-mbi], [čiyentemei tuwanjula], [čentemei tonǰula] 선발하다考選/ [čendembi](시험, 고시), [sonǰo](선발하다, 선발)(M)

81) No. 467 '□□□' 恨都魯 [hendu-mbi], [henduru], [henduru] 설명하다, 말하다說 참조.

(M), [menggü](S), [moŋun](W), [muŋgun](Mo)

354. 冬斡 [we]: [we], [wə], [we](427, 594, 796, 814, 940, 208, 358, 376, 377, 438, 465, 477, 790)

冬盂 斡失 [wesi] 위上82)

冬盂毛 斡失別 [wesi-mbi] 오르다上, 昇, 陞83)

355. 乂剌 [ra]: [ra], [ra], [ra](208, 358, 376, 377, 438, 465, 477, 790)

No. 208 反乂 禿剌 [tura], [tura], [tura] 기둥柱/ [tura](M)

No. 358 氺土乂 套溫剌 [-], [taunra], [taunra] 읽다讀/ [hūlambi](M)

356. 宊 戈迷 [gomi]: [gomi], [golmi], [gomi](735)

No. 735 宊斥肖多 戈迷吉果卜連 [gomigi gobure?], [gomigi geburen], [gomigi goburen] 너그럽게 용서하다寬饒?/ [gobolombi](M)

357. 叐卜 [bu]: [bu], [bu], [bu](182, 814, 909)

No. 182 叐化外 卜勒黑/ 不勒黑 [bulehe], [bulehei], [bulehe] 선학仙鶴/ [bulehen](M)

叐店冬 爲卜斡斡 [buwewe] 급여하다給與84)

358. 亥 禿魯/ 兀魯 [ulu]: [ulu, uru], [ulu], [ulu](761)

No. 761 亥攵庨叐 兀魯麻弗塞登 [-], [-], [uluma fusheden] 강성하다强盛/ [etuhun dekjimbi](M)

---

82) No. 427 '冬盂宊' 斡失卜魯 [wesimbi], [wešiburu], [wešiburu] 오르다陞[shêng]/ [wešimbi](M)
83) No. 427 참조.
84) No. 814 '北瓜叐店冬' 阿里卜爲卜斡斡/ (阿里卜爲斡斡) [alibu-mbi], [alibuwi burwe], [alibuwi urwe], 급여하다給與/ [alimbi](承當, 받다受), [bumbi](주다給)(M)

359. 夬 忒 [de?]: [te], [tə], [te](855)

No. 855 反火屏 忒忒希 [tedehi], [tetehi], [tetehi] 이불被

360. 乏 古魯麻 [gūlma]: [gulma], [gulma], [gūlma](150)

No. 150 乏且 古魯麻孩/ 姑麻洪 [gūlmahai], [gulmahai], [gūlumahai] 토끼兎,
묘卯(12간지)/ [gūlmahūn](M)

361. 圶(去) 塔 [ta]: [ta], [ta], [ta](377, 790)

亥市犬老 塔若剌別 [takūra-mbi] 어긋나다, 차이나다差[85]

362. 夹 哈/ 勒哈 [lha]: [lha], [lxa], [lha](118)

No. 118 于夹 一勒哈 [ilha], [ilha], [ilha] 꽃花/ [ilha](M), [ilga](N), [ilege](S)

363. 厽 厄兀 [ebu(hu)]: [egu], [əwu], [eŋu](362, 363, 470)

No. 362 厽叉 厄兀魯/ 歐探必(忙) [ebuhulu], [egur?], [eŋuru] 즉, 곧卽, 바쁘다,
급하다/ [ekšimbi ebuhu sabuhū](M)

364. 尨 晚 [wan]: [wan], [on], [wan](728)

尨犮夲老 晚灣半的別 [wanwan banji-mbi] 어찌하다 태어나다怎生[86]

365. 光 牙 [ya]: [ya](496)

No. 496 光芭 牙師/ 牙師 [yasa, yaši], [yaši], [yaši] 눈眼/ [yasa](M), [jäsa]
(M)

---

85) No. 376 '亥市犬且' 塔苦剌孩/ 塔苦哈[takūra-mbi], [takurahai], [takūrahai] 어긋나다, 차이나
다差/ [takū rambi](M)

86) No. 728 '尨犮夲且' 晚灣半的孩 [wanwanbanji-mbi], [wangon bandihai], [wonŋou bandihai]
어떻게 태어나다怎生/ [ainambi](M)

366. 宪 忒 [te]: [te], [tə], [te](482)

No. 482 宪迫为 忒忒卜麻/ 忒得墨 [tetebuma], [tetebuma], [tetebuma] 바치다, 진공進貢/ [alban jafambi](M)

367. 老 別 [-mbi] 동사의 부정법 어미: [bi], [bie], [bie](183, 353, 364, 365, 366, 367, 391, 393, 405, 411, 423, 471, 773, 775, 789, 819, 861)

No. 352 南吞老 哈察別/ 哈察 [hača-mbi], [hačabi], [hačabie] 가위, 자르다剪/ [ačambi](M)

No. 364 笑老 扎法別/ 扎發哈 [jafa-mbi], [jafabi], [jafabie] 사로잡다擒/ [jafambi](M), [dʒafa](N) No.

No. 365 笑老 扎法別/ 扎發哈 [jafa-mbi], [jafabi], [jafabie] 사로잡다捕/ [jafambie](M), [dʒafa](N)

No. 366 育老 八哈別/ 八哈 [baha-mbi], [bahabi], [bahabie] 얻다得/ [bahambi](M), [bahsa](E)

No. 367 育老 八哈別/ 八哈 [baha-mbi], [bahabi], [bahabie] 얻다得/ [bahambi](M)

No. 391 本吞老 斡滅別 [omi-mbi], [omiyabi], [omiebie] 모이다會/ [ačamhi](M)

No. 393 庚老 哈剌別 [hala-mbi], [halabi], [halabie] 고치다改/ [halambi](M), [halaran](N)

No. 405 南乓老 都善別 [tuša-mbi], [dušanbi], [dušenbie] 부지런하다勤/ [dosombi](M)

No. 411 笑吞老 安察別 [anča-mbi], [amčabi], [amčabie] 쫓다, 추구하다追/ [amčambi](M)

No. 423 舟老 忒別/ 忒 [tebie], [tebi], [tebie] 앉다坐/ [tembi](M), [t'ərə](N), [t'egke](E)

No. 471 孑夷夫柬老 哈答剌里敖魯別 [kadalamai dalu-mbi], [kadalamai dalubi], [kadalamai darubie] 지휘하다, 통솔하다率領/ [hatalara dacimbi](M)

No. 480 辛芖百岃 忒比八哈別 [tebi baha-mbi], [tetun bahabi], [tetun bahabie] 길이 누리다永享/ [entehme bahambi](M)

No. 737 旬岃枭舟 該別禿番 [gai-mbi tufan], [gaibi tufan], [gaibie tufan] 앞으로 늘어가다, 순조롭게 나아가다將就

No. 741 百岃矢列 八哈別埋因 [baha-mbi], [bahabi main], [bahabie main] 봉록을 누리다享祿/ [fulun bahambi](M)

No. 773 伏岃矢戈 答別剌魯 [dambi], [dabilaru], [dabielaru, dambielaru] 주석하다備寫/ [arare be belhembi, bambi](관리하다)(M)

No. 775 癸右岃癸右 安察別番住昧 [fonji-mbi], [amčabi fonjumei], [ančabie fonjumei] 추구하다追究/ [ančambi](추구하다)(M), [fonjimbi](물음)(M)

No. 861 苑岃 撒必別 [sabi-mbi], [sabibi], [sabibie] 계획하다計/ [bodombi](M)

368. 元 安 [an]: [gan], [an], [ŋan](240, 270, 272, 293, 342, 350, 469, 552)
No. 240 尒元 又安 [yuan], [yagan], [yuŋan] 상床/ [besergen](M)

369. 园(元) 馬 [ma]: [ma], [ma], [ma](9, 18, 108, 164, 173, 188, 284, 585, 589)
No. 585 园走兆 馬納敖 [manao], [manaw], [manaw] 마노瑪瑙/ [marimbu wehe](M)

370. 兏 丸/ 扎 [ja]: [ja], [ʤa], [ja](349, 698, 703)
No. 349 兏夕斥 扎阿吉 [jaagi], [jāgi], [jaagi] 천하다賤, 가볍다, 쉽다/ [ja](M)

371. 兎 薄/ 卜, 薄 [bo]: [bo], [bo], [bo](16, 151, 448, 559, 844, 745, 783)
No. 16 兎毛 卜嫩/ 博虐吉 [bono], [bonon], [bonon] 우박雹/ [bono](M), [bonun] (S), [bona](W) [boktao](Ma)

兎毛 卜嫩 [bonio] 원숭이猿[87)

No. 559 兎禾 卜素/ 博素 [boso], [bosu], [busu] 베布/ [boso](M), [bus](Mo),

[boos](E)

No. 448 禿弓昊 卜魯溫 [bolun], [bolugun], [buluŋun] 고요한靜/ [bolgo](M)

372. 兜 回和羅 [gui(-holo)] 거북龜: [guwiholo], [xoixoro], [hoihoro](184)

No. 184 兜 回和羅 [guiholo], [guiholo], [hoihoro] 갈가마귀거위鴉鶴/ [način]
(M)

373. 炁 戈 [go]: [go], [go], [go](213, 250, 460, 566)

No. 213 戻炁 卜戈/ 博 [boogo], [bogo], [bogo] 방房/ [bao](M)

374. 秀 革 [-]: [ge], [gə], [ge](96)

No. 96 秀伟化 革替勒 [-], [getile], [getilə] 얼다凍/ [gəčuhun](M), [gətio](E)

375. 芀 哈荅 [hada?]: [kada], [xada], [hagda](409, 748, 777)

No. 409 芀昊 哈荅溫 [hadaun], [kadagun], [hagdaŋun] 정성誠/ [akdun](신
의信义)(M)

No. 748 芀昊字屁矢 哈塔溫脉魯厄伯 [hadaun merge], [kadagun mergebe],
[hagdaŋun mergebe] 성의誠意/ [akdun mergen](M)

No. 777 仭主寿処 端的孫哈答孩 [hadahai], [dondisun kadahai], [dondisun
hagdahai] 소식을 듣다聽信/ [donǰimbi](U), [akdambi](S)

376. 芴(芴) 與 [gin]: [gin], [sin], [hin](356, 734)

No. 356 冇芴 脫興/ 托力希 [tolgin], [tolgin], [tolhin] 꿈夢/ [tolgin](M), [tūlkin]
(E)

No. 734 长友芴 只剌興 [jilašin, jilagin], [jilagin], [jilahin] 연민憐憫/ [jilakan](M)

---

87) No. 151 '枲耗禿尨' 朶必卜嫩 [dobi bonio], [dobibonon], [dobi bonon] 원숭이猿

377. 胥 瑣 [sol, so]: [so], [so], [so, sol](134, 326, 524)

　胥癸 瑣吉 [sogi, solgi] 채소菜[88]

　No. 326 胥仅 瑣戈/ 素羅斡 [solho], [solgo], [solgo] 고려高麗/ [solho](M)

378. 笃 兀速 [es]: [us], [uz?], [us](539)

　No. 539 笃乐失兒 兀速洪兀魯黑 [eshun urehe], [ushun urhe], [ushun urhe]
　날것과 익은 것生熟/ [eshun](태어나다生), [urehe](익다熟)(M)

　笃乐 [eshun] 생生의[89]

379. 湯 哈 [ka]: [ka], [-], [ka](434)

　No. 434 帯湯 塔哈 [taka], [taka], [taka] 잠간且/ [taka](M)

380. 圼 兀 [u]: [u], [u], [u](116, 179, 531, 813, 392, 491, 615, 746, 574,
　578)

　No. 166 圼吞申 兀滅哈 [umiyaha], [umiyaha], [umiaha] 곤충蟲/ [umiyaha]
　(M)

　No. 531 圼我 兀法 [ufa], [ufa], [ufa] 면麩/ [ufa](M), [ufa]S)

381. 壬 忒 [de]: [te], [də], [te](392, 491, 615, 746)

　壬刈兒 忒也別 [deye-mbi] 일어나다起[90]

　No. 491 壬仐 忒厄/ 得勒 [dere], [tē], [teel] 낯面/ [dere](M), [dərə](S), [derel]
　(E)忒

382. 主 塞勒 [sele] 금속, 쇠錄: [sele], [sələ], [sele](574, 578)

　No. 574 主 塞勒 [sele], [sele], [sele] 금속, 쇠錄/ [sele](M), [sələ](N), [sele](S),

---

88) No. 134 '兄兮胥癸' 上江瑣吉 [šanggiyan sogi], [šangiyan sogi], [šaŋgian soŋgi] 배추白菜 참조.
89) No. 593 '笃乐失兒' 兀里替/ 伏勒希 [uliči], [uliti?], [uliti] 북北/ [amargi](M), [amilia](E) 참조.
90) No. 392 '壬刈右' 忒也眛/ 亦立 [deye-mbi], [teyemei], [teyemei] 일어나다起 참조.

[sele](E), [hölö](W)

No. 578 *兄午主* 上江塞勒/ 托活羅 [šanggiyan sele], [šangiyan sele], [šaŋgian sele] 주석錫/ [toholon](M), [tʼɔhɔgã](S)

383. 帯 塔 [ta]: [ta], [ta], [ta](18, 198, 229, 306, 414, 434, 463, 766, 805)

No. 18 *帯冗夬* 塔馬吉/ 塔兀麻吉 [tamagi], [tamagi], [talmaŋgi] 안개霧/ [talman](M), [tʼamnəhə](N)

No. 198 *帯庄* 塔安 [tan], [tan], [tan] 집堂(한어)/ [tanggin](M)

No. 434 *帯㘝* 塔哈 [taka], [taka], [taka] 잠간且/ [taka](M)

帯仸老 塔替別 [tači-mbi] 학습하다習學91)

384. *㘝* 忽/ 忽, 戸, 琥, 瑚 [hu]: [hu], [xu], [hu](106, 129, 189, 205, 228, 245, 344, 418, 446, 548, 632, 750, 798, 833, 312, 313, 584, 586)

No. 106 *㘝庄* 忽如 [huju], [huju], [hūru] 복숭아桃/ [toro](M)

No. 129 *㘝㞈* 忽舒/ 忽書 [hušu], [hušu], [hūšu] 복숭아씨核桃/ [mase ušiha] (M), [husiɤa](Mo)

No. 205 *㘝休* 忽里 [huli], [huli], [hūli] 문설주闌/ [taktu](M)

㘝角夊老 忽的別 [hujila-mbi] 노래하다唱92)

No. 548 *㘝弓* 忽魯 [hulu], [hulu], [hulu] 고리環/ [gari](M)

No. 245 *㘝罕* 忽非/ 湯平 [hupi], [hufi], [hūfi] 일壹/ [tampin](M)

No. 344 *尚血斥* 忽朝吉 [hučenggi], [hučaugi], [hučaugi] 영화榮

㘝南炙老 忽答沙別 [hudaša-mbi] 팔다賣93)

No. 632 *㘝庄金午* 忽如弗剌江/ (忽如弗拉江) [hujufulglan], [huju fulagiyan],

---

91) No. 805 '*帯仸夊*' 塔替卜魯 [tači-mbi], [tatiburu], [tatiburu] 공부를 가르치다習學/ [tačubmbi](M)
92) No. 446 '*㘝角夬*' 忽的剌 [hujita-mbi], [hudila], [hūdila] 노래하다唱 참조.
93) No. 418 '*㘝南炙夬*' 忽答沙埋/ 翁察 [hudaša-mbi], [hudašamai], [hūdašamai] 팔다賣/ [hūdašambi, unčambi](M), [hɔda](N)

[huru fulagian] 구름이 희다雲白/ [jamu](M)

消发老 忽剌別 [hūla-mbi] 부르다喚94)

No. 584 消金 琥珀 [hu-pai], [hubai], [hūbai] 호박琥珀(한어)/ [boisila](M)

385. 帝 苦 [kū]: [ku], [ku], [kū](376, 377, 790)

No. 833 消发帝 忽剌吉 [hūla-mbi], [hulagi], [hūlagi(kū)] 부르다喚/ [hūiambi]
(부르다, 읽다)(M)

帝 都密 [-]: [duman], [duman], [duman](455, 484)

帝 吉 [-]: [gi], [-], [gi](833)

386. 肖 (驥) [ko], (果) [kuo]: [ge], [go], [go](735, 890, 171)

No. 171 肖得列 驥母林/ 沟木力 [ko-morin], [go morin], [gu murin] 암말驥馬/
[gu morin](M), [gu](Mo)

387. 有 根 [gen]: [gen](835)

No. 835 有发 根剌 [genla], [genla], [dala] 근원原/ [dule](원래)(M)

388. 帝 苔 [da] 뿌리根: [da], [da], [da](120, 588)

No. 120 帝 塔 [da], [da], [da] 뿌리根/ [da](M)

No. 588 迋夭帝 斡阿和答/ (斡儿和答) [orhoda], [orhoda], [orhoda] 인삼人蔘/
[orhoda](M)

389. 甬 兀住 [uju] 머리頭: [uju], [udʒu], [uju](334, 492, 751)

No. 334 甬发足 兀住剌孩 [uǰulahai], [uǰulahai], [uǰulahai] 추장酋長/ [uǰungga
niyalma](M)

No. 492 甬 兀住 [uju], [uju], [uǰu] 머리頭/ [uǰu](M), [uzu](S)(윗 등급, 상등上等)

---

94) No. 833 '消发帝' 忽剌吉 [hūla-mbi], [hulagi], [hūlagi(kū)] 부르다喚 참조.

甫爿炱化老 兀住康克勒別 [uju hengkile-mbi] 머리를 조아리다, 고두叩頭95)

390. 角 的 [ji] 원수敵: [di], [di], [di](98, 103, 228, 254, 446, 478, 483, 549, 678, 681, 712, 797)

    角 的 [ji] 원수敵(한어)

    角午血老 巴住赤別 [ji bakuju-mbi] 대적하다對敵96)

    角老 的別 [ji-mbi] 오다來

    No. 103 角仟枭 的溫阿捏 [jiun aniya], [digun aniya], [diɲun ania] 내년來年/ [jitərə aniya](M)

    No. 254 角艮 的孩/ 的哈/ 沙忽帶 [jihai], [dihai], [dihai] 배船/ [jaha, jahūdai] (M)

    No. 678 角夌斥 的黑黑吉 [jihehegi], [dihehegi], [dihehegi] 돌아가다歸?/ [bederembi, jimbi](오다)(M)

    No. 478 角夌斥爻甲 的黑黑吉塔哈/ 看哈安答哈 [jihehegi taha], [dihegi taha], [dihegi taha] 귀순하다歸順?/ [jime tahambi](M)

    No. 681 角秦荼 的哈撒 [jihasan], [digasa], [digasa] 가깝다近/ [jaka](M), [daga](S)

391. 舟 兀剌/ 兀速 [usa]: [us], [-], [us](384)

    角老 兀剌別 [usa-mbi] 원한을 품다怨97)

    舟秦老 兀速哈別 [usaha-mbi] 원한을 품다怨98)

392. 㐀 庫/ 庫, 苦 [ku]: [ku], [ku], [ku, kū](122, 126, 251, 550, 553,

---

95) No. 751 甫爿炱化右 [uju bengkile-mbi], [uju kankelemei], [uju kaŋkĭlemei] 머리를 조아리다
    叩頭/ [hengkilembi](M)
96) No. 797 午血右角 巴住昧的 [bakju-mbi, bakci-mbi], [bakjumei di], [bagjumei di] 대적하다對敵
    / [bakcilambi](대작하다)(M)
97) No. 384 '舟秦夫' 兀速哈卜連 [usa-mbi, usaha-mbi], [usgaburen], [usgaburen] 원한怨 참조.
98) No. 384 참조.

686, 878, 466)

No. 122 룻舟 者庫 [jeku], [jəku], [jeku] 종묘苗/ [jeku](골짜기)(M)

No. 126 罘伞舟癸 只丁庫莫/ 得的墨(燒)莫(柴) [deijiku-mo], [jidinkumo], [diɲjiku mo] 섶柴/ [deijiku moo](M)[

No. 251 另舟 卜弄庫/ 墨勒苦 [bulenggu], [bulunku], [buluŋku] 거울鏡/ [buleku] (M), [pulkʻu](N), [biluhu](S), [bilhu](E), [biliku](Ma)

No. 550 允舟 替勒庫/ 替儿古 [čirku], [tireku], [tireku] 베개枕/ [čirku](M), [tʻirəŋkʻu](S)替

393. 舟 弗 [fe]: [fu], [fə], [fu, fe](595)

No. 595 舟伞化 弗只勒 [fejile], [fujile], [fujile] 아래下/ [fejergi](M), [fəigirə] (N)

394. 甬 扎 [jaʔ]: [ja], [ʤa], [ja](731)

No. 731 屲床甬必 厄勒吉扎以 [eregijai], [eregi jai], [eregi jai] 이 때문에因此/ [ede](M)

395. 甸 吉 [gira]: (509, 510)

No. 510 甸粜床 吉波吉/ 吉郎吉 [giranggi], [girangi], [girangi] 뼈骨/ [giranggi] (M), [gerende](S), [giaranda](E), [girämnan](W)

396. 用 兀 [uje]: [uje], [uʤə], [uǰe](395, 396, 699)

No. 396 用羊 兀者 [ujen], [ujē], [uǰee] 무겁다重/ [uǰe](M)

用牝老 兀剌必別 [ujele-mbi] 공경하다敬99)

397. 尚 斡滿 [okdonʔ]: [odon], [odon], [odon](420)

99) No. 395 '用牝右' 兀剌必昧 [ujele-mbi], [ujelbimei], [ujebimei] 공경하다敬/ [uǰelembi](M)

尙老 斡端別 [okdo-mbi] 허락하다許, 맞이하다迎100)

398. 朋 阿荅 [akta]: [akda], [ada], [agda](168)
　　No. 168 朋停列 阿荅母林 [akta morin] 불간 말騸馬

399. 舟 番 [fen, fan]: [fan], [fan], [fan](509, 737)
　　No. 509 仌舟 梅番 [meifen], [meifan], [meifen] 목項/ [meifen](M)

400. 肎 八哈 [baha]: [baha], [baxa], [baha](366, 367, 480, 741)
　　No. 366 肎老 八哈別/ 八哈 [baha-mbi], [bahabi], [bahabie] 얻다得, 잡다獲/
　　　[bahambi](M), [bahsa](E)

401. 肎 厄忒 [ete]: [ete], [ətə], [ete](794)
　　肎老 厄忒別 [ete-mbi] 이기다勝
　　No. 794 肎臾冹甪 厄忒黑阿剌哈 [etehe araha], [etehe alaha], [etehe alaha] 승
　　　부하다勝負?/ [etembi](비리다, 날고기胜), [burulambi] 짐을 지다負(M)

402. 肖 一忒 [ir]: [ite], [-], [ite](288, 297)
　　No. 288 肖任 一忒厄/ 亦忒 [irge], [itege], [iteŋe] 백성黎民/ [irgen](M)

403. 夯 將 [jiyang]: [jiyan], [cjiaŋ], [jian](279)
　　No. 279 夯冬 將軍(한어) [jiyang chün], [jiyan giyun], [jiaŋ giyun] 장군將軍/
　　　[jiyanggiyūn](M)

404. 弃 子 [sa, se, dzu] 한자 전사: [ji], [si(tsi)], [se](125, 196, 211, 252,
　　259, 270, 560, 623, 870, 871)

---

100) No. 420 '尙夫' 斡端賣 [okdo-mbi], [odonmai], [odonmai] 허락하다許 참조.

644

No. 623 � 子敖 [ʤao], [jiyau], [sau] 하인僕/ [kara](M)

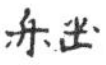

No. 870 天卒 太子 [tai-ʤǔ], [taji], [taise] 태자太子

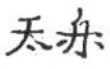

No. 871 呈舟 皇子 [huan-ʤǔ], [huwan ji], [hoŋse] 황자皇子

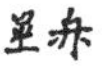

405. 尜 阿剌 [yarɡa]: [yarha], [jara], [yara](148)

No. 148 尜 牙剌/ 失魯兀 [yarɡa], [yarha], [yara] 표범豹/ [yarha](M)

406. 杀 只, 知 [ji]: [ji], [ʤi], [ji](186, 426, 595, 674, 675, 711, 860, 311)

No. 311 味杀 同知 [tung-či], [tunji], [tuŋji] 동지同知/ [uhəri saraci](M)

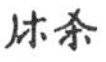

407. 枭 岸 [an]: [an], [an], [an](330)

No. 330 枭甬且仵 岸荅孩捏兒麻/ (岸荅孩捏儿麻) [antahai niyalma], [andahai niyarma], [andahai niarma] 손님賓客/ [andahai n yalma](M), [ādaha](N)

408. 糸 呴 [e]: [yu], [ou], [eu](197)

No. 197 糸化 呕勒 呕勒 [ele], [yule], [eure] 뜰, 집안院/ [hūwa](M)

409. 东撫, 弗 [fu]: [fu], [fu], [fu](53, 231, 792, 357, 426, 535, 667, 314)

No. 357 东弓犬 弗捏魯 [funiyeru], [funiyaru], [funieru] 생각念, 읽다讀?/ [niyelembi](M)

东余老 弗只別 [fuji-mbi] 바꾸다替101)

No. 667 东父屯 弗厄一/ (弗厄以) [fuei], [fuwei], [fuŋei] 옛, 구舊/ [fe](M), [fu](N)

410. 乿 舍 [še]: [še], [ʃə], [še](48, 881)

No. 48 乿夕 舍厄/ 舍亦木克 [šewel], [šere], [šee] 샘泉/ [šeri](M)

---

101) No. 426 '东余' 弗只 [fuji-mbi], [fuji], [fuji] 바꾸다替 참조.

411. 𤓰 舒目 [šumu]: [šumu], [-], [šumu](156)

No. 156 𤓰 舒目/ 費勒 [šumu], [sumu], [šumu] 익더귀새鷂/ [šilmen](M)

412. 𤓰 哈魯 [halhu]: [hal], [xalu], [halu](92)

No. 92 𤓰昊 哈魯溫/ 哈魯兀 [halhun], [halgun], [haluŋun] 덥다熱/ [halahūn]
(M), [halaɣūn](Mo)

413. 朱 一十 [isi]: [iši], [iʃi], [iši](105, 380, 381)

No. 105 朱乄 一十莫 [isi-mo], [iši mo], [iši mo] 잣나무栢/ [iši moo](낙엽
송)(M), [mailasu](잣나무)(M)

朱丸 一十別 [isi-mbi] 이르다至, 도착하다到着102)

414. 朱 斡失 [usi]: [uši], [oʃi], [uši](12)

No. 12 朱中 斡失哈/ 兀失哈 [usiha], [u_šiha], [ušiha] 별星/ [ušiha](M),
[uʃihət'ə](N), [osikta](C), [osidto](E)

415. 乐 南 [nan]: [nam], [nan], [nam](488, 682)

No. 682 乐中夛 南哈洪 [nanhahun], [namhahun], [namhahūn] 편안하다安,
쉽다易?/ [elhe](M)

416. 釆 兀 [u?]: [u], [u], [u](397)

No. 397 血釆夂古 住兀忒昧 [juute-mbi], [jūtemei], [juŋutemei] 존경하다尊/
[juŋtembi](M)

417. 朱 受 [šu]: [šu], [-], [šiu, šu](19, 763, 849, 879)

No. 19 朱土 受溫 [šun], [šun], [šiun] 그늘陰/ [šilmen, tulhun](M)

---

102) No. 381 '朱矢' 一十埋 [isi-mbi], [išimai], [išimai] 이르다至/ [išimbi](M), [išinasa](E)

418. 系 巴 [ba]: [ba], [ba], [ba](439, 463, 745, 784)

No. 439 系戎 巴撒 [basa], [basa], [basa] 다시再/ [geli](M), [basa](Mo)

419. 束 因 [in]: [im], [in], [in](108)

No. 108 束冗关 因麻者 [inmala], [immala], [inmala] 뽕나무桑/ [nimalan]
(M)

420. 呆 兀里 [eli?, uli?]: [ulhi], [uli], [uli](783)

No. 783 呆乇疣床气 兀里厄林多羅斡薄 [ulierin dolowenba?], [ulhierin dorōbo],
[ulierin doroo bo?] 윤리倫理/ [čiktan doro](M)

421. 朱 只 [ji]: [ji], [-], [ji](387, 734)

朱友老 知剌別 [jila-mbi] 불쌍히 여기다憐103)

No. 734 朱友为 只剌興 [jilašin, jilagin], [jilagin], [jilahin] 연민憐憫/ [jilakan]
(M)

422. 尽 舒, 書 [šu]: [šu], [ʃu], [šu](129, 607, 695, 730, 877, 304)

No. 607 尽癶 舒厄 [šuwe], [šuhe], [šuŋe] 직접直/ [šuwe](곧다), [ilhu](M)

No. 695 尽娄斥 舒米吉/ 說迷 [šumigi], [šumigi], [šumigi] 깊이深/ [šumin]
(M), [ʃunt'a](N), [sunta](S)

423. 式 戈迷 [golmi]: [golmi], [golmi], [golmi](690)

No. 690 式斥 戈迷吉/ 過迷 [golmigi], [golmigi], [golmigi] 길다長/ [golmin]
(M)

424. 瓦 嫩 [nio]: [niyon], [niõ], [nion](152, 192, 616, 629)

---

103) No. 387 '朱友夫' 知剌埋 [jila-mbi], [jilamai], [jilamai] 불쌍히 여기다憐/ [jilambi](M) 참고.

No. 616 瓦乑 嫩江/ 念加 [niogiyan], [niyongiyan], [niongian] 청색靑/ [niowanggiyan] (M), [niŋgiɛ̃](N)

No. 192 瓦乑利�55 嫩江申革 [nioggiyan šingge], [niyongiyan singe], [niongian šinge] 청색 쥐靑鼠/ [niwanggiyan šinggeri](M)

425. 夗 朱 [ju]: [ju], [ʤu], [ju](15)
No. 15 夗臾 朱黑/ 珠黑 [juhe], [juhe], [juhe] 어름氷/ [juhe](M), [ʒjuka](W)

426. 玳 容/ 容 [yung]: [yun], [-], [yun](832)
No. 832 玳 容 [yung], [yun], [yun] 얼굴容

427. 芘 (罕) [han, kan?]: (217, 350)
No. 217 芘夊 罕麻 [hanma], [hanma], [hanma] 칼劍/ [dabčikū](M)

No. 350 芘克坅 罕安丹 [handon], [hangandan], [hanŋandan] 감히 하다敢/ [helhun akū](M)

428. 兇 斡莫 [omo]: [omo], [omo], [omo](45)
No. 45 兇 斡莫 [omo], [omo], [omo] 호수湖/ [omo](M), [amuzi](S), [amji] (E)

429. 寺 拙 [jo]: [juwe], [ʤo], [jue](443, 768, 769, 827, 903)
寺攵先 拙木申別 [jomi-mbi] 빌리다借[104]

寺毛先 拙厄別 [jorin-mbi] 사태를 알리다報事, 지시하다指示[105]

430. 弄 和 [hon, ho]: [ho], [xo], [ho](38)

---

104) No. 443 '寺攵美' 拙木申/ 拙兀 [jomi-mbi], [juwemušin], [jomušin] 빌리다借/ [jolimbi](M)
105) No. 827 寺毛古寺夊 拙厄林昧委勒伯 [jori-mbi weile be], [juwerinmei weile be], [jorinmei uile be] 사태를 알리다報事/ [jorimbi](지시, 지교), [uile](사정)(M)

No. 38 度冊 卜和/ 伯和 [boiho], [boiho], [boho] 흙土/ [boihon](M)

431. 夯 哈答 [kada]: [kada], [xada], [kada](430, 471)

No. 430 夯友矢 哈答剌埋 [kadala-mbi], [kadalamai], [kadalamai] 관리하
다管/ [kadalambi](M)

No. 471 夯友矢串圥 哈答剌里敖魯別 [kadalamai dalu-mbi], [kadalamai dalubi],
[kadalamai darubie] 지휘하다, 통솔하다率領/ [hatalara dacimbi](M)

432. 希 嫩 [niyon]: [niyon], [nio], [nion](159, 890)

No. 159 希亐田 嫩捏哈/ 牛捏哈 [niongniyaha], [niongniyaha], [niyonniyaha]
거위鵝/ [niongniyaha](M), [nugna](N), [nunaki](S), [nūṇnihi](E)

433. 夵 團住 [tuwanji]: [tuwanju], [tuwandʒo], [tonju](804)

夵圥 團住別 [tuwanji-mbi] 선발하다考選?106)

434. 広 禿 [tu]: [tu], [tu], [tu](6, 14)

No. 6 広罘 禿吉 [tugi], [tugi], [tuṇgi] 구름雲/ [tugi](M), [tʼuksu](N), [togca]
(S), [tuṇgi](No)

No. 14 仐広罘 卜楚禿吉 [bočo tugi], [bočo tugi], [buču tuṇgi] 노을霞/ [bočotugi],
[jagsan](M)

435. 岙 弗脉 [fume?] 夅束: [fume], [fumə], [fume](614, 856)

No. 856 岙 弗脉 [fume?], [fume], [fulme] 夅束/ [fulmiyen](M)

436. 夫 扎 [ja]: [ja], [dʒa], [ja](47, 214, 468, 485, 722, 782)

No. 47 夫娄 扎卜/ 阿力不章 [jabu], [jabu?], [buǰa] 수풀林/ [buǰan](M)

---

106) No. 804 '串道古夵矢' 千式眛團住剌 [čendemei tuwa-mbi], [čiyentemei tuwanjula], [čentemei
tonjula] 선발하다考選/ [čendembi](시험, 고시), [sonjo](선발하다, 선발)(M)

No. 214 朱夬休 扎赤里 [čačili], [jačili], [jačili] 방에 치는 장막帳房/ [čačari]
(M), [čačar](Mo)

No. 468 朱盃早 扎失非 [jašifi?], [jašifi], [jašifi] 분부分付?/ [jasimbi](M),
[jahimoi](Mo)

437. 帝 赫魯塞 [herse]: [herse], [xərsə], [heluse](762)
No. 762 帝攵 赫路塞伯 [herse], [herse be], [heluse be] 언어言語/ [gişuren
gisun](M)

438. 伞 古里 [guri]: [guri], [guri], [guri](394, 817)
伞老 吉里別 [guri-mbi] 옮기다遷107)

439. 令 阿赤 [ači]: [ači], [atʃi], [ači](273, 864, 867)
No. 273 令夊仲 阿赤卜魯捏兒麻/ (阿赤卜魯捏兀麻) [ačiburu niyalma], [ačiburu
niyarma], [ačiburu niarma] 성인聖人/ [enduriŋge niyalma](M)
No. 864 令夊矛 阿赤卜魯旨 [ačiburu şi], [ačiburu ji], [ačiburu ji] 성지聖旨/
[eduringge hese](M)
No. 867 令夊也列 阿的卜魯哈你因 [ačiburu hačin], [ačiburu hačin], [ačiburu
hačin] 성절, 명절聖節/ [enduringge hačin](M)

440. 爭 塔法 [tafa]: [tafa], [tafa], [tafa](429)
爭老 搭法別 [tafa-mbi] 사교하다?108)

441. 刔 準 [jun]: [jun], [-], [-](759)
No. 759 刔休乓 準里吉 [junligi], [junliai], [junligi] 영웅英雄/ [baturu](M)

---

107) No. 394 '伞右' 吉里眛 [guri-mbi], [gurimei], [gurimei] 옮기다遷 참조.
108) No. 429 '爭为' 搭法卜麻 [tafa-mbi], [tafabuma], [tafabuma] 사교하다交 참조.

650

442. 宣 [shun] 나쁘다: [shun], [-], [shun](676, 802)

No. 676 亦宣都 [ishun-du], [ishundu], [ishundu] 서로相/ [ishunde](M)

443. 厄黑 [ehe]: [ehe], [əxə], [ehe](337, 341, 477, 697)

[ehe niyalma]나쁜 사람惡人[109]

444. 卓 [jo]: [jo], [ʤo], [jo](801, 844)

No. 801 ? 卓你伯答出吉 [jonibe dačugi], [jonibe dačugi], [ǰonibe dačugi] 날카롭고 민첩하다鋒銳/ [ǰeyen](날카롭고 민첩하다鋒銳, [dačun](날카로운 칼)(M)

No. 844 卓卜溫 [jobun], [jobogun], [ǰoboŋun] 어렵다艱難/ [ǰobombi](M)

445. 巴勒 [bale]: [bale], [bal], [bala](776)

No. 776 愛因別赤巴勒 [ainbečibale], [ain bičibala], [ainbi čibala?] 긴요한 임무務要/ [urunakū](M)

446. 卜 [bo]: [bo], [bo], [bo](412)

No. 412 卜朶羅 [bodoro], [bodolo], [bodolo] 달리다, 쫓다趕/ [bodombi](M), [pɔtu](N)

447. 扎魯兀 [jarhū]: [jargu], [ʤarxu], [jarŋū](169)

No. 169 扎魯兀 [jarhū], [jargu], [ǰarŋū] 승냥이豺狼/ [ǰarhū](M)

448. 哈 [ga]: [ga], [ga], [ŋga](494, 504)

No. 504 / [gala](M), [ŋala](W), [ŋala](Mo] 손手/ [gala](M), [ŋala](W), (Ma)

---

109) No. 337 '' 厄墨伯捏兒麻/ (厄墨伯捏兀麻) [ehe niyalma], [ehebe niyalma], [ehe be niarma] 참조. 그루베의 분석을 오류로 판단.

449. 伏 伯 [bo]: [bo], [bai], [bai](815)

　　伏ㅓ兔老 伯亦沙別 [boiša-mbi] 감사하다.110)

450. 伏 兀里 [uli, ula]: [uli], [uri], [uli](402, 767, 821)

　　伏老 兀里別[ula-mbi] 머물다.111)

451. 伏 塔思哈 [tasha] 호랑이虎, 인寅(12지): [tasha], [tasxa], [tasha]
　　(138)

452. 夻 多羅 [doro]: [doro], [dolo(dol)], [dolo](78)

　　No. 78 夻吏 多羅幹/ 多博力 [dorowo], [dorowo], [dolowo] 밤夜/ [dobori]
　　(M), [tɔlɔpu](N)

453. 季 忽里 [huri]: [huri], [xuri], [hūri](127)

　　No. 127 季 忽里/ 忽力 [hūri], [huri], [hūri] 소나무松子/ [hūri](M)

454. 枕 獮, 闕 [kiye]: [kiwe], [-], [kue](787, 828)

　　No. 787 岂枕 突獮 [turkiye], [tukiwe], [tukue] 돌궐突獮

　　No. 828 斥土枕 安春溫闕 [ančun kiye], [ančun kiwe], [ančun kue] 금궐金闕

455. 吏 兀里 [uli]: [uli], [uli], [uli](580)

　　No. 580 吏列 兀里因 [ulin], [ulin], [ulin] 재물財/ [ulin](M)

456. 乏 古 [kū]: [gu], [gu], [gu](146, 514)

　　No. 146 乏夌 卜古/ 布兀 [buku], [bugu], [bugu] 사슴鹿/ [buhū](M), [bugu]

---

110) No. 815 ‘伏ㅓ兔夬老’ 伯亦沙埋恩 [boiša-mbi], [boišamaien], [baišamai en] 은혜에 감사하
　　다謝恩 참조.
111) No. 402 ‘伏右’ 兀里昧 [ula-mbi], [ulimei], [ulimei] 머물다留 참조.

(S), [būɤū](Mo), [boɡo](Ma)

457. 戻 卜 [boo]: [bo], [bo], [bo](213)

　　No. 213 戻兔 卜戈/ 博 [boogo], [bogo], [bogo] 방房(한어)/ [bao](M)

458. 庋 哈剌 [hala]: [hala], [xala], [hala](393, 553, 795)

　　No. 393 庋龙 哈剌別 [hala-mbi], [halabi], [halabie] 고치다改/ [halambi](M),
　　[halaran](N)

　　No. 553 庋舟 哈剌庫/ 哈剌古 [halakū], [halaku], [halakū] 바지褲/ [halukū](M)

　　No. 795 庋亐非更免犬 哈剌魯斡哈沙剌 [-], [halaluwo hašala], [halaluo hašala]
　　첩보, 승리의 소식捷音/ [halar](소리), [eten medege](M)

459. � 哈失 [dasi]: [dasi], [daʃi], [daši](765)

　　� [dasi-mbi] 덮다112)

460. 芺 卜 [bu]: [bu], [bu(bo)], [bu](47, 146, 742, 780)

　　No. 146 芺攵 卜古/ 布兀 [buku], [bugu], [bugu] 사슴鹿/ [buhū](M), [bugu]
　　(S), [būɤū](Mo), [boɡo](Ma)

461. 叓 忽比 [eb]: [hutun], [xudun], [hutun](674, 675)

　　No. 674 叓朵 忽此只 [ebsi], [hutunji]. [hūtunǰi] 긴요하다緊/ [hūtun](M),
　　[hɔdɔ̃](N)

462. 夌 于 [yu?]: [yu], [-], [yu](707)

　　No. 707 尣夌 乖于 [guai-u?], [gaiyu], [guiyu] 아니다非/ [waka](M), [ugei]
　　(Mo)

---

112) No. 765 '夈北乗卓' 忒吉勒荅失剌 偏覆忒厄勒荅失剌 [tegiledasila? dasi-mbi], [tegile(?) dasira],
　　[tegile dašira] 뒤집다, 두루 덮다遍覆 참조.

463. 妥 塔 [ta]: [ta], [da], [ta](360, 361, 478, 807, 845)

No. 360 妥甲 塔哈 [taha], [taha], [taha] 몸体, 순서順/ [dahambi](M)

No. 807 妥忟舄花斥 塔以革勒吉 [tai gelegi], [tai gelegi], [tai gelegi] 예에 따르다依例

464. 爻 忒你 [teni]: [teni], [təni], [teni](788)

爻爻 忒你和 [teniho] 그러하다然113)

465. 爻 貪 [tom]: [tom], [ton], [tam](401)

爻主走 貪孫別 [tomson-mbi] 받다受, 거두다收114)

466. 尧 阿渾 [ahu]: [ahu], [axu], [ahū](286)

No. 286 尧土 阿渾溫/ 阿洪 [ahun], [ahun], [ahūn], [ahun](a) 형兄/ [ahūn] (M), [ahɔ̃](N), [ahin](S), [aha](Mo), [ahin](E)

467. 兑 愛 [ai]: [ai], [-], [ai](298, 338)

No. 298 朱兑 哈哈愛 [hahai], [hahai], [hahai] 남자男子/ [haha niyalma](M), [haha nai](N)

468. 先 失剌 [sira]: [šira], [ʃira], [šira](87, 425, 752)

No. 87 先夋休 失剌哈替 [sirahate], [širahati], [širahati] 옛古/ [seibəni](M)115)

先走 失剌別 [sira-mbi] 잇다, 엄습하다襲

469. 乕 失里 [siri] 구리銅: [siri], [ʃiri], [širi](573)

---

113) No. 788 '乍休斥爻爻' 塞里吉忒你和 [siligi teniho?], [sailigi teni ho], [seligiteniho] 당연히 위태하다危然 참조.

114) No. 401 '爻主右' 貪孫昧 [tomson-mbi], [tomsunmei], [tomsunmei] 거두다收 참조.

115) No. 425 '先犬' 失剌魯 失剌魯 [sira-mbi], [širaru], [širaru] 잇다, 엄습하다襲 참조.

470. 呆 古 [gu]: [gu], [ŋgu], [gu](180, 221, 295, 464, 499, 569, 587, 634)

No. 180 呆坏肖 古牙忽/ 谷牙洪 [guyahu], [guyahu], [gūyahū] 원앙鴛鴦/ [ijifun niyehe](M)

No. 295 呆丸 古出 [guču], [guču], [guču] 노예를 배속하다臬隸/ [guču] (clsrn), [undeči](노예를 배속하다臬隸(M)

No. 569 呆土 古溫/ 額兀 [gun], [gun], [gun] 옥玉(한어)/ [gu](M)

No. 634 呆土兄仔 古溫上江 [gun šanggiyang], [gun šangiyan], [gun šaŋgian], 옥이 희다玉白/ [gun šanggiyan](M)

471. 呆 番 [fan]: [fan], [fan], [fan](321)

No. 321 盃呆 西番 [šifan], [sifan], [sifan] 서반西番

472. 呑 滅 [miya]: [miya], [mia], [mia](166, 267, 391, 466)

No. 267 呑莽中 滅良哈 [miyalinha], [miyaliyanha], [mialiaŋha] 되卅/ [moro hiyasa](M)

呑街犮耂 滅苦魯別 [miyakura-mbi] 꿇어앉다跪[116]

473. 芺 扎法 [jafa]: [jafa], [ʤafa], [jafa](364, 365)

No. 364 芺耂 扎法別/ 扎發哈 [jafa-mbi], [jafabi], [jafabie] 사로잡다擒/ [jafambi](M), [ʤafa](N)

474. 籴 塞 [se] 새해歲 한어: [se], [sə], [se](82, 102, 328, 408, 512, 822, 866)

No. 82 籴丂 塞革/ 塞 [sege], [sege], [sege] 세월歲/ [se](M), [sə](S)

No. 408 籴米丂 塞更革 [segige], [sengige], [seŋgige] 친척親戚, 효孝/ [šenggime] (우애, 화목)(M)

---

116) No. 466 '呑街犮' 滅苦魯/ 捏苦魯 [miyakura-mbi], [miyakuru], [miyakūru] 꿇어앉다跪 참조.

No. 512 采氺 塞吉/ 生吉 [segi], [segi], [seŋgi] 피血/ [senggi](M)

475. 夬 安 [an]: [an], [an, a], [an](411, 494, 764, 775)

No. 411 夬右尢 安察別 [anča-mbi], [amčabi], [amčabie] 쫓다, 추구하다追/
[amčambi](M)

No. 494 夬乇 安哈/ 昂哈 [angga], [amga], [anga], [amga](a) 입口/ [angga]
(M), [amgə](N), [aŋma](E), [aŋma](W)

No. 764 夯华右夬盃甬夨 斡洪眜安失荅刺 [ohunmei ansitala], [wehunmei
amšidala], [uhun mei amšidala] 포함하다包含/ [baktambi](포함하다, 용납
하다), [uhubumbi](포함시키다), [gansi](갖추다, 전부)(M)
夬盃甬乇 安失苔別 [anšita-mbi] 포함하다.117)

476. 夨 比/ 屯 [bi]: [tun], [tun], [tun](437, 480, 485, 603, 784)

No. 485 夨卉夾 比扎魯/ (屯扎魯) [bija-mbi], [tunjaru], [tunǰaru] 진을 지키
다鎭守/ [tosombi](M)

477. 夲 天 [tiyen] 하늘天: [tiyen], [-], [tien](325, 778)

No. 325 盃夲 兀剌必眜 [šitiyen], [sitiyen], [sitien] 서천西天

478. 夬 黑卜 [heb]: [heb], [xəb], [heb](227)

No. 227 夬迲 黑卜弎/ 黑忽弎 [hebte], [hebte], [hebte] 첩선貼/ [habta](M)

479. � 番住 [fonji]: [fonju], [foʤu], [foju](775)
奘尢 [fonji-mbi] 연구研究하다.118)

---

117) No. 764 '夯华右夬盃甬夨' 斡洪眜安失荅刺 [ohunmei ansitala], [wehunmei amšidala], [uhun
mei anšidala] 포함하다包含/ [baktambi](포함하다, 용납하다), [uhubumbi](포함시키다), [gansi]
(갖추다, 전부)(M)
118) No. 775 '夬右尢奘右' 安察別番住眜 [fonji-mbi], [amčabi fonjumei], [ančabie fonǰumei] 추구
하다追究/ [ančambi](추구하다)(M), [fonji-mbi](물음)(M)

480. 奥 黑 [he]: [he], [xə], [he](15, 52, 67, 68, 114, 124, 131, 160, 165, 223, 382, 390, 403, 428, 476, 487, 495, 505, 525, 539, 558, 572, 582, 583, 602, 603, 631, 633, 755, 796)

    No. 68 奥芺 黑其 [heki], [heki], [heki] 제방堤/ [dalan](M), [dalan](E)

    No. 131 奥奥 黑克 [hegu?], [heke], [heke] 메론西瓜/ [henke](M), [səgə](N)

    No. 603 奥糸 黑比 [hebi], [hetu], [hetun] 가로橫/ [hetu](M)

481. 奥 克 [ku, gu?]: [ke], [kə], [ke, ki](131, 190, 191, 368, 369, 450, 693, 725, 751, 820, 842)

    奥盃庆毛 [kušigo-mbi] 克失哥卜鲁 [kusigo-mbi] 번민하다悶[119]

    奥斥 克安 [kan], [kan], [kan][120]

    No. 842 奥巾 克愛/ (克哀) [kuai], [keai(?)], [kai] 열다開(한어)

482. 羔 揑渾 [nehu]: [niyohon], [nəxu], [niehun](291)

    No. 291 羔土 揑渾溫/ 耨兀 [nebu], [niyohun], [niehun] 누이妹/ [non](M), [nühün](S)

483. 炎 阿, 哈 [a]: [a], [-], [a, ha](8, 30)

    No. 8 炎斥 阿哈/ 阿古 [aga], [aga], [aga], [aga](a) 비雨

484. 羔 秃 [tu]: [tu], [tu], [tu](25, 714)

    羔休毛 秃替眛 [tuči-mbi], [tutimei], [tutimei] 나다出[121]

485. 羑 兀剌 [ula]: [ula], [ula], [ula](49)

    No. 49 羑 兀剌 [ula], [ula], [ula] 강江, 대하大河/ [ula](M)

---

119) No. 368 '奥盃庆攵' 克失哥卜鲁 [kusigo-mbi], [kešigeburu], [kešigeburu] 번민하다悶 참조.
120) No. 820 '奥斥來乤' 克安分厄 [kan funiye], [kean feniye], [kan funei] 감합하다勘合 참조.
121) No. 714 '羔休右' 秃替眛 [tuči-mbi], [tutimei], [tutimei] 나다出 참조.

486. 夾 肯 [ken]: [ken], [kən], [ken](256)

No. 256 休夾 同肯/ 痛克 [tungken], [tunken], [tuŋken] 북鼓/ [tunken](M), [toŋke](S), [tuŋke](E)

487. 炎 牙 [ya]: [ya], [yã], [ya](511, 521)

No. 511 炎休 牙里/ 牙力 [yali], [yali], [yali] 고기肉/ [yali](M)

488. 束 [lefu] 바다표범勒付 [lefu]: [lefu], [-], [lefu](178)

No. 178 束 勒付 [lefu], [lefu], [lefu] 바다표범海豹/ [huwethi](M)

489. 夫 申 [šin]: [šin], [ʃin], [šin](413, 415, 416, 443, 538, 799, 813)

No. 413 呆夫 朵申/ 雜申雜 [dosin], [došin], [došin] 나아가다進/ [došimbi] (M)

490. 夲 厄魯 [er]: [er], [ər], [er](83, 97, 452)

No. 83 夲盉 厄魯戉 [erte], [erte], [erte] 이르다早, 아침朝/ [erde](M), [ɜridə] (N), [erte](Mo)

491. 㞟 敖 [ao] 한자전사용: [], [], []

No. 212 㞙㞟 下敖 [šiao], [hiyau], [hiau] 학교學/ [tačikū](M)

㞙㞟 奧屯 [ao-ton] 지명

492. 齐 巴 [ba]: [ba], [ba], [ba](406)

No. 406 齐反乒 巴奴洪/ 伴忽 [banuhun], [banuhun], [banuhūn] 나태, 게으름怠惰/ [banuhūn](M)

493. 罕 非 [pi, fi?] 붓筆 한어: [fi], [fi], [fi](224, 2435, 468, 791)

No. 224 罕 [pi, fi], [fi], [fi] 붓筆/ [fi](M), [pi](Mo)

No. 245 尚旱 忽非/ 湯平 [hupi], [hufi], [hūfi] 일壹/ [tampin](M)

494. 旱 (希) [hi]
　　No. 206 旱天 希大 [hida], [hida], [hidai] 밭簾/ [hida](M)

495. 仸 厄 [e]: [e], [ə], [e](450, 725)
　　No. 450 仸夋乐 厄克洪 [-], [ekehun], [ekehun] 줄었다, 적다減/ [ekiyehun]
　　(M)

496. 乄 斡 [we]: [we], [wə], [we](26, 52, 687)
　　No. 52 乄臭 斡黑/ 兀黑 [wehe], [wehe], [wehe] 돌石/ [wehe](M), [iho](W)

497. 乕 失魯 [šulhe] 배나무梨: [šilu], [ʃilu], [šilu](112)
　　No. 112 乕 失魯 [šulhe], [šilu], [šilu] 배나무梨/ [šulhe](M)

498. 杲 羅 [lo]: [lo], [lo], [lo](285, 327, 412, 540, 562, 600, 691, 908)
　　No. 327 杲杲 邏邏 [lolo], [lolo], [lolo] 순라邏邏

499. 凩 厄都 [edu]: [edu], [ədu], [edu](5)
　　No. 5 凩土 厄都溫/ 厄都 [edun], [edun], [edun] 바람風/ [edun](M), [hət'ɔ]
　　(N), [edein](S), [edein](E), [ödin](W)(Ma)

500. 乲 加渾 [giyahu]: [giyahu], [giyaxu], [giahū](155)
　　No. 499 乲 (加渾) [giyahu]
　　No. 155 乲土 可渾溫 [giyahun], [giyahun], [giahūn] 매鷹/ [giyahūn](M)

501. 拝 和卓 [hojo] 뛰어나다俊: [hojo], [xoʤo], [hojo](717)
　　No. 717 拝 和卓 [hojo], [hojo], [hǰo] 뛰어나다俊/ [hoǰo](M)

502. 存 引荅 [inda]: [inda], [inda], [inda](147, 176)

No. 147 存更 引荅洪/ 引荅忽 [indahun], [indahun], [indahūn] 개犬, 戌(12간
지)/ [indahūn](M)

503. 秦 朶和 [doho]: [doho], [doxo], [doko](115)

No. 115 秦炗 朶和莫 [doho-mo], [dokomo], [doko mo] 나무樹/ [doko](길
거리), [mo](나무)(M)

504. 芉 的阿 [jir]: [dir], [dir], [dir](383, 489, 756)

芉枲尭 [jirha-mbi](만) [jirga-mbi] 즐겁다樂122)/ [jirga-mbi](만)(M)

505. 岺 虎剌 [hūl][ha]: [hula], [xula], [hūla](336)

No. 336 岺足仠 虎剌孩捏兒麻/ (虎剌孩捏儿麻)/ 忽魯哈捏廐 [hūlahai nialma],
[hulahai niyarma], [hūahai niarma], 도둑賊人/ [hūlahai niyalma](M), [hūlaha
bəi](N), [kolaká](Ma), [hūlaɣai](Mo)

506. 肎 兀卜 [ubu] 나누다分, 몫, 부분部分: [ubu], [-], [ubu](263)

No. 263 肎 兀卜 [-], [ubu], [ubu] 나누다分/ [fuwen](M)

507. 肖 法里 [far]: [fari], [far], [fali](609)

No. 609 肖更 法里見/ 發兒洪 [fargiyen], [farigiyen], [faligian] 어둡다暗, 昏/
[farhûn](M), [paxče](ɡ)

508. 夯 厄恨 [eihen] 당나귀驢: [eihen], [-], [eihen](141, 175)

No. 141 夯 厄恨/ 額黑 [eihen], [eihen], [eihen] 당나귀驢/ [eihen](M), [ʒihən]
(N)厄

---

122) No. 383 '芉枲夨' 的兒哈剌/ (的兀哈剌) [jirga-mbi], [dirgala], [dirgala] 즐겁다樂 참조.

509. 兗 革木 [gemu]: [gemu], [gəmu], [gemu](757, 841)

No. 841 兗李 革木兒 [gemur], [gemur], [gemuri] 갖추다俱, 함께共/ [gemu]
(M)

No. 757 兗李甫毛 革木兒一那 [gemur ina], [gemur ina], [gemuri ino] 도무
지, 전혀都是/ [gemu inu](M)

510. 㠰 捏 [ne]: [ne], [nə], [ne](102, 713)

511. 乔 赫里 [geli] 또한: [geli], [gəli], [geli](77, 901)

512. 舟 哈的 [hadi] 귀貴, 보배宝: [hadi], [xadi], [hadi](281, 347, 571)

No. 347 舟' 哈賊 [haji], [hadi], [hadi] 귀貴/ [wešihun, baǐi](밀접하다)(M)

No. 571 舟 哈的 [hadi], [hadi], [hadi] 보배宝/ [baobei](M)

No. 281 舟件 哈的捏兒麻/ (哈的捏兀麻) [xadi niyalma], [hadi niyarma], [hadi
niarma] 귀인貴人/ [wešihun niyalma](M)

513. 帚 禿里 [turi?]: [tuli], [turi], [tuii](338, 601, 615, 770)

No. 601 帚佗 禿里勒 [turile, tulergi?], [tulile], [tulile] 외外, 밖/ [tulergi]
(M), [tolle](S), [tulile](E)

No. 332 帚佗件 禿里勒捏兒麻/ (禿里勒捏儿麻)/ 蒙过捏兒麻 [turile niyalma],
[tulile niyarma], [tulile niarma] 오랑캐 사람夷人/ [tulergi niyalma](M)

No. 615 帚佗至令 禿里勒弍厄 [tulile tee(tege)], [tulile tē], [tulile teel] 외면外
面/ [tulergi dere](M)

No. 770 帚佗录仟 禿里勒禿魯溫 [turile turgun, tulun], [tulile turgun], [tulile
turŋun] 오랑캐의 뜻夷情, 외국의 사정/ [tuleri baita, tuleri turgun](M)

514. 闬 阿剌/ 牙剌 [yala] 열매實: [yala], [jala], [yala](709)

No. 709 闬 牙剌 [yala], [yala], [yala] 열매實/ [yala](M)

515. 甫 都 [du, tu?]: [du], [-], [du](405)

No. 405 甫乎灵 都善別 [tuša-mbi], [dušanbi], [dušenbie] 부지런하다勤/
[dosombi](M)

516. 甫 都魯 [dulu]: [dulhu], [-], [dulu](20, 101)

No. 20 甫土 都露溫 [dulun], [dulun], [dulun] 양陽, 남쪽南/ [fiyakiyan](M),
[dūlaɤan](따뜻하다)(Mo), [dūūljiran](하늘이 맑다)(E)

517. 甫 哈 [ha?]: [ha], [-], [ha](352)

No. 352 甫右灵 哈察別/ 哈察 [hača-mbi], [hačabi], [hačabie] 보다見/
[ačambi](M)

518. 庠 伏塞 [fushe]: [fushe], [fusə], [fushe](221, 761)

No. 221 庠吴 卜塞古/ 伏塞吉 [fushegu], [fushegu], [fushegu] 부채扇/ [fusheku] (M)
庠夫 [fusheteng?]123) 담다盛

519. 庿 斡 [urgu]: [ur], [ur], [ur](372, 374, 473, 749, 814)

庿仟艮灵 [urgunje-mbi] 기뻐하다喜, 歡124)

520. 庋 撒 [sa]: [sa], [sa], [sa](232)

No. 232 庋光 撒叉 [sača], [sača], [sača] 바리盂, 투구兜/ [sača](M)

521. 薪 麻 [ma]: [ma], [ma], [ma](839)

庍乏灵 [mana-mbi] 무너지다壞125)

---

123) No. 761 '冬攵庠夫' 兀魯麻弗塞登 [-], [-], [uluma fusheden] 강성하다强盛 참조.

124) No. 372 '庿仟艮余' 斡溫者勒 [urgunje-mbi], [urgunjere], [urɲunjere] 기쁘다喜/ [urgunjembi](M),
[urunom](W)

125) No. 839 '庍乏欠' 麻納剌 [mana-mbi], [manala], [manala] 무너지다壞/ [manambi](M) 참조.

522. 尚 恩 [en]: [en], [ən], [en](226)

No. 226 尚学伏 恩革埋/ 案革木 [engemu], [engemer], [engeme] 안장鞍/
[enggemu](M)

523. 亩 羅和 [loho] 칼刀: [loho], [loxo], [loho](235)

524. 亦 車 [čen]: [če], [ʧə], [če](33, 851)

No. 851. 乚亦羋 厄木車你 [emu čeni], [emu čeni], [emučeni] 한번 만나다,
일조—遭/ [emuči](M)

525. 苑 撒必 [sabi]: [sabi], [sabi, [sabi](861)

No. 861 苑走 撒必別 [sabi-mbi], [sabibi], [sabibie] 계획하다計/ [bodombi]
(M)

526. 㘴 一速 [isu]: [isu], [isu], [isu](528)

No. 528 㘴昊 一速溫/ 迷速 [isun], [isgun], [isŋun] 장醬/ [misun](M)

527. 坐 都速 [dušu, jušu]: [dus], [dusu], [dusu](529)

No. 529 坐乐 都速洪/ 粗 [dušun, jušun], [dushun], [dushun] 초醋/ [jusun] (M)

528. 峑 先 [šen]: [šen], [ʃiɛn(ʃən)], [šen](244, 324)

529. 癸 南 [nan]: [nan], [nən], [nam](693)

No. 693 癸夬乐 南克洪/ 捏克叶 [nanggehun], [nankehun], [namkehun] 엷다
薄/ [nekeliyen](M), [nemikun](E), [nimgen](Mo)

530. 米 非 [fi]: [fi], [fi], [fi](139, 247, 248, 579, 829)

No. 247 米力 非本 [fiben], [fibun], [fibun] 등燈/ [dengjan](M)

531. 岳 指 [ji]: [ji], [ʤï], [jï](310, 864)

No. 310 岳史 指揮 [ji-ki], [jihuwi], [jïhui] 지휘하다, 통솔하다指揮/ [jorisi] (M)

532. 玔 塞 [se]: [se], [sə], [se](253)

No. 253 玔旻 塞者 [seje], [seje], [seje] 차, 수레車/ [sejen](M), [setʃən](N)

533. 夹 失兒哈 [sirga] 노루獐: [širha], [ʃirxa], [širga](154)

534. 夹 兀魯 [ul]: [ul], [ul], [ul](249)

No. 249 夹手 兀魯脉/ 兀黑 [ulme], [ulme], [ulme] 침針/ [ulme](M)

535. 委 黑黑 [hehe?, he?]: [hehe], [xəri?], [hehe](478, 678)

No. 478 角委乑夹甲 的黑黑吉塔哈/ 看哈安答哈 [jihehe gi taha], [dihe gi taha], [dihe gi taha] 귀순歸順/ [jime tahambi](M)

No. 678 伟凡乑 的黑黑吉 [jihehe gi], [dihehe gi], [dihehe gi] 돌아가다歸/ [bederembi, jimbi](오다)(M)

536. 夹 朱里(失里) [siri]: [širi], [ʃïr], [šìrì](67)

No. 67 夹灸 失里黑/ 灼兀哈 [sirihe], [širihe], [širihe] 모래沙/ [yongge](M)

537. 另 塞魯 [serugu, serk]: [ser], [sər], [seru](93)

No. 93 另昊 塞魯溫/ 塞兀空 [sergun], [sergun], [seruŋun] 차다, 시원하다凉/ [seruken](M), [serun](S), [serigun](Mo)

538. 勞 木兒(莫罗) [moro] 주발碗: [moro], [moro], [moro](246)

539. 肴 高 [kao]: [gau], [gau], [gau](320)

No. 320 肴右斤 高察安 [gao-čan], [gaučan], [gaučan] 고창高昌(국명)

540. 屏 木兒 [mur]: [mur], [mur], [mur](265)

　　No. 265 欠屏 寸木兒 [tsun-mur], [čunmur], [čunmur] 마디寸/ [furhun](M)

541. 茶 瓦 [wa]: [wa], [wa], [wa](211, 459, 824, 845)

　　No. 211 茶庎 瓦子 [wa-dzǔ], [waji], [wase] 기와瓦(한어)/ [wase](M)

　　茶夬夆 [wadu-mbi] 죽이다殺126)

542. 伐 法 [fa]: [fa], [fa(fak)], [fa, fag](209, 315)

　　No. 209 伐少 法阿/ 發 [faa], [fā], [faa] 창窓/ [fa](M)

　　No. 315 伐盂件 法失捏兒麻/ (法失捏儿麻) [faši niyalma], [faši niyarma], [fagši niarma] 장인匠人/ [fagši niyalma](M), [fahaʃi](N)

543. 迷 哈剌 [hala?]: [kara], [kar(kara)], [kara](469)

　　No. 469 迷兜 哈剌安 [halan], [karagan], [karaŋan] 망보다, 깊이 살피다哨 深?/ [karan](M), [qaraɣul](Mo)

544. 存 納兒 [nar]: [nar], [-], [nar](30, 220, 670, 672)

　　No. 670 存斥 納兒吉 [nargi], [nargi], [nargi] 정밀하다精/ [narhūn](M)

　　No. 672 存禾 納兒洪/ (納儿洪) [narhun], [narhun], [narhūn] 가늘다細/ [narhūn] (M), [nəmnə](N)

　　No. 30 存禾夨屮 納兒洪阿哈/ (納儿洪阿哈) [narhun aga], [narhun aga], [narhūn aga] 가랑비細雨/ [narhūn aga](M)

545. 隹 背 [bu]: [bey], [bui], [bu](385)

　　隹刘右夆 [buye-mbi] 사랑하다愛127)

---

126) No. 459 '茶夬夫' 瓦都剌 [wadu-mbi], [wadula], [wadula] 죽이다殺 참조.
127) No. 385 '隹刘右' 背也眛/ 背因必 [buye-mbi], [beyemei], [buyemei] 사랑하다叟 참조.

546. 岙: 斡莫 [omo]: [omo], [omo], [omo](285)

No. 285 岙杲 斡莫羅 [omolo], [omolo], [omolo] 손자孫子/ [omolo](M),
[ɔmɔli](N), [omlɑi](E)

547. 杀 寮, 茶 [čɑ] 한어: [čɑ], [ʧʻɑ], [čɑ](264, 320, 352, 411, 775, 522)

No. 264 杀,压 察罕 [čɑhɑn, čɑn], [čɑhɑn], [čɑhɑn] 자尺/ [jušuru](M)

No. 522 杀、茶/ 插 [čɑ], [čɑ], [čɑ] 차茶/ [čɑ](M), [ʧʻɑi](N), [čɑi](Mo), [sɑi]
(E)

548. 羊 者 [en], 厄 [en]: [e], [-], [e](299, 396, 699)

No. 396 用羊 兀者 [ujen], [ujē], [ujee] 무겁다重/ [ujē](M)

No. 699 用羊 兀者 [ujen], [ujē], [ujee] 무겁다重/ [ujen](M)

No. 299 仓羊件 黑黑厄捏兒麻/ (黑黑厄捏儿麻) [həhəo niyɑlmɑ], [həhē niyɑrmɑ],
[hehee niɑrmɑ] 부인婦人/ [hehe niyɑlmɑ](M), [həhə](N)

549. 任: 厄 [ge, gen]: [ge], [-], [ŋe](288, 297)

No. 288 犳任 一忒厄/ 亦忒 [irge], [itege], [iteŋe] 백성黎民/ [irgen](M)

No. 297 狗任 一忒厄/ 亦忒 [irge], [itege], [iteŋe] 백성民/ [irgən](M)

550. 全 哈兒 [gɑr] 가지枝: [gɑr], [xɑr(gɑr)], [gɑr](123, 836)

No. 123 全 哈儿/ 哈儿哈 [gɑr], [gɑr], [gɑr] 가지枝/ [gɑrgɑn](M)

No. 836 句全 根剌/ 諛哈兀 [gɑigɑr], [gɑigɑr], [gɑigɑr] 취하다取, 領/ [gɑimbi]
(M)

551. 丘 如 [ju]: [ju], [-], [ru](106, 632, 750)

No. 106 肖丘 忽如 [huju], [huju], [hūru] 복숭아桃/ [toro](M)

No. 632 肖丘金勹 忽如弗剌江/ (忽如弗拉江) [hujufulglɑn], [huju fulagiyan],
[huru fulagian] 구름이 희다雲白/ [jamu](M)

No. 750 夲肖庄·夨 背也忽如者/ 忽如 [beye hujula], [beye hujula], [beye hurula] 국궁하다鞠躬/ [beye mehumbi](M)

552. 坕 綠 [lü] 한어: [lu], [lu], [lu](622, 631)

No. 622 坕 綠 不儿哈博戰 [lü], [lu], [lu] 초록綠/ [niowanggiyan](M)

No. 631 坕兒坕 滅黑綠 [niyehe-lü], [miyehelu], [miehe-lu] 압록鴨綠/ [niohon] (M)

553. 禾 宮(官) [kung] 한어: [gun], [guŋ], [giuŋ](194)

No. 194 禾 宮 [gun], [giu], [giuŋ] 궁宮/ [kuruŋ](M)

554. 呆 麻 [mu, ma]: [ma], [mua], [ma](671)

No. 671 呆角 麻兒/ (麻儿) [mur, mar], [mar], [mari] 거칠다粗/ [muwa](M)

555. 柔 阿剌瓦 [alawa?]: [arawa], [alawa], [alawa], [alawa](a)(576)

No. 576 柔乒 阿剌瓦吉/ 阿儿八 [alawagi], [arawag], [alawagi]/ [alawa?] 위무하다, 다스리다勑/ [hese](M)

556. 米 只 [ji]: [ji], [dʑï], [ji](262, 575)

No. 262 米中 只哈 [jiha], [jiha], [jiha] 돈錢/ [jiha](M), [gaha](N)

557. 求 回 [hui]: [huwi], [-], [hui](319)

No. 319 宋宋 回回 [hui-hui], [huwihuwi], [huihui] 회회回回

558. 床/ 床 只(深) [šen]: [šin], [-], [šim](91)

No. 91 床昊 深溫/ 失木兀(寒), 厦忽魯(冷) [šen'un], [šingun], [šimŋun] 차다冷/ [bəiguwan šahūrun](M)

559. 釆 富 [fu]: [fu], [fu], [fu](722)

560. 伱 你 [ni] ~의(조사): [ni], [ni], [ni](32, 33, 34, 272, 274, 331, 758, 760, 792, 793, 801, 851, 853, 863, 899)

No. 32 囷土伱 國倫你 [gurun], [gurun ni], [gurun ni] 나라에國/ [gurun](M), [Kurun](N), [gurun](S)

No. 274 囷土伱余 國倫你王 [gurun ni wang], [gurunni wan], [gurun ni wan] 국왕國王/ [gurun i wan](M)

561. 杀 你 [tu]: [tu], [tu], [tu](778, 784, 787)

No. 778 杀床 [tufu] 등잔燈

562. 余 勒(禿) [le] 동사 변화어미: [le], [re], [re](355, 370, 371, 372, 374, 537, 79)

No. 355 匀余 厄杜勒/ 得都 [dedule-mbi], [tedure], [tedule] 자다睡/ [dedumbi](M)

No. 370 牝侂余 革勒勒/ 革勒必 [gele-mbi], [gelere], [gelere] 두려워하다懼/ [gelembi](M)

No. 371 圡乕冋宊 革出勒黑/ 革勒必 [gele-mbi], [gelere], [gelere] 두려워하다怕/ [gelembi](M)

No. 372 庹仟㫃余 斡溫者勒 [urgunje-mbi], [urgunjere], [urŋunjere] 기쁘다喜/ [urgunjembi](M), [urunom](W)

No. 374 庹仟㫃余 庹仟㫃余 斡溫者勒 [urgunje-mbi], [urgunjere], [urŋunjere] 기뻐하다歡/ [urgunjembi](M)

No. 537 眯牝 厄必勒 [ebi-mbi], [ebire], [ebire] 배부르다飽/ [ebimbi](M)

No. 749 釆乕庹仟㫃余 莽吉斡溫者勒 [manggi onjele?], [maŋgi urgunjere], [maŋgi urŋnjere] 즐거워하다可嘉/ [manggi urgunjembi](M)

563. 来 都督 [du-tu] 도독都督: [du-tu], [dudu], [dudu](309)

No. 309 来 都督 [du-tu], [dudu], [dudu] 도독都督/ [dudu](M)

564. 秉 弗忒 [fute]: [fute], [fudə], [fute](410，771)

秉老 弗忒昧/ 伴的黑 [fude-mbi], [futemei], [futemei] 보내다送128)

565. 籴 里襪(里袜) [liwa?, nima?]: [liwa], [-], [lima](163)

No. 163 籴中 里襪哈/ 泥木哈 [liwaha?, nimaha?], [liwaha], [limaha] 고기魚/
[nimaha](M), [imaha](N)

566. 秉 厄不 [eb]: [eb], [əb], [eb](857)

No. 857 秉孟 厄木失 [ebsi], [ebši], [ebši] 이래以來/ [ebši](M)

567. 屁 厄 [ge]: [ge], [(ɡ)e], [ge](61, 131, 172, 174, 175, 203, 269, 292,
333, 483, 502, 517, 748, 843, 852)

No. 137 半屁 忒厄/ 忒木革 [temege], [temge], [temge] 낙타駝/ [temen](M),
[t'əme](N), [temgen](E), [temege](Mo)

No. 172 冘屁幺 兀的厄兀里彥/ 艾答 [ujige uliyen], [udige uliyan], [udige
uliŋen] 멧돼지野猪/ [aidagan ulgiyen](M)

568. 在 忽素 [hu?]: [hu], [xu], [hu](453, 673)

No. 453 在犬 忽召魯 [husulu?], [husur], [husur] 태만하다怠

569. 呈 忒 [de]: [ter], [də], [te](238)

No. 238 呈수 忒厄/ 得勒 [de'e dere], [tere], [tee, teel] 탁자卓/ [dere](M),
[dyra](C)

---

128) No. 410 '秉右' 弗忒昧/ 伴的黑 [fude-mbi], [futemei], [futemei] 보내다送 참조.

570. 盂 食 失 [si]([ši]): [ši], [ʃï], [ši](230, 315, 368, 369, 427, 468, 516, 590, 591, 594, 764, 779, 796, 857, 99)

No. 516 盂休屛 失里希/ 失力希 [silihi], [šilihi], [šilihi] 쓸개膽/ [šilihi](M)

571. 盂 脉兒 [mer]: [er], [ər], [er](825)

No. 825 盂羡乢乜刈 脉兒革以哈你因/ (脉兀革以哈你因) [mergei hačin], [ergei hačin], [ergei hačin] 방물方物, 선물/ [ergi](방향), [hacin](물건)(M)

572. 盅 朶里必 [dobi?, dolibi]: [doribi], [dorbi], [doribi](153)

No. 153 盅 朶里必/ 多必 [bolibi, dobi?], [doribi], [doribi] 여우狐/ [dobi](M)

573. 盂 住, 註 [ju]: [ju], [ʤu], [ju](57, 58, 62, 132, 397, 785, 797, 882, 808)

No. 57 盂盂 住兀 [jugu], [jugu], [juŋu] 길路/ [jugūn](M)

盂盂发走 住兀灣 [juute-mbi] 존경하다尊129)

No. 785 盂盂火牪 住兀的德 [jugu be de], [jugube de], [juŋū be dei] 도덕道德/ [doro](M)

No. 808 盂妈 註解 [-], [jugiyai], [jugei] 주해註解

574. 迫 忒 [te]: [te], [də], [te](83, 97, 227, 284, 404, 452, 482, 700, 739, 804)

No. 284 迫彳冘九 忒革馬法 [tege mafa], [tege mafa], [tege mafa] 고조高祖/ [den mafa, da mafa](M)

No. 700 迫彳 忒革/ 得 [tege], [tege], [tege] 높다高/ [den](M)

575. 合 替 [te?, ji]: [tik], [tik], [tig](745)

---

129) No. 58 '夂发盂盂' 斡速灣住兀 [osohonjugu], [osogon jugu], [osoŋon juŋu] 지름길徑 참조.

No. 745 飛斥瓦金攴系 多羅幹薄替彈巴 [doron bodidanba], [dorōbo tiktamba], [doroobo tigtanba] 법도法度/ [kooli doron, doro ciktan](M)

576. 金 弗剌 [ful]: [fula], [fula], [fula](587, 617, 624, 632)

No. 617 金亻 弗剌江/ 伏良 [fulgiyan], [fulagiyan], [fulagian]홍색紅, 붉다赤/ [fulgiyang](M), [fuligiã](N)

No. 587 金亻关土 弗剌江古溫 [fulgiyan gun], [fulagiyan gun], [fulagian gun] 옥이 붉다, 적옥赤玉/ [fulgiyang gu](M)

577. 迲 阿哈 [aha]: [aha], [axa], [aha](338)

No. 338 迲兊 阿哈愛/ 阿哈 [ahai], [ahai], [ahai], [ahai](a) 노비奴婢/ [aha] (M), [aha](N)

578. 卦 的 [ji]: [di], [di], [di](486)

No. 486 于卦夯 一的卜廳 [ijibuma], [idibuma], [idibuma] 구제하다撫恤/ [išimbi] (M)

579. 氒 非 [fei]: [fe], [-], [fi](625)

No. 625 氒寸非 [feičen], [fečin], [fičin] 빛光/ [elden](M)

580. 帯 塔 [ta]: [ta], [-], [ta](384)

No. 229 帯甬 塔哈/ 塔哈剌 [tada], [tada], [tada] 고삐轡/ [hadala](M), [hadạl] (E)

581. 弔 絹 [chuan]: [giwen], [gin?]. [giuan](560)

No. 560 弔朩 絹子 [chuau-dzu], [giyuwanji], [guense] 명주絹(한어)/ [čečeri] (M)

582. 舍 兀速 [usu]: [usu], [usu], [usu](348)

No. 348 舍土 兀速溫 [usun], [usun], [usun] 가난하다貧?/ [yadahūn](M)

583. 企 愛晚 [aiwan?]: [aiwan], [–], [aiwan](417)

企岙老 愛晚道眜/ 兀荅 [aiwandu-mbi?], [aiwandumei], [aiwandumei] 사다
買130)

584. 舍 沙 [ša]: [ša], [ʃa], [ša](42, 222, 497, 567)

No. 497 舍夕 沙哈/ 尙 [šaa], [šā], [šaa] 귀耳/ [šan](M), [ʃɛ̃](N), [ʃen](S),
[šiven](E)

No. 567 舍夂爭 沙木哈 [šamuha], [šamuha], [šamuha] 귀마개暖耳/ [šabtun]
(M)

585. 枭 禿 [tu]: [tu], [tu], [tu](737)

枭舟 禿番 [tufan], [tufan], [tufan] 나아감就?131)

586. 壴 伏勒 [fule]: [fule], [fule], [fule](65)

No. 65 壴罘 卜勒吉/ 伏令吉 [fulegi], [fulegi], [fuleŋgi] 재灰/ [fulenggi](M)

587. 杀 兀失 [usi]: [uši], [uʃi], [uši](50)

No. 50 杀列 兀失因/ 兀失 [usin], [ušin], [ušin] 밭田/ [ušin](M), [uşin](N)

588. 卉 希石 [hisi] 샘井: [hisi], [çiʃï(xiʃï)], [hiši](56)

No. 56 卉 希石/ 忽提 [hisi], [hisi], [hiši] 샘井/ [hūcin](M), [hūdūg](Mo),
[hudori](E)

---

130) No. 417 '企岙右' 愛晚都眜/ 兀荅 [aiwandu-mbi], [aiwandumei], [aiwandumei] 사다買 참조.
131) No. 737 '旬老枭舟' 該別禿番 [gai-mbi tufan], [gaibi tufan], [gaibie tufan] 앞으로 늘어 나감.
순조롭게 나아감將就의 일부 참조.

589. 老 阿玷 [akjan] 우레雷: [akdiyan], [adia], [agdien], [agdian](a)(7)

No. 7 老 阿玷/ 阿甸 [akjan], [akdiyan], [agdien], [agdian](a) 우레雷/ [agǰan]
(M), [agti](N), [agdu](S), [agdy](Ma), [agdi](W)

590. 芽 革 [ge]: [ge], [gə], [ge](226)

No. 226 尚学状 恩革埋/ 案革木 [engemu], [engemer], [engeme] 안장鞍/ [enggemu]
(M)

591. 朱 厄 [e]: [e], [ə], [e](278, 537)

朱久外 厄剌黑 [ejelhe], [ejehei], [ejehe] 관官?132)

朱札老 厄必勒 [ebi-mbi], [ebire], [ebire] 배부르다飽133)

592. 甪 卜魯 [buru]: [buru], [buru], [buru](840)

甪冬老 禿奴幹黑 [buruwe-mbi], [buruwehei], [buruwehe] 잃다失134)

593. 乩 罕 [ha(ga)]: [ha], [xa], [ha(n)](272)

No. 272 乩完釆 罕安你/ 哈安 [hagan, han], [haganni], [haŋan ni] 황제皇帝/
[han](M), [haɣan](Mo), [haan](E)

594. 係 失失 [sisi] 개암나무榛子: [šiši], [ʃiʃi], [šiši](128, 558)

No. 128 係 失失 [sisi], [šiši], [šiši] 개암나무榛子/ [šiši](M)

No. 558 係臾 失失黑/ 失塞 [-], [šišihe], [šishe] 요褥/ [šishe](M), [səkt'ək'u]
(N)

---

132) No. 278 盂甲朱久外 鈔哈厄剌黑 [čooha ejelehe], [čauha ejehei], [čauha eǰehe] 무관武官/
[čoohai jergi](M) 참조.

133) No. 537 '朱札' 厄必勒 [ebi-mbi], [ebire], [ebire] 배부르다飽 참조.

134) No. 840 '甪冬外' 禿奴幹黑 [buruwe-mbi], [buruwehei], [buruwehe] 화살矢 참조.

595. 伴 黑夫里 [hefeli]: [hefuli], [xəfuli], [hefuli](508)

No. 508 伴 黑夫里/ 后力 [hefeli], [hefuli], [hefuli] 배肚/ [hefeli](M), [həpəli]
(N)

596. 侅 若/ 惹 [žo]: [žo], [je], [ye](786)

No. 786 侅屏乏 若希納 [žohina], [jehina], [yehina] 인의仁義/ [jurgan](M)

597. 佅 兀魯 [ulu]: [uru], [uru], [uru](831)

No. 831 佅化夬 兀魯勒別 [ululebie], [urulebi], [urulebie] 승인하다准/ [uru]
(M)

598. 侒 桑 [san(g)]: [san], [soŋ], [soŋ](460)

侒气犬毛 桑戈魯/ 宋谷必 [sanggo-mbi], [sangolu], [soŋgoru], [sanggo-
mbi] 울다, 곡하다哭135)

599. 侢 母 (母林)[mori]: [mori], [-], [muri(n)](138, 168, 170, 171, 174)

No. 138 侢列 母林/ 木力 [morin], [morin], [murin] 마馬/ [morin](M), [mɔrin]
(N), [morin](S), [morin](Mo), [murin](Ma)

600. 苛 殿, 旬 [diyen] 한어: [diyen], [-], [dien](195, 323)

No. 195 苛 殿 [diyen], [diyen], [dien] 전殿/ [deyen](M)

No. 323 毛苛 緬甸 [mien-diyen], [miyen diyen], [mendien] 미얀마緬甸

601. 苋 法馬 [fama?]: [fama], [-], [fama](41)

No. 41 苋少 法馬阿 [famaa], [famā], [famaa] 나라邦/ [falimbi](교류하다結
交)(M)

---

135) No. 460 '侒气犬' 桑戈魯/ 宋谷必 [songgo-mbi], [sangolu], [soŋgoru] 울다, 곡하다하다哭

674

602. 一棱古/ 亦冷吉 [ilen(g)]: [ilen], [iləŋ(ilə?)], [ileŋ](499)

No. 499 一棱古/ 亦冷吉 [ilenggu], [ilengu], [ileŋgu] 혀舌/ [ilenggu](M), [iləŋgu](N), [ingi](S)

603. 肥 [fe, fes]: [fes], [foi], [fis](373, 386)

肥希剌/ 的力禿提 [feshe-mbi], [feshila], [feshila] 노하다怒[136]

No. 368 克失哥卜魯 [kusigo-mbi], [kešigeburu], [kešigeburu] 번민하다悶/ [gingkambi, gusučumbi](M)

604. 革 [go]: [ge], [-], [ge](825)

No. 825 脉兒革以哈你因/ (脉兀革以哈你因) [mergei hačin], [ergei hačin], [ergei hačin] 방물方物/ [ergi](방향), [hacin](물건)(M)

605. 只 [dei, ji?]: [ji], [-], [ǰi](126, 686)

只丁庫/ 得的墨 [deiji-mbi], [jidinku?], [jidiŋu], [deiji-mbi] 사르다燒

No. 686 只丁庫/ 得的墨 [deiji-mbi], [jidinku(?)], [ǰidiŋku] 사르다燒/ [deijimbi](M)

No. 126 只丁庫莫/ 得的墨(燒)莫(柴) [deijiku-mo], [jidinkumo], [diŋǰiku mo] 섶柴/ [deiǰiku moo](M)

606. 粉都 [fendu]: [fundu], [fundu], [fundu](63)

No. 63 粉都兒/ 牙發 [fendur], [fundur], [funduri] 동산園/ [yafan](M)

607. 伏, 弗 [fo]: [fo], [fo], [fo](556, 691, 81)

No. 556 弗赤/ 卜莫赤 [foči], [foči], [foči] 버선襪/ [foǰi fomoci](M)

136) No. 373 '' 肥希剌/ 的力禿提 [feshe-mbi], [feshila], [fehila] 노하다怒/ [feshembi, ǰilidambi fuhiyembi](M)

608. 炎 木杜/ 木都 [mudu]: [mudu], [mudu], [mudu](135)

No. 135 炎乎 木杜兒/ 木都力 [mudur], [mudur], [muduri] -용龍, 辰(12간지)/ [muduri](M), [muturi](N), [mudur](E)

609. 夾 門 [men]: [men], [mən], [meŋ](526, 532)

No. 526 甬夾哭 一門吉 [imenggi], [imengi], [imeŋgi] 기름油/ [nimenggi](M), [iməksə](N)

No. 532 乎甬夾哭 酥一門吉 [su imenggi], [su imengi], [su imeŋgi] 연유酥/ [oromu]유모 (奶皮子)(M)

610. 夂 貪 [dun]: [tan], [tan], [tan](462)

No. 462 付夂 哈貪 [hadan], [hatan], [hatan] 강하다强/ [hatan](M)

611. 肰 苔卜 [tabu] 소금塩: [dabu], [dab], [dabu](527)

No. 527 肰羊 苔卜孫 [dabusun], [dabsun], [dabusun] 소금塩/ [dabusun](M), [tausõ](N), [dosun](S), [dausoŋ](C)

612. 吴 失 [si, ci²]: [ši], [ʧï(ʃi)], [šig](84, 158, 183)

No. 84 吴忝 失塞里 [si(k)seri], [šiseri], [šigseri] 늦다晚/ [šikseri](M), [ʃikserin](N), [siksä](Ma)

No. 158 吴炙外 失赤黑/ 舍彻 [sičihe], [šičihei], [šigčihe] 참새雀/ [čečihe](M), [šikan](E)

No. 183 吴耂卡 失別洪/ 失別忽 [simbihun], [šibihun], [šigbehun] 제비燕子/ [čibirgan](M)

613. 查 阿/ 卜阿 [buwa]: [buwa], [bua], [ba](70, 71)

No. 70 查粜? 卜阿朶 [buwa de], [buwa do], [ba do] 지면地面/ [ba de](M), [pa](N)

No. 71 杏必? 卜阿以 [buwa-i], [buwai], [ba-i] 지방地方/ [ba i](M)

614. 夼 厄寧/ 額墨 [eniye] 어미母: [eniyen], [ənin], [enin](283)
No. 283 夼 厄寧/ 額墨 [eniye], [eniyen], [enin] 어미母/ [eme, eniye](M), [ȝɲiā]
(N), [ənin](E), [öñi](W), [öñi](Ma)

615. 乑 揑 [niyengniye]: [niyengniye], [nienie], [nienien](73)
No. 73 乑屯 揑厄林/ 揑揑里 [niyengniye erin], [niyeniyen erin], [nienien erin]
봄春/ [niyengniyeri](M), [ɲinɲə](S)

616. 夬 聽 [teng]: [teng], [-], [tin](400) 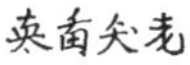
夬南矢老 聽答埋 [tengta-mbi], [tindamai], [tindamai] 놓다放?137)

617. 关 老, 忽禿 [lo]: [lo], [lao], [-](142)
No. 142 关� 老撒 [losa], [losa], [lausa] 노새騾/ [lorin](M)

618. 关 忽禿 [hutu]: [hutu], [hutu], [hūtu](258, 343, 803)
No. 258 关 压 忽禿罕/ 中 [hutuha], [hutuhan], [hūtuhan] 종鐘/ [hūntahan](M)
No. 343 关 羊 忽禿兒 [hutur], [hutur], [hūturi] 복福/ [hūturi](M), [hūtar](E)
No. 803 冬羊关羊 安班者忽禿兒/ (安班者忽禿儿) [amban hūtur], [amban (la)
hutur], [anban hūturi] 큰 복洪福/ [anban hūturi](M)

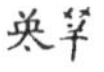

619. 臾 兀稱 [uksi]: [ukěi], [utʃï], [ugči(n)](233)
No. 233 臾 列 兀你因/ 兀失 [uksin], [ukčin], [ugčin] 갑甲/ [ukšin](M)

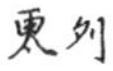

620. 臾/ 臾 監, 見[gien], [giyen] 한어전사용자: [giyen], [cjiɛn], [gien](608,

---

137) No. 400 '夬南矢' 聽答埋 [tengta-mbi], [tindamai], [tindamai] 놓다放 참조.

609, 304)

621. 更 朱 [ju]: [ju], [ʤo], [ju](324)

    No. 324 更杀朱先 [jušen], [jušen], [juršen] 여진女眞/ [jurčin](Mo)

622. 美 阿魯(牙魯) [yaru]: [yaru], [jaru], [yaru](772, 774)

    No. 772 美尤矢朱𢀾 牙魯乖埋分厄 [yaruguaime funiye], [yaruguwaimai feuiye], [yaruguaimai funei] 불러들이다糾合/ [yarumbi](끌다, 이끌다), [feniyen](무리)(M)

    No. 774 美尤矢为立 牙魯乖埋革恩 [yaruguaime geun], [yaruguwaimai gen], [yaruguaimai gen] 무리를 모으다糾衆/ [geren be yarumbi](M)

623. 庚 哈 [ha]: [ha], [xap], [hab](199, 442, 795)

    No. 199 庚夫 哈番/ 哈發 [hafan], [hafan], [hafan] 관아衙/ [hafa i yamun] (M)哈

    庚兔屯 哈沙埋 [haša-mbi], [hašamai], [hašamai] 고하다告138)

    庚兔夫 哈沙剌 [hašala], [-], [hašala] 첩음捷音139)

624. 委 速撒一/ 速塞 [susai] 오십五十: [susai], [susai], [susai](658)

625. 茶 撒 [sa]: [sa], [sa], [sa](142, 257, 342, 555, 681, 747, 782)

    No. 747 茶茶 撒撒 [sasa], [sasa], [sasa] 정제整齊/ [sasa](M)

    No. 555 茶尤 撒卜/ 掃 [sabu], [sabu], [sabu] 구두鞋/ [sabu](M), [sabu](N), [sawi](E)

---

138) No. 442 '庚兔夫' 哈沙埋 [haša-mbi], [hašamai], [habšamai] 고하다告/ [habšambi](M)

139) No. 795 反弓𢀾庚兔夫 哈剌魯斡哈沙剌 [-], [halaluwo hašala], [halaluo hašala] 첩보, 승리의 소식捷音/ [halar](소리), [eten medege](M)

626. 甬 兒 [r]:

627. 畲 苔 [da]: [da], [da], [da](64, 72, 229, 234, 330, 400, 418, 438,
451, 481, 723, 764, 801, 906)

　　南丸斥 [dačugi] 答出吉 [dačugi], [dačugi], [dačugi] 예리하다銳[140)

628. 甬 謙師 [kiyen]: [kiyen], [-], [kem](790)

　　No. 790 甬芭 謙師 [kiyen-si], [kiyen-ši], [kiyensi], [kem-ši] 견사遣師?[141)

629. 茼 撒/ 撒哈 [saha]: [saha], [saxa], [saha](481, 620)

　　No. 481 茼茼老 撒哈昧/ 撒哈苔必 [sahada-mbi], [sahadamei], [sahadamai]
침범하다打圍, 사냥하다[142)

　　No. 620 茼芽 撒哈良 [sahaliyan], [sahaliyan], [sahalian] 검다黑

630. 甬 非剌 [fila] 접시碟: [fila], [fila], [fila](243)

631. 焉 塞 [sai]: [sai], [sai], [sai](696, 730, 806, 823, 79, 103)

　　焉列 塞因/ 塞哈 [sain], [sain], [sain] 좋다好

　　焉尽 塞舒/ 塞哈 [saišu], [saišu], [saišu] 잘 사는好生

　　焉列灭 [sain-bie] 別厄塞因別 [-], [biye sainbi], [bie sain bie] 유익하다有益[143)

　　焉列手发 塞因斡灣 [sain wowan?], [sain ogon], [sain oŋon] 편익便益

---

140) No. 801 '岸杀灭南丸斥' 卓你伯答出吉 [jonibe dačugi], [jonibe dačugi], [jonibe dačugi] 날카롭
　　고 민첩하다鋒銳
141) No. 790 '支甬灭甬芭' 塔苦剌謙師 [takūra kiyen-ši], [takura kiyensi], [takūra kem ši] 선생을
　　파견하다, 견사遣師/ [takūrambi](M)
142) No. 481 茼茼右 撒哈昧/ 撒哈苔必 [sahada-mbi], [sahadamei], [sahadamai] 침범하다打圍/
　　[sahadambi](M) 참조. 기본형.
143) No. 806 灭七焉列灭 別厄塞因別 [-], [biye sainbi], [bie sain bie] 유익하다有益 항의 일부이다.
　　V+S의 단어 구성이다.

632. 朿 阿捏 [aniya] 해年: [aniya], [ania], [ania](79, 103)

633. 森 都厄 [dule] 지나다過: [dule], [dulə], [dule](834)
　　森立右老 都厄恩眛 [dulen-mbi], [dulenmei], [dulenmei] 지나다過144)

634. 卓 剌 [la]: [ra], [ra], [ra](200, 534, 743, 765)

635. 早 一兒 [ir]: [ir], [i], [ir](549)
　　犮舜矢 一兒的洪/ (一兀的洪), 亦的希 [irjihun], [irdihun], [irdihun] 어레빗梳

636. 叒 洪 [hun?, ton?]: [hun], [-], [hun](611)
　　李舛 洪都 [hundu?, tondu?], [hundu], [hundu] 바르다正

637. 𢆀 恩 [en?]: [en], [ən?], [en](487)
　　�史老? 恩伯黑 [enbe-mbi?], [enbehe], [enbehe] 출산出産하다?145)

638. 奧 荅魯 [dalu?]: [dalu], [daro], [daru](471)
　　奧老 答老龘 [dalu-mbi] 명령하다領146)

639. 美 分 [fun]: [fun], [fun], [fun](493, 513)
　　美毛舟 分一里黑/ 分黑 [funiyehe], [funirehei], [funirhe] 머리카락, 털髪

640. 覀 弗里 [fuli]: [fuli], [furi], [fuli](591)
　　覀盂 弗里失/ 受溫禿黑勒革 [fan-či], [fanti], [fanti] 서西

---

144) '森立右' 都厄恩眛 [dulen-mbi], [dulenmei], [dulenmei] 지나다過 참조.
145) '𢆀史奧' 恩伯黑 [enbe-mbi], [enbehe], [enbehe] 출산出産 참조.
146) '多夹矢奧老' 哈答剌里敖魯別 [kadalamai dalu-mbi], [kadalamai dalubi], [kadalamai dalubie]
　　명령을 지휘하다, 통솔하다하다, 통솔하다率領의 일부. 알타이어와 같은 O+V형의 조어형.

680

641. 其 其 [ki]: [ki], [cçi], [ki](59, 68, 167, 813, 847)

其休久 其里因 [kilin], [kilin], [kilin] 기린麒麟

其生金无 其兀白信 [kiu bai-mbi], [kiyu baisin], [kiubaišin] 탐구하다求討147)

其乖乖无 其車黑 [kiče-mbi], [kičehei], [kičehe] 노력하다用功, 열심히 함勉
強148)

642. 攻 扎 [ja]: [ja], [ʥa], [ja](838)

攻甲 扎哈 [jaha(jaka)], [jaha], [jaha] 사건件, 물건物

643. 夆 密, 迷 [mi]: [mi], [mi], [mi](414, 853, 695, 819)

夆带无 密塔卜爲/ 木力 [mita-mbi], [mitabuwi], [mitabuwi] 물러남退149)

夆杀 密你 [mini], [mini], [mini] 나我

644. 芑 侍, 史, 士, 師 [si]([ši]): [ši], [ʃï], [šǐ](496, 790, 305, 307, 317)

芑友岼 侍剌安 [ši-lan], [šilau], [šïlan] 시랑, 중국의 관명官名, 侍郞(한어)

645. 芑 禿/ 突 [tu]: [tu], [tu], [tu](778, 784, 902, 787)

芑扎乑卒糸 禿必巴忒非 [tubibatebi], [tubibatetun], [tubibatetun] 강상綱常(도
덕의 기초)

芑伬 突獗 [turkiye], [tukiwe], [tukue] 돌궐突獗

646. 茂 禿斡 [tubi]: [tuwe], [tuwə], [tuwe](124, 525)

茂爻 禿斡黑/ 禿于黑 [tubihe], [tuwehe], [tuwehe] 과실果

647. 巠 和脫 [hoto]: [hoto], [xoto(xot)], [hoto](34, 133)

---

147) '其生金美' 其兀白信 [kiu bai-mbi], [kiyu baisin], [kiubaišin] 탐구하다求討 참조.
148) '其乖乑' 勉强 其車黑 [kiče-mbi], [kičehei], [kičehe] 노력하다用功, 열심히 하다勉强 참조.
149) '夆带艮' 密塔卜爲/ 木力 [mita-mbi], [mitabuwi], [mitabuwi] 물러나다退의 동사기본형.

巫库 [hoton] 和屯 [hoton], [hotō ni], [hoto ni] 성城150)

巫夭 [hotoho] 和脫和 [hotoho], [hotoho], [hotoho] 호로葫蘆

648. 呈 [huan] 황제皇 한어: [huwan], [xuaŋ], [hoŋ](868, 871)

呈勿尻句 皇阿木魯該 [huan-amargi], [huwan amurgai], [hoŋ amurgai] 황후皇后

呈舟 皇子 [huan-dzū], [huwan ji], [hoŋse] 황자皇子

649. 焄 塞里 [seri] 늦다晚: [seri], [səri], [seri](84)

650. 求 丹 [dan]: [dan], [dan], [dan](350, 816)

651. 佘 王 [wang]: [wan], [oŋ], [waŋ](274)

652. 盂 西(犀) [si]([ši]): [si], [çi(si)], [si](321, 325, 812, 583)

盂矢 西番 [šifan], [sifan], [sifan] 서반西番

盂夲 兀刺必昧 [šitiyen], [sitiyen], [sitien] 서천西天

盂术臾 犀兀也黑/ 未黑 [ši-uyehe], [si uyehe], [si uyehe] 무소뿔犀角

653. 盐 塔, 都 [ta]: [ta], [ta], [ta](268)

盐`盐尧 塔塔孩 [tata-mbi], [tatahai], [tatahai] 하영下營151)

654. 盅 卜都 [buda] 밥飯: [bud], [budu], [budu](523)

盅 卜都乖/ 不答 [bda-kuwai], [budgai], [budgoi] 밥飯

---

150) '巫库杀' 和屯 [hoton], [hotō ni], [hoto ni] 성城 참조(No. 34).
151) '盐`盐火' 塔塔孩 [tata-mbi], [tatahai], [tatahai] 하영下營 참조.

655. 金 [bai] 伯, 百, 珀 등의 전사자: [bai], [bai], [bai](302, 346, 415,
416, 813, 313, 322, 584)

金卅 伯羊/ 拜牙 [baiyan, bayan], [bayan], [bayan] 부富

金旡 [bai-mbi]152) 伯申/ 拜失 [bai-mbi], [baišin], [baišin] 꾸짖음訐, 토론함訐

金夫 伯申/ 伯因必 [bai-mbi], [baišin], [baišin] 찾다尋

金消 百戶 [bai-hu], [baihu], [baibu] 백호百戶

金甬 百夷 [bai-i], [bai], [bai yi] 백이百夷

656. 盖 兀魯 [ulhi]: [gur²], [xuru(xur)], [ŋuru](436)

厌盖 奴兀魯 [nuur, nurhūme], [nugur], [nuŋuru] 매每

657. 盃 希兒 [hil, hol²]: [hir], [çir], [hir](203, 269)

盃足 希兀厄 [hilge], [hilge], [hilge] 돈대臺

658. 壵 撒剌 [sala]: [sala], [-], [sala](718)

壵天 撒剌大/ 撒答 [sala da], [sala da], [sala da] 늙다老

659. 尿 阿剌 [ala]: [ala], [-], [ala](677)

尿夨旡 阿剌埋 [ala-mbu], [ala-ma](a) 유사하다似

660. 秦 哈 [ha]: [ga], [ga], [ga](90, 359, 383, 384, 489, 681, 742, 756,
826, 858)

661. 桼 撒都 [sadu]: [sadu], [sadu], [sadu](683)

桼句 撒都該 [sadugai], [sadugai], [sadugai] 친한 부류親類

---

152) '金夫' 伯申/拜失 [bai-mbi], [baišin], [baišin] 꾸짖음訐 토론訐의 동사형.

662. 朿 諸勒 [ju(le)]: [jule], [ʤul], [ǰule](590, 598, 613, 822)

　朿盂 諸勒失/ 愛溫禿提勒革 [juleši], [juleši], [juleši] 동東

　朿化 諸勒/ 住勒革 [jule], [julē], [jule] 앞前

663. 東 都魯 [dulu?]: [duru], [duru], [duru](447)

664. 釆 斤 [čin] 한어: [gin], [cjin], [gin](260)

665. 勇 一麻 [ima]: [ima], [ima], [ima](17, 630)

　勇哭 一麻吉/ 亦忙吉 [imagi], [imagi], [imaŋgi] 눈雪/ [nimanggi](M),
　[imana](N), [imande](S), [imaŋde](E)

　勇哭兄ㄐ 一麻吉上江 [imagi šanggiyan], [imangi šangiyan], [imaŋgi
　šaŋgiyan] 흰 눈雪白

666. 募 洪 [-hun] 명사, 형용사 어미: [hun], [xoŋ], [hūn](147, 176, 488,
　682, 736)

667. 帚 和朶 [holdon]: [holdo], [xoldo], [holdo](104)

　希芟 和朶莫/ 換多莫 [holdon-mo], [holdo mo], [holdo mo] 소나무松

668. 戻 的剌 [jira]: [dira], [dira], [dira](692)

　戻右 的剌眛/ 的剌迷 [jiramei], [diramei], [diramei] 후하다厚

669. 夆 希(只) [fusi]: [fuji], [fəʤï], [feǰi](399)

　夆犀什 弗只希捏兒麻/ (弗只希捏兀麻) [fusihi niyalma], [fujihi niyarma], [fejihi
　niarma] 부하部下

670. 京 [ging] 한어: [gin], [cjiŋ], [giŋ](31)

671. 多羅 [doro]: [doro], [doro], [doro](255, 577, 745, 783)

多羅溫 [doroun], [doron], [doron] 도장印

多羅斡薄替彈巴 [doron bodidanba], [dorōbo tiktamba], [doroobo tigtanba] 법도法度, 법칙法則

[doron-ba^{ʔ}] 다스리다理

672. 卜的 [buji^{ʔ}, buri^{ʔ}]: [dibo], [budi], [dibu](557)

卜的洪/ 的伯洪 [bujihun], [dibohun], [dibuhun] 당하다被

673. 良 [liyan]: [lìyan], [lia], [lian](267, 620)

674. 文(交) [jiao]: [giyau], [-], [giau](241)

[jiao-i] 의자倚子

675. 必阿 [bira] 강河: [bira], [bira], [bira](40)

676. 御 [yu](yü): [yu], [y], [yu](307)

御使 [yü-ši], [yuši], [yuši] 어사御史

677. 兒, 魯 [r]: [r], [r], [ri, ru](63, 135, 343, 757, 807, 841, 329, 798, 893)

678. 樓 [lou, leo]: [lou], [lou], [leu](196)

樓子 [lou-dzū], [louji], [leuse] 누대樓

679. 朶 [do]: [do], [do], [do](70, 81, 151, 407, 412, 413, 600, 799,

816, 407)

朶必卜嫩 [dobi bonio], [dobibonon], [dobi bonon] 원숭이猿

[došin-mbi] 忽荅沙埋/ 雜申雜 [dosin], [došin], [došin] 나아가다進

那羅 [dolo], [dolo], [dolo] 안內

朶申因勒 [dosinin-le$^{?}$], [došin inle], [došin inlei] 인류引類?

680. 團 [ton]: [ton], [ton], [ton](407)

團朶 [tondo], [tondo], [tondo] 충성忠

681. 兀塞 [use]: [use], [usə], [use](778)

[useten] 씨種

682. 溫 [-un]: [gun], [(x)un], [ŋun](91, 92, 93, 94, 409, 448, 518, 528, 748, 844)

683. 朱阿 [juwa] 夏: [juwa], [ʤua], [ǰua](74)

朱阿厄林/ 廣里 [juwa erin], [juwa erin], [jua erin] 여름夏

684. 磚 [juwan]: [juwan], [ʤuan], [ǰuan](210)

685. 觀, 冠, 館, 關 등 한자 전사 [guan]: [guwan], [guan], [guan], (43, 204, 215, 542)

關口 [guan-ko], [guan kou], [guan keu] 궐關 한어

館驛/ 官亦 [guan-i], [guwanni], [guan yi] 관역館驛

686. 都哈 [duka] 문門: [duka], [duxa], [duka](201)

687. 采 黑 [he]: [he], [xə], [he](33)

    采亦 黑借你/ 黑借 [hečen], [hečen], [heče ni] 성城

688. 朿 分 [feni]: [fen], [-], [fun](772, 820)

    朿爿 [feniye] 군집群集, 집합集合, 합하다合

689. 甬 一(一, 亦, 椅, 夷) [i]: [i], [i], [i](173, 526, 532, 706, 732, 743,
    757, 863, 676, 802, 241, 322)

    甬完夫 一馬剌 [imala], [imala], [imala] 산양山羊

    甬夊呎 一門吉 [imenggi], [imengi], [imeŋgi], 기름油

    甬庀 一那 [ina], [ina], [ino] 옳다, 이것是

    甬刘卓 一乍剌 [ičela], [ičela], [ičela] 모임聚會

    甬羊甬羊 一你一你 [ini-ini], [ini ini], [ini ini] 각각名名

    甬半乑 亦宣都 [ishun-du], [ishundu], [ishundu] 서로相

690. 圉 國 [guru]: [guru], [guru], [guru(n)](32, 274, 760)

    圉土 國倫你 [gurun], [gurun ni], [gurun ni] 나라(에)國/ [gurun](M), [Kuru]
    (N), [gurun](S)

691. 兒 木 [mu]: [mu], [mu], [mu](244)

    兒� 木先/ 木徹 [mušen], [mušen], [mušen] 노구솥鍋

692. 匊 番 [fan]: [fan], [fan], [fan](592)

    匊休 番替/ 珠勒革 [fanči], [fan-ti], [fan-ti] 남南

693. 荅 口 [ko] 한어: [kou], [-], [keu](43)

694. 龍 塔里 [tal]: [tali], [tali], [tali](2)

肵夕 塔里江/ 塔兀恰 [talɡiyan], [talɡiyan], [talɡian] 천둥霆, 번개電

695. 貮 脉忒 [mede]: [mete], [mədə], [mete](46, 176, 177)

㦷甩 脉忒厄林/ 黑得 [meterrin], [meterrin], [meterrin] 바다海

696. 虮 阿干/ 阿于 [aihu]: [aihu], [-], [ayu](164, 419)

虮冘 阿千馬/ 艾兀麻 [aihuma], [aihuma], [ayuma?] 자라鼈

虮老 阿于卜魯 [aihu-mbi], [aihuburu], [ayuburu], [ayuburu](a) 구하다救

697. 伻 根 [ɡen]: [ɡen], [ɡən], [ɡen](608)

臾彡 根見 [ɡenɡɡiyen], [ɡenɡiyen], [ɡenɡien] 밝다明

698. 卦卜 退 [tui]: [tuwi], [tui], [tui](441, 767)

No. 441 卦卜㣆老 退本 [tuibu-mbi], [tuwibun], [tuibun] 요청하다請/ [solimbi]
(M)

No. 767 卦卜夭汖古老 退卜連兀籬昧 [tuiburen uli-mbi], [tuwiburen ul mei],
[tuiburen ulimei] 연기하여 머물다延留/ [tebumbi](M), [ulimoi](Mo)

699. � 納 [na] 땅地: [na], [na], [na](37)

700. 袖 姚希 [yohi] 덮개套: [yohi], [jɔçi], [yohi](865)/ [yohi](M)

701. 肎 素 [su]: [su], [su], [su](514)

No. 514 肎夊 素古 [suku], [suɡu], [suɡu] 가죽皮/ [sukū](M)

제13장

여진 제자 방법의
발견 경위

제13장 여진 제자 방법의 발견 경위

여진문자 연구 중에서 그 해독은 어느 정도까지 발표되었는데[1] 제자에 관한 구체적인 고증에 대한 기록은 오늘까지 없었다. 나는 이미 『언어집록』 지상에 여러 차례 그에 관한 글을 발표하고 이번에 그것을 다시 검토하고 정정, 증보를 하여 묶은 것이 이 논문이다. 그리고 내가 이 연구를 하게 된 경위는 다음과 같다.

나의 언어 및 언어학에 관한 연구는 동일 계통의 언어에 한정하지 않고 각각 다른 계통의 언어들의 특성과 언어 현상을 고찰하기 위해 진행해 왔지만 이 방면의 연구를 시작한 지 약 20년이 지났다. 처음으로 14살 때(1923)에 노지리 호에이(野尻抱影)의 저서에서[2] 고대 이집트 문자에 흥미를

---

1) 다무라 지쓰조(田村實造), 「대금득승타송비의 연구(大金得勝陀頌碑の研究)」(상), 『동양사연구』 제2권 5호, 1937; 다무라 지쓰조, 「대금득승타송비의 연구(大金得勝陀頌碑の研究)」(하), 『동양사연구』 제2권 6호, 1937; 야스마 야이치로(安馬彌一郎), 「대금득승타송비의 연구와 독해(大金得勝陀頌碑の研究お讀む)」, 『동양사연구』 제3권 6호, 1938, 92~94쪽; 이시다 미키노스케(石田幹之助), 「Jurčica(여진학)」, 『이케우치박사환력기념동양사론총(池内博士還曆記念東洋史論叢)』, 1940; 야스마 야이치로(安馬彌一郎), 『여진문금석지고』, 유인본 작자 자간, 벽문당, 1943.

2) 노지리 호에이(野尻抱影), 「중학생, 아프리카 기담호(中學生, 阿弗利加奇談號)」, 『동양사연구』 제8권 10호, 1943.

가지게 되며 고대 이집트 문학과 『사자의 서死者の書』의 번역을 목적으로 했으나 그 후에 이 문자와 언어가 아직 여전히 명확한 해독에 이르지 못했음을 알게 되었으며 코프트어3)는 물론 현대의 셈4) 사이의 '·'을 함계5)의 언어를 연구하고 언어학적 견지에서 그 발음(vocalization) 및 자음에 대해 보다 정확한 음가의 문제, 그 다음으로 문법상의 여러 변화에 관한 문제 해결에 한 걸음을 내딛는 것이 근본적인 일이라고 생각하게 되었다. 그래서 아랍어 연구를 시작하여 고대 이집트어와는 상당히 먼 것으로 느껴졌으며 또 한편으로는 히브리어(Hebrew language),6) 시리아어

---

3) 이집트의 나그 하마디 마을 근처에서 1945년에 13권의 고프트어로 기록된 파피루스 책이 발견되었는데 이 문서를 〈나그 하마디 문서〉라고 한다.

4) 셈 제어(Semitic languages)언어, 아프리카 북부와 근동지방에서 사용하는 언어군. 이집트어파·베르베르어파·쿠시어파·차드어파와 함께 함셈어족의 5개 어파 중 하나인 셈 제어는 4개의 어군으로 나뉜다. ① 아카드어 하나로만 이루어진 북부변방어군(북동부어군), ② 고대 카난어, 아모리어, 우가리트어, 페니키아어, 카르타고어, 아람어, 고대시리아어, 근대 시리아어 및 히브리어 등을 포함하는 북부중앙어군(북서부어군), ③ 아랍어와 몰타어를 포함하는 남부중앙어군, ④ 아랍어와 에티오피아 북부지방의 언어들을 포함하는 남부변방어군이 그것이다. 셈 제어의 발음 체계가 갖는 특징은 구강의 뒤쪽과 목구멍에서 생성되는 자음이 상당히 많다는 점이다. 셈 제어의 낱말은 한 단어에 기본 의미를 갖게 하는 어근(자음으로만 이루어짐)과 기본 의미에 다양한 차이를 부여하는 모음 형태로 이루어져 있다. 원래는 정관사를 나타내는 단어가 전혀 없었지만, 아카드어(고대 메소포타미아 지방에서 사용한 언어)와 게이즈어(고대 에티오피아에서 사용한 언어)를 제외한 지금까지 알려진 모든 셈 제어에서 정관사 형태가 발달했다. 셈 제어는 원래 3개의 격(주격, 목적격, 소유격 또는 관형격)을 갖고 있었는데, 이러한 격을 나타내는 어미는 아카드어와 고전 아랍어에만 완벽하게 보존되어 있다. 셈 제어의 모든 언어는 남성과 여성의 2가지 성을 갖는다. 근대 언어들에는 동사가 시제(어떤 행동이 이루어진 때를 나타내는 것) 대신 상(相: 어떤 행동이 이루어진 방식을 나타내는 것)을 가졌던 초기 셈어 동사와는 달리 시제 형태가 발달되었다.

5) 함어(Ham語), 함 어족에 속한 언어의 하나. 이집트를 중심으로 북아프리카에 널리 분포하였다.

6) 북부중앙(북서)어군에 속하는 셈어. 페니키아어 및 모아브어와 밀접하게 관련이 있으며, 때때로 이러한 언어들과 함께 카난어의 일부로 분류되는 경우도 있다. 고대에는 팔레스타인에서 사용되었으며 B.C. 3세기경에 아람어의 서부 언어로 대체되었다. 그러나 의식어(儀式語)나 문학어로는 계속 사용되었다. 19~20세기에 와서 히브리어는 구어로 부활되었고 이스라엘의 공식어가 되었다. 히브리어의 역사는 일반적으로 4개의 주요한 시기로 나뉜다. 첫째, B.C. 3세기까지의 성서(또는 고전) 히브리어 시기로서 〈구약성서〉의 대부분이 이 시기에 씌어졌다. 둘째, 미슈나(유대 전승의 모음집)어인 미슈나(또는 랍비) 히브리어의 시기이다. 200년경에 사용되었던 미슈나 히브리어는 일반 민중들 사이에서는 구어로 사용된 적이 없다. 셋째, 6~13세기의 중세 히브리어 시기로 이 시기에 히브리어는 많은 단어를 그리스어·스페인어·아랍어를 비롯한 여러 언어에서 따왔다. 넷째, 현대 히브리어는 오늘날

(Syriac, Estrangelo), 바비론어(Babylon)[7] 등 북방 햄어 등과 현대 에티오피아[8]의 아무하르어(amuharic) 등도 배우고 나서 이것들 여러 언어를 비교했을 때 히브리어(Hebrew) 등의 발음(vocalization)도 역시 고대 이집트어와 같이 불확실한 것이라는 것을 알게 되었다. 이들은 비교 연구 방법에 의하지 않으면 도저히 그 자취를 조사하여 확인하기가 어려웠다. O'Leany의 『비교 셈어 문법』을 읽고 아직도 『비교 셈어 문법』의 연구는 발표되지 않았다는 것, 그리고 셈어의 어근에 관한 여러 문제가 미해결이며, Gray의 『히브리어 약동사의 어원적 연구』[9]는 아랍으로 어근 연구를 하는데 도움이 될 것이라는 사실을 알게 되었는데 이로부터 힌트를 얻어 1950년 「아라비아어 어근에 관한 일고찰」이라는 제목의 논문을 문부성 대학학술국에 제출하여 연구조성비를 지급 받았다. 이 논문은 그 전에 부에노스아이레스(Buenos aires)에서 발표된 고대 인도어와 셈어의 어근의 동일기원설과[10]는 다른 결론이 나온 것이다.

1936년 여름 당시, 문학박사인 나이토 토모히데內藤智秀는 당시 여고 고등사범학교, 현 오차노미즈 대학교에서 박사가 구입한 뤄푸성羅福成의 대저 『요릉석각집록遼陵石刻集錄』(상·하)을 빌려 주어서 이 미해결인 문자 연구와 해독에 단서를 얻어 보라고 나에게 문제를 부과하였다. 그로 인해 나는 셈어 연구를 하면서 한편으로는 이 미해결인 문자 연구에 몰두하고

의 이스라엘 언어이다. 일반적으로 학자들은 히브리어의 가장 오래된 형태가 〈구약성서〉의 시, 특히 〈판관기〉 제5장의 '드보라의 노래'에 사용되었던 것 같은 언어라는 데 동의한다. 이 시기의 히브리어는 아카드어뿐만 아니라 몇몇 카난어에서 단어를 차용했는데, 이러한 언어들은 히브리어가 단어를 차용한 최초의 언어들이다. 또 히브리어에는 아카드어에서 비롯된 약간의 수메르어 단어가 있다. 성서 히브리어에는 방언의 흔적이 거의 없는데, 마소라 학자들이 원본을 편집하는 과정에서 방언이 사라졌다고 한다.

7) 바빌론어(Babylon 어)는 이라크의 바그다드 남쪽 약 110km 지점인 유프라테스 강변에 있는 바빌로니아에서 사용하던 언어.

8) 에티오피아어(Ethiopia 어)는 셈어족에 속한 언어. 좁은 의미로는 고전 에티오피아 어인 게즈 어를 이르고, 넓은 의미로는 에티오피아 국내의 모든 언어를 이른다. 현재는 그 가운데 암하라 어가 공용어로 쓰인다.

9) O'Leary, *Comparative grammar of the Semitic Languages*, London, 1923.

10) Gray, L. H., *Note étymologiques sur les 'verbes faibles' en hebreu biblique*, Archiv Orientální Vol. V Praha. 1933.

도리이 류조鳥井龍藏 박사의 저서를 숙독하여 만주어와 몽골어에 관한 여러 연구 논문을 보았는데 전혀 해독의 단서가 될 만한 것이 없었다. 결국 한자와 한어를 참고하면서 독력으로 「거란 소자고契丹小字考」, 「거란어 동사고契丹語動詞考」, 「문학상에서 본 거란어의 운문文學上より見た契丹語の韻文」, 「거란어분류어휘契丹語分類語彙考」의 4종 논문을 묶어서 나이토內藤智秀 박사에게 보여 주었고 또 이슬람문화협회 주최 연구발표회(1937년 여름, 도교)에서 「거란어의 10간에 대하여契丹語の十干について」라는 제목으로 연구 발표를 하였다. 이 발표와 동시에 조선의 신열현辛悅鉉(1965)이 거의 같은 제목으로 역사적 연구를 발표하였는데 나의 논문 결과와 완전 일치하였다. 따로 쓴 「거란 대자고契丹大字考」만은 그 후에 『사학논문집史學論文集』에 발표하였다. 그 당시 여진문자에 대한 연구를 착수해 보았지만 도저히 제자 방법의 발견까지는 미치지 못했다. 1943년 외무성에서 만주 시찰 파견을 명령받고 봉천奉天(펑톈은 중국 선양의 옛 이름)의 국립박물관에서 뤄푸성羅福成의 동생 뤄푸이羅福頤와 이문신李文信을 만나서 직접 거란문자 애책의 원비석을 볼 수 있었다.

그동안 어근학의 연구는 진척되어 남방어, 특히 말레이어(Malay language)의 어근 연구 결과를 대강 모두 정리해서 「말레이어의 연구馬來語の研究」라는 이름으로 삼성당에서 1942년에 출판하고 이와 비교 연구를 한 타이어는 『타이어 요체タイ語要諦』를 간행하고(1942년 형설서원) 또 『기초 타이어基礎タイ語』(1942년 대학서림)에서 간행하였고 또 일 사이에 '·'을 말 대역어 『왕자이야기ラーマ王子物語』(1943년 대학서림)를 출간하였다. 2차 세계대전 중에 타이페이 고사족어高砂族語[11] 가운데 타얄족(Tayal),[12] 사테크(Sadeq), 아이미족(ami),[13] Tsăw, 파이완족(Paiwan)[14]의 여러 언어 및 남양군도의 여러

---

11) 고산족은 아미(阿美族, Amis), 파이완(排灣族, Paiwan), 아타얄(泰雅族, Atayal), 브눈(布農族, Bunun), 르카이(魯凱族, Rukai), 프유마(卑南族, Puyuma), 츠우(鄒族, Tsou), 사이시얏(賽夏族, Saisiyat), 타오(達悟族, Tao), 싸오(邵族, Thao), 카바란(噶瑪蘭族, Kavalan), 타로코(太魯閣族, Taroko) 등으로 분류된다. 이들의 언어는 모두 오스트로네시아어족에 속하지만, 각 언어가 많이 다르고 사회조직이나 문화도 각각 다르다.
12) 대만의 북쪽 산 속에 사는 고산족의 하나. 예전에 사람의 목을 베던 풍습이 있었다.

언어, 즉 팔라우(Palau), 사이판(Saipan), 마샬(Mashall), 케로린(Carolin), 보나페(Ponape), 투룩(Truk) (Yap을 제외한) 등이 가나카어(Kanakas)[15]와 인도네시아어를 비교 연구하여 어근학적으로 상호 관계를 조사하여 음운론, 형태론, 부착사론에 대한 연구를 묶어 원고를 써왔지만 전화를 맞아 전부 소실되었다.

전후 1951년 일단 연구를 단념하고 중단했던 거란문자의 연구를 다시 나이토 박사로부터 권유를 받아 연구에 착수하여 동년 봄에 처음으로 거란문자 '苂'[mederi] 및 '苂'[muduri]의 구별을 만주어 및 한자와의 비교를 통해서 해독하여 1943년에 발표한 「거란 대자고契丹大字考」 이래 음자의 일부만 해독할 수 있었던 의자에 대한 제자 방법의 단서를 파악할 수 있게 되며 거란문자 한자 기자설에 대한 증명을 깊게 하였다. 이것을 묶어 『거란어의 연구契丹語の硏究』라는 제목으로 자가 유인판으로 일본 및 해외의 학계에 발표했지만 우연히 때를 같이하여 친구 무라카미 시치로村山七郎는 「거란문자 해독의 방법契丹文字解讀の方法」이라는 제목의 논문을 발표했다. 그 것은 돌궐 문자 기자설이며 약 300종의 거란문자에 대해 약 30여 돌궐 문자의 자형 및 음가를 맞추는 방법을 취하였는 데서 나의 한자 기자설과는 전혀 견해를 달리하는 것이었다. 씨의 학설은 역사상의 기록에 있는 한자 기자설에 대한 진위의 증명은 하지 않았으며, 이에 대해 나의 학설은 한자 기자설을 증명하는 것으로 거란문자와 동일한 방법으로 작성된 여진문자 에 대한 한자 기자설의 증명도 방증으로 해야 했다. 1951년 5월에 『언어집

---

13) 타이완 섬의 최대 원주민 집단. 타이페이 남부의 비옥한 구릉지대와 동부의 해안 평원지역에 살고 있다. 말레이어족에 속하며 인도네시아어와도 관련이 있는 아미어의 3가지 방언을 사용한다.

14) 타이페이 원주민은 한족의 이주 이전부터 타이완 섬에 살고 있던 말레이계의 원주민족을 말하며, 이들은 여러 부족으로 나뉜다. 부족별로 언어가 다르나, 모두 오스트로네시아어족 에 속한다.

15) 톡 카나카(Tok Kanaka): 톡 피신(Tok Pisin)은 영어와 히리 모투와 함께 파푸아 뉴기니의 공용어이다. 파푸아 뉴기니의 북부에서 영어를 기반으로 발달한 크레올어/피진어로, 솔로 몬 제도의 솔로몬 제도 피진어, 바누아투의 비슬라마, 오스트레일리아 토레스 해협의 토레 스 해협 크레올어와 함께 태평양/멜라네시아 피진어로 구분되기도 한다. '원주민(Kanaka) 의 말'이라는 뜻으로 내륙 깊은 곳의, 톡 피진어를 말한다.

록』이라는 제목의 잡지를 발행하고 그 속에 거란, 여진문자에 대한 해독 및 제자 방법론을 게재하여 국내외 학회에 발표했다. 1953년 4월 17일에 아사히신문은 [문화단신] 란에서 「거란문자 해설에 성공(契丹文字解讀に成功)」이라는 제목으로 프랑스의 Louis. Hambis에 대한 기사를 게재하였다.

나는 주일 하노이 극동학원의 Yres Hervouet를 통해 L. Hambis에게 『언어집록』을 기증했는데 Hambis는 내가 그 전에 Société asiatique de Paris에 기증한 『거란어의 연구契丹語の研究』에 대한 비판 논문을 발표해서 다른 견해를 주장했다. 그는 거란어를 선-몽골어(Proto-mongolian)이라고 보고 있는데 제자론적으로 고증한 결과 그와 다른 것이 인증되었다. 일본에도 그 외에 한두 편의 거란문자에 관한 연구 발표가 있었지만 결국 오늘날 여전히 거란문자의 대부분은 해독되지 않고 있다. 위에서 말했듯이 나는 여진문자의 제작에 관한 연구의 전제로서 거란문자 연구에 관한 각종의 발표에 대해 약술할 필요가 있었다. 그래서 나는 역사적 사실에서 거란문자의 제작법에 따라서 만들어진 여진문자의 제자 방법을 연구했다면 반드시 거란문자의 해독을 더 빨리 할 수 있었다고 생각했으며, 그리고 거란문자가 한자에서부터 어떻게 해서 만들어졌는지를 입증하는 방증도 된다고 생각하고 여진문자 가운데 비교적 한자에 가까운 자형과 음을 가진 것으로부터 연구에 착수해서 드디어 『여진역어』에 기록된 것 전반에 걸쳐 일단의 연구를 끝마쳤다.

마지막으로 내가 거란·여진글자의 제자 방법을 발견한 것은 위에서 기술한 여러 계통의 언어 외에 Tuareg, kabyle, Swahili, Burmese, Mon, Tibetan, Khmer, Oriya, Gujarati, Beugali, Turkish 및 american Indian 언어들 중에 Cree, Micmac, Tshinookan, Athapaskan, Aymara, Quichua, Guarani의 제어, Ainu어 Australian의 여러 언어 등 세계 전반에 걸친 언어 문법, 구문법 및 언어 현상을 연구한 비교언어학상의 훈령의 집적에 도움을 받은 바가 많았음을 부기해 둔다.

회동관 『여진역어』 이와나미문고본 어휘 색인

이와나미문고본 회동관 『여진역어』의 어휘 색인은 Daniel Kane(1989)
의 자료를 바탕으로 하여 참고할 수 있도록 색인화하였다. 이 어휘 색인
은 "한자의 뜻·여진음 한자 전사(회동관본)-그루베[사역관본]/ 한글 뜻풀
이 및 참고 자료"를 먼저 제시하였고 대응음은 (T): Daniel Kane(1989),
(g): 그루베(1941), (K): g. N. Kiyose(1977), (S): 야마모투 겐고(1969)의 추정
음가를 제시하여 금대 여진어와 비교할 수 있도록 하였다.

1. 하늘

1. 天·阿瓜-[阿伏哈以](g)/ 하늘.
   [a-gua](T), [a-phu-ha(ka)-i*](g), [abkai](K), [abka](M) [afêqaa](S)
   * [-i]를 그루베와 g. N. Kiyose(1977)는 속격접사
2. 雲·禿吉-[禿吉](g)/ 구름.
   [tu-gi](T), [t'uh-kih](g), [tugi](K), [tugi](M), [tiuxi](S)

3. 雨·阿古-[阿哈](g)/ 비.

　[a-gu](T), [a-hah(ka)](g), [aga](K), [aga](M), [ahaa](S)

4. 雷·阿甸-[阿玷](g)/ 우레.

　[a-dien](T), ['a-tien](g), [akdiyan](K), [akjan](M) ['ahêjaN*], ['a'uaN*],

　['ahêjuN*]

　　* [a(k)dian]

5. 日·受溫-[都魯溫](g)/ 해.

　[šeu-un](T), [šeu-wen](g), [šun](M), [šun, suN](S)

　*[inenggi](日)

6. 月·別阿-[必阿](g)/ 달.

　[bie-a](T), [pih-'a](g), [biya](K), [biya](M), [biaa](S)

7. 星·兀失哈-[斡失哈](g)/ 별.

　[u-ši-ha](T), [woh-ših-hah](g), [ošiha](K), [usiha](M), [ušihaa](N)

8. 霜·塞忙吉-[塞馬吉](g)/ 서리.

　[se-mang-gi](T), [seh-ma-kih](g), [saimagi](K)

9. 風·額都-[額都溫](g)/ 바람.

　[e-du](T), ['oh-tu-wen](g), [edun](K), [edun](M), ['uduN](S)

10. 雹·博虐(吉)-[卜嫩](g)/ 우박.

　[bo-nio](K), 　[phu-nen(nun)](g), [bonon](K), [bono](M), [boni](S),

　[bo-nio](N)

11. 露·失雷-[失勒溫](g)/ 이슬.

　[ši-lei](T), [ših-leh-wen](g), [šileun](M), [šilenggi](M)

12. 氣·束董/ 기운.

　[su-dung](T), [sukdun](M), [suvĕduN, suvuduN](S)

13. 陰·禿魯兀-[阿卜哈禿魯溫](g)/ 그늘. 음지.

　[tu-lu-u](T), [t'uh-lu-wen](g), [tulhun](K), [tulhun](M)

14. 合天里·阿瓜亦朶羅荅哈/ 하늘의 이치.

　[a-gua-i-do-lo-da-ha](T), [doro](길)(M)

15. 晴·哈剌哈-[阿卜哈哈勒哈](g)/ 개다.

   [ha-la-ha](T), [hah-leh-hah](g), [(abka) garha](K), [gala-](M), [galĕmĕ](S)

16. 霧·塔兒麻吉-[塔馬吉](g)/ 안개.

   [ta-r-ma-gi](T), [tʼah-ma-kih](g), [tamagi](K), [talman](M), [talĕmĕN](S)

17. 煙·尙加-[上江](g)/ 연기.

   [šang-gia](T), [šang-kiang](g), [šangiyan](K). [šangiyan](담배, 희다)(K),

   [šiaŋĕN](담배)(S)

18. 虹·拙勒莫/ 무지게.

   [jue-le-mo](T)

19. 暗·昏發兒洪-[法里見(g)]/ 어둡다.

   [fa-r-hung](T), [far-li-kien], [farigiyen](K), [farhûn](M), [farĕhuN](S)

20. 影·黑兒黑/ 그림자.

   [he-r-me](T), [helmen](M), [xelĕmĕN](S)

21. 天上·阿瓜得勒/ 하늘 위.

   [a-gua-de-le](T)

22. 電·塔兒恰-[塔里江](g)/ 우뢰

   [ta-r-kia](T), [tʼah-li-kiang](g), [talgiyan](K), [talgiyan](M), [talixiaN](S)

23. 天下·阿瓜伏職勒-[阿木魯該(後)](g)/ 하늘 아래.

   [a-gua-fu-ji-le](T), [fuh-či-leh](뒤)(g), [fujile](K), [fujile](M), [fujĕrĕxi]

   (앞), [fujĕrĕši](아래) (N)

24. 天邊·阿瓜者尺-[者車](g)/ 하늘가.

   [a-gua-je-či](T), [če-čʼe](g), [je-čʼe](K), [jecen](M), [ječeN](변경)(S)

25. 雪下天冷·亦忙吉禿黑黑阿瓜廈忽魯-[一麻吉](雪)(g), [禿斡黑](落)(g)/
    눈이 내려 춥다.

   [i-mang-gi-tu-he-he], [a-gua-ša-hu-lu](T), [tʼu-hwoh(wah)-hei](g),

   [tuwehei](K), [tuhe-](落)(M), [tuxĕmĕ], [tuxumĕ](S), [yih-ma-kih](g),

   [imagi](K), [nimanggi](M), [nimaŋĕ](S)

26. 風似箭·額都�’魯革塞/ 화살같이 부는 바람.

[e-du-nie-lu-ge-se](T), [gese](似)(M), [gese](似)(S)

27. 天有霧·阿瓜塔兒庥吉必/ 안개.

   [a-gua-ta-r-ma-gi-bi](T), [talma-](M), [talĕmĕlĕmĕ](S)

   * [-bi]부정사형 동사어미

28. 逆天者亡·阿瓜伏荅速黑得不得/ 하늘을 거역하는 자는 망한다.

   [a-gua-fu-da-su-he-bu-de](T), [fudasihun](저항하다)(M), [fĕdasĕhuN](S)

29. 月明如晝·別革帖亦能吉革塞-[一能吉](日)(g)/ 낮과 같이 밝은 달빛.

   [bie-ge-tie-i-neng-gi-ge-se](T), [yih-neng-gi](g), [inenggi](하루)(M), [inĕnĕ](S)

30. 天要下雪·阿瓜亦忙吉勒塞必/ 눈이 내리다.

   [a-gua-i-mang-gi-le-se-bi](T)

31. 天高·阿瓜得/ 하늘이 높다.

   [a-gua-de](T), [den](높다)(M), [deN](S)

32. 天晴·阿瓜哈剌哈/ 하늘이 맑다.

   [a-gua-ha-la-ha](T)

33. 無雨進朝·阿古阿誇尺斡兒多朵深奴/ 비가 오지 않으면 조정에 들어간다.

   [a-gua-kua-či-o-r-do-do-šin-nu](T), [dosi-](들어가다)(M), [došimĕ](S)

34. 天陰·阿瓜禿魯兀/ 하늘이 어둡다.

   [a-gua-tu-lu-lu](T)

35. 天曉·阿瓜革兒克/ 하늘이 밝다.

   [a-gua-ge-r-ke](T), [gere-](밝다)(M), [gerĕmĕ](S)

36. 天氣熱·阿瓜哈魯/ 날씨가 덥다.

   [a-gua-ha-lu](T), [halu'u](덥다)(N)

37. 天上有雲·阿瓜得勒禿吉必/ 하늘에 구름이 있다.

   [a-gua-de-le-tu-gi-bi](T)

38. 天晚·阿瓜樣的哈/ 늦다.

   [a-gua-yang-di-ha](T)

39. 天早·阿瓜夏力哈/ 일찍다.

[a-gua-hia-li-ha](T)

40. 狂風大有塵·昂八額都不剌其必/ 바람이 불어 먼지가 일다.

[ang-ba-e-du-bu-la-ki-bi](T)

41. 祭天·阿瓜珠黑/ 하늘에 제사를 지내다.

[a-gua-ju-he](T), [juge-](M)

42. 天知·阿瓜撒刺-[撒希](知)(g)/ 하늘이 알다.

[a-gua-sa-la](T), [sah-hi](알다)(g), [sahi](K), [sa-](M), [samě](S)

43. 綵雲·哈尺禿吉/ 알록달록한 구름.

[ha-či-tu-gi](T), [hacin](다양한)(M), [haciN, haciŋě](S)

44. 敬天·阿瓜禿其/ 하늘을 우르러다.

[a-gua-tu-ki](T)

45. 雲遮·禿吉或的黑/ 구름이 하늘을 뒤덮다.

[tugi huedi-he](T)

46. 雲開·禿吉內黑/ 구름이 걷다.

[tu-gi-nei-he](T), [nei-](열다)(M), [limě](S)

47. 天要下雨·阿瓜阿古勒塞必/ 비가 내리다.

[a-gua-a-gu-le-se-bi](T)

48. 順天者昌·阿瓜荅哈哈得過兒迷/ 하늘에 순응하는 사람은 창성한다.

[a-gua-da-ha-ha-dego-r-mi](T), [tʼah-hah](순종하다)(g), [taha](K), [daha](M),
[dahěmě](S)

49. 日落·受溫禿黑黑/ 해가 지다.

[šeu-un-tu-he-he](T)

50. 日出·受溫禿提黑-[一能吉禿替昧](g)/ 해가 떠다.

[šeu-un-tu-ti-he](T), [tʼuh-tʼi-mei](g), [tutimei](K), [tuci-](M), [tucimě](S)

51. 日短·受溫弗活羅/ 해가 짧다.

[šeu-un-fo-ho-lo](T)

52. 日長·受溫過迷/ 해가 길다.

[šeu-un-go-mi](T)

53. 月落時進朝·別禿黑勒額力斡兒多朶深奴/ 달이 지고 새벽이 다가오다.

[bie-tu-he-le-e-rio-r-do-do-šin-nu](T)

54. 天氣冷·兒過廈忽魯/ 날씨가 춥다.

[a-gua-ša-hu-lu](T)

55. 日斜·受溫迷灼/ 해가 기울다.

[šeu-un-mi-jo](T), [miošoro-](굽다, 기울다)(N)

56. 日中·受溫亦能吉佛-[伏灣朶](때)(g)/ 해가 중천에 떠 있다.

[šeu-un-i-neng-gi-fo](T), [fuh-wan-to](때)(g), [fondo](K), [fon](M), [foN](S)

57. 日影·受溫黑兒黑/ 해가 비치다.

[šeu-un-he-r-me](T)

58. 日高·受溫得/ 해가 높다.

[šeu-un-de](T)

59. 天起風·阿瓜額都得得黑/ 바람이 부는 날씨다.

[a-gua-e-du-de(k)-de-he](T)

60. 星滿天·兀失哈阿瓜劃魯/ 하늘에 별이 가득하다.

[u-ši-ha-a-gua-ja-lu](T)

61. 雲開日出·禿吉內黑受溫禿提黑/ 구름이 열리고 해도 돋다.

[tu-gi-nei-he-šeu-un, tu-ti-he](T)

62. 日照·受溫受出哈/ 해가 비치다.

[šeu-un-šeu-cu-ha](T)

63. 月出·別禿提黑/ 달이 떴다.

[bie-tu-ti-he](T), [tucike](M), * [tuti-]은 과거분사형.

64. 月落·別禿黑黑/ 달이 지다.

[bie-tu-he-he](T)

65. 月滿·別劃剌哈-[扎魯哈](차다盈)(g)/ 달이 차다.

[bie-ja-la-he](T), [čah-lu-hah](g), [jaluha](K), [jalu-](M), [jaluu](S)

66. 雲霧滿山·禿吉塔兒麻吉阿力劃魯/ 구름과 안개가 산에 가득차다.

[tu-gi-ta-r-ma-gi-a-lija-lu](T)

67. 密雲欲雨·禿吉兀者阿古勒塞必-[兀者](무겁다, 짙다)(g)/ 구름이 짙어
    비가 오겠다.

    [tu-gi-u-je-ɑ-gu-le-se-bi](T), [wuh-če](짙다)(g), [ujee](K), [ujen](M),
    ['ujěN](S)

68. 月滿·別木力額/ 달이 둥글다.

    [bie-mu-li-e](T), [muheliyen](둥글다圓)(M), [mxěliN](S)

69. 月缺·別額測/ 달이 작아지다.

    [bie-e-tse](T), [edele-](M)

70. 月斜·別迷灼/ 달이 기울다.

    [bie-mi-jo](T)

71. 月明·別革帖/ 달이 밝다.

    [bie-ge-tie](T), [ken-kien](빛나다)(g), [gengiyen](K), [genggiyen, getuken](M),
    [giɲiN](S)

72. 連日有雨·亦能吉鬧阿古必/ 연일 비가 내리다.

    [i-neng-ji-nɑo(?)-ɑ-gu-bi](T)

73. 雷響·阿甸棍必/ 번개가 울다.

    [ɑ-dien-gun-bi](T), [guwe-](울다, 치다)(M)

74. 月黑·別發兒洪/ 달이 어둡다.

    [bie-fɑ-r-hung](T)

75. 雷打了·阿甸都黑/ 번개치다.

    [ɑ-dien-du-he](T)

76. 月影·別黑兒墨/ 달이 비치다.

    [bie-he-r-me](T)

77. 月蝕·別者克/ 월식

    [bie-je-ke](T), [biya je-](M), [biɑɑ jemě](S)

78. 昨夜下雨·失塞多博力阿古哈/ 어젯밤에 비가 내렸다.

    [ši-se-do-bo-li-ɑ-gu-hɑ](T)

79. 月照·別受出哈/ 달이 비치다.

[bie-šeu-ču-ha](T)

80. 月盡·別餓的哈/ 달이 지다.

[bie-o-di-ha](T), [waji-](끝나다)(M), [vajĕmĕ, vajimĕ](S)

81. 有雨免朝·阿古尺斡兒多朶深荅誇/ 늦도록 비가 내렸다.

[a-gu-či-o-r-do], [do-šin-da-kua](T)

82. 雨不住·阿古翁得誇/ 비가 멈추지 않는다.

[a-gu-ung-de-kua](T)

83. 星多·兀失哈昂八剌/ 별이 많다.

[u-ši-ha-ang-ba-la](T), ['an-pan-lah](g), [amban](K), [amba](M)

84. 星稀·兀失阿塞力/ 별이 성글다.

[u-ši-ha-se-li](T), [seri](성글다)(M)

85. 星少·兀失哈我鎖-[斡速灣](小)/ 별이 적다.

[u-ši-ha-o-so](T), [woh(wah)suh-wan](g), [oson](K), [osohon](M)

86. 風息·額都納哈哈/ 바람이 그치다.

[e-du-na-ha-ha](T), [naka-](M), [naqĕmĕ](S)

87. 星落·兀失哈禿黑黑/ 별이 지다.

[u-ši-ha-tu-he-he](T)

88. 大風·昂八額都/ 바람이 많이 불다.

[ang-ba-e-du](T)

89. 雷霹·阿甸都必/ 벼락치다.

[a-dien-du-bi](T)

90. 大雨·昂八阿古/ 큰비, 호우.

[ang-ba-a-gu](T)

91. 春風·捏捏里額都/ 봄바람.

[nie-nie-li-e-du](T)

92. 風吹·額都伏冷必/ 바람이 불다.

[e-du-fu-leng-bi](T), [fulgiye-](불다)(M)

93. 雨住·阿古翁苦/ 비가 그치다.

[a-gu-ung-ku](T)

94. 風來·額都的必/ 바람이 오다.

[e-du-di-bi](T)

95. 風冷·額都廈忽魯/ 바람이 차다.

[e-du-ša-hu-ru](T)

96. 無雨·阿古阿誇/ 비가 오지 않는다.

[a-gu-a-gua](T), [akû](없다)(M), [ʼaqu](S)

97. 好風·賽因額都/ 좋은 바람.

[sai-in-e-du](T), [saγin, saiʼin](S)

98. 好雨·賽因阿古/ 좋은 비.

[sai-in-a-gu](T)

99. 雹下·博虐禿黑必/ 우박이 내리다.

[bo-nio-tu-he-bi](T)

100. 小雨·阿沙阿古/ 소우, 적은비.

[a-ša-a-gu](T)

101. 有雨·阿古必/ 비가 온다.

[a-gu-bi](T)

102. 霧散·塔兒麻吉必黑/ 안개가 흩어지다.

[ta-r-ma-gi-nei-he](T)

103. 雪下·亦忙吉禿黑必/ 눈이 내리다.

[i-mang-gi-tu-he-bi](T)

104. 煙多·尚加昂八剌/ 연기가 많다.

[šang-gia-ang-ba-la](T)

105. 露乾·失雷餓羅活/ 이슬이 마르다.

[ši-lei-o-lo-ho](T)

106. 日蝕·受温者克/ 일식.

[šeuʼun-je-ke](T)

107. 露濕·失雷兀失黑/ 이슬에 젖다.

[ši-lei-u-ši-he](T), [usixě](젖다)(M), ['uśixě](S)

108. 煙出·尚加禿提黑/ 연기가 나다.

[šang-gia-tu-ti-he](T)

109. 煙息·尚加納哈哈/ 연기가 사라지다.

[šang-gia-na-ha-ha](T)

110. 天理·阿瓜荅哈/ 천리. 하늘의 도리.

[a-gua-da-ha](T)

111. 冰·珠黑-[朱黑](氷)(g)/ 얼다.

[ju-he](T), [ču-hei](g), [juhe](K), [juhe](M), [juxee, juxuu](S)

112. 明星·革帖兀失哈/ 샛별, 금성.

[ge-tie-u-ši-ha](T)

113. 風起·額都得得黑-[忒也眜](起)(g)/ 바람이 일다.

[e-du-de-de-he](T), [t'eh-ye-mei](g), [teyemei](K), [dekde-](일다)(M),
[dexěděmě](S)

114. 風䉖·額都混必/ 바람이 울다.

[e-du-gun-bi](T)

115. 雪薄·亦忙吉捏克葉/ 눈이 얇다. 눈이 적다.

[i-mang-gi-nie-ke-ye](T)

116. 雪大·亦忙吉昂八/ 눈이 많다.

[i-mang-gi-ang-ba](T)

117. 雪厚·亦忙吉郎的剌迷/ 눈이 두텁다.

[i-mang-gi-di-la-mi](T)

118. 雪消·亦忙吉翁克/ 눈이 녹다.

[i-mang-gi-ung-ke](T), [we-](녹다), [wengke](M)

119. 北斗星·納荅兀失哈/ 북두성.

[na-da-u-ši-ha](T), [nadan usiha](M), [naděN 'uśihaa](S)

120. 霧收·塔兒麻吉黑忒黑/ 안개가 사라지다.

[ta-r-ma-gi-he-te-he](T), [hete-](사라지다)(M), [xetěmě](S)

121. 煙起·尚加得得黑/ 연기가 일다.

[šang-gia-de-de-he](T)

122. 煙散·尚加內黑/ 연기가 흩어지다.

[šang-gia-nei-he](T)

123. 天河·阿瓜亦必剌/ 은하銀河. 미리내.

[a-gua-i-bi-la](T)

124. 煙罩·尚加或的黑/ 연기가 뒤덮다.

[šang-gia-hue-di-he](T), [huweje-](덮다)(M)

125. 煙收·尚加黑忒黑/ 연기가 줄다.

[šang-gia-he-te-he](T)

126. 水凍·木克革提黑-[革替勒](凍)(g)/ 물이 얼다.

[mu-ke-ge-ti-he](T),   [koh-t'i-leh](g),   [getile](K),   [gece-](얼다)(M),
[gecĕmĕ](S)

127. 斗·納荅/ 말.

[na-da](T), [nada-ušiha)](S)

128. 月上進朝·別得得黑得斡兒多朵深奴/ 달이 뜰 때 조정에 나가다.

[bie-de-de-he], [de-o-r-do-do-šin-nu](T)

2. 지리

129. 江·兀剌-[兀剌](江)(g)/ 강.

[u-la](T), [wuh-lah](g), [ula](K), [ula](M), ['ulaa](S)

130. 山·阿力-[阿里因](山)(g)/ 산. 뫼.

[a-li](T), ['a-li-yin](g), [alin](K), [alin](M), ['aliN](S)

131. 水·木克-[沒](水)(g)/ 물.

[mu-ke](T), [muh](g), [mu](K), [muke](M), [mukee,mukuu](S)

132. 石·兀黑-[斡黑](石)(g)/ 돌.

[u-he](T), [woh-hei](ɡ), [wehe](K), [wehw](M), [vehee](S)

133. 路·住-[住兀](路)(ɡ)/ 길.

[ju](T), [ču-wuh](ɡ), [jugu](K), [jugûn](M), [johĕN](S)

134. 井·忽提-[希石](井)(ɡ)/ 우물, 샘.

[hu-ti](T), [hi-ših](ɡ), [hiši](K), [hûcin](M), [qociN](S)

135. 墙·發的剌-[法答岸](墙)(ɡ)/ 담장.

[fa-di-la](T), [fah-tah-'an](ɡ), [fadan](K), [fajiran](M), [fajĕrĕhĕN](S)

136. 城·黑徹-[黑車你](城)(ɡ)/ 성.

[he-če](T), [hei-č'e-ni](ɡ), [hečeni](K), [hecen](M), [kecĕN](S)

137. 河·必剌-[必阿](ɡ)(河)/ 하천.

[bi-la](T), [pih-'a](ɡ), [bira](K), [bira](M), [biraa](S)

138. 海·墨得-[脉忒厄林](海)(ɡ)/ 바다.

[me-de](T), [meh-t'eh-'oh-lin](ɡ), [meterin](K), [mederi](M), [mederi, muduri](S)

139. 地·納-[納](地)(ɡ)/ 땅.

[na](T), [nah](ɡ), [na](M), [naa](S)

140. 土·伯和-[卜和](土)(ɡ)/ 흙.

[be-ho](T), [puh-huo](ɡ), [boiho](K), [boihon](M), [biohĕN, biohuN](S)

141. 田·兀失-[兀失因](田)(ɡ)/ 밭.

[u-ši](T), [wu-ših-yin](ɡ), [ušin](K), [uśin](M), ['uśśN](S)

142. 橋·忽伏倫/ 다리.

[hu-fu-lun](T), [kurĕvĕ], [kuruvu](S), [hufulun](N)

143. 泉水·舍亦木克/ 샘물.

[še-i-mu-ke](S), 심爲泉〈1446 훈민해, 59〉

144. 沙·灼兒窩/ 모래.

[jo-r-o](T)

145. 塵·不剌其-[卜勒其](塵)(ɡ)/ 먼지.

[bu-la-ki](T), [puh-leh-k'i](ɡ), [bureki](K), [buraki](M), 보개미〈함남〉[정

708

평]. 보푸래기〈경북〉

146. 灰·伏冷吉-[伏勒吉](灰)(g)/ 재.

[fu-keng-gi](T), [fuh-leh-kih](g), [fulegi](K), [fuleggi](M), [filiŋi](S)

147. 淺·迷察/ 얕다.

[mi-ča](T), [micihiyan](M), [micaN, miciaN](S)

148. 近·箚哈剌/ 가깝다.

[ja-ha-la](T), [jakan](곧)(M), [jai](이어서)(S)

149. 長·過迷-[戈迷吉](長)(g)/ 길다.

[go-mi](T), [kou-mi-kih](g), [golmigi](K), [golmin](M), [golĕmiN](S)

150. 短·佛活羅-[弗和羅](短)(g)/ 짧다.

[fo-ho-lo](T), [fuh-huo-lo](g), [foholo](K), [foholon](M), [fiohĕlĕN, fiohuluN](S)

151. 厚·的剌迷/ 후하다.

[di-la-mi](T), [tih-lah-mei](g), [diramei](K), [jiramin](M), [jiramĕ](S)

152. 薄·捏克葉/ 엷다.

[nie-ke-ye](T), [nan-kʻoh-hong](g), [nankehun](K), [nekeliyen](M), [niNkĕN, niNkiN](S)

153. 深·說迷-[舒迷吉](深)(g)/ 깊다.

[šo-mi](T), [šu-mi-kih](g), [šumigi](K), [šumin](M), [sumiN, sumiN](S)

154. 村·哈廈-[哈舍](村)(g)/ 마을.

[ha-ša](T), [hah-ša](g), [gaša](K), [gašan](M), [gaśĕN](S)

155. 遠·過羅-[戈羅斡](遠)(g)/ 멀다.

[go-lo](T), [kuo-lo-woh](g), [goroo](K), [goro](M), [gorĕ](S), *골로 간다.

156. 山低·阿力不提/ 산이 낮다.

[a-li-bu-ti](T), [buten](산기슭)(M)

157. 山高·阿力提/ 산이 높다.

[a-li-de](T)

158. 山上·阿力得嘞/ 산위.

[a-li-de-le](T), [dele](정상, 위)(M)

159. 山下·阿力襪革得/ 산 아래.

　　[a-li-wa-ge-de](T), [wargi](아래)(M)

160. 山深·阿力說迷/ 산이 깊다.

　　[a-li-šo-mi](T)

161. 山中·阿力都林八/ 산 중.

　　[a-li-du-lin-ba](T)

162. 山脚·阿力伯帖/ 산기슭. 麓 묏기슭 록〈1527 훈몽자, 상-2a〉

　　[a-li-be-tie](T)

163. 山頂·阿力寧谷/ 산 정상. 산위.

　　[a-li-ning-gu](T), [ninggu](정상)(M), [nuŋuu, niuŋuu, niŋuu](S)

164. 水深·木克說迷/ 물이 깊다.

　　[mu-ke-šo-mi](T)

165. 山邊·阿力者尺/ 산 주변.

　　[a-li-je-če](T)

166. 水清·木克革帖/ 물이 맑다.

　　[mu-ke-ge-tie](T)

167. 水淺·木克迷察/ 물이 얕다.

　　[mu-ke-mi-ča](T)

168. 水漲·木克必撒哈/ 물 붇다.

　　[mu-ke-bi-sa-ha](T), [bisa-](넘치다)(M), [bisaN](넘치다)(S)

169. 水渾·木克發哈剌/ 물 흐리다.

　　[mu-ke-fa-ha-la](T), [fahala](흐리다)(M)

179. 水落·木克納哈哈/ 물이 떨어지다.

　　[mu-ke-na-ha-ha](T)

171. 水出·木克禿提黑/ 물이 나다.

　　[mu-ke-tu-ti-he](T)

172. 水寬·木克我撮/ 물이 천천히 흐르다.

710

[mu-ke-o-tso](T), [onco](넓다)(M)

173. 靑山·念加阿力/ 푸른 산.

[nien-ɡia-a-li](T)

174. 水流·木克額因必/ 물 흐르다.

[mu-ke-e-in-bi](T), [eye-](흐르다)(M), ['e'ime](S)

175. 水淹了田·木克兀失兀剌哈/ 침수되다.

[mu-ke-u-ši-u-la-ha](T), [ulɡa-](M)

176. 水淹了城·木克黑徹兀剌哈/ 성이 침수되다.

[mu-ke-he-ce-u-la-ha](T)

177. 江心·兀剌都林八/ 강 깊은 곳. 강심.

[u-la-du-lin-ba](T)

178. 江邊·兀剌者尺/ 강가. 강변.

[u-la-je-či](T)

179. 河濶·必剌我撮/ 강 넓다.

[bi-la-o-tso](T)

180. 河窄·必剌亦塞洪/ 강 좁다.

[bi-la-i-se-hung](T), [isheliyen](좁다)(M)

181. 大河·昻八必剌/ 큰 하천.

[ang-ba-bi-la](T)

182. 粗沙·麻灼兒窩-[麻兒](粗)(ɡ)/ 토양의 모래. 모사.

[ma-jo-r-o](T), [ma-rh](ɡ), [mar](K), [muwa](M)

183. 江濶·兀剌我撮/ 강이 넓다.

[u-la-o-tso](T)

184. 江窄·兀剌亦塞洪/ 강이 좁다.

[u-la-i-se-hung](T)

185. 小河·阿沙必剌/ 적은 하천.

[a-ša-bi-la](T)

186. 大江·昻八兀剌/ 큰 강.

[aŋ-ba-u-la](T)

187. 細沙·納兒洪灼兒窩-[納兒洪](細)(g)/ 가는 모래.

[na-r-hung-jo-r-o](T), [nah-rh-hung](g), [narhun](K), [narhûn](M), [narĕhuN](S)

188. 大石·昂八兀黑/ 큰 돌. 큰 방구(경북).

[aŋ-ba-u-he](T)

189. 碎石·不牙兀黑/ 소석. 부순 작은 돌.

[bu-ya-u-he](T), [buya](작은)(M), [buyɑɑ](사소한, 작은)(S)

190. 石橋·兀黑忽伏倫/ 돌다리.

[u-he-hu-fu-lun](T)

191. 板橋·兀忒忽伏倫/ 널다리.

[u-te-hu-fu-lun](T)

192. 新橋·亦車忽伏倫-[一車吉](鮮)(g), [一車吉](新)(g)/ 새 다리.

[i-če-gu-fu-lun](T), [yih-č'e-kih](g), [ičegi](K), [ice](M), ['icee](S)

193. 石路·兀黑住/ 돌길.

[u-he-ju](T)

194. 石沙·兀黑灼兒窩/ 돌모래.

[u-he-jo-r-o](T)

195. 舊橋·佛忽伏倫-[弗厄一](舊)-(g)1)/ 옛 다리.

[fo-hu-fu-lun](T), [fuh-'oh-yin](g), [fuwei](K), [fe](M), [fee](S)

196. 路近·住汗尺/ 길이 가깝다.

[ju-han-či](T), [hanci](M), [haNci](S)

197. 大路·昂八住/ 큰 길.

[aŋ-ba-ju](T)

198. 過橋·忽伏倫都勒克/ 다리를 건너다.

[hu-fu-lun-du-le-ke](T), [dule-](건너다)(M), [dulĕmĕ, dulumĕ](S)

---

1) 그루베의 음독 전사 '弗厄一'은 오류이다. '弗厄以'이 수정해야 한다.

199. 渡舡·的哈奪文必/ 강 건너다. 도강.

[di-ha-do-un-bi](T), [doo-](M), [dɑ'ume](S)

200. 開田·兀失內必/ 밭 일구다.

[u-ši-nei-bi](T)

201. 走路·住得伏倫必/ 달림길.

[ju-de-fu-lun(lin)-bi](T), [feliye-](걷다)(M)

202. 分田·兀失登得必/ 밭을 나누다.

[u-ši-deng-de-bi](T)

203. 路遠·住過羅/ 길이 멀다.

[ju-go-lo](T)

204. 路平·住揑徹/ 길이 평평하다.

[ju-nie-če](T), [necin](M), [neciN](S)

205. 泥路·提扒住/ 진흙길.

[ti-pɑ(bɑ)-ju]

206. 熟田·兀勒黑兀失/ 곡물 밭.

[u-le-he-u-ši](T)

207. 水大車行不得·木克昂八塞者伏力墨八哈剌誇/

[mu-ke-ɑng-bɑ-se-je], [fu-li-he-bɑ-hɑ-lɑ-kuɑ](T), [bɑhɑ-](M)

208. 上御路·戲兒了兀失奴/ 군주의 길.

[hi-r-le-u-ši-nu](T), [wesi-](M)

209. 菓園·禿于黑牙發/ 과수원.

[tu-yu-he-yɑ-fɑ](T), [yɑfɑn](M), [tɑfěhěN](S)

210. 菜園·素吉牙發/ 채소밭.

[su-gi-yɑ-fɑ](T)

211. 花園·亦剌牙發/ 꽃밭.

[i-lɑ-yɑ-fɑ](T)

212. 種田·兀失塔林必/ 채종밭.

[u-ši-tɑ-lin-bi](T), [tɑri-](M), [tiɑrimě](싹트다)(S)

213. 搬土·伯和禿其/ 흙을 옮기다.

[be-ho-tu-ki](T), [tukiye-](들다)(M), [boihěN, noihuN](S)

214. 和泥·伯和歲/ 진흙을 이기다.

[be-ho-sui](T), [sui-](섞다)(M)

215. 石灰·多火/ 석탄.

[do-ho](T)

216. 看城·黑徹托必/

[he-ce-to-bi](T)

217. 上城·黑徹忒得/ 성에 오르다.

[he-ce-te-de](T), [dekde-](흐르다)(M)

218. 城外·黑徹禿魯革得/ 성밖.

[he-če-tu-lu-ge-de](T)

219. 城裏·黑徹朶羅/ 성안.

[he-če-do-lo](T), [wɑrgi](안, 아래)(M)

220. 城下·黑徹襪革得/ 성 아래.

[he-če-wɑ-ge-de](T), [wɑrgi](M)

221. 城高·黑徹得/ 성이 높다.

[he-če-de](T)

222. 出城·黑徹禿提黑/ 성을 나서다.

[he-če-tu-ti-he](T)

223. 下御路·戲兒了襪失奴/ 임금의 길을 따라가다.

[hi-r-le-wɑ-ši-nu](T), [wasi-](M)

224. 御路上不要坐·戲兒勒外羅兀忒勒/

[hi-r-le-do-lo-y-te-re](T)

225. 萬里長城·禿墨巴過迷黑徹/ 만리장성.

[tu-me-bɑ-go-mi-he-če](T), [bɑ](리)

226. 獨木橋·額木莫忽伏倫/ 외나무다리.

[e-mu-mo-hu-fu-lun](T)

227. 橋高難過·忽伏倫得度勒尺忙哈/ 다리가 높아 건너기 어렵다.

[hu-fu-lun-de], [du-le-či-mang-ha](T), [mang-hah(ka)](g), [manga](K),

[mangga](M), [maŋě](S)

228. 渡江·兀剌奪文必/ 강 건너다.

[u-la-do-un-bi](T), [ulado-mbi](N)

229. 水滑·木克兀剌哈/ 물이 넘치다.

[mu-ke-u-la-ha](T), [u-la-ha](N)

230. 山岩·阿力哈荅/ 바위산봉우리.

[a-li-ha-da](T), [hada](절벽)(M)

231. 苦水·過灼木克/ 약수, 경수.

[go-šo-mu-ke](T), [gosihon](M), [gosěhuN](S)

232. 山林·阿力不章/ 산림.

[a-li-bu-jang](T), [cah-puh, puh-čah)](g), [jabu?/ buja?](K), [bujan](M),

[bujaN](S)

233. 山泉·阿力舍-[舍厄](泉)(g)/ 산속의 샘물.

[a-li-še](T), [še-'oh](g), [šere](K), [šeri](M), [seri, seri](S)

234. 山舍·阿力博/ 산속의 집.

[a-li-bo](T)

235. 路乾·住餓羅活/ 마른 길.

[ju-o-ho-lo](T), [olho](M), ['olěhě, 'olěhěN, 'olěhuN](S)

236. 城門·黑徹都哈/ 성문.

[he-če-du-ha]

237. 水退·木克過提哈/ 물이 빠지다.

[mu-ke-go-ti-ha](T), [goci-](빠지다, 떨어지다)(M)

238. 皇城·斡兒多黑徹/ 황제黃帝가 있는 나라의 서울.

[o-r-do-he-če](T)

239. 水急·木克哈塔/ 물살이 세다.

[mu-ke-ha-ta](T), [hatan](서두르다)(M), [hatěN](S)

240. 河湾·必剌莫荅/ 하만. 후미. 강이 굽이도는 곳.

[bi-la-mo-da](T), [mudan](굽다)(M)

241. 路濕·住兀失黑/ 길이 습하다.

[ju-u-sĭ-he](T), [usihi-](젖다)(M), [ʼuśixĕ](S)

242. 荒田·兀良哈兀失/ 황전. 묵밭.

[u-lang-ha-u-ši](T)

243. 山路·阿力住/ 산길.

[a-li-ju](T)

244. 皇墙·斡兒多黑徹/ 황궁 담장.

[o-r-do-he-če](T)

245. 高墙·得黑徹/ 높은 담.

[de-he-če](T)

246. 墙倒·黑徹禿黑黑/ 담이 무너지다.

[he-če-tu-he-he](T)

247. 築牆·黑徹都必/ 담을 쌓다.

[he-če-du-bi](T), [du-](M)

248. 飛塵·得勒不剌其/ 먼지 날리다.

[de-le-bu-la-ki](T), [deye-](날다)(M), [deʼimĕ, diemĕ](S)

249. 斷橋·忽伏倫剌箭哈/ 다리 끊어지다.

[hu-fu-lun-la-ha](T), [lkasa-](부숴지다)(M)

250. 桑園·亦馬剌牙發-[因馬剌](桑)(g)/ 뽕밭.

[i-ma-la-ya-fa](T), [yin-ma-lah](g), [inmala](K), [nimalan](뽕나무)(M),

[nimalĕN](S)

251. 村店·哈廈忽荅廈博/ 시골 가게.

[ha-ša-hu-da-ša-bo](T)

252. 井深·忽提說迷/ 깊은 샘.

[hu-ti-šo-mi](T)

253. 大井·昂八忽提/ 큰 우물.

[ɑng-bɑ-hu-ti](T)

254. 甜水井·當出木克忽提/ 물맛이 좋은 우물. 단물샘.

[dɑng-ču-mu-ke-hu-ti](T)

255. 邊墻·者尺黑徹/ 외벽.

[je-či-he-če](T)

256. 淺河·迷察必剌/ 얕은 하천.

[mi-čɑ-bi-lɑ](T)

257. 海深·墨得說迷/ 바다가 깊다.

[me-de-šo-mi](T)

258. 高橋·得忽伏倫/ 높은 다리.

[de-hu-fu-lun](T)

259. 平橋·揑徹忽伏倫/ 평평한 다리.

[nie-če-hu-fu-lun](T)

260. 土橋·伯和忽伏倫/ 흙다리.

[be-ho-hu-fu-lun](T)

261. 泥沙·提扒灼兒窩/ 진흙과 모래. 진펄.

[ti-pɑ(bɑ)-jo-r-o](T), [cifɑhɑn](끈적이는 진흙)(M)

262. 塵沙·不剌其灼兒窩/ 먼지모래.

[bu-lɑ-ki-jo-r-o](T)

263. 灰塵·伏冷吉不剌其/ 재 먼지. 회진.

[fu-leng-gi-bu-lɑ-ki](T)

264. 石井·兀黑忽提/ 돌우물.

[u-he-hu-ti](T)

3. 시간과 계절

265. 春·捏捏里-[捏年厄林](春)(g)/ 봄.

[nie-nie-li](T), [nieh-nieh-](g), [niyeniyen](K), [niyengniyeri](M), [ni'iaŋěni'iari](S)

266. 夏·莊里-[朱兒厄林](夏)

(g)/ 여름.

[juang-li](T), [ču-'a'oh-lin](g), [juwa](K), [juwari](M), [jiuari](S)267. 秋·博
羅里-[卜羅厄林](秋)(g)/ 가을.

[bo-lo-ri](T), [puh-lo-'oh-lin](g), [bolo-erin](K), [bolori](M), [bolori](S)

268. 冬·禿額里-[禿厄厄林](冬)(g)/ 겨울.

[tu-e-li](T), [t'uh-'oh-'oh-lin](g), [tuwe-erin](K), [tuweri](M), [tiuri](S)

269. 年·塞-[塞革](歲)(g)/ 해.

[se](T), [seh-koh](g), [sege](K), [se](M), [see](S), [se, see](N)

270. 節·哈失-[哈稱因](節)(g)/ 마디. 더위.

[ha-ši](T), [hah-č'eng-yin](g), [hačin](K), [hacin](정월 보름)(M)

271. 時·額力/ 때.

[e-li](T), [erin](M), ['eriN](S)

272. 早·替庥里/ 일찍.

[ti-ma-li](T), [cimari](아침)(M), [cimarě](내일)(S)

273. 夜·多博力-[多羅斡](夜)(g)/ 밤.

[do-bo-li](T), [to-lo-woh](g), [dorowo](K), [dodori](M), [diověrě](S)

274. 寒·失木兀/ 춥다.

[ši-mu-u](T), [ši-mu-mu, ši-mu-ke](N), 시무랍다, 사무랍다(경북)

275. 晚·樣的哈-[言的洪](夕)(g)/ 늦다.

[yang-di-ha](T), [yen-tih-hung](g), [yamdihun](K), [yamji](저녁),
[yamji-](저녁무렵)(M), [yaměji](S)

276. 熱·哈魯兀-[哈魯溫](熱)(g)/ 뜨겁다.

[ha-lu-u](T), [hah-lu-wen](g), [halgun](K), [halhûn](M), [halěhuN](S)

277. 冷·廈忽魯-[深溫](洽)(g)/ 차다. 싸늘하다(경북)

[ša-hu-lu](T), [šen-wen](g), [šingun](K), [šahurun](M), [sahuruN, sahuruN](S), [halu, hal(h)u](N)

278. 明日·替廓哈能吉/ 내일.

[ti-ma-ha-neng-gi](T), [cimaha inenggi](M)

279. 晨·不荅額力/ 새벽.

[bu-da-e-li](T), [buda], [eri](때)(M)

280. 昨日·失塞能吉/ 어제.

[ši-se-neng-gi](T), [sikse](M), [cikěsee, cekěsee](S)

281. 今日·額能吉/ 오늘.

[e-neng-gi](T), [enenggi](M), [eněŋě](S)

282. 出月·別阿禿提黑/ 이번 달이 지다.

[bie-a-tu-ti-he](T), [bie'a-tatihe, bie-tutihe](N)

283. 後日·跳魯能吉/ 후일. 뒷날.

[tiao-lu-neng-gi](T), [coro](M), [ciorě](S)

284. 今年·額勒阿捏-[阿捏](年)(g)/ 올해. 금년.

[e-le-a-nie](T), ['a-nieh](g), [aniya](K), [ere](이것), [aniya](해, 날)(M), ['erě](이것)(S), ['ani](해)(S)

285. 前日·塔能吉/ 그저께.

[ta-neng-gi](T), [cananggi](M), [cianěŋě, caněŋě](S)

286. 後年·跳魯阿捏/ 후년.

[tiao-lu-a-nie](T)

287. 前月·住勒別/ 전월. 지난 달.

[ju-le-bie](T), [Julesi, juleri](이전)(S)

288. 前年·塔阿捏/ 전년. 지난 해.

[ta-a-nie](T), [cala, carigi, cananggi](M)

289. 明年·亦速阿捏/ 내년. 명년.

[i-su-a-nie](T), [ishun aniya](M)

290. 舊年·佛阿捏/ 구년. 옛날.

[fo-a-nie](T)

291. 去年·度察阿捏/ 거년. 지난 해.

[du-ča-a-nie](T), [duleke aniya](M), [duča-](N)

292. 一年·額木阿捏/ 일년.

[e-mu-a-nie](T)

293. 千年·命哈阿捏/ 천년.

[ming-ha-a-nie](T)

294. 百年·倘古阿捏/ 백년.

[tang-gu-a-nie](T)

295. 十年·莊阿捏/ 십년.

[juang-a-nie](T)

296. 萬年·禿墨阿捏/ 만년.

[tu-me-a-nie](T)

297. 正月·寒別/ 정월.

[se-bie](T), [aniya biya](M), [anie bie](N)

298. 二月·拙別/ 이월.

[jue-bie](T)

299. 三月·亦郎別/ 삼월.

[i-lang-bie](T)

300. 四月·對因別/ 사월.

[dui-in-bie](T)

301. 五月·順箚別/ 오월.

[šun-ja-bie](T)

302. 六月·寧谷別/ 육월.

[ning-gu-bie](T)

303. 七月·納荅別/ 칠월.

[na-da-bie](T)

304. 八月·箚空別/ 팔월.

[ja-kung-bie](T)

305. 九月·兀容別/ 구월.

[u-yung-bie](T)

306. 十月·荘別/ 시월.

[juang-bie](T)

307. 十一月·荘額木別/ 십일월.

[juang-e-mu-bie](T)

308. 十二月·拙兒歡別-[只兒歡](十二)(g)/ 십이월.

[jue-r-hon-bie](T), [či-rh-huan](g), [jirhon](K), [jorgon](M), [jorěhěN
biaa, jorěhuN biaa](S)

309. 半月·都路阿別/ 보름.

[du-lu-a-bie](T), [dulga](반, 반이 차다)(M)

310. 夜長·多博力過迷/ 밤이 길다.

[do-bo-li-go-mi](T)

311. 幾夜·兀暇忽多博力/ 몇 밤.

[u-hia-hu-do-bo-ri](T), [udu](M), ['udu](S)

312. 幾日·兀暇忽能吉/ 며칠.

[u-hia-hu-neng-gi](T)

313. 撞鐘·中東必/ 종 치다.

[jung-dung-bi](T)

314. 發擂·通克都必/ 북 치다.

[tung-ke-du-bi](T)

315. 一更·額木經佛/ 초경.

[e-mu-ging-fo](T), [ging](야경)(M)

316. 二更·拙經佛/ 이경.

[jue-ging-fo](T)

317. 三更·亦郎經佛/ 삼경.

[i-lang-ging-fo](T)

318. 四更·對因經佛/ 사경.

[du-in-ging-fo](T)

319. 五更·順箚經佛/ 오경.

[šun-ja-ging-fo](T)

320. 初一日·亦扯能吉/ 초하루.

[i-če-neng-gi](T)

321. 十五日·托伏能吉-[脫卜歡一能吉](望)(g)/ 십오일. 보름.

[to-fu-neng-gi](T), [t'oh-puh-huan], [yih-neng-kih](g), [tobohon
inengi](K), [tofohon inenggi](M), [tofěhéN, tofuhuN](S)

322. 二十日·斡里能吉/ 이십일.

[o-li-neng-gi](T)

323. 三十日·箚哈能吉/ 삼십일.

[ja-ha-neng-gi](T), [jaka](사이, 간격)(M)

324. 子時·勝革力額力/ 자시.

[šing-ge-li-e-li](T)

325. 丑時·亦哈額力/ 축시.

[i-ha-e-li](T)

326. 寅時·塔思哈額力/ 인시.

[ta-s-ha-e-li](T)

327. 卯時·姑麻洪額力/ 묘시.

[gu-ma-hung-e-li](T)

328. 辰時·木都力額力/ 진시.

[mu-du-li-e-li](T)

329. 巳時·妹黑額力/ 사시.

[mei-he-e-li](T)

330. 午時·亦能 額力/ 오시.

[i-neng-(gi)e-li](T), [inenngi dulin](M)

331. 未時·亦木阿額力/ 미시.

   [i-mu-a-e-li](T), [imahu ibex](M)

332. 申時·莫虐額利/ 신시.

   [mo-nio-e-li](T)

333. 酉時·替課額利/ 유시.

   [ti-ko-e-li](T)

334. 戌時·因荅忽額利/ 술시.

   [in-da-hu-e-li](T)

335. 亥時·兀甲額利/ 해시.

   [u-gia-e-li](T)

336. 夜短·多博力佛活羅/ 밤이 짧다.

   [do-bo-li-fo-ho-lo](T)

337. 連日·額塞能吉/ 연일.

   [e-se-neng-gi](T), [ese](이것)(M), [ʼesĕ](S)

338. 春寒·捏捏里失木克/ 봄 추위.

   [nie-nie-li-si-mu-ke](T), [šimuke, šimuʼu](N)

339. 新年·亦車阿捏/ 새해.

   [i-če-a-nie](T)

340. 春煖·捏捏里都魯兀-[都魯溫](溫)(g)/ 따뜻한 봄날.

   [nie-nie-li-du-lu-u](T), [tu-lu-ken](g), [dulgun](K)

341. 夏日長·莊里受溫過迷/ 여름 긴날.

   [juang-li-šeu-un-go-mi](T)

342. 秋風起·博羅里額都得得黑/ 가을 바람 불다.

   [bo-lo-li-e-du-de-de-he](T)

343. 秋凉·博羅里塞兒空/ 가을 서늘함.

   [bo-lo-li-se-r-(kung)](T), [serguwen](M), [serĕxuN, serĕxuN](S)

344. 夏熱·莊里哈魯/ 여름 더위.

   [juang-li-ha-lu](T), [haluʼu](N)

345. 冬寒·禿額里失木克/ 겨울 추위.

[tu-e-li-si-mu-ke](T)

4. 꽃·나무

346. 花·亦刺-[一勒哈](花)(g)/ 꽃.

[i-la](T), [yih-leh-hah](g), [ilha](K), [ilha](M), [ˈilěhaa](S)

347. 果·禿于黑/ 과일.

[tu-yu-he](T), [tˈuh-woh-hei](g), [tuwehe](K), [tubihe](M), [tiufěxi, tiuvěxii](S)

348. 梨·失魯-[失魯](梨)(g)/ 배.

[ši-lu](T), [ših-lu](g), [ši-lu](K), [šulhe](M), [šulěxee, sulěxee, suluxun](S)

349. 李·佛約-[縛約莫](李)(g)/ 오얏.

[fo-yo](T), [(fu)-yoh-moh](g), [foyo mo](K), [foyoro](M),

[čuen-yah-moh](N)

350. 棗·皀兒/ 대추.

[zao-r](T)

351. 杏·貴-[歸法刺](杏)(g)/ 살구.

[gui](T), [kuei-fah-lah](g), [guwifala? / guilafa?](K), [guilehe](M), [gulixii](S)

352. 木·莫-[沒](木)(g)/ 나무.

[mo](T), [moh, muh](g), [mo](K), [moo](M), [moo](S)

353. 采·素吉-[瑣吉](菜)(g)/ 참나무.

[su-gi](T), [so-kih](g), [sogi](K), [siogě, siogi](S)

354. 韮菜·塞苦勒/ 부추.

[se-ku-le](T), [sengkule](M), [seměkělě](S)

355. 葱·額魯/ 파.

[e-lu](T), [elu](M), [ˈulu](S)

356. 瓜·恨克-[黑克](西瓜)(g)/ 외.

[hen-ke](T), [hei-kʻoh](g), [heke, henke$^?$](K), [hengke](M), [keNkee, xeNkee](S)

357. 茄·哈失/ 가지.

[ha-ši](T), [hasi](M), [haśii](S)

358. 豆·禿力/ 콩.

[tu-li](T), [turi](M), [tiurii](S)

359. 米·伯勒-[卜勒](米)(g)/ 쌀.

[bo-le](T), [puh-leh](g), [bule](K), [bele](M), [bele](S), 벼米

360. 稻·洪帕/ 벼.

[hung-pa](T), [handu](M)

361. 根·苔-[苔](根)(g)/ 뿌리.

[da](T), [tah](g), [da](K), [da](M), [daa](S)

362. 葉·阿浦哈-[阿卜哈](葉)(g)/ 잎.

[a-pu-ha](T), [ˈa-puh-hah](g), [aduha](K), [abdaha](M), [afĕhĕ](S)

363. 枝·哈兒哈/ 가지.

[ha-r-ha](T), [gargan](M), [garĕhĕn](S)

364. 柳树·素黑莫/ 버드나무를 심다.

[su-he-mo](T), [suhai moo](양수버들)(M)

365. 蘑菇·费黑/ 마고.

[fi-he](T)

366. 木耳·尚察/ 나무버섯.

[šang-ča-sanca](T), [sanča](M)

367. 核桃·忽書-[忽舒](核挑)(g)/ 호두.

[hu-šu](T), [huh-šu](g), [hušu](K), [hûsiha](야생호두)(M)

368. 松子·忽力-[忽里](松子)(g)/ 잣. 솔방울.

[hu-li](T), [huh-li](g), [huri](K), [hûri](M)

369. 蒲桃·莫戮斡-[脉出](葡萄)(g)/ 포도.

[mo-čo-o](T), [meh-čʻuh](g), [mecu](K), [mucu](M)

370. 榛子·失失-[失失](榛子)(g)/ 게암.

[ši-ši](T), [ših-ših](g), [šiši](K), [sisi](M)

371. 山定兒·失剌/ 미상의 식물.

[ši-la](T), [shanidian](N)

372. 楡樹·亥剌莫-[孩剌](楡)(g)/ 느릅나무.

[hai-la-mo](T), [hai-lah](g), [haila](K), [hailan](M), [hialiN](S)

373. 蕎麥·墨勒/ 메밀.

[me-le](T), [mere](M)

374. 蘿葍·念木竹-[捏住](蘿葍)(g)/ 순무. 무.

[nian-mu-ju](T), [nieh-ču](g), [niyaju](K)

375. 松樹·換多莫-[和朶莫](松)(g)/ 소나무.

[hon-do-mo](T), [huo-to-moh](g), [holdo mo](K), [holdon](M)

376. 草·斡兒火-[斡兒和](草)(g)/ 풀.

[o-r-ho](T), [woh-rh-huo](g), [orho](K), [orho](M), ['orěhě](S)

377. 紅花·伏良亦剌/ 홍화

[fu-liang-i-la](T)

378. 芥菜·哈兒希素古/ 겨자.

[ha-r-hi-su-gu](T), [hargi](M)

379. 五味子·迷速忽廈/ 오미자.

[mi-su-hu-ša](T), [misu hûsiha](M)

380. 人參·斡兒火苔/ 인삼.

[o-r-do-da](T), [ordoda](M), [orho](잎), [da](뿌리)(N)

381. 綿花·苦不/ 면화.

[ku-bu](T), [kubun](M), [kuvuN](S)

382. 細辛·失失們苔/ 족두리풀.

[ši-ši-men-da](T), [šišimen-da](N)

383. 冬瓜·昂八恨克/ 동아.

[ang-ba-hen-ke](T)

384. 魁樹·過羅莫/ 나무뿌리.

　　[go-lo-mo](T), [go-ro](M)

385. 栗木·忽廈莫/ 밤나무.

　　[hu-ša-mo](T), [hûsiha](M), [hušu](N)

386. 結果·兀力黑/ 열매 맺다.

　　[u-li-he](T), [ure](M), ['urěmě, 'urumě](S)

387. 山里紅·翁浦/ 산리홍.

　　[ung-pu](T), [umpu](M)

388. 杏花·貴亦剌/ 살구꽃.

　　[gui-i-la](T)

389. 白楊樹·發哈莫/ 백양목. 프라타나스.

　　[fa-ha-mo](T), [fulha](M)

390. 樹枝·莫哈兒哈/ 나무가지.

　　[mo-ha-r-ha](T)

391. 檀樹·金得黑莫/ 박달나무.

　　[gin-de-he-mo](T), [ayan gintehe](M)

392. 萵苣菜·納莫素古/ 상추.

　　[na-mo-su-gi](T), [namu](M)

393. 小米·者伯勒/ 좁쌀.

　　[je-be-le](T), [je](M), [jee bele](S), 세미쌀 〈함남〉[함흥, 흥남, 고원], 제비
　　살〈경북〉

394. 莧菜·非冷素古/ 비름.

　　[fei-leng-su-gi](T), [fiyelen](M)

395. 鹹菜·納撒素古/ 소금에 절인 채소.

　　[na-sa-su-gi](T), [nasan](M)

396. 王瓜·素羊恨克/ 왕외.

　　[su-yang-hen-ke](T)

397. 苦瓜·力瓦恨克/ 여주.

[li-wa-hen-ke](T), [lugiya hengke](M)

398. 黃米·費蛇伯勒/ 황미.

[fei-se-be-le](T), [fisihe](M)

399. 廩給米·挂你伯勒/ 고두미.

[gua-ni-be-le](T), [guan](쌀)(N)

400. 梨花·失魯亦刺/ 배나무 꽃.

[ši-lu-i-la](T)

401. 松花·忽力亦刺/ 소나무 꽃.

[hu-li-i-la](T)

402. 樹根·莫荅/ 나무뿌리.

[mo-da](T)

403. 海菜·墨得素古/ 바닷말.

[me-de-su-gi](T)

404. 黃豆·素羊禿力/ 누른콩. 대두.

[su-yang-tu-ri](T)

405. 糠·阿刺/ 겨.

[a-la](T)

5. 새·동물

406. 龍·木都力-[木杜兒](龍)(g)/ 용.
[mu-du-li](T), [muh-tu-rh](g), [mudur](K), [muduri](M), [muduri](S)

407. 虎·塔思哈-[塔思哈](虎)(g)/ 호랑이.
[ta-s-ha](T), [t'ah-si-hah](g), [tasha](K), [tasha](M), [tasěhě](S)

408. 象·速發-[素法](象)(g)/ 코끼리.
[su-fa](T), [su-fah](g), [sufan](M), [suvaN, sufaN](S)

409. 駝·忒木革-[忒厄](駝)(g)/ 낙타.

[te-mu-ge](T), [t'eh'oh](g), [temge](K), [temen](M), [temĕN](S), [temengen]
(몽고어)(N)

410. 馬·木力-[母林](馬)(g)/ 말.

[mu-li](T), [mu-lin](g), [morin](K), [moriN](S), 믈 톤 자히 건너시니이다
〈1447 용비가, 34〉

411. 牛·亦哈-[委罕](牛)(g)/ 소. 이랴.

[i-ha](T), [wei-han](g), [ihan](K), [ihan](M), [ʹihaN](S)

412. 羊·賀泥-[和你](羊)(g)/ 양.

[ho-ni](T), [huo-ni](g), [honi](K), [honin](M), [honiN](S)

413. 犬·因荅忽-[引荅洪](犬)(g)/ 개.

[in-da-hu](T), [yin-tah-hung](g), [indahun](K), [indahûn](M), [yonĕhuN,
ʹinĕhuN](S)

414. 猪·兀甲-[兀黑彦]2)(猪)(g)/ 돼지.

[u-gia](T), [wuh-li-yen](g), [uliyan](K), [ulgiyan](M), [vĕlĕgiaN](S)

415. 貓·哈出/ 고양이.

[ha-ču](T), [kesike](M), [kesĕkee, kesikee](S)

416. 鼠·勝革力-[申革](鼠)(g)/ 쥐.

[šing-ge-li](T), [šen-koh](g), [šinge](K), [singgeri](M), [siŋĕrĕ, siŋĕri](S)

417. 鹿·布兀-[卜古](鹿)(g)/ 사슴.

[bu-u](T), [puh-ku](g), [bugu](K), [buhû](M), [buhĕ](S), [buɣu](몽고
어)(N)

418. 獐·失兒哈-[失兒哈](獐)(g)/ 노루.

[ši-r-ha](T), [ši-rh-hah](g), [širha](K), [sirga](M)

419. 狍·舊/ 고라니. 노루.

[giu](T), [gio](M)

420. 兔·姑麻洪-[古魯麻孩](兔)(g)/ 토끼.

---

2) 그루베의 '兀黑彦'은 '兀里彦'의 오류.

[gu-ma-hung](T), [ku-lu-ma-hai](g), [gulmahai](K), [gûlmahun](M), [gulĕmahuN](S)

421. 雞·替課-[替和](鷄)(g)/ 닭.

[ti-ko](T), [t'i-huo](g), [tiko](K), [coko](M), [coqoo](S)

422. 鵞·牛揑哈-[嫩揑哈](鵝)(g)/ 거위.

[niu-nie-ha](T), [nen(nun)-nieh-hah](g), [niyonniyaha](K), [niongniyaha](M), [niuṇĕnniahĕ](S)

423. 鴨·揑黑-[滅黑](鴨)(g)/ 오리.

[nie-he](T), [mieh-hei](g), [miyehe](K), [niyehe](M), ['iixe](S)

424. 猴·莫虐-[莫嫩](猴)(g)/ 원숭이.

[monio](T), [moh-nen](g), [monio](M), [moni](S)

425. 蛇·妹黑-[梅黑](蛇)(g)/ 뱀.

[mei-he](T), [mei-hei](g), [meihe](K), [meihe](M), [me'ixĕ](S)

426. 豹·失魯兀/ 표범.

[ši-lu-u](T), [silunlynx](M), [silügüsün](몽고어)(N)

427. 虫·亦迷哈-[兀滅哈](蟲)(g)/ 벌레.

[i-mi-ha](T), [wuh-mieh-hah](g), [umiyaha](K), [imiyaha, umiyaha](M), [imahĕ, nimahĕ](S)

428. 燕·失別忽-[失別洪](燕子)(g)/ 제비.

[ši-bie-hu](T), [ših-pieh-hung](g), [šibihun](K), [sibirgan](M), [civaqĕN](S)

429. 雀·舍徹-[嫩揑哈](雀)(g)/ 참새.

[se-če-(hei)](T), [ših-č'i-hei](g), [šicihei](K), [cecike cibin](M), [cicikee](S)

430. 鶯·加忽/ 꾀꼬리.

[gia-hu](T), [giyahûn](M), [giahuN](S)

431. 魚·泥木哈-[里襪哈](魚)(g)/ 고기.

[ni-mu-ha](T), [li-wah-hah](g), [liwaha, limaha?](K), [nimaha](M), [nimĕhaa](S)

432. 獅子·阿非阿-[阿非](獅)(g)/ 사자.

[a-fi-a](T), ['a-fei](g), [afi](K)

433. 麒麟·阿撒郎/ 기린.

[a-sa-lang](T), [arsalan](M)

434. 貂鼠·塞克-[塞克](貂鼠)(g)/ 족재비.

[se-ke](T), [seh-koh](g), [seke](K), [seke](M)

435. 黃鼠·鎖羅希/ 황색쥐.

[so-lo-hi](T), [solohi](M)

436. 驢·額黑-[厄恨](驢)(g)/ 나귀.

[e-he](T), ['oh-hen](g), [eihen](K), [eihen](M), ['e'ixĕN](S)

437. 黑馬·撒哈良木力/ 흑마.

[sa-ha-liang-mu-li](T)

438. 銀鼠·兀捏/ 은색 쥐.

[u-nie](T), [üne](몽고어)(N)

439. 糞鼠·木禿勝革力/ 똥쥐.

[mu-tu-sing-ge-li](T), [muktun](M)

440. 騾子·老撒-[老撒](騾)(g)/ 노새.

[lao-sa](T), [lao-sah](g), [losa](K), [losa](M), [losĕ](S)

441. 青鼠·兀魯忽/ 청색 쥐.

[u-lu-hu](T), [ulhu](M)

442. 狐狸·多必-[朶里必](狐)(g)/ 여우.

[do-bi](T), [to-li-pih/ to-pih-li](g), [doribi](K), [dobi](M), [diovi](S), [dobiri](N)

443. 熊·勒伏-[勒付](熊)(g)/ 곰.

[le-fu](T), [leh-fu](g), [lefu](K), [lefu](M), [lefĕ](S)

444. 扇馬·阿塔木力-[阿荅母林](騸馬)(g)/ 거세한 말.

[a-ta-mu-li](T), ['a-tah mu-lin](g), [akda morin](K), [akta morin](M), ['aqĕtĕ moriN](S)

445. 騾馬·溝木力/ 노새.

[geu-mu-li](T), [geo (morin)](M)

446. 兒馬·阿箚剌木力-[阿只兒母林](兒馬)(g)/ 망아지.

[a-ja-la-mu-li](T), ['a-ci-rh mu-lin](g), [ajir morin](K), [ajirgan/
ajirhan](M), ['ajĕrĕhaN, 'ajirĕhaN](S), [ajar(h)a](N)

447. 野猪·艾笞/ 멧돼지.

[ai-da](T), [aidahan](M)

448. 赤馬·者兒得木力/ 붉은 말.

[je-r-de-mu-li](T), [jerde](tndud)(M)

449. 馬駒·兀兒哈/ 말망아지.

[u-r-ha](T), [unahan(수망아지)](M)

450. 㺕猪·塔麻兀/ 돼지새끼.

[ta-ma-u gia](T), [taman](M)

451. 白馬·尙加木力/ 백마. 부로물(자학)

[šang-gia-mu-li](T)

452. 天鵞·哈魯-[ha](ru)(g)/ 하늘거위.

[ha-lu](T), [hah-rh-wen](g), [garun](K), [garu](M)

453. 黃牛·素羊亦哈/ 누렁소.

[su-yang-i-ha](T)

454. 鷺鷥·廈-[素岸](鷺鷥)(g)/ 해오라기.

[ša](T), [su-'an](g), [suwan](K), [suwan](M)

455. 豚猪·墨黑兀甲/ 돼지.

[me-he-u-gia](T)

456. 鸕鶿·哈撒哈/ 가마우지.

[ha-sa-ha](T), [gûwasihiya](왜가리)(M)

457. 仙鶴·不勒黑-[卜勒黑](仙鶴)(g)/ 두루미.

[bu-le-he](T), [puh-leh-hei](g), [bulehei](K), [bulehen](M), [buluxu](S)

458. 雞啼·替課忽藍必/ 닭 울다.

[ti-ko-hu-lan-bi](T), [hula](M), [hulamĕ](S)

459. 海青·失木-[申科岸](海靑)(g)/ 해청.

    [ši-mu-ko](T), [šen-k'o-'an](g), [šinkoan](K), [cf. šongkon](M)

460. 青庄·襪廈/ 왜가리.

    [wa-ša](T), [wakan](M)

461. 喜鵲·撒此哈/ 까치.

    [sa-tse-ha](T), [saksah](M)

462. 班鳥 鳩·阿林忽帖/ 비둘기.

    [a-lin-hu-tie](T)

463. 志鶴·未住/ 황새.

    [wei-ju](T), [weijun](M)

464. 鴉鶻·回活羅-[回和羅](鴉鶻)(g)/ 난추니.

    [hui-ho-lo](T), [hoei-huo-lo](g), [guwiholo](K)

465. 鵪鶉·木述/ 메추라기.

    [mu-šu](T), [mušu](M)

466. 龜·艾兀麻-[阿于馬](鼈)(g)/ 거북.

    [ai-u-ma](T), ['a-ya-ma](g), [aihuma](K), [aihuma](M), ['a'ihumě](S)

467. 烏鴉·哈哈-[哈哈](鴉)(g)/ 까마귀.

    [ha-ha](T), [hah-hah](g), [gaha](K), [gaha](M), [gahě](S)

468. 鶵鷹·費勒/ 송골매, 새매.

    [fi-le](T), [hiyebele](검은), [fiyelen](누른)(M)

469. 黃雀·鬼里舍徹黑/ 꾀꼬리.

    [gui-li-se-če-he](T), [gulin čecike](M)

470. 螃蟹·亦出黑/ 게.

    [i-ču-he](T)

471. 螻蟻·亦兒或/ 땅강아지. 도로래(자학)

    [i-r-hue](T), [yerhuwe](M), [yurě'imahě](S)

472. 蜘蛛·黑名/ 거미.

    [he-ming](T), [helmehen](M), [xeměxěn](S)

473. 虱·替黑/ 이.

[ti-he](T), [cihe](M), [cixee](S)

474. 蝴蝶·革迫/ 나비.

[ge-po](T), [gefehe](M)

475. 蚊虫·哈兒麻/ 모기.

[ha-r-ma](T), [galman](M), [galĕmĕn](S)

476. 蒼蠅·得兒或/ 파리.

[de-r-hue](T), [derhuwe](M), [durĕvee, duruvuu](S)

477. 角·未黑-[兀也黑](角)(g)/ 불.

[wei-he](T), [wuh-ye-hei](g), [uyehe](K), [weihe, uihe](M), [viixĕ](S),

478. 蹄·發塔/ 발굽.

[fa-ta](T), [fatha](M), [fatĕhĕ, fatĕqĕ](S)

479. 鬃·得力/ 갈기. 상투.

[de-li](T), [delun](M), [delĕN, dulunN](S)

480. 尾·兀徹/ 꼬리.

[u-če](T), [uncehen](M), ['uNcixĕN, 'uNciuxiuN, 'uNciuxiuN](S)

481. 毛·分黑-[分一里黑](髮)(g), [分一里黑](毛)(g)/ 털.

[fun-he](T), [fen-yih-li-hei](g), [funirhei](K), [funiyehe](M), [fenixĕ](S)

482. 蜻蜓·佛羅古/ 잠자리.

[fo-lo-gu](T), 부리〈경북〉(영천)

483. 蚭蟻·谷魯只/ 박쥐.

[gu-lu-ji](T), [gurjen](M)

484. 鴿子·忽帖/ 鴿子

[hu-tie](T), [kuwecihe](M), [gucixee](S)

485. 龍掛·木都力剌其哈/ 선회하다.

[mu-du-li-la-qi-ha](T)

486. 母象·額迷勒速發/ 어미코끼리.

[e-mi-le-su-fa](T), [emile](암새)(M)

487. 虎嘯·塔思哈忽藍必/ 범 울음.

[ta-s-ha-hu-lan-bi](T)

488. 龍戲水·木都力木克過提必/

[mu-du-ri-mu-ke-go-ti-bi](T)

489. 公象·阿迷剌速發/

[a-mi-la-su-fa](T), [amila](M)

490. 戰馬·鑽力剌木力/ 전투말.

[so-li-la-mu-ri](T), [so-li-tu-man](g), [sori](날뛰다), [sorin den](휘달리는 말)(M)

491. 虎咬·塔思哈翁必/ 호랑이소리.

[ta-s-ha-ung-bi](T)

492. 耕牛·兀失塔力勒亦哈/ 밭가는 소.

[u-ši-ta-li-le-i-ha](T), [tari](쟁기)(M), [tiarimě](S)

493. 銀(曷鳥)·孔國力木力/ 봉황.

[kung-go-li-mu-li](T), [konggoro morin](M)

494. 紅沙馬·伏良博羅木力/ 부루말. 부로몰(자학)

[fu-liang-bo-lo-mu-li](T), [boro](회색), [burulu(적색과 흰색)](M)

495. 風狗·額都勒黑因荅忽/

[e-du-le-he-in-da-hu](T)

496. 馬嘶·木力忽藍必/ 말이 울다.

[mu-li-hu-lan-bi](T)

497. 小狗·捏哈/ 작은 개.

[nie-ha](T), [niyahan](M)

498. 小猪·阿沙迷活/ 작은 돼지.

[a-ša-mi-ho](T), [mihan](M), [mihaN](S)

499. 螢火虫·珠深迫/ 반디불이.

[ju-šein-po(?)](T), [juciba](M)

500. 羯羊·阿塔剌賀泥/ 갈양.

[a-ta-la-ho-ni](T), [aktala-](거세한)(M)

501. 黃羊·者力/ 누런 양.

[je-li](T), [jeren](M), [jegere](몽고어)(N)

502. 玳瑁貓·素羊亦刺哈出/ 바다 거북.

[su-yang-i-la-ha-ču](T)

503. 金錢豹·牙兒哈-[牙剌](豹)(g)/ 표범.

[ya-r-ha](T), [ya-lah](g), [yarha](M), [yarěhě](S)

504. 綠毛龜·念加分黑艾兀麻/ 녹색 털을 가진 거북.

[nian-gia-fun-he-ai-u-ma](T)

505. 黃鶯·素羊加忽/ 황색 꾀꼬리.

[su-yang-gia-hu](T)

506. 野貓·兀徹希/ 밤고양이.

[u-če-hi](T), [ujirhi](M)

507. 年魚·剌哈泥木哈/

[la-ha-ni-mu-ha](T), [laha](M)

508. 鶋鶯·顧的/ 꾀꼬리.

[gu-di](T)

509. 麋鹿·卓羅布兀/ 고라니와 사슴.

[jo-lo-bu-u](T), [jolo buhû](암사슴)(M)

510. (虫別)蝠·額主墨/ 박쥐.

[e-ju-me](T)

511. 野雞·兀魯麻-[]()(g)/ 들닭.

[u-lu-ma](T), [wuh-lu-wuh-ma](g), [ulguma](K), [ulhûma](M), ['olěhěmě,
'olěhumě](S)

512. 蛤蠣·塔忽塔/ 대합. 굴.

[ta-hu-ta](T), [tahura](M)

513. 鯉魚·禿舍泥木哈/ 잉어.

[tu-še-ni-mu-ha](T)

514. 蝟鼠·僧革/ 고슴도치.

[seng-ge](T), [sengge](M), [seŋě](S)

515. 蝦·希忒/ 두꺼비.

[hi-te](T)

516. 蜂蜜·葳郎/ 벌.

[sui-lang](T), [suilan](M), [siuliaa](S)

517. 鴛鴦·谷牙洪-[古牙忽](鴛鴦)(g)/ 원앙.

[gu-ya-hung](T), [gu-ya-huh](g), [guyahu](K), [guyahu](M)

518. 象牙·速發未黑-[素法委黑](象牙)(g)/ 상아.

[su-fa-wei-he](T), [su-fah-wei-hei](g), [sufa weihe](K)

519. 肥馬·塔魯木力/ 살찐 말.

[ta-lu-mu-li](T), [taru'u](살 찌다)(N)

520. 瘦馬·禿兒哈木力/ 여윈 말.

[tu-r-ha-mu-li](T)

521. 狗咬·因荅忽翁必/ 개가 물다.

[in-da-hu-ung-bi](T), [younĕhuN-mbi](N)

522. 獅子貓·阿非阿哈出/ 살쾡이.

[s-fi-ha-ču](T)

523. 公雞·阿迷剌替課/ 닭.

[a-mi-la-ti-ko](T)

524. 母雞·額迷勒替課/ 어미닭.

[e-mi-le-ti-ko](T)

6. 건물

525. 房·博/ 방.

　[bo](T), [boo](M), [boo](S)

526. 門·兀尺/ 문.

　[u-či](T), [uce](M), [ˈucii](S)

527. 房簷·博失希木哈/ 처마.

　[bo-ši-hi-mu-ha](T), [sihin], [mohon](끝)(M)

528. 瓦房·瓦子博/ 기와집.

　[wa-ze-bo](T), [wase], [wase boo](M), [waze](N)

529. 草房·斡兒火博/ 초가집.

　[o-r-ho-bo](T)

530. 馬房·木力博/ 마방.

　[mu-li-bo](T)

531. 猪圈·兀甲火羅/ 돼지우리.

　[u-ɡia-ho-lo](T), [horho](마구간)(M), [horĕhĕN](S)

532. 牛欄·亦哈火羅/ 마구.

　[i-ha-ho-lo](T)

533. 鄰舍·汗尺博/ 이웃집.

　[han-či-bo](T), [hansi](인접한)(M)

534. 羊欄·賀泥火羅/ 양우리.

　[he-ni-ho-lo](T)

535. 杔·太兀/ 술 주자.

　[tai-u](T)

536. 梁·太伏-[太本](梁)(ɡ)/ 다리.

　[tai-fu](T), [tˈai-pen](ɡ), [taibun](K), [taibu](M)

537. 椽·梭/ 서깨래.

　[so](T), [son](M)

538. 盖房·博阿藍必/ 지붕.

　　[bo-a-lan-bi](T), [ara-](만들다)(M), [ˈarĕmĕ](S)

539. 塔·速不案/ 탑.

　　[su-bu-an](T), [subarhan](M), [suvarĕhĕN](S)

540. 拆房·博額峯必/ 집 무너지다.

　　[bo-e-feng-bi](T), [efule](부서지다)(M)

541. 新房·亦車博/ 새집.

　　[i-če-bo](T)

542. 竈火·住兀/ 부엌. 브쉅 爲竈〈1446 훈민해, 57〉

　　[ju-u](T), [jun](M), [juN](S)

543. 煙(火甬)·忽郎/ 연통. 굴뚝.

　　[hu-lang](T), [hulan](M), [hulaN](S)

544. 薄子·放察/ 두공. 들보 위에 세우는 기둥. 판자.

　　[fang-ča](T), [fanča](N)

545. 窓·發-[法阿](窻)(g)/ 창. 봉창.

　　[fa](T), [fah-ˈa](g), [faa](K), [fa](M), [faa](S)

546. 板·兀弍/ 널판지.

　　[u-te](T), [undehen](M)

547. 皇殿·斡兒多哈安博/ 황실.

　　[o-r-do-ha-an-bo](T), [ordo](법정)(M)

548. 修房·博苔撒必/ 집을 고치다.

　　[bo-da-sa-bi](T), [dasa-](M), [dasĕmĕ](S)

549. 官房不許作踐·掛你博兀墨哈撒剌/ 관방에서 돌아다니는 것을 금하다.

　　[gua-ni-bo-u-me-ha-sa-la](T), [hasa-](서둘다, 달리다)(M), [guan](N)

550. 門窓不許燒毀·兀尺發兀墨得的勒/ 문이나 창을 불태우는 것을 금하다.

　　[u-či-fa-u-me-de-di-le](T)

551. 幾間房·木姜博/ 여러개의 방.

[mu-gian-bo](T), [giyan](M)

552. 禮部衙門·利布哈發/ 예부 아문.

[li-bu-ha-fa](T), [hafan](공관)(M), [haveN](S), [libn](예부)(N)

553. 兵部衙門·並不哈發/ 병부 아문.

[bing-bu-ha-fa](T), [bing bu](N)

554. 雞籠·替課灼羅/ 닭장.

[ti-ko-šo-lo](T), [šoro](M)

555. 炕·納哈/ 온돌.

[na-ha](T), [nahah](M), [naheN](S)

556. 館驛·官亦/ 관역.

[guan-i](T)

557. 大門·昂八都哈-[]()(g)/ 대문.

[ang-ba-du-ha](T), [tu-hah(ka)](g), [duka](K), [duka](M), [duqaa](S)

558. 儀門·失得其都哈/ 아문의 중문.

[ši-de-ki-du-ha](T), [siden](공간)(M)

559. 脚門·荅八其都哈/ 곁문.

[da-ba-ki-du-ka](T), [dalbaki](M)

560. 柱·禿剌-[禿剌](株)(g)/ 기둥.

[tu-la](T), [t'uh-lah](g), [tura](K), [tura](M), [turaa](우편, 편지)(S)

561. 鐘·中/ 종.

[jung](T), [juṇě](S)

562. 鼓·痛克-[同肯](鼓)(g)/ 북.

[tung-ke](T), [t'ung-k'en](g), [tunken](K), [tungken](M), [tuNkěN](S)

563. 紙·好沙-[好沙](紙)(g)/ 종이.

[hao-ša](T), [hao-ša](g), [hauša](K), [hoošan](M), [hośiN, ha'ušaN](S)

564. 墨·伯黑-[伯黑](墨)(g)/ 먹.

[be-he](T), [poh-hei](g), [behe](M), [bexee](S)

565. 筆·非-[非](筆)(g)/ 붓.

[fi](T), [fei](g), [fi](K), [fi](M), [fii](S)

566. 硯·塞-[塞](硯)(g)/ 연적.

[se](T), [seh(sai)](g), [se](K)

567. 桌·得勒-[忒厄](卓)(g)/ 탁자.

[de-le](T), [tʼeh-](g), [tere](K), [dere](M), [derĕ](S)

568. 橙·木郎-[木剌](橙)(g)/ 걸상.

[mu-laŋ](T), [muh-lah](g), [mulan](K), [mulan](M)

569. 碗·莫羅-[莫羅](碗)(g)/ 사발.

[mo-lo](T), [moh-lo](g), [moro](K), [moro](M), [morĕ](S)

570. 楪·非剌-[非剌](楪)(g)/ 마루.

[fi-la](T), [fei-lah](g), [fila](K), [fila](M), [filaa](S)

571. 盆子·兊子/ 주발.

[fun-ze](T), [feŋse](M), [penzi](N)

572. 筋·撒扒/ 힘줄.

[sa-ba](T), [sabka](M), [safĕqĕ](S)

573. 鍋·木徹-[木先](鍋)(g)/ 노구솥. 무쇠솥.

[mu-če](T), [muh-sien](g), [mušen](K), [mucen](M), [mecĕN](S)

574. 壺·湯平/ 병.

[taŋ-piŋ](T), [tampin](M), [tanping](N)

575. 鎗·吉荅-[吉荅](鎗)(g)/ 창.

[gi-da](T), [kih-tah](g), [gida](K), [gida](M), [gidaa](S)

576. 刀·或失/ 칼.

[hue-ši](T), [huwesi](M), [kuśii](S)

577. 盔·撒叉-[撒乂](盔)(g)/ 투구. 주발.

[sa-ča](T), [sah-čʼa](g), [sača](K), [saca](M)

578. 甲·兀失-[兀稱因](甲)(g)/ 갑옷.

[u-ši](T), [wuh-čʼeng-yin](g), [ukčin](K), [uksin](M), [ʼuxĕsiN](S)

579. 弓·伯力-[薄里](弓)(g)/ 활.

[be-li](T), [poh-li](g), [beri](K), [beri](M), [berii](S)

580. 箭·捏魯-[你魯](失)(g)/ 화살.

[nie-lu](T), [ni-lu](g), [niru](K), [niru](M), [niurĕ, yurĕ](S), [niru](N)

581. 鏡·墨勒苦-[卜弄庫](鏡)(g)/ 거울.

[me-le-ku](T), [puh-lung(nung)-kʼu](g), [bulunku](K), [buleku](M), [bulunNku, bulĕku](S)

582. 剪·哈雜-[哈子哈](剪)(g)/ 가위.

[ha-dza](T), [hah-tai-hah](g), [hajiha](K), [hasaha](M), [hasĕhĕ](S), [haj(h)a](N), 剪 ᄀ새 젼 〈1527 훈몽자, 중-8a〉

583. 盤·阿力古-[阿里庫](盤)(g)/ 소반.

[a-li-gu](T), [ʼa-li-kʼu](g), [aliku](K), [aliku](M)

584. 瓶·化平/ 병.

[hua-ping](T), [huəping](N)

585. 斧·速黑/ 도끼.

[su-he](T), [suhe](M), [suxee, suxuu](S)

586. 鋸·伏黑/ 톱.

[fu-fung](T), [fufun](M)

587. 鍬·兀禿/ 가래.

[u-tu](T), [uldefun](M)

588. 鎖·牙失古/ 자물쇠.

[ya-ši-gu](T), [yaksikû](돌쩌귀)(M)

589. 鑰·箏課/ 열쇠.

[son-ko](T)

590. 線·同谷-[脱戈](線)(g)/ 선.

[tung-gu](T), [tʼoh-kuo](g), [togo/ tongo](K), [tonggo](M), [toŋĕ](S)

591. 針·兀墨-[兀魯脉](針)(g)/ 바늘.

[u-me](T), [wuh-lu-meh](g), [ulme](K), [ulme](M), [ʼunuu](S)

592. 篦子·墨兒黑/ 빗치게.

[me-r-he](T), [merhr](M), [merĕxĕ](S)

593. 梳子·亦的伏-[一兒的洪](梳)(g)/ 얼레빗.

[i-di-fu](T), [yih-rh-tih-hung](g), [irdihun](K), [ijifun](M)

594. 蓆子·得兒希/ 돗자리.

[de-r-hi](T), [derhi](M), [dirixi](S)

595. 枕頭·替兒古-[替勒庫](枕)(g)/ 베개.

[ti-r-gu](T), [t'i-leh-k'u](g), [tireku](K), [cirku](M), [cunuku, cunuku](S)

596. 桶·忽女/ 통.

[hu-niu](T), [hunio](M), [xuni](S)

597. 扇·伏塞古/ 부채.

[fu-se-gu](T), [fuh-seh-gu](g), [fushegu]K), [fusheku](M)

598. 犁鏵·兀浦哈郎/ 쟁기.

[u-pu(fu)-ha-lang](T), [ofoho], [halhan](M)

599. 馬韁繩·木力牙兒伏/ 말고삐.

[mu-li-ya-r-fu](T), [yarfun](M)

600. 匙·撒非/ 숟가락. 삽.

[sa-fi](T), [safi](M)

601. 箒·額兒古/ 비. 빗자루.

[e-r-gu](T), [eriku](M), ['irĕkĕ](S)

602. 簸·非兀/ 키. 풍구.

[fi-u](T), [fiyoo](M)

603. 車·塞者-[塞者](車)(g)/ 수레.

[se-je](T), [seh-če](g), [seje](K), [sejen](M), [sejĕN](S)

604. 網·亦勒/ 망.

[i-le](T), [ile](M)

605. 鈴·洪過/ 방울.

[hung-go](T), [honggon](M), [hoŋĕN](S)

606. 繩·伏塔/ 노끈, 새끼.

[fu-ta](T), [futa](M), [fĕtaa](S)

607. 鐙·禿伏-[tu](fu)(g)/ 등잔.

[tu-fu](T), [t'uh-fu](g), [tufu](K), [tufun](M)

608. 旗·凡察-[番納兒](旗)(g)/ 기. 깃발.

[fan-ča](T), [fan-nah-rh](g), [fannar](K), [fangse], [fanzi](M)

609. 鞊·黑兀忒-[黑卜忒](鞊)(g)/ 가죽 띠. 가죽 끈. 말 안장 끈.

[he-u-te](T), [hei-puh-t'eh](g), [hebte](K), [habta](M)

610. 鞦·忽荅剌-[忒厄](卓)(g)/ 그네.

[hu-da-la](T), [huh-tih-lah](g), [hudila](K), [kûdargan](M), 훈지·흠지〈전
남〉, 홀기〈함북〉〈함남〉

611. 梯子·汪/ 사닥다리.

[wang](T), [wan](M), [vaN](S)

612. 屉·纳木其/ 언치.

[na-mu-ki](T), [namki](M)

613. 酒锺·奴勒忽塔/ 술병.

[nu-le-hu-ta](T), [huntahan](병)(M)

614. 船·的哈-[的孩](船)(g)/ 배.

[di-ha](T), [tih-hai](g), [dihai](K), [jaha](M)

615. 板箱·兀忒相子/ 상자.

[u-te-siang-ze](T), [undehen](M), [xiangzi](N)

616. 腰刀·羅火-[羅和](刀)(g)/ 중요한 길.

[lo-ho](T), [lo-huo](g), [loho](K), [loho](M), [lohĕ](S)

617. 連刀·哈禿/ 원형 낫.

[ha-tu](T), [hadufun],[hadu-](M)

618. 牛車·亦哈塞者/ 우차.

[i-ha-se-je](T)

619. 鞍坐·掃伏/ 안장.

[saofu](T), [soforo](M)

620. 帳房·察察星-[丸赤里](帳房)(g)/ 휘장, 장막.

[ča-ča-li](T), [čah-čah-li](g), [jačili](K), [cacari](M)

621. 轡頭·哈荅剌-[塔荅](轡)(g)/ 고삐.

[ha-da-la](T), [t'a-ta](g), [tada](K), [hadala](M), [hadělě, qadělě](S)

622. 馬鞍子·木力案革木-[恩革埋](鞍)(g)/ 말안장.

[mu-li-an-ge-mu](T), ['en-koh-mai'](g), [engemer](K), [enggemu](M), ['emĕŋĕ](S)

623. 肚帶·窩羅/ 복대.

[o-lo](T), [olon](M)

624. 馬槽·木力忽日/ 말구유.

[mu-li-hu-ži](T), [huju](M), [xujuN](S)

625. 鞭子·速失哈-[素失該](鞭)(g)/ 채찍.

[su-ši-ha](T), [su-ših-kai](g), [sušigai](K), [susiha](M), [susihaa, siusihaa, susihaa](S)

626. 鈎·過活/ 갈고리.

[go-ho](T), [gohon](M), [gohě](S)

627. 兎毫筆·姑麻洪分黑非/ 토기털로 만든 붓.

[gu-ma-hung-fun-he-fi](T)

628. 金盌·安出撒叉/ 금으로 만든 주발.

[an-ču-sa-ča](T)

629. 朝鐘·斡兒多中/ 아침 종.

[o-r-do-jung](T)

630. 更鼓·經都勒痛克/ 밤에 울리는 북.

[ging-du-le-tung-ke](T)

631. 酒罈·奴勒麻魯/ 술단지.

[nu-le-ma-lu](T), [malu](M), [malě](S)

632. 磁碗·禿忽魯/ 사기 사발.

[tu-hu-lu](T), [tomoro](M)

633. 燈臺·非兀剌顧-[非本](燈)(g)/ 등대.

[fi-u-la-gu](T), [fei-pen](g), [fibun](K), [hiyabun], [hiyabulaku](M)

634. 割羊盤·賀泥非塔阿力古/ 자른 고기 담는 접시.

[ho-ni-fi-ta-a-li-gu](T), [faita](자르다)(M)

635. 紡車·佛羅古/ 물레.

[fo-lo-gu](T), [forko](M), [forequ](S)

636. 蠅拂·得兒或博多/ 파리채.

[de-r-hue-bo-do](T), [derhuwe bašakû](M), [bodo-](짐승몰이)(N)

637. 魚網·泥木哈阿速/ 어망.

[ni-mu-ha-a-su](T), [asu](M), [ˈasě](S)

638. 琵琶·苦魯/ 비파.

[ku-lu](T), [hûru](M), [quɣur]. [quur](몽골어)(N)

639. 打圍網·撒哈荅亦勒/ 포획망.

[sa-ha-da-i-le](T), [sahada-](M)

640. 胡琴·其箚力/ 비파.

[ki-ja-li](T)

641. 哱羅·布魯墩必/ 바라.

[bu-lu-dun-bi](T), [burde-](M)

642. 嗩吶·牙兒希/ 태평소.

[ya-r-hi](T), [ya-hu-hi](N)

643. 熨斗·忽失古/ 인두.

[hu-ši-gu](T), [huwešeku](M)

644. 鐵盔·塞勒撒叉/ 쇠주발.

[se-le-sa-ča](T)

645. 皮甲·速古兀失/ 짐승 껍질로 만든 갑옷.

[su-gu-u-ši](T)

646. 鐵甲·塞勒兀失/ 쇠로 만든 갑옷.

[se-le-u-ši](T)

647. 火箭·他捏魯/ 불화살.

    [tɑ-nie-lu](T)

648. 鐵鎖·塞勒牙失古/ 쇠사슬.

    [se-le-yɑ-ši-gu](T)

649. 銅鎖·失力牙失古/ 구리 사슬.

    [ši-li-yɑ-ši-gu](T)

650. 柱杖·退伏/ 지팡이.

    [tui-fu](T), [teifun](M), [te'ifuN](S)

651. 銅鼓·失力痛克/ 꽹가리.

    [ši-li-tung-ke](T)

652. 雨傘·阿古散/ 우산.

    [ɑ-gu-san](T), [san](N)

8. 사람

653. 皇帝·哈安-[罕安你](皇帝)(g)/ 황제.

    [ha-an](T), [han-'an-ni](g), [hganni](K), [han](M), [haaN](S), [quɤan](몽골어)(N)

654. 官·背勒-[必忒黑背勒](文官)(g)/ 관.

    [bei-le](T), [pei-leh](g), [beile](K), [beilĕ](M)

655. 大人·昂八捏麻-[厄然你捏兒麻](主人)(g)/ 대인. 주인.

    [ang-ba-nie-ma](T),   [nieh-rh-ma](g),   [niyarma](K),   [niyalma](M), [naŋĕ](S)

656. 民·亦忒-[一忒厄](黎民), [一忒厄](民)(g), [一忒厄](黎民), [一忒厄](民)(g)/ 백성.[3]

---

3) 伊彦: 여진(女眞)이 사는 마을, 또는 그 지방을 말함. '伊彦'은 여진 말로 백성이란 뜻인데 그들이 살고 있는 부락 또는 그 지방을 가리켜 이언이라 함. 또는 일언(逸彦, irgen)이라고도

[i-te](T), [yih-t'eh-'oh](g), [itege](K), [irgen](M), ['irĕxĕN](S)

657. 頭目·苔哈剌捏麻/ 집단의 우두머리.

[da-ha-la-nie-ma](T), [da](M)

658. 吏·必忒失/ 벼슬아치.

[bi-te-ši](T)

659. 軍·朝哈-[鈔哈](軍)(g)/ 군.

[čao-ha](T), [č'ao-hah](g), [čauha](K), [cooha](M), [cuahĕ](S), [juren](군인)(N)

660. 公·阿木哈/ 공.

[a-mu-ha](T), [amha](M), ['amĕhĕ](S)

661. 婆·額木黑/ 할머니.

[e-mu-he](T), [emhe](M), ['emĕxĕ](S)

662. 父·阿麻-[阿民](父)(g)/ 아버지.

[a-ma](T), ['a-min](g), [amin](K), [ama](M), ['amĕ](S)

663. 母·額墨/ 어머니.

[e-me](T), [eniye](M), ['eni, 'eni'ee](S)

664. 兄·阿洪-[阿渾溫](兄)(g)/ 형.

[a-hung](T), ['a-hun-wen](g), [ahun](K), [ahûn](M), ['ahuNduu](S)

665. 弟·豆-[斗兀溫](弟)(g)/ 아우.

[deu](T), [teu-wuh-wen](g), [degun](K), [deo](M), [duu](S)

666. 姐·革革/ 언니, 누나.

[ge-ge](T), [gege](M), [gexee](S)

667. 妹·耨兀-[捏忽溫](妹)(g)/ 여동생, 누이동생.

[neu-u](T), [nieh-hun-wen](g), [niyohun](K), [non](M), [nuN](S)

668. 孫·斡莫羅-[斡莫羅](孫子)(g)/ 손자, 손녀.

[o-me-lo](T), [woh-moh-lo](g), [omolo](K), [omolo](M), ['omĕlĕ](S)

한다. 태종 3권, 2년(1402) 임오/ 명 建文 4년 4월 25일(정축) 1번째 기사.

669. 女·撒藍追/ 여자.

  [sa-lan-jui](T), [sargan jui](M), [sahĕNji](S)

670. 窮·牙荅洪/ 가난하다.

  [ya-da-hung](T), [ya-da-hung](M), [yadĕhN](S)

671. 兒-哈哈追-[哈哈愛](男子)(g)-[追一](孩子)(g)/ 아이.

  [ha-ha-jui](T), [hah-hah-ai], [cui-yih](g), [hahai], juwii](K), [haha],

  [jui](M), [hahe], [jii](S)

672. 醜·歐松-[厄舞](醜)(g)/ 추하다, 못생기다.

  [eu-sung](T), ['oh-wu](g), [eru](K), [ersun](M), ['erĕsuN](S)

673. 俊·活着/ 준수하다, 잘나다.

  [ho-jo](T), [hojo](M), [hojĕ](S)

674. 等·阿力速/ 등급.

  [a-li-su](T), [aliya-](M), ['ialime](S)

675. 你·失/ 너.

  [ši](T), [si](M), [sii](S)

676. 我·必-[密你](我)(g)/ 내.

  [bi](T), [mih-ni](g), [mini](K), [bi],[mini](M), [bii,mini](S)

677. 伯父·撒荅/ 큰아버지.

  [sa-da](T), [sakda](M)

678. 伯母·黑黑撒荅/ 큰어머니.

  [he-he-sa-da](T), [hehe](M), [xexĕ](S)

679. 嬸母·兀黑墨/ 숙모.

  [u-he-me](T), [uhume](M)

680. 嫂·阿熱/ 형수.

  [a-že](T), [aša](M), ['aśĕ, 'aśĕ](S)

681. 叔父·額舍黑/ 숙모.

  [e-se-he](T), [ecike](M)

682. 女婿·活的-[南哈洪](安)(g)/ 사위.

[ho-di](T), [huo-tih-woh](g), [hodiyo](K), [hojihon](M), [hocěhuN, hocuhuN](S)

683. 舅母·納哈出額木黑/ 시어머니.

[na-ha-ču-e-mu-le](T)

684. 母舅·納哈出/

[na-ha-ču](T), [nakcu](M)

685. 親家·撒都-[撒都孩](親)(g)/ 친가.

[sa-du](T), [sah-tu-kai](g), [sadugai](K), [sadun](M)

686. 家人·博亦捏麻/ 식구.

[bo-i-nie-ma](T)

687. 小舅·墨葉/ 시아주버니.

[meye](T), [meye](M)

688. 卑幼·阿沙/ 젊은.

[a-ša](T), [asihan](M)

689. 家長·額熱-[厄然你府](主輔)(g)/ 가장.

[e-že](T), ['oh-žan-ni](g), [ejenni](K), [ejen](M), ['ejěN](S)

690. 奴婢·阿哈-[阿哈愛](奴婢)(g)/ 노비.

[a-ha](T), ['a-hah-'ai](g), [ahai](K), [aha](M), ['ahě](S)

691. 老實·團多-[團朶](忠)(g)/ 정직하다.

[ton-do](T), [t'uan-to](g), [tondo](K), [tondo](M), [toNdě](S)

692. 老人·撒荅捏麻/ 노인.

[sa-da-nie-ma](T), [sakda](M), [sahědě](S)

693. 少人·阿沙捏麻/ 젊은이.

[a-ša-nie-ma](T)

694. 好人·賽因捏麻-[塞因](好)(g)/ 좋은 사람.

[sai-in-nie-ma](T), [sai-yin](g), [sain](K), [sain](M)

695. 富人·拜牙捏麻-[伯羊](富)(g)/ 부자.

[bai-ya-nie-ma](T), [poh-yang(pai-yang)](g), [bayan](K), [bayan](M), [ba'iN](S)

696. 反人·伏荅速揑麻/ 다른 사람.

　　[fu-da-su-nie-ma](T), [fudasi](저항자)(M)

697. 歹人·額黑揑麻-[厄黑伯揑兒麻](歹人)(g)/ 나쁜 사람.

　　[e-he-nie-ma](T), ['oh-hei-poh nieh-rh-ma](g), [ehebe niyarma](K), [ehe

　　niyalma](M), ['exě](S)

698. 商人·忽荅廈揑麻/ 상인.

　　[hu-da-ša-nie-ma](T), [hudaša](무역)(M)

699. 賊人·忽魯哈揑麻-[虎剌孩揑兒麻](賊人)(g)/ 도둑.

　　[hu-lu-ha-nie-ma](T), [hu-lah-hai-nieh-rh-ma](K), [hulahai niyarma](K),

　　[hulha](M), [hulěhaa](S)

700. 銀匠·猛古發失/ 은장인. 은바치.

　　[meng-gu-fa-ši](T)

701. 恩人·拜力揑麻/ 은인.

　　[bai-li-nie-ma](T), [baili](우아함)(M)

702. 染匠·亦徹發失/ 염색 장인. 염바치.

　　[i-če-fa-ši](T), [ice-](말리다)(M), ['icimě](S)

703. 銅匠·失力發失/ 구리 장인. 동바치.

　　[ši-li-fa-ši](T)

704. 麻子·別禿/ 곰보.

　　[bie-tu](T), [biyataha](M)

705. 長子·背夜得揑麻/ 맏아들.

　　[bei-ye-de-nie-ma](T)

706. 帽匠·麻希剌阿剌發失/ 갓바치.

　　[ma-hi-la-a-la-fa-ši](T), [ara-](만들다)(M)

707. 錫匠·托活羅發失/ 석장. 주석바치.

　　[to-ho-lo-fa-ši](T)

708. 聾子·都禿/ 귀머거리.

　　[du-tu](T), [dutu](M), [dutu](S)

709. 瘦子·禿兒哈-[禿哈](瘦)(g)/ 여윈 사람.

  [tu-r-ha](T), [t'uh-hah](g), [turha](K), [turga](M)

710. 風子·額都勒黑/ 미친 사람.

  [e-du-le-he](T), [edule-], [edu](바람)(M), [edule-](미쳐가다)(N)

711. 瞎子·多/ 맹인.

  [do](T), [dogo](M), [dohe](S)

712. 啞子·黑勒/ 농아.

  [he-le](T), [hele](M), [xelě](S)

713. 痴子·玉禿/ 어리석다. 미치광이.

  [yu-tu](T), [yuto](M)

714. 二哥·箚替阿洪/ 둘째 형(오빠).

  [ja-ti-a-hung](T), [jacin](M), [jiaci](S)

715. 大哥·昂八阿洪/ 큰 형(오빠).

  [ang-ba-a-hung](T)

716. 二姐·箚替革革/ 둘째 누나(언니).

  [ja-ti-ge-ge](T)

717. 輕薄·未忽苦/ 경박하다.

  [wei-hu-ku](T), [weihuken](M), [ve'ixukěN](경솔하다)(S)

718. 謹慎·迓遲/ 삼가하다.

  [ya-či](T)

719. 肥·塔魯兀-[塔溫](肥)(g)/ 살찌다.

  [ta-lu-u](T), [t'ah-wen](g), [tagun](K), [tarhun](M), [tarěhuN](S)

720. 繰子匠·兀木素都勒發失/ 실을 만드는 장인.

  [u-mu-su-du-le-fa-ši](T), [umiyesun], [du-](M)

721. 愁·失納必-[申納剌](愁)(g)/ 근심.

  [ši-na-bi](T), [šen-nah-lah](g), [šinnala](K), [sinagala-](M), [siněhaN](S)

722. 是·亦奴-[一那](是)(g)/ 옳다.

  [i-nu](T), [yih-na](g), [ina](K), [inu](M), ['iN](역시)(S)

723. 耍·額非必/ 움직이다. 연주하다.

　　[e-fi-bi](T), [efi-](M), ['ifimĕ](S)

724. 起·亦立-[一立本](立)(g)/ 일어나다.

　　[i-li](T), [yih-lih-pen](g), [ilibun](K), [ili-](M), ['iimĕ, 'ilamĕ](S)

725. 遲·貴荅哈/ 더디다.

　　[gui-da-ha](T), [goida-](M), [go'idamĕ](시간을 끌다)(S)

726. 子·追-[追一](孩子)(g)/ 아들.

　　[jui](T), [čui-yih](g), [juwii](K), [jui](M), [jii](S)

727. 逃·兀哈哈/ 도망가다.

　　[u-ha-ha](T), [uka-](M), ['uNqamĕ, 'uqamĕ](S)

728. 家奴·博亦速古/ 가노. 지벵 부리는 노비.

　　[bo-i-su-gu](T), [sugu](M)

729. 夫妻·額亦額-[撒里安](妻)(g)撒剌/ 부부.

　　[e-i-e-sa-la](T), [Sah-li-'an](g), [sarigan](K), [eigen](남편), [sargan](부
　　인)(M), [iixĕn], [sarĕhĕN](S)

730. 爺·馬發-[忒革馬法](高祖)(g)/ 할아버지.

　　[ma-fa](T), [(t'eh-koh) ma-fah](M), [(tege) mafa](K), [mafa](M), [mafĕ](S)

731. 木匠·莫發失/ 나무장. 목바치.

　　[mo-fa-ši](T)

732. 夷人·猛過捏麻-[蒙古魯](韃靼)(g)/ 오랑캐.

　　[meng-go-nie-ma](T), [meng-ku-lu](g), [mongul](몽고인)(K), [monggo](M),
　　[moŋĕ](S)

733. 通事·痛塞/ 통역.

　　[tung-se](T), [tungge](N)

734. 胖子·禿魯者黑/ 살찐 사람.

　　[tu-lu-je-he](T), [tuleje-](뚱뚱한)(M)

735. 漢人·泥哈捏麻/ 한인.

　　[ni-ha-nie-ma](T), [nikan](M), ['iqaN](S)

736. 頑耍·葳必額非必/ 완고하다.

[sui-bi-e-fi-bi](T), [efi-](M)

737. 急性·哈塔的力/ 급성.

[ha-ta-di-li](T), [hatan jili](M)

738. 慈善·那木活-[嫩木和](善)(ɡ)/ 자선.

[na-mu-ho](T), [nen(nun)-muh-huo](ɡ), [ninmuho](K), [monhon](M), [noměhuN](S)

739. 皇帝萬葳·哈安禿墨塞-[土滿塞革](萬壽)(ɡ)/ 황제 만세.

[ha-an-tu-me-se](T), [tʻu-man seh-koh](ɡ), [tuman sege](K)

740. 皇帝洪福·哈安說迷忽禿力/ 황제 복받으세요.

[ha-an-šo-mi-hu-tu-li](T), [(ʻan-pan-lah)], [hun-tʻuh-rh](ɡ), [amban(la)hutur](K), [huturi](M)

741. 愁喜·失納必兀魯珠必-[申納剌](愁)(ɡ)-[幹溫者勒](喜)(ɡ)-[幹溫者勒](歡)(ɡ)/ 근심과 기쁨.

[ši-na-bi],[u-lu-ju-bi](T), [šen-nah-lah], [woh-wen-ce-leh](ɡ), [šinnala], [urgunjere](K),

[sinagan], [urgunje-](행복하게)(M)

742. 慷慨·鎭都勒/ 의롭지 못한 것을 보고 정의심(正義心)이 복받치어 슬퍼하고 한탄(恨歎)하다.

[jen-du-le](T)

743. 善人·那木活捏麻/ 착한 사람.

[na-mu-ho-nie-ma](T)

744. 奸詐·額徹笥力/ 간사하다.

[e-če-ja-li](T), [eitere-], [jalingga](M)

745. 醫人·大夫捏麻/ 의사.

[dai-fu-nie-ma](T), [daifu](M), [daifu](N)

746. 不是·幹哈/ 아니다.

[o-ha](T), [akû](M)

747. 匠人·發失捏麻/ 바치.

[fa-ši-nie-mɑ](T), [faksi](M), [faĥěśi, faqěśi](S)

748. 惡人·過速捏麻/ 나쁜 사람.(좋은 사람)

　　[go-su-nie-mɑ](T), [gosi-](M)

　　* '惡'[e]는 '愛'[ɑi]의 오류.

749. 裁縫·才風/ 재봉.

　　[tsɑi-fung](T)

750. 軟弱·兀魯忽/ 연약.

　　[u-lu-hu](T)

751. 陀子·橫都/ 곱추.

　　[heng-du](T), [hundu](M)

752. 皮匠·速古發失/ 갖바치.

　　[su-gu-fa-ši](T)

753. 甲匠·兀失都勒發失/ 갑옷바치.

　　[u-ši-du-le-fa-ši](T)

754. 缺唇兒·富木額測/ 언청이.

　　[fu-mu-e-tse](T), [omcoko], [əsen](비스듬한)(M)

755. 洗白匠·阿都敖勒發失/ 세탁바치.

　　[a-du-ao-le-fa-ši](T)

756. 泥水匠·伯和發失/ 미장바치.

　　[be-ho-fa-ši](T)

757. 禿子·賀它/ 대머리.

　　[ho-to](T), [hoto](M), [hotě](S)

9. 사람의 행동

758. 來·丟-[的溫](來)(g)/ 오다.

　　[diu](T), [tih-wen](g), [digun](K), [ji-](M), [jime](S)

759. 去·革捏-[革捏黑](去)(ɡ)/ 가다.

[ɡe-nie](T), [koh-nieh-hei](ɡ), [ɡenehei](K), [ɡene-](M), [ɡenĕmĕ](S)

760. 跪·捏苦魯-[滅苦魯](跪)(ɡ)/ 무릎 꿇다.

[nie-ku-lu](T), [mieh-k'u-lu](ɡ), [miyakuru](K), [niyakûra-](M), [yaqurĕmĕ](S)

761. 拜·恨其勒-[兀住康克勒眛](叩頭)(ɡ)/ 절하다.

[hen-ki-le](T), [k;anɡ-k;oh-leh-mei](ɡ), [kankelemei](K), [henɡkile-](M),
[xeNkilĕmĕ](S)

762. 鞠躬·忽入-[背也忽如刺](鞠躬)(ɡ)/ 존경尊敬하는 마음으로 윗사람이
나 영위(靈位) 앞에서 몸을 굽힘.

[hu-žu](T), [huh-žu-lah](ɡ), [hujula](K), [huju-](M)

763. 賞賜·尚四/ 상을 주다.

[šanɡ-si](T)

764. 進貢·忒得墨-[忒忒卜廒](進貢)(ɡ)/ 공물을 바치다.

[te-de-me](T), [t'eh-t'eh-puh-ma](ɡ), [trtrbuma](K), [dekdebu](M)

765. 筵席·八剌必/ 임금과 신하臣下가 모이어 자문 주답諮問奏答하던 자리.

[ba-la-bi](T), [bara-](섞이다), [barabu-](M)

766. 見·阿察-[哈察別](見)(ɡ)/ 보다.

[a-ča](T), [hah-č'ah-pieh](ɡ), [hačabi](K), [ača-](M), ['acĕmĕ](S)

767. 方物·巴亦兀力-[兀里因](財)(ɡ)/ 방물.

[ba-i-u-i](T), [wuh-li-yin](ɡ), [ulin](K), [ba](장소), [ulin](물건)(M)

768. 回·木力-[木塔本](還)(ɡ), [木塔本](回)(ɡ)/ 돌아오다.

[mu-li](T), [muh-t'an-pen](ɡ), [mutabun](K), [mari-](M), [marimĕ](S)

769. 睡·得都-[忒杜勒](睡)(ɡ)/ 잠자다.

[de-du](T), [t'eh-tu-leh](ɡ), [tefure](K), [dedu-](M), [dudumĕ](S)

770. 坐·忒-[忒別](坐)(ɡ)/ 앉다.

[te](T), [t'eh-pieh](ɡ), [tebi](K), [te-](M), [temĕ](S)

771. 笑·因者必-[印者](笑)(ɡ)/ 웃다.

[in-je-bi](T), [yin-če](ɡ), [inje](K), [inje-](M), ['iNjimĕ, 'iNjĕmĕ](S)

772. 哭·宋谷必-[桑戈魯](哭)(g)/ 울다.

[sung-gu-bi](T), [sang-kuo-lu](g), [sangoru](K), [songgo-](M), [soŋěmě](S)

773. 說·恨都-[恨都魯](說)(g)/ 말하다.

[hen-du](T), [hen-tu-lu](g), [henduru](K), [hendu-](M)

774. 問·佛你-[埋番住](問)(g)/ 묻다.4)

[fo-ni](T), [mai-fan-ču], [fan-ču-mai](g), [fanjumai](K), [fonji-](M), [fioNjimě](SD)

775. 怕·革勒必-[革勒勒](懼)(g), [革勒勒](怕)(g)/ 두려워하다.

[ge-le-bi](T), [koh-leh-leh](g), [gelere](K), [gele-](M), [gelěmě](S)

776. 聽·斷的-[端的孫](聽)(g), [端的吳](聞)(g)/ 듣다.

[don-di](T), [tuan-di-sun](g), [dondisun](K), [donji-](M), [dioNjimě](S)

777. 敬·禿其/ 공경하다.

[tu-ki](T), [tukiye-](M), [tiukimě gisurěmě](공경스럽게 말하다)(S)

778. 和·奴失-[奴失因](和)(g)/ 화합하다.

[nu-ši](T), [nu-ših-yin](g), [nušin](K), [necin](M)

779. 到·亦失哈-[一十埋](至)(g)-[]()(g)/ 이르다. 도달하다.

[i-ši-ha](T), [yih-ših-mai](g), [išimai](K), [isi-](M)

780. 羞·吉力出克-[札法別](浦)(g)/ 부끄러워하다.

[gi-li-ču-ke](T), [kih-lu-č'uh](g), [giruču](K), [giručun], [giruke](M), [giričuN, gičikě, gičuku](S)

781. 忙·歐深必-[厄兀魯](卽)(g), [厄兀魯](忙)(g)/ 바쁘다.

[eu-šin-bi](T), [ʼoh-wuh-lu](g), [egur](K), [ebse-](서둘다)(M)

782. 愛·背因必-[背也眛](愛)(g)/ 사랑하다.

[bei-yin-bi](T), [pei-ye-mei](g), [beyemei](K), [buye-](M), [buyěmě, beyěmě](S)

783. 睡醒·革忒黑/ 깨다.

[ge-te-he](T), [gete-](M), [getěmě](S)

---

4) 그루베의 '埋番住'는 '番住埋'의 오류.

784. 惱·伏欣必-[肥希刺](怒)(g), [肥希刺](惱)(g)/ 고뇌하다.

[fu-hin-bi](T), [fei-hi-lah](g), [feshila](K), [fuhiye-](화내다)(M)

785. 討·拜失-[伯申](討)(g)/ 토론하다.

[bai-ši](T), [poh-šen](g), [baišin](K), [bai-](M), [biamě](S)

786. 醉·索托活-[瑣脫和](醉)(g)/ 취하다.

[so-to-ho](g), [so-t'o-huo](g), [sokotoho](K), [sokto](M), [soqětěmě, sohětěmě, soqětumě](S)

787. 退·木力/ 물러나다.

[mu-li](T)

788. 走·伏力速/ 달리다.

[fu-li-su](T), [feliye-](M)

789. 要·盖速-[哈札魯](要)(g)/ 요긴하다.

[gai-su](T), [hah-cah-lu](g), [gajaru](K), [gai-](가지다)(M), [gaimě](S)

790. 進·朶深丢-[朶申](進)(g)/ 나아가다.

[do-šin-diu](T), [to-šen](g), [došin](K), [dosi-](M), [diosimě](S)

791. 動·阿成加-[阿赤都魯](動)(g)/ 움직이다.

[a-čing-gia](T), ['a-č'ih-tu-lu](g), [ačiduru](K), [acinggiya](M)

792. 住·塔哈速/ 살다.

[ta-ha-su](T), [te-](살다)(M), [teme](S)

793. 使·塔苦哈-[塔苦剌孩](差)(g), [塔苦剌孩](使)(g)/ 시키다. 부리다.

[ta-ku-ha](T), [t'ah-k'u-lah-hai](g), [takurahai](K), [takura-](M), [taqureme, taqurume](S)

794. 扯·過提/ 찢다.

[go-ti](T), [goci-](M)

795. 舞·痲失必/ 춤추다.

[ma-ši-bi](T), [makši-](M), [mahěsimě, maqěsimě](S)

796. 成·墨忒黑/ 이루다.

[me-te-he](T), [mute-](M)

797. 偷·忽魯哈/ 훔치다. 호배다〈경상〉

　　[hu-lu-ha](T), [hulha-](M)

798. 得·八哈/ 얻다.

　　[ba-ha](T), [baha-](M), [bahĕmĕ](S)

799. 買·兀荅-[愛晚都昧](買)(g)/ 사다.

　　[u-da](T), ['ai-wan-tu-mei](g), [aiwandumei](K), [uda-](M), ['uncamĕ
　　giamĕ](S)

800. 跳·伏出/ 도약하다.

　　[fu-ču](T), [fekce-](M), [fekumĕ](S)

801. 分·鄧得徹/ 나누다.

　　[deng-de-če](T), [dendece-](M), [deNdĕmĕ](S)

802. 搶·都力勒-[道里昧](搶)(g)/ 부딪히다.

　　[du-li-le](T), [tao-li-mei](g), [daulimei](K), [duri-](M), [diuimĕ](S)

803. 借·拙兀/ 빌리다.

　　[jue-u](T), [juwen bu-](M), [juN bumĕ](S)

804. 賣·翁察/ 팔다.

　　[ung-ca](T), [unca-](M), ['uNcamĕ bumĕ](S)

805. 與·布/ 주다.

　　[bu](T), [bu-](M), [bumĕ](S)

806. 還·套荅/ 되돌아오다.

　　[tao-da](T), [tooda-](M), [todĕmĕ, todumĕ](S)

807. 看·托哈/ 보다.

　　[to-ha](T), [tuwa-](M), [taamĕ](S)

808. 不要·盖剌夸/ 불필요하다.

　　[gai-la-kua](T)

809. 生·伴的哈-[半的孩](生)(g)/ 나다.

　　[ban-di-na](T), [pan-tih-hai](g), [bandihai](K), [banji-](M), [baNjimĕ,
　　banjĕmĕ](S)

810. 打·度-[]()(g)/ 치다.

　　[du](T), [tu-ku-mei](g), [dugumei](K), [du-](M)

811. 捉拿·箚發哈-[札法別](捕)(g)/ 잡다. 채포하다.

　　[ja-fa-ha](T), [čah-fah-pieh](g), [jafabi](K), [jafa-](M), [jafěmě](S)

812. 死·不尺黑-[卜車黑](死)(g)/ 죽다.

　　[bu-či-he](T), [puh-č'e-hei](g), [buce-](M), [becěmě](S)

813. 情愿·亦你替哈/ 원정. 원망함.

　　[i-ni-ti-ha](T), [ciha], [ini cihai](힘이 미치지 못함)(M), [ciha'i](자유롭
　　게)(S)

814. 懶憛·伴忽/ 탈락하다.

　　[ban-hu](T), [banuhûn](M), [baněhuN](S)

815. 酒醒·奴勒速不哈/ 술이 깨다.

　　[nu-le-su-bu-ha](T), [subu-](M), [suvumě](S)

816. 和勸·奴失/ 잘 어울리다.

　　[nu-ši](T)

817. 跑馬·木力伏失勒/ 말 달리다.

　　[mu-li-fu-ši-le](T), [feksi-](질주하다)(M)

818. 厮殺·素力必-[瑣里都蠻](戰)(g)-[]()(g)/ 하인을 살해하다.

　　[su-li-bi](T), [so-li-tu-man](g), [soriduman](K), [sori-](어긋나다)(M)

819. 打圍·撒哈荅必-[撒荅昧](打圍)(g)/ 사냥하다.

　　[sa-ha-da-bi](T), [sah-tah-mei](g), [sahadamei](K), [sahada-](M)

820. 商議·黑兀得/ 상의하다.

　　[he-u-de](T), [hebte-](M)

821. 搶擄·道力哈/ 포착하다.

　　[dao-li-ha](T), [duri-](훔치다)(M), [diurimě](S)

822. 辭·革捏黑/ 아뢰다.

　　[ge-nie-he](T)

823. 嗔怪·伏欣必/ 꾸짖다. 나무라다.

[fu-xin-bi](T)

824. 不賢良・通墨阿誇/ 불량하다.

[tung-me-a-kua](T)

825. 接・我多/ 만나다.

[o-do](T), [okdo-](M), [ohěděmě, ohědumě, o'udume](S)

826. 怒・的力禿提/ 노하다.

[di-li-tu-ti](T), [jili](M), [jili](S)

827. 驚・過羅活/ 놀라다.

[go-lo-ho](T), [go-lo-](M), [gelěmě golěmě](S)

828. 尋・伯因必/ 찾다.

[bo-in-bi](T), [bai-](M)

829. 送・伴的黑/ 보내다.

[ban-di-he](T), [benji-](M)

830. 迎・我多火/ 맞이하다.

[o-do-ho](T)

831. 無用・拜塔誇/ 쓸모없다.

[bai-ta-kua](T), [baitakû](M)

832. 催・哈體必/ 재촉하다. 깝치다.

[ha-ti-bi](T), [hacihiya-](M)

833. 喚・素力墨哈的哈/ 부르다.

[su-li-me-ha-de-ha](T), [suri](울다), [gaji](사방으로 옮기다)(S)

834. 爭・恨者必/ 다투다.

[hen-je-bi](T), [elje-](대항하다)(M)

835. 勸解・塔伏剌哈/ 조정하다.

[ta-fu-la-ha](T), [tafula-](경고하다)(M)

836. 不成器・化廈剌誇/ 쓸모없는 인간이 될 것이다.

[hua-ša-la-ku](T), [hûwaša-](늘어나는)(M)

837. 作揖・常如剌/ 읍하다.

[čang-zu-la](T), [čanjura-](M)

838. 答應·大納剌/ 응답하다.

[da-na-la](T)

839. 思量·伏捏占必/ 생각하다.

[fu-nie-jan-bi](T), [funiyagan](판단하다)(M)

840. 不來·的勒誇/ 오지 않다.

[di-le-kua](T)

841. 肚飢·後力兀倫必/ 배. 복부.

[heu-li-u-lun-bi](T), [uru-](M), ['urunĕmĕ, 'urunumĕ](S)

842. 曉得·兀二希黑/ 효득하다. 깨닫다.

[u-r-hi-he](T), [ulhi](M), ['uliximĕ](S)

843. 仔細問·荅忽荅忽佛你速/ 질문하다.

[da-hu-da-hu-fo-ni-su](T), [dahu-](반복하다)(M)

844. 拿來了·哥的哈/ 가져가다.

[ge-di-ha](T), [gaji-](M)

845. 不知道·撒剌誇/ 모르다.

[sa-la-kua](T)

846. 不要這等·兀墨兀塔剌/ 이렇게 하지 말아라.

[u-me-u-ta-la](T), [ume](말다), [utala](이 처럼 행하다), [uttu](이와 같은)(M)

847. 一起走·額木得伏力速/ 함께 가다.

[e-mu-de-fu-li-su](T), [fuin](M)

848. 教導·塔提-[塔替卜魯](習學)(g)/ 가르치다.

[ta-ti](T), [t'ah-t'i-puh-lu](g), [tatiburu](T), [taci-](배우다)(M), [tacimĕ](S)

849. 早起·額兒得夜/ 일찍 일어나다.

[e-r-de-ye](T), [erde], [Ili-](M), [iimĕ](S), [ilamĕ](N)

850. 夢·托力希-[脫興](夢)(g)/ 꿈꾸다.

[to-li-hi](T), [t'oh-hing](g), [tolgin](K), [tolgi-](꿈꾸다), [tolhi->tolgin]
(꿈)(M), [tioloxiN, tioloxinĕmĕ](S)

851. 請酒·奴勒盖其/ 술 권하다.

[nu-le-gai-ki](T)

852. 進馬·木力忒忒/ 말을 바치다.

[mu-li-te-te](T), [tetebuma](N)

853. 放心·妹勒欣荅/ 방심하다.

[mei-le-hin-da](T)

854. 準備·塔暇非阿力速/ 준비하다.

[ta-hia-fi-a-li-su](T), [dagila](준비)(M)

855. 慢慢走·奴哈伏力速-[]()(g)/ 천천히 가다.

[nu-ha-fu-li-su](T), [nu-han](g), [nuhan](K), [nuhan](M)

856. 朝廷重賞·哈安兀者尙四/ 조정에서 큰 상을 내리다.

[ha-an-u-je-sang-si](T)

857. 回去不許作歹·木力兀墨額黑箚發剌-[]()(g)/ 어떤 불길한 일이 없어
도 돌아와야 한다.

[mu-li-u-me-e-he-ja-fa-la](T), [jafa-](돌아가다)(M)

858. 年年進貢·阿捏阿捏得忒得墨丟/ 매년 공물을 바치다.

[a-nie-a-nie-de-te-de-me-diu](T)

859. 今後進好馬來·額吉阿木失賽木力忒得墨丟/ 좋은 말을 곧 바치다.

[e-gi-a-mu-ši-sai], [mu-li-te-de-me-diu](T), [e(r)gi amusi](여기서부
터)(M)

860. 不許犯邊·兀墨者尺巴得道力剌/ 변경 침략을 허락하지 않는다.

[u-me-je-či-ba-de], [dao-li-la](T), [ječi ba-da](경계 안)(N)

861. 好生排着·賽哈者兒墨亦立/ 잘 배열되어 있다.

[sai-ha-je-r-me-i-li](T), [saikan](순서에 따라), [jergile](M)

862. 不許說話·兀墨吉速勒/ 말하는 것을 허락하지 않는다.

[u-me-gi-su-le](T), [gisure-](M), [gisurĕmĕ](S)

863. 不要動身·兀墨背夜阿成加剌/ 몸을 움직일 수가 없다.

[u-me-bei-ye-a-čing-gia-la](T)

864. 好生行禮·賽哈朵羅苔哈/ 예를 행하는데 노력하다.

[sai-ha-do-lo-da-ha](T), [doro](예, 제의), [daha-](따르다)(M)

865. 不要奪人財物·兀墨捏厤亦兀力都力勒/ 남의 재산을 탈취하는 것을
허락하지 않는다.

[u-me-nie-ma-i], [u-li-du-li-le](T)

866. 不許多要酒肉·兀墨伏測奴勒牙力盖剌/ 많은 술과 고기를 먹는 것
을 허락하지 않는다.

[u-me-fu-tse-nu-le], [ya-li-gai-la](T), [futse](많이)(M)

867. 法度利害·朵羅提塔忙哈/ 엄격한 법.

[do-lo-ti-ta-mang-ha](T), [doro](법, 도덕), [ciktan](관계, 원칙)(M)

868. 不要往上看·兀墨兀順托剌/ 존경할 필요가 없다.

[u-me-u-sun-to-la](T), [wesihun](위쪽)(M)

869. 不要撞頭·兀住兀墨禿苦失/ 머리를 들지 말아라.

[u-ju-u-me-tu-ku-ši](T), [tukiye-](들다)(M), [tukiyeshun](N)

870. 不要咳嗽·兀墨伏察剌/ 기침하지 말아라.

[u-me-fu-ča-la](T)

871. 好生歸順朝廷·賽看哈安苔哈/ 조정에 잘 돌아 왔다.

[sai-kan-ha-an-da-ha](T)

872. 照舊做買賣·佛亦革塞忽苔廈/ 이 전처럼 사고 팔다,

[fo-i-ge-se-hu-da-ša](T)

873. 今日進番字·額能吉必忒朵深必/ 외국 사신에게 현재의 글쓰기를
요청하다.

[e-neng-gi-bi-te], [do-šin-bi](T)

874. 叩頭時叩頭·恨其勒失恨其勒/ 고두할 때 고두하다. 맞절을 하다.

[hen-ki-le-ši-hen-ki-le](T)

875. 起來時起來·亦立失亦立/ 일어날 시간에 일어나라.

[i-li-ši-i-li](T)

876. 鞠躬時鞠躬・忽入失忽入/ 허리를 굽힐 때 굽혀라.

[hu-zu-ši-hu-zu](T)

877. 分散下程・夏承鄧得徹/ 절차에 따라 흩어지다.

[hia-čeng-deng-de-če](T), [hia-čeg](절차에 따라)(N)

878. 今日領賞・額能吉尚四阿林必/ 오늘 상을 내리다.

[e-neng-gi-šang-si], [a-lin-bi](T), [ali-](받다)(M)

879. 明日謝恩・替庥哈能吉恨其勒/ 내일 사은한다.

[ti-ma-ha-neng-gi], [hen-ki-le](T)

10. 신체 부분

880. 頭・兀住-[兀住](頭)(g)/ 머리.

[u-ju](T), [wuh-cu](g), [uju](K), [uju](M), ['uju](S)

881. 目・牙撒-[牙師](眼)(g)/ 눈.

[ya-sa](T), [ya-ši](g), [yaši](K), [yasi](M), [yasě](S)

882. 耳・尚-[沙哈](耳)(g)/ 귀.

[šang](T), [ša-hah](g), [šaa](K), [šan](M), [saN, saN](S)

883. 鼻・宋吉-[雙吉](鼻)(g)/ 코.

[sung-gi](T), [suang-kih](g), [songi](K), [songgiha](코끝)(M)

884. 口・昂哈-[安哈](口)(g)/ 입.

[ang-ha](T), ['an-hah(ka)](g), [amga](K), [angga](M), ['aŋě](S)

885. 舌・亦冷吉-[一稜古](舌)(g)/ 혀.

[i-leng-gi](T), [yih-leng-ku](g), [ilengu](K), [ilenggu](M), ['ileɲě, 'ilɲi](S)

886. 齒・未黑-[委黑](齒)(g)/ 이.

[wei-he](T), [we-hei](g), [weihe](K), [weihe](M), [viixě](S)

887. 身・背夜-[背也](身)(g)/ 몸.

[bei-ye](T), [pei-ye](g), [beye](K), [beye](M), [be'i](S)

888. 手·哈剌-[哈剌](手)(g)/ 손.

[ha-la](T), [ha-la](T), [hah(ka)-lah](g), [gala](M), [galĕ](S)

889. 脚·伯帖-[卜的黑](脚)(g)/ 다리. 허튀·허벅지.

[be-tie](T), [puh-tih-hei](g), [budihe](K), [bethe](M), [betĕxĕ, betĕkĕ](S)

890. 髮·分黑/ 머리카락.

[fun-he](T)

891. 面·得勒-[忒厄](面)(g)/ 낯.

[de-le](T), [t'eh-'oh](g), [tee](K), [dere](M), [derĕ](S)

892. 心·捏麻/ 마음.

[nie-ma](T), [niyaman](M), [niamĕN](S)

893. 腹·後力/ 배.

[heu-li](T), [hefeli, hefeliye](M), [kevĕlĕ, xevĕlĕ](S)

894. 皮·速古-[素古](皮)(g)/ 살갗.

[su-gu](T), [su-ku](g), [sugu](K), [suku](M), [soqĕ](S)

895. 骨·吉郎吉-[吉波吉](骨)(g)/ 뼈.

[gi-lang-gi](T), [kih-po-kih, kih-lang-kih](g), [girangi](M), [giraŋĕ](S)

896. 腦後·忽荅/ 머리뒤. 뒷통수.

[hu-da](T), [hoto](두개골)(M), [hotĕ](S)

897. 眼珠·牙撒發哈/ 눈동자.

[ya-sa-fa-ha](T), [yasa faha](M), [yasĕfahĕ](S)

898. 眉毛·發塔-[肥塔](眉)(g)/ 꼬리털.

[fa-ta](T), [fei-t'ah](g), [faitan](M), [yasĕfa'idĕN](S)

899. 喉·必剌/ 목구멍.

[bi-la](T), [bilha](M), [bilĕhaa](S)

900. 腮·分尺/ 뺨.

[fun-ci](T), [fulčin](M), [filiciN](S), [fulči, fulči](M)

901. 乳·姑古-[忽渾](奶子)(g)/ 젖.

[gu-gu](T), [huh-hun](g), [huhun](K), [huhun](M), [xuxuN](S)

902. 鬚·撒/ 수염. 살쩍.

[sɑ-( )](T), [sɑlu](M), [sɑlĕ](S)

903. 背·費徹-[非撒](背)(g)/ 등.

[fi-če(=sɑ)](T), [fei-sɑh](g), [fisɑ](K), [fisɑ](M), [fisɑɑ](S)

904. 胷·痛革-[桶厄](胸)(g)/ 가슴.

[tung-ge](T), [t'ung-'oh](g), [tunge](K), [tunggun](M), [tuŋĕN](S)

905. 臍·額冷古/ 배꼽.

[e-leng-gu](T), [ulenggu](M), ['uluŋu](S)

906. 口唇·昂哈富莫-[弗木](脣)(g)/ 입술.

[ang-ha-fu-mo](T), [fuh-muh](g), [fumu](K), [femen](M), [femĕN](S)

907. 脇·額兀尺/ 옆구리.

[e-u-či](T), [ebči](M), ['efĕčo](S)

908. 腰·朶額/ 허리.

[do-e](T), [dɑrɑmɑ, dɑrɑ](M), [dɑrĕmĕ](S)

909. 膝·布希/ 무릎.

[bu-hi](T), [buhi](M)

910. 肩·妹勒/ 어깨.

[mei-re](T), [meiren](M), [miriN](S)

911. 手節·哈剌箚剌/ 손마디.

[ha-la-ja-la](T), [jialan](M), [jalĕN](S)

912. 手指·哈剌深木洪/ 손가락.

[ha-la-šin-mu-hung](T), [simhun](M), [siumuxuN](S)

913. 腿肚·素思哈後力/ 넙적다리.

[su-s-ha-heu-li](T)

914. 指甲·希塔洪/ 손톱.

[hi-ta-hung](T), [hitahûn](M), [kiatĕhuN](S)

915. 脚拐·伯帖賽哈荅/ 정강이.

[bo-tie-sai-ha-da](T), [saihada](M)

916. 腿·素思哈/ 업적다리.

[su-s -ha](T), [suksaha](M)

917. 肉·牙力-[牙里](肉)(g), [牙里](肉)(g)/ 고기, 살.

[ya-li](T), [ya-li](g), [yali](K), [yali](M), [yali](S)

918. 脚跟·伯帖貴/ 발꿈치.

[bo-tie-gui](T), [guye](M)

919. 肝·發洪/ 간.

[fa-hung](T), [fahûn](M), [fahuN](S)

920 血·生苦-[塞吉](血)(g)/ 피.

[šeng-ku](T), [seh-kih](g), [segi](K), [senggi](M), [siɲĕ](S)

921. 腸·肚哈-[都哈](腸)(g)/ 창자.

[du-ha](T), [tu-hah](g), [duha](K), [duha](M), [duhaa](S)

922. 肺·兀浦/ 패, 부하.

[u-pi(?)](T), [ufuhu](M), ['ufux](S)

923. 膽·失力希-[失里希](膽)(g)/ 쓸개.

[ši-li-hi](T), [ših-li-hi](g), [šilihi](K), [silhi](M), [silixi](S)

924. 汗·內/ 땀.

[nei](T), [nei](M), [lii](S)

925. 髓·兀木哈/ 뼈.

[u-mu-ha](T), [uhən〉umgan](M), ['umĕhaN](S)

926. 力·忽速-[忽孫](力)(g)/ 힘.

[hu-su](T), [huh-sun](g), [hûsun](M), [husuN](S)

927. 梳頭·兀住亦的/ 머리 빗다.

[u-ju-i-di](T), [ili-](M)

928. 光頭·兀住吉塔洪/ 대머리.

[u-ju-gi-ta-hung](T), [gincihiyan](M)

929. 留頭·兀住分黑素老/ 유두.

[u-ju-fun-he-su-lao](T), [sulabu-](M)

930. 開眼·牙撒內/ 눈 뜨다.

[ya-sa-nei](T)

931. 洗臉·得勒敖/ 세수하다.

[de-le-au](T), [obo-](M), ['ověmě, 'ovumě](S)

932. 開口·昂哈內/ 입 열다.

[ang-ba-nei](T)

933. 閉眼·牙撒倪出/ 눈 감다.

[ya-sa-ni-ču](T), [nicu-](M)

934. 漱口·昂哈失力夏/ 양치하다.

[ang-ha-ši-li-hia](T), [silgiya-](물로 씻어내다)(M)

935. 剃頭·兀住伏日/ 체발한 머리.

[u-ju-fu-zi](T), [fusi-](M)

936. 嘆氣·塞牒勒深必/ 탄식하다.

[se-die-le-šin-bi](T), [sejile-](M), [sejilěmě](S)

937. 涕噴·牙尺墨/ 눈물 흘리다.

[ya-ci-me](T), [yacihiya-](M), [yacixiamě](s)

938. 出淚·的剌墨禿提黑/ 눈물 흘리다.

[di-la-me-tu-ti-he](T), [jila-](슬퍼하다)(M)

939. 眼跳·牙撒伏春必/ 눈 깜박이다.

[ya-sa-fu-čun-bi](T), [fekce-](M), [fekumě](S)

940. 費心·歲剌出哈/ 걱정하다. 마음 쓰다.

[sui-la-ču-ha](T), [suilacuka](M)

941. 知心·妹勒撒必/ 마음을 알다.

[mei-le-sa-bi](T)

942. 心寬·木日勒我撮-[脉日藍伯](心)(g)/ 너그럽다.

[mu-zi-le-o-tse](T),　　[meh(mai)-zih-lan-(poh)](g),　　[mejilenbe](K),

[mujilen](마음)(M)

943. 心直·木日勒團多/ 마음 곧다.

　　[mu-zi-le-ton-do](T)

944. 搾手·哈剌箚發/ 손을 잡다.

　　[ha-la-ja-fa](T), [jafa-](M), [jafěmě](S)

945. 叉手·哈剌照剌/ 악수하다.

　　[ha-la-jao-la](T), [joola-](M)

946. 拍手·發郎哈都/ 박수.

　　[fa-lang-ha-du](T), [(galai) falangga](M), [(gale'i) faleŋě](s)

947. 搔痒·兀廈必/ 가려움.

　　[u-ša-bi](T), [waša-](M), [vasěmě, wasěmě](S)

948. 洗澡·歐塞/ 씻다.

　　[eu-se](T), [ebiše-](M), ['efesěmě, 'efěsěmě](수영하다)(S)

949. 頭疼·兀住倪們必/ 두통.

　　[u-ju-ni-men-bi](T)

950. 指節·深木洪箚剌/ 손마디.

　　[šin-mu-hung-ja-la](T)

951. 聲·的魯阿-[革卜的勒岸](名聲)(g)/ 소리.

　　[di-lu-a](T), [tih-leh-'an](g), [dilgan](K), [jilgan](M), [jilěhaN](S)

952. 疼·倪們必/ 아픔.

　　[ni-men-bi](T), [nime-](M), [niměmě]

953. 鼻梁·宋吉禿剌/ 콧마루.

　　[sung-gi-tu-la](T), [tura](M), [turaa](S)

954. 鼻孔·宋吉桑哈/ 콧구멍.

　　[sung-gi-sang-ha](T), [sangga](M), [saŋě](S)

955. 心焦·木日勒着我心-[卓卜溫](艱難)(g)/ 애태우다. 마음 태우다.

　　[mu-zi-le-jo-o-bi](T),　[čoh-puh-wen](g),　[jobogun](K),　[jobo-](M),
[jověmě, jovumě](S)

956. 頭暈·兀住墨禿/ 어지럽다.

[u-ju-me-tu](T), [mentuhun](어리석다)(M), [meNtuxuN](S)

957. 咳嗽·伏察必/ 기침.

    [fu-ča-bi](T), [fucihiya-](M), [fěqěsaměˇ](S)

958. 低頭·兀住的笞/ 머리 숙이다.

    [u-ju-di-da](T), [uju gida-](M)

959. 脚趾·伯帖深木洪/ 골무.

    [bo-tie-šin-mu-hung](T)

960. 大膽·朱力希昂八/ 대담하다.

    [ši-li-hi-ang-ba](T)

961. 肚疼·後力倪們必/ 배탈. 배 통증.

    [heu-li-ni-men-bi](T)

11. 의류

962. 衣·阿都-[哈都](衣)(g)/ 옷.

    [a-du](T), [hah-tu](g), [hagu](K), [adu](M)

963. 布衫·大古/ 적삼.

    [da-gu](T)

964. 襖子·拖羅幹/ 웃옷.

    [to-lo-gan](T)

965. 帶子·兀切/ 허리띠.

    [u-čie](T), [uše](M)

966. 裙·忽失哈-[忽十安](裙)(g)/ 치마.

    [hu-ši-ha](T), [huh-ših-'an](g), [husigan](K), [husihan](M)

967. 褲·哈剌古-[哈剌庫](褲)(g)/ 바지.

    [ha-la-gu](T), [hah-lah-k'u](g), [halaku](K), [halaku](M)

968. 靴·谷魯哈-[古剌哈](靴)(g)/ 신.

[gu-lu-ha](T), [ku-lah-hah](g), [gulaha](K), [gûlha](M), [gulĕhaa](S)

969. 襪子·伏莫尺-[弗赤](襪)(g)/ 버선.

[fu-mo-ci](T), [fuh-c'i](g), [foci](K), [fomoci](M)

970. 鞋·掃-[撒卜](鞋)(g)/ 신.

[sao](T), [sa-pa](g), [sabu](K), [sabu](M), [savĕ](S)

971. 大帽·博羅/ 큰 모자.

[bo-lo](T), [boro](M)

972. 小帽·麻希剌-[麻希剌](帽)(g)/ 작은 모자. 마고자.

[ma-hi-la](T), [ma-hi-lah](g), [mahila](K), [mahala](M), [mahĕlĕ](S)

973. 綿衣·若不阿都/ 솜옷.

[ku-bu-a-du](T)

974. 叚·素者-[素者](叚)(g)/ 공단. 천.

[su-je](T), [su-če](g), [suje](K), [suje](M), [sujii](S)

975. 布·博素-[卜素](布)(g)/ 베.

[bo-su](T), [puh-su](g), [bosu](K), [boso](M), [bosĕ](S)

976. 夾衣·住勒素阿都/ 옷 입다.

[ju-le-su-a-du](T), [jursu](누이 옷)(M)

977. 穿·額禿-[厄禿洪](穿)(g)/ 입다.

[e-tu](T), ['oh-t'uh-hung](g), [etuhun](K), [etu-](M), ['utumĕ](S)

978. 褡·得黑勒/ 조끼.

[de-he-le](T), [dehele](M)

979. 單衣·兀木素阿都/ 홑옷, 속옷.

[u-mu-su-a-du](T), [emursu etuku](M)

980. 皮襖·荅忽/ 가죽옷.

[da-hu](T), [dahû](M)

981. 汗衫·伏托/ 한삼. 도포.

[fu-to](T), [fokto](M)

982. 縫衣·阿都阿藍必/ 누비옷.

[a-du-a-lan-bi](T)

983. 衣紐·托活/ 옷고름.

[to-ho](T), [tohon](M), [tohĕN](S)

984. 脫衣·阿都素/ 옷 벗다.

[a-du-su](T), [su-](M), [soomĕ](S)

985. 補衣·阿都揑帖必/ 옷 깁다.

[a-du-nie-tie-bi](T), [niyece-](M), ['imecimĕ](S)

986. 被褥·的伯洪失塞-[卜的洪](被)(g), [失失黑](褥)(g)/ 요를 깔다.

[di-bo-hung-ši-se](T), [puh-tih-hung, tih-puh-hung], [ših-š]ih-hei(g),

[dibohung], [šišihe](K), [jibehun], [sishhe](M), [jifĕxuN, jiufuxuN], [sisĕxee,

sisĕxĕ](S)

987. 手巾·奉苦/ 수건.

[fung-ku](T), [fungku](M)

988. 絹·多課/ 비단.

[do-ko](T), [doko](M), [doqu](S)

989. 草鞋·斡兒火掃/ 짚신.

[o-r-ho-sao](T)

990. 高麗布·素羅斡博素/ 고려베.

[su-lo-o-bo-su](T), [so-kuo](H), [sogo/ solgo?](K), [solho](M), [solĕhoo](S)

991. 蟒龍衣·木都力阿都/ 용포.

[mu-du-li-a-du](T)

992. 毡衫·揑木耳額/ 모전적삼. 도롱이.

[nie-mu-r-e](T), [nemerku](우의)(M), [nemerhen, nemergen](갈대로 만든

우의)(N)

993. 網巾·望吉兒/ 망건.

[wang-gi-r](T), [wanggir](N)

994. 錦褥·昂出剌失塞/ 비단요.

[ang-ču-la-ši-se](T)

995. 官帽·掛爾麻希剌/ 관모.

[gua-ni-ma-hi-la](T)

996. 束帶·掛爾兀木素/ 관을 쓰고 띠를 매다.

[gua-ni-u-mu-si](T), [umiyesun](M), [nimesuN, niumusuN](S)

997. 細布·納兒洪博素/ 가는 베. wlfdl whgdms qp.

[na-r-hung-bo-su](T)

998. 織金袍·昂出剌哈革出力-[安春溫剌孩](織金)(g)/ 직금포.

[ang-ču-la-ha-ge-ču-li](T), [ˈan-č'un-wen-lah-hai](g), [ancunlahai](K),
[gecuheri](M)

999. 毡條·箚伏失塞/ 양탄자 요.

[ja-fu-ši-se](T), [jafu](M), [jafě](S)

1000. 粗布·麻博素-[麻兒](粗)(g)/ 막베.

[ma-bo-su](T), [ma-rh](g), [mar](K), [muwa](M), [maa](S)

1001. 羅·洛-[羅](羅)(g)/ 벌리다.

[lo](T), [lo](g), [lo](K)

1002. 披肩·廈木扒/ 어깨 덮개. 소울.

[ša-mu-pa](T)

1003. 紗·廈-[紗](紗)(g)/ 비단.

[ša](T), [ša](g), [ša](K), [ša](M), [sa](S)

1004. 綾·零紫/ 비단. 능라.

[ling-ze](T), [lingze](N)

1005. 麻布·着多/ 삼베. 삼실로 짠 천.

[jo-do](T), [jodoN](M)

1006. 胡帽·發土麻希剌/ 오랑캐 모자.

[fa-tu-ma-hi-la](T), [fadu](M)

12. 음식·음료

1007. 酒·奴勒-[弩列](酒)(g)/ 술. 누럭(술의 발효 효소).

　　[nu-le](T), [nu-lieh](g), [nure](K), [nure](M), [nurě](S)

1008. 飯·不荅-[卜都乖](飯)(g)/ 밥.

　　[bu-da](T), [puh-tu-kuai](g), [budgai](K), [buda](M), [bědaa](S)

1009. 醬·迷速-[一速溫](醬)(g)/ 장.

　　[mi-su](T), [yih-suh-wen](g), [isgun](K), [misun](M), [misunN](S)

1010. 鹽·荅粗-[荅卜孫](塩)(g)/ 소금.

　　[da-tsu](T), [tah-puh-sun](g), [dabsun](K), [dabsun](M), [daſěsuN](S)

1011. 油·亦猛吉-[一門吉](油)(g)/ 기름.

　　[i-meng-gi](T), [yih-men-kih](g), [imengi](K), [imenggi, nimenggi](M),

　　[niměņě](S)

1012. 火·他-[脫委](火)(g)/ 불.

　　[ta](T), [t'oh-wei](g), [tuwe](K), [tuwa](M), [tuaa](S)

1013. 柴·莫/ 섶. 부소시게.

　　[mo](T)

1014. 鹹·哈禿/ 짜다.

　　[ha-tu](T), [hatuhûn](M), [hatěhuN](S)

1015. 煮·不祝/ 삶다.

　　[bu-ju](T), [buju-](M), [bujumě](S)

1016. 酸·珠書/ 시다.

　　[ju-su](T), [jušuhun](M), [jiusiuxuN](S)

1017. 食·者伏-[者弗](食)(g)/ 먹다.

　　[je-fu](T), [če-fuh](g), [jefu](K), [je-; jefu](M), [jemě](S)

1018. 湯·失勒/ 끓이다. 탕.

　　[ši-le](T), [sile](M), [silee](S)

1019. 淡·泥塔-[逆塔巴](弱)(g)/ 가래.

[ni-ta](T), [nih-t'ah-pa](g), [nitaba](K), [nitan](M)

1020. 糖·麻湯/ 당.

[ma-tang](T), [matan](M)

1021. 甜·當出/ 사탕.

[dang-ču](T), [jancuhun](M)

1022. 中飯·亦能吉不荅/ 점심밥.

[i-neng-gi-bu-da](T)

1023. 麪·兀發-[兀法](麪)(g)/ 면.

[u-fa](T), [wuh-fah](g), [ufa](K), [ufa](M), [ˈufaa](S)

1024. 生肉·額速牙力-[兀速洪兀魯黑](生熟)(g)/ 생고기.

[e-su-ya-li](T), [wuh-suh-hung](g), [ushun](K), [eshun](M), [ˈusěxěN, ˈusuxuN](S)

1025. 蜜·希粗/ 꿀.

[hi-cu](T), [hibsu](M), [kifěsuu](S)

1026. 豆腐·奴哈/ 두부.

[nu-ha](T)

1027. 晚饭·样的不荅/ 저녁밥.

[yang-di-bu-da](T)

1028. 熟肉·兀勒黑牙力-[兀速洪兀魯黑](生熟)(g)/ 요리한 고기.

[u-le-he-ya-li](T), [wuh-lu-hei](g), [urhe](K), [ure-](M), [ˈuruxě yali](S)

1029. 燒酒·阿兒其/ 소주, 아래기.

[a-r-ki](T), [arki](M), [ˈiariki](S)

1030. 米糠·阿了阿剌/ 살겨.

[a-le-a-la](T)

1031. 把酒·奴勒筒發/ 술을 마시다.

[nu-le-ja-fa](T)

1032. 貪酒·奴勒温木忽/ 술을 탐하다.

[nu-le-wen-mu-hu](T)

1033. 飮酒·奴勒兀迷/ 술마시다.

　　[nu-le-u-mi](T)

1034. 熱酒·哈魯奴勒/ 따뜻한 술.

　　[ha-lu-nu-le](T)

1035. 冷酒·廈忽魯奴勒/ 찬 술.

　　[ša-hu-lu-nu-le](T)

1036. 燒火·他得的/ 화주.

　　[ta-de-di](T)

1037. 滾水·費塞木克/ 물 끓다.

　　[fi-se-mu-ke](T), [fuye-](M), [fe'ixě mukee](S)

1038. 火炭·他牙哈/ 탄을 태우다.

　　[ta-ya-ha](T), [yaha](M)

1039. 腥·泥速/ 비리다.

　　[ni-su](T), [nincuhun](M)

1040, 割肉·牙力非塔/ 고기를 베다.

　　[ya-li-fi-ta](T), [faita-](M), [fiatěmě](S)

1041. 臭·襪洪/ 냄새하다.

　　[wa-hung](T), [wahun](M), [vahuN](S)

1042. 燒·得的黑/ 사르다.

　　[de-di-he](T), [deiji-](M), [dejimě, dijimě](S)

1043. 乾靜·博羅課/

　　[bo-lo-ke](T), [bolgo](M), [bolěhěn, bolěhuN](S)

1044. 齷齪·哈塔出哈/ 악착스럽다.

　　[ha-ta-cu-ha](T), [hatacuka](M)

1045. 咬·兀勒/ 물다.

　　[u-le](T)

1046. 茶·揷/ 차, 다.

　　[ca](T)

1047. 飮·兀迷/ 마시다.

[u-mi](T), [omi-](M), [iomimě](S)

1048. 煎·費伏/ 달이다.

[fi-fu](T), [fuifu-](M)

1049. 奠酒·奴勒撒兀/ 제사술.

[nu-le-sɑ-u](T), [subu-](M)

1050. 向火·他費勒/ 화롯가에서 불을 쬠.

[tɑ-fi-le](T), [file-](데우다)(M)

1051. 點火·他泥都/ 불을 붙이다.

[tɑ-ni-du](T)

1052. 放火·他興答必/ 방화.

[tɑ-hin-dɑ-bi](T), [sinda-](M), [seNdamě, siNdamě](S)

1053. 飯飽·不荅額于墨-[厄必勒](飽)(g)/ 배부르게 밥을 먹다.

[bu-dɑ-e-yu-me](T), ['oh-pih-leh](g), [ebire](K), [ebi-](M), ['iivěmě](S)

1054. 香·享/ 향기.

[hiɑng](T)

1055. 口渴·昂哈我羅活必/ 입이 마르다.

[ɑng-hɑ-o-lo-bo-bi](T)

1056. 麯·忽忽/ 누룩.

[hu-hu](T), [huhu](M), [xuxuu](S)

1057. 醋·粗/ 초. 식초.

[tse](T)

1058. 菜蔬·素吉哈尺/ 채소음식.

[su-gi-hɑ-či](T), [hačin](M)

1059. 早飯·替麻里不荅/ 아침 전에 먹는 밥.

[ti-mɑ-li-bu-dɑ](T)

1060. 火灰·他伏冷吉/ 불 티끌.

[tɑ-fu-leng-gi](T)

1061. 羊肉·賀泥牙力/ 양고기.

[ho-ni-ya-li](T)

1062. 鹿肉·布兀牙力/ 사슴고기.

[bu-u-ya-li](T)

1063. 驢肉·額黑牙力/ 당나귀 고기.

[e-he-ya-li](T)

13. 보석·귀중품

1064. 金·安出-[安春溫](金)(g)/ 금.

[an-ču](T), [ʾan-č'un-wen](g), [ančun](K), [aisin](M), [ʾaʾisiN](S)

1065. 銀·猛古-[蒙古溫](銀)(g)/ 은.

[meng-gu](T), [meng-ku-wen](g), [mengun](K), [menggun](M), [meŋuN, muŋuN](S)

1066. 銅·失力-[失里](銅)(g)/ 동. 구리.

[ši-li](T), [ših-li](g), [širi](K), [sirin](M)

1067. 珍珠·泥出-[寧住黑](珠)(g)/ 진주.

[ni-cu](T), [ning-cu-hei](g), [ninjuhe](K), [nicuhe](M)

1068. 錫·托活羅/ 주석.

[to-ho-lo](T), [toholon](M), [tohěmě, tohuluN](S)

1069. 銀壺·猛古湯平/ 은 병.

[meng-gu-tang-ping](T)

1070. 玉·顧兀-[古溫](玉)(g)/ 옥.

[gu-u](T), [ku-wen](g), [gun](K), [gu](M)

1071. 銀項圈·猛古塞勒黑/ 은 술잔.

[meng-gu-se-le-he](T), [selhe](M)

1072. 金臺盞·安出台力/ 금 잔.

[an-cu-tai-li](T), [taili](M), [tiali](S)

1073. 金帽頂·安出厤布剌寧谷

[an-ču-ma-hi-la-ning-gu](T), [ninggu](M), [nuɳuu, niuɳuu, niɳuu](S)

1074. 金戒指·安出貴非/ 금으로 만든 가락지.

[an-ču-gui-fi](T), [guigun](M)

1075. 銀耳墜·猛古遂忽/ 은으로 만든 가락지.

[menggu suihu](T), [suihu](M)

1076. 金環兒·安出忽魯-[忽魯](環)(g)/ 금가락지.

[an-cu-hu-lu](T), [huh-lu](g), [hulu](K)

1077. 鐵·塞勒-[塞勒](銕)(g)/ 철, 쇠.

[tie 'iron'](T), [she-leh](g), [sele](K), [sele](M), [sele](S)

1078. 銅錢·只哈-[只哈](錢)(g)/ 동으로 만든 돈.

[ji-ha](T), [či-hah](g), [jiha](K), [jiha](M)

1079. 金線·安出同古/ 금실.

[an-ču-tung-gu](T)

1080. 銀鐘·猛古忽塔/ 은 종.

[meng-gu-hu-ta](T)

1081. 金盆·安出忩子/ 금분.

[an-ču-fun-zi](T)

1082. 金鐘·安出忽塔/ 금종.

[an-ču-hu-ta](T)

1083. 銀臺盞. 猛古台力/ 은대잔.

[meng-gu-tai-li](T)

1084. 金耳墜·安出遂出/

[an-cu-sui-hu](T)

14. 서사

1085. 敕書·阿兒八/ 칙서.

  [a-r-ba](T)

1086. 聖旨·阿兒哇-[阿剌瓦吉](勅)(g)/ 성지.

  [a-r-wa](T), ['a-lah-wa-kih](g), [arawgi](K)

1087. 印信·朶羅-[多羅溫](璽)(g)/ 인신.

  [do-lo](T), [do-lo-wen](g), [doron](K), [doron](M)

1088. 讀書·必忒塔替/ 독서.

  [bi-te-ta-ti](T), [taci-](M), [tacimě](S)

1089. 名字·革不-[革卜禿魯哈剌](名望)(g)/ 명자. 이름.

  [ge-bu](T), [koh-puh](g), [gebu](K), [gebu](M), [gevě](S)

1090. 文書·必忒額-[必忒墨](書)(g)/ 문서.

  [bi-te-e](T), [pih-t 'eh-hei](g), [bitehe](K), [bithe](M), [bitěxee](S)

1091. 封記·記得黑/ 투수.

  [gi-de-he](T), [gida-](M)

1092. 寫字·必忒阿剌/ 글자를 쓰다.

  [bi-te-a-ra](T)

1093. 字錯·必忒恩得黑/ 글자가 틀리다.

  [bi-te-en-de-he](T), [ende-](M)

1094. 字·必忒/ 글자.

  [bi-te](T)

1095. 使印·朶羅的甲必/ 사인.

  [do-lo-di-gia-bi](T), [gide-](M)

1096. 學字·必忒阿藍必/ 글자를 배우다.

  [bi-te-a-lan-bi](T)

1097. 勘合·看活必忒/ 발송할 공문서의 한 끝을 원부(原簿)에 대고 그
위에 얼려 찍던 도장.

[kan-ho-bi-te](T)

1098. 唱曲·兀出羅/ 노래 곡조.

[u-cu-lo](T), [ucule-](M), ['uulĕmĕ, 'uculumĕ](S)

15. 색상

1099. 青·念加-[嫩江](青)(g)/ 푸르다.

[nien-gia](T), [nen[nun]-kiang](g), [niyongiyan](K), [niyowanggiyan](M),
[niugiaN, niṇĕniaN](S)

1100. 紅·伏良-[弗刺江](丹)(g)/ 붉다.

[fu-liang](T), [fuh-lah-kiang](g), [fulagiyan](K), [fulgiyan](M), [fĕlĕgiaN,
fulĕgiaN](S)

1101. 黃·素羊-[瑣江](黃)(g)/ 누르다.

[fu-liang](T), [fuh-lah-kiang](g), [fulagiyan](K), [fulgiyan](M), [suyaN,suayaN](S)

1102. 白·尚加/ -[上江](白)(g)희다.

[šang-gia](T), [šang-kiang](g), [šangiyan](K), [šanyan,šanggiyan](M), [siagaN](S)

1103. 黑·撒哈良-[撒哈良](黑)(g)/ 검다.

[sa-ha-liang](T), [sah-hah-liang](g), [sahaliyan](K), [sahaliyan](M),
[sahaliN,sahĕJiaN](S)

1104. 綠·不兒哈博㲀/ 푸르다.

[bu-r-ha-bo-čo](T), [burga, boco](M)

1105. 綵段·哈尺素者/

[ha-či-su-je](T)

1106. 紫·雪洪/ 자줏빛.

[nio-hung](T), [niohon](M), [nioohuN](S),

1107. 表裏·禿苦多課-[禿科](表)(g), [朶課](裏)(g)/ 겉을 싸다.

[tuku doko](T), [t'uh-k'o], [to-k'o](g), [tuko, doko](K), [tuku doko](M),

1108. 大紅·昂八伏良/ 짙은 홍색.

[ang-ba-fu-liang](T)

16. 수

1109. 一·額木-[該哈兒](領)(g)/ 일.

[e-mu](T), ['oh-muh](g), [emu](K), [emu](M), ['eme](S)

1110. 二·拙-[拙](二)(g)/ 이.

[jue](T), [coh](g), [juwe](K), [juwe](M), [juu](S)

1111. 三·亦郎-[以藍](三)(g)/ 삼.

[i-lang](T), [i-lan](g), [ilan](K), ['ilaN](M)

1112. 四·對因-[都因](四)(g)/ 사.

[dui'in](T), [tu-yin](g), [duin](K), [du'iN](S)

1113. 五·順劄-[順扎](五)(g)/ 오.

[šun-ja](T), [šun-cah](g), [šunja](K), [sunja](M), [suNjaa](S)

1114. 六·甯答-[領住](六)(g)/ 육.

[ning-gu](T), [ning-cu](g), [ningu](K), [ninggun](M), [niŋuN, niuŋuN](S)

1115. 七·納荅-[納住](七)(g)/ 칠,

[na-da](T), [nah-tan](g), [nadan](K), [nadan](M), [naděN](S)

1116. 八·劄空-[扎因](八)(g)/ 팔.

[ja-kung](T), [cah-k'un](g), [jakun](K), [jakun](M), [jaquN](S)

1117. 九·兀容-[兀也溫](九)(g)/ 구.

[u-yung](T), [wuh-ye-wen](g), [uyun](K), [uyun](M), ['u'iN, 'uyuN](S)

1118. 十·莊-[撾](十)(g)/ 십.

[juang](T), [cua](g), [juwa](K), [juwan](M), [juaN](S)

1119. 二十·斡里-[倭林](二十)(g)/ 이십.

[o-li](T), [wo-lin](g), [orin](K), [orin](M), ['oriN](S)

1120. 三十·谷失-[古申](三十)(g)/ 삼십.

[gu-ši](T), [ku-šen](g), [gûsin](K), [gûsin](M), [gosiN](S)

1121. 四十·得希-[㤄希](四十)(g)/ 사십.

[de-hi](T), [t'eh-hi](g), [tehi](K), [dehi](M), [dixi](S)

1122. 五十·速賽-[速撒一](五十)(g)/ 오십.

[su-sai](T), [suh-sah-yih](g), [susai](K), [susai](M), [susa'i](S)

1123. 六十·甯住-[寧住](六十)(g)/ 육십.

[ning-ju](T), [ning-cu](g), [ninju](K), [ninju](M), ['iNju](S)

1124. 七十·納荅往-[納丹住](七十)(g)/ 칠십.

[na-da-ju](T), [nah-tan-cu](g), [nadanju](K), [nadanju](M), [naděNju](S)

1125. 八十·劄空佳-[扎因住](八十)(g)/ 팔십.

[ja0kung-ju](T), [cah-k'un-cu](g), [jakunju](K), [jakunju](M), [jaquNju](S)

1126. 九十·兀容往-[兀也溫住](九十)(g)/ 구십.

[u-yung-ju](T), [wuh-ye-wen-cu](g), [uyunju](K), [uyunju](M), ['u'iNju, 'uyuNju](S)

1127. 一百·額木倘古-[湯古](百)(g)/ 일백.

[e-mu-tang-gu](T), [t'ang-ku](g), [tangu](K), [tanggû](M), [taŋě](S)

1128. 一千·額木命古-[皿干](千)(g)/ 일천.

[e-mu-ming-ha](T),   [ming-kan](g),   [mingan](K),   [minggan](M),
[minŋaN](S)

1129. 一萬·額木禿墨-[土滿](萬)(g)/ 일만.

[e-mu-ming-ha](T), [ming-kan](g), [mingan](K), [minggan](M), [tuměN, tumuN](S)

1130. 一分·額木分/ 일분.

[e-mu-fun](T), [fun](M)

1131. 一錢 額木只哈/ 일전.

[e-mu-ji-ha](T)

1132. 一兩·額木樣-[羊](兩)(g)/ 한냥.

[e-mu-yang](T), [yang](g), [yan](K), [yan](M), [yaN](S)

1133. 一百兩·額木倘木樣/ 일백냥.

[e-mu-tu-me-yang](T)

1134. 一千兩·額木命哈樣/ 일천냥

[e-mu-ming-ha-yang](T)

1135. 一萬兩·額木禿墨樣/ 일만냥.

[e-mu-tu-me-yang](T)

1136. 一塊·額木發失/ 한 덩어리.

[e-mu-fa-ši](T), [farsi](M), [farĕsi](S)

1137. 一片·額木珠忒/ 한 조각.

[e-mu-ju-te](T)

1138. 一對·額木珠勒/ 한 쌍.

[e-mu-ju-le](T), [juru](M), [juru](S)

1139. 五十兩·速賽樣/ 오십냥.

[su-sai-yang](T)

1140. 二錢·拙只哈/ 이전.

[jue-jji-ha](T)

1141. 三兩·亦郎樣/ 삼냥.

[i-lang-yang](T)

17. 일반

1142. 東·受溫禿提勒革/ 동.

[šeu-un-tu-ti-le-ge](T), [ergi](M)

1143. 西·受溫禿提勒革/ 서.

[seu-un-tu-he-le-ge](T), [sun tuhere ergi](M)

1144. 南·珠勒革/ 남.

[ju-le-ge](T), [julergi](M), [julĕrixi](S)

1145. 北·伏希革/ 북.

[fu-hi-ge](T)

1146. 左·哈速/ 좌. 왼편.

[ha-su](T), [hashu](M), [hasĕhuu](S)

1147. 右·亦替/ 우. 우편.

[i-ti](T), [ici](M), ['icii](S)

1148. 中·都林八-[杜里剌](中)(g)/ 가운데. 중.

[du-lin-lah](T), [tu-lin-ba](g), [dulila](K), [dulimba](M), [dioliNbaa](S)

1149. 前·住勒革/ 앞, 전.

[ju-le-ge](T), [julergi](M), [julĕrixi](S),

1150. 後·阿木剌-[阿木魯該](後)(g)/ 후, 뒤.

[a-mu-la](T), ['a-muh-lu-kai](g), [amurgai](K), [amala](M)

1151. 內·朶羅-[朶羅](內)(g)/ 내, 안.

[do-to](T), [to-lo](g), [dolo](K), [dolo](M), [dolĕ, dolu](S)

1152. 外·禿魯革-[禿里勒](外)(g)/ 외, 바같.

[tu-lu-ge](T), [t'uh-li-leh](g), [tulile](K), [tulergi](M), [tiulĕrixi, tulĕrixi](S)

1153. 大·昂八-[安班厄都溫](大風)(g), [的黑黑吉](歸)(g), [安班剌](多)(g)/ 크다.

[ang-ba](T), ['an-pan, ['an-pan-lah](g), [amban](K), [amba](M), ['amĕ, 'aNbuu](S)

1154. 小·阿沙/ 적다.

[a-ša](T), [asihan](M), ['asihĕN, 'aśĕhĕN](S),

참고문헌

간다 노부오(渡邊惠子), 마추무라 준(靑山治郎), 오카다 희데희로(中村健壽), 『팔기통지열전색인(八旗通志列傳索引)』, 동양문고만문노당연구회, 1965.

고다리라 수이호(小平緩方小平緩方), 「요, 금, 서하, 원, 청, 5조의 제자(遼金西夏元淸五朝的制字)」, 『동양문화』 제154호, 1937, 20~22쪽.

구결학회, 『아시아 제민족의 문자』, 태학사, 1997.

기요세 기사부로(淸瀨義三郎則府) 저, (邢復禮), 류풍저(劉鳳翥) 역, 「여진음의 구의」, 일본 『언어연구』 제64호, 중국사회과학원민족연구소, 1973, 11, 12~43쪽; 『민족사역문집』 제12기, 1984, 93~113쪽.

_____, 「여진문자: 퉁구스 수렵 민족 창조적 한자문자」, 『한학』 8권 6호, 1997, 35~40쪽.

_____, 「여진음의 구의」, 『언어연구』 제64호, 1973, 12~43쪽.

_____, 「『화이역어』 중 여진언어와 수고 연구 및 역독 문제」, 인디애나대학 박사논문, 1973.

_____, 『여진언어와 문자 연구』, 일본 교토 법률문화사, 1977.

김구진, 「여말 선초 두만강 유역의 여진 분포」, 『백산학보』 15, 1973, 101~158쪽.

_____, 「오음회 건주좌 여진 연구」, 고려대학교 석사논문, 1972.

_____, 「초기 모린 올량합(兀良哈) 연구」, 『백산학보』 17, 1974, 161~213쪽.

김동소 저, 황유부(黃有福) 역 『여진어와 만주어(女眞語 滿洲語)』 신세계출판사, 1992.

_____, 「경원여진자비(慶源女眞字碑)의 여진문 연구」, 효성여자대학교 『연구논문 집』 제36집, 1988.

_____, 「북청여진자석각(北靑女眞字石刻)의 여진문 연구」, 『국어국문학』 제76호, 국 어국문학회, 1976, 1~16쪽.

_____, 「서평 여진언어와 문자적연구」, 『한문』 제165호, 한문학회, 1979, 123~141쪽.

_____, 「지칭 여성의 여진어휘 연구」, 『여성문제연구』 제12집, 효성여자대학교 여성문제연구소, 1983.

_____, 「진치총(金啟孮)과 칭거알태(清格爾泰): 중국알타이어 연구 영역의 두 원로」, 『한국알타이학보』 제3기, 1991.

_____, 「『용비어천가(龍飛御天歌)』 여진 어휘연구」, 『국어교육연구』 제9집, 경북 대학 국어교육연구회, 1977, 91~105쪽.

김방한, 『한국어의 계통』, 민음사, 1990.

김방한·김주원·정제문, 『몽골어와 퉁구스어』, 민음사, 1986.

김영복, 「북로기략(北路紀略)에 대하여」, 『국회도서관보』 146호, 1980.

김영일 역, 「한국어와 알타이어제어의 친족관계 문제에 관하여」, 효성여자대학 교 『효성어문학』 1집, 179~200쪽, 1993.

김주원, 『조선왕조실록의 여진족 족명과 인명』, 서울대학교출판부, 2007.

김주원·이동은, 「조선왕조실록에 나타난 번역어 "오랑캐"에 대하여」, 『알타이학 보』, 2006, 14, 43~64쪽.

김한규, 『요동사』, 문학과지성사, 2004.

김호동, 「내륙 아시아 제민족의 문자제작 사용과 그 역사적 배경」, 『아시아 제민 족의 문자』, 태학사, 1997, 437~466쪽.

꿔민(郭珉), 「〈대금득승타송비〉의 정 배면 초보연구」, 『박물관연구』 제3기, 1992.

나가지마 가쿠소(中島利一郞), 「오처경(吾妻鏡)에 보이는 여진문자의 연구: 소위 고려인의 은간명(銀簡銘)고」, 『고학잡지』 25권 4호, 1935, 68~69쪽.

나카마 데루히사(仲摩照久), 『도설만주지리풍속(圖說滿洲地理風俗)』, 신광사, 1930.

니시다 지주초(西田龍雄), 「여진 관역어 연구: 여진어와 여진문자(女眞館譯語之研究: 女眞語和女眞文字)」, 『화이역어연구총서』 제5종, 송향당, 1970.

_____, 「여진문자: 그 형성과 발전(상·하)(女眞文字: 它的形成和發展 [上, 下])」, 연재 『언어』 9권 11호, 1980, 1~12쪽.

_____, 「한자에 기원한 문자(從漢字産生的文字)」, 『언어』 10권 제11호, 1981.

다무라 지쓰조(田村實浩) 저, 류풍저(劉鳳翥) 역, 「『대금득승타송비』의 연구」, 『동양사연구』 제2권 5~6호, 1937; 『중국정복왕조연구』 중권, 교토대학 동양사연구회, 1971, 307~357쪽.

_____, 「〈대금득승타송비〉의 연구」, 『동양사연구』 제2권, 5~6호, 1937, 6~8쪽.

_____, 「거란, 여진문자고」, 『동양사연구』 35권 제3호, 1976, 1~53쪽.

_____, 『거란, 여진, 서하문자』, 『서도전집』 제15권, 평범사, 1954, 45~48쪽.

동완륜(董萬侖)·총칭위안(從慶源), 「북청여진자각석간」, 『금대동해여진적문화』, 헤이룽강민족총간 제4기, 1998

랄리모와트 지음, 이한중 옮김, 『울지 않는 늑대(Never cry wolf)』, 돌베개, 2003.

루오 푸이(羅福頤) 집교, 『만주금석지』 6권, 석인본, 1937; 『석각사료신편』 제23책, 신문풍출판공사, 1982.

루오 푸이(羅福頤), 「노아간영녕사비보고(奴兒干永寧寺碑補考)」, 『만주학보』 제5호, 1937, 97~103쪽.

_____, 「요금삼석각고」, 『만주사학』 3권 2호, 1940, 37~40쪽.

루오 푸이(羅福頤)·웨이만(僞滿), 「요금 문자 근존록(遼金文字僅存錄)」, 「국립중앙박물관시보」 제13호, 1941, 13~20쪽.

루오 푸이(羅福頤)·진치총(金啟孮)·쟈징엔(賈敬顔)·후왕 천화(黃振華), 「여진자오둔량필시각석초석(女眞字奧屯良弼詩刻石初釋)」, 『민족어문』 제2기, 1982, 26~32쪽.

루오 푸청(羅福成), 「금원국서석각 제명발(金源國書石刻題銘跋)」, 『동북총간』 제17기, 『문원』, 1931, 1~2쪽.

_____, 「금태화제명잔석(金泰和題名殘石)」, 『동북총간』 제17기, 1931.

_____, 「명노아간영녕사비 여진국서 도석(明奴兒干永寧寺碑女眞國書圖釋)」, 『만주학보』 제5호, 1937.

_____, 「여진국서마애」, 『동북총간』 제5기, 1930.

_____, 「여진국서비고석」, 『지나학』 5권 4호, 1929, 103~104쪽.

_____, 「여진국서비발미」, 『국립북평도서관』 월간 3권 4호, 1929, 457쪽.

_____, 「『연대금원국서비고(宴臺金源國書碑攷)』」, 북경대학 『국학계간』 1권 4기, 1923, 687~691쪽.

_____, 「연대금원국서비석문」, 연경대학 『고고학사사간』 제5기, 1936, 179~208쪽.

_____, 「『화이역어』 중 여진어음의」, 북경대학 『국학계간』 1권 4기, 1923.

_____, 『여진역어(女眞譯語)』 정, 속편, 대고구당정리처인, 1933.

루오 푸청(羅福成) 편, 「『여진역어』 정편, 이편」, 청궁대고구당정리처간인(淸宮大庫舊檔整理處刊印), 1933.

루오시에칭(羅顯淸), 「전지모단화식동경(纏枝牡丹花式銅鏡)」, 『박물관연구』 제3기, 1985, 105쪽.

루오지쭈(羅繼祖), 「여진어 연구 자료」, 『국학총간』 제14책, 1944, 60~67쪽.

루찌렌(魯智仁), 「〈대금득승타송비(大金得勝陀頌碑)〉」, 『길림사지』, 제5기, 1985.

류시루(劉師陸), 「여직자비 고, 여직자비 속고」, 도광 30년(1833) 각본, 중간어연경대학(重刊於燕京大學) 『고고학사사간』 제5기, 1936, 173~178쪽.

류이정(柳詒徵), 「노아간사집(奴兒干事輯)」, 동남대학사지연구회, 『사지학보』 3권 6기, 1925, 41~46쪽.

류쥐에창(劉最長)·주지에위안(朱捷元), 「시안비림(西安碑林) 발견 여진문서, 남송탁본전집 왕성교서 및 판화」, 『문물』 제5기, 1979, 1~5쪽.

류칭위(劉京雨), 「여진언어 문자 연구 간략한 소개」, 『민족사역문집』 제12기, 1984, 113쪽.

_____, 「요, 금, 거란, 여진사 연구 동태」, 『여진역어연구출판』 제2기, 1984, 21~29쪽.

류풍저(劉鳳翥), 「거란, 여진문자 간략한 소개(契丹, 女眞文字簡介)」, 『역사교학』 제5기, 1980, 49~52쪽.

_____, 「여진문 사전 소개(女眞文辭典介紹)」, 『요금거란여진사연구』 제2기,

1985, 64쪽.

_____, 「여진자 국성은패고석(國誠銀牌考釋)」, 『문물』 제1기, 1980, 33쪽.

_____, 「루오 푸청의 평생동안 이룬 학술공헌(羅福成的生平及其學術貢獻)」, 『수계서하
학국제학술회의논문집(首屆西夏學國際學術會議論文集)』, 은천녕하인민출
판사(銀川寧夏人民出版社), 1998, 463~469쪽.

류풍저(劉鳳翥)・위바오린(于寶林), 「여진문자 대금득승타송 교감기(女真文字大金得勝
陀頌校勘記)」, 『민족어문론집』, 북경 : 중국사회과학출판사, 1981, 292~344쪽.

류홍촨(劉洪傳), 「사라진 문자: 여진문전가 진치총 교수 방문(尋找失去的文字: 訪
女真文專家 金啟孮教授)」, 「심양일보」 제4판, 1986.

류후(劉祜)・우시이차이(吳喜才), 「한문, 여진문석각 『대금득승타송』비(漢文, 女真
文石刻 『大金得勝陀頌』碑)」, 『문물천지』 제4기, 1990, 33~34쪽.

류훠쯔(劉厚滋), 「세상에 전해온 석각 여진어문 재료와 그 연구(傳世石刻中女真語
文材料及其研究)」, 『문학년보』 제7기, 1941, 37~44쪽.

리더치(李德啓) 편, 위도우쳔(于道泉) 교, 『만주서적연합목록(滿洲書籍聯合目錄)』,
국립북평도서관・고궁박물원도서관, 1933.

리시웨즈(李學智), 「금사어해 정오 초고(金史語解正誤初稿)」, 『홍콩 신아서원 신아연
구소신아학보(香港新亞書院新亞研究所新亞學報)』 5권 2기, 1963, 377~429쪽.

_____, 「『여진역어』 오류 검토(『女真譯語』 證誤舉隅)」, 정치대학 「변정연구소년
보(邊政研究所年報)」, 제7기, 1976.

리우 푸지앙(劉浦江), 「여진 언어 문자 자료 총목 제요(女真語言文字資料總目提要)」,
『문헌』 제3기, 2002, 219~239쪽.

마이에산(馬越山), 「만주 족명 연구 종합기술(滿洲族名研究綜述)」, 『만족연구』 3,
1986.

만철조사부자료과편인(滿鐵調查部資料科編印), 『만주금석지(滿洲金石志)』, 1936.

모운(毛汶), 「금원국서비발(金源國書碑跋)」, 『국학론형』 제3기, 1934, 27~30쪽.

_____, 「여진문 비각인증과 역사문헌의 결략의 보충(從女真文碑刻印證和補充歷
史文獻的缺略)」, 『문물연구』 제3기, 1988.

_____, 「여진문자지기원」, 『사학년보』 1권 3기, 1931, 171~175쪽.

_____, 「『금사』국 어명물편사역표 [상·하])(『金史』國 語名物篇四譯表 [上,下])」, 『국학상태(國學商兌)』 1권 1호, 1933, 33~36쪽.

무라야마 시치로(村山七郎內藤虎次郎), 「노아간영녕사이비 보고(奴兒干永寧寺二碑 報告)」『독사총록』, 1929, 511~524쪽.

_____, 「명동북변강변오: 부노아간영녕사비기(明東北邊疆辨誤: 附奴兒干永寧寺碑記)」, 『역사여지리』 1권 4~5호, 1900.

무라야마 시치로(村山七郎村山七郎), 「오처경(吾妻鏡)에 보이는 여진문」, 『동양학보』 33권 제3~4호 합간, 1951, 146~148쪽.

무홍리(穆鴻利)·타오알지(道爾吉)·허씨거(和希格), 「여진문자 사료초(女真文字史料摘抄)」, 「내몽고대학학보」 제3~4기 합간, 1979, 193~220쪽.

미즈노 고오겐(水野弘元), 『여진어 신연구』, 자간본, 1935.

미카미 쓰구오(三上次男), 「금대 중기의 국어문제(金代中期的國語問題)」, 『사학잡지』 47편 제6호, 1936.

민영규, 「경원여진자비고석 (상)」, 한국 연세대학동방학연구소, 『동방학지』 제8집, 1967.

_____, 「소아론, 동문류해, 팔세아, 삼역총해 해제」, 서울 연희대학교동방학연구소, 『국고총간』 제9집, 1956, 1~10쪽.

_____, 『여진문자의 구성』 한국, 1965.

박원길, 『유라시아 초원 제국의 역사와 민속』, 민속원,

박은용, 「금어연구」, 서울 아세아학술연구회, 『아세아학보』 제10집, 1972, 77~184쪽.

백산학회 편, 『선비 몽고 거란 여진 관계사 논고』, 백산자료원, 1999.

_____, 『조선전기 시대 북방 관계사 연구』(1~2), 백산자료원, 1995.

부어츠리(卜士禮), 「여진문 및 동원문자의 비명(女真文及同源文字的碑銘)」, 『제십일기 국제동방학가대회집간』 제2권, 1898.

부춘(富春), 『만주원류고(滿洲原流考)』, 백산학회, 1985.

비엔종멍(卞宗孟), 「부여득승타송비서기(扶餘得勝陀頌碑敍記)」, 『행건(行健)』 4권 2기, 1934.

사이토 부이치(齋藤武一), 「거란문자와 여진문자」, 『위만국립중앙박물관시보』 제11호, 1941.

商鴻逵·刘景完·李永海·徐凱, 『청사만어사전(淸史滿語辭典)』, 상해고적출판사, 1990.

서병국, 「동맹가첩목아의 건주 좌위 연구」, 『백산학보』 11, 1972.

_____, 『선조시대 여직 교섭사 연구』, 한국, 교학사, 1970.

성백인, 「초기 만주어 사전들에 대한 언어학적 연구」, 『알타이학보』 2, 1990, 27~69쪽.

_____, 『만주어음운론』, 태학사, 1999.

소노다 가즈키(園田一龜), 「〈대금득승타송비〉에 관하여」, 『만몽』 제14년 12월호, 1933.

송기중, 「용비어천가에 등장하는 북방민족어명」, 한국 『진단학보』 69, 1990, 103~124쪽.

_____, 「태조실록에 등장하는 몽고어명과 여진어명(1)」, 한국 『진단학보』 66, 1988, 131~139쪽.

_____, 「태조실록에 등장하는 몽고어명과 여진어명(11)」, 한국 『진단학보』 73, 1992, 121~138쪽.

_____, 『유목민족 제국사』, 민음사, 1990.

송기호, 『발해를 찾아서』, 솔, 2002.

수사 카카추(須佐嘉橘), 「득승타비행기」, 연재 「성경시보(盛京時報)」, 1933, 21~27쪽.

쉬다인(徐達音), 「『대금득승타송』비건립지원위: 기념건비팔백주년(『大金得勝陀頌』碑建立之原委: 紀念建碑八百周年)」, 『중국고고집성』 동북 권 제18책, 북경출판사, 1997, 745~750쪽.

쉬린(徐琳), 「백족문자에 관하여(關于白族文字)」, 『아시아 제민족의 문자』, 태학사. 1997, 17~38쪽.

쉬에시안밍(薛憲明)·왕렌푸(王仁富), 「대금득승타송비』 비문간석(『大金得勝陀頌碑』碑文簡釋)」, 『박물관연구』 제1기, 1983.

시다마 요시미(島田好), 「여진문자 오둔량필전음비(奧屯良弼餞飮碑)」, 만철각도서관보 『서향』 제59호, 1934, 1쪽.

시라토리 구라키치(白鳥庫吉白鳥庫吉), 「거란 여진 서하 문자고(契丹女真西夏文字考)」, 『사학유지』 제9편 제11·12호, 1898, 922~936·1054~1068쪽; 『시라토리 구라키치전집(白鳥庫吉全集)』 제5권, 암파서점, 1970, 45~68쪽.

신태현, 「여진문자의 결구에 관하여」, 『경희대학교논문집』 제5집, 83~94쪽, 1967.

_____, 『여진문자 언어연구』, 어문각, 1965.

쌍원엔장(桑原藏), 「산동하남지방유력보고서(6) (山東河南地方游歷報告書[之六])」, 『역사지리』 16권 제3호, 1910. 9, 33~47쪽.

쑨부어쥔(孫伯君), 『금대 여진어(金代女眞語)』, 랴오링민족출판사, 2004.

_____, 「『여진역어』 중의 우섭삼등자(『女真譯語』中的遇攝三等字)」, 『민족어문』 제4기, 2001, 50~54쪽.

쑨진이(孫進己), 「해룡여진마애석각(海龍女真摩崖石刻)」, 『사회과학전선』 제2기, 193~196, 1979, 230쪽.

_____, 『여진문자전(女真文字典)』, 랴오링성 사회과학원 유인본, 1980.

아르세니예프 지음·김욱 옮김, 『데르수 우잘라』, 갈라파고스, 2005.

아신교로 울라희춘(愛新覺羅 烏拉熙春), 「거란 대소자와 여진 대소자(契丹大小字和女真大小字)」, 『입명관문학(立命館文學)』 제560호, 1999.

_____, 「명대의 여진인: 『여진역어』에서 『영저사기비(永宁寺记碑)』까지」, 일본 교토대학학술출판회, 2009.

_____, 「조선북청여진자석각신석(朝鮮北青女真字石刻新釋)」, 『립명관문학立命館文學』 제561호, 1999.

_____, 「한반도에서 바라본 거란 여진(韩半岛から眺めた契丹·女真)」, 교토대학 학술출판회, 2011.

_____, 『거란대자연구』, 기념 진치총선생 학술총서 3, 동아역사문화연구회, 2005.

_____, 『거란언어 문자연구』 기념진치총선생학술총서 1, 동아역사문화연구회, 2004.

_____, 『만어독본』 내몽고인민출판사, 1985.

_____, 『만어어법』, 내몽고인민출판사, 1983.

_____, 『만족고신화』, 내몽고인민출판사, 1987.

_____, 『만주어어음연구』, 일본 현문사, 1992.

_____, 『아신교로(愛新覺羅) 씨 3대 알타이어학논문집』(진광핑(金光平), 진치총(金启孮), OOO(吉本道雅) 공저), 일본 명선당, 2002.

_____, 『여진문자서 연구(女真文字书研究)』, 일본 풍아사, 2001.

_____, 『여진언어문자신연구』, 명선당, 2002.

_____, 『요금사의 거란·여진문』, 『기념 진치총선생 학술총서 2』, 동아역사문화연구회, 2004.

_____, 「아신교로 울라희춘(愛新覺羅 烏拉熙春)의 여진 거란학연구」, 송향당, 2009.

_____·진치총(金启孮), 『여진문대사전』, 명선당, 2003.

_____·진치총(金启孮), 『여진어, 만주 퉁구스 제어 비교사전』, 명선당, 2003.

_____, 「시안 비림 여진문자서 신고찰(西安碑林女真文字書新考)」, 『비림집간(碑林集刊)』 제5집, 섬서인민미술출판사, 1988, 230~241쪽.

_____, 「여진문자서의 복원(女真文字書的復原)」, 『비림집간(碑林集刊)』 제7집, 섬서인민미술출판사, 2001, 186~206쪽.

_____, 『거란문묘에 보이는 자료에 대하여(從契丹文墓志看辽史)』, 송향당, 2006.

아키야마 겐조(秋山謙藏), 「(가마쿠라 시대 여진 선적에서 들어온) 오처경(吾妻鏡) 여진문자와 화이역어 여진문자의 비교연구」, 『역사지리』 65권 제1호, 1935, 65~74쪽.

야스마 야이치로(安馬彌一郎), 「〈대금득승타송비(大金得勝陀頌碑)〉 연구」, 『동양사연구』 제3권 6호, 1938, 92~94쪽.

_____, 『여진문금석지고(女真文金石志稿)』, 벽문당, 유인본 작자 자간, 1943.

_____, 『여진문법개설』, 『여진문금석지고』 부록, 벽문당, 유인본 작자자간, 1943.

야마모토 마모루(山本守), 「여진역어연구」, 『고베외대논총(神戸外大論叢)』 2권 제2호, 1951.

_____, 「여진역어의 지연구」, 『고베외대논총』 11권 2호, 1951.

_____, 「이와나미문고본(阿波文庫本) 『여진역어』」, 위만건국대학연구원만몽문화연구반연구보고(僞滿建國大學研究院滿蒙文化研究班研究報告) 제15호, 1944.

_____, 「정가당본 여진역어 고이(靜嘉堂本女眞譯語考異)」, 『서향』 15권 10호, 1943.

야마시타 다이조(山下泰藏), 「금경: 여진자 자료 일(金鏡: 女眞字資料之一)」 『만주사학』 3권 2호, 1940, 1~6쪽.

_____, 「신여진국서비의 신발견(新女眞國書碑的發現)」, 『몽장월간(蒙藏月刊)』 1934.

_____, 「여진국서비에 관하여(關於新女眞國書碑)」, 『만몽』 제15년 9월호, 1934, 65~69쪽.

야마자키 타다시(山崎忠), 「우리나라에서의 『화이역어』 연구사 보유(我國〈華夷譯語〉研究史 補遺)」, 『조선학보』 5~6호, 1953~1954.

야마지 히로아키(山路廣明), 「구로베 역어의 검논(葛魯貝譯語之檢論)」, 『언어집록』 5, 1953.

_____, 「Lexicography에 따른 그루베 역어: 여진관 내문 검토의 일환(看葛氏譯語: 女眞館來文檢論之一環)」, 『조도전대도서기요(早大圖書記要)』 8, 1967.

_____, 「거란, 여진문자 제자방법론 비교(契丹, 女眞文字制字方法論比較)」 『언어집록』 제4호, 1953. 1.

_____, 「거란, 여진의 언어문자 및 그 상호관계」, 『사관』 제39호, 1953.

_____, 「약간의 여진문자의 해독」, 『언어집록』 제9호, 1968. 3.

_____, 「여진 난어해: 관어 「래(來)」 도독(都督)의 기자의 발현(女眞難語解: 關於「來」에 대하여)(都督女眞難語解: 關於「來」都督的基字之發現)」. 『언어집록』 제5호, 1953. 5.

_____, 「여진 제자 가운데 가점의 연구(女眞制字中加點的研究)」, 『언어집록』 제5호, 1953.

_____, 「여진문자 제자 연구」, 동경남방제언어연구소간행, 1958. 8.(1980. 중인), 461쪽.

_____, 「여진문자의 구조」, 『언어집록』 제4호, 1953. 1.

_____, 「여진어 가운데 여러 가지 동사 변화어미(有關女眞語中的諸動詞變化語尾)」, 『언어집록』 제6호, 1955.

_____, 「여진어 중의 완전의자와 불완전의자(女眞語中的完全意字和不完全意字)」, 『언어집록』 제2호, 1952.

_____, 「여진어의 십간」, 『언어집록』 제3호, 1952. 9.

_____, 「여진어의 십이지」, 『언어집록』 제2호, 1952. 7.

_____, 「화이역어에 관한 조사목록(有關華夷譯語的調查目錄)」, 조도전대학도서관월보(早稻田大學圖書館月報) 제147호, 1969. 1. 4~7쪽.

_____, 『여진어해』, 언어연구실 유인본, 1956.

_____, 「여진설문고」, 연재 『언어집록』 제1~5호, 1952~1953.

야밍(亞明), 「〈여진진사제명비(女眞進士題名碑)〉 연구 약술」, 『중원문물』 제4기, 1990, 61~63쪽.

양민종, 『샤먼이야기』, 정신세계사, 2003.

_____, 『알타이 이야기』, 정신세계사, 2003.

양양(楊暘), 「명대 노아간영녕사비기 재고석(明代奴兒干永寧寺碑記再考釋)」, 『사회과학전선』, 제1기, 1983, 176~181쪽.

양지엔동(楊建東), 「미산출토 송 금석각 문물(微山出土宋金石刻文物)」, 『중국문물보』 제1판, 1966.

엔화(顔華), 「여진문」, 『중국민족고문자(中國民族古文字)』, 천진고적출판사, 1987, 109~114쪽.

_____, 「여진문국 신패의 발견」, 『사회과학전선』 제2기, 1979, 209쪽.

오구라신페이(小倉進平), 「조선의 거란, 여진어학(朝鮮的契丹女眞語學)」, 『역사지리(歷史地理)』 29권 제5호, 1917, 145~155쪽.

_____, 『조선어학사(朝鮮語學史)』 제9장, 도강서원, 1940, 660~670쪽.

오사다 나쓰키(長田夏樹), 「노아간영녕사비 몽고문 여진문 석고(奴兒干永寧寺碑

蒙古文女眞文釋稿)」, 『석빈선생고희기념동양학논총(石濱先生古稀記念東洋學論叢)』, 간사이대학문학부동양사연구실, 1958, 36~47쪽.

_____, 「여진문자 금석 자료 및 그 해독(女真文字金石資料及其解讀)」, 우랄알타이어학회간, 1950. 7. 9.

_____, 「여진문자 및 현존 사료(女真文字及現存史料)」, 일본서원 『역사교육』 18권 제7호, 1970, 25~31쪽.

_____, 「여진어 연구의 언학적연구: 알타이어 제어 언사적 비교 어언학의 일환(女眞語研究之語言學的研究: 阿爾泰諸語言史的比較語言學之一環)」, 문부성과학연구연구보고집, 1951.

_____, 『여진문자의 구조 및 그 음가』, 일본중국학회간행, 1949.

_____, 「만주어와 여진어」, 신호외국어대학언어학회, 『고베언어학회보(神戶言語學會報)』 제1號, 1949.

오시부치 하지메(鴛淵一), 「여진자비문 탐방여행을 회고하며(旅行的回憶和女真字碑文)」, 『사학연구』 6권 2호, 1934, 273~274쪽.

와타나베 쿤타로(渡部薰太郎), 「만주어, 여진어의 한자음의 관계」, 오사카 동양학회, 『아세아연구』 제2호, 1925, 19~54쪽.

_____, 「여진관 내문 통해」, 오사카 동양학회, 『아세아연구』 제11호, 1933.

_____, 「여진어의 신 연구(女眞語的新研究)」, 『아세아연구』 제12호, 1935.

_____, 『금사명사해』, 오사카 동양학회, 1931.

왕동찌아(王東甲)·웨이꿔쭝(魏國忠), 「이춘시 대풍 출토 금패의 단대문제에 대하여(關於伊春市大豐出土金牌的斷代問題)」, 『헤이룽강성문물박물관학회성립기념문집(黑龍江省文物博物館學會成立紀念文集)』, 1980.

왕렌푸(王仁富), 「〈대금득승타송〉 건비 팔백년(〈大金得勝陀頌〉建碑八百年)」, 『동북지방사연구』 1985. 제1기. 1985.

_____, 「〈대금득승타송〉 한자비문신고(〈大金得勝陀頌 漢字碑文新考〉)」, 『문물』 제11기, 62~64, 1986, 75쪽.

_____, 「역사상 빛나는 보석: 대금득승타송비(歷史明珠: 大金得勝陀頌碑)」, 『문사지식』 제3기, 1995, 113~117쪽.

_____, 「우리나라 학술계연구 〈대금득승타송〉문저간개: 기념건비팔백년(我國學術界硏究 〈大金得勝陀頌〉文著簡介: 紀念建碑八百年)」, 『도서관학연구』 제4기, 1985, 75~79쪽.

왕씨처(王希哲), 「금 함평부 모극관조경(金咸平府謀克官造鏡)」, 『동북총간』 제4기, 1930.

왕이우밍(汪玉明), 「『여진관잡자』 연구의 새로운 탐색(『女眞館雜字』 硏究新探)」, 『민족어문』 제5기, 1994, 56~58·64쪽.

왕저(王則), 「지린성 발견 거란문 은질부패(吉林省發現的契丹文銀質符牌)」, 『박물관연구』 제2기, 1985, 70~72쪽.

_____, 「검검성출토한 여진명문동경(臉城出土的女眞銘文銅鏡)」, 『박물관연구』 1991.

왕징루(王靜如), 「엔타이 여진문 진사제명비 초석(宴臺女眞文進士題名碑初釋)」, 『사학집간』 제3기, 1937, 49~68쪽; 『여진문자연구논문집』, 중국민족고문자연구회간인, 1983, 81~95쪽.

왕커빈(王可賓), 「언어 유적을 통한 여진 사회역사문화(從語言遺跡看女眞社會歷史文化)」, 『사학집간』 제3기, 1992, 13~19쪽.

_____, 「여진언어와 사회 역사문화(女眞語言與社會歷史文化)」 『요금사론집』 제6집, 베이징 사회과학문헌출판사, 2001, 380~396쪽.

요시모토 미치마사(吉本道雅), 「만주어학자 진치총 교수」, 『만학연구』 제2집, 민족출판사, 1994, 380~384쪽.

우종츠(吳宗滋), 「한몽만회장 오족 명칭연구(漢蒙滿回藏五族名稱硏究)」, 『통경』 29, 1937.

위바오린(于寶林) 편, 『여진문자연구논문집』, 북경 중국민족고문자연구회간인, 1983, 161쪽.

_____, 「거란문자와 여진문자 비교연구: 민족 고문자비교 연구지삼(契丹文字女眞文字比較硏究: 民族古文字比較硏究之三)」 『요금서하사연구(遼金西夏史硏究)』, 천진고적출판사(天津古籍出版社), 1997, 112~125쪽.

이 현, 「여진 발흥에 관한 연구」, 경남대학교 석사논문, 1989.

이기문 저, 황유부(黃有福) 역, 「중고 여진어의 음운학연구(中古女眞語的音韻學研究)」, 『서울대학교논문집』 제7, 1958, 343~395쪽; 중국사회과학원민족연구소, 『민족어문연구정보자료집』 제2집, 1983.

이기문, 「18세기의 만주어 방언 자료」, 한국 『진단학보』 36, 1978, 99~132쪽.

_____, 「구국소서 8자에 대하여」, 『진단학보』 62, 1986.

_____, 「동북 아시아 문자사의 흐름」, 『아시아 제민족의 문자』, 태학사, 1997, 9~16쪽.

_____, 「여진 지명고」, 서울대학교 『문리대학보』 66, 1988, 131~139쪽.

_____, 「용비어천가의 어학적 가치(인명, 지명)」, 한국 서울대학교 『동아문화』 28, 1964, 343~395쪽.

_____, 「중고여 진어의 음운학연구」, 『서울대학교논문집』 제7, 1958, 343~395쪽.

이나바 이와키치(稻葉岩吉), 「북청성관산성여진자마 고석(北靑城串山城女眞字摩厓石)」, 조선경성청구학회 『청구학총』 제2호, 1930, 21~42쪽.

_____, 「오처경(吾妻鏡) 여직자의 신연구」, 조선경성청구학회, 『청구학총』 제9호, 1932, 1~19쪽.

_____, 「함북의 여진어 지명」, 『조선』 제35호, 1928, 51~55쪽.

_____, 「『대금득승타송비(大金得勝陀頌碑)의 발견」, 조선경성청구학회 『청구학총』 제14호, 1933, 200~201쪽.

이동복, 『동북아시아사연구, 금대 여진사회의 구성』, 한국 일조각, 1986.

이마니시 순주슈(西春秋), 「여진자동인」, 『동양사연구』 3권 4호, 1938.

이상규, 「'명왕신덕 사이함빈'의 대역 여진어 분석」, 『국어학』 65호, 2012.

이성학, 「한국 북방 경역의 역사지리적 연구」, 『경북대논문집』 13, 1969.

_____, 「삼송암독서기(2)(三松盦讀書記 (二))」, 『사학잡지』 45편 제1호, 1934.

_____, 「소위 여진 대자란 무엇인가(所謂女眞大字是什麼樣?: 附說李王家博物館藏圓銅鏡鏡背的文字)」, 『사학잡지』 53편 제7호, 1942, 114~115쪽.

_____, 「여진(女眞)」, 『이케우치박사환력기념동양사론총(池內博士還曆紀念東洋史論叢)』, 좌우보간행회(座右寶刊行會), 1940, 39~56쪽.

_____, 「여진어의 연구 자료에 대하여」, 『동아』 3권 3호, 1930. 3, 54~62쪽.

_____, 「여진어잡조(女眞語雜組)」, 『동아문화사총고』, 동양문고, 1973. 71~86쪽.

_____, 「Jurčica」, 『이케우치박사환력기념(池內博士還曆紀念)』, 동양사론총, 1940.

이시하마 준타로石(濱純太郞), 「만몽어언의 계통(滿蒙語言的系統)」, 암파강좌 동양사조, 동양 언어의 계통의 하나, 암파서점, 1934.

이일우(李逸友), 「호화호특시 만부화엄경탑의 금원명각대 제기(呼和浩特市萬部華嚴經塔的金元明各代題記)」, 『문물』 1977.

이현희, 「조선왕조 시대의 야인 교섭고」, 성신여자대학교 『연구논문집』 10, 1977.

이희우, 「'우디허' 명석고」, 한국 서울대학교어학연구소 『어학연구』 21-1, 1985, 15~31쪽.

자이칭싸(載慶廈), 「중국 한자식 제 문자의 형성과 발달(中國漢字式諸文字的形成和發達)」, 『아시아 제민족의 문자』, 태학사, 1997, 385~397쪽.

자찡이엔(賈敬顔), 「여진문 관인 고략」, 『중앙민족학원학보』 제4기, 1982, 35~37쪽.

장동익, 『고려 후기 외교 연구』, 일조각, 1994.

장부어첸(張博泉), 「〈대금득승타송비〉 연구: 위기념건비 800년이작」, 『백성사전학보 제1기, 1986.

장푸바이(張甫白), 「『금사』 합리빈특어의 석략(『金史』 合里賓忒語義釋略)」, 『용강사회과학(龍江社會科學)』 제4기, 1994, 46~50쪽.

정사오쭝(鄭紹宗), 「승덕발현의 거란 부패(承德發現的契丹符牌)」, 『문물』 제10기, 1974, 82~86, 94쪽.

제임스포사이스 지음, 정재경 옮김, 『시베리아 원주민의 역사』, 솔, 2009.

종명(宗孟), 「여진문각석 신발견」, 『상해동북협회흑백』 반월간 3권 1기, 1935, 46~48쪽.

종민양(鍾民岩)·나센보(那森柏)·진시총(金啟孮), 「명대 노아간영녕사비기 고석(奴兒干永寧寺碑記攷石: 以歷史的鐵證揭穿蘇修的謊言)」, 『고고학보』 제2기, 1975, 33~56쪽.

좐랑윈(傅朗雲), 「명대 『야진어 내문』 연구 개술」, 『북방문물』 제1기, 1986, 87~88쪽.

_____, 「명대노아간영녕사비한자비명보석(明代奴兒干永寧寺碑漢字碑銘補釋)」, 『박물관연구』 제1기, 1985, 83~87쪽.

주쉬이안(朱學淵), 문성재 역주, 『진시황은 몽골어를 하는 여진족이었다』, 우리역사연구재단, 2009.

주채혁, 『순록유목제국론』, 백산자료원, 2008.

중국민족고문자연구회간인, 『여진문자연구논문집』, 1983.

쥐더이안(鞠德源), 「명대 노아간에 관하여, 영녕사비기의 고찰과 연구」, 『문헌』 제1집, 1980, 64~90쪽.

진광핑(金光平), 「거란 대소자에서 여진 대소자까지」, 『내몽고대학학보』 제2기, 1962, 9~14쪽.

진광핑(金光平)·진치종(金啓孮), 「여진언어, 문자연구」, 『내몽고대학학보』, 1964.

_____, 『여진언어 문자연구』, 베이징 문물출판사, 1980.

진소우팡(金燾方), 「여진어에서 만주어까지」, 『만어연구』 제1기, 1990, 53~60쪽.

진씨앙웨이(陳相偉), 「해룡(海龍)금대마애각석 조사기실」, 『동북아역사와 문화』, 요침서사(遼沈書社), 1991, 501~510쪽.

진치총(金啓孮), 「금대의 여진문학을 논함」, 『내몽고대학학보』 제4기 1984, 1~15쪽.

_____, 「섬서성 비림(陝西碑林) 발견 여진자문서」, 『내몽고대학학보』 제1~2기 합간, 1979, 1~21쪽.

_____, 「여진문자 연구 개황」, 중국민족고문자연구, 베이징 중국사회과학출판 사, 1984, 345~361쪽.

_____, 「여진문」, 『역사교학』 제12기, 1980, 61~62쪽.

_____, 「여진의 문자와 언어: 대조국문화융합발전적공헌」, 『사회과학전선』 제12, 1986, 311~312쪽.

_____, 「한국 여진어문학의 풍성한 성과: 김동소 교수『여진어만어연구』독후」, 「내몽고대학학보」 제3기, 1995, 63~64쪽.

_____, 「『대금득승타송』 800년제: 겸기념 여진문전문가 진광핑(金光平)」, 『백성사 전학보』 제1기, 1986.

_____, 『여진문사전』, 베이징 문물출판사, 1984.

진치총(金啓孮)·울라희춘(烏拉熙春), 「여진어와 만어 관계 천의」, 『민족어문』 제1 기, 1994, 11~16쪽

짱이안(莊嚴), 「금득승타비발(金得勝陀碑跋)」, 『학문』 1권 5기, 1932.

쩌쟈오시앙(周肇祥), 「료녕 신발견 금국서마애(金國書摩崖)」, 『예림월간』 제17기, 1931.

찌아찡옌(賈敬顔), 「동북고지리와 고민족총고」, 『흑룡강문물총간』 (1)~(2), 1983.

차메이비야오(蔡美彪), 「여진자 구조 최초 탐색」, 「내몽고대학학보」 제2기, 1984, 1~11쪽.

차오커(朝克), 「여진어연구에 관하여」, 『민족어문』 제12기, 2001, 54~58쪽.

치무더(齊木德)·타오알지(道爾吉), 「금대 여진어찰기(女眞語札記)」, 「내몽고대학학보」 제3기, 1996, 43~49쪽; 『만족연구』 제2기, 1998, 17~22쪽.

치안다오쑨(錢稻孫), 「여진문자의 연구자료」, 『학설』 1권 1기, 1930, 5쪽.

칭거이테이(淸格爾泰), 「거란소자 해독 신탐(契丹小字解讀新探)」, 『거란문자의 새로운 해독』, 제3호, Kaogu Xuegao, 1978.

_____, 「관유 거란문자의 특징(關於契丹文字的特點)」, 『아시아 제민족의 문자』, 태학사, 1997, 17~38쪽.

카와치 요시히로(河內良弘), 「조선왕국의 여진통사」, 『동방학』, 제99집, 2000, 1~15쪽.

타오알지 무홍리(穆鴻利), 「여진문 연구에서 불능회피의 문제(女眞文硏究中不能迴避的問題)」, 『북방문물』 제3기, 1994, 64~66쪽.

타오알지(道爾吉), 「여진 대소자 문제에 관하여」, 『내몽고대학학보』 1 제4기, 1980, 41~48쪽.

_____, 『여진어음 초탐』, 내몽고대학과연처 유인본, 1982.

타오알지(道爾吉)·무홍리(穆鴻利), 「여진어 언 문자개설(女眞語言文字槪說)」, 헤이룽강성하다 아성시 농간사전학보(農墾師專學報), 제4기, 1990.

타오알지(道爾吉)·허씨거(和希格), 「여진역어연구」, 『내몽고대학학보』 증간, 1983, 1~437쪽.

_____, 「여진문 대금득승타송비(大金得勝陀頌碑) 교감석독」, 『내몽고대학학보』 제4기, 1984, 52~83쪽.

_____, 「해룡한문여진문대역 마애진위변(摩崖眞僞辨)」, 『내몽고사회과학』 제3기, 1984, 47~49쪽.

탄잉지에(譚英杰), 「이춘대풍에서 발견한 거란문 금질부패(伊春大豊發現的契丹文金質符牌)」, 『헤이룽강고대문물』, 헤이룽강인민출판사, 1979. 63~66쪽.

테라무라 마사오(寺村政男), 「『금사, 국어해』에 대한 소견, 여진어의 분석(金史, 國語解 所見女真語淺析)」, 대동문화대학어학교육연구론총 제8호, 1991. 3.

토야마 군지(外山軍治), 「아파문고『화이역어』에 관하여(關于阿波文庫華夷譯語)」, 『동양사연구』 3권 5호, 1938.

토요다 고로(豊田五郎), 「거란 례자고: 여진문자의 원류」, 『동양학보』 46권 1호, 1963, 1~39쪽.

티엔쉬마오(田秀茂)·런이안후이(任彦輝), 「감숙 경양 여진문 철종 종루(甘肅慶陽女真文鐵鐘鐘樓)」, 『고고와 문물』 제1기, 1983.

퍄오룬루(朴潤陸), 「해룡 한자 마애비비 근대 위각(海龍漢字摩崖碑非近代偽刻)」, 『요금거란 여진사 연구 동태』 제3~4기 합간, 1984; 『중국고고집성』, 동북권 제18책, 북경출판사, 1997, 798~799쪽.

펑용차엔(馮永謙), 「해룡금한문마애(海龍金漢文摩崖)의 근대 위각(偽刻)」, 『랴오닝대학학보』 제3기, 1980, 68~69쪽.

펑증(馮蒸), 「『화이역어』 조사기」, 『문물』 제2기. 1981.

하네다 도루(羽田亨), 「거란문자의 신자료」, 『사림』 10권 제1호, 1925, 82~97쪽.

허씨거(和希格), 「1413년 영여사비(永寧寺碑)와 금대 여진문석각」, 『내몽고대학학보』 제2기, 1993, 20~25쪽.

_____, 「거란 대자와 전해오는 여진문자」, 「내몽고대학학보」 제3기, 1984, 1~6쪽.

_____, 「근백년 국내외 『여진역어』 연구개황」, 『내몽고사회과학』, 제3기, 1982, 104~108쪽.

_____, 「금대의 금은패(金銀牌) 여진대소자 검토」, 『내몽고대학학보』 제4기, 1980, 28~40쪽.

_____, 「여진문 〈대금득승타송비〉 언어 특점」, 『대륙잡지』 86권 2기, 1993, 9~12쪽.

_____, 「일본 여진어문 연구 50년 평설」, 『북방문물』 제3기, 1994, 58~63쪽.

_____, 『여진관 잡자, 내문 연구』, 내몽고대학과연처 유인본, 1982.

허칭티안(和田清), 「오처경(吾妻鏡)에 보이는 여진자적 성질」, 『사학잡지』 46편

제7호, 1935, 95~96쪽.

홍호(洪皓), 『송막기문(松漠紀聞)』, 국학문고, 중화민국 22년, 중인본.

후왕 천화(黃振華黃振華), 「명대 여진문 노아간영녕사비기(奴兒干永寧寺碑記) 신석」, 『중국지방사지』 제2기, 1982, 32~39쪽.

후터(胡特), 「엔타이여진비(宴臺女真碑) 소개」, 『황가과학원회보(皇家科學院匯報)』 5권 5기, 1896, 375~378쪽.

훅툭투, 이평래 옮김, 『중앙유라시아의 역사』, 소나무, 2005.

Cincius Sravnitel'nyi Slovar, Tunguso-man'churskix jazykov, Izdatel'stbo Nauka. 1975~1977.

Hiu Lie, 「여진어 문자 연구의 현황과 과제」, 『아시아 제민족의 문자』, 태학사, 1997, 131~148쪽.

Kane, Daniel, *The Sino-Jurchen Vocabulary of the Bureau of Interpreters*, Indiana University, Uralic and altai Series Vol. 153, 1989.

Kim juwon, Ko Dongho, Chaoke D. O., Han youfeng, Piao Liamyu, Boldyrev B. V., *Materials of Spoken Manchu*, Korea: SUN Press, 2008.

Kiyose, Gisaburo N., *a Study of the Jurchen Language and script, reconstruction and decipherment*, Kyoto Horitsubunkasha, 1977.

L. 李蓋提(György Liget), 「시론 여진 소자의 해독」, 헝가리과학원 『동방학보』 러시아어판 제3권, 1953, 211~228쪽.

_____, 「터린(特林) 여진 비문과 옴마니밤메훔(唵嘛呢叭吽) 육자 진언」, 헝가리과학원, 『동방학보』 제12권, 1961, 5~25쪽.

Lettre de M.W.grube à.m.g. Schlegle. Répons de m.g. Schlegle à m.w. grube. Toung Pao serie 1.7.

Lie, H., 「Über die Benennungen der Udihe」 in: *Tungusia* 1, Wieshaden, 1979.

Liu Pujing, 「Bibliograph of Twentieth Century Scholarship on the Jurchen Language」, 『한학연구통신』 21, 2009, 3쪽.

_____, 「Bibliograph of Twentieth Century Scholarship on the Jurchen Language」, 『한학연구통신』 21, 2009, 3쪽.

Louis Ligeti: Note Préliminaire sur le Déchiffrement des "Petits caractéres" Joutchen. acta Orientalia Hungrica. II, 1953, pp. 211~228.

Ravenstein, E.g: The Russians on the amur, London, 1861, pp. 193~197.

Wilhelm grube, Die Sprache und Schrift der Jučen. a.o. Professorander Kömgl Universität zu Berlin(Leipzig Kommission Verlag von Harrasso-witz 1896.)

Wilhelm grube, *Die Sprache und Schrift der Jučen*, 북경문전각영인본(北京文殿閣 影印本), 1936.

YU Won-soo, Kwon Jae-il, Choi Moon-jeong, Shin Young-kwon, Borjigin Bayarmend, Luvsandorj Bold, *A Study of the Tacheng Dialect of the DagUR Language*, Korea: SUN Press, 2008.